Edgar J. Dosman

Raúl Prebisch
(1901-1986)

A construção da
América Latina e do
Terceiro Mundo

Edgar J. Dosman

Raúl Prebisch
(1901-1986)

A construção da
América Latina e do
Terceiro Mundo

TRADUÇÃO

Teresa Dias Carneiro
César Benjamin

© Edgar J. Dosman, 2011
Título original: The Life and Times of Raúl Prebisch, 1901-1986
Publicado pela McGill-Queen's University Press, Canadá

Direitos para a língua portuguesa adquiridos pela Contraponto Editora Ltda.

Vedada, nos termos da lei, a reprodução total ou parcial deste livro, por quaisquer meios, sem autorização por escrito da Editora.

Contraponto Editora Ltda.
Av. Franklin Roosevelt 23 / 1405
Centro, Rio de Janeiro, RJ, Brasil
Cep 20021-120
Telefax: (5521) 2544-0206 / 2215-6148
Site: www.contrapontoeditora.com.br
E-mail: contato@contrapontoeditora.com.br

Centro Internacional Celso Furtado de Políticas para o Desenvolvimento
Av. República do Chile, 100 – subsolo 1, salas 15-17
Centro, Rio de Janeiro, RJ, Brasil
Cep 20031-917
Tel: (5521) 2172-6312 / 6313
Site: www.centrocelsofurtado.org.br
E-mail: centro@centrocelsofurtado.org.br

Patrocinadores

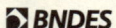  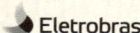  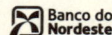

Texto revisado segundo o novo Acordo Ortográfico da Língua Portuguesa

Revisão tipográfica: Tereza da Rocha
Projeto gráfico: Traço Design

Tiragem: 2.000 exemplares

Julho de 2011

CIP-BRASIL. CATALOGAÇÃO-NA-FONTE
SINDICATO NACIONAL DOS EDITORES DE LIVROS, RJ

D762r

Dosman, Edgar J.
   Raúl Prebisch (1901-1986) : a construção da América Latina e do terceiro mundo / Edgar J. Dosman ; tradução Teresa Dias Carneiro, César Benjamin. - Rio de Janeiro : Contraponto : Centro Internacional Celso Furtado, 2011.
   il.

   Tradução de: The life and times of Raúl Prebisch, 1901-1986
   Inclui bibliografia
   ISBN 978-85-7866-040-6

   1. Prebisch, Raul, 1901-. 2. Economistas - Argentina - Biografia. 3. Executivos - Argentina - Biografia. 4. América Latina - Condições econômicas - Séc. XX. 5. América Latina - Política econômica. I. Centro Internacional Celso Furtado de Políticas para o Desenvolvimento. II. Título.

11-3234.   CDD: 923.3
                     CDU: 929:330

Em memória de David H. Pollock,
amigo, colega, pioneiro

SUMÁRIO

Agradecimentos   9
Introdução   25

1. Infância: os sonhos de Tucumán   29
2. Universidade em Buenos Aires   43
3. Aprendizado   67
4. O gosto do poder   87
5. Dirigente do Banco Central   115
6. Abertura para Washington   145
7. As consequências de Pearl Harbor   173
8. Isolamento   199
9. Descoberta da América Latina   219
10. Acadêmico solitário   245
11. Triunfo em Havana   267
12. A afirmação da Cepal   287
13. A criação da América Latina   313
14. Paraíso perdido   341
15. Volta a Santiago   367
16. A ofensiva de Kennedy   399
17. Jogo global   431
18. O evangelho de Don Raúl   467
19. Provações em Washington   503
20. O profeta   537
21. Casa dos espíritos   565

Notas   571
Bibliografia   625
Índice onomástico   651

Agradecimentos

Se puder reivindicar algum sucesso por ter alcançado a meta de escrever uma biografia abrangente de Raúl Prebisch, devo isso em grande parte à bondosa ajuda da família, de amigos e de colaboradores próximos de Prebisch, a começar por David H. Pollock, codiretor do projeto até ser levado pela doença e a morte. Este livro é dedicado à sua memória. Ele foi tudo que se pode querer de um colega, generoso e sábio, além de amigo afetuoso de Prebisch desde 1951. Sinto muito sua falta, também lamentada por acadêmicos e especialistas em desenvolvimento. Além de Pollock, o apoio e o estímulo irrestritos de Adelita Prebisch e Eliana Prebisch foram cruciais na pesquisa e na elaboração do texto e na facilitação do acesso à família e a outros na Argentina. Gostaria de enfatizar minha gratidão pela gentileza e paciência delas diante de reiterados pedidos de informações e de mais entrevistas. Os Documentos Prebisch em Santiago, reunidos e mantidos por Adelita Prebisch, são uma fonte acadêmica indispensável, e a Fundação Prebisch, criada sob a liderança de Eliana Prebisch em Buenos Aires, publicou o volume *Obras 1919-1948*, disponibilizando a maior parte dos escritos do período inicial.

Desde que a Organização das Nações Unidas inexplicavelmente destruiu os registros e arquivos da Comissão Econômica para a América Latina (Cepal) de sua fundação em 1948 até 1970, passando pelo período Prebisch, as entrevistas mostraram-se um meio indispensável de coletar dados e reunir ideias. A generosa ajuda de acadêmicos, representantes oficiais e colaboradores demonstrou o comprometimento deles com Raúl Prebisch e sua memória. Uma lista completa das entrevistas aparece na bibliografia. Agradeço a todos os colegas que me ajudaram a realizá-las.

Algumas pessoas merecem agradecimento especial. Enrique Iglesias, com seu conhecimento incomparável tanto do dr. Prebisch quanto de relações interamericanas, Rangaswani Krishnamurti, que também doou seus documentos pessoais ao projeto, e o famoso acadêmico argentino José Nun deram um estímulo consistente ao longo dos muitos anos de preparação. Sua vasta experiência e seus conselhos ajudaram a ultrapassar momentos de incerteza.

Entre outros, Ernesto Malaccorto, Mario Bunge e Julio Gonzalez del Solar foram fontes particularmente valiosas sobre o lar, os anos de estudante e o período anterior a 1943 na Argentina. Para os anos da Cepal e do Instituto Latino-Americano de Planejamento Econômico e Social (Ilpes), Sir Hans Singer, Celso Furtado, Víctor Urquidi, Enrique Iglesias, Alex Ganz, Alfonso Santa Cruz, Anibal Pinto, Adolfo Dorfman, Osvaldo Sunkel, Carlos Lleras Restrepo, Fernando Henrique Cardoso, Benjamin Hopenhayn, Oscar Bardeci, Ricardo Cibotti, Norberto Gonzalez, Robert Brown, Gert Rosenthal, William Lowenthal, José Nun, Sheila Pollock, Margery Fones, Lucy Jull e Bodil Royem foram extraordinariamente prestativos. Entre as fontes e os representantes oficiais de Washington, ligados a instituições financeiras internacionais, estão Enrique Iglesias, William D. Rogers, Edward M. Bernstein, Jacques J. Polak, Lincoln Gordon, Sidney Weintraub, Viron P. Vaky, Nancy Birdsall e Jerome Levinson. Informações essenciais sobre a ONU e a Conferência das Nações Unidas sobre Comércio e Desenvolvimento (Unctad) foram generosamente fornecidas por Philippe de Seynes, R. Krishnamurti, Diego Cordovez, Yves Bertholet, Zamit Cutajar e Jorge Viteri de la Huerta. Raúl Alfonsin, Bernardo Grinspun, Juan Sourrouille, Enrique Garcia Vasquez, Arturo O'Connell, Aldo Ferrer e José Luis Machinea foram particularmente prestativos em relação ao retorno de Prebisch à Argentina.

Raúl Prebisch – a construção da América Latina e do Terceiro Mundo examina a interação dos temas-chave da carreira de Prebisch: desenvolvimento, instituições, Nações Unidas, integração latino-americana e governança internacional. O livro baseia-se em textos existentes, particularmente sobre história da Argentina, economia política latino-americana e multilateralismo. Portanto, deve muito aos acadêmicos especializados em Prebisch nesses campos. Apesar de a bibliografia e as notas referirem-se a essas fontes, vários acadêmicos conhecedores de Prebisch foram consultados individualmente no curso da pesquisa. Sem repetir agradecimentos anteriores, cito Joseph Love, Adolfo Gurrieri, Manuel Fernando

Lopez, Carlos Mallorquín, Gregório Weinberg, John Toye, Richard Toye, Ronald Sprout e Eric Helleiner. Gostaria também de agradecer a extensa correspondência com autores na América Latina, Europa e América do Norte durante o projeto.

Ao registrar minha responsabilidade pessoal por todos os erros ou omissões, gostaria de reconhecer a assistência dos arquivistas que facilitaram o acesso às fontes na Argentina, nos Estados Unidos, na ONU e em outras fontes regionais e mundiais, particularmente Bárbara Duranti, na Universidade Di Tella em Buenos Aires; José Besa Garcia e Carmen Vera Arndt, na Cepal em Santiago; Marilla B. Guptil, chefe de processamento na ONU em Nova York; Alison Hicks, na Biblioteca Felipe Herrera do Banco Interamericano de Desenvolvimento (BID); Stella Villagran, na Organização dos Estados Americanos (OEA); Charles Ziegler, no Banco Mundial; Katherine Nicastro e Sally M. Marks, no Departamento de Estado, Peter B. Field, no Departamento de Comércio, e David C. Mulford, no Departamento do Tesouro dos Estados Unidos. Na Universidade York, a equipe da biblioteca chefiada por Brent Roe assim como o Centro de Pesquisa para a América Latina e o Caribe (Cerlac) e o Centro de Estudos Internacionais e sobre Segurança (CISS) apoiaram ativamente o projeto, com menção especial aos professores Louis Lefeber, David Dewitt, Aleks Nicolic e Heather Chestnutt. Gostaria de enfatizar o apoio financeiro dado pelo Conselho Canadense de Pesquisa em Ciências Sociais e Humanas.

Sou particularmente grato a Robert Fothergill por revisar todo o manuscrito e a R. Krishnamurti, Manuel Uribe, Carlos Mallorquín e Eric Helleiner por seus detalhados comentários e sugestões conforme o texto foi progredindo. E à McGill-Queen's University Press, principalmente Jonathan Crago, John Zucchi, Joan McGilvray e Claude Lalumière, que foram incrivelmente atenciosos e prestativos.

À minha companheira de vida, Maureen Whitehead, um agradecimento muito especial, não só por tolerar tanto tempo e recursos gastos, pela paciência e o estímulo infinitos para manter vivo um projeto tão complexo, mas também pela qualidade dos conselhos, pesquisa e revisão para tornar *Raúl Prebisch – a construção da América Latina e do Terceiro Mundo* uma biografia de valor. A Maureen e a toda a família, um agradecimento ainda maior do que todos.

Raúl Prebisch com um ano e meio.

A família Prebisch – Raúl na bicicleta.

Raúl com o avô Segundo Linares em Jujuy, 1911.

Serviço militar, 1924-1925.

Prebisch quando foi subsecretário da Fazenda, 1930.

Raúl e Adelita em Genebra, 1932.

Prebisch e a diretoria do Banco Central da Argentina, 1935.

Raúl em sua casa de fim de semana fora de Buenos Aires.

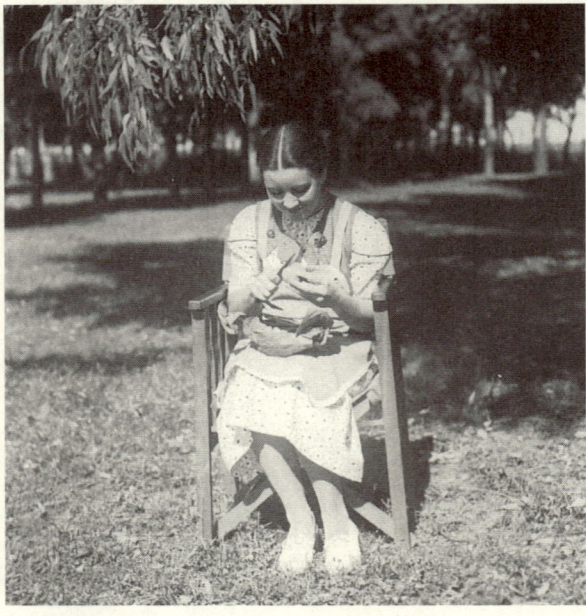
Adelita na casa de fim de semana fora de Buenos Aires.

Prebisch no encontro com Chris Ravndal (ao lado de Prebisch) e a delegação norte-americana, 6 de dezembro de 1941.

Prebisch em Havana, 1949.

A partir da esquerda, Gunnar Myrdal (secretário executivo da Comissão Econômica das Nações Unidas para a Europa), Raúl Prebisch, Dag Hammarskjöld e P. S. Lokanathan (secretário executivo da Comissão Econômica das Nações Unidas para a Ásia e o Extremo Oriente) em Bancoc, 1956.

Raúl e Adelita de volta a Buenos Aires, outubro de 1955.

John F. Kennedy lança a Aliança para o Progresso, 1961. Prebisch é o terceiro a partir da direita.

David Pollock, Sidney Dell e Raúl Prebisch: volta ao mundo em quarenta dias, 1963.

Prebisch no lançamento da Unctad, 1964.

Prebisch na sede da Unctad em Genebra, 1965.

Prebisch na Unctad II, 1968 – o apelo final.

Raúl Prebisch, o embaixador Amjad Ali (Paquistão) e o chefe de gabinete R. Krishnamurti.

Prebisch em Nova Delhi com Indira Gandhi, 1968.

Prebisch com o primeiro-ministro soviético Alexei Kosygin, 1968.

A última equipe de Prebisch: a *Revista da Cepal*, 1976.

Raúl Prebisch e Enrique Iglesias (centro) com os secretários executivos da Cepal, 1948-1985 (a partir da esquerda, Carlos Quintana, Gustavo Martinez-Cabañas, Enrique Iglesias, Raúl Prebisch e José Antonio Mayobre).

Prebisch e o presidente Raúl Alfonsín, Buenos Aires, 1984.

Prebisch como profeta.

Introdução

Conheci Raúl Prebisch em 1978 e estava determinado a entender essa figura incomum entre as maiores personalidades do século XX. Sua vida profissional como economista se estendeu pela maior parte do século, e as opiniões a seu respeito eram extremadas: defensores o veneraram e críticos o difamaram na mesma medida. Em parte, este livro é uma reação à força de sua personalidade; em parte, também aos desafios que ele enfrentou na agitação política de seu país natal, a Argentina, na América Latina na época da Guerra Fria e nas relações Norte-Sul. *Raúl Prebisch – a construção da América Latina e do Terceiro Mundo*, que traça a trajetória de Prebisch na infância e na juventude, passando por seu trabalho como economista na Argentina, até chegar a sua famosa liderança na Comissão Econômica para a América Latina (Cepal) e seu papel internacional como chefe da Conferência das Nações Unidas sobre Comércio e Desenvolvimento (Unctad), pretende apresentar uma visão equilibrada da contribuição de Prebisch para a economia do desenvolvimento e as instituições internacionais.

Com o desenrolar do trabalho, ficou claro que o principal desafio era o próprio Prebisch, ou melhor, como integrar as dimensões pessoal e profissional desse homem complexo. Ele era reticente quanto a sua vida pessoal, que fica bastante de lado na vasta literatura especializada sobre questões como comércio internacional ou sua carreira na ONU. Curiosamente, grandes épocas de sua vida, como o período da Segunda Guerra Mundial ou os anos de transição entre a Argentina e a ONU (1943-1949), ainda não tinham sido sistematicamente pesquisadas. Em suma, Prebisch permanecia um enigma: só uma abordagem biográfica poderia capturar a unidade essencial de sua vida e obra.

A tarefa, no entanto, mostrou-se enorme, a começar pelo próprio escopo do projeto. Prebisch iniciou os estudos de economia em Buenos Aires em 1918, durante a fase final da Primeira Guerra Mundial, em uma época em que a Argentina podia ser incluída entre os países ricos. Suas ideias e seus textos refletem todo o percurso do pensamento econômico latino-americano no século XX. Depois de ingressar na ONU em 1949, foi um de seus expoentes por vinte anos e permaneceu intelectualmente ativo até morrer em 1986. As muitas facetas inter-relacionadas e os desafios pessoais de sua vida notável tinham de vir a público e ser explicados, ao mesmo tempo evitando fazer uma mini-história da época em que viveu. O alcance e o escopo da pesquisa permitiram-me penetrar nos pensamentos e sentimentos de Prebisch sem sacrificar a acuidade acadêmica. Sua vida e sua obra andam juntas, e se a busca do Raúl Prebisch essencial mostrou-se mais complexa e longa do que o previsto, foi recompensada por um conhecimento mais profundo de um líder com raras realizações e um legado duradouro.

* * *

O enterro de Raúl Prebisch em 20 de abril de 1986 foi um evento importante em Santiago do Chile. Houve multidões, tributos e dedicatórias condizentes com um economista cujas ideias haviam mudado o século XX. Um cardeal da Igreja Católica rezou a missa na catedral de Santiago; presidentes e dignitários solidarizaram-se com a família. Os oradores, um após outro, entoaram louvores ao seu legado duradouro, chamando-o de Keynes latino-americano e de "pai do desenvolvimento". O carisma, a gentileza e a generosidade de Prebisch mudaram a vida dos que o conheceram. Foi um dos poucos latino-americanos alçados ao título de personalidade mundial por sua energia e seu espírito de liderança.

Porém, a maioria dos presentes ao ofício religioso era formada por pessoas de meia-idade ou mais idosas, colegas que o tinham conhecido em seus primórdios, aposentados da ONU que lembravam a estatura heroica de Prebisch como homem de poder, defensor incansável da justiça econômica e da difusão do progresso material e social para toda a humanidade.

Onde estavam os jovens? Para eles, as ideias de Prebisch pareciam ultrapassadas em comparação com a nova economia, talvez relegadas ao lixo da história. De fato, suas ideias sobre desenvolvimento e as assim chamadas relações Norte-Sul estavam fora de moda na Washington de Ronald Reagan e no Ocidente em geral, inclusive na própria América Latina. A essência da mensagem de Prebisch tinha sido o perigo de todos os países caírem na polarização entre ricos e pobres, e a necessidade de todos colaborarem em prol do interesse mútuo no longo prazo. Em 1986, a corrente majoritária tinha se bandeado para Margaret Thatcher e a "revolução Reagan", deixando para trás Prebisch e seu reduzido grupo de apoiadores e seguidores dos velhos tempos ao se despedirem de seu herói no belo jardim localizado em uma encosta próxima do rio Maipo, com as montanhas nevadas dos Andes ao longe.

Tão completo fora seu declínio que Prebisch foi negligenciado por biógrafos, o único grande economista do século XX a sofrer essa distinção obscura. No final do século, no entanto, depois de ser acusado de ultrapassado durante vinte anos, ou até mesmo ser perigosamente mal interpretado, a originalidade de sua convocação para se "civilizar a globalização" foi redescoberta. Quando isso aconteceu, ele já estava morto havia tempos. A moda foi revertida. Mesmo os famosos paladinos do capitalismo liberal – o Banco Mundial e o Fundo Monetário Internacional – pagaram tributo a Prebisch, reconhecendo sua obra.

O legado dele, no entanto, foi incomumente opaco. Para muitos observadores ele permaneceu um enigma, uma figura desconcertante, com uma identidade dividida. Nascido em 1901, sua vida cobriu praticamente todo o século XX. Ao morrer em 1986, a Guerra Fria estava chegando ao fim. Sua atividade, portanto, acompanhou o desenvolvimento da América Latina moderna, seus sucessos e fracassos. Poucas carreiras refletiram as contradições e os tumultos desse século brutal com tamanha intensidade.

Raúl Prebisch foi um *outsider*. Filho de um imigrante alemão, nasceu no interior da Argentina e chegou à capital em 1918, quando a Primeira Guerra Mundial caminhava para o fim. Aluno da Universidade de Buenos Aires, ascendeu rapidamente até se tornar o mais poderoso economista argentino, mas o regime político corrupto, ao qual servira, foi derrubado por um golpe militar em 1943. Ele próprio foi exonerado logo depois, por suas ideias pró-Aliados e pela defesa da autonomia do Banco Central. Após seis anos de busca e rejeição, foi finalmente admitido no sistema da ONU em 1949, no estágio inicial da Comissão Econômica para a América Latina (Cepal), e tornou-se secretário-geral da Conferência das Nações Unidas sobre Comércio e Desenvolvimento (Unctad), o maior defensor do diálogo Norte-Sul e uma poderosa força moral e intelectual da justiça internacional. Portanto, diferentemente da maioria dos pensadores econômicos, ele foi muito mais que um acadêmico. Foi uma pessoa de talentos diversos que não só produziu novas teorias como também criou instituições para dar-lhes forma, das quais surgiram novas políticas e práticas. Por toda a vida, Prebisch foi movido por uma busca de "momentos históricos": o tempo certo de lançar um novo conceito poderia transformar uma organização num movimento. Teoria, instrumentos e políticas: essa poderosa trindade, ligando uma ideia a um mecanismo histórico, abrange o cerne da visão de Prebisch. Apesar de ter sido um latino-americano culturalmente imerso em sua região, a mensagem de Prebisch foi universal.

Poucas figuras históricas foram tão difamadas e mal entendidas, ou tão acriticamente aclamadas. Observadores e críticos viram duas vidas e personalidades diferentes. O serviço de inteligência dos Estados Unidos o manteve sob vigilância durante a década de 1950 como sendo um radical perigoso, apesar de sempre ter sido um anticomunista firme e ter trabalhado em íntima colaboração com a embaixada americana e o Federal Reserve dez anos antes. Na Argentina, era visto como um símbolo da velha oligarquia, mas desdenhou os militares e nunca foi aceito pela elite. Adorava Buenos Aires mais do que todas as cidades do mundo. Ao retornar em 1983, depois que a democracia foi restaurada, nenhum monumento foi inaugurado ali em homenagem a um de seus mais famosos habitantes.

É difícil classificar Prebisch. Mesmo nos últimos anos de vida, irradiava energia e carisma. Era divertido, articulado e charmoso. Conversar com ele era como ter uma aula de história. Envelheceu, mas nunca pareceu ficar velho. Era fácil encontrá-lo e difícil conhecê-lo. Por trás de sua acessibilidade pública, guardou sua *persona* com uma reserva interna impenetrável. Divertia-se com ideias e anedotas profissionais, mas nunca discutia sua vida pessoal turbulenta e conflituosa, que tanto intrigou amigos e adversários. As lutas internas que subjazem ao seu pensamento e à sua obra permaneceram ocultas por reticência e vulnerabilidade.

Parece-me, então, de algum valor entender o Raúl Prebisch de fato, mais do que o de ficção, e pesar as reivindicações de defensores e críticos. Qual foi seu legado verdadeiro? Quando sua vida e sua obra são integradas, um pouco do mistério é desfeito: apesar das contradições aparentes, a longa carreira pública de Prebisch demonstra uma notável unidade de propósitos e uma coerência surpreendente na maneira como abordou a inovação. Jovem administrador que serviu ao governo da Argentina e economista que desafiou o sistema econômico internacional, ele projetou um imperativo ético que exigia comprometimento e não deixou justificativa para a inação – a começar por ele próprio. Moldado pela família e a maneira como foi criado, avesso às injustiças que testemunhou, foi um apaixonado e um intelectual, um idealista entre cínicos e, em última instância, uma figura solitária e mal compreendida, preocupado com o possível fracasso de sua obra em um país de promessas quebradas e em um continente de sonhos perdidos.

CAPÍTULO 1

Infância: os sonhos de Tucumán

Buenos Aires era "fantástica", maravilhou-se Raúl Prebisch depois do primeiro passeio pela capital.[1] Tinha dezessete anos e vivera uma vida protegida no interior da Argentina, sem um gole de vinho, um cigarro ou férias no litoral. O trem parou na plataforma às 12h no dia de seu aniversário, 17 de abril de 1918, um começo auspicioso para a nova vida como estudante universitário na capital do país. Ele esperava que a realidade da cidade estivesse à altura dos sonhos de infância nas remotas montanhas andinas.

Raúl ficou maravilhado com o que viu, admirando cada esquina desde a estação. Suas expectativas foram largamente superadas.[2] Viu pela primeira vez a Plaza de Mayo, o foco central da cidade desde 1580, uma praça oblonga ancorada pela elegante Casa Rosada, palácio do governo, situado perto do Congresso Nacional no final da Avenida de Mayo, onde ela se encontra com o Bulevar 9 de Julio. Era a avenida mais larga do mundo, ousada e grandiosa como a arquitetura da cidade que recebera a maior parte da riqueza nacional da Argentina desde a Independência em 1816.

No Novo Mundo, a vitalidade e a modernidade de Buenos Aires só se comparavam às de Nova York. Era um centro próspero e cosmopolita, singular na América Latina. Sua população crescera de cerca de 663 mil habitantes em 1895 para mais de 2 milhões na época em que Raúl chegou. Centenas de navios se acercavam todos os dias do porto mais movimentado do hemisfério Sul. Um novo metrô recém-concluído complementava as ruas de pedestres, exclusivas para lojas e restaurantes. Correios, telefones e outros serviços públicos eram confiáveis e eficientes. Os parques simbolizavam o orgulho dos habitantes da cidade. A vida cultural desabrochara com a construção de teatros e palácios por arquitetos franceses. A estreia de *Il Trovatore*, com Enrico Caruso, no El Cine Teatro em 1872 iniciara uma corrida por espaços luxuosos, culminando com a inauguração do Teatro Colón, de 3,5 mil lugares, em 1908, com a *Aída* de Verdi. A partir daí, durante o verão, Buenos Aires passou a fazer parte do circuito das turnês de música e balé que incluía Milão, Londres e Berlim.

As mansões construídas ao longo da Avenida Alvear celebravam uma riqueza sem precedentes, e o Jockey Club de Buenos Aires superava em opulência os clubes da alta sociedade de Nova York. A vida noturna proliferava junto com o tango, do poeirento bairro de Mataderos (ou "Nova Chicago", por causa dos matadouros construídos ali) a Palermo Viejo, com a Plaza Italia e o monumento a Garibaldi. Para Raúl, cada prédio e cada esquina tinham uma qualidade especial ou um significado histórico. Era possível experimentar tudo nessa incrível cidade.

O romance apaixonado de Raúl Prebisch com Buenos Aires começou naquele outono de 1918. A cidade estimulou suas ambições. Ele estava determinado a ter êxito e a moldar o futuro dessa capital do Novo Mundo, líder do continente sul-americano. Estava no limiar de uma vida nova, mas as características de sua personalidade tinham sido formadas na infância e na adolescência vividas na remota capital provincial de Tucumán, na região andina, no noroeste do país.

Raúl Federico Prebisch Linares nasceu em 17 de abril de 1901 em Tucumán, filho de Albin Prebisch e Rosa Linares Uriburu. Sua mãe tinha raízes familiares na antiga ordem colonial espanhola da aristocrática Salta, no noroeste andino da Argentina. A linhagem dos Linares podia ser rastreada até o conquistador Francisco Pizarro e contava com senadores, bispos e generais. Família basca rígida e ambiciosa, os Uriburu vieram mais tarde, na década de 1750, de Guernica, na Espanha. Joseph de Uriburu, bisavô de Rosa, tinha sido o patriarca da família durante as guerras da Independência, e no século seguinte o clã Uriburu permaneceu como um dos mais poderosos na oligarquia da nova República Argentina. Pedro, um dos nove filhos de Joseph, avô de Rosa, casou-se com Cayetana Arias Cornejo, de outra família tradicional de Salta. Não havia mansão maior que a deles no centro da cidade. Luisa, a mais nova de nove filhos, mãe de Rosa, cresceu no período em que Pedro estava ativo na política; ele chegou a presidir o Senado Nacional em Buenos Aires no início da década de 1860. Depois, sua boa sorte financeira mudou e ele acabou perdendo a famosa Casa Uriburu para parentes mais abastados.[3]

Luisa Uriburu tentou escapar da derrocada financeira ao se casar com Segundo Linares y Sansetena, integrante de uma família de notáveis de Salta, cujo irmão era o bispo local e cujo tio era rico o bastante para ter um vagão de trem só para ele. O início de sua carreira, como ministro no governo provincial e depois como senador da República, indicava um sucesso duradouro. Depois, porém, sua boa sorte ruiu. Ele rompeu com a elite política na década de 1870 e mudou-se para Jujuy, a capital vizinha, onde passou a ensinar latim no Colégio Nacional. Suplementava a renda dando aconselhamento jurídico num pequeno escritório com poucos clientes, pois não era um advogado experiente. A família tinha poucos recursos, mas não abria mão da elegância do passado: a casa deles ocupava um quarteirão inteiro, com vários pátios e uma das melhores bibliotecas de Salta e Jujuy; suas janelas com elegantes vitrais davam para a praça principal e emolduravam as montanhas nevadas dos Andes.

O dinheiro de Segundo Linares acabara, tornando impossível manter o estilo de vida da família. Excluída dos ramos ricos e poderosos dos Uriburu, Luisa educou os filhos numa pobreza afetada, em sua amada mansão colonial caindo aos pedaços, com tetos cheios de goteiras e de cupins. Rosa foi criada com uma sensibilidade aristocrática temperada pelo desespero financeiro. Sua irmã havia se casado por interesse com Julio Cornejo, deputado do Partido Conservador no Congresso Nacional. Rosa saiu da escola aos dezesseis anos, com perspectivas incertas, quando conheceu Albin Prebisch, seu futuro marido e pai de Raúl.

Albin era um imigrante alemão de primeira geração, oriundo de um vilarejo perto de Dresden, na Saxônia, onde sua família tinha uma próspera fazenda. Não deixara a Alemanha por motivação financeira, mas para escapar da tediosa vida no campo. Inquieto, ansioso por sair da Europa e conhecer o mundo, começou as andanças pela Inglaterra, onde deu aulas de alemão. Embarcou depois para a Índia. Incomodado com o barulho e a confusão de lá, partiu de novo, buscando um país pouco explorado, onde pudesse começar vida nova. Quando a volta ao mundo o levou a Buenos Aires, Albin logo viu que encontrara seu lugar. Aquele era um país do futuro, muito extenso – a Alemanha caberia várias vezes dentro dele – e geograficamente muito diverso: incluía a região andina, as florestas tropicais nas planícies do norte e as pastagens a perder de vista nos pampas centrais, estendendo-se até a Patagônia. Sentiu-se bem-vindo nesse lugar de sonhos no Novo Mundo. Ali, a 11.200 quilômetros de Nova York e do canal da Mancha, construiria a vida que desejava.

Mergulhando nesse novo ambiente e aprendendo de qualquer jeito o espanhol, Albin experimentou várias ocupações. Começou por Buenos Aires, mas logo se mudou para avaliar as perspectivas no sul, na região de criação de ovelhas, antes de seguir para Mendoza, a província vinícola central, perto da fronteira com o Chile. As vinhas de Mendoza lhe pareceram tão tediosas quanto os pastos do sul. Farto das atividades agrícolas quando deixara a Alemanha, precisava de algo que lhe propiciasse aventuras. Partiu, então, para as províncias andinas distantes. Em Jujuy conseguiu emprego na Mensajerias, uma empresa de transporte por terra, em mulas e cavalos, para entrega de correio e traslado de pessoas entre o norte da Argentina e a Bolívia. O trabalho era árduo, partindo da pequena capital colonial, atravessando áreas indígenas e montanhas isoladas, cruzando desfiladeiros que eram a única rota entre os dois países.

Albin conheceu Rosa Linares Uriburu em 1887, quando ela estava com 16 anos e ele, com 26. Seus históricos familiares indicavam um casal improvável, mas Albin logo passou a fazer a corte com intenções sérias. A família dela não aprovou o namoro. Segundo Linares ficou inquieto: Albin não tinha nem família nem posição estável. Ele temia perder a jovem filha para um estranho, que, além disso, era de formação protestante. Mas Rosa estava apaixonada, e Albin insistiu. Para ele, a moça representava uma ligação com a romântica Argentina colonial de sua imaginação. A oposição de Segundo foi vencida pela necessidade: sua precária situação financeira impedia o veto. Por fim, Albin superou a hostilidade, prometendo que os filhos do casal seriam batizados e criados no catolicismo.

Se Albin Prebisch um dia pensou que o casamento poderia lhe render ganhos financeiros e reconhecimento social, estava enganado. No início, o casal permaneceu em Jujuy, mas a vida não era fácil. Logo a família aumentou com o nascimento da primeira filha, Amalia, enquanto a estagnação da economia diminuía a oferta de empregos. Um dos tios ricos de Rosa em Buenos Aires, Francisco Uriburu, conseguiu um emprego para Albin como contador na filial local do Banco de Londres. Eles partiram com dois filhos, pois Maria Luisa acabara de nascer. Na capital, foram tratados como parentes de segunda classe.

A aristocrática família de Francisco Uriburu morava numa das mais extravagantes mansões de Buenos Aires, localizada em Lavalle, 371, ponto de encontro da alta sociedade. Albin e Rosa não eram bem-vindos. Nem todos os imigrantes eram excluídos da casa e da oligarquia. Os Bunge, os Tornquist, os Shaw e os Bemberg eram bem acolhidos tanto na capital quanto na Villa Elisa, a estância da família no norte de Buenos Aires, com 5 mil hectares e casa construída com materiais europeus, onde a orquestra sinfônica se apresentava em ocasiões especiais. As respectivas fortunas uniam esses imigrantes aceitos: famílias ricas, de qualquer procedência, garantiam seu lugar na classe alta argentina. Mas Albin era um mero escrevente. Os Uriburu não escondiam que ele não devia atravessar a soleira da porta, na cidade ou no campo.

Sem conseguir tolerar a humilhação, mas ainda despreparado para se libertar da mística da família, ele deixou a capital para trabalhar nos vinhedos de Francisco Uriburu em Caucete, na província de San Juan, no norte de Mendoza, ao longo da fronteira com o Chile. Logo viu que vigiar 350 camponeses miseráveis que trabalhavam para um patrão ausente era pior do que ser escrevente em um banco de grande porte. Não deixara uma fazenda nos arredores de Dresden para isso.

Albin Prebisch percebeu que precisava abrir o próprio caminho. Depois do nascimento de Ernesto, o primeiro filho homem, ele e Rosa, agora com três filhos, mudaram-se para San Miguel de Tucumán, uma opção feliz. Em vez de trabalhar para outros, Albin abriu o próprio negócio. Usou sua magra poupança, somada a um empréstimo, para comprar La Velocidad, uma pequena gráfica em dificuldades. Para surpresa dos parentes, revelou bom faro para os negócios e transformou a empresa num dos maiores estabelecimentos gráficos do noroeste da Argentina. Aproveitando um mercado regional em expansão, diversificou suas operações, abrindo uma serraria e uma grande livraria em Tucumán. Depois de vinte anos na Argentina, onde chegara sem um tostão, conseguiu progredir e se tornar um homem de negócios respeitado na cidade, com suficiente tempo livre para ensinar inglês no Colégio Nacional local, ser diretor do Banco Comercial de Tucumán e servir como cônsul honorário da Holanda na região.

Albin Prebisch soube ver o potencial econômico de Tucumán na virada do século. Apesar de ser a menor província da Argentina, com menos de 1% do território nacional, era um paraíso agrícola conhecido como "o jardim da República" ou, mais poeticamente, "o éden da América". Os pioneiros jesuítas haviam percebido que a cana-de-açúcar poderia ser cultivada naqueles solos e vales abrigados, onde criaram a maior indústria de açúcar até que foram expulsos da América Espanhola em 1767. Cinquenta anos depois, em 1821, o bispo católico José Eduardo Eusebio Colombres reiniciou a produção de cana, base da economia local. Em 1876, com a construção da estrada de ferro que vinha de Buenos Aires, o mercado nacional se abriu.[4] A produção de açúcar explodiu de 2 mil para 54 mil hectares, e os padres deram lugar a oligarcas. A expansão criou fortunas. Os impostos tiravam a competitividade do açúcar cubano e brasileiro.

Quando Albin Prebisch entrou no negócio, em 1893, a economia nacional estava em profunda recessão após o colapso financeiro de 1890. Não era claro quando ou sequer se ela se recuperaria. Ele apostou corretamente na recuperação, apesar de ninguém ter conseguido prever o ritmo que ela tomou. A economia argentina deslanchou depois de 1896. Em 1914, já era a maior exportadora de carne e de grãos. Para sustentar as exportações, a rede ferroviária se expandiu de 2.516 quilômetros em 1880 para 16.563 quilômetros em 1890 e 33.510 quilômetros em 1914. Nesse ano, a Argentina estava no grupo das dez maiores nações comerciais e era o segundo país mais rico do mundo, só superado pelos Estados Unidos, com uma renda *per capita* duas vezes maior que a da Itália e 1/3 maior que a da França. Tendo recebido 3,3 milhões de imigrantes europeus entre 1857 e 1914, o país pulsava de empreendedorismo e energia, com gente nascida no estrangeiro controlando mais de 3/4 dos estabelecimentos industriais e comerciais. O sistema educacional público mais avançado da América Latina produzira uma grande classe média com expectativas de mobilidade social.

Beneficiando-se do *boom* econômico, com a indústria de refino de açúcar em expansão, Tucumán relançou-se como a pérola do norte. Foram construídos uma linha de bondes, sistemas de telefonia e de iluminação, uma nova assembleia legislativa provincial, uma nova universidade, uma escola secundária nacional, o Teatro Odeon e o Museu de Belas-Artes. Grandes bancos competiam por atenção com prédios públicos numa cidade em evidente progresso. A reconstrução das praças Belgrano, San Martin e Alberdi e a conclusão do Parque 9 de Julio pelo paisagista francês Carlos Thay fizeram de Tucumán um símbolo de otimismo no futuro da Argentina. Em 1914, a cidade já era um importante centro que atendia toda a região andina argentina, com uma população de 91 mil habitantes em 1914, diferentemente de Salta e Jujuy, cidades-irmãs porém deprimidas que olhavam para o passado, com 28 mil e 8 mil habitantes, respectivamente. Elas invejavam o crescimento e a vitalidade de Tucumán, onde havia oportunidades para os rápidos e persistentes.

Apesar de Albin e Rosa não serem ricos, sua renda proporcionava uma confortável vida de classe média para a família, com uma casa ampla no centro da cidade, cercada de jardins cobertos de jasmins e gardênias onde se abrigavam os bandos de beija-flores que Rosa amava. Os outros filhos nasceram e cresceram lá. Três filhos homens, Ernesto, Julio e Alberto, vieram depois das duas meninas. Raúl foi o quarto e último menino. Mais duas meninas completaram a família. Julio Gonzalez del Solar, sobrinho de Rosa, órfão, também foi acolhido como filho. Era um lar amigável e simpático, com hospitalidade generosa, mas sem luxos. Albin e Rosa não eram proprietários da casa. Rosa costurava para as crianças e só raramente usava as porcelanas da família de Dresden. Em contraste, Albin se vestia com apuro, encomendando ternos e suéteres de *cashmere* inglês a um alfaiate. Rosa mantinha relações próximas com a família em Jujuy, mas os Prebisch viviam fora da alta roda dos Uriburu e da sociedade local de Tucumán e de Salta. Como em Buenos Aires, não eram convidados para as festas nas mansões. No entanto, a renda de classe média permitia contratar empregados domésticos para fazer o trabalho pesado e uma babá em tempo integral.

A posição social da família Prebisch em Tucumán era ambígua, pois a ascendência oligárquica da mãe mesclava-se com as origens de imigrante do pai. Ter pai estrangeiro não era um fato excepcional em Buenos Aires, mas o estabelecimento da família em Tucumán gerara essa posição incerta. Buenos Aires era multiétnica como Nova York, onde a metade da população era de imigrantes de primeira geração que controlavam boa parte da riqueza da cidade. Tucumán era diferente, com uma sociedade estratificada e tradicional. A família de Raúl não podia fazer parte da oligarquia argentina porque sua mãe se casara com um alemão que não era nem remotamente ligado aos barões do açúcar.

Os imigrantes estavam presentes nas profissões e nos negócios locais. As pessoas conheciam seu lugar, e a origem familiar era importante. Sabendo disso, Albin insistia para que os filhos se identificassem com as raízes profundas da mãe na história da Argentina, e não com a herança alemã, da qual ele mesmo se havia afastado. Falava espanhol com os filhos e não tolerava o uso do alemão em casa, com medo de que isso minasse o patriotismo deles. Apesar de encorajá-los a aprender línguas estrangeiras, principalmente inglês e francês, importantes nos negócios, ele os desestimulou a aprender alemão; nenhum filho falou a língua nem se interessou pela cultura ou a história germânica. O ensino dos valores nacionais mostrou-se eficaz: apesar do sobrenome europeu, Raúl sempre se viu como um autêntico argentino; sentia-se ofendido com eventuais implicâncias de que era um "gringo".

Na época em que Raúl nasceu, seu pai havia se distanciado emocionalmente da família. Albin mudava de personalidade quando pisava fora de casa. O homem exigente e consciencioso, atento à disciplina e à educação, se transformava em outra pessoa. Primeiro, havia o Albin do Clube Germânico de Tucumán, que voltava a ser alemão, por fim sendo eleito presidente do clube e até revivendo contatos com a Saxônia natal. Ali ele fumava e bebia, enquanto álcool e fumo não eram permitidos em casa para não corromper as crianças. Nem Rosa nem os filhos penetravam nesse mundo, apesar de Albin exibir ali, orgulhosamente, os boletins dos meninos com boas notas.

Além do Clube Germânico, Albin criou outra realidade, totalmente secreta, que refletia um traço boêmio, uma extravagância e um abandono que Rosa nunca pôde entender ou aceitar: o rígido patriarca mantinha outra família, com mulher e filhos escondidos no outro lado da cidade. Era como se Rosa e os oito filhos formassem a família oficial, mas o casamento não andasse bem ou não fosse suficiente. Albin precisava de outra mulher, fora da sociedade e das convenções. Incapaz de conter essa paixão, mas também cheio de culpa, durante vinte anos ele conseguiu ocultar de toda a família essa vida secreta, em um vaivém entre duas casas, o que o deixava pouco disponível para ambas, especialmente para Rosa e seus filhos. Raúl considerava o pai distante e frio, mas ansiava por sua afeição e admirava sua independência. Tentava agradá-lo por meio da excelência acadêmica.

Rosa exercia a principal influência sobre os filhos, cuidando deles e guardando sua fé. A família era católica praticante. Os irmãos seguiram os passos da primeira comunhão à crisma e perpetuaram a tradição conservadora e formal dos Linares-Uriburu, dirigindo-se aos pais como senhor e senhora. Na ausência da afeição do pai, cresceu a dependência de Raúl em relação à mãe, que se tornou a mais importante influência em sua infância. Dotado de rápido senso de humor e evidente inteligência, tornou-se o favorito dela. As fotografias de família o mostram recostado no colo maternal abundante, olhando fixo para a câmera com o aspecto divertido e levemente irônico do Prebisch adulto.

Até fisicamente Raúl parecia mais puxado para o lado da mãe: tinha os mesmos modos e o mesmo porte aristocrático ereto dos Uriburu. Ela deu ao filho um quadro a óleo do avô, Pedro Uriburu, em que aparecia a espantosa semelhança nos traços, nos olhos e na postura. Rosa costurava roupas especiais para ele usar no dia da pátria. Amava-o incondicionalmente e foi a fonte de sua autoconfiança intelectual. O humanismo que ele aprendeu na infância foi a base da sua permanente generosidade e sensibilidade para com o sofrimento dos homens em condições sub-humanas. Ele retribuiu a afeição da mãe com uma lealdade firme, estabelecendo-se entre ambos uma intimidade duradoura que se estendeu até a morte dela em 1943.

Na falta do apoio paterno, o avô Segundo Linares desempenhava o papel de pai. Sua importância tornou-se maior pela ausência de parentes e de ligações de qualquer tipo com a família na Alemanha. A velha mansão caindo aos pedaços em Jujuy tornou-se o destino favorito de Raúl nas férias, quando o avô o entretinha com estórias dos tempos da colônia, adornadas por leituras na biblioteca e caminhadas pelas montanhas. Com sua longa barba branca balançando no vento andino, de mãos dadas com o neto pelas ruas estreitas, Segundo viu em Raúl um futuro líder e estimulou o interesse dele pela história da Argentina. O garoto acabou obcecado pelo país, invocando que tinha "quatro séculos de sangue argentino" e se propondo a influenciar seu futuro.[5]

Segundo Linares era um grande contador de estórias. Com ele, e não com os pais, Raúl conheceu a pungente história da família, da região e do país. O avô lhe ensinou, ainda menino, o drama do passado colonial e a grandeza da Argentina. Contava estórias de Pizarro e seu grupo de invasores espanhóis, criando praças-fortes como Jujuy para se proteger dos ataques inimigos. Por isso ao norte de Tucumán está localizada a província-irmã de Salta, em formato de bumerangue, cercando a província ainda mais remota de Jujuy, espremida na extremidade noroeste contra a cordilheira dos Andes e a fronteira com o Chile e a Bolívia. Tucumán, oficialmente San Miguel de Tucumán y Nueva Tierra de Promisión, foi fundada em 31 de maio de 1565 por Diego de Villarroel e seus soldados espanhóis para defender os caminhos de ataques dos índios diaguitas, mas logo depois uma enchente forçou os moradores a se mudarem para terras mais altas no pé da montanha San Javier. Segundo descrevia como Tucumán, Salta e Jujuy prosperaram depois da fundação na década de 1560, compartilhando a riqueza do império espanhol, pois ocupavam uma posição estratégica. O interesse principal de Madri era extrair metal precioso das minas de Potosí, na Bolívia, usando o monopólio real do ouro e da prata, mantendo Lima como capital colonial e centro de operações. Essas três províncias deviam proteger a longa rota terrestre que passava pelos Planaltos Andinos e seguia para o sul até chegar à Argentina, onde dobrava para oeste em Córdoba, cruzando os Andes até chegar à cidade portuária de Santiago do Chile.

O avô de Raúl contava como a política espanhola isolara deliberadamente Buenos Aires do interior durante dois séculos para manter o controle dos metais preciosos, pois a Espanha perdera o domínio do Atlântico Sul depois da derrota naval para a Inglaterra em 1588. O resultado foi a estagnação de Buenos Aires, ou Puerto de Nuestra Señora de Santa Maria de los Buenos Aires, que em 1759, dois séculos após sua fundação em 1536, mal chegava a 10 mil habitantes e ainda usava couro de animais como moeda, apesar de todo o ouro e a prata que o rei espanhol retirava das minas andinas.

Porém, continuava Segundo, como a Espanha se enfraquecia e as minas se esgotavam, o impulso de crescimento de Buenos Aires e a importância do Atlântico se fortaleceram, forçando o rei Carlos III a reorganizar suas possessões coloniais.

Ele criou o Vice-Reinado do Rio da Prata em 1776, com capital em Buenos Aires, incluindo nele Tucumán, Salta e Jujuy, assim como o Paraguai e o Uruguai. Segundo contava estórias das guerras de independência e dos feitos dos Uriburu nessas guerras. A tardia criação do novo Vice-Reinado representara o último estágio no colapso do domínio espanhol nas Américas, quando as revoluções Francesa e Americana abalaram o Novo Mundo, antes de Napoleão conquistar a Península Ibérica, pondo fim à autoridade da Coroa espanhola e desencadeando movimentos de independência por toda a América Latina.

Segundo descrevia como as forças britânicas atacaram Buenos Aires duas vezes, em 1806 e 1807, e como os patriotas as repeliram em batalhas corpo a corpo; como o Vice-Reinado do Rio da Prata deixou de existir em 25 de maio de 1810 e os patriotas enviaram tropas para libertar o restante do território, que incluía Uruguai, Bolívia e Paraguai; após longas e sangrentas batalhas – inclusive com o Brasil, que desejava anexar o Uruguai –, a Argentina perdeu esses territórios, que se tornaram países independentes. O avô de Raúl lembrava com carinho a declaração formal de Independência por um congresso de estadistas e generais argentinos em 9 de julho de 1816, acontecimento que fez de Tucumán "o berço da nação". Além de uma parcela de líderes nacionais, a província havia criado marcos como a Casa da Independência, com seus bustos em bronze de heróis nacionais, e a Praça da Independência, rodeada de laranjeiras em flor.

A Independência provocou o declínio da região andina, pois Buenos Aires tornou-se o centro econômico e político da nova nação. A mudança da população e dos recursos para a capital acelerou o isolamento do interior. Enquanto Buenos Aires dominava progressivamente a vida política da Argentina, as pitorescas capitais coloniais de Salta e Jujuy viam sua glória e liderança se desvanecer. Segundo Linares amava os Andes, mas os anos que passara em Buenos Aires tinham sido igualmente inesquecíveis. Ele encheu a cabeça de Raúl com imagens da beleza da capital, com seus fícus e jacarandás em flor cobrindo de cor púrpura a cidade e suas ruas românticas, como a Alvear, comparada ao Faubourg St. Honoré em Paris, ou a Ayacucho, com suas luminárias de ferro forjado iluminando cafés e calçadas cheios de gente.

O jovem Raúl sonhava com a história argentina, e a maneira misteriosa como seu avô perdera o poder na capital servia para aumentar essa fascinação. Tudo isso moldou o modo como ele passou a conceber o propósito de sua vida. A mãe e a família dela representavam a glória do passado, mas também a promessa do futuro que ele tinha a responsabilidade de honrar. Levou a sério esse legado. Esperava-se que servisse ao país, mantendo um vínculo com as gerações que estavam no Novo Mundo desde 1565. Raúl ficou arrasado quando Segundo morreu em 1910, tornando-se emocionalmente ainda mais dependente da mãe. A progressiva decadência da antiga mansão de Jujuy o afligia, pois prenunciava a demolição, por fim realizada, com a perda de toda a biblioteca do avô.

Raúl Prebisch cresceu na época de passagem da velha para a nova Argentina. A mãe representava a oligarquia com raízes coloniais, enquanto o pai era um homem autônomo, que vencera sozinho, sem dever nada à família. Salta e Jujuy estavam em decadência. Tucumán, porém, era uma cidade dinâmica e em expansão. O clã Uriburu, que não tinha nada a ver com a modesta família de Albin Prebisch, exercia forte influência ali e em Buenos Aires. Parecia estar em toda parte. José Evaristo Uriburu fora vice-presidente e presidente da República de 1885 a 1888. Francisco Uriburu era uma figura central nos círculos dirigentes em Buenos Aires, senador, ministro da Fazenda da província e um dos maiores banqueiros da capital. Luisa, tia de Rosa, casara-se com o general Teodoro Garcia, que lutara com Roca no deserto e fora recompensado com uma mansão em Belgrano. O general José Felix Uriburu dirigia a Escola Superior de Guerra, frequentada pela elite, e era uma figura poderosa na instituição militar. Os governos provinciais de Tucumán, Salta e Jujuy ainda eram dominados pela oligarquia tradicional, que incluía os Uriburu no alto da hierarquia.

Como o pai, Raúl cresceu com um desdém típico de classe média pela oligarquia argentina, abominando particularmente os barões do açúcar de Tucumán, cujas práticas trabalhistas eram as mais retrógradas do país. A exploração dos trabalhadores da cana-de-açúcar pairava sobre a cidade, tanto quanto o cheiro de melaço exalado pelos 26 engenhos que a rodeavam, uma lembrança visceral que deixou Raúl com permanente repulsa à injustiça contra os pobres. Tucumán ligava a nova e a velha Argentina. A maioria dos engenhos era de pequeno porte, mas uns poucos magnatas liderados por Robustiano Patron Costas, dono do maior conglomerado açucareiro da Argentina, dominavam o setor. Também ligado por casamento com os Uriburu, Patron Costas simbolizava para Raúl o poder e as falhas da oligarquia argentina. Além de muito rico, era governador de Salta, um bastião da ala mais intransigente do Partido Conservador, e mantinha vínculos estreitos com os militares. O general José Felix Uriburu era seu melhor amigo. Entre meados de maio e agosto de cada ano, Patron Costas e outros grandes proprietários contratavam milhares de trabalhadores migrantes – índios bolivianos, mestiços e negros – que mourejavam em condições parecidas com as dos tempos coloniais.

Tucumán tornou-se um lugar de exclusão social e de pobreza, com o maior índice de analfabetismo e mortalidade infantil do país. Barracos e favelas temporárias, habitadas pelos migrantes, rodeavam a cidade, pequena demais para esconder a miséria e a discriminação que esses trabalhadores sofriam. A violência contra os índios era disseminada e tolerada. Em 1903, um chefe de Polícia e catorze soldados atacaram e mataram cem índios no norte de Tucumán em retaliação ao suposto estupro de uma mulher branca.[6] Homens, mulheres e crianças foram amarrados a cavalos em grupos de dez e arrastados pelos pés até o rio, onde foram decapitados. Ninguém foi preso.

Raúl brincava com crianças índias na época da colheita, quando elas lotavam as ruas da cidade em busca de comida. Recusava-se a ficar dentro de casa e era repreendido por fazer amizade com elas.[7] Suas experiências de infância, portanto, foram mais amplas do que as das crianças das famílias típicas de classe média na Argentina. Assim se formou o sentimento ético que fez dele um integrante da "geração de 1910", comprometida em equilibrar o êxito econômico do país com uma sociedade mais justa. Sua aversão à oligarquia e aos militares não foi acidental nem nasceu de uma teoria, e sua luta pela reforma agrária e por um Estado moderno também teve raízes nas experiências da infância. Mas Raúl também cresceu sabendo como estava próximo dos poderosos, parentes de sua mãe e, portanto, seus parentes também. O legado materno inspirou nele um sentido de destino, um chamamento para servir ao país e uma responsabilidade por sua grandeza futura, ao lado de uma relação de amor e ódio com a oligarquia representada por sua própria família.

A educação desempenhou um papel central no lar dos Prebisch em Tucumán. Os pais exigiam que os filhos fossem os melhores alunos de suas turmas. Foram abençoados com crianças muito capazes, cujo compromisso com os estudos ia bem além da simples obtenção de boas notas no boletim. A casa vivia cheia de livros, manuseados pelos irmãos mais velhos até caírem nas mãos de Raúl. Rosa lia para os filhos dormirem. Raúl fez o curso primário no colégio do Sagrado Coração, dirigido por jesuítas franceses que seguiam um programa clássico, com provas difíceis e muito dever de casa. A maioria dos alunos era de classe média, pois a oligarquia enviava seus filhos para as escolas particulares de Mitre, Roca e Rivadavia. Raúl foi um aluno brilhante e obstinado em todas as matérias, com o amor aos livros transmitido pelo avô e uma autossuficiência intelectual que impressionava os professores.

A família Prebisch obteve certa fama pelo desempenho escolar de seus muitos filhos, dos quais Raúl era o mais brilhante, o que tirava as melhores notas. O novo

Colégio Nacional, que Raúl frequentou no curso secundário, também era de boa qualidade, com professores bem preparados. Os anos que passou lá, que correspondem aos da Primeira Guerra Mundial, foram marcados por um crescente sentimento antigermânico em Tucumán, o que deve ter fortalecido sua própria inclinação. Os jesuítas do colégio do Sagrado Coração eram nacionalistas franceses apaixonados, hostis à Alemanha imperial. Em seu penúltimo ano, por razões que permanecem obscuras, Raúl participou de uma greve estudantil no Colégio Nacional. Por isso, seus pais o enviaram com a avó para completar o último ano em Jujuy. Qualquer que tenha sido a causa da greve e o papel de Raúl, o episódio não deixou marcas.

Diferentemente dos irmãos, Raúl não se interessava por esportes de equipe e de contato. Desde o início mostrou-se quieto e estudioso – um solitário que tinha conhecidos, mas poucos amigos. Além da mãe e de Segundo, era próximo de sua antiga babá, Mercedes Frias, a Mametela, que continuou devotada a Raúl e se correspondeu com ele até a década de 1930.[8] Preferia ficar em casa lendo com a mãe ou com a irmã mais velha, que não pôde concluir os estudos nem deixar a casa dos pais por problemas de saúde. Seu único lazer físico era caminhar pelas montanhas ao redor, onde desaparecia em longos passeios solitários nos fins de semana. Sentia falta do pai. Foi um garoto quieto e não um rebelde, depois um adolescente sem problemas disciplinares, seguro de si e firme em seus gostos.

Com a aproximação do fim do curso secundário, Raúl sentiu-se cada vez mais pressionado a escolher a universidade e a carreira. Não havia dúvida de que os meninos de Rosa continuariam os estudos, e ela insistia em que estudassem na capital e não na nova Universidade de Tucumán ou na antiga Academia Colonial em Córdoba. Como Buenos Aires dominava a vida argentina, seus filhos seriam enviados para as melhores instituições acadêmicas do país. O próprio Raúl estava disposto a se mudar, mas não tinha certeza de qual carreira devia escolher. Os três irmãos fizeram suas escolhas e saíram de casa: Alberto foi para a arquitetura, Julio cursava medicina e Ernesto estava quase se formando em engenharia, as três profissões mais óbvias. Raúl, a princípio, ficou com a opção do direito, um caminho tradicional de mobilidade social na Argentina. A profissão, porém, não o atraía. Tinha lido um artigo de jornal sobre a nova Faculdade de Ciências Econômicas da Universidade de Buenos Aires, fundada em 1º de março de 1914, e pediu que lhe enviassem um prospecto.[9] Sabia pouco sobre o assunto, mas ficou intrigado com o material que recebeu. A faculdade anunciava-se como a melhor da América Latina, pois só ela oferecia um curso de economia separado do de direito.

A economia era uma disciplina relativamente nova na América Latina e oferecia poucas perspectivas de emprego em comparação com o direito. Ainda não tinha alcançado na Argentina o prestígio de que gozava nos Estados Unidos, na Grã-Bretanha ou nas demais universidades europeias, nem era vista como um degrau para obter êxito nos setores público e privado. Perguntado mais tarde sobre o que estimulou seu interesse pela economia, Raúl só foi capaz de contar anedotas: o dono de um armazém reclamando com um de seus irmãos de falta de troco na venda de cigarros e culpando a "crise financeira", por exemplo, levando Raúl a se perguntar que crise era essa. Ouvia referências à inflação e à especulação com terras. "Por que eles não podem imprimir mais dinheiro?", perguntou um dia à irmã Amelia.[10] Seja como for, ao se aproximar o aniversário de dezessete anos, Raúl decidiu ser um inconformista e entrou para a Faculdade de Ciências Econômicas. A escolha da carreira refletia seu compromisso com a questão social que vivenciara em Tucumán. Para ele, o objeto principal da investigação em economia era compreender a situação dos negócios e da força de trabalho para melhorar o bem comum.

Ao embarcar no trem que o levaria à capital, Raúl despediu-se da mãe, das irmãs e da avó, levando doces e carne-seca trazidos do Norte. Sentiu tristeza ao deixar para trás família e casa, que desapareceram na distância quando o trem seguiu em direção ao horizonte aberto dos pampas a caminho de Buenos Aires. Mas a tristeza se dissipou muito antes de ele se aproximar da cidade dos sonhos e das promessas.

CAPÍTULO 2

Universidade em Buenos Aires

Em Buenos Aires, Raúl foi morar com a tia Luisa Uriburu de García, viúva, cuja antiga mansão em Belgrano servia como ponto de encontro dos parentes Uriburu-Linares-Prebisch na capital. O marido dela, o general Teodoro García, combatera ao lado de Roca contra os índios araucanos, e sua memória assombrava a enorme casa em falso estilo mourisco com um amplo jardim que imprimia um tom conservador ao local. O tio de Raúl, dr. Julio Cornejo, membro do Congresso Nacional, também vivia na casa e venerava a memória e os valores do general, que incluíam uma aversão aos economistas. "Por que vocês fazem essas coisas?", perguntava ele importunando Raúl no jantar, e iniciava sermões tediosos durante as refeições, que duravam até o pobre estudante se levantar. Mas tia Luisa suavizou o choque de Raúl diante do contraste entre os mundos de um adolescente em Tucumán e em Buenos Aires.[1]

Alberto e Julio, irmãos de Raúl, também viviam com a tia. Os três dividiam um quarto com Ernesto, que estava prestes a se formar e voltar para Tucumán. Albin mandava uma mesada de cinquenta pesos para os filhos mais velhos e quarenta para Raúl, mas Alberto estava sempre sem dinheiro e invariavelmente pedia algum emprestado a Raúl no final de cada mês. A cidade grande acabara com a religiosidade dos irmãos, que agora ridicularizavam o ainda ortodoxo Raúl, que ia à missa assiduamente. Aos dezessete anos, ele não se sentia atraído pela vida noturna em La Boca – a área portuária no extremo oposto dos bairros de Palermo e da Recoleta, onde vivia a classe alta –, uma faixa de terra banhada pelo Atlântico de um lado e o rio Riachuelo de outro. La Boca se tornara o bairro mais animado e pitoresco de Buenos Aires, onde uma comunidade de italianos, gregos, árabes e judeus vivia em casas precárias, pintadas com cores vivas e suspensas por estacas para escapar das enchentes. Ali ficavam os bordéis, com opções de vida noturna de todos os tipos. Era o lugar do tango na capital.

Diferente dos irmãos, Raúl foi um aluno modelo no primeiro ano da faculdade. Estudioso e disciplinado, mantinha um esquema prussiano de oito horas de estudos por dia em aulas ou na biblioteca. Às 21h, deixava de lado os textos de economia para ler Cervantes, Shakespeare e Balzac. Depois preparava a agenda e o plano de estudos para o dia seguinte e se recolhia para dormir. Quebrava a rotina aos domingos, quando ia à missa e depois ao cinema. O desinteresse pela vida nos cafés da capital rendeu-lhe a reputação de recluso, mas essa disciplina lhe fazia bem. A chegada a Buenos Aires e o ingresso na faculdade coincidiram com o início da última ofensiva alemã, cujo fracasso tornou iminente o final da Primeira Guerra Mundial. O aspirante a economista tinha grande interesse nos desafios que Europa e América Latina enfrentariam no após-guerra.

A turbulência e a riqueza da vida em Buenos Aires proporcionavam descobertas intelectuais a cada dia. O presidente da República era Hipólito Yrigoyen, do Partido Radical [União Cívica Radical, UCR], criado durante a crise financeira e política de 1890. O governo estava sob pressão. Yrigoyen vencera as eleições nacionais de 1916, por escassa margem, contra o Partido Autonomista Nacional (PAN), conservador, que governara desde 1880, quando Roca assumira o poder apoiado pela oligarquia tradicional e por seus novos aliados, os endinheirados de Buenos Aires. O Partido Radical apelou a um eleitorado mais amplo, principalmente a classe média emergente. A longa luta política de Yrigoyen girou em torno de uma reforma política essencial: terminar com um sistema de votação restrito e quase sempre corrupto, baseado na propriedade, em favor de um sistema universal, obrigatório e secreto (assim como na América do Norte e na Europa, as mulheres não tinham direito a voto). O PAN não facilitou as coisas: Luis Roque Saenz Peña, eleito em 1910 sob o velho sistema, percebeu que seria derrotado nessa questão e apropriou-se antecipadamente da plataforma radical em 1912, fazendo aprovar a chamada Lei Saenz Peña. Ele morreu de repente (como Roca) dois anos depois da reforma do sistema eleitoral, sem deixar um forte candidato presidencial conservador para as eleições de 1916, que Yrigoyen venceu por pequena margem.[2]

Grandes expectativas, do país e dos seguidores do Partido Radical, cercaram a posse do novo governo, que ocorreu durante a Primeira Guerra Mundial. Mas logo vieram desapontamento e desânimo: o clientelismo disparou, o gasto dobrou e a dívida pública aumentou oito vezes em seis anos com escassos resultados. Yrigoyen parecia exaurido pelo êxito. Havia lutado durante toda a vida pela reforma democrática, mas tinha poucas ideias sobre política interna e externa. Os Aliados pressionavam para que a Argentina se alinhasse contra a Alemanha, mas ele não conseguiu nem tomar uma decisão sobre o conflito (permaneceu neutro mesmo quando o Brasil declarou guerra em 1917) nem lidar com os crescentes problemas sociais no país. A guerra afetou as empresas e os padrões de negócios do período anterior. O desemprego urbano triplicou, passando de 6,7% em 1914 para 19,4% em 1917, e a inflação cortou 1/3 dos salários reais dos trabalhadores da indústria.[3] O resultado foi o recrudescimento de greves e da violência nas relações de trabalho, com os patrões lançando mão de milícias privadas e de grupos paramilitares como a Liga Patriótica Argentina. A Revolução Russa, em novembro de 1917, radicalizou ainda mais os bairros de trabalhadores e aterrorizou as classes abastadas. Mudanças, e até revolução, estavam no ar.

A guerra na Europa era acompanhada de perto em todo o país. A maioria dos imigrantes argentinos vinha da Itália (55%) e da Espanha (26%), mas também havia numerosas comunidades vindas da Grã-Bretanha, da Alemanha, do Leste Europeu e de outros países. A Associação de Colonização Judaica, fundada em 1891, escolhera a Argentina como área de povoamento. Em 1910, três em cada quatro adultos em Buenos Aires tinham nascido na Europa, trazendo de lá novas ideias e movimentos políticos, como o socialismo e o anarquismo. Em 1914, Alicia Moreau fundou o Centro das Mulheres Socialistas, voltado para as mulheres de classe média na capital, enquanto Victoria Ocampo, da classe alta, liderava o movimento pelo sufrágio feminino.[4]

O descontentamento e a tensão se aprofundavam quando Raúl chegou a Buenos Aires. Seis meses depois houve uma batalha campal entre trabalhadores e a polícia. Em janeiro de 1919 uma greve de metalúrgicos degenerou em uma semana de lutas de rua entre grupos anarquistas e capangas da Liga Patriótica, deixando mais de mil mortos. A assim chamada Semana Trágica abalou o país. O presidente Yrigoyen convocou o Exército para restaurar a ordem, mas não propôs iniciativas claras para atacar as causas dessa luta de classes.[5]

O resultado foi um debate público acalorado em Buenos Aires, dentro e fora do Congresso, sobre o futuro do país. Seguindo o modelo norte-americano, o Congresso argentino era bicameral, com um Senado e uma Câmara de Deputados. O Senado, controlado pelos conservadores, poderia bloquear a legislação reformista apresentada pelo governo. A Câmara era rica em bons discursos, mas não necessariamente em eficácia. Além dos radicais e dos conservadores, abrigava uma bancada do Partido Socialista Argentino, fundado em 1896 pelo neurocirurgião Juan B. Justo, tradutor de *O capital*, de Karl Marx, e o intelectual argentino mais reconhecido nos círculos europeus. Os socialistas defendiam a reforma agrária, direitos trabalhistas e seguro-desemprego para proteger os trabalhadores da indústria, um Estado de bem-estar social, eletrificação rural, cooperativas agrícolas e livre-comércio para baixar os custos dos alimentos aos consumidores e evitar ganhos extraordinários para o setor empresarial. *La Vanguardia* tornou-se o jornal oficial do Partido Socialista, cuja principal base estava em Buenos Aires. Em março de 1914, nas eleições para a Câmara dos Deputados, os socialistas venceram os conservadores na cidade por uma margem de dois para um. Além de Justo, entre os deputados socialistas havia algumas das maiores cabeças do país, como Augusto Bunge, Federico Pinedo, Alfredo Palacios, Nicolas Repetto e Antonio de Tomaso. À esquerda do Partido Socialista estava seu pior inimigo, o novo Partido Comunista Argentino dominado por Moscou, criado em 1921, quando o movimento socialista internacional se dividiu em defensores e opositores da Revolução Russa.

Os democratas progressistas formavam outro partido pequeno, mas influente, dirigido por Lisandro de la Torre, um poderoso senador e criador de gado da província de Santa Fé, ao norte de Buenos Aires. Nascido em 1868 numa família tradicional e abastada de Rosário, ele estudou direito em Buenos Aires e foi eleito deputado federal pelo Partido Radical em 1890, mas rompeu com Yrigoyen e travou um duelo com ele, o que os tornou inimigos mortais para o resto da vida. Como alternativa aos radicais, fundou o Partido Democrático Progressista e foi deputado federal de 1912 a 1916. Esperava atrair os conservadores nas eleições desse ano, mas só conseguiu dividir os votos contra Yrigoyen, facilitando assim a vitória do Partido Reformista. Mesmo assim, Lisandro de la Torre, o melhor orador do país, continuou a ser uma personalidade política viva e poderosa.

A vigorosa imprensa de Buenos Aires seguia os debates no Congresso e engajava neles a opinião pública. Assuntos normalmente áridos, como comércio, dinheiro e inflação, eram considerados importantes, relacionados ao renascimento da Europa e da economia global, e eram debatidos em toda parte na capital. Buenos Aires era uma encruzilhada excitante de novas ideias e de pessoas, a metrópole do mundo artístico e literário da América Latina. Vínculos estreitos com intelectuais italianos, espanhóis e franceses, como Vilfredo Pareto e José Ortega y Gasset, mantinham um fluxo constante de notícias sobre o que acontecia na Europa.

O poderio ameaçador dos Estados Unidos também era um tema importante. Com a tomada de Cuba, Porto Rico e Filipinas durante a guerra de 1898 contra a Espanha, os Estados Unidos haviam despertado temores em toda a América Latina. O impulso nacionalista e renovador da Revolução Mexicana ecoou por todo o continente, onde intelectuais buscavam opções anti-imperialistas.[6] O fascínio e a preocupação com o gigante norte-americano cresceram quando a Grã-Bretanha e a França estiveram perto de ser derrotadas na Primeira Guerra Mundial, pois a disparidade nas relações entre Estados Unidos e América Latina poderia aumentar. Qual seria o destino do continente? Jovens argentinos buscavam compreender a própria herança e escapar do domínio das ideias estrangeiras.

Em contraste com essa agitação, a Faculdade de Ciências Econômicas parecia enfadonha, complacente e tediosa. Raúl se desapontou com as disciplinas e os professores logo na aula inaugural. Esperava um corpo docente entusiasmado e um bom ensino. Os prospectos prometiam o primeiro curso de economia na América Latina a usar modelagem matemática.[7] Em vez disso, os professores pareciam sem contato com o mundo do após-guerra, com métodos antiquados, incapazes de ligar teoria e prática, desinteressados no cenário internacional e ocupados com outros empregos em regime de tempo integral, sem tempo para os alunos. Em teoria, a faculdade dispunha de um grande corpo docente; na prática, os professores raramente estavam disponíveis. A grade curricular era deficiente nas ferramentas essenciais para o ensino e a pesquisa: línguas, treinamento em metodologia e pesquisa aplicada, estatística e trabalhos comparados. Tudo se assemelhava ao ensino médio em Tucumán. Os professores pareciam se contentar com livros-textos e materiais didáticos estrangeiros, sem demonstrar habilidade e interesse pela situação da Argentina. Foi muito frustrante. O país se confrontava com os grandes dilemas do após-guerra, mas os professores pareciam mesmerizados pela Europa e a América do Norte, incapazes de examinar criticamente a economia argentina no contexto internacional. A faculdade ensinava economia como se estivesse em Londres e não na América do Sul. Era assim antes da Primeira Guerra Mundial e continuou assim depois dela, como se a guerra tivesse sido um acontecimento extemporâneo, sem impacto duradouro.

A economia política clássica importada da Inglaterra antes de 1914, particularmente a teoria das vantagens comparativas, continuava a formar a ortodoxia.[8] Desenvolvida por David Ricardo e elaborada por John Stuart Mill e Alfred Marshall, entre outros, essa teoria apoiava a especialização da América Latina em matérias-primas (no caso da Argentina, em produtos agrícolas) que deviam ser exportadas para os países industriais em troca de produtos manufaturados. Tal doutrina também se ajustava à estrutura elitista da Buenos Aires do pré-guerra, com a predominância dos ingleses, que controlavam as ferrovias e grande parte do comércio de carne. Dependente de um só parceiro comercial e financeiro, a Argentina era quase o "sexto domínio" do Império Britânico. Era o típico produtor de matérias-primas: nenhum outro país latino-americano dependia tanto de um único mercado estrangeiro.

A oligarquia argentina, cuja riqueza vinha da exportação de matérias-primas (principalmente carne bovina) para a Grã-Bretanha, endossava a teoria econômica clássica, que se adequava bem aos padrões comerciais em vigor. Consumindo 94% do total das exportações mundiais de carne em 1913 – portanto, controlando o mercado –, a Grã-Bretanha recebia da Argentina 64% desse produto. No comércio de carne resfriada (não congelada), mais intensiva em tecnologia, a Argentina estava muito à frente de seus principais concorrentes – Austrália, Nova Zelândia e Canadá –, com 99,4% de participação no mercado inglês.

A Faculdade de Ciências Econômicas refletia essa posição pró-Inglaterra, a começar pelo diretor Eleodoro Lobos, que fora ministro da Fazenda e da Agricultura nos governos conservadores que antecederam a vitória dos radicais em 1916. A irrupção da guerra em 1914 lançara a Argentina em uma recessão profunda, pois as exportações para a Grã-Bretanha caíram, os bens de consumo desapareceram e os mercados de capitais secaram, sujeitando o país a um isolamento forçado na economia internacional. Apesar dessa experiência e do evidente enfraquecimento da Grã-Bretanha diante dos Estados Unidos como potência econômica mundial, Raúl encontrou intacta a monolítica identificação do corpo docente da faculdade com os ingleses em 1918, quando chegou. Prevalecia a ideia de que o mundo do pré-guerra, centrado em Londres, renasceria depois do fim das hostilidades, e o comércio de produtos básicos, como cereais, carne, minérios e café, poderia assegurar o futuro da Argentina na economia internacional.

Fora da faculdade, era diferente. A teoria das vantagens comparativas e os benefícios do livre-comércio eram vigorosamente questionados por Alejandro Bunge, professor da Universidade Nacional de La Plata (UNLP). Bunge defendia a industrialização como um complemento à especialização agrícola, tirando da experiência da Primeira Guerra Mundial uma lição diferente da dos professores de Raúl. Ele argumentava que a Argentina, na verdade, beneficiara-se ao não conseguir importar produtos industriais por nenhum preço, pois esse isolamento forçado fomentara um processo de industrialização que estava em gestação antes de

1914. Indústrias ligadas ao setor exportador, como a de embalagem de carne, já eram responsáveis por 17% do produto interno bruto. A força de trabalho na produção de máquinas crescera de 28 mil pessoas em 1895 para 78,8 mil em 1914. As mulheres já eram 14% da força de trabalho, e duas ondas de greves industriais tinham varrido o país antes da guerra, estimulando sindicatos socialistas e anarquistas. Os empresários tinham criado a União Industrial Argentina (UIA) em 1887 para fazer *lobby* junto ao governo.[9]

Bunge enfatizava que a guerra havia proporcionado um poderoso estímulo adicional à industrialização, aumentando o número de novas fábricas de 48 mil em 1913 para 68 mil em 1923. O emprego na indústria crescera em cerca de 200 mil novas vagas até atingir o total de 600 mil trabalhadores. Esses ganhos, a seu ver, não deviam ser dilapidados. O setor precisava ser protegido e estimulado a se expandir; não se devia rotular de "artificiais" essas novas indústrias e matá-las, retomando um livre-comércio irrestrito com os países industriais. Em vez disso, a Argentina devia reduzir sua dependência em relação à Grã-Bretanha e os Estados Unidos, criando sua própria indústria de bens de capital. Apesar da riqueza aparente, ainda faltavam ao país indústrias de ferro e de aço, o que o mantinha na débil posição de precisar importar quase todos os produtos industriais de tecnologia mais avançada, sustentando essas compras com vendas agrícolas para a Grã-Bretanha.[10]

Raúl ainda não tinha acesso a pessoas como Bunge. A frequência em sala de aula era obrigatória no primeiro ano, mas a má qualidade do ensino invalidava esse esforço. Raúl ficou com tanta raiva da repetição mecânica de estatísticas do Império Romano no seminário do professor Luis Roque Gondra sobre história econômica que ele e Enrique Siewers, seu novo amigo, propuseram um boicote às aulas, sendo enviados ao gabinete do diretor. Depois de ouvir as reivindicações pela melhora do ensino, Lobos conversou com Gondra, que concordou em alterar o formato das aulas.

Após o incidente, o diretor interessou-se especialmente pelo jovem Prebisch de Tucumán e passou a lhe dar aulas particulares toda quinta-feira ao meio-dia em seu escritório de advocacia no centro da cidade. Foi o primeiro contato positivo de Raúl com os poderosos de Buenos Aires. Mas, fora o dr. Lobos, havia poucos professores a quem pudesse recorrer em busca de orientação. Mauricio Nierenstein, secretário-geral da universidade, tinha interesse no pensamento econômico e promoveu a tradução de obras de autores estrangeiros, como o norte-americano Henry George. Salvador Oria, um jovem professor de finanças públicas, também encorajou Prebisch, mas estava muito ligado ao Partido Radical, em campanha para ser nomeado para um alto cargo governamental.

Raúl ficou solto, agindo por conta própria, sem encontrar supervisão acadêmica ou os materiais de pesquisa que procurava. Mergulhou, então, na biblioteca. Quando estava no segundo ano, uma reforma universitária pôs fim às aulas obrigatórias. A partir de então, era raro Raúl aparecer nas salas. "Estudava sozinho porque não encontrei ninguém que pudesse me orientar", escreveu mais tarde.[11] Essencialmente um autodidata, lamentava estar em desvantagem em relação a seus pares nas universidades norte-americanas e europeias, pela falta de estudo acadêmico disciplinado e integrado a um curso sério. Quando resolveu estudar os economistas ingleses, de Ricardo a Marshall, encontrou autores norte-americanos e europeus que alargaram seu pensamento. Raúl subestimara – mas passou a respeitar – o professor Gondra, que lhe indicou autores europeus, como Maffeo Pantaleone e Hugo Broggi.[12] Nierenteisn convidou Raúl a traduzir um livro do economista italiano Enrico Barone, seguidor de Léon Walras e Vilfredo Pareto, e, por intermédio de Lobos, ele também traduziu a tese de doutorado de John Williams, *Argentine International Trade Under Inconvertible Paper Money, 1880-1900*, que questionava a teoria convencional de comércio. Mas lamentava a "mediocridade" e as "deficiências" da faculdade e sentia falta de um curso estruturado. "Na época, minha grande aspiração era ir para Harvard", contou, para estudar com Frank W. Taussig e o recém-contratado Williams.[13] Também havia lacunas. Apesar de suas leituras incluírem *O capital*, de Marx, assim como algumas obras de Lênin e de socialistas europeus que haviam rompido com o bolchevismo, não teve acesso aos escritos anteriores, mais humanistas, de Marx.

Prebisch soube que podia publicar trabalhos na *Revista de Ciencias Económicas* da faculdade, que não era uma publicação de referência e estava longe de ter qualidade internacional, mas, pelo menos, abria um caminho para divulgar seus primeiros textos. Seu pequeno artigo "La cuestión social", escrito quando estava com dezenove anos, desmerecia a importância do marxismo em estilo soviético na avaliação da situação argentina, mas isso aparecia apenas como uma afirmação católica e conservadora, não como uma conclusão abalizada; refletia sua educação e atual localização em Belgrano, onde estavam o clube de polo de Buenos Aires, embaixadas e palácios.[14] Durante os dois primeiros anos, ele escreveu pequenos artigos para a revista da faculdade sobre vários temas, que iam da estabilização na Europa no após-guerra a questões monetárias, além de resenhas de artigos e livros publicados no exterior, com breves comentários. Essas primeiras notas de pesquisa, datadas de 1918-1919, revelam pouco mais que a promessa de um jovem estudante excepcionalmente talentoso e tradicional, que escrevia em estilo confiante e fluido. Mesmo o mais ardente admirador de Prebisch não pode afirmar muito mais do que isso.[15]

Em 1920, uma crise pessoal pôs à prova o conservadorismo de Prebisch e expandiu seus horizontes intelectuais e políticos durante os anos restantes de faculdade. O primeiro choque foi encontrar tia Luisa morta por ataque cardíaco. Ele voltou para casa inesperadamente, depois do almoço, e percebeu que ela ainda não acordara da sesta habitual; foi o primeiro a encontrá-la, e foi a primeira vez que vivenciou a experiência da morte. Além de perder uma grande amiga, Raúl se viu sem ter onde morar. Mudou-se para uma casa não muito longe de Belgrano, para viver sozinho. Os dois irmãos tinham deixado Buenos Aires, Julio para ir a Tucumán e Alberto a Paris, para estudar com Le Corbusier. Pela primeira vez, Raúl estava só.

No meio da missa de domingo, após o enterro da tia, de repente e sem aviso, ele perdeu a fé. "Um véu desceu sobre meus olhos", observou. "Precisei sair da igreja."[16] Na verdade, a mudança foi parte de um despertar mais amplo provocado pela notícia da família secreta do pai.[17] Em meados de 1920, Rosa finalmente descobriu a verdade humilhante, e o segredo chegou rapidamente até Ernesto, que o contou aos irmãos e irmãs. Enraivecido e insultado, Raúl agora percebia que nunca tinha conhecido seu pai. Nunca suspeitara de nada parecido para explicar as longas ausências de Albin "a trabalho", as constantes críticas à família ou o alheamento e a falta de apoio emocional. Agora se explicava a curiosa falta de dinheiro, apesar do sucesso nos negócios. Foi um golpe para Raúl, que tanto tentara ser aceito pelo pai, cujas realizações, o dinamismo, os hábitos de trabalho e o espírito empreendedor ele admirava. Chamava tudo isso de "bom sangue alemão". Se o comprometimento com o país, a autoconfiança intelectual e a personalidade cálida eram herança da mãe e da família dela, ele também tinha muito do pai na energia, na determinação para o sucesso e na incansável capacidade de trabalho.

Raúl nunca perdoou Albin por trair a família enquanto exigia tanta disciplina de Rosa e dos filhos. Uma coisa era um argentino manter uma amante, prática muito difundida no interior; outra era um alemão fazer o mesmo. Durante a década seguinte, Raúl raramente visitou Tucumán e só se comunicou com o pai por correspondência, apesar das repetidas tentativas de reconciliação e afirmações de afeição por parte de Albin. Nunca conheceu nem tentou estabelecer contato com seus meio-irmãos da outra família. Como uma sombra duradoura, a sensação de ter sido rejeitado pelo pai continuou a assombrá-lo. "Espero que as relações com meu filho sejam melhores que as com meu pai", concluiu.[18] Raúl também pode ter reagido de forma tão veemente porque sentia em si os traços boêmios do pai e temia essa herança inoportuna.

A crise familiar tornou-o ainda mais determinado a mostrar seu valor e criou um desejo obsessivo de obter independência financeira em relação a Albin. O resultado foi um surto de atividades. Tornou-se tão obcecado por trabalho quanto o pai e continuou a levar uma vida estoica, apesar de agora se sentir livre de restrições religiosas. Chegara do interior como aluno calouro sem muitos recursos, sabendo que o futuro dependia de talento e energia. Seguiu então um esquema de trabalho frenético, começando no primeiro emprego em 1º de setembro de 1920 como professor assistente de segundo nível, com o salário de 100 pesos por mês. Em termos financeiros, foi um passo importante para o que ele chamava de "emancipação em relação ao meu pai".[19] Mas assumiu uma tarefa difícil, tornando-se responsável pelo seminário de pesquisa da faculdade, embora não tivesse nem treinamento formal em métodos de pesquisa em ciências sociais nem experiência de campo.[20] Trabalhou com afinco na preparação dos seminários. O sucesso lhe valeu uma rápida promoção em agosto de 1921, quando se tornou professor de primeiro nível, com o salário de 150 pesos por mês.

Raúl também se inscreveu no seminário de Alejandro Bunge na Universidade Nacional de La Plata e trabalhou por pouco tempo como seu assistente, dirigindo um grupo de pesquisa que comparou o poder de compra na Argentina e na Europa do após-guerra. Suas conclusões foram publicadas com o título "Ajuste salarial e custo de vida" na edição de novembro-dezembro de 1920 da *Revista Económica Argentina*. Bunge fundara essa publicação em 1918 e também publicara recentemente uma obra importante, *Comercio argentino 1901-1917*, uma das poucas fontes confiáveis de dados no principal campo de interesse de Raúl.[21]

Bunge foi um dos acadêmicos mais interessantes que ele conheceu depois que saiu de Tucumán – um economista formado no país, heterodoxo e multifacetado. Nascido em 1880, era engenheiro, líder dos Círculos de Operários Católicos, diretor de estatística do Departamento Nacional do Trabalho (1913-1915) e do Departamento Nacional de Estatística (1915-1920 e 1923-1925). Sua formação em engenharia o tornava propenso a adotar métodos científicos, e ele insistia em que seus alunos realizassem trabalhos de campo para fundamentar suas conclusões. Pensava grande, e Raúl gostava dele. Além de questionar a teoria das vantagens comparativas e apoiar a industrialização, Bunge tinha boas ligações com o mundo, falava várias línguas e era muito culto. Ele intrigava Raúl ao defender a integração econômica da Argentina com Chile, Bolívia, Paraguai e Uruguai.

Raúl respeitava o conhecimento e a fluência de Bunge em estatística, enquanto o professor apreciava a seriedade e o comprometimento do jovem com a pesquisa empírica. Ele o convidou a usar o Departamento de Estatística em atividades de ensino e pesquisa e sugeriu que Raúl trabalhasse ali na ausência de seu secretário. Também ajudou Raúl a obter uma posição na Faculdade de Ciências Sociais e Jurídicas da Universidade Nacional de La Plata (UNLP) para dar aulas em um seminário de pesquisas recebendo 250 pesos por mês a partir de 4 de abril de 1921. Essa função de diretor de curso tinha mais visibilidade que a de professor assistente e era em uma universidade nova, fora de Buenos Aires, onde Raúl sentia-se mais livre.

La Plata era sede do poderoso governo provincial de Buenos Aires. Fora construída em desafio às autoridades federais que haviam arrebatado Buenos Aires, por sua condição de capital, em 1880. Planejada em larga escala como Washington, foi construída como uma malha de ruas numeradas, no estilo americano, com quarteirões de quinhentos metros quadrados definidos por radiais que convergiam para a praça central em frente ao Parlamento provincial. O otimismo da década estava refletido nos ambiciosos prédios públicos e numa bolha especulativa que estourou em 1890. A UNLP, criada em 1906, era conhecida pelo ambiente progressista.

Ali Raúl superou a frustração com a atrasada grade curricular da sua faculdade, preparando um curso que desafiava a qualidade do ensino de economia na Argentina. Defensor de mudanças radicais, ele agora poderia implementar métodos de ensino que estavam ausentes na Universidade de Buenos Aires. Dizia que alunos e professores precisavam redefinir suas responsabilidades profissionais. Os dogmas veiculados por professores em regime de tempo parcial dariam lugar a métodos científicos, e os alunos sérios teriam que assumir a economia como uma vocação, não como uma atividade secundária de meio período. Com seu nicho na UNLP, Prebisch se afirmou, pessoal e intelectualmente, também em sua própria faculdade. Beneficiando-se da reforma universitária de 1918, que acabou com a frequência obrigatória e outorgou aos alunos o direito de participar na direção das instituições, ele pediu que a *Revista de Ciencias Económicas* fosse reformulada, estabelecendo-se um conselho editorial de professores e alunos, que, é claro, passou a incluí-lo.[22] Também promoveu contatos com universidades europeias para enriquecer o currículo. Recebeu a visita do professor Gaston Jèze, da Universidade de Paris, especialista em finanças públicas, apesar de alguns professores da faculdade sentirem melindre com a presença de um estrangeiro.

Embora respeitasse Alejandro Bunge, Raúl rejeitava a defesa da industrialização no lugar do livre-comércio. Concordava com Bunge em que a economia crescera durante a guerra, mas não se convencia de que a Argentina devia apoiar "indústrias artificiais" nem aceitava comparações com países como os Estados Unidos e a Alemanha, que tinham criado empresas grandes e competitivas com o amparo de proteção tarifária antes de 1914. Bunge então confrontou Prebisch com a experiência do Canadá, que guardava semelhanças óbvias com a Argentina. Aquele país também não se conformara com o livre-comércio. Em 1879, o governo federal introduzira altas tarifas protecionistas, e em 1901 já havia uma indústria doméstica de aço capaz de sustentar a construção de grandes sistemas ferroviários. Agora dispunha de um setor industrial pesado emergente, e desde 1918 tornara-se um dos maiores fabricantes de equipamentos agrícolas do mundo, ao passo que a Argentina parecia se contentar em permanecer como um imenso pasto, servido por ferrovias que pertenciam e eram operadas pelos ingleses. Será que a Argentina não devia seguir o exemplo do Canadá e abandonar a crença no livre-comércio como um princípio imutável, que não podia ser desafiado? Prebisch rejeitava o argumento e virava a doutrina das vantagens comparativas contra Bunge: o Canadá tinha reservas ilimitadas e acessíveis de minério de ferro de alta qualidade, ao contrário da Argentina, onde era mais barato continuar a importar aço. Também observava que a Argentina tinha uma renda *per capita* mais alta que o Canadá em 1914, confirmando que a alocação de recursos do país em produtos primários era mais eficiente.[23]

Prebisch estabeleceu uma ligação mais forte com o irmão mais velho de Alejandro, Augusto Bunge, que ocupava uma posição ainda mais destacada em Buenos Aires. Fundador da sociologia empírica na Argentina, Augusto nasceu em 1877 e se formou em medicina aos 23 anos, passando a dedicar-se à saúde pública e à política.[24] Viajou pela Europa em 1906 enquanto dirigia a seção de saúde industrial do Departamento Nacional de Saúde Pública, e seu livro *Las conquistas de la higiene social*, de 1911, que defendia o modelo alemão de seguro social, manteve-se como a principal referência na área durante uma década. Os dois irmãos vinham de uma família grande e conhecida, netos de Karl August Bunge von Reinessend und von Renschenbuch, que chegara em 1827 como cônsul-geral da Prússia e se casara com uma moça da aristocracia local, permanecendo no país.

Com seu irmão Hugo, Karl August fundou um enorme conglomerado de bancos e fez considerável fortuna.

Nenhum neto quis continuar o negócio da família, preferindo todos enveredar por carreiras liberais, mas a semelhança entre eles se esgotava aí; havia nítidas diferenças ideológicas e políticas. Ao contrário de Alejandro, Augusto Bunge era socialista, professor da Universidade de Buenos Aires e exerceu cinco mandatos consecutivos como deputado federal pelo Partido Socialista Argentino entre 1916 e 1936. Editava o jornal *La Hora*, do partido, bem como o jornal diário *Crítica*, influente em Buenos Aires, sendo um dos maiores críticos da política social e trabalhista de Yrigoyen. A imensa mansão de Augusto no bairro de Florida havia sido construída quando as famílias ricas da capital se mudaram para o norte, saindo de San Telmo após a epidemia de febre amarela de 1871. Porém, ao contrário de seus amigos ricos, Augusto não tinha interesse em dinheiro: dava metade do salário ao Partido Socialista e vivia em condições tão espartanas que não tinha água corrente nem banheiro dentro de casa. Era um intelectual e escritor engajado, comprometido com uma infindável campanha para reformar o país, ora ensinando e dando palestras, ora escrevendo ou atuando no Congresso, traduzindo o *Fausto* de Goethe para o espanhol nos fins de semana e supervisionando à noite a edição matutina de *Crítica*.

Prebisch admirava Bunge a distância desde que assistira a um seminário seu de sociologia durante o primeiro ano de faculdade. Mas o principal objetivo em se aproximar dele era político: decidira filiar-se ao Partido Socialista. Antes das atribulações pessoais de 1920, encarava religião e socialismo como incompatíveis, rejeitando este último como ateísta. Na casa da família, em Tucumán, não se conversava sobre política. Seu pai desprezava qualquer envolvimento partidário. Referências a esse assunto remetiam à família de Rosa em Salta, inclusive ao dr. Julio Cornejo, tio dela, que representava com orgulho a oligarquia latifundiária no Partido Conservador. Mais tarde Raúl recordou ter conhecido um colega que fazia propaganda do "socialismo", mas o tinha rejeitado como hostil à religião, de modo que o incidente não deixou nenhuma impressão permanente.

Agora podia entrar no debate nacional sobre a questão social na Argentina com uma nova liberdade e encarar de maneira renovada a crise que testemunhava desde 1918. Interessava-se bem mais pelo Partido Socialista do que pelos demais. Nem sequer considerou filiar-se aos conservadores. Os radicais também careciam de atrativos, sem ideias novas e com uma liderança quase tão imutável quanto a de seus rivais conservadores. Os democratas progressistas de Lisandro de la Torre também não o atraíam. Para a geração de Prebisch, o fracasso da tentativa feita por de la Torre para unir radicais e conservadores, depois de romper com Yrigoyen, mostrava a falência da classe política argentina. Além disso, Raúl considerava patético e anacrônico o duelo que havia sido travado entre Yrigoyen e de la Torre com padrinhos e pistolas cerimoniais em pastas de couro; o maxilar deste último ficara com um buraco que precisou ser disfarçado com uma barba. Também rejeitava o leninismo do Partido Comunista.

Assim, sobrou o Partido Socialista, em cujo programa ele descobriu temas que o interessavam, começando pela reforma agrária, pois também considerava que a principal herança negativa do domínio espanhol era a concentração de terras nas mãos de uma pequena classe de latifundiários absenteístas. Ao contrário dos Estados Unidos, Canadá ou Austrália, em que houve políticas nacionais de colonização para imigrantes europeus, o poder da elite latifundiária argentina impedia o surgimento de um setor agrário eficiente e capaz de absorver mão de obra em grande escala. Poucos imigrantes trabalhavam na terra, e a maior parte do interior estava vazia. O poder político da oligarquia perdurava, e os privilégios especiais concedidos aos latifúndios tornavam letra morta a política oficial de livre-comércio: os barões do açúcar de Tucumán haviam feito fortuna graças aos impostos que barravam a importação do açúcar brasileiro, mais barato.

As plantações de cana-de-açúcar em Tucumán permaneciam vivas na memória de Raúl: o sofrimento dos trabalhadores migrantes era muito pior que o do proletariado urbano de Buenos Aires, embora eles vivessem atemorizados demais para se rebelarem. Era essencial realizar uma reforma para romper esse poder e integrar de modo mais racional o setor agrário na economia argentina. O Partido Socialista era o arauto dessa mudança. O veterano Alfredo Palacios, eleito em 1904 (expulso do partido entre 1912 e 1916 por participar de um duelo), era um economista de fama continental e foi o primeiro parlamentar socialista em toda a América Latina. Outros, como o jovem e brilhante Antonio de Tomaso, protegido de Justo, se opunham claramente a aumentos no orçamento militar, e isso também atraiu Prebisch. O fato de Antonio de Tomaso ter se tornado o principal alvo dos ataques verbais do general José F. Uriburu aumentou o respeito de Raúl pelo partido.[25]

Os deputados do Partido Socialista no Congresso dominavam os debates sobre o futuro econômico e político da Argentina no após-guerra. Se a retórica garantisse a vitória, o partido já teria controlado a Argentina. Os deputados socialistas eram intelectuais – nem trabalhadores nem políticos provincianos, como Cornejo, tio de Raúl. Eram aplicados e inteligentes, atuando sem sectarismos e apresentando uma gama de opiniões ampla e única no espectro político argentino. Em linhas gerais, o partido tinha três tendências que se uniam na oposição ao comunismo soviético e na defesa do livre-comércio. O presidente Juan B. Justo era o líder inquestionável e estava à frente da linha centrista, com um reformismo inspirado na ala de Bernstein do Partido Social-democrata Alemão; venerado por seguidores como Nicolas Repetto e Enrique Dickmann, era um marxista revisionista que defendia mudanças a serem realizadas no interior de uma estrutura política democrática. À sua direita estava o habilidoso e indisciplinado advogado Federico Pinedo, só seis anos mais velho que Prebisch. Ele havia liderado a campanha legislativa pela criação da Faculdade de Ciências Econômicas e continuava no conselho diretor da instituição. A posição de Pinedo em relação à livre empresa e ao livre-comércio era tão ortodoxa que punha em dúvida seu antigo compromisso com a mudança social ou até mesmo com a democracia. A esquerda do partido, liderada por Augusto Bunge e Alfredo Palacios, exigia transformação social e igualdade entre homens e mulheres. Apesar de ser um partido dividido, repleto de discordâncias, parecia haver espaço para todos.[26]

A decisão de Prebisch de ingressar no Partido Socialista representava uma ruptura simbólica com o catolicismo e um repúdio da herança conservadora dos Uriburu. Ele se aproximou da esquerda do partido, buscando contato com Augusto Bunge. A apresentação foi logo arranjada pelo colega de faculdade Luis Francesco, que tinha trabalhado como secretário de Bunge, e Raúl foi bem acolhido em um dos círculos mais interessantes de Buenos Aires. A casa dos Bunge servia aos domingos como local de reunião de radicais, de refugiados europeus e latino-americanos e de outras pessoas interessantes, com diferentes opiniões políticas. Nas primeiras visitas, Raúl mostrou-se socialmente inepto: quando Augusto o viu colocar açúcar e água em um cálice de um bom vinho tinto de Mendoza, puxou-o discretamente para um canto e o repreendeu de maneira bem-humorada. Raúl logo adaptou-se ao novo círculo, que passou a frequentar regularmente, tornando-se amigo pessoal de Bunge e padrinho de seu filho Mario, que presenteava com guloseimas de Tucumán. Também trouxe amigos da universidade, aceitos na generosa roda de Bunge tão prontamente quanto ele mesmo.[27]

Os debates dominicais na casa dos Bunge eram memoráveis. Gente de toda a América Latina e da Europa se reunia para discutir ideias, acontecimentos internacionais e novas teorias enquanto bebia vinho e café, com uma permanente nuvem de fumaça de cigarros pairando no ar. Cada encontro era especial em sua imprevisibilidade. O principal assunto político era a Revolução Russa e suas implicações para a difusão do socialismo. A ascensão de Mussolini também foi acompanhada de perto, uma questão delicada para os imigrantes italianos mais velhos e suas famílias. Outro tema importante era o aumento do poder dos Estados Unidos durante a guerra e a liberação do "instinto napoleônico" desse país na região do Caribe.

Estimulado por essa experiência, Prebisch pegou os formulários de ingresso no Partido Socialista. Augusto Bunge pediu-lhe que escrevesse um artigo para o jornal do partido, *La Hora*, sobre política monetária e o aumento do custo de vida no após-guerra. Raúl concordou. Estava fazendo uma pesquisa sobre esse assunto para um seminário na faculdade e tinha um texto quase pronto. O artigo foi publicado com o título "Salários em ouro?", antes de Raúl se filiar ao partido. Os socialistas tinham assumido uma posição clara em relação à inflação no após-guerra, sustentando que o padrão ouro, suspenso em 2 de agosto de 1914, devia ser reintroduzido, com os trabalhadores passando a receber salários calculados em ouro, não em dinheiro, para proteger o poder de compra. Prebisch discordava, argumentando que isso era impraticável e ilusório, pois o ouro também tinha se depreciado. Sem ser desrespeitoso para com o dr. Justo, argumentou que ele subestimava o impacto desse fator estrutural.

Ocorreu uma tempestade: o próprio Justo interveio, reclamando com Bunge que o artigo de Prebisch lançava confusão, pois contradizia abertamente o programa do partido (e as conhecidas ideias do líder sobre a inviolabilidade do padrão ouro). Justo levou a questão ao conselho dirigente do partido, que criticou formalmente Bunge por convidar um não militante (e mero estudante) para escrever em *La Hora*. Ao saber disso, Prebisch rasgou o formulário de ingresso e nunca mais pensou em se filiar a um partido.[28] Mas manteve ligações pessoais com Bunge, continuou a frequentar as reuniões de domingo e participou de vários grupos de trabalho (sobre o fundo de pensão dos trabalhadores ferroviários, por exemplo), que lhe proporcionavam boas oportunidades para aprender. O incidente decepcionou Prebisch em relação à política partidária, mas mesmo assim ele apoiou a candidatura de Justo para diretor da faculdade.

Prebisch tornou-se uma pessoa mais independente. Desejava ter uma experiência de pesquisa mais séria. Viera para Buenos Aires para escrever e participar ativamente dos grandes debates da época, mas a dificuldade de encontrar informações confiáveis sobre a economia argentina levou-o a buscar estudantes que compartilhavam essa frustração e o desejo de realizar pesquisas. Outros jovens argentinos talentosos tinham entrado na faculdade com o mesmo ideal de compromisso público, entre eles Ernesto Malaccorto, Max Alemann, Enrique Siewers, Julio Silva e Julio Broide, que permaneceram amigos pelo resto da vida. Sentiam-se unidos pela crença de que a Argentina saíra da guerra fortalecida como ator internacional e poderia se tornar uma potência se conseguisse gerenciar bem sua economia. Reconhecendo as qualidades intelectuais e o virtuosismo acadêmico de Raúl, formaram grupos de pesquisa *ad hoc* sob sua direção para examinar questões de políticas públicas e escrever relatórios para estimular o debate, num modesto esforço para ligar a política à pesquisa acadêmica e promover trabalhos de campo para os estudantes.[29]

Os resultados acadêmicos logo apareceram. Depois de 1920 a pesquisa de Raúl amadureceu, seus interesses se multiplicaram e sua energia acadêmica aumentou, disso resultando textos sérios, baseados em leituras mais amplas e apresentados com maior autoridade, conforme sua formação se tornava mais sólida. Seu maior interesse estava na política comercial e monetária. Seus dois artigos de 1921 sobre a Conferência de Bruxelas de setembro de 1920, escritos depois de ele ter lido *As consequências econômicas da paz*, de John M. Keynes, discutiram a questão da estabilidade monetária no após-guerra e suas implicações para a Argentina.[30] Como não tivera uma boa formação em teoria econômica avançada, retornava à literatura teórica e histórica quando escolhia um tema de pesquisa. Esse método continha o risco de levar a uma abordagem confusa dos clássicos e exigia disciplina, mas o notável artigo de Prebisch, "Notas sobre o nosso meio circulante", publicado em cinco edições sucessivas da *Revista de Ciencias Económicas* em 1921-1922, comprovou seu potencial acadêmico, embora a revista não garantisse visibilidade dentro da disciplina. Esse infortúnio não diminui a ousadia e a aguçada percepção presentes no texto.[31]

O artigo era tecnicamente uma resenha de *La moneda, el credito y los bancos en la Argentina*, um livro sobre a história da atividade bancária no país, publicado pouco antes por Norberto Piñero, banqueiro privado e ministro da Fazenda por um breve período em 1913, que também ministrava uma disciplina na faculdade e escrevera outro livro sobre o assunto em 1916, *La moneda argentina*. O interesse de Prebisch também aumentara depois de ele traduzir uma obra de John H. Williams, professor de Harvard, principal referência disponível sobre o assunto e um economista profissional reconhecido. Prebisch aproveitou a oportunidade para analisar o setor bancário desde a Independência em 1810, debruçando-se sobre os registros históricos e as fontes secundárias disponíveis, assim como sobre a literatura teórica de economistas europeus e americanos relevantes.

Piñero escrevera um relato descritivo, em boa medida anedótico, sobre o sistema bancário nacional. Seu texto leve começava nos primórdios de Buenos Aires, quando a cidade ainda era um pequeno porto isolado do interior pela política espanhola, que favorecia Lima como centro do império, desenvolvendo-se aos poucos até se tornar poderosa após a Independência. Piñero sustentava que o ciclo econômico na Argentina, em essência, repetia a experiência europeia: o crédito abundante nos momentos de prosperidade produzia desequilíbrio e crise por causa do excesso de consumo e de uma grande afluência de importações, resultando em desequilíbrio comercial e perda de ouro. Seguia-se uma correção automática: as taxas de juros aumentavam para deter o sangramento e atrair o capital de curto prazo ao mercado. Na verdade, essa era uma das premissas sagradas da teoria liberal do equilíbrio ensinada na faculdade. Piñero argumentava que, começando com o primeiro banco argentino (Banco de Descuento) em 1822, governos e empresas tinham buscado harmonizar o fluxo e refluxo do mercado internacional com instrumentos bancários cada vez mais sofisticados, conseguindo construir passo a passo os alicerces da grande nação comercial que a Argentina se tornara em 1914. Concluía que o governo devia aumentar os poderes da Caixa de Conversão para assegurar essa conquista.

Prebisch e sua equipe realizaram uma análise histórica detalhada dos ciclos de auge e recessão desde a Independência em 1810 até a Primeira Guerra Mundial, tentando identificar características recorrentes que serviriam para verificar as conclusões de Piñero ou para sugerir outras explicações. Os resultados mostraram que nem Piñero nem os outros poucos economistas argentinos que haviam escrito sobre o assunto tinham feito uma pesquisa profunda. Uma análise mais detida da dinâmica específica de cada ciclo, que incluía o papel e o comportamento dos bancos e governos argentinos, mostrava um quadro muito mais complexo. O mercado internacional e o mercado argentino estavam ligados, é claro, mas, em vez de imitar a experiência europeia, os ciclos de auge e recessão na Argentina revelavam uma peculiar interação de fatores, ausente no ciclo econômico europeu.

A vulnerabilidade da Argentina na economia internacional impulsionou os bancos locais a reproduzir um padrão de erros bem nítido. Uma base tributária estreita e a falta de mercados de capital domésticos faziam o país depender do crédito internacional. Em 1824, a Argentina já tomara emprestadas grandes somas em Londres e criara um sistema financeiro que em grande parte ruiu na guerra de 1824-1826 contra o Brasil. As instituições bancárias continuavam frágeis por motivos políticos. Impostos sobre propriedade imobiliária eram muito impopulares. As taxas alfandegárias respondiam por 90% da arrecadação federal, de modo que havia uma crise sempre que os ingleses decidiam bloquear os portos. A análise da política bancária e monetária antes e depois das bolhas especulativas, quando as safras quebravam ou os preços caíam, mostrava a monótona repetição de um padrão: um sistema bancário imaturo preparava o desastre ao emprestar demais e vender títulos nos mercados europeus, o que permitia elevar as importações não essenciais e provocava um frenesi especulativo. A essa fase ascendente do ciclo seguiam-se crises severas, como ocorreu em 1873 e 1891. A liquidez era então enxugada, provocando um freio abrupto na especulação e a recessão.

Raúl observou que a descoberta desse mecanismo permitia "uma nova visão de nossos problemas monetários".[32] Havia na Argentina diferenças normativas, políticas e psicológicas em relação à Inglaterra ou à Europa. O dinheiro fugia do país em busca de refúgios seguros durante a fase descendente do ciclo. Ao contrário do que ocorria na Europa, altas taxas de juros, sozinhas, não eram capazes de deter a fuga de capitais e atrair novos investimentos para propiciar a recuperação econômica. A teoria se aplicava à Europa, mas não à realidade argentina. Nesse artigo, Prebisch usou pela primeira vez os termos "centro" e "periferia", que se tornaram famosos 25 anos depois, quando fez a crítica estruturalista da ortodoxia liberal. Aqui, porém, eles se aplicavam ao debate sobre a relação de Buenos Aires com o interior do próprio país.[33] Em vez de um desenvolvimento urbano/rural mais equilibrado, como no Canadá e nos Estados Unidos, a capital extraía riqueza do interior até dominar a vida econômica, política e cultural da Argentina.

Ninguém, nem mesmo o autor, percebeu a importância do trabalho e suas implicações teóricas para o estudo do comércio internacional e da política monetária. Prebisch havia iniciado o estudo dos ciclos econômicos, uma área de investigação negligenciada, mantida separada da teoria econômica geral durante décadas e nunca antes aplicada sistematicamente a economias agrícolas dependentes, ao papel dos mercados monetários internacionais e ao balanço de pagamentos. Os erros cometidos por bancos e governos argentinos não causavam as crises periódicas, pois o ciclo econômico internacional golpeava inevitavelmente o país, assim como o fazia com os países desenvolvidos, mas Raúl descobrira que circunstâncias locais ditavam o *curso, a gravidade e a dinâmica* de cada crise. As autoridades argentinas não eram meras vítimas, mas também atores, e suas decisões podiam reduzir ou agravar o impacto de recessões internacionais.

O trabalho abria uma enorme oportunidade para investigações futuras, mas ninguém em Buenos Aires o alertou para o que tinha realizado e não há indícios de que o artigo tenha sido resenhado ou mesmo lido por seus professores. Ele conduzira a análise histórica até 1914, prometendo dedicar-se depois aos anos de guerra e estudar as "relações dos mercados monetários ou, em outras palavras, o funcionamento do sistema monetário internacional".[34] O artigo de 1921 suscitou um interesse pelo assunto que duraria a vida inteira. Ele havia se chocado contra uma barreira conceitual, a saber, a premissa de que os governos argentinos não podiam influenciar ou corrigir o ciclo econômico.

Em vez de seguir essa linha de pesquisa, Prebisch começou um trabalho adicional sobre os planos de estabilização no após-guerra. Como no trabalho anterior, adotou como ponto de partida a resenha de um livro, dessa vez *Stabilizing the Dollar: A Plan to Stabilize the General Price Level without Fixing Individual Prices* (1920), do economista norte-americano Irving Fischer.[35] Escrita em um estilo mais teórico do que "Notas sobre o nosso meio circulante", com referências a economistas clássicos como os ingleses Stanley Jevons e F. W. Taussig e os norte-americanos F. A. Fetter e Edwin Kemmerer, a resenha de Prebisch debatia a complexidade – mas, ao mesmo tempo, a eventual necessidade – de reintroduzir o padrão ouro no contexto da crescente desestabilização financeira na Europa Ocidental. A situação deteriorara-se com a ocupação francesa do Vale do Ruhr e a fantástica crise inflacionária que destruiu o marco alemão. Prebisch conhecia o trabalho de Kemmerer, que se tornaria o principal conselheiro econômico norte-americano para os governos latino-americanos nos anos do entreguerras, mas queria avançar nesse assunto também.

Ele olhava para além da universidade: dada a qualidade do ensino e os recursos existentes em Buenos Aires, não havia mais nada a esperar dali. Os acadêmicos que respeitava mais, como os Bunge ou Lobos, eram figuras públicas engajadas que nunca seriam pesquisadores em tempo integral. Precisava deixar a universidade para saber mais sobre o país. Havia a possibilidade de continuar a carreira de economista no exterior. Seu irmão Alberto conseguira uma bolsa para estudar com Le Corbusier em Paris, mas a economia não oferecia a mesma oportunidade, e uma pós-graduação na Europa ou nos Estados Unidos estava fora de questão por motivos financeiros. Sabendo que o ensino universitário em tempo integral não era financeiramente viável na Argentina, decidiu sair da Universidade de Buenos Aires com o diploma de contador.

O motivo mais forte não foi o dinheiro. O principal interesse de sua pesquisa na graduação não havia sido teoria econômica, mas sim políticas governamentais, tendo em vista entender a posição da Argentina na economia internacional e servir ao país em um posto de trabalho prático. Sua vocação, sua missão, estava fora da universidade, que nunca lhe ofereceria o bastante para satisfazer a vocação de servir ao Estado argentino.

Imperceptivelmente, mas com certa lógica, a escolha da carreira se estreitava em direção ao serviço público, mas ele não se encaminhou para isso depois do flerte com o Partido Socialista. Embora aceitasse o programa do partido, tinha dificuldade em se definir ideologicamente depois de ter sido criticado por Justo e ter rejeitado a filiação. Não se interessava pelos radicais, os conservadores ou quaisquer outros partidos pequenos. Porém, só uma paixão débil se extingue por causa de apenas uma experiência decepcionante. A rápida desistência de Raúl de engajar-se politicamente oferece uma pista para seu desenvolvimento intelectual. Ele mostrava pouco entusiasmo pela doutrina socialista ou pela análise de classes. Seus primeiros escritos manifestavam preocupação em entender as políticas comercial e monetária a partir de uma perspectiva, em grande medida, liberal. Também não podia aceitar a ideia de que o Estado era um mero instrumento da oligarquia, carente de autonomia. O sentimento de que era capaz de moldar eventos afastava esse determinismo. Apesar de comprometido com a justiça social desde a infância em Tucumán, principalmente com a conquista de direitos trabalhistas e humanos na Argentina depois da Primeira Guerra Mundial, ele não considerava a política partidária como condição para exercer seu papel reformista. A questão social chegou a aproximá-lo de Augusto Bunge e da esquerda do Partido Socialista, mas não se sentia mobilizado por campanhas, reuniões políticas ou demonstrações de qualquer tipo.

Raúl concluíra que uma elite tecnocrática poderia dirigir um processo de reforma, usando o Estado como instrumento de mudança e não como ferramenta de classe ou de interesses pessoais. O fraco Estado argentino não conseguia sequer tributar a elite, e uma reforma fiscal seria uma medida de capacidade e desenvolvimento institucional. O Canadá adotara um imposto sobre a renda em 1917, a Austrália também reformara seu sistema tributário, mas toda vez que o governo argentino tentara adotar um pacote de reformas desistira em favor de uma saída fácil: empréstimos externos. De 1888 a 1896, por exemplo, o endividamento *per capita* da Argentina triplicara.

O país precisava de uma elite administrativa para modernizar o setor público. Nesse sentido, a vocação de Prebisch não se definiu sob influência principalmente de Marx, mas sim de Pareto, cuja obra conheceu quando traduziu Barone durante a campanha para a Presidência em 1922. O resultado dessa eleição confirmou sua desilusão com a política institucional da Argentina.[36] Apesar de seis anos de flagrante clientelismo, de promessas quebradas e do início de uma séria recessão no após-guerra, a bem azeitada máquina do Partido Radical obteve outra grande vitória, elegendo 235 deputados contra 60 conservadores, 10 democratas progressistas e 22 socialistas. Marcelo T. Alvear, que substituiu Yrigoyen como presidente, integrava a oligarquia tanto quanto seu amigo de infância, o general José F. Uriburu. Para Raúl, a estagnação política confirmava o diagnóstico de Pareto sobre os Estados liberais corruptos. Na Argentina, assim como na Itália e na França, uma elite especuladora e incapaz de fazer reformas punha em perigo o futuro do país. Nesse momento crítico, a alternativa visualizada por Pareto – a formação de uma elite tecnocrática modernizadora, capaz de guiar o Estado e formular políticas racionais acima dos interesses pessoais – atraiu Raúl e lhe esclareceu que futuro papel deveria ter.[37]

Engenheiro de profissão, nascido em Paris em 1848, filho de um marquês genovês exilado, Pareto foi um ferrenho opositor tanto do marxismo quanto dos regimes liberais decadentes que observava na Itália e na França. Considerava o socialismo como uma tentativa de substituir uma elite por outra, pois a burocracia partidária falava em nome do proletariado, mas mostrava-se tão ávida de exercer o poder quanto o Estado capitalista que pretendia substituir. O triunfo do leninismo em 1917 confirmou sua opinião de que os marxistas eram hipócritas em relação à democracia. Ao mesmo tempo, os grupos dirigentes na Europa formavam uma elite tão especulativa, estéril, irresponsável e míope que bem mereciam fracassar. Apesar de Pareto ter diagnosticado uma luta pelo poder mais complexa do que Marx, no final reconheceu que cada sociedade tinha apenas duas elites, imersas em permanente conflito: a que governava e a que a desafiava. A história mostrava um processo contínuo de enfrentamento e substituição de elites governantes na medida em que estas se isolavam e desatavam uma fúria vinda de baixo para derrubá-las. Os governos sensatos eliminariam abusos mediante reformas em tempo hábil para se ajustarem e sobreviver. Se fracassassem e se tornassem débeis e corruptos, o grupo contestador acabaria por se rebelar e tomar o poder. Países bem-sucedidos dependiam de um bom governo, com tecnocratas racionais recrutados pelo critério do mérito, que trabalhassem pelo interesse público e não por interesses pessoais. A partir da teoria de Pareto, Prebisch entendeu que, para serem bem-sucedidas no século XX, as sociedades precisariam criar e manter uma elite modernizadora. Esse era o principal desafio que os países enfrentavam para progredir e fazer justiça.

Tal análise se adequava ao desafio político que Prebisch observava em Buenos Aires: os partidos majoritários eram corruptos e fingiam que desejavam mudanças, enquanto as necessidades de longo prazo do país se frustravam. O fracasso da reforma agrária revelava as mesmas tendências desastrosas que existiam na Itália e na França antes de 1922, enquanto a oposição estava dividida demais para desenvolver uma ação alternativa contra o regime. O elo perdido era um bom ponto de apoio no Estado, ou seja, um setor público forte, treinado, racional e desinteressado, capaz construir a nação acima do ruído e do caos das infindáveis batalhas políticas que não levavam a lugar nenhum. Sua credibilidade seria baseada na qualidade e na honestidade. Sua legitimidade decorreria do desempenho em assuntos essenciais. Prebisch e seus colegas eram a primeira geração na Argentina que tinha capacitação e idealismo para reivindicar o papel de uma elite modernizadora do Estado. Ele conhecia a energia e a capacidade de Malaccorto e de seus outros amigos que compartilhavam o compromisso com o país e consideravam o Estado um instrumento de mudança. Em suma, Raúl pretendia servir à sociedade argentina por meio de políticas governamentais e do serviço público, e não da política partidária.

A escolha vocacional pelo setor público também resolveu as ambiguidades geradas por seus primeiros anos em Tucumán. Ao optar por reformar o Estado trabalhando no serviço público, acima da política de classes e de partidos, Raúl encontrou um caminho para escoar seu idealismo de um modo compatível com sua herança mista. Por um acidente de nascimento, estava fora das redes sociais que detinham o poder. Ele e os irmãos sabiam que precisavam se fazer sozinhos. A ligação por parte de mãe com os clãs Linares-Uriburu fornecia um possível cartão de visita e representava uma fonte de *status* e de confiança pessoal, mas era difusa demais para garantir vantagens sociais ou profissionais. Em Tucumán não havia espaço para uma vocação política. Prebisch não conseguiria competir com Robustiano Patron-Costas e nem considerou seriamente essa opção. Nunca quis ser um político nem se sentiu em condições de ser presidente. Ao mesmo tempo, o aprendizado da infância – dos relatos de Segundo Linares sobre os tempos da colônia até a convivência com crianças indígenas nas favelas de Tucumán – o pressionava a servir ao país.

Raúl tomara uma decisão firme sobre sua carreira, mas não sabia como achar o caminho certo para tornar-se um servidor influente. Tinha apenas 21 anos. Aprendera bastante desde a chegada a Buenos Aires, mas não tinha experiência fora da universidade. Precisava trabalhar.

CAPÍTULO 3
Aprendizado

Prebisch procurou o diretor Eleodoro Lobos para se aconselhar sobre oportunidades de emprego. Depois da superprodução e da inflação dos primeiros anos do após-guerra, uma profunda recessão internacional atingiu a economia argentina em seguida ao mandato do presidente Yrigoyen. O ânimo do país era sombrio e as perspectivas de emprego, escassas. Lobos concordou em ficar atento a oportunidades, para recomendá-lo. A carreira dele como acadêmico e servidor público oferecia um modelo a Raúl, que não poderia ter encontrado um aliado mais efetivo. Era um interlocutor-chave com a elite de Buenos Aires, ex-editor do poderoso jornal *La Prensa*, um dos mais famosos advogados da cidade e ex-ministro da Fazenda e Agricultura no governo conservador de Saenz Peña, de 1910 a 1916, antes de ser nomeado diretor da faculdade. Ao mesmo tempo, era muito próximo do governo radical: Rafael Herrera Vegas, seu cunhado, era o novo ministro da Fazenda, nomeado por Alvear.

Raúl, que dirigia o seminário de pesquisa na Universidade de La Plata, logo recebeu a oferta de um contrato de um ano como secretário de uma comissão orçamentária especial criada pelo ministro, com um salário mensal de quatrocentos pesos. Não teve tempo de responder, pois uma oportunidade inesperada e mais interessante surgiu: a Sociedade Rural Argentina (SRA) pediu que Lobos encontrasse um economista para trabalhar em sua sede em Buenos Aires. Fundada em 1866, a entidade fazia *lobby* para os maiores criadores de gado, e seus associados integravam a elite mais seleta do país. Considerada sinônimo da oligarquia argentina, ela atravessava as fronteiras partidárias para incluir oligarcas radicais, como o ex-presidente Yrigoyen e o presidente Marcelo T. Alvear, e figuras conservadoras familiares, como os Uriburu. Permanecia aberta a novos membros, desde que ricos. O principal evento da sociedade era a feira agrícola anual que acontecia em julho em Palermo e atraía a alta sociedade. O presidente da República comparecia em uma carruagem com escolta da cavalaria para entregar o grande prêmio na cerimônia de encerramento. Mas o objetivo da entidade não era somente social. Ela também promovia a modernização da agricultura. Era uma organização nacional tão poderosa que seus integrantes também dirigiam a União Industrial Argentina (UIA), a principal associação da indústria entre 1887 e 1914. Todo o setor privado reverenciava os agroindustriais.[1]

Lobos recomendou Prebisch, que foi entrevistado por Ernesto Bosch, presidente da entidade, e Enrique Uriburu, diretor, integrantes da oligarquia conservadora. Bosch tinha sido próximo de todos os presidentes conservadores desde a década de 1880, como secretário particular deles ou como ministro, além de ter servido como ministro das Relações Exteriores no governo Saenz Peña até a vitória dos radicais em 1916. Uriburu era filho de Francisco, tinha herdado a mansão da família localizada em Lavalle, 371 e agora estava casado com a filha do ex-presidente Quintana. Vinte anos mais velho que Raúl, seu primo em segundo grau, era um negociador, uma figura social de grande destaque na capital, professor na Faculdade de Direito da Universidade de Buenos Aires e gestor dos latifúndios da família. Era a primeira reunião de Raúl com Uriburu desde que chegara a Buenos Aires quatro anos antes. Assim como seus pais, ele se mantinha fora desse círculo social.

O trabalho na Sociedade Rural envolvia montar um novo escritório para estudar causas e consequências da queda dos preços internacionais da carne bovina no após-guerra. Prebisch trabalharia sozinho, manejando sem ajudantes o material estatístico sobre uma das questões econômicas mais importantes e controversas da época. No final da entrevista, Bosch lhe ofereceu o emprego, apesar de ele simpatizar com os socialistas e apoiar a reforma agrária. Quando perguntado sobre pretensões salariais, Raúl pensou em propor trezentos pesos, mas decidiu esperar pela oferta, já que não tinha experiência prévia com o padrão de remuneração no setor privado e esquecera de pedir um conselho de Lobos sobre isso.[2] Sabiamente, deixou que Bosch dirigisse a conversa e ficou estarrecido ao receber a proposta de oitocentos pesos por mês. Começou a trabalhar no dia 5 de junho.

A Sociedade Rural queria demonstrar que os pecuaristas argentinos estavam sendo manipulados pelas grandes empresas britânicas e norte-americanas de embalagem de carne que detinham o monopólio dos navios frigoríficos e controlavam o transporte para os mercados estrangeiros. Depois de um surto de febre aftosa na Argentina, em 1900, a Grã-Bretanha suspendera a importação de animais vivos. Desde então o comércio de carne dependia do transporte de produtos congelados ou resfriados, em navios frigoríficos. Essa mudança na tecnologia de transporte permitiu que empresas britânicas e norte-americanas – Swift, Wilson, Armour, Smithfield e Vesty – controlassem o mercado. Somente a Sansenina Frozen Meat Company permanecia argentina. Os embaladores de carne ganharam muita visibilidade, tornando-se alvos de críticas de fundo nacionalista e atraindo o ódio em Buenos Aires durante os períodos de recessão. Essas empresas argumentavam que a conferência sobre transporte internacional, realizada em abril de 1914 para regular o comércio de carne, evitava flutuações prejudiciais no mercado, enquanto os preços refletiam o jogo de oferta e demanda registrado no mercado de Smithfield, em Londres. Quando Prebisch iniciou a pesquisa, os preços estavam caindo abruptamente, chegando a alcançar em 1923 a metade do valor de 1920. A Sociedade Rural solicitava intervenção estatal para defender os produtores argentinos contra o monopólio estrangeiro. Assim como os barões do açúcar de Tucumán, a entidade era genericamente a favor do livre-comércio, mas estava sempre disposta a se enrolar na bandeira nacional para proteger os interesses de seus membros.[3]

O aprofundamento da crise aumentou a importância política da pesquisa realizada por Prebisch. A Sociedade Rural deixou claro que ele era um consultor, e seus resultados deviam apoiar a pressão que a entidade fazia. Recém-saído da universidade, ele tinha conseguido um emprego bem remunerado, mas a missão era árdua. Em outros países exportadores de carne havia as mesmas acusações contra a indústria de embalagem. Nos Estados Unidos e na Austrália comissões parlamentares se empenhavam em separar mito e realidade, enquanto em Buenos Aires um jovem economista trabalhava sozinho, em seu primeiro emprego, pressionado por dois grupos empresariais e seus aliados políticos.

Prebisch mergulhou na complexa dinâmica do mais importante setor exportador da Argentina, que estava em transição. Um *boom* no após-guerra, para atender a demanda reprimida, havia gerado superprodução e recessão em 1921.[4] A Grã-Bretanha voltara a ser a maior importadora mundial de carne; em 1921, absorvia 94% do mercado internacional, com 64% de produtos de carne bovina, quase toda importada da Argentina, que superava os concorrentes australianos e canadenses porque o gosto dos consumidores ingleses estava mudando da carne congelada para a resfriada. Entre 1920 e 1921, as importações inglesas de carne resfriada mais do que triplicaram, passando de 510 mil para 1,883 milhão de toneladas, recuperando-se da queda durante a guerra; 90,7% desse produto eram embarcados na Argentina. A Grã-Bretanha regulava o mercado global, enquanto a Argentina fornecia quase toda a sua importação.[5]

Dada a importância desse comércio para a economia argentina, era de se esperar que em Buenos Aires houvesse pesquisadores especializados na dinâmica do setor, mas Prebisch descobriu o contrário. As universidades não haviam estudado sistematicamente o assunto, e os serviços nacionais de estatísticas nunca tinham coletado séries de preços pagos pelas empresas embaladoras a pecuaristas. Sem isso, era impossível obter uma visão geral do setor, da porteira das fazendas até o mercado londrino. Em uma das primeiras notas de pesquisa para o jornal da faculdade, Prebisch havia analisado os esforços de muitos países para melhorar seus sistemas estatísticos no após-guerra. Agora compreendia a importância disso em um Estado moderno. Ele teria de preencher essa lacuna se quisesse entender o setor: preços pagos aos produtores locais, estrutura da indústria, flutuações no mercado londrino de Smithfield, impactos da tecnologia de embarque, preços no comércio de gado em Buenos Aires e, finalmente, as alternativas ao alcance do Estado argentino para o setor de embalagem de carne. Começou a reunir os dados com afinco, com ajuda das empresas de embalagem, realizando um paciente trabalho que gerou a primeira análise integrada do setor na Argentina.

Seis meses depois de ter sido contratado pela Sociedade Rural, Prebisch já dispunha de uma considerável base estatística que lhe permitiu apresentar os primeiros resultados. Mas não era o documento dócil e corroborante que os diretores da entidade esperavam. Cuidadosamente documentado e imparcial, o relatório descrevia uma dinâmica setorial complexa, que afastava soluções simplistas. Sim, as empresas de embalagem de carne tinham altos lucros e usavam a vantagem tecnológica para operar como um truste;[6] os preços nos mercados de gado local e londrino não eram determinados só pela oferta e demanda; agindo discretamente, as poucas empresas relevantes podiam dividir o mercado para melhorar as margens de lucro. Mas essas margens não explicavam o colapso nos preços e a crise rural na Argentina. Havia superprodução de carne resfriada, e os preços do produto eram muito sensíveis à oferta. Eles teriam acompanhado o rápido aumento da demanda britânica se a oferta não tivesse crescido proporcionalmente mais. Havia animais em excesso, e os produtores do imenso pampa argentino estavam inundando o mercado. Além disso, as condições desse mercado eram imperfeitas: 80% dos pecuaristas argentinos tinham menos de duzentas cabeças de gado, formando um grupo fragmentado, sem capacidade para enfrentar as bem organizadas empresas embaladoras, cujos lucros refletiam uma posição de monopólio.[7]

Prebisch criticava o processo de formação de preços no setor, mas não recomendava que o governo controlasse as empresas embaladoras. A Sociedade Rural não gostou. Bosch e Uriburu haviam sido substituídos por dirigentes mais protecionistas. Explorando o sentimento nacionalista contra empresas embaladoras e frotas estrangeiras de navios frigoríficos, a Sociedade Rural propunha quase uma insurreição contra o chamado "truste da carne", pedindo que o governo combatesse o controle dele sobre o setor. Prebisch foi ingênuo ao imaginar que a Sociedade aceitaria um relatório equilibrado, com recomendações imparciais, quando o objetivo da entidade era municiar a ação imediata. Suas conclusões foram rechaçadas e substituídas por um apelo direto ao presidente Alvear. O governo cedeu às demandas, estabelecendo um preço mínimo para o gado. As empresas embaladoras retaliaram, fechando currais de abate em Buenos Aires e provocando uma crise econômica de grandes proporções. Dias depois, Alvear revogou o preço mínimo. A nova liderança da Sociedade Rural se voltou contra Prebisch, acusando-o de fragilizar a campanha e ser um antinacionalista que agia a favor da Inglaterra. Demitido sem aviso, ele não pôde reagir nem explicar seu relatório em detalhes. *Los violentos*, como Prebisch os chamou, tinham vencido.[8]

Desalentado, Raúl voltou para a companhia da mãe em Tucumán, onde lambeu as feridas e concluiu a versão final de "Notas sobre a crise da pecuária", publicado em janeiro de 1923 na *Revista de Ciencias Económicas* da faculdade, assinando laconicamente como "ex-diretor de estatística da Sociedade Rural Argentina".[9] O artigo foi escrito em estilo áspero, sem condescendência com o *lobby* mais poderoso do país; chegava a atacar a Sociedade por se recusar a apoiar a pesquisa acadêmica sobre esse importante setor da economia. Mas Prebisch superestimou seu revés. Os textos que surgiram de seu trabalho foram lidos e bem recebidos na academia. Além disso, ele não cortou os vínculos com a entidade. Bosch e Enrique Uriburu, cuja influência ultrapassava muito as fileiras da Sociedade Rural, continuaram a apoiá-lo. E a luta política contra as empresas embaladoras ficou esquecida quando a economia britânica voltou a crescer. A subsequente recuperação dos preços da carne resfriada mascarou a derrota temporária da Sociedade Rural.

Eleodoro Lobos continuou a ser um poderoso benfeitor de Raúl, cuidando para que a armadilha política em que ele tinha caído na Sociedade Rural não comprometesse sua carreira. Como outros conservadores, também aprovava as demandas de Prebisch por uma reforma agrária, entendendo, junto com os socialistas, que algo devia ser feito.¹⁰ Intercedeu junto ao ministro da Fazenda para que Raúl fosse contratado como consultor e enviado à Austrália e à Nova Zelândia, a fim de comparar a legislação e a administração desses países com as da Argentina. Em particular, o ministro queria aconselhamento sobre a reforma nos impostos sobre a renda: em carta a Raúl, ele observou que, assim como a Argentina, ambos eram países agrícolas, mas aparentemente tinham sistemas de imposto de renda eficazes, considerados impraticáveis por seus conselheiros.¹¹ A Austrália, em particular, poderia oferecer uma comparação interessante, pois também tinha uma economia baseada em matérias-primas, cujo crescimento dependia do *boom* de exportações de atividades extensivas em terras. Como os proprietários de terras na Argentina resistiam ao aumento de impostos, era importante ver o que acontecia do outro lado do mundo, onde a herança colonial era diferente.

Em 24 de outubro de 1923, Prebisch embarcou com destino a Wellington, via Nova York. *La Razón*, jornal de Buenos Aires associado ao Partido Radical, que estava no governo, classificou a nomeação como "férias pagas à custa do governo". Mas para Raúl era uma oportunidade única de viajar para o exterior.¹² Ao chegar à Nova Zelândia em 13 de dezembro, trabalhou durante onze dias com Malcolm Fraser, chefe do Departamento de Censo e Estatísticas, antes de seguir para a Austrália. Comemorou o Natal no mar e a virada do ano em Melbourne, na primeira vez que passava essas datas longe de casa. Percebeu que havia muito a aprender nos dois países, tão semelhantes à Argentina na estrutura econômica, mas tão diferentes sob outros aspectos. Ficou surpreso com as sociedades equitativas desses países, em comparação com a Argentina: empregados domésticos eram raros, e o trabalho braçal era feito rotineiramente por gente de classe média em suas próprias propriedades. As expectativas eram completamente diferentes. Os professores de Prebisch na faculdade tinham empregados para cuidar de suas casas e jardins, enquanto o famoso Malcolm Fraser morava em um modesto bangalô; se vivesse na Argentina, ele e a mulher teriam inúmeros empregados. A produção de trigo australiana correspondia a apenas 1/4 da produção argentina, mas a proporção de proprietários e arrendatários, assim como a distribuição de renda, não tinha nenhuma semelhança com o que se podia ver no interior da Argentina. Uma realidade como a de Tucumán, com trabalhadores migrantes afundados na pobreza, era desconhecida por lá.

A viagem ajudou Prebisch a formular idéias mais claras sobre o lugar de seu país no mundo. Apesar da proximidade, Argentina, Brasil e Chile tinham culturas políticas muito diferentes. Mas a Argentina compartilhava a maldição latino-americana: como seus vizinhos, herdara dos tempos coloniais uma poderosa oligarquia que dirigia o Estado no contexto de uma economia exportadora agrícola dependente. Em termos geopolíticos, era a potência mais forte da América do Sul, presa a uma antiga rivalidade com o Brasil e em menor medida com o Chile. Bolívia, Paraguai e Uruguai formavam Estados para-choques entre a Argentina e o Brasil. Porém, as relações comerciais globais da Argentina a aproximavam do pequeno grupo que incluía Austrália, Nova Zelândia e Canadá, produtores de grãos colonizados por brancos europeus. Austrália e Nova Zelândia ofereciam uma perspectiva comparativa particularmente útil, já que também estavam distantes das economias centrais e tinham uma grande oferta de terra em relação à mão de obra disponível, população pequena e imigração em massa. Como estavam esses países em termos relativos? Economicamente, segundo Prebisch, tanto a Austrália quanto a Nova Zelândia ficavam atrás da Argentina; nenhuma de suas cidades se comparava, nem remotamente, à espetacular Buenos Aires. Mas, apesar de menos ricos (a renda *per capita* da Austrália era estimada em US$ 1.590, contra US$ 1.700 da Argentina), esses domínios britânicos desenvolviam-se em bases mais sólidas. A reforma agrária oferecia um bom exemplo das diferenças. Na Argentina, as bibliotecas estavam cheias de livros e projetos dedicados ao tema que incluíam os menores detalhes, mas nada acontecia. Em contraste, Prebisch não conseguiu localizar na Austrália uma única obra sobre o assunto. Herdeiro de um legado colonial diferente, o país tinha implementado uma política eficaz de colonização, pois na época da imigração a terra não estava sob controle de uma oligarquia local. Essa diferença vital – um antiquado sistema de classes, com concentração da propriedade da terra, e uma oligarquia que, aliada ao Estado, sempre conseguia barrar a reforma – era um defeito estrutural da Argentina, que comprometia um futuro potencialmente brilhante.

Em uma palestra proferida em inglês para o Henry George Club em Melbourne logo depois de chegar à Austrália – fortalecido, sem dúvida, pela experiência recente com a Sociedade Rural –, Prebisch ressaltou os efeitos negativos da oligarquia sobre a vida econômica e política da Argentina e defendeu a reforma agrária. Explicou à plateia a dinâmica colonial e pós-colonial que resultara em uma concentração extrema da terra em poucas mãos, com latifundiários quase sempre ausentes, incapacitando a Argentina de desenvolver uma política interior comparável à que existia nos Estados Unidos e nos domínios britânicos. Como o poder político seguia a organização econômica, tornou-se impossível levar adiante uma política racional de reforma agrária. Em vez de um campo próspero e populoso, o enorme interior do país era despovoado; em vez de colonos que nesses outros países tinham criado um grande mercado rural, todos os anos a Argentina importava dezenas de milhares de trabalhadores imigrantes para realizar as colheitas. A elite argentina dava um mau exemplo de luxo em meio à pobreza rural e urbana. Prebisch concluiu em Melbourne: "A alegre vida noturna, o luxo das mulheres, o fluxo generoso de champanhe nos cabarés e o fulgor da atmosfera cosmopolita levam estrangeiros a dizer que Buenos Aires é a Paris da América do Sul. Pobre consolo para as classes trabalhadoras, que se arrastam entre o subemprego e os casebres!"[13]

Raúl concentrou sua pesquisa em dois temas, reforma no imposto de renda e contas nacionais, trabalhando no Departamento de Tributação em Melbourne com Sir George Knibbs, diretor de estatística e demógrafo famoso. Descobriu que a Argentina estava vinte anos atrás da Austrália em termos de modernização do Estado. Ali, uma sociedade civil mais forte refletia-se em um Estado mais desenvolvido; administração pública e sistema fiscal eficientes eram considerados como algo estabelecido. Diferentemente da Argentina, a Austrália modernizara seu sistema estatístico desde 1920 para se alinhar à Grã-Bretanha e ao Canadá, e introduzira uma legislação de imposto de renda eficaz, usando uma fórmula de cálculo de médias para compensar flutuações anuais em rendas agrícolas. O sistema funcionava, informou ele em artigo publicado na *Revista de Economía Argentina*. Os contribuintes mostravam-se dispostos a pagar e eram multados se não o fizessem. Na comparação, toda a administração pública argentina parecia frouxa, sem capacidade de inovar e de prover o país das ferramentas e da infraestrutura necessárias para avançar. Se pretendesse seguir padrões internacionais, o sistema estatístico argentino requereria novos padrões e inovação tecnológica (como a adoção do sistema Hollerith, usado na Austrália, que tinha automatizado os registros com o uso de cartões perfurados). Era como se a enorme contribuição da Austrália para a vitória na Primeira Guerra Mundial tivesse fortalecido e disciplinado o Estado, equilibrando capacidades e expectativas. A Argentina escapara da guerra, mas permanecia com um Estado débil.[14] A maneira de manter a paz em Buenos Aires era adiar a tributação.

O trabalho como consultor devia durar até meados de abril, mas Salvador Oria, recém-nomeado subsecretário da Fazenda, enviou uma mensagem no final de março solicitando que Prebisch voltasse imediatamente: o presidente Alvear fizera uma reforma ministerial, e o contrato dele estava cancelado. Prebisch considerava Oria um amigo e defensor e, de fato, o jovem professor o tinha ajudado a preparar o esboço de seu curso para a Universidade de La Plata. Porém, sem perceber, Raúl o irritara ao apoiar a visita de Gaston Jèze em 1923, cujas críticas leves à economia argentina tinham sido condenadas em *La Razón*.[15] Raúl havia zombado publicamente do provincianismo do jornal, sem perceber que Oria também se opusera à visita de Jèze ao Cone Sul, pois se considerava o especialista nacional em políticas tributárias e achava que a Argentina não tinha nada a aprender nem com Jèze nem com a Austrália. Recém-nomeado para o novo cargo, Oria decidiu dar uma lição em Prebisch, pondo fim à consultoria e deixando-o em dificuldades financeiras longe de casa.

Prebisch foi forçado a concluir a pesquisa às próprias custas. Começou a longa viagem de volta para casa em 17 de abril, com escalas em Perth, na Austrália, e depois na Europa, esteve na França, Itália e Inglaterra antes de seguir para a Argentina. Como seu pai, descobriu o prazer de viajar, e teria visitado os Estados Unidos se tivesse recursos. Depois de escrever na distante Buenos Aires sobre o ajuste da Europa Ocidental no após-guerra, agora tinha a oportunidade de ver Paris, Roma e Londres. Considerando-se em férias, apreciou as capitais históricas do velho continente, relembrando o francês e encontrando livros indisponíveis em Buenos Aires. Alberto, seu irmão, que estudava com Le Corbusier, fazia parte da grande comunidade argentina em Paris. Os dois jovens vagaram pelas ruas juntos, observando a pobreza da Europa no após-guerra, com multidões de veteranos mutilados mesmo em um país vitorioso. Com todos os seus problemas, a Argentina parecia bem-sucedida. Não apenas era muito mais rica que a Europa, como também estava em paz e não conhecia nacionalismos rivais. Raúl também aproveitou a viagem para aprofundar as leituras de Pareto, ficando cada vez mais convencido do potencial da Argentina como potência emergente no Novo Mundo.

Quando embarcou em Cherbourg rumo a Buenos Aires, no início de julho, ele estava ansioso para voltar. Ao chegar, ainda no porto, a nova prosperidade de Buenos Aires o atingiu como um raio. Os distúrbios e perturbações trabalhistas dos anos do imediato após-guerra haviam ficado para trás, e o otimismo do pré-guerra estava de volta. Capitais fluíam de novo para o país, com investimentos crescendo de 524 milhões para 2,6 bilhões de pesos. Os negócios se expandiam como nos anos dourados anteriores a 1914. Prebisch alegrou-se com o retorno, embora a volta da prosperidade tivesse dissipado a pressão política por mudanças.[16] No vizinho Uruguai, o governo usou a retomada econômica como uma oportunidade para introduzir reformas, e as políticas sociais também dominavam a política chilena. Em Buenos Aires, porém, os sucessos eram menores. Augusto

Bunge continuava pedindo ação, organizando campanhas públicas por reformas, e suas reuniões de domingo, às quais Raúl voltou com prazer, permaneciam tão vivas como sempre. Porém, o governo radical de Alvear aproveitou o hiato da década de 1920 para adiar de novo quaisquer medidas referentes à questão social. Os debates acalorados no Congresso sobre política comercial e monetária perderam fôlego com a prematura sensação de autossuficiência, como se a prosperidade tivesse voltado para ficar. Buenos Aires estava próspera demais na década de 1920 para prestar atenção às sérias deficiências sociais e econômicas do país ou para questionar as doutrinas do livre-comércio e das vantagens comparativas que dominavam a vida acadêmica e política na capital.

Raúl ficara preocupado com a perspectiva de não encontrar trabalho depois de ter ficado fora do país durante oito meses, mas conseguiu resolver esse problema a bordo do navio, onde encontrou Tomas Le Breton, ministro da Agricultura da Argentina, que retornava a Buenos Aires após uma rodada de visitas às capitais europeias. Poderoso integrante da oligarquia, Le Breton era ex-presidente da Sociedade Rural e amigo íntimo de Bosch e de Uriburu. Tinha ouvido falar da passagem de Prebisch pela entidade em 1923 e demonstrou interesse em conhecer o outro lado da estória. Também desejava discutir os resultados do programa de colonização agrícola australiano em Nova Gales do Sul.[17] Passada a frieza inicial, Le Breton sentiu certo afeto pelo jovem, ambos descobrindo pontos em comum em longas caminhadas no deque após o jantar. Ao expor seu trabalho na Austrália e na Nova Zelândia, bem como suas impressões da Europa do após-guerra, Prebisch ganhou mais um defensor poderoso na capital.

Um dia antes de chegar a Buenos Aires, durante a escala em Montevidéu, Le Breton surpreendeu Raúl, perguntando-lhe se gostaria de trabalhar com ele. Convidou-o a ir ao Canadá como cônsul-geral para estudar o sistema de comercialização de grãos. Despedido duas vezes, Raúl aprendera a lição: "Não tenho experiência suficiente", respondeu.[18] Sem uma nomeação oficial, explicou, ficaria indefeso se o ministério mudasse e não podia se dar ao luxo de sair de Buenos Aires antes de sua carreira deslanchar. Le Breton entendeu, mas ainda assim quis que Raúl trabalhasse como seu assessor. No dia seguinte ao desembarque, 24 de julho de 1924, instalou Prebisch em seu gabinete, ganhando oitocentos pesos por mês com o cargo oficial de consultor técnico do subsecretário. Com base na pesquisa feita na Austrália, Raúl concluiu dois relatórios sobre tributação rural e colonização de terras. Permaneceu como assessor do ministro, despachando com ele diariamente. Muito de seu trabalho posterior tratou do acúmulo de solicitações para titulação de terras: milhares delas estavam pendentes havia muitos anos, e Raúl recebeu autorização para entrevistar solicitantes, recomendando a rejeição ou a aprovação dos pedidos. Era um desafio pessoal, pois recebia pessoas frustradas, em circunstâncias carregadas de emoções, mas era só um emprego. Precisava de uma carreira, e por isso seu interesse diminuiu.

Além disso, teve de prestar o serviço militar obrigatório, que conseguira adiar por ser estudante universitário. Le Breton deu-lhe uma licença de janeiro a abril de 1925, e Raúl se alistou no Regimento de Infantaria número 1 Patricios, no subúrbio da capital. Mais tarde, estremeceria ao se lembrar dessa época.[19] Apesar de breve, o interlúdio de serviço militar foi uma das experiências mais desagradáveis de sua vida. Ele odiou o linguajar chulo e as bravatas masculinas no quartel, bem como a violência do treinamento. Sua falta de coordenação divertia os recrutas mais jovens e irritava os suboficiais. Marchar era uma tortura. Destacava-se pela frequência com que errava o passo, tornando-se alvo de escárnio e punição por parte dos oficiais, aos quais só podia responder com uma raiva silenciosa e inútil.

Em 1º de março de 1925, ainda durante as últimas semanas no quartel, a Universidade de Buenos Aires lhe ofereceu uma nomeação como professor de economia política, apesar de não ter doutorado em economia nem ser um candidato natural ao cargo. Mauricio Nierenstein e Luis Roque Gondra, seus ex-professores, tinham apelado ao conselho diretor da Faculdade de Economia em favor de Prebisch, citando um precedente de 1860, quando também houvera uma nomeação sem concurso na Faculdade de Medicina. Raúl conquistara respeito nos círculos universitários, como um professor seguro, e obteve o apoio de colegas, principalmente do diretor Lobos, com suas publicações: 37 artigos que mostravam a capacidade e a largueza de interesses de que a faculdade necessitava. Escrevera sobre política monetária e estabilização no após-guerra e era uma autoridade inquestionável em comércio de carne bovina argentina. A experiência adquirida na Austrália aparecia em artigos sobre política tributária e reforma agrária. Falava três idiomas e estava a par da literatura acadêmica e empresarial da Europa e dos Estados Unidos. Um leque tão vasto de conhecimentos era raro na faculdade. Prebisch nunca achou que essa nomeação tivesse o mesmo peso de cargos semelhantes nas universidades norte-americanas e europeias, e talvez por isso sempre foi evasivo sobre sua falta de titulação acadêmica mais avançada. Significava muito para ele ser chamado de "dr. Prebisch" e chegou ao ponto de assinar seus artigos como "diplomado pela Faculdade de Ciências Econômicas". Esse erro de julgamento mostrava sua insegurança e atraía o escárnio dos inimigos, que o chamavam de

"Prebisch, o contador público" como um lembrete de sua desnecessária reivindicação de ser o "dr. Prebisch".

Ele desejava uma posição como professor na faculdade para poder conceber e dirigir um seminário de pesquisa. Era uma oportunidade para continuar o trabalho acadêmico sobre comércio internacional e política monetária, além de propiciar uma ligação inestimável com alunos e economistas. Mas a cadeira, intitulada dinâmica econômica, que exigia um seminário de pesquisa por ano, não era suficiente para preencher suas necessidades financeiras e suas ambições. Retornara à Argentina para ser um líder nacional no serviço público e já estava com Le Breton por tempo suficiente para perceber que precisava mudar. Le Breton entendeu sua escolha. Apesar de desejar que permanecesse, o apoiou em um concurso nacional para ocupar a vaga permanente de diretor adjunto do Departamento Nacional de Estatísticas.

Raúl se candidatou e foi escolhido, mas não teve êxito no novo posto de trabalho. Havia aceitado candidatar-se porque compreendera na Austrália a necessidade de que houvesse estatísticas nacionais e sabia que a Argentina era muito deficiente nisso, mesmo quando comparada com o Brasil e o Chile, sem falar nos países desenvolvidos. Lembrava-se de como funcionava o departamento sob a administração de uma mente brilhante como a de Alejandro Bunge, que também estava comprometido com reformas. Depois de assumir o cargo, porém, Raúl entendeu os obstáculos à mudança. Mesmo Bunge não tinha sido capaz de quebrar a resistência de seus superiores a novas ideias ou à nova tecnologia de processamento de dados: quando os Estados Unidos se propuseram a doar três máquinas Hollerith, o governo recusou. Bunge se aposentara para se tornar editor da *Revista Econômica Argentina*. Alfredo Lucadamo, o novo diretor, não tinha energia para romper a arraigada resistência burocrática à cooperação interdepartamental ou para obter os recursos necessários à modernização do órgão.[20]

Inovar era irritantemente difícil. O departamento continuava viciado no antigo sistema de ditar números a funcionários que escreviam à mão nos livros. Os esforços de Prebisch para introduzir o processamento de dados Hollerith não deram em nada, até que ele alugou um modelo para fazer uma demonstração à equipe. A eficácia do Departamento Nacional de Estatísticas dependia da coordenação interdepartamental, mas as agências guardavam com ciúmes seus dados ou até se recusavam a criar seções estatísticas. Raúl queria estabelecer correlações entre estatística populacional, indicadores de comércio e outros indicadores econômicos. Além de não conseguir autorização para dirigir essa tarefa, não conseguiu convencer o Departamento da Saúde a ajudar o trabalho. Teve mais sucesso no setor bancário, onde dados de depósitos e empréstimos desde 1910 foram reunidos pela primeira vez com a colaboração dos bancos privados. Também recebeu algum crédito por realizar em Córdoba a primeira Conferência Nacional de Estatística. Em agosto de 1925, publicou um artigo que mostrava as deficiências existentes e ressaltava a importância de o país contar com séries de dados nacionais tão confiáveis quanto as de seus concorrentes. Terminava desafiando o governo Alvear a introduzir as reformas delineadas pela Conferência Estatística do Império Britânico, realizada em Londres em 1920.[21] Mas, ao chegar o final do ano, ele estava entediado e inquieto, empacado em um emprego de salário mediano (oitocentos pesos), mas de interesse e potencial reduzidos.

Do ponto de vista intelectual, Prebisch usou o tempo no Departamento Nacional de Estatísticas para preparar um artigo mais reflexivo, "Notas sobre demografia", publicado no jornal de Bunge. Nele, apresentou seu pensamento sobre um assunto que o interessava desde a chegada a Buenos Aires em 1918 e que havia sido estimulado também pelo trabalho com Malcolm Fraser na Austrália.[22] Refletia ainda uma preocupação natural, como filho de imigrante, além do interesse pela reforma agrária e pelo desenvolvimento rural em geral. Raúl decidiu correlacionar o ascenso e o descenso dos ciclos de atividade produtiva na Argentina com tendências populacionais, usando uma abordagem histórica que remontava às primeiras estatísticas confiáveis, da década de 1860. Descobriu uma correlação quase perfeita entre flutuações de exportações, por um lado, e certidões de casamento, nascimento e migração em Buenos Aires, por outro. O estudo da demografia estava nos primórdios. Prebisch ressaltou a importância de cooperação entre acadêmicos argentinos e estrangeiros, pois a interdependência era cada vez maior. A taxa de natalidade na Argentina, por exemplo, dependia da prosperidade na Grã-Bretanha, dada a sua conexão com a produção de matérias-primas. Qualquer recessão aguda na Grã-Bretanha significava uma crise no comércio argentino e, com isso, uma diminuição nos casamentos e na migração. Outras tendências populacionais na Europa e América do Norte tinham implicações para a Argentina também. Na Inglaterra, o aumento populacional associado à Revolução Industrial no século XIX havia mudado de curso após 1875, com maior prosperidade e urbanização; só as classes mais baixas ainda tinham famílias grandes. O mesmo ocorria no Canadá (com exceção de Quebec), Nova Zelândia e Austrália, que Prebisch chamava, junto com a Argentina, de "países de colonização recente". Os dados argentinos (por causa da pobreza dos serviços estatísticos nacionais, só Buenos Aires pôde ser pesquisada) sugeriam a mesma tendência. Conforme a prosperidade avançava, os pais resolviam ter menos filhos, mas criá-los com expectativas mais altas; a maior disponibilidade de métodos contraceptivos confiáveis facilitava o controle voluntário da natalidade. Nesse meio-tempo, no Brasil, na Ásia e em outras áreas não europeias o aumento da população ainda era alarmante, como diziam autores neomaltusianos, como o professor Harold Wright, de Cambridge. Em um livro muito vendido, lançado em 1926, ele pedia ao Ocidente uma ação internacional para salvaguardar a raça branca das hordas asiáticas que cresciam rapidamente. Prebisch rechaçou o argumento de Wright, mas notou que a introdução de Keynes ao livro, embora pouco inspirada, indicava a importância futura do tema. O problema populacional da Argentina era o desequilíbrio entre Buenos Aires e um interior tão despovoado que não podia sequer manter serviços locais. O país era uma cabeça sem corpo. O governo nacional teria de abordar o problema.[23]

Raúl sentia-se preso no Departamento Nacional de Estatísticas. Não suportava ter chefe, nem mesmo um bom chefe, e a falta de funcionários e de liberdade limitava a ascensão na carreira. Queria sair dali, mas não via alternativa nem dentro nem fora do governo. A última opção era a Sociedade Rural, que ele pensava ter abandonado para sempre depois do relatório de 1923 e da demissão subsequente. Porém, o conselho executivo do grande *lobby* tinha sido renovado mais uma vez e agora era dirigido por Luis Duhau, amigo de Bosch e de Uriburu. Duhau decidira visitar os Estados Unidos e, como não falava inglês, precisava de um assistente. Uriburu e Le Breton recomendaram Prebisch, dada a qualidade do seu trabalho anterior, apesar da decisão do antigo conselho executivo da entidade.[24] Além da questão das línguas estrangeiras, ele era o melhor candidato a companheiro de viagem: trabalhara com fontes e periódicos norte-americanos desde que entrara na universidade, estudara comércio internacional e política monetária, estivera na Austrália e na Nova Zelândia e trabalhara para Tomas Le Breton no Ministério da Agricultura. Prebisch também queria viajar novamente. Empacado em um emprego tedioso, a perspectiva de visitar Washington era um alívio. Corretamente, viu aí uma oportunidade para entender o novo tema das relações comerciais entre Argentina e Estados Unidos e apreciar o papel cada vez maior desse país nos negócios internacionais após 1918. Duhau solicitou que o Departamento Nacional de Estatísticas emprestasse Raúl. Em seguida, ambos partiram.

Os Estados Unidos eram um quebra-cabeça para a política externa da Argentina, que permanecera na zona de influência britânica até 1914, apesar do crescimento da presença norte-americana no resto da América Latina. A Grã-Bretanha conseguira manter um papel dominante na Argentina mesmo depois da Primeira Guerra Mundial, permanecendo como principal parceiro comercial do país durante a década de 1920, ao contrário do que ocorreu com o México e os países latinos da área do Caribe, atraídos para os Estados Unidos. Mesmo assim, o investimento norte-americano aumentava rapidamente; um grande escritório em Buenos Aires estava entre as doze filiais abertas na América Latina pelo First National Bank of New York durante a guerra.[25] E o mais importante: crescia na década de 1920 a importação de máquinas dos Estados Unidos, principalmente o novo equipamento agrícola exigido pelas rápidas mudanças tecnológicas no setor. Como o limite da fronteira agrícola havia sido atingido em 1910 e os preços do trigo não tinham se recuperado depois da guerra, o aumento da produção com as novas tecnologias era a única maneira de manter as receitas agrícolas.[26] As importações vindas dos Estados Unidos aumentariam, pois esse país, mais do que a Grã-Bretanha, produzia a tecnologia e os bens de capital necessários. Essa situação criava um sério dilema de longo prazo para a Argentina, com o surgimento de um comércio triangular, pois o aumento das importações vindas dos Estados Unidos criava um déficit comercial que só podia ser pago com o excedente do comércio de produtos agrícolas e de carne com a Grã-Bretanha. Os Estados Unidos, um país de clima temperado, produziam muitas mercadorias semelhantes às da Argentina e não precisavam de produtos agrícolas. Havia outros problemas comerciais, e o mais importante era a proibição à importação de produtos argentinos relacionados à carne por causa de irrupções intermitentes de febre aftosa.

A maior parte dos três meses no exterior foi passada em Washington, onde Duhau manteve conversações com representantes do governo Hoover sobre as restrições norte-americanas à importação de carne, lã, óleo de linhaça e outros produtos argentinos. O papel de Raúl durante a viagem foi preparar documentos de apoio e discursos para Duhau, marcar reuniões com representantes do Departamento de Estado e do Departamento de Agricultura, assim como com funcionários do Congresso e legisladores, além de estar sempre por perto para fazer traduções e acompanhar pronunciamentos à imprensa, se necessário. A missão foi uma descoberta para os dois, e a experiência ultrapassou muito as questões de comércio. As surpresas que vivenciaram juntos tornaram Prebisch e Duhau amigos para o resto da vida. Jogados no implacável mundo da política de Washington, eles logo avaliaram a complexidade do processo decisório e de construção de consenso em um Congresso protecionista. Apesar da retórica oficial, cabia a Duhau pregar o evangelho do livre-comércio – com poucas expectativas de êxito.

A realidade do poder dos Estados Unidos ficou gravada na mente de Prebisch a partir dessa visita: era preciso entender Washington e suas instituições. Dada a conexão britânica e europeia do pré-guerra, os Estados Unidos eram relativamente desconhecidos na sociedade argentina, e a civilização norte-americana – inclusive o sistema bancário – quase não era ensinada nas universidades. Durante a visita, Raúl pôde conhecer o sistema do Federal Reserve, ou Fed, criado em 1913, que dividia os Estados Unidos em doze distritos, cada um com seu próprio banco de reserva, e que desempenhava as funções de um Banco Central. O que o impressionou mais foi o departamento de pesquisas da instituição, que mantinha estreitas ligações com as universidades e tinha alcançado um alto nível de aceitação e credibilidade nas comunidades financeiras e empresariais.[27]

Durante a viagem à América do Norte, Prebisch e Duhau também visitaram o Canadá para examinar o sistema de proteção dos produtores de grãos do oeste. Viajaram para conhecer a Bolsa de Grãos em Winnipeg e estudaram as operações do Conselho do Trigo em Regina, onde a introdução de quotas tinha eliminado os intermediários que ainda controlavam o comércio de grãos na Argentina. Assim como a Austrália, o Canadá não tinha uma capital cosmopolita como Buenos Aires. Raúl experimentou novamente a sensação de afinidade com um grande produtor de matérias-primas situado longe da Grã-Bretanha e dependente de mercados agrícolas, e viu como um Estado moderno estava criando uma base mais sólida para o crescimento de longo prazo. O desafio do seu país era consolidar pontos fortes e alcançar os domínios britânicos, sanando as deficiências com reformas em tempo hábil.[28]

Duhau ficou impressionado com o trabalho de Prebisch durante a viagem à América do Norte. Com apoio dos diretores da Sociedade Rural, inclusive de Enrique Uriburu, pediu-lhe que ficasse como seu assessor e deixasse o lugar seguro no Departamento Nacional de Estatísticas. Prebisch fez uma contraproposta: a entidade concordaria em produzir um anuário estatístico argentino com referência especial à agricultura, mas compreendendo todos os setores, inclusive comércio internacional? Com péssimas lembranças de 1923, ele tinha interesse na oferta de Duhau, mas não estava disposto a aceitar um trabalho genérico de assessoria sem um acordo prévio sobre as tarefas. Sabia que o governo não produziria um anuário estatístico, pois o setor financeiro do Departamento Nacional de Estatísticas se recusava a aprovar os recursos necessários. Duhau não só concordou com a proposta de Raúl, como também lhe pediu que preparasse outro relatório especial sobre a carne. A Sociedade Rural criara mais uma comissão especial para investigar as empresas embaladoras, depois de uma nova rodada de críticas contra o "truste da carne" dominado por empresas estrangeiras.

Diante dessa oferta, Raúl pediu demissão do Departamento Nacional de Estatísticas e mergulhou na preparação do primeiro anuário estatístico sobre comércio exterior da história argentina, agora com recursos suficientes para realizar um levantamento adequado em âmbito nacional. Intitulado *Anuario de la Sociedad Rural: estadisticas económicas y agrarias*, esse volume grande e único preencheu uma importante lacuna como ferramenta de pesquisa e de definição de políticas.[29] Ao mesmo tempo, Raúl começou a preparar o segundo relatório sobre o setor de embalagem de carne. Tinha expectativas positivas, não apenas a respeito do próprio estudo, mas também porque acreditava que as publicações garantiriam sua nomeação definitiva para o corpo docente da faculdade. Nem precisava ter se preocupado com isso, pois a morte súbita do professor Nierenstein abriu a vaga permanente que Prebisch ocuparia até 1948. Ele então pôde informar ao pai que não precisava mais de ajuda financeira. Albin o felicitou em uma carta afetuosa: "Você é o caçula, mas o primeiro a se sustentar sozinho." Esperava que Raúl continuasse a lhe mandar relatórios e artigos de jornal e se preocupava com a possibilidade de ele trabalhar demais. Devia cuidar da saúde, escreveu Albin, incluindo na carta seguinte um dinheiro para o lazer. Raúl não se comoveu. Continuava precisando da aprovação do pai, e por isso enviava cópias de seus artigos, mantendo relações cordiais, mas distantes. Recusava-se a perdoá-lo e a se reconciliar com ele.[30]

Nenhum dos projetos de Raúl na Sociedade Rural prosperou em 1927. Ele supôs que haviam sido mal recebidos pela área política, pois era absurdo que a Sociedade produzisse esse tipo de documento, em vez do Departamento Nacional de Estatísticas. O anuário era uma ferramenta necessária ao país, mas a Sociedade Rural era um instrumento da elite agrária, não do Estado. Duhau concordara com a proposta de Prebisch porque tinha a capacidade e os contatos para impulsionar a tarefa, mas a publicação não sobreviveu a seu mandato na Sociedade. Seu sucessor recebeu uma nova missão, e o projeto ruiu quando o Departamento Nacional de Estatísticas se recusou novamente a assumir o desafio. O anuário estatístico de Prebisch, publicado em 1927, foi o único tomo colocado nas estantes da Sociedade Rural.

O relatório sobre o setor de carne bovina teve ainda menos sucesso. Intitulado *Regime de pool no comércio de carnes: informe técnico*, defendia que o Estado regulasse a ação das grandes empresas que controlavam o comércio internacional de carne, dado o papel estratégico desse setor na economia, tanto para consumidores quanto para produtores. Prebisch argumentou que a tendência inerente a acordos no mercado de carne justificava a intervenção do Estado, mas não chegou a recomendar a nacionalização.[31]

Em termos de pesquisa, o relatório de Prebisch não se comparava em qualidade com o trabalho de 1923, mas era um interessante estudo de caso sobre política estatal em mercados imperfeitos. Porém, mesmo antes de ser publicado, foi condenado como propaganda do mais poderoso grupo de interesses da Argentina. Os críticos da Sociedade Rural no Congresso, como Lisandro de la Torre, quiseram sumir com ele.[32] Como em 1923, o texto foi uma bomba que explodiu na política Argentina. Todos os partidos estavam adotando posições nacionalistas: 1926 era um ano de preços baixos, e Yrigoyen anunciara que se candidataria de novo à Presidência nas eleições de 1928. Raúl negou que a Sociedade Rural tivesse influído em suas conclusões, elogiando Duhau e Uriburu pela confiança e a objetividade, mas, no alvoroço do momento, suas conclusões não podiam ser julgadas pelo mérito. Era evidente que ele teria de renunciar ao cargo.

Raúl enfrentava um dilema. Seu segundo período de trabalho na Sociedade Rural, em 1927, havia sido tão breve quanto o primeiro, em 1923, e certamente não mais feliz, mas ele queria evitar bater em retirada de novo para Tucumán, humilhado e de bolsos vazios. Mais uma vez sua carreira estava em um beco sem saída, imersa em controvérsias e rejeição. Apesar de ter participado de missões e empregos interessantes desde que terminara a universidade, e de ter realizado longas viagens de pesquisa para os Estados Unidos, Canadá, Austrália, Nova Zelândia e Europa, não tinha perspectivas sólidas. Aos 26 anos, não era mais o menino prodígio que se formara com 21. Considerava o Departamento Nacional de Estatísticas uma experiência muito frustrante no setor público, mas continuava comprometido com a visão de Pareto e com seu próprio destino dentro do Estado argentino; não desejava voltar ao setor privado. O pior é que Raúl não só estava criando fama de oportunista, de alguém que ficava pulando de galho em galho, como também começava a ser identificado com a oligarquia conservadora por causa de suas ligações pessoais com os membros mais visíveis da Sociedade Rural, como Ernesto Bosch, Enrique Uriburu e Luis Duhau. Raúl desprezava esses ataques, que considerava absurdos. Suas duas experiências na Sociedade tinham sido desastrosas, resultando em duas demissões. A amizade com personagens poderosos não implicava a obrigação de servir aos interesses da oligarquia: fora convidado para os empregos por mérito, não por apadrinhamento. Aliás, ele não acreditava que pertencer à classe rica necessariamente desqualificava pessoas como Bosch ou Duhau para servir ao país de modo tão sincero e eficiente quanto seus detratores de origens mais humildes. Ernesto Malaccorto, o melhor amigo de Raúl durante toda a vida, aturava as invectivas dele contra a oligarquia argentina e seus aliados militares, e também afastava qualquer possibilidade de que seu trabalho na Sociedade Rural tivesse sido marcado por um viés de classe ou político. O desdém pela oligarquia remontava a suas memórias mais distantes dos barões do açúcar em Tucumán; nunca escondera suas opiniões sobre a reforma agrária, durante a viagem à Austrália ou na Argentina, onde passava os domingos com Bunge, um líder socialista. Se quisesse ficar rico, já teria entrado em um conglomerado privado.

Raúl tinha diante de si um futuro incerto em 1927. Preocupava-se com um possível estreitamento de opções. Vivia de forma frugal, mudando de uma pensão para outra. A casa dos Bunge era um oásis, sua única ligação segura com a vida intelectual da capital, fora o grupo de velhos amigos dos tempos da universidade e os colegas do corpo docente. A nomeação para o cargo de professor na universidade não apaziguara a crescente ansiedade por ser obrigado a se dedicar a atividades secundárias. As pesquisas e os textos acadêmicos estavam estagnados desde o início da década de 1920. A universidade parecia ainda menos relevante, defendendo o *status quo* e o evangelho do livre-comércio, enquanto críticos não acadêmicos previam o fim do capitalismo. Raúl só se aventurou nesse debate uma vez, quando escreveu uma refutação implacável à tese de Luis Olariaga, um professor visitante espanhol, de que desde 1918 o comércio externo da Argentina ficara para trás em relação ao Canadá, Austrália e Estados Unidos. Prebisch observou que a metodologia de Olariaga era claramente inadequada, concebida para fornecer alguma base para o argumento de que a economia argentina estava em crise. Qualquer avaliação objetiva dos dados revelava que o desempenho do país praticamente igualava o de seus concorrentes. Nem mesmo 1926, que foi um ano fraco, caracterizava a crise afirmada pelo professor e, dado o sucesso da Argentina em atrair novos investimentos em produtos químicos, cimento, têxtil e papel, esse catastrofismo da esquerda lhe parecia absurdo. Apesar de suas deficiências, a Argentina não podia ser caracterizada como um fracasso. Aliás, contava com especialistas internacionais como Saavedra Lamas, professor catedrático de direito do trabalho na Universidade de la Plata, convidado para presidir as reuniões de 1928 da Organização Internacional do Trabalho (OIT) em Genebra. Em um mundo em que o trabalho infantil e a segregação racial estavam presentes até mesmo nos Estados Unidos, o país mais rico, e em que a agitação na Europa permanecia forte, a realidade argentina não era desastrosa. Raúl se preocupava com a possibilidade de que o trabalho de Olariaga e de outros abrisse espaço para os interesses privados que buscavam intervenção governamental e protecionismo.[33] Nesse período, em 1927, apoiou o retorno do padrão ouro, após a decisão da Grã-Bretanha de um ano antes, esperando que ele garantisse estabilidade e crescimento.[34]

A oportunidade de que ele precisava, a ruptura que alterou decisivamente os rumos de sua carreira, ocorreu de forma inesperada no final de 1927, quando Duhau deixou a presidência da Sociedade Rural para se tornar diretor do Banco de la Nación Argentina. O banco estava no centro da economia do país, era a instituição financeira que mais se aproximava de um Banco Central. Tinha sido criado em 1891 como instrumento de estabilização depois de uma devastadora crise bancária e uma inflação descontrolada. Duhau logo comunicou a Raúl que proporia um novo departamento de pesquisas econômicas dentro do banco, seguindo o modelo do Federal Reserve, e o indicaria para a direção. Pretendia criar um departamento importante, com suficiente dotação de recursos. Assegurou que ele teria liberdade para formatar essa área, escolher a equipe e publicar os trabalhos em uma nova revista. Era a oportunidade que Raúl desejava, a posição ideal para influenciar as políticas públicas, combinando pesquisa aplicada e uma base institucional segura e prestigiosa. Além disso, o cargo conferiria *status* dentro do Estado, elevando-o ao primeiro escalão entre os gestores econômicos do país. Tanto em termos financeiros como profissionais, a fase de aprendizado de Raúl terminara.

CAPÍTULO 4

O gosto do poder

O Raúl Prebisch de 1928 contrastava visivelmente com o jovem que chegara a Buenos Aires uma década antes sem saber como beber vinho tinto. Seu estilo de vida se sofisticara. Em 1925, depois de ter mudado de endereço dezoito vezes desde a morte de tia Luisa em 1920, finalmente deixou as pensões para trás e foi para um apartamento. Com a melhora da situação financeira, também aumentou a vontade de comprar uma casa, confirmação simbólica de independência pessoal que se tornou possível com a transferência para o Banco de la Nación Argentina (BNA) em 1927.

Um ano depois, mudou-se para uma casa elegante localizada em Luis Maria Campos, 1340. A estrutura estreita e alta, com quatro andares em estilo Le Corbusier, foi projetada por Alberto, que voltara de Paris, e era a primeira construção desse tipo em Buenos Aires. Malaccorto e Max Alemann, que dividiam a casa com ele, tinham quartos contíguos no terceiro andar, enquanto Raúl ocupava o quarto principal e um escritório no último andar, onde havia um terraço com vista para a cidade. Ele também conseguira um bom alfaiate; uma renda confortável permitia que se vestisse com elegância, como seu pai. Sempre chegava ao banco usando ternos caros e imaculados. A julgar pelas aparências, era um dos solteiros mais cobiçados de Buenos Aires, ocupando um alto cargo próximo ao centro do poder e com o futuro garantido.

Mas seu estilo de vida preocupava amigos como Augusto Bunge. Os hábitos de trabalho não tinham mudado com a maior segurança financeira; sem vida social apreciável, o disciplinado Raúl permanecia centrado no trabalho. Falava um espanhol formal mesmo com Malaccorto e Alemann, seus melhores amigos.

Era distante e sério, não participava das festas deles e tinha reputação de muito trabalhador, com língua afiada e pensamento rápido. Era quieto e estudioso como um acadêmico aposentado. Caminhava durante horas pelas calçadas de Palermo nos fins de semana, mas não praticava esportes e raramente deixava o trabalho antes de 21h. A rica vida cultural de Buenos Aires não o interessava. Malaccorto e Alemann raramente conseguiam arrastá-lo para um programa, até mesmo no Teatro Colón, onde eventualmente era visto cochilando durante peças e concertos. A energia de Raúl permanecia voltada para o trabalho, com uma disposição ferrenha de alcançar êxito.

Só relaxava um pouco na casa dos Bunge aos domingos, depois da longa caminhada habitual. Mostrava então uma personalidade alegre por trás dos ternos azuis bem passados. Durante a década de 1920 ele sempre compareceu a essas reuniões quando estava na cidade nos fins de semana. Mantinha a admiração por Bunge e levava a sério o papel de padrinho do pequeno Mario. Nas reuniões de domingo, o afilhado parecia dissolver a formalidade de Prebisch, que brincava de marionetes e jogos de palavras, divertindo o garoto com imitações da oligarquia argentina ou comprando presentes de aniversário que horrorizavam os pais, como uma coleção de vinte romances populares escritos por "Hugo Wast" (Gustavo Martinez Zuviria), considerados sexualmente sugestivos, politicamente reacionários e antissemitas. Mario reagia com uma devoção quase filial. Mais tarde, disse que Raúl foi "o amigo mais querido e mais admirado da minha infância". Nessa relação, Raúl desempenhava o papel de Segundo Linares na sua própria infância em Jujuy muitos anos antes.[1] Augusto Bunge e a mulher tinham acabado de perder a única e muito amada filha, e essa morte prematura aprofundou a afeição deles por Raúl, que Augusto considerava quase um irmão mais novo. Achavam que ele precisava se casar para não ficar solteiro e isolado da sociedade normal.

O novo cargo de Prebisch era qualitativamente diferente dos anteriores: aos 27 anos, não era mais empregado, mas diretor, com a oportunidade de testar sua capacidade de liderança. O Banco de la Nación – sério e imponente, ocupando um quarteirão inteiro no centro da cidade, localizado à direita do palácio do governo na Plaza de Mayo – era um nicho privilegiado para seu trabalho. A missão da instituição era manter a solidez da moeda. Imediatamente atrás estava o Banco Nacional de Hipotecas, outra âncora financeira do país, garantidor das poupanças. Tomas de Estrada, presidente do banco, deu a Prebisch pleno apoio na transformação do antigo e diminuto departamento de economia, desenvolvimento e estatística no novo departamento de pesquisas econômicas criado segundo o modelo do Federal Reserve e de seus congêneres europeus. Um grupo de trabalho sob a direção de Raúl preparou um plano de operações para o novo departamento e formulou o projeto de uma nova publicação, intitulada simplesmente *Revista Económica*. O objetivo era estabelecer um grupo de pesquisas com qualidade comparável à de grupos de outros países, proporcionando o mesmo tipo de suporte às autoridades responsáveis pela política monetária. Na montagem da equipe, ele escolheu Ernesto Malaccorto e outros amigos fiéis, como Max Alemann, Edmundo G. Gagneux, Julio Broide e o estatístico Abraham Gerest. Raúl aproveitou a posição no banco para restabelecer contato com outros velhos amigos da universidade e identificar talentos emergentes comprometidos com a reforma do Estado. O novo grupo não só tinha grande capacidade, mas também era unido e estava comprometido com a qualidade, a lealdade e os objetivos finais das políticas públicas. Constituía o núcleo da elite modernizante que Prebisch considerava essencial para uma política estatal racional.

O departamento de pesquisas de Prebisch introduziu um elemento novo na Argentina: um grupo de jovens economistas com os recursos necessários para preparar relatórios econômicos para o ministro da Fazenda mediante solicitação e elaborar artigos sobre economia, com bom trabalho de pesquisa e apresentação cuidadosa na *Revista Económica*. Planejada para ser mensal, a publicação buscava alcançar um público mais amplo que o pessoal do banco, oferecendo uma análise regular das perspectivas econômicas e comerciais da Argentina, em vez de artigos acadêmicos e teóricos. Todos os textos eram publicados em nome da equipe, sem assinaturas individuais, mas, como Prebisch revisava cada edição e estabelecia o cronograma de publicação, todos tinham seu selo pessoal.

Mas a escolha do momento não foi feliz. O primeiro número da *Revista Económica*, lançado em 1º de janeiro de 1928, coincidiu com a turbulência que precedeu a Grande Depressão. Assim, quando Raúl teve a oportunidade de fazer um trabalho sistemático nas áreas que mais lhe interessavam desde os tempos da universidade – política monetária e comercial –, foi confrontado com a tarefa de interpretar a crise internacional que se aproximava e sugerir respostas apropriadas para proteger a economia argentina. A política também enviava sinais. Yrigoyen estava certo de voltar ao poder nas eleições nacionais programadas para março de 1928, pois controlava a máquina eleitoral do Partido Radical em todo o país. Apesar de ter a vitória garantida, enfrentava tantos opositores dentro de seu próprio partido que se podia esperar uma divisão.

Como ocorreu em outros lugares, Raúl e sua equipe interpretaram erroneamente os sinais de advertência que precederam a Grande Depressão, que começou a afetar a Argentina antes dos Estados Unidos. O pico dos preços do trigo ocorreu em maio de 1927 e os mercados de matérias-primas iniciaram a fase descendente em 1928, mas a *Revista Econômica* de janeiro de 1929 sustentou que não havia motivo para pânico. A Argentina retornara ao padrão ouro um ano antes, decisão que contou com o apoio de Prebisch. Apesar do quadro negativo no comércio, ele mantinha uma visão geral positiva do ciclo econômico, com esperanças de uma rápida recuperação, semelhante à que ocorrera após a leve recessão anterior, em 1926. Seis meses depois, a *Revista Econômica* afirmou novamente que o pior havia passado, pois uma ação firme restaurara a confiança na moeda alemã e a balança comercial da Argentina continuava favorável. Esse número da revista terminava com a advertência de que o aumento nas taxas de juros nos Estados Unidos estava atraindo ouro de todos os países do lado de lá do Atlântico, o que poderia ameaçar a estabilidade internacional, mas aconselhava precaução e continuidade para superar a nova fase descendente do ciclo econômico.[2]

Enquanto a economia internacional mostrava sinais preocupantes, Prebisch enfrentou um desafio interno no banco. As eleições de 1928 trouxeram de volta o Partido Radical, com Hipolito Yrigoyen novamente na Presidência. O ex-presidente Marcelo T. Alvear saiu do país para assumir o posto de embaixador em Paris. Circularam boatos de que Yrigoyen fecharia o novo departamento de pesquisas econômicas do Banco de la Nación, pois não gostava de Duhau nem dos outros amigos conservadores de Alvear, responsáveis por sua criação. Além disso, dizia-se que Estrada seria retirado da presidência do banco. Mas os primeiros meses do governo Yrigoyen, após o início em 12 de outubro, passaram sem incidentes. Só depois Estrada foi demitido e substituído pelo dr. Carlos Botto. Raúl e Malaccorto tinham certeza de que logo seriam afastados também. Os temores se aprofundaram quando Raúl foi convocado à sala de Botto e instruído a preparar um relatório sobre o padrão ouro: a Argentina devia manter a política da conversibilidade peso/ouro ou devia ser a primeira grande nação do mundo a fechar a sua Caixa de Conversão, o departamento de câmbio, para estancar o fluxo contínuo de ouro para os Estados Unidos? Prebisch e sua equipe correram para recomendar a manutenção do regime em vigor, argumentando que as bases da economia eram sólidas. Diferentemente de crises financeiras anteriores, o país não vivia um *boom* especulativo ou inflação, e a oferta de moeda estava sob controle. Assim, a melhor política era atravessar a tempestade internacional e se posicionar para tirar pleno proveito da fase ascendente do ciclo, adiante.

Raúl enviou o relatório ao presidente do banco, que marcou uma reunião. Ele se preparou para o pior quando foi ignorado pelos funcionários no caminho, como se já soubessem que o departamento de pesquisas seria relegado à história. Em vez disso, Botto o cumprimentou. "Desculpo-me por ainda não ter tido a oportunidade de conhecer um jovem com sua qualidade. O relatório é excelente. Enviei-o ao presidente Yrigoyen, que o apreciou muito." Prebisch saiu às pressas para dar a Malaccorto a boa nova de que o departamento estava salvo, pelo menos por enquanto. Agora os funcionários do banco paravam nos corredores para vê-lo passar.[3]

Mas o conselho de Raúl foi atropelado pelos acontecimentos: não havia como salvar o padrão ouro. A Argentina caminhou para a ruína na medida em que a corrida contra o peso se acelerou. Em dezembro de 1929 o governo Yrigoyen foi obrigado a salvar as reservas de ouro restantes, fechando a Caixa de Conversão. Perplexo e engolindo em seco seu orgulho, Raúl então aceitou que a depressão internacional, em curso, era diferente da fase descendente de um ciclo econômico clássico normal. A *Revista Econômica* desistiu de aconselhar otimismo no longo prazo e passou a documentar a crescente recessão financeira e econômica na Argentina e a deterioração do comércio mundial. Em junho de 1930, a revista já era contundente e apresentava um panorama desolador: as fraquezas e vulnerabilidades estruturais do país, ocultadas durante a década de 1920, estavam expostas. Os preços de exportação dos produtos agrícolas haviam despencado, com a receita caindo de 211 milhões de libras esterlinas em 1928 para 94 milhões em 1933, enquanto os preços que a Argentina pagava pelas importações de produtos industriais dos Estados Unidos e da Grã-Bretanha haviam caído muito menos. A deterioração nas condições de comércio foi de 45% no período, e o PIB caiu 14% entre 1929 e 1932. Nessa situação sem precedentes cresciam os pedidos de ajuda a empresas e agricultores arruinados.[4] No tumulto e na confusão, a *Revista Econômica* passou a ser uma leitura essencial, situando o país na economia internacional e contextualizando o que estava acontecendo na América Latina e com seus parceiros-chave. Raúl se tornava um consultor cada vez mais influente de Botto e do ministro da Fazenda.

Yrigoyen parecia incapaz de administrar o governo ou reagir à depressão. Em meados de 1930 começaram a circular boatos de um golpe militar. Velho, quase senil, o presidente dava a impressão de estar alarmado por seu infortúnio em governar durante essa adversidade repentina, enquanto seu antecessor, Alvear, governara nos anos felizes da década de 1920. Observava a maré de depressão com resignação. Não arriscaria uma intervenção estatal, pois herdara uma política econômica ortodoxa, e ortodoxo se manteria. O desemprego e as falências aumentavam, assim como as disputas trabalhistas. Uma facção contra Yrigoyen cresceu no Partido Radical e ficou mais ousada após as eleições parlamentares de 2 de março de 1930, que evidenciaram um grande descontentamento.

O general José Felix Uriburu, primo em segundo grau da mãe de Raúl, e um grupo de oficiais do Exército começaram a tramar um golpe com o lema "a pátria está em perigo".[5] Nascido em 1864, Uriburu mudara-se para Buenos Aires com treze anos, crescendo em um bairro rico ao lado do amigo de infância Marcelo T. Alvear. Havia ascendido depressa no Exército, como integrante da primeira geração formada na Academia de Guerra criada em 1900 com instrutores alemães. Após duas viagens à Alemanha, onde conheceu o marechal de campo von Hindenburg, passou a dirigir a Academia. Influenciado pelas preocupações geopolíticas do pensamento militar alemão com a ameaça de uma guerra em duas frentes, Uriburu temia o crescente poder do Brasil e do Chile, que forçava a Argentina a dividir seus contingentes, estacionando-os no norte e no oeste. Além da economia em recessão e da reação passiva de Yrigoyen, Uriburu protestava contra os cortes de recursos para o Exército, pois os antimilitaristas dos partidos Radical e Socialista continuavam a bloquear o orçamento militar. Então houve a ameaça comunista. Para horror de Uriburu, a I Conferência Latino-Americana de Sindicatos Comunistas foi realizada em junho de 1929 em Buenos Aires, e os socialistas independentes passaram a governar a capital.

Os preparativos para o golpe já estavam bastante avançados em agosto, a ponto de Uriburu oferecer a Lisandro de la Torre o Ministério do Interior depois que Yrigoyen fosse derrubado. De la Torre recusou, mas não traiu o complô. O general Agustín P. Justo, ministro da Guerra de Alvear entre 1922 e 1928, foi cuidadoso ao oferecer somente apoio moral a Uriburu, distanciando-se dele. Outros representantes oficiais, inclusive o capitão Juan Domingo Perón, protegido de Justo, também não se entusiasmaram com as possibilidades de êxito do golpe.[6] Nesse meio-tempo, a oposição a Yrigoyen reuniu forças no Congresso e na imprensa, formando uma rara aliança de radicais dissidentes, socialistas independentes, conservadores e outras facções. Ambas as câmaras do Congresso estavam paralisadas.

Em meados de 1930, conforme a crise se aprofundava, os encontros semanais na casa de Augusto Bunge ficaram cada vez menos sociais e mais intensos politicamente. A democracia constitucional na Argentina parecia sólida, mas os temores de uma ruptura empurraram para segundo plano até mesmo as preocupações com o desemprego. A ansiedade sobre o futuro político tomou conta da capital. Indivíduos e partidos eram forçados a tomar posição. O Partido Radical, de Yrigoyen, estava dividido, e o Partido Socialista estava muito mais confuso. O Partido Socialista Independente havia deixado a agremiação em maio de 1927, levando consigo líderes como Federico Pinedo, Antonio de Tomaso e Augusto Bunge. Em 10 de julho, Pinedo assinou um manifesto, publicado em *La Nacion*, declarando que o próprio Yrigoyen anulara a Constituição por grave incompetência e dando a entender que apoiaria um golpe militar. Pinedo não representava nenhuma ala do movimento socialista. Estava tão à direita que condenara Saenz Peña por conceder o sufrágio universal masculino em 1912, uma dádiva perigosa à plebe iletrada na capital. Mas até mesmo Augusto Bunge, que representava o núcleo duro da democracia argentina, passou a apoiar a derrubada do presidente inepto. Toda Buenos Aires parecia obcecada. Prebisch discordava desse maremoto, chamando a intervenção militar de "muito inoportuna, perigosa e míope".[7] Argumentava que, apesar da incompetência de Yrigoyen, seu mandato estava quase no fim, e um golpe militar aprofundaria a crise política, em vez de resolvê-la. Recusava-se a aceitar o argumento de que só os militares poderiam proporcionar a disciplina necessária para guiar o país em um momento de crise e depressão.

Às 7h30 do dia 6 de setembro de 1930, o general Uriburu chegou ao Colégio Militar Nacional em San Martín, nos arredores de Buenos Aires, para uma segunda tentativa de golpe, depois do fracasso de uma tentativa anterior, marcada para 30 de agosto. O diretor do colégio e os cadetes o saudaram como libertador, mas os oficiais recusaram-se a segui-lo até a Plaza de Mayo. A maior parte das outras unidades militares da região também permaneceu leal à Constituição. Diante do fracasso, Uriburu precisou escolher entre ser preso no quartel ou na Plaza de Mayo. Com instinto de soldado de formação prussiana, decidiu arriscar tudo, colocando-se à frente de um pequeno grupo de apoiadores que marchou para o centro de Buenos Aires. O que aconteceu depois impressionou o já coronel Juan Perón, um jovem oficial do Exército em rápida ascensão: as ruas ficaram cheias. Dezenas de milhares de pessoas de todas as idades, sexos, classes e partidos vieram saudar o golpe militar em uma orgia espontânea de aclamação pública na capital. Os soldados foram recebidos com flores ao entrarem na Avenida de Mayo. O impressionante apoio civil venceu a relutância das unidades militares que tinham se recusado a apoiar Uriburu no início. Mais importante talvez tenha sido o anúncio de que o dr. Alejandro Shaw, decano dos banqueiros argentinos, garantiria um empréstimo de 1 milhão de pesos, que estabilizaria os mercados de títulos nas bolsas de valores de Buenos Aires e de Nova York. Foi um golpe quase sem derramamento de sangue, com Yrigoyen detido e enviado para a prisão de Martín Garcia, em uma ilha do rio da Prata.

Augusto Bunge foi uma das pessoas que saíram às ruas para saudar o sucesso de Uriburu em 6 de setembro. "Vamos lhes dar três meses", disse, prevendo que o general cairia sob seu próprio peso e criaria as condições necessárias a uma vitória socialista.[8] *La Nacion* e *La Prensa*, os dois jornais mais prestigiosos do país, também apoiaram Uriburu, com o primeiro chamando o golpe de "uma verdadeira apoteose cívica". O embaixador norte-americano John Barrett concordou, afirmando que "a Argentina está diante de uma era de progresso". O mais entusiasmado foi o marechal de campo von Hindenburg, presidente alemão, herói de Uriburu e a primeira pessoa a quem ele telefonou depois de derrubar o governo.[9]

Prebisch não participou das festividades públicas que encheram as ruas de Buenos Aires com o povo em celebração. Permaneceu no escritório, organizando o trabalho da semana, chegou tarde em casa e jantou sozinho. Malaccorto estava lendo na manhã seguinte, 7 de setembro, quando o telefone tocou. Ao atender, disse que Raúl já tinha saído para a caminhada costumeira dos sábados pelo bosque de Palermo. Era o dr. Enrique S. Perez, novo ministro da Fazenda, querendo falar urgentemente com Prebisch. Quando Malaccorto repetiu que não tinha como entrar em contato com ele, que só voltaria em algumas horas, Perez disse que telefonaria mais tarde. Os amigos que dividiam a casa sempre brincavam que Raúl se tornaria subsecretário da Fazenda. Quando voltou da caminhada e soube que Enrique Perez telefonara, ele riu, pensando que era mais uma piada de Malaccorto. O novo ministério de Uriburu não havia sido anunciado publicamente, e havia muitos candidatos mais velhos e mais cotados para a subsecretaria. Raúl nunca dirigira um grande departamento; sua única experiência séria no setor público era o pequeno departamento de pesquisas do Banco de la Nación, trabalhando com amigos antigos e fiéis.

Antes que Raúl pudesse mudar de roupa, a campainha tocou. Era o próprio ministro. Providenciou-se rapidamente um café, levado ao escritório do quarto andar. Raúl nunca tinha visto Perez, um homem formidável, quarenta e tantos anos mais velho que ele, figura conhecida, que servira como último ministro da Fazenda conservador antes da Primeira Guerra Mundial, tão curvado e enrugado que só faltava quebrar ao andar. Com autoridade oligárquica, Perez convidou Prebisch a ocupar o cargo de subsecretário no governo provisório. Pego desprevenido, este deixou escapar que não era nem rico nem tinha o apoio de interesses industriais poderosos em Buenos Aires. Perez respondeu que o Banco de la Nación havia apresentado uma lista de candidatos em que ele era a primeira opção, mas Raúl adivinhou que Luis Duhau e Enrique Uriburu, amigos íntimos e colegas de Perez na Sociedade Rural, tinham solicitado a sua nomeação. Perez não perguntou se Raúl aceitava ou não. Disse apenas: "Começamos amanhã." Prebisch chamou esse momento de "uma grande alegria".[10] A oferta era irresistível. Mesmo assim, pediu o conselho de Augusto Bunge, que o incentivou a aceitar. Ele manteria o cargo de diretor de pesquisas econômicas do banco e seria cedido ao Ministério da Fazenda. Malaccorto ficaria como diretor em exercício.

Aos 29 anos, Raúl passou a ocupar um cargo no epicentro do Estado argentino. Mudou-se do Banco de la Nación para o novo escritório na Fazenda, perto dali, já que o prédio conjunto Fazenda-Agricultura ocupava o mesmo local à direita da Casa Rosada. Ali se integrou ao novo ministério que tinha Ernesto Bosch como ministro das Relações Exteriores. Uma ascensão tão meteórica o desorientou, mas Perez não deixou dúvidas de que suas opções eram aceitar a direção desse imenso departamento ou cair no ostracismo. Dirigir a Fazenda significava pôr em ordem uma bagunça administrativa, em que linhas hierárquicas deliberadamente confusas decidiam caoticamente conceder tratamentos especiais negociados nos corredores. Com o apoio de Malaccorto, Max Alemann e Israel Gerest, Prebisch iniciou um programa de modernização. O enorme departamento foi dividido em duas partes, Fazenda e Administração, com o próprio Prebisch dirigindo o primeiro, tendo Alemann como novo diretor de orçamento. Prebisch tinha um talento incomum para administração, uma mente própria e a confiança necessária para gerenciar os níveis mais altos do governo. Depois de duas semanas, o dr. Perez o chamou para confirmar a nomeação.[11]

Essa subida abrupta ao poder pôs fim à pesquisa acadêmica que ele fazia no banco, onde tinha tempo para refletir sobre conceitos como a deterioração dos termos de intercâmbio. Como subsecretário da Fazenda, agora precisava arcar com a responsabilidade de enfrentar a crise argentina. Não tinha mais tempo para pensar. Com o colapso do comércio e das receitas fiscais, o déficit orçamentário era enorme. Raúl atacou o problema com políticas ortodoxas bem conhecidas, praticadas em outras capitais ocidentais, com um pacote de ajustes projetado para atrair novos capitais e estabilizar a economia, preparando-a para uma melhora nos mercados internacionais. Os salários no setor público foram cortados em 10%, e os gastos gerais foram cortados ainda mais.[12]

No início, Prebisch acreditava que a recuperação estava "logo ali, dobrando a esquina", mas as medidas ortodoxas fracassaram. Os salários reais caíram 20% de 1929 a 1932 e o desemprego se tornou tão dramático que o número de greves caiu de 119 em 1929-1930 para 74 em 1931-1932.[13] A crise no campo era ainda mais profunda, já que os preços da carne e dos grãos permaneciam baixos, levando muitos agricultores à falência. No cenário internacional, a dimensão da Grande Depressão estava ficando mais clara. A produção de aço na Inglaterra caíra de 9,6 milhões de toneladas em 1929 para 5,2 milhões em 1931, e o país havia perdido as esperanças de uma recuperação. O governo trabalhista de Ramsay MacDonald era instável. No Brasil, Getúlio Vargas depôs o governo eleito em 25 de outubro de 1930, seis semanas após o golpe de Uriburu. O Congresso dos Estados Unidos aprovou a tarifa Smoot-Hawley em 1930, fechando seus mercados para importações. A maior – na verdade, a única – compradora das exportações argentinas era a Grã-Bretanha, mas Canadá, Austrália, Nova Zelândia e África do Sul demandavam preferência para seus produtos agrícolas, colocando a Argentina em desvantagem.[14] A pressão por medidas especiais aumentou também na Argentina. O setor bancário estava próximo do colapso, mas o governo Uriburu tinha pavor de inflação. A crise iminente no Banco de la Nación produzia o pesadelo de uma falência ainda pior. Usando essa ameaça, Prebisch superou a resistência oficial de reviver uma legislação antiga e esquecida que autorizava o banco a adiantar papéis para operações comerciais e pôs Malaccorto à frente de uma comissão especial para supervisionar essas transações. Não havia teoria nenhuma ali. A única política era a da sobrevivência, usando o critério de fazer tentativas e perseverar em iniciativas práticas que mostrassem resultados.

Depois de meses de frustração, tendo fracassado na tentativa de conter a retração da atividade econômica, Raúl passou a enfrentar o agravamento da turbulência política. O general Uriburu não era um pai benevolente, como esperavam as multidões que haviam aclamado o golpe militar. Quatro dias depois de tomar o poder, ele suspendeu a vigência da Constituição e dissolveu o Congresso, instituindo a ditadura. Também criou uma seção especial na Polícia Federal para lidar com militantes trabalhistas e esquerdistas, cujos integrantes passaram a ser espancados e torturados. Organizou a Legião Cívica Argentina segundo o modelo das tropas de assalto da Alemanha nazista, fundindo grupos nacionalistas extremistas, vestindo seus membros com uniformes marrons, fornecendo-lhes treinamento militar e armamento do Ministério da Guerra. Buscou apoio nos setores mais paternalistas e corporativistas do país, provocando um rápido crescimento tanto da oposição interna quanto da internacional. Passou a ser chamado de ditador pró-fascista em Londres e em Washington, enquanto a imprensa mais influente o abandonava. No meio militar, era evidente que Agustín P. Justo não estava contente.

Confrontado por uma oposição que subestimara, o governo provisório concordou em permitir eleições livres na província de Buenos Aires em abril de 1931, achando que o Partido Radical estava desacreditado e que o prestígio de Uriburu aumentaria com uma vitória triunfante. Mas os radicais venceram com facilidade, levando o general-presidente a anular os resultados. Perez, ministro da Fazenda, e muitos colegas conservadores encaravam Uriburu como um personagem transitório, que sem dúvida respeitaria a democracia. Com a reversão de uma vitória eleitoral tão clara, o ministro renunciou. Prebisch teve de escolher entre ficar ou acompanhá-lo. Decidiu renunciar, mas mudou de ideia quando Enrique Uriburu, substituto de Perez, pediu que ficasse, argumentando que o final do regime estava à vista. Uriburu estava muito doente. O general Agustín P. Justo e Lisandro de la Torre o tinham convencido a restaurar a norma constitucional, marcando eleições nacionais para 8 de novembro. Raúl sabia que o novo ministro o apoiaria sem restrições. Com essa sustentação suplementar teria mais cacife para lidar com a depressão.

A instabilidade política na Inglaterra fortaleceu o argumento de Prebisch de que era preciso inovar mais em Buenos Aires. O governo trabalhista de Ramsay MacDonald, eleito em 1929, havia suscitado temor na direita, mas mostrara-se tímido até ser derrubado em 31 de agosto de 1931 pela crise financeira europeia. O governo subsequente, com MacDonald ainda como ministro *pro forma*, foi dominado por conservadores já conhecidos, a começar por Neville Chamberlain, ministro da Fazenda. Os resultados foram imediatos e contraditórios. O Partido Trabalhista, temido pela direita, havia permanecido fiel a velhas políticas, enquanto o novo governo conservador não hesitou em adotar medidas radicais. A Inglaterra abandonou o padrão ouro e desvalorizou a moeda; a libra perdeu 20% de valor da noite para o dia. Walter Runciman, presidente da Junta de Comércio, introduziu em novembro uma legislação para cobrar impostos de até 100% sobre importações consideradas "anormais". O livre-comércio foi substituído pelo protecionismo, uma revolução levada adiante pelos conservadores de Londres que eram reverenciados em Buenos Aires como os sustentáculos dos sólidos princípios do *laissez-faire*.[15]

Em tempos tão desencontrados, a ortodoxia deu lugar em Buenos Aires a uma busca realista de medidas pragmáticas para limitar o estrago. Prebisch percebeu que frases como "a recuperação está logo ali, dobrando a esquina" ou "há luz no fim do túnel" não passavam de clichês e boas intenções. O Estado argentino precisava buscar seu próprio conjunto de políticas seguindo o único critério de obter resultados; o país não podia se dar ao luxo de sentar na beira da estrada e esperar tempos melhores. Não era uma ruptura consciente com as abordagens ortodoxas, mas a percepção de que a desorientação depois de 1929 era profunda demais para se imaginar que abordagens convencionais produziriam uma recuperação.

Em outubro de 1931 Prebisch reagiu ao abandono do padrão ouro pela Inglaterra convencendo o governo a introduzir controles cambiais para conter a saída de ouro e criar condições para o pagamento da dívida argentina em moeda forte. Para isso reuniu outro grupo, a comissão de controle cambial, com três representantes de bancos privados, inclusive René Berger, que tinha chegado a Buenos Aires três anos antes, vindo da França. O objetivo era evitar mais desvalorização e rever diariamente as taxas de câmbio e os pedidos de importação. A taxa de câmbio se estabilizou e a distribuição de moedas estrangeiras foi racionada, com a distinção entre importações essenciais, remessas de empresas de serviços públicos e imigrantes, viagens pessoais e transações comerciais não essenciais. As medidas permitiram que a Argentina reagisse em seus próprios termos à rodada de desvalorizações competitivas em curso na economia mundial. Prebisch também propôs impostos sobre importações e começou a defender que a Argentina devia considerar a possibilidade de criar um Banco Central para administrar a economia. Para analisar essa ideia, que já tinha sido explorada por seu grupo no Banco de la Nación antes de 1930, ele reuniu uma equipe de cinco especialistas, presidido por Alberto Hueyo. Malaccorto foi enviado ao Chile para examinar as operações do Banco Central desse país.[16]

O mais importante é que Prebisch decidiu rever a política tributária, propondo um imposto de renda progressivo, conforme o modelo australiano que conhecera em 1924. A reforma era politicamente difícil, pois afetava diretamente os apoiadores do general Uriburu. Enrique Uriburu e Duhau não acreditavam que ele poderia aprová-la. Por isso, recusaram-se a apresentar a questão, deixando que Raúl a defendesse sozinho diante do presidente. Ele se reunia com Uriburu todos os dias no final da tarde, tendo se estabelecido entre ambos uma relação de confiança em questões de política econômica. Prebisch defendia que um aumento de receita era essencial para qualquer programa que pretendesse estimular a economia e apoiar empresas em dificuldades. O general concordou com relutância – não por equidade, e sim pela emergência econômica – e a lei foi publicada em 19 de janeiro de 1932. Prebisch procurou diminuir o impacto na opinião pública, chamando-o de imposto de receita em vez de imposto de renda. Foi uma vitória importante. "Nunca em outra circunstância tive esse acesso direto ao poder, essa completa confiança do ministro e essa proximidade com o presidente da República", disse mais tarde.[17]

Prebisch estava trabalhando muito, exausto, sem vida social fora a companhia de Malaccorto e Alemann em casa, sem férias havia três anos. Além disso, a amizade com Augusto Bunge, o vínculo pessoal mais forte que mantinha e o principal contato social em Buenos Aires, estava em perigo porque Raúl continuava a trabalhar no governo militar. Bunge reconheceu que errara ao aprovar o golpe. Apoiara a decisão de Raúl de trabalhar no governo provisório, mas agora via o golpe como um ponto de inflexão na história política argentina e afirmava que o trabalho de Prebisch fortalecia a ditadura, conferindo-lhe legitimidade. Assediado pela polícia, ameaçou romper relações se Raúl permanecesse no cargo, mas este defendeu sua decisão. Ele e seu grupo se orgulhavam de servir honestamente ao Estado argentino em um período de tumulto doméstico e internacional. Haviam conseguido aprovar o imposto de renda pelo qual o Partido Socialista lutara durante uma geração. Prebisch considerava Uriburu um homem bem-intencionado, facilmente enganado e manipulado por intrigantes espertos, e considerado injustamente como um ditador. Tinha se afeiçoado pessoalmente ao presidente, que fizera questão de conhecer a mãe dele em uma visita a Tucumán no início de 1931, lembrando o tempo em que ambos brincavam juntos na infância em Salta.[18]

O doloroso confronto com Bunge foi resolvido em 21 de março de 1932, quando Prebisch pediu demissão inesperadamente. As eleições de 8 de novembro tinham sido vencidas pelo general Agustín P. Justo, novo presidente da República. Justo e Julio A. Roca, seu candidato à Vice-Presidência, tinham derrotado Lisandro de la Torre e Nicolas Repetto, mas a vitória ficou maculada porque Marcelo Alvear, candidato do Partido Radical, não teve permissão para voltar à Argentina e se candidatar, levando o partido a boicotar a eleição. Era ponto pacífico que Alvear teria vencido, se pudesse disputar.

Para os oponentes, a eleição fraudulenta simbolizava a "década infame" de 1930, a chamada Concordancia, ou restauração conservadora, com o Exército argentino desempenhando um papel central nos bastidores, atrás de uma fachada constitucional. De outro ponto de vista, a Concordancia refletia a entropia que os maiores partidos argentinos sofriam. O centro político estava entrando em colapso. O Partido Socialista se dividira após a Revolução Russa, em 1917, e depois de novo em 1927, e Nicolas Repetto se apresentara à Vice-Presidência com Lisandro de la Torre em novembro de 1931 em uma nova formação chamada Aliança Democrática Socialista. Após a eleição de Justo, Antonio de Tomaso foi nomeado ministro da Agricultura, a mais importante pasta depois das Relações Exteriores e da Fazenda, tornando-se assim o primeiro socialista a ocupar um cargo de poder na América Latina.[19] Radicais e conservadores também se dividiram.

Prebisch não renunciou ao cargo por uma questão de princípios, mas porque Justo escolheu Alberto Hueyo como novo ministro da Fazenda. Os dois divergiam em estilo e em substância. Hueyo era um conservador rico e independente, um anglófilo que admirava tudo que vinha da Inglaterra – tinha uma babá escocesa, suas roupas e coletes eram ingleses – e chegava a falar espanhol com sotaque inglês. O mais importante era que eles divergiam na questão da inflação. A ocasião para Raúl renunciar foi a discordância sobre a proposta de Hueyo de lançar títulos "patrióticos", que Raúl rejeitou como sendo inflacionária. Hueyo, por sua vez, rejeitou o projeto de um Banco Central. O novo ministro preferiu o aconselhamento de banqueiros do setor privado, e Raúl considerou intolerável essa falta de confiança.[20] Em 21 de março de 1932, entregou a renúncia. Bunge ficou encantado com a atitude do amigo, que recuperava o juízo político. O periódico *Critica* atacou Prebisch com veemência e comemorou sua demissão, chamando-o de "esfinge" e "face financeira da ditadura". Sua saída era um pré-requisito para a salvação da Argentina.

Raúl precisava muito de uma mudança. Ainda como funcionário do Banco de la Nación, solicitou e obteve uma licença de dois meses para viajar à Europa, com primeira parada em Paris. Pretendia encontrar o ex-presidente Uriburu, que em 12 de março embarcara para Berlim, onde se submeteria a uma cirurgia em um hospital do Exército. A rápida deterioração de seu estado de saúde forçou um tratamento de emergência em Paris, sem sucesso. Uriburu faleceu em 29 de março de 1932, quando Raúl estava no meio do oceano Atlântico. Entre seus velhos amigos, apenas Ernesto Bosch pôde despedir-se dele no leito de morte. Tendo renunciado ao cargo no governo quando Uriburu vetou a volta de Alvear, Bosch fora nomeado embaixador da Argentina na Conferência sobre Desarmamento em Genebra, mas permaneceu amigo do general e apressou-se em visitá-lo em Paris em suas horas finais.

Foi um mau início de viagem. Raúl leu em Paris as notícias sobre os funerais de Uriburu em Buenos Aires com honras de Estado. Robustiano Patron Costas, amigo de infância do morto, tinha feito o panegírico. Submersa na depressão,

Paris parecia distante das felizes lembranças de 1924, quando Raúl e Alberto vagavam de madrugada pela margem esquerda do Sena bebendo vinho barato. A cidade carecia de alegria e energia e não havia sinais de prosperidade, mas de preocupação com o iminente triunfo do nazismo na Alemanha. Roma, por sua vez, era triunfalista, e Berlim, aterrorizante. Em vez de quebrar a rotina, a Europa mostrou-se deprimente. As férias também foram estragadas por um insulto doloroso vindo de Buenos Aires, quando Raúl já estava na Itália: Hueyo assinara um decreto ministerial especial congelando o pagamento de seu salário, acusando-o de esconder ou subtrair um documento do Tesouro após ter sido despedido. O ministro recusou-se até mesmo a autorizar o direito a férias acumuladas de Prebisch, deixando-o em dificuldades. Sem dinheiro, ele precisou pedir um empréstimo na Europa. Encurtou as férias e desembarcou em Buenos Aires, dirigindo-se ao Ministério da Fazenda para confrontar Hueyo, mostrando-lhe onde o tal documento estava arquivado. Só depois desse desagradável rompimento Prebisch voltou mal-humorado para casa, em Luis Maria Campos, 1340, onde Malaccorto e Alemann o surpreenderam com uma festa de boas-vindas.

Prebisch não tinha ocupação, estava chateado e preocupado. Permanecia como diretor de pesquisas econômicas no Banco de la Nación, mas já sentira o gosto do poder. Preparou aulas para a faculdade, assumiu as rédeas da *Revista Econômica* e aceitou assessorar o ministro Hueyo, que lhe pedira desculpas pela gafe. Refletiu sobre o futuro e sobre as lições de seu breve período no poder. Agora estava ciente de como era vulnerável e dependia de patronos poderosos; carecia de apoio político consistente, de base institucional ou de recursos próprios. Como poderia sair de um papel consultivo e subordinado no Estado argentino e obter uma posição impermeável às trocas de ministros e às nomeações políticas? Como poderia construir uma instituição que ocupasse uma posição central no sistema argentino, na qual pudesse dirigir uma elite técnica autônoma, capaz de modernizar a economia, enfrentando a situação de emergência nacional e decadência política? Justamente quando o Ministério da Fazenda estava reorganizado e contava com uma nova equipe, as mudanças políticas na alta hierarquia o haviam retirado de cena.

Em 15 de agosto as sombrias reflexões de Raúl foram interrompidas por um telefonema de Adela Moll, convidando-o para um "encontro cego", uma apresentação da Comédie Française no Teatro Colón. Ela era amiga de Ernesto Malaccorto e principalmente de Max Alemann, cuja família era íntima dos Moll havia anos. Oito anos mais nova que Raúl, era pequena e por isso chamada de "Adelita" pelos amigos. Filha de um empresário germano-argentino que havia falido durante a Grande Depressão e retornado à Alemanha um ano antes, dava aulas de piano, vendia seguros de vida, trabalhava como secretária para Frau Keller, esposa do embaixador alemão, e fazia arranjos musicais para o Teatro Colón para fechar as contas do mês. Sua única irmã, Alicia, vivia na Holanda. Tinha dois irmãos, também mais velhos: Carlos, que vivia na Espanha, e Alfredo, homem de negócios em Buenos Aires.

Adelita explicou a Raúl que um grupo de oito amigos, inclusive os dois que dividiam a casa com ele, tinha entradas para o espetáculo – das mais caras, quinze pesos cada uma –, mas seu acompanhante, um inglês, precisara viajar inesperadamente. Ela não queria desperdiçar o ingresso, e Malaccorto sugerira que ele talvez estivesse livre. Adelita achava improvável que ele aceitasse o convite, dada a sua fama de solteiro irritadiço, mas Malaccorto dizia que ele estava mudado, parecendo "mais civilizado" desde a volta da Europa. Raúl disse que teria muito prazer em ir, e os dois se encontraram pela primeira vez. Depois do espetáculo, Raúl chamou todo o grupo para ir tomar um café em sua casa e convidou Adelita para jantar no domingo. "Você quer comprar seguro de vida?", brincou ela. "Prefiro você", respondeu ele.[21]

Os Bunge reagiram rapidamente a esse acontecimento promissor. Conheciam a família Moll na comunidade alemã em Buenos Aires e aprovavam o namoro. O pai de Adelita, Carlos, percorrera um caminho semelhante ao de Albin Prebisch como andarilho pelo mundo antes de se estabelecer na capital, casando-se com a imigrante francesa Alicia Buffe. Tinha prosperado no auge das atividades de comércio exterior que antecedeu a Primeira Guerra Mundial, e antes da Depressão fora eleito presidente do famoso Clube Germânico. Seriamente afetado pela guerra, reconstruíra a empresa e levara a família para uma visita à Alemanha em 1926. Perdeu tudo novamente em 1930 e voltou definitivamente, aos 72 anos, para o lugar onde nascera, com as mãos tão vazias quanto no dia da partida, mais de cinquenta anos antes.

Empenhada em promover o romance, a sra. Bunge insistiu para que Adelita também viesse às reuniões de domingo. Seus esforços eram desnecessários. Na primeira visita de Adelita o namoro já era irrevogável. Em seguida, os dois passaram a ser vistos por toda parte na capital, e cinco semanas depois, em 21 de setembro, ficaram noivos. A mãe de Raúl desaprovou o noivado com uma mulher que ela nunca tinha visto, pertencente a uma família que não conhecia. Seu filho mais velho, o engenheiro Ernesto, estava casado e feliz, bem encaminhado para se tornar reitor da Universidade de Tucumán. Alberto também estava bem casado, entrosado na sociedade de Buenos Aires e com uma mulher que conseguia controlar seus gastos ("Alberto", gritava Maria Mercedes Lerena, "volte para a prancheta de desenho agora!"). Mas o outro filho, Julio, fizera uma escolha desastrosa, que ameaçava uma carreira médica promissora com depressão e consumo de drogas.

Raúl não se preocupou. O casal não foi a Tucumán para uma apresentação formal a seus pais antes do casamento, apesar de Adelita ter escrito para a futura sogra em 10 de outubro, acalmando-a: "Tudo o que quero é ser sua amiga leal. Amo-o tanto que nem consigo expressar o que isso significa para a minha vida."[22] Malaccorto chegou a perguntar se Prebisch sabia que Carlos Moll, irmão de Adelita, estava foragido da Polícia depois de ter sido condenado por fraude em uma empresa, tendo abandonado mulher e filhos, cruzado o rio da Prata em uma lancha a motor e depois forjado um "e" no "Moll" em seu passaporte para conseguir um visto para a Espanha, onde se escondera. Raúl respondeu: "Estou me casando com Adelita, não com Carlos." Enrique Uriburu disse a Raúl que ele era um tolo em estragar uma carreira brilhante com um casamento fora da sociedade, e que deveria mandá-la para a Alemanha. Mas Raúl confessou a Adelita: "Se não for com você, não caso com mais ninguém."[23]

Os acontecimentos aceleraram o casamento. Por solicitação do Banco de la Nación, o governo argentino nomeou Raúl para um cargo em Genebra, na comissão preparatória da futura Conferência Econômica Mundial, que seria realizada pela Liga das Nações em Londres no verão seguinte. Como diretor do departamento de pesquisas do banco, Prebisch era uma indicação lógica e não podia recusar a missão. As infrutíferas tentativas de lidar com a Grande Depressão haviam atrasado a conferência em dois anos, mas mesmo assim ela era considerada a mais importante desde 1919. Se fosse bem-sucedida, ofereceria uma oportunidade única para restaurar a estabilidade e o crescimento da economia mundial. Raúl aceitou rapidamente o cargo na comissão preparatória, tendo em vista ajudar a Liga das Nações a desempenhar um papel positivo na diplomacia econômica. Queria elaborar novas regras para um regime de comércio internacional capaz de reverter o círculo vicioso de protecionismo iniciado em 1929. Saavedra Lamas propunha que a Argentina voltasse a ser membro da Liga depois de ter-se retirado dela em 1920, quando sua absurda proposta de associação universal ao conselho, sem votação ou candidatura, havia sido derrotada.[24]

Aceitar a nomeação significava partir rapidamente para Genebra. Raúl recebeu uma nova licença sem vencimentos do Banco de la Nación e pediu a Adelita que se casassem até 25 de outubro, data da partida; caso contrário, precisariam esperar um ano. Raúl não queria ir para Genebra sozinho e Adelita não queria se separar dele. O casamento católico, em deferência à mãe de Raúl, foi marcado para a Igreja de Santo Cristo às 9h do dia 25 de outubro, a última oportunidade, pois o navio estava no porto e zarparia para Genebra naquela noite. Houve, porém, um problema quando o padre descobriu um erro litúrgico: o casal esquecera de fazer correr os proclamas, o anúncio da intenção de se casar, nos três domingos precedentes, motivo suficiente para não realizar a cerimônia. Raúl insistiu em que o serviço religioso ocorresse de qualquer maneira. Ameaçou procurar um sacerdote protestante ou um rabino se o padre mantivesse a intransigência. Para alívio do casal, o padre cedeu. Com péssimo humor, celebrou a cerimônia em um intervalo entre duas missas em uma capela lateral da igreja, com Adelita e Raúl usando roupas sociais em vez de vestido de noiva e fraque. Não houve recepção. Os dois deixaram a cerimônia correndo para acertar os últimos detalhes da viagem. Augusto Bunge foi testemunha e assinou a certidão de casamento. Os pais de Raúl não vieram de Tucumán, mas um grupo de amigos ofereceu-lhes uma inesquecível festa de casamento e bota-fora a bordo do *SS Duilio* no porto de Buenos Aires. A vida em comum começou com um brinde a sós com champanhe quando o navio rumou para mar aberto, com fogos de artifício iluminando a silhueta dos edifícios da cidade.

Imagens da longa lua de mel na Europa mostram um casal radiante em cenários variados: as suaves águas do Atlântico, as avenidas às margens do lago Genebra, as pontes sobre o Sena, Amsterdã e Piccadilly. Antes do retorno à Argentina, Raúl deu a Adelita um medalhão de ouro gravado com o tributo de Austen Chamberlain à sua mulher: "Ela sabe de todos os meus planos e nunca contou nada a ninguém. Ela se rejubila com meus êxitos, me encoraja nos meus desapontamentos, me orienta com seus conselhos, me adverte de caminhos perigosos e nunca me deixou esquecer o lado humano que subjaz em toda política."[25]

A casa em Genebra tinha sido providenciada por Enrique Siewers, velho amigo de Raúl na faculdade, que agora trabalhava na Organização Internacional do Trabalho (OIT). Ele alugara um apartamento bem localizado para os dois na Place St. Pierre, residência de uma baronesa francesa. As circunstâncias idílicas incluíram a descoberta do inverno europeu depois do verão escaldante em Buenos Aires e a surpresa com as garrafas de leite congelado pela manhã. Não poderia haver uma entrada mais romântica na Europa. Uma empregada vinha de manhã para limpar e arrumar, os dois faziam uma refeição em casa e jantavam fora todas as noites. Enquanto Raúl trabalhava, Adelita caminhava em volta do lago e nas montanhas nevadas em torno de Genebra. Tinham tempo para viajar nas folgas. Visitaram a Itália ("sem planos", escreveu Adelita), indo de uma cidade a outra de trem até chegar a Roma. Depois, Paris. Dali, viajaram para o norte para passar o Natal na casa da irmã dela na Holanda, onde se encontraram também com os pais, vindos da Alemanha para vê-los. "Foi o melhor presente que Raúl poderia ter me dado", disse ela. Todos trataram Raúl como um filho, e o carinho foi recíproco. Ele descobriu que a família Moll tinha título de nobreza, com seu próprio brasão, e uma das casas mais distintas da costa do Báltico. Ao voltarem para Genebra em 6 de janeiro, Adelita escreveu para a mãe de Raúl: "Estou tão feliz que nem sinto o tempo passar."[26] No fim de janeiro, eles conseguiram fazer contato com a família de Albin Prebisch na Alemanha, mas a viagem foi um fracasso. Raúl descobriu que o sobrenome Prebisch era mais conhecido na Saxônia do que supunha, estendendo-se à "ponte Prebisch", uma formação natural em forma de ponte cruzando um desfiladeiro nas montanhas Hartz ali perto. Enquanto os pais de Adelita eram firmemente antinazistas e se preocupavam com o poder crescente de Hitler em Berlim, os parentes de Raúl apoiavam os nazistas e já tinham feito suas árvores genealógicas para comprovar uma pureza ariana impoluta. O belo campo da Saxônia ao redor das terras dos Prebisch e a esplêndida cidade de Dresden contrastaram com a sensação sufocante e difusa de mau agouro. Adelita e Raúl partiram rapidamente, preocupados em não parecer deselegantes, mas fugindo de uma reunião da família, aliviados por voltar a Genebra.

Os meses de Raúl em Genebra, de dezembro de 1932 a abril de 1933, foram um curso forçado em teoria e realidade do comércio internacional. Os fluxos internacionais de mercadorias, serviços e capital tinham se expandido antes da Primeira Guerra Mundial, mas entraram em colapso na Grande Depressão. Os Estados Unidos desempenharam um papel de liderança na recuperação do após-guerra, substituindo a Inglaterra na década de 1920 como principal emprestador internacional. Mas após a quebra da Bolsa de Valores, em 1929, Washington adotou um caminho equivocado, prejudicando o comércio mundial com a Lei Smoot-Hawley de 1930, que deixou os países devedores sem capacidade de pagar os empréstimos. As reservas de ouro do mundo jorraram para os Estados Unidos, mas o comércio entrou em colapso com a espiral descendente de protecionismo e desvalorizações competitivas, levando junto a própria economia norte-americana. Prebisch testemunhara em primeira mão os resultados dessas medidas em Buenos Aires e apoiara a intervenção estatal em 1931, no governo Uriburu, como medida defensiva.

Era bem diferente contemplar a experiência argentina a partir do centro da Europa, principalmente da perspectiva da Liga das Nações, que permanecia um bastião da ortodoxia do livre-comércio. O departamento de economia da Liga reunia gente dogmática, como o suíço Charles Rist, que reverenciava o pensamento oficial do Banco da Inglaterra e do Federal Reserve. Em alguns estudos encomendados pela Liga, porém, Raúl encontrou ideias e debates sobre comércio internacional, especificamente sobre o tema das relações reais de intercâmbio, tal como ele mesmo havia formulado na *Revista Económica* desde 1928. O economista sueco Gustav Cassel escrevera um artigo para a Liga em 1927, observando que "no intercâmbio de mercadorias entre a Europa e o mundo colonial tem ocorrido um deslizamento muito sério nos preços relativos".[27] Ele identificara o problema do "efeito tesoura", de alcance global, com um afastamento crescente entre preços industriais e agrícolas no final da década de 1920. Com o avanço da Depressão, isso foi piorando. Os produtores agrícolas e de matérias-primas sofriam especialmente com a deterioração da relação real de intercâmbio, que a seu ver nascia do protecionismo, dos monopólios e dos sindicatos e associações de classe do Ocidente industrial. Liderado pela Romênia, o Leste Europeu tentara, sem sucesso, criar um bloco agrário depois de 1930. No livro *Teoria da proteção e do comércio internacional*, o economista romeno Mihail Manoilescu defendia tarifas protecionistas e industrialização para proteger a região das condições desfavoráveis de comércio. Argumentava que a indústria era sempre mais produtiva que a agricultura, uma posição diferente da de Alejandro Bunge, que via ambas como complementares e mutuamente reforçadoras. Apesar de o livro de Manoilescu estar disponível em inglês, Prebisch não leu nem conheceu o autor, que deve ter estado em Genebra nesse período.[28] No entanto, ele conheceu assessores financeiros conservadores da comissão econômica da Liga das Nações, como o inglês Sir Frederick Leith-Ross, com quem almoçou no Beau Rivage Hotel e que compartilhava com Raúl preocupações com o grau de comprometimento dos principais governos ocidentais com a Conferência Econômica Mundial. Leith-Ross acreditava em uma divisão natural do trabalho entre produtores industriais e agrícolas, mas se queixava de que políticas protecionistas nos países industriais estavam arruinando as perspectivas de recuperação do comércio internacional. Quando visitou Luis Duhau, então embaixador argentino na França, Raúl ouviu de Jean Monnet a mesma mensagem. Mais tarde se soube que Norman Montagu, presidente do Banco da Inglaterra, havia declarado que a conferência não resultaria em nada, mas Raúl mantinha a esperança e o ânimo quando retornou a Genebra.[29] No dia

11 de dezembro de 1932, apresentou um artigo de seu ministro da Agricultura intitulado "Sugestões para o problema internacional do trigo", que propunha uma redução voluntária na extensão das plantações para diminuir o enorme excedente do cereal, que tinha atingido 18,2 milhões de toneladas quando o comércio mundial despencou em 1929. A própria Argentina tinha um superávit exportável de 2,9 milhões de toneladas. O preço também tinha despencado de US$ 1,35 por alqueire em 1928 para US$ 0,59 em 1932. A Conferência Internacional do Trigo, liderada pelos quatro maiores exportadores (Argentina, Austrália, Canadá e Estados Unidos), reuniu-se em Londres em 1931, mas não obteve êxito. A proposta argentina, elaborada por Raúl, recomendava que uma redução voluntária da safra fosse posta na agenda da Conferência Econômica Internacional. A ideia já surgira em 1931, mas o alcance da proposta argentina a tornava inédita na história da diplomacia econômica internacional.[30]

O otimismo de Prebisch logo diminuiu. Ele chegou a Genebra ávido para trabalhar, mas descobriu que a Liga das Nações e os países menores, como a Argentina, tinham pouco peso diante das potências mundiais. A moeda corrente no comércio internacional era o poder, e o "mercado" ocultava relações que estratificavam o sistema internacional em um núcleo de sujeitos dominantes e uma ampla gama de objetos periféricos heterogêneos. Havia uma única ordem comercial, mas com uma hierarquia dividida em dois agrupamentos distintos. No topo estavam os países industriais ocidentais já identificados por sua participação no conselho permanente da Liga (inclusive os Estados Unidos, que não eram membro da organização). Na base estavam os países agrícolas e produtores de matérias-primas. Essa categoria compreendia países grandes e politicamente independentes, mas não industrializados: Argentina, Canadá, Austrália e o Leste Europeu, inclusive a Romênia, que dependiam das regras de comércio estabelecidas pelas potências industriais. Apesar do tamanho e do esplendor de Buenos Aires em comparação com outras capitais, a Argentina era tão ignorada quanto o Canadá e a Austrália. Ninguém parecia se importar com esses produtores, independentemente da extensão territorial ou da alta renda *per capita*. Prebisch percebeu que o convite para trabalhar em Genebra havia sido um mero gesto simbólico para apaziguar os ânimos dessas regiões remotas. A proposta da Argentina para a redução voluntária da extensão das plantações, feita em 11 de dezembro, foi ignorada. Países menores tinham posição ainda mais marginal na comissão preparatória. Prebisch nem sequer se lembrava de ter encontrado outros latino-americanos em Genebra e se preparou para voltar para casa antes do previsto.

Raúl tinha planejado embarcar para Buenos Aires no *SS Giulio Cesare* em 31 de janeiro, mas recebeu uma mensagem do governo argentino com instruções para permanecer na Europa até agosto para se juntar a uma missão à Inglaterra, chefiada pelo vice-presidente Julio A. Roca, tendo em vista negociar a dívida pendente e questões de comércio. Sua estada na Europa se expandiu de uma missão relativamente breve e específica para uma experiência diplomática significativamente mais longa e complexa, que tratou das duas prioridades da Argentina na Grande Depressão. Ao chegar a Londres em fevereiro, após se encontrar com a missão de Roca em Paris e acompanhá-la à Inglaterra, Prebisch assessorou o vice-presidente em uma bem-sucedida rodada de negociações da dívida. Com a estratégia clara de buscar reduzir as taxas de juros, a Argentina obteve um esquema de amortizações em 21 anos, conseguindo evitar prêmios de risco. Elogiado pela imprensa de Buenos Aires, o resultado foi melhor do que Roca esperava e amenizou a crise mais imediata.

Faltava a parte mais difícil, o comércio. O sucesso da missão argentina à Inglaterra era vital para evitar a perda do mais importante mercado de carne bovina, o que impossibilitaria qualquer recuperação econômica. O país desenvolvera um padrão triangular de comércio com a Inglaterra e os Estados Unidos: tinha superávit significativo no comércio com a primeira, seu principal mercado, mas enfrentava limitações nas exportações para o segundo, que consumia seu próprio gado e cujos padrões sanitários resultavam na proibição da carne argentina. Os Estados Unidos eram importantes para suprir importações industriais, gerando um déficit endêmico que era compensado pelo superávit no comércio com a Inglaterra. O comércio de carne bovina constituía a corda salva-vidas da economia argentina, e não havia mercado alternativo. A Grande Depressão tinha atingido o país vinda de duas direções. Havia o "efeito tesoura", enfrentado por todos os produtores agrícolas conforme o preço dos bens primários caía em relação às importações de produtos industriais, e além disso as exportações estavam ameaçadas depois de a Inglaterra assinar os Acordos de Ottawa em 1930, dando preferência ao Canadá e à Austrália, e adotar altas tarifas protetoras no ano seguinte. O governo britânico estava ciente de sua influência sobre Buenos Aires: em 1929 ameaçara cortar as importações a menos que lhe fossem oferecidas concessões no comércio e no investimento. O presidente Yrigoyen tinha aceitado essa pílula amarga no Tratado de d'Abernon (designado dessa forma por causa do negociador-chefe inglês, Visconde d'Abernon), mas o golpe militar de 6 de setembro de 1930 impediu sua ratificação. Agora a Inglaterra ameaçava de novo bloquear as importações de carne argentina, que correspondiam a 1/4 do produto interno bruto do país. O futuro da economia estava nas mãos do vice-presidente Julio Roca e de sua delegação em Londres.

As negociações bilaterais começaram em 12 de abril. Prebisch atuou primeiro como especialista e depois como secretário *de facto* de um grupo forte que incluía o famoso advogado Guillermo Leguizamon, Carlos Brebbia e Miguel Angel Carcano, especialistas em agricultura, além de Manuel Malbran, embaixador em Londres. As perspectivas não eram favoráveis, e as primeiras reuniões com a delegação inglesa no hotel Carlton foram desanimadoras. Walter Runciman, presidente da Junta de Comércio da Inglaterra, chefiava os ingleses e queria explorar sua posição de força. O velho Lloyd George, liberal que tinha virado protecionista, com jeito seco e língua afiada, não deixou dúvidas de que a Inglaterra queria maiores concessões do que as oferecidas pelo fracassado Tratado d'Abernon três anos antes. O déficit comercial da Inglaterra com a Argentina tinha mais do que dobrado, passando de 18,1 milhões de libras em 1913 para 38 milhões em 1931.

Runciman estava de péssimo humor depois dos golpes que tinha levado em Ottawa durante a Conferência Econômica Imperial em meados de 1932. Enquanto os argentinos consideravam as preferências comerciais concedidas aos concorrentes canadenses e australianos como uma espada de Dâmocles, os ingleses achavam que estavam sendo esfolados. Sua delegação numerosa, que incluía jornalistas, chegara no Canadá com a expectativa de um bom acordo com os súditos do rei, em uma negociação fácil, achando que concederiam preferências em troca de mercados para seus produtos manufaturados.[31] Mal preparados, não só encontraram negociadores duros e profissionais, como também se viram acusados de imperialistas cuja estupidez na Primeira Guerra Mundial tinha custado 66 mil mortos e 250 mil feridos somente ao Canadá. Agora os ingleses estavam de volta para chupar o sangue dos agricultores canadenses e australianos, além de destruir suas novas fábricas construídas depois da guerra. O clímax aconteceu em uma sessão na noite entre 19 e 20 de agosto, que Neville Chamberlain abandonou desgostoso. O fracasso foi evitado com muito esforço, chegando-se a um acordo que deixou a Inglaterra muito insatisfeita.

Ao enfrentar Roca em Londres no dia 11 de agosto de 1933, Runciman não estava disposto a tolerar outro fiasco com delegações de colonos arrogantes ou de semicolonos, como era o caso da Argentina. Sendo a reunião em Londres, ele contava com a imprensa britânica, escandalosamente protecionista, para amaciar os argentinos. Ao contrário do que ocorrera em Ottawa, sua delegação dessa vez tinha feito o dever de casa. Equipado com tarifas em vez de armas, o glacial Runciman estava negociando dezessete acordos bilaterais com países agrícolas menores, inclusive a Argentina, e apresentou a Julio Roca um inflexível pacote de demandas duras com uma arrogância que faria falta cinco anos depois, quando aceitou as demandas de Hitler sobre a castigada Tchecoslováquia. Prebisch era o menos resignado com a missão impossível da Argentina. Em certo momento, respondeu rispidamente a Runciman, sendo criticado por Leguizamon em sua própria delegação. Mais tarde Roca soube que Leguizamon mantinha vínculos com os interesses das ferrovias inglesas na Argentina, afastando-o das reuniões. Mas estava em um beco sem saída. Membro de uma família de destacados políticos, tinha sido deputado federal, embaixador e governador de Córdoba antes de ser vice-presidente. Seu pai havia incorporado o dever público no seu nome, Julio A. Roca, cujo "A." era abreviação de Argentino. Agora em Londres, em uma negociação que ficaria registrada na história, estava muito perto do fracasso. Roca vagava durante as noites, insone, ou trabalhava na tradução de *Adonais*, de Shelley.

Runciman estava inflexível e havia pouco espaço para manobra, pois a Argentina não tinha alternativa ao mercado britânico. Anunciada em 1º de maio, a minuta do Tratado Roca-Runciman não surpreendeu ninguém que estivesse acompanhando as políticas de comércio internacional durante os anos da Depressão. Enquanto a Inglaterra garantia a compra de uma quantidade de carne equivalente às vendas de 1932 (exceto em circunstâncias imprevistas) e prometia não aumentar as tarifas sobre o trigo, a Argentina aceitava várias condições: redução de tarifas sobre produtos industriais ingleses, tratamento benevolente a investimentos ingleses, preferência por máquinas e veículos ingleses, pagamento de dívidas argentinas a credores ingleses em libras esterlinas e reserva de 85% do comércio de carne com a Inglaterra para empresas embaladoras de propriedade de ingleses em Buenos Aires.[32] Roca não pôde evitar que a Inglaterra vinculasse as divisas que a Argentina recebia a privilégios que reduziriam as exportações norte-americanas para a maior economia na América do Sul. Assim como nos outros acordos de comércio bilateral, a imprensa inglesa acusou Runciman de ter feito pressão insuficiente. As manchetes de jornais ingleses diziam "A pior barganha de todas", ou simplesmente "Vendidos", enquanto o jornal *La Nacion* elogiou o acordo como sendo o melhor possível em um mundo imperfeito e deu espaço considerável ao papel de Prebisch nas negociações. Para este, porém, foi uma dolorosa demonstração da debilidade internacional da Argentina. Roca voltou para casa imediatamente no dia 10 de maio, com a data de assinatura do tratado marcada para 27 de setembro em Buenos Aires.[33]

A atenção da Argentina se voltava agora para a tão anunciada Conferência Econômica Mundial em Londres, que seria aberta em 12 de junho. Novamente requisitado pelo governo para integrar-se à delegação como secretário, Prebisch permaneceu com Adelita mais dois meses na capital inglesa. Tomas Le Breton tinha sido nomeado chefe da delegação, que também incluía o embaixador Malbran, Carlos Brebbia (que veio do Instituto Internacional de Agricultura em Roma), Ernesto Hueyo (irmão do novo ministro) e Anibal Fernandez, de Buenos Aires. A Argentina tinha esperanças de que os padrões do comércio internacional pudessem ser restaurados em uma ordem multilateral renovada. Não obstante as dúvidas surgidas nos trabalhos preparatórios em Genebra, Prebisch compartilhava com os governos e a imprensa do mundo a mesma sensação de expectativa e otimismo.

Em 16 de março daquele ano, ele leu no *Times*, de Londres, o primeiro de quatro artigos intitulados "O caminho para a prosperidade", de John Maynard Keynes, com uma nova abordagem para reanimar o comércio multilateral.[34] Sabia pouco sobre Keynes, fora seu livro *Consequências econômicas da paz*, escrito em 1919, e a introdução de 1926 ao *Population* de Wright. Ficou espantado com o conceito ousado e a prosa magistral do economista inglês, que propunha um novo caminho para atacar as causas da Grande Depressão, retomar o crescimento e reativar o comércio internacional. Em essência, Keynes aconselhava as grandes potências participantes da conferência a concordarem com uma série de iniciativas voltadas para estimular a demanda, sanear os mercados financeiros sobrecarregados e, desse modo, estimular o crescimento e o intercâmbio de mercadorias. Uma nova autoridade internacional deveria fornecer aos bancos centrais um crédito em moeda forte de até US$ 5 bilhões para restaurar a atividade em países muito endividados. Ele incluía a Argentina junto com os Estados Unidos, Reino Unido, Alemanha, França, Japão e Espanha no grupo das sete principais economias que deveriam receber até US$ 450 milhões para agir como motores da retomada econômica mundial. Esse novo contato com o trabalho de Keynes exerceu uma impressão duradoura em Prebisch, que se apressou em conhecer as obras anteriores do acadêmico, jornalista, funcionário e membro do Conselho Econômico Nacional criado em 1930 para se reunir mensalmente com o primeiro-ministro MacDonald. Era uma carreira invejável. Em artigos no *Times*, Keynes desafiava a Inglaterra a liderar a conferência "com medidas concretas". Raúl ficou orgulhoso ao ver a Argentina no grupo dos sete maiores países e cometeu o erro de achar que esse era o pensamento oficial do governo britânico. Era uma animação prematura, pois a maioria dos sinais sugeria um fracasso iminente.

A eleição de Adolf Hitler como chanceler da Alemanha em 30 de janeiro aprofundou o desânimo na Europa Ocidental. Ele já havia anunciado uma política de autarquia econômica, rearmamento maciço e expansão em direção ao Leste. Do outro lado do Atlântico, a eleição do presidente Franklin D. Roosevelt havia reanimado as esperanças de que os Estados Unidos assumissem a liderança internacional, mas a desvalorização do dólar em 19 de abril tinha causado frustração. Apesar de a situação internacional reforçar o senso de urgência em Londres para o sucesso da conferência no combate à Grande Depressão e na redução de tensões internacionais, era difícil ver qual potência assumiria a liderança para reanimar o multilateralismo em um momento em que todos lutavam para sobreviver, adotando políticas contraditórias.

O rei George V abriu a grande assembleia em 12 de junho, e o primeiro-ministro MacDonald assumiu a presidência. A presença de ambos dava esperanças de que os objetivos da conferência poderiam ser alcançados: reavivar o comércio, aumentar os preços das mercadorias e estabilizar as taxas de câmbio e os fluxos de moedas. Os Estados Unidos participavam pela primeira vez em um evento importante da Liga das Nações, com Cordell Hull, secretário de Estado, chefiando uma grande delegação. Porém, Maxim Litvinov chegou de Moscou e Hjalmar Schacht de Berlim, ambos trazendo um forte cheiro de nacionalismo e militarismo.

Neville Chamberlain recebeu a tarefa de imprimir o tom e dar forma à conferência. Como chanceler do Tesouro britânico e anfitrião, sua liderança era vital para construir com Washington um acordo em torno dos pontos-chave. As perspectivas de sucesso eram pequenas se não houvesse um esforço anglo-americano coordenado. Chamberlain discursou com voz grave, dando um toque dickensiano a uma fala que de outra forma teria sido somente arrogante, irreal e cheia de clichês. Não conseguiu esconder o desdém que sentia pelos menos afortunados. Incapaz de aproveitar a oportunidade para lançar grandes ideias, resolveu invocar as virtudes da disciplina. "Que cara mais azeda", observou um trabalhista, membro do Parlamento.[35]

A mensagem de Roosevelt foi transmitida em 3 de julho e apresentada à conferência por Cordell Hull. Além de desprovida de medidas práticas, alarmou os delegados por culpar as maquinações de banqueiros internacionais pela crise e destruir as esperanças de uma conferência bem-sucedida ao rejeitar o conceito de um acordo internacional para regular as moedas, considerando essa hipótese como uma intolerável intromissão da Liga das Nações nos assuntos domésticos dos Estados Unidos. Washington lidaria com a Grande Depressão ao seu próprio modo e no seu tempo. Maxim Litvinov e Hjalmar Schacht falaram vigorosamente pela União Soviética e a Alemanha, ambos apoiando a condenação de Roosevelt aos banqueiros internacionais, mas concordando com pouco mais do que isso. A União Soviética alardeou seu primeiro plano quinquenal, e a Alemanha rejeitou a cooperação para a construção de uma nova ordem multilateral. Schacht atraiu aplausos consideráveis. Prebisch viu Keynes nos corredores, mas os dois não se falaram. Era claro que as propostas dele tinham pouco apoio. O ponto alto da conferência foi o banquete no prédio da Prefeitura em 26 de junho, com uma mesa de bebidas com ponche, xerez Gonzalez, vinho branco Liebfraumilch (1921), dois tipos de champanhe (Bollinger 1923 e Geo. Goulet 1921), vinho do Porto Offley (1910), um maravilhoso conhaque de 1814 e licores variados.

O discurso de Roosevelt esvaziou a Conferência Econômica Mundial, fulminando as esperanças de um fim breve para os tempos difíceis com uma solução multilateral para a Grande Depressão. Os líderes ocidentais tinham decidido continuar a adotar medidas defensivas *ad hoc*, visando a interesses de curto prazo e realizando manobras oportunistas às custas dos mais vulneráveis. Foi a última grande conferência internacional do entreguerras, e seu fracasso antecipou a destruição que espreitava a Europa. Os argentinos compreenderam que agora seria um salve-se-quem-puder, com cada país sozinho em um mundo hostil. Estavam entregues à própria sorte e precisavam ser ágeis para sobreviver. O Tratado Roca-Runciman teve de ser engolido e assinado. Expectativas vãs de ação coletiva foram deixadas de lado. Era preciso aproveitar as oportunidades: o fracasso da conferência convenceu o Canadá, a Austrália e os Estados Unidos a se unirem à Argentina na convocação da Conferência Internacional do Trigo, na qual só houve acordo sobre medidas modestas para proteger importadores e exportadores. Não ficou claro sequer como se poderia fazer cumprir tais medidas.

Prebisch perdeu a ingenuidade nessa viagem. Keynes e a Conferência Econômica Mundial fortaleceram sua crescente convicção, nascida em Genebra, de que a teoria do *laissez-faire* e a ordem internacional anterior a 1914 haviam deixado de existir e não seriam mais recuperadas. Ele jogou fora a teoria econômica neoclássica, já desgastada por sua experiência no Ministério da Fazenda, e entrou em um mundo novo e desconhecido, no qual a escolha de políticas seria baseada exclusivamente no critério da eficácia. Reconhecia que todos os países, principalmente os grandes e vulneráveis exportadores como a Argentina, precisavam de um regime de comércio internacional estável, mas o multilateralismo dependia da liderança das principais economias, particularmente os Estados Unidos e a Inglaterra, que na conferência de Londres tinham demonstrado pouco interesse em desempenhar esse papel. A Argentina não podia continuar a viver em um mundo de sonhos. O bilateralismo estava na crista da onda, e o Tratado Roca-Runciman era uma lição que os formuladores de políticas deviam aprender para se adaptarem às realidades do comércio internacional. Para superar a Grande Depressão, a Argentina precisava de um Estado ativo, depurado da antiga bagagem acadêmica da década de 1920.

Prebisch voltou para Buenos Aires pretendendo recomeçar do ponto em que tinha parado em 1932, como subsecretário da Fazenda. Depois de dez meses fora, estava com saudades de casa e determinado a introduzir novas ideias e políticas para combater a Grande Depressão. Uma mudança ministerial estava em curso. Hueyo, ministro da Fazenda, anunciou sua renúncia ao cargo em 28 de junho, deixando a Argentina desorientada no pior momento. A outra pasta importante, a da Agricultura, também ficou vaga quando o ministro Antonio de Tomaso morreu de maneira inesperada. O presidente Justo teve então a oportunidade de renovar o ministério, nomeando o dissidente Federico Pinedo como novo ministro da Fazenda e trazendo Luis Duhau de Paris para ocupar a pasta da Agricultura. Pinedo pediu que Raúl aceitasse ser seu subsecretário. Apesar de terem entrado em choque várias vezes durante o período de Uriburu, a experiência de Raúl na Europa, somada à sua curta mas bem-sucedida experiência prévia como subsecretário, o tornava uma opção óbvia. Luis Duhau também ofereceu a Raúl o cargo de subsecretário em seu ministério, uma oferta quase tão tentadora quanto o cargo na Fazenda, considerando-se os problemas no comércio internacional de carne e de grãos. Depois de tantos anos de amizade, era difícil recusar a solicitação.

Raúl não gostava de tomar partido. Desgostoso por ter de escolher entre um e outro, mas interessado em ambos os convites, negociou uma posição incomum, fora da estrutura burocrática, como assessor sênior dos dois ministérios, mantendo seu cargo no Banco de la Nación. Permaneceria formalmente como diretor do departamento de pesquisas do banco, mas, na prática, ficaria à disposição dos ministérios, trabalhando em tempo integral no desenvolvimento de um plano de recuperação econômica. Estava cheio de energia e determinado a obter avanços nas questões em que Genebra e a Conferência Econômica Mundial tinham fracassado. Não seria menos audacioso em Buenos Aires do que John Maynard Keynes fora em Londres.

CAPÍTULO 5

Dirigente do Banco Central

Ao voltarem da Europa no final de agosto, os Prebisch encontraram o fim de um inverno úmido e frio em Buenos Aires. Raúl irradiava otimismo. Sabia, enfim, o que queria, embora ainda não soubesse como consegui-lo.

Entre uma reunião e outra em Londres, refletira sobre seu dilema: como uma elite burocrática racional e trabalhadora poderia dirigir o Estado? Tecnocratas não tinham nem dinheiro nem poder – muito menos raízes, partidos ou apoios – quando comparados com políticos que iam e vinham, nomeando e demitindo funcionários sem levar em consideração a capacidade deles e o futuro do país. Reivindicavam a autoridade do Estado, mas não eram responsáveis perante ninguém. Eram os "violentos", mas tinham poder. A experiência de Raúl depois de 1930 reforçara sua crença de que a Argentina precisava de uma elite gestora, mas só quando entendeu o sistema britânico é que ele começou a visualizar como construí-la e protegê-la.

Antes, Prebisch visitara a Inglaterra apenas uma vez, brevemente, em 1924. Só agora havia conhecido o Gabinete e a estrutura de poder informal do governo em Londres. O desafortunado primeiro-ministro Ramsay MacDonald era, na verdade, a figura de proa em um ministério formado por homens muito mais fortes. Observando mais profundamente, mesmo o buldogue Chamberlain e o encrenqueiro Runciman eram eclipsados pela figura oculta de Montagu Norman, presidente do Banco da Inglaterra, com seu séquito de funcionários bem preparados que se espraiava até o Tesouro. Ali estava o verdadeiro poder, acima dos partidos, uma âncora estável, capaz de garantir a continuidade das ações do Estado. Protegido pela tradição mais do que pelas leis, sua posição o tornava politicamente intocável e sua mão invisível proporcionava os elementos essenciais de continuidade, legitimidade e influência. A Argentina precisava de uma instituição análoga como espinha dorsal do Estado, pois não havia escudo de proteção contra a corrupção e as mudanças políticas erráticas tão características de Buenos Aires.

Prebisch convencera-se da necessidade de um Banco Central desde 1931, mas só agora começava a compreender como uma instituição desse tipo poderia ser estruturada para desempenhar um papel político decisivo, tendo em vista resolver a difícil situação do país. Foi uma descoberta: ele tinha encontrado um conceito inovador que poderia ser adaptado às circunstâncias específicas da Argentina, mas ainda não sabia como poderia projetar e dirigir uma instituição desse porte com tão pouca idade. Aos 32 anos, faltava-lhe experiência e havia muita oposição à criação de um Banco Central.

Enquanto esperava pela Conferência Econômica Mundial e pelo resultado das conversações Roca-Runciman sobre carne bovina em Londres, encontrou Sir Otto Niemeyer, do Banco da Inglaterra, conhecido especialista em América Latina, que regressara recentemente de Buenos Aires. Depois da partida de Prebisch em 1932, Alberto Hueyo o convidara para estudar a situação da Argentina e preparar recomendações para a criação de um Banco Central. Logo que Niemeyer soube que Raúl iniciara esse processo quando fora subsecretário, convidou o jovem casal para passar o fim de semana em sua casa de campo para dar longas caminhadas e tomar algumas doses de uísque com soda. O inglês não entendia a Argentina, mas as conversas fortaleceram em Raúl a convicção de que um Banco Central era essencial para o futuro do país. O projeto estava engavetado desde quando Hueyo fora substituído por Federico Pinedo, que concentrou os esforços em um plano de recuperação nacional. O sonho retrocedera diante do desafio imediato. Prebisch, que estava voltando a um ótimo emprego para o qual se sentia confiante e preparado, não tinha como pedir muito mais.

Raúl e Adelita sentiam-se felizes por estarem de novo em casa. A visita à Europa tinha durado quase um ano. Agora poderiam finalmente reocupar a casa localizada em Luis Maria Campos, 1340. Malaccorto e Alemann tinham ambos se casado e se mudado, deixando os recém-casados com a agradável tarefa de construir juntos um lar. O ano no exterior, com tantas experiências e tamanha felicidade pessoal, também tinha dado a Raúl mais serenidade e um novo ponto de vista sobre seu pai. Finalmente fizera as pazes com Albin. Ele não via o pai havia anos, mas cada vez mais reconhecia em si mesmo a mistura peculiar de qualidades e fraquezas dele. Desejando uma reconciliação, planejou ir a Tucumán com Adelita para juntar a família.

A viagem, porém, foi adiada por falta de tempo, pois Prebisch foi convocado imediatamente por Pinedo e Duhau, seus novos chefes, que lhe deram a tarefa de coordenar o trabalho da Fazenda e da Agricultura para que a primeira minuta do Plano de Recuperação Econômica ficasse pronta até novembro. Assim, voltou ao seu gabinete no Banco de la Nación e mergulhou no trabalho, com reuniões diárias com Pinedo, Duhau e Enrique Uriburu, agora presidente do banco.

Adelita ficou com a missão de equipar e mobiliar a casa, e viajou sozinha para Tucumán para o primeiro encontro com a família de Raúl. Apesar do desconforto por chegar desacompanhada, a visita foi agradável para ambos os lados. Rosa Linares viu em Adelita uma pessoa com valores parecidos com os seus, a começar pelo amor por seu filho favorito, uma amiga além de nora. As duas mulheres se tornaram companheiras íntimas e iniciaram uma amizade duradoura. Encantado com o alemão fluente da nora, Albin apresentou-a com orgulho na União Germânia, onde Raúl nunca tinha entrado. Apontou satisfeito para a bandeira alemã hasteada na frente da casa.

A elaboração do Plano de Recuperação Econômica no final de 1933 absorveu Prebisch, que nem notou o passar das semanas e a aproximação das festas de Natal. Seu calendário só tinha um prazo. Pela primeira vez desde a Grande Depressão em 1929, uma combinação de fatores nacionais e internacionais abria uma oportunidade para políticas novas na Argentina, algo comparável ao que ocorrera em Washington no governo Roosevelt. Assim como nos Estados Unidos, uma pressão irresistível impelia o governo a assumir a liderança. Os industriais argentinos pediam ajuda. A União Industrial era dirigida agora por Luis Colombo, um imigrante milionário que subira na vida sozinho e sabia mobilizar o apoio do setor privado.[1] Havia gente sem teto por toda parte, procurando comida, inclusive na porta da casa de Raúl. Os dois ministros e o presidente Justo aceitaram a necessidade de um planejamento novo e radical. O fracasso da Conferência Econômica Mundial acabou com qualquer lealdade deles em relação à ortodoxia da década de 1920.

O Plano de Recuperação Econômica foi inteiramente escrito por Prebisch, segundo Malaccorto, mas foi anunciado pelo ministro Pinedo em 28 de novembro de 1933 diante de um Congresso repleto.[2] Apesar de se basear nas tentativas feitas após 1929, o pacote de medidas apontou uma nova direção na história econômica argentina. Uma oferta de bônus para reestruturar a dívida pública precedeu o anúncio. Lançada em 13 de novembro, seu sucesso era uma precondição para o plano. Prebisch e Pinedo estavam preocupados. Prebisch publicou um artigo anônimo em *La Nacion*, prevendo o sucesso, e esse voto de confiança da imprensa deve ter ajudado. Em seguida, o peso foi desvalorizado, chegando a 15 por libra esterlina, o que estimulou as exportações.[3] O rígido sistema de controle do câmbio, introduzido em 1931, também foi mudado para um sistema de "licença prévia" com câmbio duplo, em que os importadores deviam solicitar uma licença para obter divisas a uma taxa oficial ou recorrer ao "mercado livre", que, de acordo com a lei, tinha de ficar 10% acima da taxa oficial, um diferencial que foi aumentado para 20% em 1935. Fixar as taxas de câmbio oficiais abaixo dos valores do mercado externo e forçar os importadores a solicitar licenças desestimulou as importações e promoveu a criação de empresas subsidiárias. As tarifas também foram aumentadas para promover a substituição de importações. De modo geral, o sistema concedia à Inglaterra uma margem de 15% a 20% sobre os preços dos exportadores norte-americanos, pois o acesso à taxa de câmbio oficial mais barata estava condicionado às exportações argentinas para o país de onde se desejava importar.[4]

O superávit criado por esse sistema de câmbio foi usado para financiar obras públicas, tendo em vista tirar pessoas das ruas e dar-lhes dinheiro para comprar os bens produzidos pelas novas indústrias. Foram criados um vasto programa de construção de estradas e uma marinha mercante nacional. Os gastos do governo aumentaram 50%, em termos reais, em relação a 1929. Não menos de 30 mil quilômetros de estradas asfaltadas ou recondicionadas foram acrescentados à malha, que tinha apenas 2,1 mil quilômetros antes de 1920. Outro impulso dado pelo Plano de Recuperação Econômica ficou claro em 20 de novembro, quando o governo criou a Junta Reguladora de Grãos, com base no modelo canadense que Duhau e Prebisch haviam conhecido durante a viagem à América do Norte em 1927. Seguiu-se a nova Junta Nacional de Comercialização de Carne, criada em 26 de dezembro. O ritmo das mudanças continuou. Um mês depois, em 20 de janeiro de 1934, o ministro Duhau anunciou o Plano de Colonização Oficial, um dos projetos favoritos de Prebisch desde os tempos de estudante: fazendas falidas, que haviam passado à propriedade do Banco Nacional de Hipotecas e do Banco de la Nación, seriam revendidas a agricultores, de forma ordenada, para reassentar os colonos.[5]

O plano foi bem recebido no país. Luis Colombo aplaudiu a proposta de um Estado mais ativo, e os projetos de obras públicas ofereciam emprego aos desempregados. Mas foi a reação da Inglaterra que mais agradou Prebisch. Com um elogio sarcástico, os ingleses consideraram o plano, acertadamente, como uma tentativa de equilibrar as contas bilaterais em resposta ao Tratado Roca-Runciman. As novas barreiras tarifárias e outras medidas diretas e indiretas pretendiam reduzir as importações vindas da Inglaterra, enquanto o programa de construção de novas estradas quebrava o monopólio do sistema ferroviário que os ingleses possuíam e operavam.

Ganhar apoio ao plano foi um exercício de relações públicas. Prebisch gastou muito tempo escrevendo textos para *La Nacion*, que eram publicados como entrevistas com "funcionários públicos graduados com quem temos mantido contato regular".[6] Ele era o contato. A ambiguidade do governo Justo sobre a industrialização refletia a opinião pública. Por um lado, era evidente que o plano fortalecia a demanda interna e promovia a industrialização por substituição de importações, usando controles sobre importações, câmbio múltiplo e grandes programas de obras públicas em um planejamento expansionista semelhante ao defendido na obra de Keynes, que Prebisch conhecera em Londres. Oficialmente, porém, os autores justificavam o plano como uma reação de emergência à Grande Depressão, e não como um programa para substituir importações por produção nacional e transformar a Argentina em uma economia industrial menos vulnerável. O plano não teria sido aceito se esse objetivo aparecesse explicitamente. Diferentemente do que acontecia nos Estados Unidos, os mais importantes meios de comunicação argentinos, inclusive *La Nacion* e *La Prensa*, bem como os partidos políticos, inclusive os socialistas, permaneciam defendendo o livre-comércio e se opunham a quaisquer medidas que arriscassem a um ciclo inflacionário. As lembranças da hiperinflação de 1891 assombravam a Argentina e restringiam o apetite por iniciativas reformistas. O Partido Socialista apoiava o livre-comércio em bases ideológicas, enquanto o governo se mostrava alternadamente entusiasmado e arrependido.[7] Em dezembro de 1933, Luis Duhau, que antes se opunha à intervenção estatal, fez um importante discurso no Congresso, proclamando o fim do livre-comércio e convocando a Argentina a depender de seus próprios recursos. Porém, ele também apoiou a iniciativa norte-americana para reduções tarifárias na Conferência Pan-Americana nesse mesmo mês e assinou um acordo de comércio bilateral com a Bélgica em 17 de janeiro de 1934. A equipe que elaborou o plano não era tão protecionista como Manoilescu na Romênia. Prebisch ligava menos para os livros-textos do que para desenvolver um novo equilíbrio entre a indústria e a agricultura nas águas nunca antes navegadas da Grande Depressão.

A imersão nas questões do plano foi interrompida pela morte de seu pai, que sofreu um ataque cardíaco repentino em 3 de fevereiro de 1934. Raúl ficou arrasado. Nada dera certo na relação deles, e a última esperança de reconciliação fora perdida por sua má vontade em passar uma semana em Tucumán depois de voltar de Londres. Dessa vez tudo havia sido culpa sua. Deixara-se absorver pelo trabalho em detrimento de tudo o mais, inclusive da família. Agora essa relação ambígua ficaria para sempre sem solução. A raiva anterior foi substituída por uma enorme tristeza pelas oportunidades perdidas. Poucas pessoas compareceram ao enterro, no qual havia incômodo e angústia, como se parentes indesejados pudessem aparecer a qualquer momento na cerimônia. Isso não aconteceu. A outra família permaneceu oculta, para alívio de Rosa. Albin fora eleito presidente da União Germânica local apenas oito dias antes. Os membros do clube tinham então comparecido em grande número para ouvir o vice-cônsul alemão pronunciar um discurso no mesmo tom do *Deutsche La Plata Zeitung*, de inclinação nazista, descrevendo Albin como um "defensor incansável da nossa amada pátria e do novo Reich alemão".[8] Raúl lamentou que o pai não tivesse tido uma despedida apropriada, mas esse capítulo estava encerrado.

Raúl e Adelita receberam outro golpe quando retornaram de Tucumán. Augusto Bunge havia muito ameaçava romper com Raúl se ele continuasse a trabalhar para a Concordancia, mas agora dera um ultimato. Prebisch devia fazer uma escolha: a menos que renunciasse, não seria mais bem-vindo em sua casa e os dois não poderiam mais fingir ser amigos. Bunge admitia que Justo não era um ditador no mesmo estilo de Uriburu, mas mantinha um regime autoritário e permitia que uma pequena oligarquia permanecesse no poder. Não havia um controle genuíno do Congresso sobre o Executivo, e nem a Seção Especial nem a Legião Cívica Argentina haviam sido abolidas. A mudança no governo em 1932 havia sido cosmética, mais um capítulo na restauração conservadora, e era inaceitável que Prebisch trabalhasse para isso. Bunge estava particularmente aborrecido por Raúl concordar em trabalhar para Pinedo, um vira-casaca, arqui-inimigo, suspeito de especulação imobiliária ilegal em Bariloche, defensor de posições reacionárias. Era uma questão de princípios: se Raúl não deixasse a Concordancia, eles não se falariam mais.

Prebisch voltou para casa imediatamente para conversar sobre o assunto com seus confidentes e amigos mais íntimos, sem a presença de Adelita. O confronto era ainda mais doloroso por causa da afeição mútua e do lugar especial que Raúl ocupava na família como padrinho de Mario. A casa dos Bunge era como se fosse a sua, e as reuniões de domingo eram eventos obrigatórios – uma diversão que aliviava a pesada carga de trabalho e um lugar onde sempre encontrava gente nova e interessante. Além disso, Augusto Bunge era um ser humano maravilhoso. Com princípios inabaláveis, denunciara o stalinismo quando visitara a União Soviética em 1933, repudiando seu livro anterior, *El continente rojo*, um relato elogioso dos triunfos soviéticos ingenuamente aceitos de longe. Era um dos mais lúcidos oponentes argentinos da Alemanha nazista desde 1933. *Critica* publicava três edições diárias, em um duelo incansável com a imprensa conservadora. Sempre na oposição, Bunge sofria com o assédio da Seção Especial, cujos agentes apareciam periodicamente nas reuniões de domingo para vigiar o anfitrião e os convidados.[9]

Mas Prebisch também fizera uma escolha clara. Ele e Bunge trilhavam caminhos diferentes, o que refletia respostas opostas à crise da década de 1930. Apesar de admirar a coragem e a honestidade intelectual do amigo, Prebisch manteve-se firme. Concordava que não havia verdadeira democracia na Argentina, mas achava que nem a esquerda nem os partidos que estavam no poder entendiam de economia, de modo que todos eram igualmente incapazes de oferecer uma alternativa à Concordancia. Em uma época de transição tão crucial, as ortodoxias herdadas pareciam ultrapassadas e inadequadas. Enclausurar-se na política socialista parecia-lhe uma atitude comodista. Era óbvio que não havia nenhuma revolução iminente. Ele sabia que a modernização do Estado era necessária, independentemente de quem estivesse no poder. Podia dar uma importante contribuição ao país como funcionário público. Não se afastaria agora, justamente quando sabia o que fazer para melhorar a economia e o padrão de vida das pessoas. Ele não se considerava um instrumento da oligarquia ou da Sociedade Rural, mas um economista profissional e um nacionalista que escolhera participar em vez de protestar de fora, um patriota que liderava uma elite modernizante a partir de uma instituição que ele mesmo criara para contrabalançar os fracassos políticos da Concordancia.

Os dois se afastaram com pesar. Raúl saiu da casa dos Bunge para sempre, entristecido pela perda, abraçando o afilhado Mario do lado de fora da porta em um adeus final. "Não sou um político, Mariucho", disse Raúl. "Sou um tecnocrata e acredito na tecnocracia. Os técnicos são politicamente neutros."[10] Daí em diante, quando Augusto e Raúl se encontravam na rua passavam um pelo outro em silêncio. A esquerda argentina deu as costas a Prebisch, identificando-o com a restauração conservadora. Ele nunca mais encontrou outros líderes socialistas como Alfredo e Alicia Palacios.

Esses reveses foram contrabalançados por um telefonema de Pinedo, que no habitual tom seco pediu que Prebisch preparasse a legislação para a criação de um

Banco Central. Limitou-se a dizer que mudara de ideia, pois a crise deixara vários bancos privados à beira da falência e o Banco de la Nación não tinha poderes suficientes para lidar com a emergência; era necessário haver um Banco Central para que o Plano de Recuperação Econômica tivesse sucesso. Prebisch dirigiria um grupo de trabalho para formatar a nova instituição e redigir a legislação necessária. Duhau e os demais ministros estavam de acordo, e o presidente Justo também apoiava a iniciativa, mas era um tema politicamente delicado, que exigia sigilo absoluto.

Prebisch percebeu que estava diante de sua grande oportunidade. Era como se a provação emocional em Tucumán e depois com Augusto Bunge tivesse sido recompensada com uma notícia espetacular no âmbito profissional. O Banco Central que tinha em mente seria a instituição que faltava para liderar a economia argentina. Seguindo um conceito que desenvolvera aos poucos desde 1930, o banco teria uma estrutura e um papel singulares, e o autor da legislação provavelmente seria convidado para dirigir a instituição. Aos 33 anos, ele estava no limiar de assumir um papel de liderança sem precedentes. Todo o trabalho anterior convergia para uma grande síntese, mais depressa do que havia imaginado. Comprovara competência administrativa ao gerenciar as finanças no governo Uriburu; vivenciara na Europa, em primeira mão, a política das potências internacionais; desde o retorno ficara absorvido no Plano de Recuperação Econômica. A criação do Banco Central, projeto culminante de sua carreira, modernizaria o Estado argentino e lhe daria um instrumento indispensável para obter êxito internacional.

Quando Pinedo acrescentou esse projeto às outras responsabilidades de Raúl, Adelita se tornou ainda mais a "viúva Prebisch". Em 1934 ele viveu duas vidas. Por um lado, mobilizou uma pequena equipe chefiada por Edmundo Gagneux e René Berger para desenvolver o conceito da nova instituição, usando a liberdade que Pinedo lhe concedera; a proposta de legislação para uma ampla reforma do setor bancário ficou pronta depois do inverno e da primavera. Por outro lado, em paralelo a essa iniciativa, continuou a trabalhar no Plano de Recuperação Econômica até o final de 1934, quando o governo Justo finalmente fez aprovar a nova legislação no Congresso. Agora ele estava pronto para assumir a liderança da nova instituição.

Nesse último papel, como assessor de dois ministros, Prebisch acompanhou com satisfação uma mudança para melhor na economia argentina. O primeiro arranha-céu com sistema de ar condicionado da América Latina, o edifício Kavanagh, com 32 andares em estilo *art déco*, localizado em Florida, 1065, em frente aos jacarandás em flor da Plaza San Martin, começou a ser construído nesse ano, e a espetacular chegada do *Graf Zeppelin* em 30 de junho, vindo da Alemanha, assinalou o retorno de Buenos Aires ao primeiro time das capitais mundiais. Estava em curso a esperada recuperação econômica. A indústria cresceu, e o governo ficou mais confiante para promover a industrialização. No dia 19 de julho de 1934, em discurso escrito por Prebisch e lido na União Industrial Argentina, o ministro Luis Duhau observou: "Inauguramos uma era e fechamos outra", comprometendo o governo com o "crescimento saudável e ordenado" do setor industrial e enfatizando não apenas a criação de empregos, mas também a nova energia e o espírito empresarial que estavam transformando os valores nacionais.[11] As bases estavam lançadas para um salto no emprego industrial e para a criação de novas fábricas após 1935, em comparação com o crescimento zero nos Estados Unidos e no Canadá e com uma expansão mais fraca na Austrália. A seca quebrara a safra na América do Norte, pondo fim à oferta excedente de trigo no mercado mundial e amenizando a pressão de preços sobre os agricultores argentinos a ponto de o governo Justo decidir revogar o Acordo Internacional do Trigo em 14 de julho de 1934, denunciando que os dois concorrentes norte-americanos haviam violado os compromissos assumidos.[12] Mas os preços baixos das exportações de carne bovina impediam que a prosperidade fosse restaurada tão rapidamente em outros setores. Como Prebisch escreveu em artigo publicado em 16 de junho, "quando o campo sofre na Argentina, todos sofrem, exceto os rentistas". Ele e Duhau propuseram medidas para aliviar a pressão.[13] Em 3 de agosto de 1934 foi criada uma junta para promover exportações de carne, com poderes para equiparar os subsídios que eram usados pelos concorrentes. Duhau logo anunciou a venda de 10 mil toneladas para a Itália.[14] Uma junta para a comercialização de vinhos foi criada em 8 de novembro para ajudar os produtores aflitos de Mendoza e outra foi estabelecida para os produtores de leite, promovendo uma contínua renovação da economia rural, tal como Raúl aconselhava desde 1933.[15] Nesse ínterim, ele continuou a mandar artigos para *La Nacion*, sempre sem assinar, explicando a política do governo em áreas complexas, como o novo sistema de controle do câmbio, ou os problemas no comércio exterior do trigo e da carne.

Mas seu coração estava na outra tarefa: projetar o Banco Central. O ponto de partida para o trabalho era o seu relatório interno de 1931, mas a proposta de Sir Otto Niemeyer, de 1933, teria de ser apresentada como referência para ganhar apoio no Congresso. Niemeyer gozava de alta reputação nos círculos políticos e bancários em Buenos Aires. Junto com Edwin W. Kemmerer, da junta governativa do Federal Reserve, era considerado um especialista sem par em uma informal divisão de trabalho anglo-americana na América Latina. Kemmerer dava aconselhamento à região andina, enquanto Sir Otto lidava com o Cone Sul. Era como se nenhum governo da região pudesse criar um Banco Central sem a bênção de um dos dois representantes das maiores potências ocidentais. Otto Niemeyer tinha aberto o caminho em 1933 ao rejeitar todas as alternativas, inclusive o derradeiro esforço do Banco de la Nación de expandir suas atribuições em vez de criar uma nova instituição, mas suas recomendações foram genéricas, da maneira que os consultores externos geralmente fazem na América Latina, sem considerar necessidades e especificidades. Ele parecia desconhecer, por exemplo, a precária situação do setor bancário na Argentina. Os bancos centrais de Niemeyer eram independentes, mas com poucos poderes além da oferta de moeda. A ênfase deles era em uma moeda sólida e não nas políticas bancária ou monetária, e certamente não no resgate de um setor inteiro à beira da falência. Os bancos centrais criados na América Latina segundo o aconselhamento de Niemeyer e de Kemmerer na década de 1920 não haviam funcionado bem durante a Grande Depressão. Os países sul-americanos, exceto a Argentina, ou não tinham conseguido honrar suas dívidas externas ou estavam à beira da inadimplência.

Raúl reconheceu sua dívida para com o mestre inglês, mas alterou profundamente a proposta dele. A legislação do novo Banco Central, apresentada ao Congresso em 28 de março de 1935, tentava harmonizar seu ponto de vista com as necessidades da Argentina. Em vez de uma instituição financeira com instrumentos regulatórios limitados, o banco seria a agência central do sistema financeiro do país. Em primeiro lugar, a legislação reunia sob um único teto atividades bancárias que tinham se desenvolvido separadamente, de forma *ad hoc*, e agora requeriam integração. Atividades do Tesouro, do Departamento de Controle de Câmbio, da Caixa de Conversão, além de certas funções do Banco de la Nación fundiram-se em uma única instituição com mil funcionários. O padrão ouro permaneceu suspenso, deixando o banco livre para ajustar as taxas de câmbio e administrar o sistema de controle de divisas. Em segundo lugar, foi criado temporariamente um Instituto para Liquidação de Investimentos Bancários, um mecanismo para sanear bancos privados em dificuldades, assumindo seus ativos em troca de dinheiro ou de títulos.[16] Dois dos principais bancos estavam falidos, o Banco El Hogar Argentino e o Banco Argentino Uruguayo. O Banco Español de Río de la Plata tinha mais empréstimos duvidosos do que reservas de capital, e o Banco de la Nación perdera boa parte de seus recursos. Com a criação do Instituto para restaurar a confiança no sistema, o Banco Nacional de Hipotecas foi autorizado a conceder empréstimos para agilizar a venda de propriedades arrestadas ou adquiridas. Em terceiro lugar, os poderes do novo Banco Central guardavam pouca semelhança com o conceito de Niemeyer, que conduzia a um papel mais passivo. Foram autorizadas operações de mercado aberto para gerenciar flutuações dos ciclos econômicos internacionais, absorvendo fluxos financeiros excessivos na subida do ciclo e liberando-os na descida. O Banco Central também gerenciaria um novo departamento de fiscalização dos bancos privados.

Com essas funções e papel normativo na oferta de moeda, nos juros, na taxa de câmbio e no controle de importações, o Banco Central vislumbrado por Prebisch seria o coração do sistema financeiro argentino. Ele supervisionara a redação da legislação para criar uma instituição híbrida, com poderes regulatórios de grande alcance sobre a política monetária, fortalecida pelas operações em mercado aberto com títulos do Tesouro que pudessem absorver recursos e regular a dívida pública. O controle sobre as políticas e práticas de crédito dos bancos e a posição estratégica no comércio exterior aumentavam a abrangência de sua atuação. Refletindo o enorme papel do setor externo na economia argentina, a nova instituição estava equipada para gerenciar o ciclo econômico e controlar a inflação.[17]

Por fim, o Banco Central argentino estava mais próximo do Estado do que o defendido por Niemeyer, mas era também mais independente do Poder Executivo. Prebisch pretendia adaptar a autonomia do Banco da Inglaterra às circunstâncias locais, o que exigia estabelecer um equilíbrio singular entre os setores público e privado. O novo banco foi criado como uma empresa mista, protegida da interferência política direta e indireta, mas constituída muito claramente como um agente financeiro do governo, ao qual se reportava por intermédio do ministro da Fazenda. Sua estrutura proporcionava ampla autonomia. Apenas um dos doze diretores seria nomeado pelo governo, com os restantes sendo escolhidos a partir de uma base ampla: um pelo Banco de la Nación, o Banco da Província de Buenos Aires e os outros bancos provinciais acionistas; três seriam selecionados pelos bancos comerciais argentinos e mais dois seriam escolhidos por uma assembleia dos bancos estrangeiros que atuavam no país. Quatro diretores representariam os principais setores econômicos: agricultura, pecuária, indústria e comércio. As responsabilidades do conselho limitavam-se à supervisão administrativa e à política geral; a política financeira do governo e a função de inspeção dos bancos estavam fora de sua esfera de ação, permanecendo assuntos restritos ao presidente do Banco Central, representado pelo gerente geral, e ao ministro da Fazenda. O presidente e o vice-presidente precisavam ser cidadãos argentinos, teriam mandatos de sete anos e seriam escolhidos pelo governo a partir de uma lista de candidatos elaborada pelo conselho de administração, representando os acionistas. O gerente geral, escolhido pelo presidente do banco e aprovado pelos diretores, ocuparia o cargo executivo mais alto, atuando segundo instruções do presidente e sem mandato fixo. Os dois diretores de bancos estrangeiros no conselho acrescentavam outra fonte de influência e de legitimação internacional em um período de nacionalismo crescente. Prebisch aproveitou as melhores características dos sistemas bancários dos Estados Unidos e do Reino Unido, mas moldou um instrumento verdadeiramente nacional e poderoso para conduzir a economia com independência em relação aos acontecimentos políticos do dia a dia. Buscou e conseguiu um equilíbrio entre responsabilidade pública e autonomia operacional, entre o poder do Estado e o setor privado.

Pinedo propôs o nome de Prebisch para a presidência do banco, mas o general Justo se opôs, pois o considerava jovem demais, com 34 anos, para ocupar um cargo dessa envergadura. Para conferir legitimidade à nova instituição, voltou-se para os conservadores e nomeou Ernesto Bosch presidente e José Evaristo Uriburu vice-presidente. Bosch tinha enorme prestígio na Restauração Conservadora, enquanto Uriburu, filho do ex-presidente J. E. Uriburu (1895-1896), tinha sido embaixador em Londres e ensinara história em Cambridge (onde obteve o título de doutor *honoris causa*), era membro da Royal Historical Society e mantinha-se como um interlocutor valioso com a embaixada britânica. Prebisch conhecia Ernesto Bosch, a quem devia seu primeiro emprego, e logo se posicionou a favor dele. Considerava-se insuficientemente reconhecido na Argentina para exercer esse alto cargo, cujas funções eram *pro forma* e honoríficas. Adequava-se melhor à função de gerente geral, que controlaria a política e a administração.

Em 9 de maio de 1935, Prebisch foi oficialmente nomeado gerente geral, com o dr. Bosch e o primeiro conselho de administração já empossados. A data oficial para início das atividades do Banco Central foi marcada: 31 de maio. Uma única nota dissonante ocorreu. Um dos novos membros do conselho não ficou feliz com a nomeação de Raúl pelo dr. Bosch. Era ninguém menos do que Salvador Oria, velho conhecido de Raúl, agora diretor do Banco Popular Nacional e um dos representantes dos bancos nacionais no Banco Central. Oria não podia bloquear a nomeação, mas protestou e defendeu que o salário de Raúl deveria ser inferior ao dos diretores dos bancos privados. Bosch não lhe deu ouvidos, e a imprensa de Buenos Aires apoiou a nomeação. Na recepção de inauguração em

6 de junho, Pinedo perguntou a Prebisch quem pagaria o champanhe. Raúl sorriu e disse: "O senhor, meu ministro." Pinedo declinou: "Não senhor! Esse almoço vai ficar por sua conta."[18] O presidente Justo fez um brinde e comprometeu seu governo a respeitar a autonomia do novo Banco Central.

Prebisch assumiu com firmeza a responsabilidade de ser o mais jovem gerente dos bancos centrais da América Latina e logo afirmou sua liderança, presidindo uma comissão composta por quatro pessoas para dar forma e direção à instituição. Instalou-se no antigo Departamento de Controle de Câmbio até que se definisse onde seria a sede permanente do novo banco. Seu objetivo era terminar um trabalho preparatório para a criação do Instituto para a Liquidação de Investimentos Bancários em 1936. De fato, Raúl inaugurou as operações do Instituto em 30 de dezembro de 1935, com a absorção de quatro bancos falidos por uma nova empresa chamada de Banco Español del Rio de la Plata.[19] Já em meados de julho de 1935 os mercados financeiros podiam dar um veredicto sobre o novo sistema: uma consolidação ordeira sob a liderança do Banco Central restaurara a tranquilidade e a estabilidade.

Com o resgate do sistema bancário, a pior fase da Grande Depressão ficou para trás na Argentina. Até então, o país não possuía uma instituição pública comparável, dedicada totalmente à excelência, onde as contratações eram subordinadas ao mérito e não à família, à riqueza, à etnia ou a laços sociais. Seus funcionários formavam uma elite gerencial consciente, que se autodenominava o "cartel dos cérebros" de Prebisch. O novo prédio escolhido pelo governo, localizado em San Martín, 275, em frente ao templo de la Merced, era imponente, mas estava estragado. Adelita e a nova equipe se juntavam a Raúl nos fins de semana durante a reforma. Sua localização e sua arquitetura expressavam a visão de Prebisch sobre o papel do Banco Central: apesar da fachada impressionante, com um relógio de bronze e uma entrada de mármore, o vestíbulo disfarçava seu tamanho. Ele ocupava um quarteirão inteiro, estendendo-se até a outra entrada, em Reconquista, 266. O interior era decorado com elegância, a começar pelo letreiro com a declaração da missão do banco escrita em letras douradas no *hall*: "A missão primeira e fundamental do Banco Central da Argentina é preservar o valor da moeda." Sentia-se que ali havia um poder sem ostentações.

Imigrantes e economistas de famílias tradicionais competiam de igual para igual e eram aceitos sem distinção ou discriminação, desde que fossem aprovados nas avaliações anuais exigidas para todos os funcionários, inclusive o gerente geral. Raúl vivia do seu salário, não tinha outros negócios e servia de exemplo para todos. Dirigia o banco em estilo militar, com os técnicos vestidos em ternos formais e os funcionários de apoio em uniformes. Inspecionava os escritórios todos os dias para se certificar da limpeza e da arrumação. Sua sólida liderança intelectual e administrativa criou o quadro de administradores mais coeso e eficaz da história da Argentina, do qual exigia respeito e lealdade. Ciente de seu papel crucial na economia e orgulhosa de ocupar uma posição de elite no governo, a equipe se aglutinou ainda mais em torno de um chefe que redigia pessoalmente os relatórios e a última versão de cada Relatório Anual. Com forte embasamento analítico e ancorados em ampla pesquisa, eram documentos sérios e bem escritos sobre as perspectivas econômicas da Argentina. Apesar de resultarem de um esforço de equipe, Prebisch acompanhava sua preparação e os submetia a uma revisão de texto profissional para garantir uma prosa fluida.

Prebisch transferiu o núcleo de sua equipe do Banco de la Nación para o Banco Central, onde criou um departamento de pesquisas econômicas dotado da melhor biblioteca do país para ajudar a orientar as operações do banco e preparar seus Relatórios Anuais. Em geral, dava-se ao luxo de construir sua instituição sem estabelecer compromissos: podia basear-se no "cartel dos cérebros" comprovadamente competente e ampliá-lo com os melhores talentos de Buenos Aires, ao mesmo tempo que colocava pessoas-chave em cargos complementares da administração pública. Sua meta era dotar o banco de uma elite modernizadora de qualidade internacional, estabelecendo vínculos com o alto escalão dos ministérios importantes. De forma consciente, adotou o modelo do Banco da Inglaterra, que orientava nos bastidores a política monetária. Malaccorto tornou-se subsecretário da Fazenda, trabalhando com Edmundo Gagneux, Max Alemann, Israel Gerest, Walter Klein, Roberto Verrier, A. Muschietti e outros oriundos do Banco Central. A equipe de Prebisch ocupava uma posição central na tomada de decisões na economia nacional. Compartilhando uma visão coerente, era capaz de coordenar suas políticas com a Fazenda e com outros ministérios para proporcionar estabilidade aos setores público e privado em tempos turbulentos.

Foi um período de enorme satisfação pessoal. Ele trabalhara toda a vida para alcançar essa meta que encarnava o compromisso com o futuro da Argentina: criar uma instituição verdadeiramente nacional, acima das facções, dedicada apenas ao bem público. Porém, em vez de ser reconhecido por seu trabalho na criação de um marco nacional e no Plano de Recuperação Econômica, Prebisch foi atingido por uma violenta tempestade política em Buenos Aires.

Uma vingança contra ele estava sendo preparada desde o Tratado Roca-Runciman de 1933. Mesmo antes da assinatura oficial em 27 de setembro por Sir Henry Chilton, embaixador britânico, e Carlos Saavedra Lamas, ministro das Relações Exteriores da Argentina, o tratado se convertera no acordo internacional mais detestado da história do país, recebido com críticas por um Congresso e um público exaltados. A longa ausência de Prebisch, que ficara na Europa em 1932 e 1933, o tinha isolado da cena política de Buenos Aires, deixando-o despreparado para a fúria que se seguiu. Todos os membros da equipe de negociação foram caluniados na imprensa como lacaios da oligarquia, traidores da honra nacional e cínicos que, por dinheiro, queriam converter o país no "sexto domínio" inglês. Luis Colombo organizou uma demonstração pública de 70 mil pessoas contra o tratado. Prebisch não tinha previsto sua má fama em Buenos Aires nem a natureza pessoal dos ataques – até mesmo Malaccorto chamava o acordo de uma "traição à Argentina" –, como se a delegação chefiada por Roca tivesse cometido um crime.

A violência dos ataques sugeria uma certa patologia. Quem podia acreditar que negociar com Runciman, um dos homens mais desagradáveis da Inglaterra, converteria qualquer pessoa em anglófila? Roca, Prebisch e os outros membros da delegação argentina tinham passado pelos momentos mais depressivos de suas vidas. Mereciam compaixão, não raiva. Porém, em vez de acusar os verdadeiros culpados pelo acordo desigual – a Depressão, a Inglaterra e as vulnerabilidades da Argentina –, a oposição resolveu atacar bodes expiatórios locais facilmente identificáveis, que não poderiam ter alcançado um resultado diferente. Raúl juntara-se à delegação quase por acidente, pois já estava na Europa. O respeitável senador Lisandro de la Torre, ressentido pelo insucesso nas eleições de 1932 junto com o socialista Nicolás Repetto, comandou a retórica da acusação, denunciando uma conspiração da Sociedade Rural e das empresas embaladoras de carne aliadas do governo Justo, como se a missão Roca pudesse ter tirado da cartola uma alternativa ao mercado inglês. Duhau e a Sociedade Rural se enfureceram com a acusação, insistindo em que eram rivais históricos das empresas estrangeiras embaladoras de carne. Na inauguração da Feira Agrícola de 1934, Duhau estava com tanta raiva que nem conseguia falar direito. "Imaginem, os grandes produtores de carne... a Sociedade Rural... ninguém lutou mais para controlar as empresas embaladoras!"[20]

Prebisch nunca se desculpou por seu papel na negociação do Tratado Roca-Runciman, justificando-o como uma medida desagradável e defensiva necessária para manter mercados e ganhar tempo para restaurar o crescimento econômico.

Argumentava que a força inerente da Argentina, sob uma administração sólida, permitiria uma rápida recuperação se houvesse tempo para respirar mediante um acordo bilateral com a Inglaterra. Nisso o tratado havia sido bem-sucedido. Depois de restaurar as finanças públicas, a Argentina poderia encontrar uma forma de ignorar o tratado, como ingleses e alemães fariam em circunstâncias semelhantes. A forma de se livrar da Inglaterra não era gritar, mas minar seu monopólio ferroviário no país, construindo uma nova rede de estradas. Prebisch admitia que a frase que garantia "tratamento benevolente" para investidores ingleses era um desastre em termos de relações públicas – o adjetivo "equitativo" teria sido menos explosivo –, mas, no geral, ele via o tratado como o reflexo de um sistema mundial de comércio que estava se decompondo em regimes bilaterais.[21] A Argentina era vítima de um modelo de produção de produtos primários ancorado na Inglaterra que só poderia ser alterado aos poucos, com uma política estatal deliberada. Os supostos nacionalistas, que insistiam em denunciar a capitulação diante da Inglaterra, pareciam incapazes de entender esse fato elementar.

Prebisch ignorou os insultos e se concentrou no trabalho em 1934, supondo que os ataques diminuiriam conforme a recuperação avançasse, mas essa calma relativa foi quebrada por Lisandro de la Torre, que lançou outra rodada do "debate da carne", reabrindo as feridas não cicatrizadas do Tratado Roca-Runciman. Como nos velhos tempos de preços baixos e problemas agrários, havia uma plateia predisposta. A oposição política ao ministro Luis Duhau, da Agricultura, e seu assessor Prebisch cresceu dentro e fora do Congresso justamente quando a legislação do Banco Central estava sendo redigida. De la Torre denunciou que o comércio de carne estava montado sobre uma conspiração que opunha os barões da Sociedade Rural e seus aliados norte-americanos e ingleses das empresas embaladoras de carne, dos navios-frigoríficos e dos currais de abate aos interesses argentinos, que incluíam os criadores de gado e o público. A empresas embaladoras foram de novo apontadas como as principais culpadas, e de la Torre pediu uma investigação no Congresso sobre o suposto monopólio no setor de carne.

Semana após semana, Prebisch foi identificado como o assessor que atuava por trás de Duhau e Pinedo, dirigindo as políticas da Concordancia. Em 23 de agosto de 1934, o humorista Titiritero usou uma metáfora futebolística para prever a batalha que estava no ar: o capitão do time Lisandro de la "Terra" e seus parceiros esfarrapados, agricultores pobres e inimigos do *establishment*, lutavam heroicamente diante dos adversários, os ministros ricos, funcionários, homens do Tratado Roca-Runciman, diretores da Sociedade Rural, representantes das empresas embaladoras, magnatas das estradas de ferro e latifundiários. Em 14 de setembro de 1934, os ataques pessoais ao ministro da Agricultura tinham chegado a tal ponto que Prebisch escreveu para Duhau o texto de uma resposta formal, chamando atenção para o fato de que de la Torre havia insultado gente de todo o espectro político e deixando claro que o senador estava longe de ser a vítima que alegava ser.[22] O tiro saiu pela culatra: Lisandro de la Torre identificou corretamente Prebisch como autor da carta de Duhau e o ridicularizou ainda mais.

No final do outono, a campanha de de la Torre contra Duhau e Prebisch se exauriu momentaneamente por causa da votação para a criação de uma comissão especial no Senado para estudar mais uma vez o setor de carne bovina e fazer um relatório em meados de 1935. O governo ativou a comissão conjunta estabelecida com a Inglaterra para ampliar a investigação e pediu que Sir Otto Niemeyer, por sua credibilidade, a presidisse. Niemeyer recusou, pois não se considerava especialista em comércio de carne. Os ingleses demoraram a fornecer informações sobre as empresas embaladoras e as companhias transportadoras. O Conselho Nacional da Carne começou investigações sobre as empresas proprietárias de navios frigoríficos e identificou uma delas, a Anglo Shipping, como sendo evasiva e suspeita.[23]

De la Torre mudou o foco para Pinedo, o orçamento e o Banco Central, adotando um tom populista. "Não houve uma palavra de consideração pelo estado angustiante da economia argentina, arruinada pela perda de valor de nossos produtos", lamentou, reclamando da desumanidade de Pinedo. "Isso é lógico, dada a sua política fiscal. Somente o capitalista merece consideração – não o consumidor, o produtor, o industrial ou o comerciante." Pinedo, um adversário mais duro que Duhau, manteve sua posição, felicitando Prebisch no Senado como "o mais cuidadoso, trabalhador e sério dos funcionários públicos".[24] O orçamento foi aprovado, mas a oposição aumentou quando a legislação do Banco Central foi introduzida. *La Prensa* abriu uma campanha em 14 de janeiro de 1935, dizendo que a legislação era inflacionária, estava sendo imposta ao país sem um debate significativo e fora projetada com o único propósito de resgatar o corrupto Banco de la Nación. Considerava acertadamente que o modelo de Niemeyer tinha sido mudado, e, sem entender os objetivos da nova legislação, previa uma repetição da quebra de 1891. Publicou editoriais durante 39 dias consecutivos, condenando o projeto, comparando-o desfavoravelmente com o Canadá, a Inglaterra e os Estados Unidos. Em 20 de fevereiro, o ataque tinha ficado tão implacável e desequilibrado que Pinedo deu uma resposta oficial a *La Prensa* em *La Fronda*, denunciando esse jornalismo como excessivo e irresponsável.[25] O ataque de Lisandro de la Torre era diferente. Como *La Prensa*, ele criticou o projeto de lei porque o controle do governo seria maior do que na abordagem de Niemeyer, mas também criticou a influência do setor privado no conselho, alvejando Leo Welch, do National City Bank of New York, e Leopold Lewin, do German Tansatlantic: o Banco Central seria manipulado pelos interesses norte-americanos e alemães. Na verdade, não se sabe ao certo se de la Torre chegou a ler a proposta de lei.

Apesar dessas críticas, o Banco Central foi aprovado em março sob a liderança política de Pinedo. O presidente Justo tomou a incomum decisão de convidar senadores de oposição para participarem de reuniões na Casa Rosada, inclusive os socialistas Alfredo Palacios e Nicolás Repetto, para explicar a nova legislação bancária e esclarecer preocupações. Os violentos ataques de *La Prensa* acabaram desagradando o público, que os considerou excessivos. Até o jornal *Crítica* saiu em apoio ao novo Banco Central. Lisandro de la Torre minou sua própria credibilidade nesses debates, nos quais cometeu erros grosseiros que Pinedo soube aproveitar. Além disso, como se suspeitava, o senador por Santa Fé estava comprometido com o setor bancário em crise e não teve alternativa a não ser apoiar a criação do Instituto para Liquidação de Investimentos Bancários.[26] Como o instituto estava incluído em um pacote legislativo unificado e não poderia ser retirado do projeto de lei, ele não conseguiu deter a criação do Banco Central.

De la Torre vingou-se reacendendo o "debate da carne", que cativou a imprensa e eclipsou as outras questões da política nacional. O novo estágio da crise começou em junho de 1935 – justamente na época em que Prebisch e sua nova equipe estavam de mudança para o novo prédio do Banco Central –, quando a comissão do Senado publicou um relatório concluindo que o sistema de comércio de carne da Argentina era sólido, apesar de necessitar de reformas regulatórias, apontadas em um conjunto de recomendações. Essas conclusões não satisfizeram o senador de la Torre, que divulgou um relatório discordante para denunciar o triunvirato ganancioso formado pelos barões da carne, o governo e os interesses de bancos e transportadoras estrangeiras. Ele acusava Pinedo e Duhau de corrupção e cumplicidade em trapacear produtores de carne e o Estado argentino. Disse que Duhau manipulava mercados para vender seu próprio gado, enquanto os funcionários do Ministério da Fazenda fiscalizavam de maneira frouxa as transportadoras estrangeiras e obstruíam deliberadamente o trabalho da comissão de investigação. Essas acusações foram ampliadas pela descoberta de livros contábeis falsificados da empresa transportadora Anglo, confiscados pela polícia a bordo do *SS Morning Star*, que estava prestes a zarpar para Londres. Prebisch falou com Leith Ross, do Tesouro Britânico, para examinar as companhias transportadoras de Londres, inclusive seu controle sobre o mercado e suas exorbitantes margens de lucro. Apesar de Leith Ross ter concordado em realizar a auditoria, o governo britânico não teve interesse nela. De la Torre decidiu culpar Buenos Aires, em vez de Londres, pelo impasse. Todos conheciam o problema, mas a necessidade de embarcar seus produtos retirava o poder de barganha da Argentina. Prebisch desafiou de la Torre a propor um boicote, mas o senador vacilou, sabendo que os produtores no Canadá e da Austrália substituiriam a carne argentina na Inglaterra. A nacionalização não era uma opção.

De la Torre decidiu colocar Prebisch no centro do escândalo, difamando-o com mais amargura e de forma mais crítica do que fizera com Duhau e Pinedo. Diferentemente dos ministros, Prebisch não dispunha de armas para contra-atacar; só podia preparar Pinedo e Duhau para os debates, mas nenhum dos dois se equiparava a de la Torre. Pinedo era racional e refutava os ataques mencionando montes de cifras, mas era tão frio que diziam que poderia congelar a si mesmo. Duhau divagava e era ineficaz. Sem defesa, Prebisch teve de absorver os insultos pessoais que de la Torre disparava da tribuna. "Não o chamo [a Prebisch] de contador para diminuí-lo, por guardar rancor [risadas no Senado], mas porque tenho o mau hábito de falar sempre a verdade", ironizava. "O sr. Prebisch sabe mais do que muitos doutores, mas não tem doutorado em nada [risadas no Senado], nem mesmo em ciências econômicas, que é um doutorado barato e fácil de obter [risadas no Senado]."[27] Ele rotulou Prebisch de "ministro sem pasta", ou "pequeno ministro", caracterizando-o como o poder que manipulava Duhau e Pinedo, escrevendo os discursos e relatórios deles. A revista *Caras y caretas* publicou uma charge que retratava Raúl vestindo calça de risca de giz, guiando os dois ministros de braços esticados como cegos e segurando um documento com instruções; a legenda dizia: "Quem aplaudiremos ou vaiaremos amanhã?"[28]

As ofensas pessoais aumentaram a atenção do público, e o melodrama adentrou o sensacionalismo quando de la Torre desafiou Pinedo a enfrentá-lo em um duelo com pistolas para resolver as questões de honra pessoal. Pinedo aceitou o desafio, embarcando na grotesca insensatez da imprensa. Nenhum dos dois acertou os alvos, e ambos retomaram o conflito verbal no Congresso. A popularidade de de la Torre cresceu, enquanto Pinedo, Duhau e Prebisch defendiam suas condutas pessoais e profissionais e rechaçavam as acusações de corrupção. A animosidade chegou ao ápice quando um senador conservador atirou e matou o senador Enzo Bordabehere, amigo e companheiro de partido de Lisandro de la Torre, que pôs fim ao debate em grande estilo, ganhando a guerra de relações públicas. Nenhuma de suas acusações foi provada, mas a mitologia de Lisandro de la Torre como defensor dos fracos, perseguido e levado à morte (ele cometeu suicídio em 1939) pelos interesses da Concordancia ficou arraigada como uma lenda nacional.

Pinedo e Duhau pediram demissão e deixaram o ministério no final do ano. Prebisch não estava ameaçado de perder o novo cargo, mas o caso arranhou sua imagem pública e enraiveceu os nacionalistas. Ele manteve a confiança de Bosch e dos diretores do Banco Central, bem como do presidente Justo, e sua atividade cotidiana no banco não foi prejudicada. Porém, a sobrecarga de trabalho nesse clima afetou sua saúde. Em 1935, no auge da controvérsia, teve um ataque tão forte de herpes que precisou se afastar por um mês.

Quando retornou a Buenos Aires, percebeu que a campanha política hostil tinha diminuído.[29] Aliviado, viu que seu nome ia deixando o noticiário aos poucos. Ele e Adelita puderam retornar ao convívio da família e dos amigos leais, retirando-se da sociedade e se tornando quase invisíveis em Buenos Aires. Apesar de ser uma figura poderosa no Estado, pela força do cargo, isso não gerava reconhecimento social pela oligarquia. Só muito ocasionalmente Raúl e Adelita eram convidados a frequentar as casas de Ernesto Bosch, Luis Duhau ou Santamarina, ministro da Fazenda. Enrique Uriburu nunca convidou Adelita, como se ela viesse de um estrato baixo demais de imigrantes. Alberto era de longe o mais popular da família Prebisch. Arquiteto famoso em Buenos Aires, acabara de construir o Teatro Rex, recebendo louvores gerais. Agora propunha que um obelisco de 140 metros de altura fosse colocado no centro da cidade, na Avenida 9 de Julio, como parte de um plano para reconstruir a principal artéria da capital em seu quarto centenário, transformando-a no Champs Elysées da Argentina. A ideia polarizou o público e ocupou a imprensa quase tanto quanto o caso Lisandro de la Torre. Por fim tornou-se realidade, apesar da Grande Depressão. O obelisco converteu Alberto em uma celebridade: ele se tornou professor de arquitetura na Academia Nacional de Belas-Artes, ganhou um assento no conselho do Teatro Colón e, por fim, foi alçado à Prefeitura de Buenos Aires. Os dois irmãos viviam em mundos diferentes: Alberto estava no *Who's Who* da Argentina e era presença marcante nas maiores festas da capital; Raúl, em contraste, nunca foi convidado a se tornar sócio do Jockey Club.

O lar dos Prebisch era reservado à família. A mãe de Adelita, "La Flia", viera da Alemanha para viver com eles após a morte do marido, Carlos, em 7 de dezembro de 1934. Tucumán proporcionava um fluxo constante de parentes. Ernesto era agora reitor da Universidade de Tucumán, exercendo uma liderança progressista que atraía professores e alunos de todo o país, e Ernesto Sabato, seu sobrinho, começava a se tornar um escritor importante na capital. Além da família e dos amigos de longa data, como Malaccorto e Alemann, compareciam amigos recentes de Raúl, procedentes dos meios empresariais ou diplomáticos, inclusive Carlos Brebbia, subsecretário do Ministério da Agricultura e depois embaixador itinerante da Argentina na Europa, Chris Ravndal, que chegara na embaixada dos Estados Unidos em 1937, e Leo Welch, do National City Bank. René Berger e Raúl divertiam-se importando vinhos franceses. Irônico e divertido, veterano da Primeira Guerra Mundial, solteiro e sem filhos, Berger tornou-se inseparável de Konrad Dutenbach, da embaixada alemã, depois de terem descoberto que tinham combatido em lados opostos na batalha do Somme. Dutenbach somou-se então aos amigos que frequentavam a casa dos Prebisch até 1938, quando Berger foi designado para um cargo na França. Prebisch e Adelita passavam alguns fins de semana fora da cidade, plantando árvores e cortando feno com uma foice em torno de um chalé de dois quartos que tinham comprado junto com Edmundo Gagneux.

A vida profissional de Prebisch girava em torno do aperfeiçoamento do Banco Central e da gerência da economia nacional. Era um desafio e tanto. Havia alcançado o cargo de liderança que tanto desejara e não precisava frequentar as manchetes políticas. Ao contrário. Como Montagu Norman no Banco da Inglaterra, ele preferia a discrição em Buenos Aires, contente por saber que o Banco Central argentino era cada vez mais reconhecido e havia se tornado uma das instituições financeiras mais inovadoras da América Latina, talvez do mundo. Albin teria ficado satisfeito em ver os disciplinados hábitos de Raúl: chegada às 8h para o expediente que durava até as 19h, com almoço levado de casa até o escritório e uma curta sesta em uma poltrona reclinável antes de retomar o trabalho. Sua única saída semanal era para ir à Faculdade de Ciências Econômicas, onde em 1936, já depois da criação do Banco Central, retomara a disciplina sobre ciclos econômicos internacionais. As aulas representavam um intervalo na pesada carga de trabalho, uma oportunidade para testar novas ideias em ambiente acadêmico e a possibilidade de encontrar novos talentos para o banco.

Quando as eleições de 1938 se aproximaram, o Banco Central já era o núcleo do sistema financeiro argentino. Em 1936 seus poderes no mercado aberto haviam sido expandidos com o direito de negociar títulos do Tesouro no valor de até 100 milhões de pesos e, no ano seguinte, certificados de ouro e de moeda estrangeira. Para enfrentar o *boom* de 1937, Raúl conseguiu orquestrar uma política anticíclica com a qual deve ter sonhado em 1921, mas que nunca considerou viável até a criação do banco. Expandiu o mercado para a dívida pública doméstica e conseguiu refinanciá-la para reduzir a carga de pagamentos, a fim de deixar mais recursos disponíveis para programas de emprego e obras públicas. Enquanto em 1932 apenas 5% dos gastos governamentais eram direcionados para obras públicas e 29% para a dívida, em 1938 ambas as despesas se equiparavam em 20%.[30] Os investimentos estrangeiros, inclusive europeus, estavam sendo atraídos para a indústria, e não para a produção de matérias-primas. Apesar de a economia não ter voltado a crescer 5% ao ano, como na década de 1920, a Argentina andava mais rápido que os Estados Unidos e o Canadá: em 1939, o produto interno bruto ficou 17% acima do nível de 1929. Era a única nação latino-americana com mercados financeiros razoavelmente sofisticados, e na América do Sul só ela e a Venezuela estavam pagando o serviço da dívida pública. Brasil e Chile estavam inadimplentes. Esse pagamento impunha um custo em termos de crescimento, mas melhorava a posição internacional do país. O capital estrangeiro passou a fluir quando Buenos Aires surgiu como um centro financeiro internacional. Era um triunfo pessoal para Prebisch, pois a economia internacional ainda vivia uma crise recessiva. Embora o êxito não se devesse só a ele, o Banco Central se tornara a força que direcionava as políticas fiscal, monetária, industrial e internacional, tal como ele tinha vislumbrado desde a sua criação.

A Argentina passara a ser protagonista de uma ativa política externa, regional e internacional. Saavedra Lamas, o aristocrático ministro das Relações Exteriores, que se casara com uma das filhas do presidente, rompera com a hostilidade geopolítica de Uriburu para com o Brasil e o Chile e atraíra os países vizinhos, os Estados Unidos e o Peru a um esforço bem-sucedido para acabar com a sangrenta Guerra do Chaco entre a Bolívia e o Paraguai. Em 1936, Saavedra Lamas recebeu o Prêmio Nobel da Paz por intermediar o fim do conflito, que tinha custado mais de 100 mil vidas desde 1932. O papel de liderança regional exercido pela Argentina ficou ainda mais claro quando o presidente Getúlio Vargas fez uma visita oficial ao país em 1935, inaugurando um novo período de diálogo sob influência do coronel José Maria Sarobe, que foi enviado como adido militar argentino ao Rio. Com a economia mais sólida da América Latina, Saavedra Lamas também se sentiu confiante para reconstruir as relações com Washington e a Europa. Quando a Argentina foi reconhecida como o único país latino-americano importante que pagava sua dívida, tornou-se também cada vez mais respeitada como ator multilateral confiável nas Américas. Saavedra Lamas foi eleito presidente do Conselho da Liga das Nações em 1937 em reconhecimento ao Prêmio Nobel da Paz. Como Estados Unidos e Brasil estavam ausentes da Liga, a Argentina tornou-se o principal interlocutor da organização no Novo Mundo.

O discurso de apresentação do Comitê do Nobel em 10 de dezembro de 1936, concedendo o prêmio da paz a Saavedra Lamas, ressaltou a vantagem da Argentina sobre a Europa na década de 1930: um ambiente pacífico, estabilidade política e prosperidade. Porém, por baixo desse brilho na cena externa, os problemas internos eram sérios e preocupantes, embora ocultos ao resto do mundo. Era verdade que a grande classe média em Buenos Aires prosperava, os quiosques da nova rede de metrô estavam repletos de livros bons e baratos, os vinhedos de Mendoza e os pastos dos pampas produziam alimentos em quantidades equivalentes, ou até superiores, aos dos Estados Unidos. Os salões de dança de Buenos Aires estavam lotados, e o tango fazia um sucesso fulgurante em todo o país. A oligarquia conservadora era corrupta, mas culta. O general Justo não era um Pinochet, mas um homem afável e um leitor ávido. Sua casa de férias em Mar del Plata não era guardada por seguranças. Se a década de 1930 tinha sido a década infame, era também uma ditadura leve, *dictablanda*, ou uma falsa democracia, *democradura*. Aí estava o problema: a estrutura era frágil porque o sistema político abrigava uma contradição fatal. No alto havia uma pequena oligarquia restrita aos círculos bancário e industrial de Buenos Aires, enquanto embaixo a Argentina estava mudando e se expandindo – um corpo em rápido crescimento, que escapava ao controle de sua diminuta cabeça.

Por baixo da Concordancia, uma turbulência social e política ganhava força. A industrialização não só ampliava a presença de trabalhadores em Buenos Aires, mas também concentrava na capital uma crescente subclasse de imigrantes, chamados *cabecitas negras*, que ocupavam bairros pobres em torno da cidade e eram cortejados pela imprensa sensacionalista, como *El Pampero*. O mesmo processo criara grandes cidades industriais no interior, como Rosário, Córdoba e Tucumán, que pela primeira vez disputavam com a capital a localização de novas fábricas. Essa nova economia, com empresários e trabalhadores exigindo apoio do governo central, era típica da industrialização da década de 1930: intensiva em mão de obra e não em capital ou tecnologia avançada, e baseada em fábricas de pequena escala que produziam bens para substituir importações. Nesse sentido, a Argentina estava seguindo uma tendência na América do Sul. O Chile, por exemplo, em meados da década de 1930 já havia substituído 90% de suas importações por produtos industriais nacionais. Não havia mais investimentos internacionais importantes na região temperada da América do Sul, que, mais do que outras partes do mundo, precisava buscar um nível mais alto de atividade industrial em relação aos anos que antecederam a Depressão.[31] A nova economia transformou a estrutura social de forma mais espetacular na Argentina, o país economicamente mais avançado e mais urbanizado do Cone Sul. Um confronto se aproximava entre a ossificada Concordancia e as massas em ebulição em Buenos Aires e no interior, que não estavam sendo incorporadas pelos partidos tradicionais. Nenhum líder ou partido mostrava-se capaz de canalizar essa força política crescente, e mesmo os grupos de interesse pareciam divididos: a União dos Industriais Argentinos representava as grandes empresas de Buenos Aires, mas não conseguia incorporar as indústrias novas e menores, intensivas em mão de obra, das cidades do interior.

Em vez de se adaptar a essas mudanças, a Concordancia se estreitava e fracassava. Mantinha-se à tona por meio de barganhas e de manipulação, além da ameaça implícita de uma intervenção militar. As eleições nacionais de 1938 confirmaram esse padrão. Roberto Ortiz, da Concordancia, tornou-se o novo presidente, mas não poderia ter vencido sem a ajuda de um sistema eleitoral fraudulento. Ortiz, um radical que rompera com Yrigoyen em 1930, tinha talento para a cooperação política e inspirava respeito mesmo entre os que se mantinham leais ao partido que ele abandonara, mas o Exército e o general Justo continuavam a ser as figuras políticas dominantes. As imperfeições da construção política argentina, aparentes durante a década de 1920, se agravaram após 1938. As novas massas industriais estavam inquietas. Irrompeu a intolerância religiosa e étnica. Cresciam pressões por mudanças, mas o sistema político estava bloqueado.

A frustração nacional produziu uma anomia e intensificou o debate ideológico após a ascensão do fascismo na Itália e na Alemanha. O início da Guerra Civil Espanhola em 1936 afetou diretamente a segunda maior comunidade de imigrantes e polarizou ainda mais a população. O beco sem saída político em casa parecia tão profundo que os argentinos estavam liberados para lutar pelo futuro da Europa. No Dia do Trabalho, forças a favor e contra Franco e Mussolini se enfrentaram em combate feroz. A vida política exibia ausência de diálogo entre tendências conflitantes, e a grande batalha europeia era uma metáfora da paralisia política local, que parecia insolúvel. A própria Concordancia estava dividida em relação aos desdobramentos políticos na Europa. O general Justo era claramente antifascista. Um ano antes apoiara a criação da Comissão para o Combate ao Racismo e ao Antissemitismo, que congregou personalidades importantes de todo o espectro político, inclusive Augusto Bunge, mas os militares ficaram divididos conforme a Guerra Civil Espanhola os obrigava a escolher um dos lados. Permanecia poderosa a admiração de longa data pelo Exército alemão, encarnada no general José F. Uriburu, e ela era nutrida pela sucessão de vitórias nazistas após 1936 e pela intervenção de Franco na Espanha contra as forças republicanas. O sentimento antibritânico espalhado por toda a Argentina (e a associação da Concordancia com a Inglaterra) também gerou simpatia pelo desejo alemão de se vingar da humilhação sofrida após a Primeira Guerra Mundial.

O horizonte de Prebisch era mais estreito. Seus interesses eram o setor bancário e a economia. Ele ficou de novo seriamente preocupado em 1938, apesar dos bons resultados do ano anterior. O relativo êxito da Argentina em lidar com a Grande Depressão não diminuiu sua crescente apreensão diante do futuro quando Inglaterra, França e Alemanha fortaleceram os blocos organizados em torno das respectivas moedas, enquanto os Estados Unidos usavam sua influência política para garantir acordos bilaterais de "reciprocidade". Todos usavam seu poder de barganha para se proteger da Grande Depressão em vez de buscar expandir o comércio internacional como um todo. Prebisch via esse enfraquecimento do comércio mundial como ilógico e autodestruidor, e não tinha ilusões quanto ao seu custo para a Argentina, um ator coadjuvante e vulnerável, ainda perigosamente dependente de exportações para um só mercado. Como se quisessem dar outra lição, os ingleses anunciaram um novo imposto de importação sobre a carne e usaram-no para forçar concessões extras da Argentina quando o Tratado Roca-Runciman foi renovado. Prebisch lembrava-se com pesar de como defendera em 1927 a política de comércio da Argentina com base na teoria das vantagens comparativas. Dez anos depois, era evidente a fragilidade decorrente do comércio de bens primários e da dependência da Inglaterra. O mercado norte-americano também continuava fechado após infrutíferas negociações bilaterais. Com a fase descendente do ciclo econômico, a Argentina enfrentava um período difícil no cenário internacional. O *boom* de 1937 inundara Buenos Aires de produtos de luxo importados, mas os Estados Unidos tinham entrado mais uma vez em recessão. A seca no Canadá continuava, mas a Argentina enfrentaria de novo uma dura concorrência quando o equilíbrio climático fosse restaurado; os preços internacionais cairiam se voltasse a haver superabundância de trigo. Seguindo o padrão estabelecido desde sua volta de Londres em 1933, Raúl continuava a fazer um trabalho pedagógico sobre política monetária, publicando artigos anônimos em *La Nacion*.[32]

O recrudescimento da crise política na Europa tornou essas preocupações cada vez mais urgentes, pois a ameaça alemã agravava as tensões em todo o sistema internacional de comércio. Prebisch insistia em que o comércio com a Alemanha nazista ficasse limitado a operações em moeda forte. Queria evitar que a Argentina fosse sugada para um comércio de escambo, em que produtos agrícolas essenciais seriam trocados por equipamentos militares ou por marcos sem valor, como havia acontecido no Leste Europeu. Diferentemente do Brasil ou do México, a dependência comercial da Argentina em relação à Alemanha caiu nitidamente após 1933, tendo alcançado apenas 5% do total das exportações e importações em 1939. Por sua influência no Banco Central, Prebisch era adulado pela embaixada alemã, que em novembro de 1937 lhe concedeu uma comenda assinada pelo chanceler Adolf Hitler, logo guardada no baú de lembranças pessoais.

Graças aos contatos abertos nos anos em Genebra e em Londres, Prebisch tinha uma rede de amigos e colegas que lhe davam relatos pessoais detalhados da crise diplomática. Dois de seus conselheiros fiéis na Europa eram Carlos Brebbia, embaixador itinerante após 1938, que viajava por todo o continente a partir de sua base nos Países Baixos, e René Berger, que agora era funcionário do Banque de l'Union Parisienne em Paris. Ambos confirmaram o fim das esperanças de paz depois da dramática visita de Neville Chamberlain em setembro para encontrar Adolf Hitler e discutir a questão da Tchecoslováquia. O Acordo de Munique abrira a Europa Central para a Alemanha, sem conter as ambições de Hitler. No outono de 1938, a possibilidade da guerra não podia mais ser descartada. Ao escrever de Paris para Prebisch em 23 de setembro de 1938, René Berger ridicularizou a "grotesca viagem" de Chamberlain, chamando-a de "imoral" e "traição em relação à Tchecoslováquia", e previu que 1939 seria o ano do "grande ajuste de contas". Na França, o primeiro-ministro Édouard Daladier e seu ministro das Relações Exteriores, George Bonnet, eram *"imbéciles et vendus,* dois homens exauridos, sem ideias nem caráter"; de Neville Chamberlain e Walter Runciman, que tinham tomado a dianteira para forçar a Tchecoslováquia a aceitar as demandas da Alemanha, quanto menos se falasse, melhor. A perseguição aos judeus alemães logo depois da chamada Noite dos Cristais aprofundou as preocupações de Berger. A liderança ocidental se enfraquecia. A França parecia incapaz de se unir diante da ameaça nazista, apesar de ter sido humilhada quando Hitler rasgou o Acordo de Munique; havia se tornado subserviente ao governo britânico e a uma classe empresarial derrotista. Os banqueiros ingleses pareciam dispostos a qualquer coisa para evitar o conflito armado com a Alemanha. Carlos Brebbia, que observara de Budapeste a crise de Munique, relatou a rápida penetração da Alemanha no Leste Europeu por meio de acordos de comércio bilaterais com parceiros mais fracos, aos quais Berlim fornecia armamentos, bens excedentes ou marcos inconversíveis em troca de matérias-primas valiosas. "O grande jogo começou", escreveu Berger. A Alemanha nazista tomara impulso diante de uma Europa acovardada e dos Estados Unidos isolacionistas. "Não se pode minimizar a importância desses acontecimentos para a Argentina e a América do Sul", escreveu Berger. "Os próximos meses e anos serão vitais para o nosso futuro."[33]

Enquanto Berger e Brebbia relatavam a aproximação da guerra na Europa, Prebisch tomava medidas para reduzir seus impactos financeiros e econômicos. Em 7 de novembro de 1938, recomendou um decreto que ampliava os poderes do Banco Central, fortalecendo o sistema de controles de importações para incluir nele todas as transações comerciais no mercado livre. Como as compras de divisas precisavam de autorização prévia, isso permitia que o governo direcionasse o comércio para linhas bilaterais ou mesmo embargasse determinadas importações a fim de tentar garantir com cada país um equilíbrio comercial geral. Essa política foi tomada emprestada do *slogan* da Sociedade Rural Argentina na década de 1920: "Comprar de quem compra de nós." Apesar de representar um ajuste ao bilateralismo que já prevalecia no sistema internacional, as grandes potências se opuseram fortemente a ela. Washington queixava-se de que a política era tendenciosa em favor da Inglaterra por causa do Tratado Roca-Runciman.[34]

O decreto de novembro reconhecia que o comércio argentino e a situação econômica do país viviam os momentos mais difíceis desde o período 1931-1932. O excesso de trigo, que havia sido previsto, materializou-se quando Canadá e Estados Unidos, com safras recordes, saturaram de novo os mercados internacionais. A Argentina também enfrentava um problema cambial, já aparente nas duas leves desvalorizações da moeda em 1938. Isso aumentou a tal ponto a preocupação em Nova York com a estabilidade do peso que Prebisch retardou uma emissão de títulos planejada para a primavera de 1939. Ele preparara um plano de contingência se a guerra irrompesse na Europa, mas a ameaça imediata de confrontação diminuiu um pouco nos meses seguintes ao Acordo de Munique. Os atos de Prebisch suscitaram preocupações de uma intervenção estatal excessiva. Berger o advertiu a não ir longe demais. "A Argentina continua a ser um verdadeiro oásis de liberalismo econômico", escreveu, manifestando a esperança de que assim continuasse.[35] Sem ver futuro para si na Europa, ele voltou a Buenos Aires em meados de 1939 para ocupar um alto cargo em um banco francês.

No verão de 1939, as perspectivas da Argentina não tinham melhorado. A frágil estrutura do comércio internacional no entreguerras parecia desmoronar. Cada vez mais o comércio refletia critérios puramente políticos, conforme as potências disputavam posições. Em 1939, para contrabalançar a crescente influência da Alemanha no Leste Europeu, a Inglaterra comprou 500 mil toneladas de trigo da Romênia, preterindo a Argentina. A compra de 625 mil toneladas dos Estados Unidos, de novo em detrimento da Argentina, refletiu uma abertura diplomática inglesa a Washington no pré-guerra. Os Estados Unidos, por seu lado, estavam fazendo um escambo agressivo de trigo e algodão por borracha e outros materiais estratégicos. Os mercados para a Argentina se estreitavam, e a ameaça de outra desvalorização diminuía a confiança internacional no peso. Em carta a Brebbia de 15 de julho de 1939, Prebisch confidenciou seus temores pela delicada situação financeira do país diante da crescente dificuldade de encontrar mercados para o trigo, do declínio da confiança internacional no peso e da necessidade urgente de explorar, em nome do ministro da Fazenda, dr. Pedro Groppo, amigo íntimo de ambos, a possibilidade de um empréstimo junto aos banqueiros holandeses.[36]

As conversas iniciais de Brebbia com representantes dos bancos e do governo em Amsterdã foram positivas, principalmente no Mendelssohn, onde Prebisch tinha contatos pessoais. Seu diretor-gerente, Fritz Mannheimer, estava confiante na possibilidade de negociar um empréstimo grande em futuro próximo. Em uma conversa em 16 de julho de 1939, ele assegurou a Brebbia que a Argentina era um "país em vantagem, longe da zona de combate e com uma boa classificação de crédito, a despeito das dificuldades financeiras no curto prazo".[37] Mannheimer explicou, no entanto, que os bancos holandeses ainda estavam digerindo um empréstimo de 155 milhões de florins para consolidar a dívida da França. Majoritariamente holandês e com a participação da Suíça, era um empréstimo essencialmente político, tendo em vista apoiar a preparação da França para a guerra. Era uma prioridade da Holanda, explicou Mannheimer, e todos os bancos tinham aceitado participar por motivos de segurança nacional. Ele próprio, um judeu exilado da Alemanha, era um forte apoiador do plano. Esse atraso era problemático. Prebisch ficou desapontado e pressionou por uma solução. Porém, Mannheimer morreu de forma inesperada em 10 de agosto, e a proposta de empréstimo para a Argentina foi engavetada. No dia 21 Prebisch apertou novamente os controles de importações, introduzindo um sistema de autorizações especiais, em nova tentativa de equilibrar a conta de comércio e deter a drenagem de ouro e de reservas cambiais da Argentina, penosamente acumuladas durante a Grande Depressão. Um artigo em *La Nacion* explicou as circunstâncias que exigiam essa política de ajuste nas importações e nos pagamentos, acrescentando que "o país está longe de adotar a perigosa doutrina da autarquia".[38]

A decisão da Argentina passou despercebida, pois o aprofundamento da crise polonesa absorvia a atenção das grandes potências. Em 23 de agosto, o surpreendente acordo entre Stalin e Hitler para compartilhar esferas de influência no Leste Europeu abriu o caminho para a invasão alemã da Polônia. Quando o Exército polonês desmoronou, a Inglaterra e a França foram forçadas a agir. O ultimato a Adolf Hitler e a subsequente declaração conjunta de guerra, em 3 de setembro, confrontou o mundo com uma realidade de um segundo conflito europeu em 22 anos. O grande jogo tinha começado.

A invasão da Polônia transformou totalmente o cenário financeiro europeu. A vitória fácil sobre o Exército polonês não foi uma grande surpresa depois do pacto germano-soviético, e isso deixou Hitler livre para lançar suas forças em direção ao *front* ocidental. Ameaçados, os governos da Europa Ocidental concentraram-se na mobilização para a guerra. Os bancos privados da Holanda garantiram à legação argentina que estavam prontos para levar seu dinheiro para locais seguros, comprando títulos do Tesouro argentino, mas o governo holandês negou-se categoricamente a autorizar que seu Banco Central permitisse a exportação de capital. A Holanda destinava 2 milhões de florins por dia à defesa. A Inglaterra investia cada libra disponível, perfazendo o total de 6 milhões de libras esterlinas por dia. Qualquer banco europeu que subscrevesse um empréstimo para a Argentina nessas circunstâncias seria rotulado de traidor pelos governos e a opinião pública. O ouro fluía como um rio para os Estados Unidos conforme a Europa pedia emprestado até o limite e a qualquer custo. A situação na Europa, em suma, incentivava a fuga de capitais para o Novo Mundo, mas enquanto durasse a guerra o continente estaria fechado como fonte de empréstimos. Nova York era a única alternativa, o centro financeiro do mundo.

Brebbia escreveu a Prebisch recomendando precaução. O choque da rápida vitória nazista contra a Polônia e a divisão desse país quando as forças soviéticas o invadiram a partir do leste liquidaram a década de 1930 de forma tão definitiva como 1914 havia terminado com o século XIX. O "problema alemão" não havia sido resolvido com a Primeira Guerra Mundial. Ainda cobraria um preço muito maior aos povos europeus e ao sistema internacional. Na periferia de Buenos Aires, tão distante mas tão vinculada à Europa por laços pessoais, bandeiras negras saudaram a volta da guerra e a nova década.

CAPÍTULO 6

Abertura para Washington

Previstas e temidas durante muito tempo, a crise polonesa e a deflagração da guerra na Europa não foram tão traumáticas para a Argentina como se esperava. Buenos Aires permanecia muito interessada no Torneio das Nações que estava em curso no Teatro Politeama, a final internacional de xadrez que tinha trazido até a cidade grandes mestres de todo o mundo, inclusive europeus e soviéticos. Apesar dos nacionalismos conflitantes e das convocações dos governos, o campeonato seguiu adiante. No final, o país do grande mestre polonês Mieczyslav Najdorf deixara de existir, levando-o a solicitar residência permanente na Argentina com o nome de Miguel.

Mas o avanço da Alemanha sobre a Polônia logo criou um pânico financeiro, levando a uma retirada maciça de recursos do mercado de ações de Buenos Aires e dos títulos argentinos. Foi necessária uma ação decisiva do Banco Central para estabilizar os mercados, com o anúncio de que compraria todos os títulos vendidos por investidores nervosos e vincularia o valor do peso à libra esterlina. No final do mês tudo estava calmo de novo. A pressão sobre o peso desapareceu quando o fim da guerra germano-polonesa restaurou um instável interlúdio diplomático na Europa.

Prebisch apostara em que a confiança nacional e internacional na economia argentina se recomporia rapidamente se a mão forte do Banco Central fosse vista em ação. Os acontecimentos de 1939 provaram que ele estava certo. Investidores foram atraídos pela força de longo prazo da Argentina, uma democracia estável e próspera, afastada das guerras europeias, dotada de instituições financeiras fortes e capazes de se ajustar aos choques externos. O capital europeu descobriu que havia ali um porto seguro. De 11 a 20 de setembro o Banco Central monitorou a entrada desse capital e, para amortecer seu impacto, ajustou a taxa de câmbio diariamente em relação à libra esterlina, fixando-a, por fim, em 17 pesos por libra, com uma taxa mais alta, de 15 pesos por libra, para algumas categorias de importações. Em 4 de dezembro Raúl sentiu-se suficientemente seguro para lançar uma oferta de títulos no valor de 150 milhões de pesos, tendo em vista financiar um importante programa de obras públicas. Ela foi aceita imediatamente, outro sinal de confiança na moeda argentina e de reconhecimento do prestígio do Banco Central na comunidade financeira internacional. Amigos e críticos aplaudiram a maneira como Prebisch lidou com a emergência em setembro de 1939.

O efeito mais imediato da guerra foi reduzir o comércio com a Alemanha. Assim como Roosevelt em Washington, o presidente Roberto Ortiz anunciou uma política de neutralidade e de manutenção das relações comerciais, mas os esforços alemães para proteger seus embarques não deram bom resultado, pois seus navios foram rapidamente varridos dos oceanos pela Marinha britânica, muito superior. Nas cercanias de Buenos Aires ocorreu uma clara demonstração da fraqueza alemã, quando o navio de guerra *Graf Spee* foi encurralado pelos ingleses no rio da Prata e sua tripulação optou por afundá-lo no porto de Montevidéu em dezembro de 1939. A perda do comércio com a Alemanha não era um grande problema, pois ele tinha declinado em mais de 50% desde 1933, quando Adolf Hitler subiu ao poder. Em 1939, correspondia a apenas 5% das exportações e importações argentinas. O acordo econômico Alemanha-Argentina, de 1934, permitia que cada país vendesse ao outro tanto quanto comprasse, mas não mais do que isso. As exportações de carne resfriada para a Alemanha haviam sido suspensas, apesar de Berlim ter concordado em receber a quota simbólica de 25 mil toneladas em 1935. O declínio nas exportações argentinas para a Alemanha foi compensado pelo aumento dos pedidos da Inglaterra e da Europa Ocidental quando as forças aliadas se juntaram. Na verdade, a deflagração da guerra trouxe um bônus inesperado: 90 mil toneladas de mercadorias compradas pelos alemães ficaram abandonadas nos portos argentinos e foram vendidas a preço de liquidação para a nova marinha mercante do país.

Depois de se ajustar ao início da guerra, a Argentina teve de enfrentar problemas mais complexos, criados pelo conflito na Europa. Não estava claro quanto tempo ele duraria ou se um acordo diplomático seria alcançado. A distância entre a Argentina e os campos de batalha não a protegeria do impacto econômico. O principal problema era a Inglaterra, ainda o maior parceiro comercial e principal fonte de investimentos (quatro vezes maiores que os dos Estados Unidos). Em outubro, a Inglaterra anunciou que não poderia pagar as importações de carne e de grãos em libras esterlinas. Esse bloqueio da conta bilateral em libras era um problema muito mais sério para a Argentina do que a perda do comércio com a Alemanha, pois congelava sua fonte primária de divisas. Um superávit em libras ficaria acumulado até o final da guerra, criando um déficit na relação da Argentina com os Estados Unidos. O resultado foi um dilema para o Banco Central argentino na área de câmbio. Apesar de os ingleses só estarem adiando os pagamentos para o fim da guerra, quando então poderiam retomar normalmente suas transações comerciais, os produtores argentinos não se sentiam consolados em ver acumular uma conta enorme mas inacessível, pois necessitavam de dinheiro para sobreviver. Além disso, o país precisava pagar suas importações dos Estados Unidos em moeda conversível. Antes de 1939 o déficit nesse comércio era contrabalançado pelo superávit comercial com a Inglaterra, mas o bloqueio da conta em libras criava um desequilíbrio que ameaçava a estabilidade da Argentina no longo prazo. O país precisava continuar a importar dos Estados Unidos, mas não podia mais pagar por isso.

Prebisch liderou a equipe que tentou solucionar o problema. Como ocorrera nas negociações Roca-Runciman, os ingleses buscavam ficar em vantagem, por mais desesperados que estivessem. O novo acordo foi imposto de maneira unilateral. Essa experiência humilhante acabou de vez com a paciência de Prebisch e deixou-o determinado a buscar uma alternativa a uma dependência da qual os ingleses continuavam a abusar. O Tratado Roca-Runciman expiraria em 25 de janeiro de 1940, mas era óbvio que Londres tentaria e conseguiria renová-lo. Nesse ínterim, como uma boa colônia, a Argentina continuaria a efetuar o pagamento de sua dívida pendente com a Inglaterra, como a embaixada britânica reafirmava. "A Grã-Bretanha usa a ameaça das importações de carne para preservar seu *status* preferencial", relatou a embaixada americana a Cordell Hull, secretário de Estado.[1] O objetivo, é claro, era forçar a Argentina a tomar dinheiro emprestado dos Estados Unidos para compensar o bloqueio das libras esterlinas, transferindo esses créditos para a Inglaterra como bônus de guerra.

Washington tornou-se a chave para qualquer solução. Empréstimos internacionais poderiam retardar a crise, mas não resolveriam o problema estrutural criado pela guerra. Era necessário negociar um novo acordo comercial, mas a questão de longo prazo dizia respeito ao futuro da Inglaterra como âncora econômica da Argentina. Apesar de Londres garantir o pagamento no futuro, o congelamento assinalava seu declínio como potência. O antigo império estava ameaçado, não era mais suficientemente poderoso para se preparar para a batalha com a Alemanha e ao mesmo tempo manter seus compromissos internacionais. A Argentina estava presa a uma grande potência em declínio, enquanto os Estados Unidos emergiam como o novo líder mundial. Por mais que Buenos Aires pudesse se ressentir das pretensões napoleônicas da Doutrina Monroe, tinha de reconhecer o início de uma nova ordem internacional e se ajustar à realidade geopolítica. A orientação tradicional da política externa argentina era perpetuar uma relação triangular com a Inglaterra e os Estados Unidos, mantendo esses polos opostos em equilíbrio para preservar sua autonomia e seus interesses no Atlântico Sul. Os novos acontecimentos na Europa fizeram esse conceito caducar: os Estados Unidos seriam o novo centro global de finanças, comércio e tecnologia, quer a América Latina gostasse, quer não, e todo o Atlântico estaria em sua órbita. O desafio da Argentina era enfrentar essa situação em condições favoráveis, sem reproduzir a mesma dependência.

Logo ficou claro que era tão difícil lidar com Washington quanto com Londres. Não se sabia o que era pior, a superioridade pretensiosa dos americanos ou a arrogância complacente dos ingleses. Após o colapso britânico, o governo Ortiz deu a Prebisch a tarefa de negociar um acordo com os Estados Unidos para reduzir barreiras e expandir o comércio bilateral, compensando assim o bloqueio das contas em libra esterlina. O desequilíbrio nas transações entre Argentina e Estados Unidos em 1939 era insustentável: 130 milhões de pesos. Raúl fracassou completamente, como já ocorrera na relação com os ingleses. Em 8 de janeiro de 1940, para deleite da imprensa alemã, as conversações foram encerradas. O relato do Departamento de Estado sobre esse resultado fala por si, destacando a "incompreensão argentina sobre o caráter e as circunstâncias dos americanos, como mostra sua aparente suposição de que a proposta americana representava uma posição de barganha extrema, de que os pedidos de pressa eram tentativas de pressão e de que o valor das concessões tarifárias era exagerado, além da decepção diante da incapacidade de os Estados Unidos melhorarem sua oferta, especialmente no que se refere a quotas alfandegárias sobre dois produtos importantes".[2] Em linguagem clara, isso significava um ultimato à Argentina para que capitulasse ou fosse embora de mãos abanando. Prebisch escolheu a segunda opção. As expectativas argentinas de conseguir um acordo eram altas, de modo que o fracasso produziu uma reação violenta, mas Washington não sentia necessidade de olhar além da política interna. Os americanos rejeitavam em princípio o conceito de "vender tanto quanto se possa comprar". Além disso, em 1940 a administração Roosevelt enfrentava uma campanha para a reeleição e não estava disposta a contrariar interesses agrícolas domésticos que reclamavam proteção.[3]

O dilema da Argentina permaneceu sem solução enquanto a guerra se estendia pelo inverno. A situação na Europa continuava incerta em 1940, e todos os países esperavam pelo próximo passo. O ataque de Stalin à Finlândia em novembro de 1939 e a subsequente decisão da Liga das Nações de expulsar a União Soviética desviaram o foco da atenção na Alemanha. O Leste Europeu se estabilizou após a queda da Polônia, e o *front* ocidental continuou calmo. Prebisch racionalizou as restrições às importações para lidar com um déficit crescente de divisas, apertando o controle sobre produtos de luxo e facilitando o andamento dos processos para aprovar produtos essenciais no departamento de controle cambial do banco. A confiança dos investidores, tanto estrangeiros quanto locais, permaneceu forte. No início de maio de 1940, Prebisch lançou outra emissão de títulos no valor de 150 milhões de pesos e obteve pleno sucesso logo no primeiro dia.

A tensão cresceu em abril com a ocupação da Noruega e da Dinamarca por Hitler. As forças alemãs e aliadas concentraram-se, em posições opostas, ao longo da fronteira francesa. Em 10 de maio o Exército alemão lançou um ataque geral à França através da Bélgica, ocupando Paris em 13 de junho e forçando o governo francês a capitular uma semana depois. O equilíbrio de poder europeu fora desfeito, com a própria Inglaterra sob perigo de ataque iminente. A Itália entrou na guerra do lado da Alemanha, deixando a Inglaterra e o Canadá sozinhos contra um Hitler triunfante, que controlava a Europa Ocidental e tinha um *front* oriental tranquilo graças ao pacto germano-soviético. A população argentina ficou perplexa quando os exércitos da França e da Inglaterra se desintegraram em apenas seis semanas, com os ingleses fugindo de Dunquerque, deixando armas e equipamento pesado para os alemães. O colapso da Europa Ocidental afetou diretamente os amigos e familiares de Raúl e Adelita, principalmente a irmã dela, que agora estava sob ocupação alemã na Holanda. René Berger havia voltado para a América do Sul em 1939, mas os outros amigos franceses de Raúl estavam encurralados ou no exílio. Carlos, irmão de Adelita, encontrava-se a salvo na Suíça, e Brebbia também tinha se mudado da Holanda para Berna, de onde continuava a enviar relatórios sobre a situação europeia para o Ministério das Relações Exteriores.

Pela primeira vez a ameaça nazista tornou-se algo próximo, que não afetava apenas o Velho Mundo. A política externa alemã para a América do Sul confirmou essa percepção. Confiante em obter novas vitórias e aplaudido por simpatizantes locais como os jornais *El Pampero* e *El Cabildo*, Hitler prometeu retomar o comércio com a Argentina em outubro, depois de submeter a Inglaterra, criando no mercado de capitais em Buenos Aires uma rodada de pânico comparável à de setembro de 1939. Mais uma vez, a confiança e a calma foram restabelecidas pela ação rápida e firme do Banco Central, que se apresentou para comprar todos os papéis colocados à venda. Mas agora havia na guerra muito mais coisas em jogo para a Argentina. As vitórias alemãs significavam que o mundo tinha mudado radicalmente. A sobrevivência do que restava das forças aliadas – para não falar em vitória – dependia dos Estados Unidos.

Raúl ficou dividido quanto ao caminho a seguir. Sua educação jesuíta em Tucumán o tinha tornado um francófilo. Conhecia Washington, mas continuava a considerar Paris como o centro da cultura. Por formação e preferências, a Europa Ocidental era mais amigável para ele do que os Estados Unidos, um país arrogante e pretensioso, onde os políticos exigiam que todos praticassem o livre-comércio, menos os grupos de interesse que eles representavam, e insistiam em pregar direitos humanos ao mundo enquanto mantinham a discriminação racial no próprio país. Porém, sendo um realista, Prebisch foi atraído para Washington depois que a Europa Ocidental que conhecia deixou de existir. Abominava o racismo nazista. A imprensa pró-nazista na Argentina criticava ruidosamente os economistas judeus que ele tinha contratado para o Banco Central e expressava suspeitas de que ele próprio podia ter um histórico familiar duvidoso. Ele temia a ascensão de grupos fascistas, com sua capacidade de se apropriar da bandeira nacionalista. Durante a década de 1930 mantivera-se como um tecnocrata apolítico, dedicado a servir ao país, apesar de trabalhar em um Estado corrupto. Após a queda da Europa Ocidental, teria de fazer novas escolhas. Os Estados Unidos eram a chave para a vitória aliada, muito superiores quando comparados com qualquer alternativa. Outro fator ressaltava a crescente atratividade dos Estados Unidos em relação a uma Inglaterra em declínio: a forma como Londres bloqueara os pagamentos em libras esterlinas explicitava a "pérfida Albion" para Prebisch, enquanto os americanos pareciam mais abertos a novas ideias e abordagens. Lembrava-se do encontro com o professor Williams, que em 1934 integrou uma missão norte-americana a Buenos Aires para examinar o controle de preços e de taxas de câmbio. Que agradável experiência tinha sido! Williams, diferentemente de Niemeyer, era tão bom ouvinte quanto orador e conseguiu entender as condições que tinham levado a Argentina a adotar novas políticas depois de 1930.

As relações externas do país precisavam ser alteradas. O presidente Ortiz compreendeu claramente que os Estados Unidos deviam passar de adversários a parceiros privilegiados nas Américas. Estava, porém, muito doente, e seu governo estava moribundo. Era o pior momento para uma crise de sucessão na capital. Raúl achava que o vice-presidente Ramon S. Castillo não conseguiria manter a coalizão que apoiava Ortiz. Quatro dias depois da queda de Paris e diante de uma paralisia governamental cada vez maior, Prebisch começou a agir, estabelecendo uma ligação direta com a embaixada americana em Buenos Aires. Em 17 de junho de 1940 encontrou-se em sigilo com representantes da embaixada para informá-los da precária situação econômica e financeira da Argentina e sugerir um novo começo nas relações entre os dois países. Ele informou Pinedo e o dr. Groppo, ministro da Fazenda, mas na conversa com os americanos deixou claro que a visita ocorria por fora dos canais oficiais do Ministério das Relações Exteriores e sem autorização presidencial. Ele a negaria se a notícia vazasse. Na verdade, duvidava da confiabilidade do pessoal do ministério, sugerindo ao embaixador americano Armour que convidasse um especialista para visitar Buenos Aires quanto antes para avaliar a situação. Apelou para um recomeço nas relações entre os dois países, observando que "o governo argentino estava mais favorável aos Estados Unidos, país com o qual tinha mais acordo sobre a situação europeia que com qualquer outra república americana".[4] Depois da queda da França, dizia Raúl, a Argentina só via duas alternativas: restringir o comércio com a Inglaterra e os Estados Unidos, enfraquecendo o apoio aos aliados em um momento em que os alemães vitoriosos tinham melhorado substancialmente sua credibilidade em Buenos Aires, ou manter os embarques de alimentos para a Inglaterra e as importações dos Estados Unidos, pedindo empréstimos a bancos comerciais até esgotar o crédito disponível. Nenhuma dessas opções era compatível com os interesses norte-americanos e ocidentais. A primeira minaria o papel vital da Argentina no esforço de guerra britânico, enquanto a segunda abriria a possibilidade de a Alemanha irromper no *front* americano.[5]

Prebisch sugeria uma terceira opção: um plano de recuperação nacional que fomentasse a criação de uma forte economia industrial, junto com uma aproximação aos Estados Unidos no comércio e na política externa. O resultado seria um ponto de inflexão na economia e um entendimento entre os dois países, tendo em vista solidificar as relações no hemisfério Ocidental em face da ame nazista. A Argentina, a economia mais forte da América do Sul, se torn parceiro-chave dos Estados Unidos no continente, fazendo um acord Canadá e mantendo no após-guerra a mesma rede de comércio e as me vantagens. O recomeço exigiria um pacote de medidas de apoio norte-americ nas, que incluiria um empréstimo do Eximbank, um empréstimo adicional para cobrir o déficit criado com a perda de mercados europeus e a abertura de mercados norte-americanos não apenas para exportações agrícolas, mas também para novos produtos que substituiriam os dos fornecedores europeus em guerra.

O papel de liderança *de facto* de Prebisch manteve-se quando a saúde do presidente piorou. Ortiz não conseguia mais trabalhar. Os ministros prepararam-se para renunciar assim que ele deixasse a capital. Em 28 de junho de 1940 Prebisch escreveu um longo artigo em *La Nacion* no qual esboçava uma nova política nacional para promover a recuperação econômica e o desenvolvimento industrial. Nesse ínterim, continuou as conversações com a embaixada americana para trazer Lee Pierson, presidente do Eximbank, a Buenos Aires para iniciar negociações com o Banco Central. Sua equipe começou a redigir um novo plano de recuperação nacional.[6]

A autoridade do governo foi finalmente restaurada em 4 de julho, quando Ortiz se retirou para Mar del Plata e o vice-presidente Ramon S. Castillo foi elevado a chefe do governo em exercício, organizando um novo ministério. Ortiz tinha sido favorável aos Aliados a ponto de retirar o apoio do governo à Legião Cívica. Esperava-se que Castillo, ao escolher os ministros, tentasse se distanciar do predecessor. Em vez disso, Castillo mostrou-se mais aberto ao desenvolvimento industrial do que Ortiz. As surpreendentes nomeações de Federico Pinedo para a Fazenda e de Julio A. Roca para as Relações Exteriores emitiram um claro sinal de continuidade. Pinedo mudara de ideia e agora reconhecia a necessidade de uma orientação favorável aos Estados Unidos. Raúl mantinha contato com ele desde que tinham trabalhado juntos em 1934-1935 e ficou muito feliz com as duas nomeações, pois esperava que Roca também apoiasse a abertura a Washington e ao Brasil. Pinedo tinha as habilidades necessárias para conseguir que o Plano de Recuperação Nacional avançasse no ministério e no Congresso.

O plano foi redigido pela equipe de Raúl, principalmente por ele mesmo, Malaccorto e Guillermo Klein, mas ficou conhecido como Plano Pinedo, por seu papel ministerial. Isso era irrelevante, pois o ministro endossava a proposta principal, particularmente o abandono do conceito de "triângulo atlântico", e reconhecia o poder dos Estados Unidos no hemisfério. Tratava-se de um plano ousado para promover a indústria argentina, com uma perspectiva de longo prazo para afirmar a liderança do país no Cone Sul.[7] O governo propunha a criação de um novo banco de crédito industrial para promover a industrialização, atendendo à demanda de longa data da União Industrial Argentina, de Luis Colombo, e reconhecendo que a Argentina tinha de fortalecer o crescimento com novos instrumentos estatais e privados. Tomando emprestado o slogan francês "Se a construção civil vai bem, a economia vai bem", o plano também propunha um grande programa de habitação para a classe baixa e média, tendo em vista estimular o emprego e o mercado local de material de construção; seriam criadas 210 mil vagas. Também se comprometia a apoiar a agricultura com um novo organismo estatal que compraria produtos agrícolas encalhados, os venderia no exterior e usaria os lucros resultantes para importar produtos industriais. O Banco Central financiaria o esquema, expandindo o crédito e emitindo títulos do governo aos bancos comerciais com juros 2% acima da taxa vigente para cadernetas de poupança. Cada um dos principais setores – agrário, industrial e urbano – obteria algo positivo: as empresas elogiaram o apoio à industrialização, o público apoiou a criação de empregos e os nacionalistas viram nele um plano inteligente para obter a propriedade de ferrovias inglesas que operavam na Argentina, usando como sinal a conta em libras esterlinas retida em Londres e pagando o restante no prazo de sessenta anos. Pinedo defendia o plano como social-conservador, argumentando que "uma economia sólida e uma estrutura social baseada no bem-estar geral e na justiça são tão importantes para a defesa quanto um Exército bem equipado".[8]

O Plano Pinedo também considerava essencial o impulso do comércio internacional, mas apresentava uma perspectiva nova para a Argentina. Não pretendia promover a indústria nacional a qualquer preço. Propunha uma estratégia de desenvolvimento que visava à competitividade das exportações nos mercados dos Estados Unidos e do Cone Sul para se proteger de indústrias "artificiais" que seriam varridas quando a guerra terminasse. O argumento decorria do que os autores chamavam de dilema "das três rodas" da política comercial argentina, as três rodas representando os mercados do Reino Unido, dos Estados Unidos e dos países vizinhos. A primeira roda tinha quebrado com a guerra e o bloqueio da conta em libras esterlinas. Isso significava que a Argentina teria de reorientar sua economia para os mercados norte-americano e brasileiro. Mas para conseguir isso em bases permanentes ela deveria produzir e exportar bens de qualidade, começando com produtos agrícolas não tradicionais mas chegando a produtos com valor agregado que substituiriam permanentemente os antigos fornecedores europeus banidos das Américas pela guerra. Os ingleses, é claro, não ficaram contentes com o enfraquecimento de sua influência na região, e por isso a embaixada culpou "forças políticas irresponsáveis" pelo Plano Pinedo. Prebisch e Pinedo, por tanto tempo acusados de anglófilos pela imprensa popular em Buenos Aires, agora eram apontados pelos ingleses como "radicais".[9]

Como o sucesso do Plano de Recuperação Nacional dependia da construção de novas relações com os Estados Unidos e o Brasil, Pinedo, Roca e Prebisch trabalharam juntos durante o inverno e a primavera para lançar as bases diplomáticas de missões aos dois países. Dada a proximidade geográfica, os três viajariam juntos ao Rio, mas em 24 de setembro Pinedo nomeou Prebisch para a chefia da delegação a Washington. A aproximação das eleições presidenciais nos Estados Unidos provocou o adiamento da missão até a reeleição de Franklin Delano Roosevelt em 4 de novembro de 1940.

Assim, a primeira visita foi ao Brasil, rival histórico da Argentina na América do Sul. Oswaldo Aranha, ministro brasileiro das Relações Exteriores, recebeu bem a sugestão de uma reunião bilateral, e o presidente Getúlio Vargas convidou os representantes argentinos para uma grande conferência a ser realizada de 3 a 6 de outubro no Rio de Janeiro. Era o momento propício para quebrar o longo legado de discórdia e abrir uma nova era de cooperação. Relações bilaterais haviam sido fortalecidas após 1930 pela ação dos presidentes Vargas e Justo, e a nomeação do coronel José M. Sarobe como adido militar da Argentina no Rio contribuíra para diminuir a desconfiança histórica entre os dois exércitos. A Grande Depressão e o começo da guerra em 1939 deram novo impulso à cooperação regional, pois Argentina e Brasil precisavam expandir seus mercados. Durante a Depressão, ambos tinham criado barreiras tarifárias um contra o outro; agora a Europa estava em guerra e ambos dependiam dos Estados Unidos. Era a hora de explorar um mercado regional mais amplo. Em uma conferência interamericana em Havana em 1940, as delegações brasileira e argentina tinham concordado em discutir uma nova iniciativa comercial à luz da emergência causada pela guerra. O Plano Pinedo reviveu o antigo sonho de formar um mercado comum na bacia do Prata, ancorado no Brasil e na Argentina mas incluindo Uruguai, Paraguai e, se possível, Chile, de modo a pôr fim a rivalidades e criar um bloco sul-americano na economia mundial.[10] Havia muito tempo Pinedo era favorável à integração, mas Prebisch tomou a iniciativa em 1940. Em vez de a Argentina e o Brasil duplicarem indústrias para atender mercados locais, eles deveriam promover uma especialização setorial para atingir o mercado regional. Fundamentalmente, o Plano Pinedo buscava reativar a economia e expandir o comércio para áreas "sem dólar", como a América do Sul, além das áreas "de libra esterlina" e "de câmbio transferível".

A Conferência Econômica Brasil-Argentina foi aberta por Oswaldo Aranha em 3 de outubro, reunindo líderes políticos e econômicos importantes de ambos os países. As respectivas câmaras de comércio também participaram, assim como os dois principais economistas brasileiros, Octávio Bulhões e Eugenio Gudin, do Ministério da Fazenda. Em uma reunião particular com Prebisch, Roca e Pinedo, o presidente Vargas enfatizou o apoio à construção de um grande mercado regional. "No lugar da chamada Doutrina Monroe", observou Sousa Costa, ministro da Fazenda brasileiro, "propomos uma nova era para as novas circunstâncias: cooperação econômica continental sem prejudicar o direito de qualquer país das Américas de administrar seus negócios internos de acordo com suas necessidades."[11]

O conceito subjacente era um acordo de livre-comércio que começaria com acordos setoriais em torno do trigo e dos têxteis para se tornar cada vez mais abrangente, passo a passo, conforme a integração regional se aprofundasse. Dado o estágio inicial da industrialização em ambos os países, parecia o momento certo para determinar as vantagens comparativas setoriais, chegar a um acordo sobre prioridades e construir indústrias capazes de produzir para um mercado regional combinado. A alternativa a isso era considerar cada economia como um compartimento estanque, protegido por estratégias de substituição de importações. Exemplos dos benefícios da cooperação regional foram logo identificados. O Brasil plantava trigo por causa de seu persistente déficit comercial com a Argentina, mas era mais avançado em certos produtos têxteis; portanto, concordou em ampliar as importações de trigo da Argentina em troca de vender têxteis no valor de 30 milhões de pesos. Como salvaguarda, as duas partes concordaram que uma paridade comercial razoável deveria ser mantida conforme o processo de integração se aprofundasse, mas endossaram a ideia de especialização setorial regional para construir indústrias capazes de exportar através da fronteira.

A formação de um bloco comercial Brasil-Argentina poderia representar uma revolução diplomática na América do Sul. A Conferência do Rio assinalou um recomeço histórico, e ambos os lados entenderam o desafio a ser enfrentado para realizar esse sonho. A aproximação Brasil-Argentina continuava frágil. Como nenhum dos dois países dispunha de indústria de aço ou de bens de capital, ambos viam os Estados Unidos e o Reino Unido como os principais parceiros para desenvolver suas economias. Mesmo assim, Aranha e Roca fixaram a meta de chegar a um tratado de livre-comércio aberto aos países vizinhos, considerando-o um passo rumo a uma união alfandegária regional. Em um parágrafo especial, os dois países também apoiavam um espírito de pan-americanismo, concordando que o Uruguai e o Paraguai deveriam ser incluídos em um acordo comercial do Cone Sul e que a participação do Chile era uma possibilidade a ser estudada. Para afastar suspeitas de exclusão, Prebisch enviara uma equipe a Santiago, chefiada por Alizon Garcia, funcionário do Banco Central, para dar informações sobre a Conferência do Rio. Os dois grandes países tentaram acalmar os temores dos vizinhos menores. Em 14 de dezembro, Julio Roca encontrou Alberto Guani, ministro das Relações Exteriores do Uruguai, na cidade fronteiriça de Colônia para endossar o livre-comércio regional e estabelecer uma comissão econômica ministerial conjunta. Todos os governos concordaram em participar da Conferência da Bacia do Prata a ser realizada de 27 de janeiro a 6 de fevereiro de 1941 com delegações de Uruguai, Paraguai, Bolívia, Argentina e Brasil para dar os primeiros passos rumo a uma integração regional e estabelecer uma secretaria para esse fim em Buenos Aires.

O acordo do Rio abriu caminho para a missão de Prebisch em Washington. Embora os Estados Unidos criticassem a perspectiva de um acordo de livre-comércio ou uma união alfandegária na América do Sul como uma violação potencial do princípio da nação mais favorecida, o protesto foi surpreendentemente fraco. Prebisch e Aranha argumentaram que uma cooperação comercial aperfeiçoada fortaleceria as economias sul-americanas e deveria ser apoiada diante da ameaça nazista. Um comunicado de imprensa emitido por Sumner Welles durante a Conferência do Rio dizia que os Estados Unidos viam com reservas pactos regionais de livre-comércio, mas poderiam aceitar um acordo no Cone Sul. Pinedo respondeu: "Espera-se que o entendimento humano não tenha ficado totalmente cego à criação de novas formas de convivência."[12] Na véspera da partida de Prebisch para Washington, a Argentina tinha obtido um êxito diplomático que fortalecia sua posição nas conversações com representantes dos Estados Unidos.

Prebisch chegou à capital americana em 8 de novembro de 1940, na primeira delegação estrangeira que se encontrou com o presidente Roosevelt após sua reeleição. A agenda tinha sido montada em estreita cooperação com funcionários da embaixada americana em Buenos Aires, principalmente com o secretário Christian Ravndal, que acompanhou a viagem. Prebisch preparou um relatório detalhado, que ficaria conhecido em Washington como Memorando Prebisch, expondo como a guerra deixara a Argentina em situação difícil e ressaltando a necessidade de um acordo bilateral comparável aos que os Estados Unidos haviam estabelecido com a China e a Inglaterra, tendo em vista uma "relação especial" entre os dois países. O objetivo oficial da Missão Prebisch era buscar financiamento do governo americano e do Eximbank para enfrentar a difícil crise cambial, mas a meta subjacente era alcançar um programa mais amplo de cooperação econômica e política. Após uma década de lutas acirradas, a Argentina e os Estados Unidos viviam um momento marcante em suas relações, com a possibilidade de estabelecer uma aliança. Com a Alemanha ameaçando a Inglaterra e com a Europa Ocidental sob controle nazista, os dois países tinham algo em comum e precisavam um do outro. Os Estados Unidos eram a âncora da América do Norte, e a Argentina era a potência mais forte da América do Sul. Eram parceiros óbvios, que pagavam suas dívidas e mereciam mais reconhecimento por seu bom comportamento. Relata-se que Pinedo perguntou: "Por que os Estados Unidos não encaram os fatos e mudam sua política, passando a dar preferência às Américas?"[13] O objetivo da missão Prebisch, portanto, era forjar um programa financeiro, econômico e comercial de longo alcance para diminuir a dependência da Argentina em relação à Europa, inclusive com sondagens iniciais sobre uma possível área de livre-comércio do hemisfério Ocidental ou mesmo uma união alfandegária abrangendo as Américas, do Canadá à Patagônia. Durante a visita de Raúl aos Estados Unidos, o presidente Ortiz afirmou seu apoio pessoal à solidariedade do hemisfério Ocidental, apelando em 20 de novembro para um programa amplo de cooperação nas Américas "para estabelecer sua defesa contra perigos estrangeiros".[14]

Prebisch estava acompanhado por Eduardo Grumbach, especialista em câmbio, e Roberto Verrier, chefe do departamento de pesquisas econômicas do Banco Central. Hospedados no Willard Hotel, eles começaram no dia seguinte as conversações com os representantes do Tesouro e do Departamento de Estado, enquanto Adelita visitava o campo de batalha em Gettysburgh. Encontraram-se com Cordell Hull, secretário de Estado, Sumner Welles, secretário adjunto (que servira na embaixada americana em Buenos Aires e falava espanhol), Henry Morgenthau, Harry Dexter White e Daniel W. Bell, do Tesouro, parlamentares e Nelson Rockfeller, que havia sido nomeado coordenador de relações comerciais e culturais. Com a ajuda de Chris Ravndal, Prebisch explicou o Plano de Recuperação Nacional que Pinedo apresentaria ao Congresso em 14 de novembro. Esclareceu o programa de desenvolvimento industrial proposto, tentando amenizar os temores norte-americanos com o protecionismo e ressaltar que a melhora das relações comerciais entre os dois países permitiria ao Banco Central suspender as restrições às importações. O Memorando Prebisch reiterava a solicitação de crédito por parte do governo argentino.

Uma economia argentina mais forte ajudaria o esforço de guerra da Inglaterra. Prebisch também usou o argumento da segurança alimentar para defender uma relação econômica especial entre os dois países. Os representantes ingleses reuniram-se com norte-americanos e argentinos para discutir planos, mas era evidente que estavam incomodados com a missão de Prebisch em Washington e o conceito de uma ligação hemisférica especial. Sabiam que isso se daria às custas deles. Um empréstimo dos Estados Unidos e o apoio do Eximbank à Argentina não seriam apenas algo "pouco ortodoxo do ponto de vista financeiro", como se queixavam em Londres, mas também dariam aos Estados Unidos uma vantagem no Cone Sul, retirando a capacidade de competição da Inglaterra.

A conexão inglesa foi o principal assunto da entrevista que Felipe Espil, embaixador da Argentina, conseguiu agendar entre Prebisch e o presidente Roosevelt. Previa-se uma visita de apenas três minutos, mas Roosevelt reteve Prebisch por uma hora (Raúl levantou-se várias vezes, diante de sinais mal interpretados de que seu tempo estava esgotado), impressionando-o com seu carisma, a cordialidade e o porte aristocrático. Roosevelt queria falar sobre o interesse mútuo dos Estados Unidos e da Argentina em limitar o poder inglês no hemisfério Ocidental. Meses antes ele trocara as últimas bases britânicas no Caribe e no Atlântico por cinquenta velhos destróieres, em um acordo de lealdade questionável, e agora apoiava a ameaça argentina, contida no Plano Pinedo, de nacionalizar as ferrovias inglesas. "Eles têm de concordar para salvar a pele", concluiu, observando que as ferrovias de propriedade inglesa na América do Sul eram mal administradas. Porém, também advertiu Prebisch de que ferrovias eram um investimento ruim, como sua própria família sabia bem.[15]

Prebisch informou aos Estados Unidos que o Plano Pinedo também incluía a criação da Companhia Argentina de Promoção de Intercâmbio (Capi), aprovada em 29 de novembro mas ainda não anunciada, à espera das conversações com os Estados Unidos.[16] A proposta da Capi precedeu a posse de Pinedo como ministro. Prebisch debatera o assunto com a embaixada dois meses antes, mas queria colocar a iniciativa na agenda em Washington. A ideia surgira depois de o Banco Central ter sido criticado por importadores por restringir licenças de importação para produtos norte-americanos. Raúl explicara que antes de tudo a Argentina precisava de produtos essenciais, mas se os Estados Unidos importassem manufaturados argentinos o Banco Central reconsideraria sua política, estabelecendo um programa que vincularia as vendas argentinas a compras de produtos americanos.[17] Ravndal apoiou o plano para ajudar a resolver o crescente déficit comercial da Argentina e estimulou Cordell Hull a aceitá-lo também. Em sua descrição, a nova Companhia de Promoção do Intercâmbio pretendia "conquistar o mercado americano para artigos novos no comércio de exportação da Argentina, mas velhos no comércio mundial", substituindo exportadores franceses, italianos, poloneses e tchecos, excluídos pela guerra na Europa. Essas áreas incluiriam queijo, presunto, vinhos e produtos de couro, mas outros artigos de exportação novos e imprevistos também poderiam ser incluídos graças a novas formas de cooperação entre os setores privado e público.[18] Prebisch dizia que "exportar não é papel do governo", mas insistia em que "o governo deve se preocupar em criar condições favoráveis para as exportações". Ele não sabia se isso funcionaria, mas "não se justificava apontar obstáculos como uma desculpa para não tentar ficar com uma parte das encomendas que os importadores americanos costumavam fazer à Europa".[19] A ideia central era persuadir os produtores argentinos a não permanecerem presos ao mercado doméstico, dando-lhes acesso às exportações com o direito de usar o mesmo câmbio para importar mercadorias que de outra forma estariam sujeitas a impostos de importação. O Banco Central administraria isso. Empresários norte-americanos como Leo Welch já estavam discutindo como funcionaria uma organização desse tipo. Prebisch esperava encontrar novas abordagens em reuniões com o setor privado em Washington e Nova York, mas acima de tudo queria se assegurar de que os Estados Unidos não retaliariam com impostos para compensar o diferencial de taxas de câmbio na Argentina.

Até 5 de dezembro, Washington tinha concordado com um empréstimo de estabilização de US$ 50 milhões para a Argentina, seguindo as linhas gerais de um contrato semelhante celebrado uma semana antes com a China. Confirmava-se assim uma relação especial com Buenos Aires, única na região, o que tinha uma importância política especial. Nas circunstâncias de guerra, os Estados Unidos estavam dispostos a alterar sua relação com a Argentina. Somado ao crédito de US$ 60 milhões do Eximbank a 4% ao ano, Prebisch poderia voltar para casa com um compromisso total de US$ 110 milhões. Em um enfrentamento de última hora, ele recusou uma exigência do Tesouro dos Estados Unidos de que a Argentina garantisse seu empréstimo com ouro, uma prática habitual na época, argumentando que o país não tinha deixado de pagar suas dívidas nem mesmo durante a Grande Depressão. Sumner Welles interveio para apoiar Raúl. "Você os fez de bobos", confidenciou Ravndal.[20]

A linguagem da Declaração Conjunta Argentina-Estados Unidos de 20 de dezembro de 1940 refletia uma mudança na retórica de ambas as partes, da hostilidade para a cooperação. Começava assim: "Este é um acordo cooperativo entre bons e velhos amigos. As autoridades monetárias dos dois países esperam manter discussões no mesmo espírito amigável durante o próximo ano e esperam que essas conversações possibilitem que ambos os países colham os maiores benefícios possíveis do presente acordo." Henry Morgenthau considerou que o pacto era a "prova prática" de que a política de boa vizinhança era "uma força viva entre as repúblicas americanas".[21] Os artigos publicados na imprensa norte-americana elogiaram "a notável adaptação da Argentina à perda de mercados após a queda da França" e apoiaram o Plano de Recuperação Nacional.[22] A missão de Prebisch e a agradável experiência em Washington tinham mudado a relação bilateral de um modo que não havia sido previsto antes. Washington e a imprensa americana notaram essa transformação após o acordo de dezembro de 1940. A missão tinha sido bem-sucedida em estabelecer um marco para ressuscitar uma relação complicada e mal administrada. O governo Roosevelt prometeu não fazer objeção a acordos de livre-comércio da Argentina com países vizinhos.[23]

Prebisch continuou em Washington até 21 de dezembro, quando foi a Nova York com Adelita para passar os feriados de Natal com Alfredo, o irmão dela que trabalhava na sede da IG Farben nos Estados Unidos. Foram esquiar em Vermont. Alfredo tentou descer pelas pistas, mas Raúl se recusou. Estava mais interessado nas universidades norte-americanas e decidiu entrar em contato com John H. Williams, a quem conhecera pessoalmente em Buenos Aires em 1934. Williams, de Harvard, foi receptivo. Eles se encontraram em Boston e discutiram a possibilidade de complementar a nova abertura bilateral com uma cooperação acadêmica. Como Williams tinha amigos no Federal Reserve, surgiu a ideia de um programa de formação trilateral, em que dois ou três economistas do Banco Central da Argentina seriam selecionados para fazer pós-graduação em Harvard e combinariam esse trabalho teórico com um estágio no Federal Reserve durante as férias de verão. Depois seriam substituídos por outros colegas, em rodízio. O programa resolvia dois problemas de Prebisch. Em primeiro lugar, a qualidade do estudo de economia em Buenos Aires continuava precária. Fora o seu próprio seminário, nada ia além da graduação. Em Harvard, seu pessoal teria acesso a um programa acadêmico de qualidade com um corpo docente que incluía Schumpeter, Haberler, Williams, Hansen, Mason, Harris e Leontieff. Em segundo lugar, a combinação de Harvard com o Federal Reserve fornecia a melhor plataforma para entender a política monetária na era do após-guerra, que se aproximava. A abertura do governo dos Estados Unidos e sua ênfase no talento representavam um impulso que estava ausente em Buenos Aires. Aqui, as ligações entre o setor privado e as universidades era algo bem estabelecido, e as informações eram mais prontamente compartilhadas. Como a Argentina seria cada vez mais afetada pela política dos Estados Unidos, o Banco

Central precisava conhecer melhor as instituições, práticas e personalidades do país. Que melhor maneira de obter isso do que desenvolver um forte vínculo pessoal com as mais destacadas instituições acadêmicas e bancárias dos Estados Unidos? Walter R. Gardner, do Federal Reserve, considerava que Prebisch tinha criado um dos melhores bancos centrais do mundo e concordou imediatamente com o programa trilateral, sugerindo que os primeiros alunos de pós-graduação chegassem a Harvard no semestre de outono. Prebisch também via essa ligação como parte de um esforço maior para estimular visitas regulares de acadêmicos e banqueiros norte-americanos ao Banco Central argentino para realizar pesquisas conjuntas ou projetos de estudo, de modo a manter o banco cada vez mais conectado com o sistema financeiro global. A visita do primeiro representante do Federal Reserve à Argentina foi marcada para janeiro de 1942.[24]

Prebisch voltou a Washington no início de janeiro de 1941, a convite de Cordell Hull, para ajudar a relançar as negociações para um acordo de comércio. Elas haviam fracassado no ano anterior e produziram algum ressentimento mútuo. Pinedo e Roca concordaram, com a condição de que as conversas permanecessem em sigilo e os obstáculos restantes fossem removidos para evitar outro fracasso.[25] Embora as exportações argentinas estivessem se saindo melhor nos mercados norte-americanos, o problema continuava o mesmo de um ano antes: os Estados Unidos ainda forneciam 30% das importações da Argentina, mas só compravam 16% de suas exportações. Quando se encontrou com o secretário Morgenthau para iniciar as conversações, Prebisch mostrou a parte sobre comércio no livro *New Directions on the New World*, recém-lançado por Adolph Berle, secretário de Estado adjunto para a América Latina: "O capitão de um veleiro de Salem que viajava da Nova Inglaterra para Whampoa, na China, ou Valparaiso, no Chile, planejava comprar e vender. [...] Os representantes da General Motors no Brasil devem ser os compradores do café brasileiro. [...] Em outras palavras, precisamos pensar um pouco menos em 'vender' e um pouco mais em 'fazer comércio', que é, em essência, intercâmbio."

Nesse ínterim crescera a oposição política ao Plano Pinedo em Buenos Aires. Ele fora aprovado no Senado com amplo apoio e poucas modificações, mas enfrentava uma Câmara dos Deputados com maioria radical, o que exigia um diálogo em busca de acordo. Muitos radicais se opunham ao plano porque Pinedo fora advogado das ferrovias; alguns diziam que ele tinha interesse pessoal no negócio. Outros criticaram a "oligarquia financeira" representada no conselho de administração do Banco Central, ressentidos com a concentração de poderes na instituição – se adotado, o plano seria gerenciado por uma comissão de três pessoas do banco, o que ampliaria a influência já enorme da instituição na regulação da economia.[26] Dizia-se que Prebisch tinha dominado a missão em Washington, agindo virtualmente como ministro, e que os ministros argentinos permaneciam à mercê do banco. Para alguns parlamentares radicais, o Plano Pinedo era um desesperado esforço de legitimação da coalizão corrupta que apoiava a Concordancia. Uma razão mais óbvia para a oposição radical ao plano era sua popularidade: a aprovação contribuiria para consolidar a restauração conservadora, enquanto a derrota reviveria a antiga raiva contra Roca e Pinedo pelo Tratado Roca-Runciman durante o "debate da carne".[27]

O resultado não era previsível, pois o Partido Radical tinha facções que correspondiam a todo o espectro político, inclusive defensores da industrialização e dos Aliados. O plano poderia ser aprovado antes das eleições provinciais em Santa Fe em 16 de dezembro, mas o assassinato de Conrado Risso Patron, candidato do Partido Radical, aumentou a temperatura política. Duas semanas depois, em 5 de janeiro de 1941, eleições fraudadas em Mendoza tiraram a vida de mais um radical, Ernesto Matons. Depois de dois casos óbvios de fraude, os radicais boicotaram o Congresso, recusando qualquer cooperação com o governo, incluindo-se aí o endosso ao plano, a menos que o presidente Castillo interviesse nessas duas províncias para restaurar o processo legal. Ao contrário de Ortiz, Castillo era frágil demais para construir essas pontes. Em vez de lidar com os escândalos em Santa Fe e Mendoza, ele continuou de férias em Mar del Plata. Como oferta final, os radicais pediram que Ortiz voltasse à Presidência para mediar a disputa, mas sua saúde estava frágil demais. O plano entrou em colapso. Pinedo e Roca renunciaram, em uma saída indigna e terminal da vida pública.[28] Oswaldo Aranha, ministro das Relações Exteriores do Brasil, ficou tão desconcertado com a queda de Roca em seguida à reunião no Rio que se recusou a comparecer à Conferência da Bacia do Prata em Montevidéu, aberta em 27 de janeiro de 1941.

A saída de Pinedo e de Roca significou que Prebisch agora estava sozinho na missão de levar a uma conclusão feliz as negociações comerciais entre Estados Unidos e Argentina. Em 6 de janeiro já havia um acordo sobre os pontos principais: concessões tarifárias norte-americanas em troca de tratamento não discriminatório e de concessões argentinas na área de importações. Washington também concordou em atenuar a crítica ao acordo entre Brasil e Argentina. Foi um alívio para os dois governos. Apesar de só ter sido assinado em 14 de outubro de 1941, dada a complexidade da política em ambas as capitais, o texto foi ratificado com poucas alterações. Hull mostrou-se satisfeito porque um acordo bilateral estava finalmente em vigor. "Como você sabe", escreveu a Roosevelt, "há alguns anos tentamos melhorar as relações com a Argentina, uma questão muito importante neste momento."[29] Prebisch também encontrou apoio no setor privado dos Estados Unidos para a proposta da Corporação Argentina para a Promoção do Intercâmbio quando visitou Nova York em 11 de janeiro e recomendou a publicação do decreto em Buenos Aires três dias depois, obtendo aprovação do Departamento de Estado para começar a trabalhar nesse projeto.

Prebisch partiu de Washington para Buenos Aires em 15 de fevereiro com boas perspectivas para o acordo bilateral. As muitas semanas que havia passado nos Estados Unidos tinham oferecido uma oportunidade para se encontrar regularmente com jornalistas e sensibilizá-los para as necessidades e as especificidades da Argentina. A imprensa norte-americana tinha sido hostil em relação à Argentina durante décadas, e Raúl estava determinado a mudar essa imagem. Ele dramatizou o impacto da decisão inglesa de bloquear a conta em libras esterlinas, descrevendo o aumento nas falências e no desemprego, com grãos não vendidos acumulados nos campos, situação insustentável e injusta. O público norte-americano ficou intrigado ao saber que, para economizar divisas, os argentinos tinham sido levados a destilar milho para obter álcool, usado como combustível líquido. Quando Prebisch viajou a informação sobre os dois países já era mais equilibrada, o que era uma precondição necessária para alcançar uma relação bilateral mais estreita.[30]

Raúl e Adelita sentiam-se impacientes para voltar, pois estavam fora havia três meses. Não havia como escapar do tédio da viagem pelas Américas na época da guerra, com um voo desconfortável e acidentado, cheio de escalas: Miami, México, Panamá, Lima, Santiago e, por fim, Mendoza, onde pegaram um trem para o último trecho até Buenos Aires. De volta ao escritório no Banco Central, Raúl encontrou uma instituição em ordem e calma, bem dirigida em sua ausência por Edmundo Gagneux. Não se podia dizer o mesmo em relação ao governo em uma capital ainda mais paralisada pela luta partidária do que antes de sua partida. Prebisch perdera seus maiores apoiadores no ministério de Castillo.

Ele se agarrou ao espírito do Plano Pinedo, confiando em que um alinhamento pró-Estados Unidos prevaleceria. A sorte dos nazistas tinha diminuído desde a queda da França. A Alemanha perdera a guerra aérea na chamada "batalha da Inglaterra", pondo fim à ameaça de uma invasão pelo canal da Mancha, e a política norte-americana mudara, passando a apoiar decisivamente a causa aliada, com o primeiro envio de armas depois de Dunquerque e empréstimos que permitiram o reequipamento em grande escala das forças britânicas e canadenses. A cooperação de defesa nas Américas sob a liderança dos Estados Unidos também estava em expansão, enquanto os êxitos militares da Alemanha minguavam. Hitler teve de engolir seu compromisso de ampliar o comércio com a Argentina em 1940: excetuando-se os submarinos, os oceanos estavam agora sob firme controle dos Aliados. Além disso, a invasão da União Soviética em 22 de junho transferiu o esforço de guerra de Hitler para o *front* oriental, ampliando a coalizão aliada e minando ainda mais a possibilidade de uma vitória alemã. A batalha da Inglaterra e a entrada dos soviéticos na guerra reverteram o sentimento pró-germânico na opinião pública argentina.

Ao manter sua conexão com a embaixada americana, Prebisch continuou os planos para criar a Corporação Argentina de Promoção do Intercâmbio (Capi), voltada para promover exportações para os Estados Unidos, tal como ele debatera durante a viagem a Washington. Em 9 de maio, a Capi foi aprovada pelo presidente Castillo e abriu escritórios em Bartolomeu Mitre, 559, no centro de Buenos Aires, tendo como primeiro gerente Josiah B. Thomas, ex-chefe da Câmara Americana de Comércio. Leo Welch foi escolhido presidente de um conselho de administração composto por dez pessoas – dois argentinos e oito norte-americanos –, e a nova rede incluía a maior parte das grandes empresas em Buenos Aires. Todas as negociações da Capi seriam controladas pelo Banco Central, que informaria o ministro da Fazenda. A empresa seria financiada com recursos próprios para evitar críticas da oposição. Reteria 4% das divisas recebidas, e o restante iria para os acionistas que realizassem exportações bem-sucedidas para o mercado norte-americano. Os maiores empresários americanos, de John D. Rockefeller a banqueiros comerciais, encorajaram o Departamento de Estado a apoiar a iniciativa, e um escritório em Nova York foi inaugurado em julho como parte de uma grande campanha diplomática nos Estados Unidos. "A Capi quer que o exportador argentino saiba que não é uma organização temporária e que há oportunidades para encontrar mercados duradouros nos Estados Unidos, mercados que poderão ser mantidos mesmo depois da guerra", observou um banqueiro de Nova York.[31]

Pinedo foi aos Estados Unidos para divulgar a nova iniciativa, em viagem apoiada pelo setor privado de ambos os países.[32] A carta de Leo Welch a Sumner Welles em 31 de julho, solicitando apoio oficial, foi endossada pelos mais graduados representantes norte-americanos. A Capi, observou Duggan em um memorando de apresentação, "parece ser um esforço promissor para promover novas exportações argentinas a este país". Sumner Welles respondeu: "As autoridades deste departamento que têm a ver com relações interamericanas estão conscientes da necessidade de promover exportações complementares da Argentina para os Estados Unidos." A Comissão Interamericana de Desenvolvimento, de Rockefeller, criou em agosto um comitê especial para ajudar a identificar novas exportações argentinas para mercados norte-americanos, realizou-se uma exposição na Macy's em Nova York e a Armour Research Corporation passou a buscar oportunidades de negócios no país. Transferido para Washington, Chris Ravndal somou-se às promoções a partir da divisão latino-americana do Departamento de Estado, recebendo o agradecimento de Josiah B. Thomas por sua "esplêndida cooperação" na criação do novo escritório em Nova York. Ravndal permaneceu atento para responder as acusações de que a Capi era desleal com os fornecedores norte-americanos, ao proporcionar benefícios unilaterais à Argentina em vez de demandar tratamento recíproco. "Seria ótimo se o secretário enviasse à Capi algumas palavras de boas-vindas neste momento", sugeriu a Hull, observando que ela era um produto de seu programa de comércio recíproco.[33]

Apesar do fracasso do Plano de Recuperação Nacional, as relações entre Argentina e Estados Unidos progrediram, com uma política de industrialização voltada para exportações e apoiada pelas maiores empresas dos dois lados. Luis Colombo sustentava firmemente a nova iniciativa. Em Washington, o governo e a comunidade empresarial também tinham aderido. Em Buenos Aires, o Banco Central trabalhava com empresários e banqueiros americanos, tendo seu próprio representante no conselho de administração da Capi. O clima positivo nas relações entre os dois países teve o benefício adicional de apoiar o acordo econômico Brasil-Argentina e a ideia de um bloco de comércio do Cone Sul. Em 23 de maio de 1941 a embaixada comentou em termos favoráveis que os dois países estavam comprometidos com um programa que visava a "implantar progressivamente o livre-comércio e a união aduaneira" e que tal processo pretendia incluir o Chile também.[34]

Os resultados econômicos para a Argentina durante 1941 foram surpreendentemente favoráveis, com a retomada do crescimento e a queda do desemprego. A indústria e o comércio se expandiram, enquanto as falências caíram 27,3%. A indústria argentina havia avançado consideravelmente, tornando-se responsável por 50% do produto interno, mais do que o trigo e a carne juntos. A expansão do comércio interamericano, particularmente com os Estados Unidos e o Brasil, mais do que compensou a perda de mercados na Europa continental. Novos acordos comerciais com os Estados Unidos e o Canadá e a criação da Capi evidenciavam uma histórica reorientação do comércio em direção às Américas. As exportações aos Estados Unidos dobraram, passando de 264 milhões de pesos em 1940 para 562 milhões um ano depois, com a Argentina conseguindo transporte marítimo para sustentar esse aumento, apesar da escassez aguda de navios entre os Aliados. As sombrias expectativas de Prebisch após a invasão da França mostraram-se prematuras. A perspectiva econômica tinha melhorado a tal ponto que uma comissão parlamentar especial foi nomeada para estudar o sistema de licenças de importação, tendo em vista eliminar gradualmente os controles do Banco Central. No outono de 1941, diante da força da economia e com o dinheiro fluindo para a Argentina, Prebisch pôde eliminar a maior parte dos controles. Sua preocupação mudara para as pressões inflacionárias. A situação econômica da Argentina era invejável quando comparada à das maiores economias do mundo.

O dilema de Prebisch em 1941 era a inevitável politização do Banco Central, pois seus poderes haviam sido aumentados e ele se tornara mais visível como ator político. Esse maior ativismo não passou despercebido. Os oposicionistas perguntavam se, além de gerente geral do Banco Central, ele era ministro das Relações Exteriores e presidente. Em meados de 1941, para diluir a influência do banco, seus críticos começaram a endossar a criação de um conselho econômico nacional ligado ao presidente. O Partido Radical continuava a condenar a "ditadura financeira", e a embaixada americana captou uma frustração e um desconforto em Buenos Aires conforme as demandas de guerra aumentavam os poderes e a visibilidade do Banco Central. Segundo o embaixador Armour, havia "um sentimento de que o grupo que controla as políticas do Banco Central e do Ministério da Fazenda, e que às vezes é chamado de 'cartel dos cérebros', monopoliza o aconselhamento especializado ao presidente em questões econômicas, indústria e temas técnicos ligados ao comércio e às finanças internacionais. Algumas opiniões paternalistas sustentadas por esse grupo, juntamente com seus métodos arbitrários, não correspondem aos maiores interesses do país".[35]

A tendência pró-Estados Unidos na política comercial argentina foi apoiada pelo freio à influência nazista em meados de 1941 por meio de esforços vigorosos do Congresso e da sociedade civil, bem como pela intervenção do Banco Central. Durante 1939-1940, os êxitos tinham propiciado conexões importantes da Alemanha com as poderosas elites argentinas, e previsões alarmistas de um golpe pró-nazista circulavam na imprensa. Augusto Bunge e seu *Critica* denunciaram os encontros do embaixador alemão Eduard Freiherr von Thermann com a elite social argentina no Jockey Club. As forças favoráveis aos aliados se mobilizaram.

Deputados liderados por Damonte Taborda advertiram que a embaixada alemã apoiava ativamente forças antidemocráticas, financiando os jornais *El Cabildo* e *El Pampero*, de inspiração nazista, e solicitaram com êxito a criação de uma Comissão Parlamentar sobre Atividades Anti-Argentinas, presidida por Taborda. A comissão pediu ao Banco Central que investigasse a existência de vínculos financeiros entre a imprensa favorável aos nazistas, a embaixada alemã e os dois bancos alemães que operavam em Buenos Aires. Prebisch enviou duas equipes de inspetores que voltaram de mãos vazias, mas a terceira foi chefiada por Malaccorto, que encontrou cheques incriminadores no Banco Germânico. Sem perguntar ao ministro da Fazenda, Prebisch entregou pessoalmente a prova a Taborda no Congresso, dando-lhe o instrumento de que ele precisava para investir contra a embaixada alemã.[36] Em 17 de setembro de 1941, o *Washington Post* publicou um editorial intitulado "Trabalho em conjunto" em que aplaudia a censura subsequente da Câmara dos Deputados ao embaixador alemão, Freiherr von Thermann, por "exceder as funções de seu cargo e abusar de seus privilégios diplomáticos".[37] Só houve um voto contra, e a posição de Thermann em Buenos Aires tornou-se delicada. Depois do incidente, Prebisch passou a ser ainda mais visado pelos simpatizantes nazistas. Ele já era o inimigo permanente de *El Cabildo* e *El Pampero* por cortar suprimentos de papel, usando os poderes de racionamento do Banco Central. Agora recebeu uma ameaça de morte direta em uma carta anônima que denunciava a "traição ao sangue alemão de seu pai". A influência da Alemanha nazista na Argentina diminuiu e nunca se recuperou. *The Washington Post* observou que "o desenvolvimento atesta a maneira como toda a América está avançando nesta grande crise mundial". O embaixador britânico em Buenos Aires concordou, referindo-se à ameaça nazista em meados de 1941 como "um embaraço em vez de uma ameaça direta". O Atlântico estava fechado, e a Alemanha não conseguia ter acesso à Argentina. Como os historiadores do período ressaltam, o povo argentino conteve sozinho a ameaça nazista antes do fim de 1941.[38]

Apesar dessas notícias positivas em 1941, o aprofundamento da crise de direção política em Buenos Aires ameaçava o equilíbrio de forças no país, favorável aos Aliados. Três tendências de política externa concorriam, cada uma com uma base diferente. Os simpatizantes do fascismo, dentro e fora das forças armadas, endossavam uma política de neutralidade, dadas a distância entre a Alemanha e a América do Sul, a óbvia inferioridade naval e a falta de ligação pelo ar; neutralidade era o máximo que Hitler ou Mussolini poderiam esperar de qualquer governo argentino. Uma segunda vertente endossava a declaração do presidente Ortiz a favor dos Aliados em 1939, mas também sugeria neutralidade. Os suprimentos argentinos eram vitais para a segurança alimentar britânica, e a neutralidade permitia que fossem enviados através do Atlântico sem medo do ataque de submarinos alemães. Ironicamente, tanto a Inglaterra quanto a Alemanha apoiavam o mesmo objetivo de neutralidade na diplomacia Argentina, e ambas suspeitavam das intenções dos Estados Unidos no Cone Sul. Castillo era um neutralista convicto. A terceira tendência, que Prebisch endossava depois de observar o eclipse da Europa Ocidental, e que se refletia no Plano Pinedo, substituía o tradicional paradigma do triângulo atlântico na política externa por um realinhamento com os Estados Unidos e a integração do Cone Sul.

A confusão e a incerteza sobre a diplomacia de guerra permaneciam sem solução. A partida de Ortiz tinha desfeito o compromisso entre radicais e conservadores. O país estava à beira da instabilidade política. Nas Relações Exteriores, o dr. Enrique Ruiz-Guiñazú, sucessor de Roca, era um neutralista convicto, com laços estreitos com a Espanha de Franco. Ele suspeitava que Washington pretendia substituir a influência inglesa no Cone Sul, estabelecendo seu próprio monopólio militar na região com a desculpa de fazer face à ameaça alemã. O *lobby* britânico em torno de Castillo promovia essa desconfiança latente em relação aos Estados Unidos para manter a neutralidade argentina durante a guerra e preservar uma posição de influência na América do Sul depois do conflito. O presidente Castillo parecia atado por pressões contraditórias tão equilibradas que geravam uma espécie de empate. Nada parecia consistente ou previsível. Apesar de ter rejeitado o Plano Pinedo em janeiro, o Partido Radical apoiou a criação do Banco de Crédito Industrial em 30 de setembro de 1941.[39]

Além disso, os militares estavam intranquilos. A carreira do coronel Juan Perón desde o golpe militar de 1930 incluíra missões na fronteira boliviana e como adido militar no Chile, mas suas promoções tinham sido obtidas como professor de história militar na Escola Superior de Guerra. Ele estudou operações militares na Europa, morando na Itália entre fevereiro de 1939 e janeiro de 1941, período dos aparentemente invencíveis avanços alemão e italiano. Elogiava a Alemanha de Hitler como "uma enorme máquina que funciona com precisão incrível [...] onde não falta nada, nem mesmo um parafuso" e dizia que "o fascismo italiano propiciou uma participação efetiva das organizações populares na vida da nação, algo que sempre fora negado ao povo. Até Mussolini subir ao poder, a nação ia para um lado e o trabalhador, para outro". O coronel Enrique V. Gonzalez, seu colega, viveu na Alemanha no mesmo período e o visitou na Itália. Ambos integravam o

Grupo de Oficiais Unidos (GOU), uma organização secreta que atuava no Exército. Como outros oficiais que jogavam cartas na embaixada alemã em Buenos Aires, estavam desencantados com o caos político da Concordancia.

A inquietação militar não se restringia aos elementos pró-fascistas. Muitos outros oficiais tinham temores legítimos sobre a segurança nacional, e eles ajudaram a minar as relações com os civis em 1941. Os militares argentinos estavam indignados com os planos norte-americanos de construir uma grande base naval em Punta del Este, no Uruguai. Decidida em 11 de setembro, a base dominaria os acessos a Buenos Aires e só podia ser considerada uma ameaça. Os nacionalistas também argumentavam que as manobras militares norte-americanas no Atlântico Sul visavam tanto à Argentina quanto à Alemanha. A questão mais profunda referia-se ao equilíbrio de poder regional, que estava em jogo. Era necessário importar novos armamentos para modernizar as defesas da Argentina. Com o mercado alemão fechado e a Europa necessitando de todas as armas disponíveis, os Estados Unidos dominavam esse mercado também. Os militares argentinos temiam que os Estados Unidos favorecessem o Brasil, um temor que se tornou realidade em abril de 1941, quando o Eximbank forneceu US$ 20 milhões em créditos para construir o grande complexo estatal da Companhia Siderúrgica Nacional (CSN). O presidente Vargas convenceu Washington de que, se os americanos recusassem, os alemães financiariam o empreendimento, dada a sua forte posição no comércio exterior brasileiro, com 19% de importações e 25% de exportações. Diferentemente da Argentina, o Brasil tinha sabido extrair vantagem da carta alemã. Enquanto isso, o governo argentino havia diminuído o comércio com a Alemanha depois de 1933. O Brasil, que não tivera êxito em esforços anteriores para construir uma siderúrgica nacional, só contava até então com a Belgo Mineira, que não era capaz de fabricar armas pesadas. Em resposta à criação da CSN, os militares argentinos exigiram que o governo igualasse a capacidade emergente do Brasil na indústria pesada. Os políticos concordaram, inclusive o Partido Radical, pró-Aliados. Em 23 de abril o governo Castillo iniciou um programa de rearmamento de cinco anos que incluía a compra de aviões. Em 9 de outubro, criou-se uma secretaria especial, controlada pelos militares, para coordenar o desenvolvimento de um setor de produção de armamentos, expandindo a industrialização.[40]

Manteve-se, no entanto, a aproximação diplomática entre Brasil e Argentina. Em 21 de novembro Oswaldo Aranha visitou Buenos Aires para assinar um acordo bilateral que endossava o livre-comércio regional. Sob a tensão que nascia na antipatia pessoal entre os dois ministros das Relações Exteriores, estava sendo criado um conceito sub-regional. Em um conjunto de comissões, os cinco países começavam a coordenar as políticas em áreas funcionais, como alfândega e transporte. Um escritório regional para informações e pesquisa econômica estava sendo organizado em Buenos Aires. O resultado prático foi uma redução da rivalidade entre Brasil e Argentina nos países que serviam de amortecedores, como o Paraguai e a Bolívia.

A inconsistência da política norte-americana contribuiu para a incerteza política na Argentina. Às vezes não ficava claro se os Estados Unidos estavam tentando salvar o mundo ou comprá-lo e tomar o hemisfério Ocidental para si. Quando Prebisch esteve em Washington, negociou um empréstimo do Eximbank para construir um oleoduto ligando Mendoza ao Atlântico, mas as empresas petrolíferas norte-americanas exerceram um *lobby* bem-sucedido contra o projeto. Quando o Banco Central cortou o fornecimento externo de papel de imprensa para *El Pampero* e *El Cabildo*, a embaixada americana protestou em nome dos fornecedores de papel. A voracidade dos Estados Unidos em monopolizar os recursos estratégicos latino-americanos também afetou as relações entre os dois países. Depois de ter manobrado para que a Bolívia assinasse um contrato de longo prazo concordando em transferir as reservas de estanho para a máquina de guerra norte-americana, os Estados Unidos informaram em maio de 1941 que desejavam um acordo semelhante que abrangesse 3/4 da produção argentina de tungstênio. A solicitação veio acompanhada de uma ameaça implícita de vincular a flexibilidade da Argentina nessa questão à compra de produtos essenciais, como folha de flandres. Prebisch recusou a proposta. Em mensagem enviada ao embaixador Armour, disse que a Argentina estava "ansiosa para cooperar", mas só entregaria o tungstênio aos Estados Unidos se houvesse uma "melhora substancial" em relação ao acordo com a Bolívia e um preço "não muito abaixo do pago pelo Japão". "A necessidade de garantir materiais essenciais aos Estados Unidos" era um *quid pro quo*, como era "a devida consideração pelos produtores".[41] Mesmo o moderado Carlos Brebbia preocupava-se com um mundo dominado pela superpotência norte-americana, com a Europa em eclipse. "O que os americanos vão fazer agora que têm todo o ouro do mundo nas mãos?", perguntou em carta enviada de Berna para Prebisch. "Às vezes imagino que é como se uma pessoa tivesse conseguido recolher todos os telefones do mundo e agora não pudesse ligar para mais ninguém."[42] No Cone Sul, a pressão crescente dos Estados Unidos sobre o Paraguai foi sentida em Buenos Aires como interferência em sua esfera de influência (um acordo de livre-comércio estava em vigor desde 1916).

De modo geral, as relações entre Argentina e Estados Unidos mantinham-se nos trilhos. Havia em Washington vozes poderosas sensíveis aos interesses argentinos. Elas encontravam reciprocidade em Buenos Aires, conforme o comércio bilateral crescia. A deterioração progressiva da segurança no Pacífico, com o Japão estendendo sua zona de influência, também ressaltou o interesse mútuo na estabilização e no fortalecimento de uma "relação especial". O resultado foi uma série de medidas que marcaram uma importante aproximação. Em julho de 1941 houve uma grande demonstração pública de solidariedade entre as forças armadas dos dois países, com paradas e uma frota de aviões B-17 sobrevoando Buenos Aires. Em 14 de outubro, o acordo de comércio bilateral foi finalmente assinado, encerrando uma década de negociações infrutíferas e anunciando uma cooperação maior. Outras polêmicas terminaram bem. No final, a Argentina evitou uma capitulação em estilo boliviano e obteve um preço satisfatório pelo tungstênio. Porém, permaneceram contrariedades tanto na área de segurança quanto na área econômica, levando o governo Roosevelt a enviar Chris Ravndal e um grupo de diplomatas a Buenos Aires para tentar resolver problemas pendentes. A data para o início dessas conversações foi marcada para segunda-feira, 8 de dezembro de 1941.

Enquanto Prebisch esperava a chegada de Ravndal em 6 de dezembro para levá-lo do aeroporto ao hotel, relembrou o que ocorrera durante o ano. O balanço lhe pareceu positivo, apesar das circunstâncias difíceis. A reputação do Banco Central tinha sido confirmada, e as missões ao Brasil e principalmente aos Estados Unidos tinham sido bem-sucedidas. Ele se tornara um ator-chave da política argentina na época da guerra. Apesar do fracasso do Plano Pinedo, a economia se expandia. Na política externa, a neutralidade equilibrava as demandas conflitantes de grupos políticos em casa, contentando a Inglaterra enquanto continha a influência nazista. A abertura para os Estados Unidos estava avançando, e incluía o projeto de enviar jovens economistas do Banco Central para treinamento no Federal Reserve e em Harvard. No final de junho, Julio Gonzalez del Solar, meio-irmão de Prebisch, e Francisco Coire tinham viajado para Nova York, margeando o litoral brasileiro com escalas no Caribe a bordo do *SS Argentina*.

Naquele outono, Prebisch permitiu-se alguns caprichos pessoais: mudou-se para uma nova residência projetada por seu irmão em Rivera Indarte, 134, em San Isidro, um subúrbio próspero, 21 quilômetros ao norte do centro da cidade, no litoral. Os amigos a chamaram de a "segunda Casa Rosada". Era um oásis reservado a amigos íntimos e parentes – Prebisch aventurava-se cada vez menos no mundo dos teatros ou na vida social da capital –, e suas poucas horas de lazer eram dedicadas a plantar o extenso jardim construído entre olmos altos e cornisos em flor. Ele também comprou um elegante Packard verde, que dirigia com enorme prazer, e uma antiguidade da família no leilão dos móveis da mansão de Enrique Uriburu em Lavalle, 371: uma escrivaninha com o comprimento de uma parede inteira, com gavetas marchetadas e painéis de madeira trabalhada. Uriburu morrera de enfarte, e a falência de um patrimônio que incluía a imensa herança de seu pai chocou a sociedade de Buenos Aires tanto quanto a morte prematura. Ocupado demais para comparecer ao leilão, Raúl enviou Pedro Orradre, seu secretário, com instruções para comprar a escrivaninha a qualquer custo. Orradre superou os rivais com um lance de 2 mil pesos, equivalente a um mês de salário de Raúl no Banco Central.

Raúl e Adelita esperavam, ansiosos, a visita de Ravndal a Buenos Aires. Tinham-se encontrado pela última vez em Washington, e ele era quase da família. Planejaram um churrasco para o domingo, 7 de dezembro, no jardim de rosas e árvores em flor. Mas as forças japonesas atacaram Pearl Harbor naquela manhã. Ravndal foi chamado a Washington sem a oportunidade de passar pela casa de Raúl e Adelita para se despedir. A missão abortada foi um sinal de que um novo tempo começava. As relações entre Argentina e Estados Unidos estavam no meio de um jogo muito maior. Agora, a América do Sul seria uma retaguarda militar em vez de uma parceira de Washington, e o termo "relação especial" assumiria um significado diferente. Começara uma guerra mundial em grande escala, e todos os êxitos de Prebisch estavam em perigo.

CAPÍTULO 7
As consequências de Pearl Harbor

Prebisch não deve ter se surpreendido com sua primeira tarefa na manhã de segunda-feira, 8 de dezembro, o dia seguinte a Pearl Harbor. O pânico nos mercados financeiros produzira uma nova onda de vendas. Era preciso administrá-la, seguindo o padrão que se convertera quase em uma rotina após os dois pânicos anteriores, no início da guerra, em setembro de 1939, e na queda da França, em junho de 1940. A reação na Bolsa de Valores de Buenos Aires não foi diferente em 1941, com investidores nervosos vendendo 93 milhões de pesos em títulos do governo oferecidos pelo Banco Central. A operação foi novamente tranquila e bem-sucedida. Quando voltasse a estabilidade, o banco disporia desses ativos para vendê-los diretamente ou na Bolsa de Valores. Os problemas de curto prazo criados pela entrada dos Estados Unidos na guerra foram rapidamente resolvidos, e mesmo a perda no comércio da Argentina com o Japão não produziu grande ameaça, pois as exportações bilaterais haviam minguado durante os meses de crise que precederam Pearl Harbor. O impacto na política doméstica foi mais complexo. Em 16 de dezembro, Ramon Castillo, presidente em exercício, declarou estado de sítio, medida que ressaltou ainda mais seu isolamento político.

As perspectivas internacionais da Argentina foram postas em xeque, apesar da distância que a separava do Japão e da Alemanha, o que a mantinha afastada de qualquer ataque físico. O avanço ocorrido em 1940-1941 nas relações bilaterais com os Estados Unidos estava ameaçado por essa nova fase da guerra. A lógica da política argentina desde 1940, com sua abertura para Washington, tinha sido a busca de um papel de liderança na América do Sul em cooperação com os Estados Unidos, em um hemisfério Ocidental neutro (com exceção do Canadá, que lutava desde o início da guerra). A política de neutralidade da Argentina em relação à Alemanha protegia sua atividade como fornecedora de carne enlatada para as tropas inglesas, ao mesmo tempo que tolerava, mas continha, a influência nazista na Argentina. O país estava no melhor dos dois mundos: mantinha fortes ligações tanto com a Inglaterra quanto com os Estados Unidos, seus principais parceiros econômicos externos, mas também expandia relações com parceiros sul-americanos, principalmente o Brasil, para ampliar o mercado regional.

Pearl Harbor eliminou esse espaço e destruiu o delicado equilíbrio internacional que ampliara o espaço de manobra da Argentina de 1939 a 1941. A grande aliança contra a Alemanha e o Japão fez o país perder o passo tanto com Washington quanto com o resto da América Latina. Os Estados Unidos haviam permanecido fora da guerra por mais de dois anos após setembro de 1939, desempenhando um lucrativo papel de retaguarda, mas o ataque japonês deslanchou um furioso instinto de luta. O governo Roosevelt passou a exigir que a Argentina entrasse imediatamente na guerra como sinal de lealdade. A Conferência Interamericana de Ministros das Relações Exteriores foi convocada para 15 a 28 de janeiro de 1942 no Rio de Janeiro para mobilizar as Américas, com Sumner Welles expondo claramente o objetivo de Washington: "Obter uma declaração conjunta de todas as repúblicas americanas sobre a necessidade de cortar relações com as potências do Eixo."[1] A Argentina estava diante de uma encruzilhada: uma política de neutralidade provocaria a fúria de Washington, mas as divisões internas e a tradição nacionalista a impediam de se juntar à coalizão bélica dos Aliados. As políticas dos dois países seguiam caminhos diferentes, e a rota de colizão entre Washington e Buenos Aires ficou clara nas semanas que precederam a Conferência do Rio.

Prebisch, como gerente geral do Banco Central, foi incluído na delegação ao Rio chefiada por Ruiz-Guiñazú, ministro das Relações Exteriores, com sua equipe de funcionários do ministério e assessores da Marinha e do Exército. Como a ampliação da guerra exigia maior centralização do comércio e controles cambiais mais estritos, o peso do Banco Central na economia aumentou, confirmando sua condição de instituição financeira nuclear no Estado argentino. A mobilização norte-americana em grande escala após 7 de dezembro implicou menores exportações de capital e de bens de consumo para a Argentina, tornando mais forte a necessidade de o Banco Central racionar importações e planejar sua substituição por produção local. Uma semana depois de Pearl Harbor, Prebisch informou ao embaixador norte-americano que participaria da conferência e pediu que lhe fosse adiantado um resumo das demandas que Sumner Welles apresentaria a seus colegas dos demais países americanos.[2] Armour mostrou-se flexível porque sabia que Prebisch era favorável a romper relações com a Alemanha e o Japão.

Prebisch tinha feito sua opção em 1940. Considerações de caráter ético e político o haviam convertido em um firme defensor dos Aliados, e depois de Pearl Harbour ele passou a defender a participação no esforço de guerra tão logo fosse possível. Independentemente da questão moral de ajudar a derrotar o nazismo, os interesses nacionais da Argentina apontavam para que ela se tornasse o aliado privilegiado de Washington na América do Sul. Depois da viagem a Washington e a Nova York, ele não tinha dúvidas de que a Alemanha e o Japão seriam derrotados e os Estados Unidos passariam a predominar no esforço de guerra e na reconstrução posterior. Uma aliança imediata consolidaria a posição da Argentina como âncora das forças aliadas no Atlântico Sul, produziria os mesmos benefícios industriais que o Canadá havia obtido com a produção bélica desde 1939 e integraria a Argentina na coalizão diplomática que modelaria a era do após-guerra. A inclinação de Prebisch já preocupava a Inglaterra um ano antes, com o Plano Pinedo, mas agora, depois de Pearl Harbor, havia mais em jogo: a entrada dos Estados Unidos na guerra garantiria a vitória contra a Alemanha, mas provavelmente também poria fim à influência inglesa na Argentina. Aliados na guerra, Londres e Washington eram rivais na América do Sul, com a embaixada britânica lutando para manter seus estreitos vínculos com a Concordancia.

Prebisch não controlava a política externa Argentina. A delegação para a Conferência do Rio partiu em 8 de janeiro a bordo do *SS Uruguay* mergulhada em incerteza e divisões internas. Ramon Castillo ainda era presidente interino (só assumiu plenamente o cargo em julho de 1942). Sua posição não era firme. O estado de sítio refletia e aprofundava a paralisia política em Buenos Aires. Os militares permaneciam em segundo plano. Um setor do Exército e a maior parte da Marinha apoiavam a causa aliada, enquanto outros setores, incluindo-se o Grupo de Oficiais Unidos (GOU), defendiam a neutralidade, alguns com uma perspectiva favorável ao Eixo. A cena política estava divida e era complexa.[3] As facções pró-Inglaterra e nacionalista apoiavam a política de neutralidade vigente, enquanto as forças pró-Aliados pediam a declaração de guerra. Enrique Ruiz-Guiñazú, ministro das Relações Exteriores, não tinha um posicionamento ideológico claro. Seu catolicismo conservador, herdado dos anos como embaixador argentino no Vaticano, e seus estreitos vínculos familiares com a Espanha franquista (além de uma filha comprometida com um oficial do Exército italiano) sugeriam uma tendência corporativista. Em 24 de novembro de 1941, durante uma visita de Oswaldo Aranha a Buenos Aires para assinar um tratado de comércio bilateral, ele reafirmara em público o compromisso com uma política de neutralidade estrita, mas ninguém sabia precisamente qual era a sua posição. Ele tinha condenado as atrocidades nazistas no Leste Europeu, fizera objeções à entrada da União Soviética na aliança ocidental, apoiara uma cooperação maior entre Argentina, Brasil e Chile para resistir à influência norte-americana no Cone Sul, mas também endossara o princípio de solidariedade e cooperação interamericana. Era um advogado estreitamente legalista. Gainza Paz, jornalista de *La Prensa*, o descrevia como um "idiota inflado".[4]

Em suma, a Concordancia estava em completa desordem no momento mais crítico do século XX, quando um novo sistema internacional começava a se formar. A crise doméstica da Argentina e as alterações no quadro mundial tinham raízes distintas, mas convergiram após Pearl Harbor. A opção de se alinhar às grandes potências no Rio de Janeiro seria um fator determinante na luta pelo poder em Buenos Aires, bem como na prosperidade futura da Argentina.

Diplomatas dos Estados Unidos perambularam pela região antes da Conferência do Rio para cooptar a maioria dos Estados latino-americanos para a coalizão de defesa interamericana, isolando os governos que preferiam uma política de neutralidade. Na prática, só Argentina e Chile estavam propensos a permanecer neutros. No momento de abertura da conferência, nove países latino-americanos já tinham seguido a liderança dos Estados Unidos e declarado guerra à Alemanha, enquanto o Brasil e a maioria dos demais eram claramente simpáticos à ideia de romper relações diplomáticas. Aranha lembrou a cooperação Brasil-Estados Unidos, aliados durante a Primeira Guerra Mundial (quando a Argentina preferira se manter neutra), e informou a Washington que não tinha intenção de apoiar qualquer gesto de Ruiz-Guiñazú no Rio contra a solidariedade entre Estados Unidos e América Latina.[5] O Chile estava sendo cortejado pela Argentina, mas sua relutância em romper relações tinha mais a ver com sua extensa costa indefesa à ameaça de submarinos alemães do que com convicção. Washington não tinha dúvida de que o Chile apoiaria a proposta de resolução que estava sendo redigida para a Conferência do Rio. Isso fez da Argentina a principal meta da diplomacia norte-americana. Em 4 de janeiro, Cordell Hull achou que Ruiz-Guiñazú poderia aderir à posição dos Estados Unidos. "A grande maioria do povo argentino parece se opor fortemente ao caminho hesitante que seu governo seguiu até hoje", observou. "Estou inclinado a acreditar que a Argentina não ficará sozinha na reunião, contra a opinião de todos, principalmente em uma questão de tamanha importância."⁶ Prebisch havia lhe dito que a maioria da delegação argentina queria romper relações com a Alemanha.

Mas o tom de abertura da Conferência do Rio, em 15 de janeiro, logo perdeu sua harmonia quando Ruiz-Guiñazú deixou claro que a Argentina não se juntaria à sinfonia bélica interamericana e rejeitava a resolução dos Estados Unidos que convocava ao rompimento de relações com as potências do Eixo. As negociações empacaram em difícil suspense. Ruiz-Guiñazú sustentou que seu governo enfrentava tamanha desunião em Buenos Aires que nenhuma grande decisão de política externa seria possível antes dos resultados das eleições parlamentares de março, em que a Concordancia temia uma derrota, principalmente em Buenos Aires. O Brasil, em contraste, acolheu a resolução norte-americana e assumiu um papel cooperativo com Sumner Welles e sua delegação. Aranha tinha sido embaixador em Washington e era próximo dos americanos, não fazendo segredo de sua antipatia por Ruiz-Guiñazú. O ministro brasileiro estava preparado para repetir a cooperação da época da Primeira Guerra Mundial e não ficou surpreso nem desgostoso com a evidente desarmonia em Buenos Aires. Quanto ao Chile, a morte inesperada do presidente Pedro Aguire Cerda em 25 de novembro deu à sua delegação a vantagem de receber condolências gerais prolongadas. A Argentina, portanto, era o único país a não querer aderir. Sob o ponto de vista de Washington, desempenhava o papel de pária no Rio. Depois de dias de discussões, Sumner Welles suspendeu as conversações e transmitiu uma advertência ao governo argentino por intermédio de Prebisch: "A ajuda econômica e financeira que os Estados Unidos podem dar às repúblicas americanas será dirigida apenas às nações que cooperarem total e efetivamente conosco na defesa do hemisfério."⁷ Essa ameaça implicava sérios apuros para a Argentina e era uma mensagem clara de que o Brasil seria recompensado por seu bom comportamento.

Três dias depois, após negociações estafantes, Ruiz-Guiñazú reverteu sua posição e concordou com o texto, intermediado pelo Brasil, que propunha romper relações com Berlim. O ministro chileno também aceitou. Parecia que o impasse diplomático tinha sido resolvido em um acordo de defesa pan-americana.⁸ Porém, Castillo, presidente em exercício, não quis aprová-lo. A negociação ruiu, deixando a delegação argentina em uma posição embaraçosa. Ruiz-Guiñazú se retirou, sua credibilidade despencou e Prebisch tornou-se o interlocutor na busca de um compromisso com as delegações norte-americana e brasileira. A missão de Raúl a Washington, um ano antes, tinha construído uma confiança suficiente para os dois lados começarem de novo e encontrarem uma brecha na comunicação do presidente Castillo à conferência: ele se recusara a romper relações com as potências do Eixo, mas também prometera que seu governo "estava disposto a dar os passos necessários para se unir à defesa do hemisfério".[9] Isso deixava algum espaço para os representantes norte-americanos e argentinos procurarem uma fórmula diplomática. Com forte empurrão de Prebisch, Castillo e Hull concordaram com um texto que endossava "a interrupção, durante a atual emergência continental, de todas as trocas comerciais e financeiras entre o hemisfério Ocidental e as nações signatárias do Pacto Tripartite e os territórios dominados por elas, bem como a suspensão de atividades comerciais e financeiras prejudiciais ao bem-estar das repúblicas americanas".[10] Suficientemente flexível, o pacto permitiu que as delegações deixassem o Rio com um comunicado escrito em uma retórica robusta e anunciado como mais um marco nas relações pan-americanas.

A redação dessa cláusula, aprovada como Resolução V da Declaração do Rio, era imprecisa o bastante para permitir que tanto a Argentina quanto os Estados Unidos anunciassem o êxito de suas posições, mas na prática envenenaram as relações dos dois países na época da guerra. A Argentina pôde manter a política de neutralidade, enquanto Washington ganhou um instrumento multilateral que obrigava Buenos Aires. Os termos vagos da resolução ao definir as "atividades prejudiciais ao bem-estar das repúblicas americanas" garantiram mal-entendidos e acusações de má-fé, com os Estados Unidos determinados a exigir a redução das atividades alemãs, privadas e públicas, na Argentina até um nível equivalente ao rompimento de relações, sem hesitar em punir o país por demorar a pôr em prática a resolução. Castillo, por seu lado, ficou propenso a encarar o comportamento dos Estados Unidos como extremo e intervencionista, falando de um garrote para apertar a Argentina.

O governo Roosevelt e o público norte-americano reagiram ao resultado da Conferência do Rio rotulando a Argentina de traidora da causa aliada e da paz mundial. Representantes norte-americanos enraivecidos viraram as costas para o país em ataques personalizados, a começar pelo secretário Cordell Hull, cuja cruzada antiargentina depois da conferência surpreendeu sua própria equipe. "Não posso dizer que admiro a política [de Hull] em relação à Argentina", explicou Merwin Bohan, que havia se reunido à equipe da embaixada no início de 1942 como consultor para atividades econômicas. "Parece uma rixa entre famílias rivais no velho Tennessee. Toda vez que, se esguierando por trás de uma árvore, vê um argentino na mira de seu mosquetão, ele dispara. Tornou-se um caso de vingança pessoal. [...] Acho que o sr. Roosevelt permitiu que o sr. Hull assediasse a Argentina para tirá-lo de perto de si."[11] A imprensa norte-americana acusou o governo Castillo de ser a favor do nazismo e abriu guerra contra a Argentina, revertendo a crescente harmonia nas relações que havia prevalecido nos anos 1940-1941. "Você pode imaginar o efeito que a posição de nosso governo exerceu neste país", comentou Julio Gonzalez del Solar com Prebisch em uma carta enviada da Universidade Harvard em 10 de fevereiro.[12] Se Gonzalez esperava que o público norte-americano fizesse distinção entre o governo e o povo argentino, estava enganado. A campanha contra a Argentina, traidora do mundo livre, recrudesceu após a Conferência do Rio, alimentada de forma deliberada pelos abundantes mitos criados pelos serviços de inteligência dos Estados Unidos e da Inglaterra, aceitos e divulgados sem críticas.

Prebisch teve boas razões para ficar aborrecido no Rio: um repentino e profundo esfriamento nas relações destruíra a abertura para Washington que havia sido construída em 1940 e 1941. O tratado de comércio bilateral, assinado em 14 de outubro em grande medida graças ao seu próprio esforço, estava morto.[13] A Companhia Argentina de Promoção de Intercâmbio não poderia crescer e prosperar em um clima de hostilidade contra a Argentina. O único desdobramento de sua viagem que permanecia intacto era o programa de treinamento de pessoal do Banco Central no Federal Reserve e em Harvard, mas também ele estava ameaçado.

O anúncio do presidente Vargas em 28 de janeiro de que o Brasil rompera relações com a Alemanha e o Japão também reverteu a parceria Brasil-Argentina, surgida em 1940 e 1941, pondo fim a um breve período de impulso em direção a um mercado comum sul-americano. A renovação da rivalidade, em um contexto em que os Estados Unidos passaram a apoiar explicitamente o Brasil, implicou a renovação da corrida armamentista na região, e incluiu uma luta ferrenha por influência nos países amortecedores: Paraguai, Bolívia e Uruguai. A tentação brasileira de desafiar a Argentina na busca da liderança no Atlântico Sul era forte, principalmente desde a derrota da Alemanha diante de Moscou em dezembro e levando em conta que o Japão seria derrotado pelos Aliados. Em agosto de 1942, o Brasil declarou guerra e começou a lutar do lado dos Aliados com uma divisão de infantaria na Itália, consolidando uma aliança militar e econômica com os Estados Unidos no após-guerra, o que lhe assegurou uma era de expansão sem precedentes. Os Estados Unidos, por sua vez, herdaram o comércio do pré-guerra da Alemanha com o Brasil, enquanto a Argentina perdeu por todos os lados. Castillo e Ruiz-Guiñazú não possuíam nem a coalizão política interna nem a visão estratégica de longo prazo do Brasil para entender a ordem internacional emergente e se adaptar a ela. O Brasil tornou-se o parceiro-chave dos Estados Unidos na América do Sul, deixando a Argentina cada vez mais isolada. Para Washington, a projeção geográfica do Brasil em direção à África era de importância estratégica para operações de guerra no Atlântico e no norte da África. Posicionando-se entre os Aliados, o Brasil proporcionava um contrapeso à Argentina na América do Sul. Ironicamente, a Argentina não levou crédito por ter se afastado da Alemanha e ter pagado ininterruptamente a dívida externa durante a década de 1930, enquanto o Brasil obteve tratamento privilegiado após a Conferência do Rio, apesar de ter ficado inadimplente e ter mantido estreitas relações comerciais com a Alemanha até Pearl Harbor.

Os problemas de Prebisch não paravam aí. Além da perspectiva de isolamento diplomático, havia uma questão mais imediata: o Banco Central como campo de batalha das relações com os Estados Unidos. A Resolução V da Conferência do Rio referia-se à redução de "trocas comerciais e financeiras" com as potências do Eixo. Isso significava que o Banco Central, que regulava as atividades desses setores, se tornaria o foco da vigilância dos Estados Unidos até o momento em que a Argentina entrasse na guerra. Esse fogo cruzado ficou ainda mais evidente, antes de Prebisch deixar o Rio, em uma briga de grande repercussão sobre a importação de papel de imprensa dos Estados Unidos. Na véspera da partida, ele recebeu um telefonema de Edmundo Gagneux dizendo que o presidente Castillo ordenara que o Banco Central restaurasse o fornecimento de papel para *El Cabildo* e *El Pampero*, cortado em 1941. O banco não tinha outra opção, mas a embaixada americana pediu que Prebisch recusasse a solicitação de Castillo, alegando que a ajuda à propaganda inimiga contrariava a Resolução V. Raúl lembrou ao embaixador Armour que os Estados Unidos tinham atacado o Banco Central quando ele interrompera as importações de papel para os jornais pró-fascistas, protestando oficialmente contra o bloqueio de produtos norte-americanos. O presidente Castillo agora usara esse protesto americano para solicitar que o Banco Central voltasse atrás. A inconsistência de Washington tinha permitido a manobra de Castillo. "O problema do papel de imprensa é difícil e complicado", reconheceu um envergonhado oficial da embaixada.[14]

Os Estados Unidos continuaram a exigir investigações cada vez mais cuidadosas nas transações do Banco Central, mantendo uma relação privilegiada e sigilosa com Prebisch, que começara com a visita secreta à embaixada em 17 de junho de 1940 após a queda de Paris. Porém, o serviço de inteligência norte-americano nunca confiou em Prebisch. Os primeiros esforços norte-americanos de espionagem antes de Pearl Harbor tinham sido tão amadores que causaram chacota na embaixada americana em Buenos Aires, que nunca os levou a sério, por mais que J. Edgar Hoover, diretor do FBI, se mostrasse entusiasmado. (Em 8 de outubro de 1941, por exemplo, o secretário de Estado citou "uma fonte confidencial de confiabilidade desconhecida" que dizia que Adelita Prebisch e Francisco Coire, funcionário do Banco Central, mantinham contato com a embaixada alemã e eram riscos à segurança, apesar de não deixar claro se Raúl também fazia parte da rede.[15] Adelita tinha de fato trabalhado para a esposa do embaixador alemão, mas em 1932, antes de casar e de os nazistas tomarem o poder. Francisco Coire trabalhava para o Banco Central, mas nessa época estudava administração pública na Universidade Harvard.)

Porém, o ataque a Pearl Harbor e a militarização de Washington elevaram a credibilidade do serviço de inteligência, independentemente da exatidão de seus informes, e isso afetou as percepções oficiais sobre Prebisch. Uma carta de J. Edgar Hoover a Adolf Berle, de 22 de janeiro de 1942, com cópia para a inteligência da Marinha e o Departamento de Guerra do G-2, observava que Prebisch era "antidemocrático e reacionário", assim como "vaidoso e ambicioso", "dominado por suas relações nazistas, que o convenceram de que a Argentina devia tratar os Estados Unidos como uma 'potência mundial' trataria outra".[16] Nem o embaixador Armour estava convencido de que Prebisch era o que parecia ser. "Ele passa a impressão de falar de forma franca e sincera e dá provas de ser um bom amigo dos Estados Unidos", observou o embaixador a Hull antes da Conferência do Rio, continuando: "A sra. Prebisch, uma pessoa encantadora, dá todos os sinais de ser simpática aos Estados Unidos."[17] Contudo, ele se perguntava se isso não era bom demais para ser verdade e se J. Edgar Hoover estaria certo ao dizer que Raúl e Adelita eram dissimulados. "Talvez o dr. Prebisch seja muito astuto. Há quem diga que, se agora é simpático aos Estados Unidos, é porque considera que essa é uma boa política. Há quem diga que, no íntimo, é pró-totalitário. Sua mulher e um irmão dela têm inclinações nazistas, mas não se conhece a veracidade dessas acusações."[18] O irmão de Adelita, Alfredo Moll, era chamado de pró-nazista porque tinha trabalhado na I. G. Farben, em Nova York, até a declaração de guerra. Isso foi suficiente para Washington acrescentar seu nome à lista negra. Além disso, a lista de Armour repetiu entre os possíveis defeitos de Raúl que ele mantinha um viés comercial pró-Inglaterra e era responsável pelo declínio das exportações norte-americanas para a Argentina na década de 1930. Em meados de 1943, esse sentimento ambivalente levou os Estados Unidos a grampearem o telefone de seu escritório no Banco Central.

Infelizmente para Prebisch, a atenção dos Estados Unidos sobre o Banco Central criou, por tabela, a desconfiança no governo argentino e nos círculos militares de que ele era um "antipátria", como *El Pampero* e *El Cabildo* normalmente diziam. A imagem do Banco Central como parte da "ditadura financeira", uma instituição dominada por estrangeiros, poderosa demais e fora do controle do governo, já havia se propagado antes de 1941, fornecendo a matéria-prima para um novo maremoto de hostilidade por supostas ligações com a embaixada americana. Tanto Prebisch quanto o dr. Bosch, presidente do banco, estavam preocupados com o grau de alienação do público, mas não conseguiam entrar em acordo sobre as medidas necessárias para enfrentar a questão. Bosch recusou a sugestão de Prebisch de contra-atacar com artigos em *La Prensa* ou *La Nacion* e refutar as acusações item por item. Ele considerava isso como politização do Banco Central e admissão de que *El Cabildo* e *El Pampero* mereciam resposta.[19]

Depois de Pearl Harbor, os controles de divisas e de importações assumiram uma nova importância conforme a guerra alterou a produção e absorveu materiais anteriormente disponíveis na Argentina. O resultado foi uma ampliação dos poderes do Banco Central. Em 15 de junho, um decreto deu a ele novas possibilidades para controlar todas as operações, inclusive o movimento de fundos, contas e títulos entre a Argentina e os países europeus, o Japão e a China. Os Estados Unidos, naturalmente, passaram a buscar nele a principal fonte de informação econômica em Buenos Aires. O Banco Central e o governo argentino haviam introduzido controles rigorosos sobre as atividades alemãs no ano anterior. Prebisch já tinha reduzido os recursos para a embaixada alemã a apenas 200 mil pesos por mês, o que só permitia um funcionamento restrito. O Banco Central já tinha fechado o mercado de dólares, com a exceção de vendas de até US$ 100 para viajantes aos Estados Unidos, e fornecera à embaixada americana dados sobre investimentos do Eixo. Esses últimos números quase não evidenciaram investimento alemão (cerca de US$ 9 milhões) e mostraram investimentos japoneses de menos de US$ 3.000, com quase nenhum comércio por causa da política argentina em vigor desde 1933. Onde estava o inimigo? Isso foi frustrante para os serviços de inteligência norte-americanos, que suspeitaram de uma rede oculta de remessas por parte de empresas controladas pelo Eixo e de organizações de fachada. A fuga de capitais para a Argentina aumentara de 13 milhões de pesos em 1937 para 325 milhões em 1941, despertando suspeitas. Como a Argentina era ao mesmo tempo a maior economia na América Latina e a única a se recusar a aderir, ela se tornou uma preocupação especial para a Junta de Guerra Econômica dos Estados Unidos, que buscava investigar empresas suspeitas, colocadas na chamada Lista Declarada de Empresas do Eixo.[20]

Em 5 de agosto de 1942, representantes norte-americanos encontraram-se com Prebisch para pedir que o banco lhes fornecesse informações sobre "fundos estrangeiros e assuntos correlatos".[21] Tinham recorrido a bancos privados para pedir informações sobre contas de empresas que apareciam na lista ou eram apenas suspeitas de manter ligações com o Eixo, mas não encontraram muita receptividade. A posição norte-americana era recusar a essas empresas acesso ao crédito, e a embaixada precisava que o Banco Central fornecesse informações sobre acionistas de bancos. É claro que também queriam informações detalhadas sobre os bancos argentinos, mesmo os que não estavam tentando obter créditos norte-americanos. O governo americano considerava que a Declaração do Rio justificava o acesso a "detalhes completos", apesar de não compartilhar suas próprias informações sobre empresas argentinas que entrassem na lista negra. Os bancos argentinos encararam essa demanda como interferência e busca de oportunidades para empresas norte-americanas que se posicionavam para o após-guerra. Prebisch disse que a embaixada estava "criando uma impressão desfavorável". Os representantes norte-americanos ficaram ofendidos e resolveram endurecer com o Banco Central. Merwin Bohan, o novo conselheiro para assuntos econômicos na embaixada, tripudiou dizendo que a Argentina colheria o fruto amargo de suas próprias práticas comerciais restritivas da década de 1930 e não obteria mais licenças de exportação para os Estados Unidos: "Para um país que se agarrou à política do 'comprar de quem compra de nós', não deixa de ser irônico que a Argentina possa não obter por nenhum preço muitos dos produtos que deseja importar dos Estados Unidos e de outros países."[22]

O dilema de Prebisch era o que fazer. Ele reconhecia que, em certa medida, a preocupação dos Estados Unidos com a segurança era legítima, pois havia grupos pró-nazistas na Argentina. O problema era o exuberante exagero da ameaça e o fervor missionário em pôr as mãos em propriedades alemãs na América Latina. Para conseguir mercados, investimentos e capacidade de defesa – em suma, para tudo –, a Argentina precisava mais do que nunca dos Estados Unidos, e o Banco Central precisava manter uma linha aberta com a embaixada. Buscando um compromisso, o banco concordou em fornecer informações bancárias e designar inspetores para monitorar as empresas (como os dois bancos alemães) que estavam na lista dos Estados Unidos, garantindo assim que nenhum recurso fosse aplicado no interesse do Eixo.[23] Mas as demandas americanas cresceram exponencialmente. Em março de 1942, Prebisch já tinha sugerido um novo procedimento para reduzir o rancor bilateral: o chamado controle consignatário, em que um processo de monitoramento conjunto do Banco Central e da embaixada americana verificaria o cumprimento pela Argentina da Resolução V da Declaração do Rio. O Banco Central compartilharia com a embaixada informações mensais sobre todas as remessas argentinas para o exterior e permitiria que ela analisasse a lista de "certificados de necessidade" aprovados para licenciamento de importação. O governo delegou essa tarefa ao Banco Central, mas houve uma gritaria dos críticos, dizendo que isso representava intromissão nos assuntos internos. Prebisch argumentou que o sistema mantinha intacto o papel de supervisão geral nas mãos do Banco Central e ao mesmo tempo oferecia um mecanismo transparente para reduzir a tensão e evitar novas demandas dos Estados Unidos. A realidade era que a Argentina precisava de produtos americanos porque não havia fonte alternativa.

O controle consignatário era uma resposta racional porém perigosa para administrar as relações econômicas dos dois países. Em primeiro lugar, ele precisava receber uma atenção prioritária de Washington, com tempo e recursos suficientes. Apesar de amigos de Prebisch, como Chris Ravndal, entenderem e apoiarem o sistema, os cenários de guerra na Europa e na Ásia eram as prioridades norte-americanas, restando pouca atenção para a América Latina. A ideia de Prebisch exigia uma equipe maior na embaixada americana em Buenos Aires. Washington refugou. Ravndal escreveu a Raúl em 31 de agosto de 1942, depois de voltar de Buenos Aires, onde tinha discutido a crescente tensão em torno dos controles de exportação: "Meu caro Raúl, os planos que fizemos com você para descentralizar o controle de exportações estão amadurecendo muito mais devagar do que eu tinha previsto. Parece que não há problema de princípios, e acho que a ideia básica foi aceita pelo governo."[24] Ele achava que o controle consignatário não estaria em vigor antes do final do ano e, de fato, um acordo sobre procedimentos só foi finalizado em 7 de janeiro de 1943.

Nesse momento, porém, as relações já se haviam deteriorado seriamente. Castillo era anticomunista, antiamericano e pró-Inglaterra, tinha 71 anos e estava inquieto com o resultado das eleições de março de 1942, que abalaram a Concordancia com uma maioria radical-socialista na Câmara dos Deputados e um fracasso total em Buenos Aires. O estado de sítio declarado em dezembro continuava. Na política externa, o presidente não estava propenso a mudar a posição de neutralidade.[25] As perspectivas econômicas também estavam mais obscuras. A recuperação da Argentina em 1941, antes de Pearl Harbor, tinha inspirado previsões favoráveis para 1942, mas em abril desse ano o Banco Central advertiu que haveria problemas adiante. A embaixada americana também relatou dificuldades iminentes. Em setembro, Washington aprovou uma nova política econômica para a Argentina. A estratégia aliada incluía Canadá, Brasil, Uruguai e México, deixando a Argentina de fora pela recusa de fornecer aos americanos importações essenciais, como carvão, equipamento de petróleo e armas pesadas. Nesse meio-tempo, os Estados Unidos realizaram manobras navais provocadoras no rio da Prata, nas proximidades de Buenos Aires, para marcar o isolamento da Argentina na guerra e mostrar aos militares a posição oposta do Brasil, que agora gozava de acesso privilegiado a armas modernas graças às suas ligações com Washington.

A arrogância dos Estados Unidos tornou-se intolerável. As operações de guerra da embaixada cresceram exageradamente. No início de 1943, Bohan orgulhava-se de que sua unidade econômica tivesse 82 colaboradores abrigados no prédio do Banco de Boston, com mais 18 pessoas no serviço de inteligência comercial. Tratava-se, nas palavras dele, de "uma agência econômica unificada, que funcionava com perfeição".[26] Hoover e os outros serviços de inteligência norte-americanos tentavam descobrir complôs nazistas em Buenos Aires e eliminar a influência e os investimentos alemães nas Américas, em um esforço generalizado para eliminar as comunidades alemãs, como se a origem étnica confirmasse a culpa e sancionasse a inclusão na lista negra e a expropriação. A embaixada inglesa notou "o dinamismo aparentemente sem direção do corpo diplomático, quase diplomático, de inteligência e militar dos Estados Unidos em Buenos Aires".[27] Sempre que a Argentina se queixava, as solicitações invasivas dos Estados Unidos aumentavam, resultando em novas e mais extremas demandas, apresentadas unilateralmente, como se Washington soubesse mais e tivesse direitos ilimitados de interferência em toda a América Latina. A beligerância norte-americana fortaleceu a resistência de Castillo ao que ele achava ser um esforço de guerra de duas caras, bem como a determinação de manter uma política externa independente contra as pretensões hegemônicas de Washington: ele criticou como injusta a política americana, que não podia comprovar uma ameaça alemã nem apreciar o valor da posição argentina de neutralidade em apoio ao esforço de guerra da Inglaterra. A "ameaça nazista" era muito exagerada: o embaixador britânico Sir David Kelly já observara em 1941 que se tratava de "um incômodo e não uma ameaça". Um ano depois ele relatou que a Alemanha "não estava mais no páreo" como concorrente econômico, político ou cultural.²⁸ Washington agia como se a Argentina tivesse o dever de obedecer a ordens sem fazer perguntas. Castillo e uma corrente poderosa em Buenos Aires reagiam com uma obstinada recusa em cooperar. A temperatura se elevava nos dois lados.

Hull, secretário de Estado, parecia querer vingança por desfeitas imaginárias no passado. Tornou-se tão hostil que o embaixador Armour tentou demovê-lo da ideia de enfraquecer Prebisch e o Banco Central, amigos da causa aliada. Em 28 de agosto de 1942, Hull rejeitou o conselho da embaixada de que a posição do Banco Central deveria ser fortalecida e não debilitada. "Vocês devem avisar Prebisch", escreveu, "de que a pressão exercida pela Inglaterra só deixa ao Departamento de Estado uma alternativa: reconhecer que os controles do Banco Central têm de ser relaxados, não importa quais sejam os desejos do banco."²⁹

Prebisch tentou ganhar tempo. O desafio era sustentar as relações entre os dois países até que as realidades militares mudassem as percepções de ambos os lados e permitissem reconstruir a relação amigável que florescera em 1940-1941. Depois do fim da guerra, as relações bilaterais melhorariam de novo e justificariam a tarefa inglória do Banco Central de administrar o sistema de controle consignatário. Quando a sorte da guerra mudou definitivamente em 1942-1943, pareceu por um tempo que estava à vista o final do pesadelo que se seguiu a Pearl Harbor nas relações entre os dois países. Em novembro de 1942, o embaixador Armour relatou uma melhora significativa. Embora o governo argentino tivesse rejeitado enfaticamente um discurso feito por Sumner Welles em 8 de outubro, segundo o qual a Argentina permitia que seu território fosse usado por agentes nazistas, vinte alemães foram presos. As derrotas militares nazistas no norte da África, na Itália e, sobretudo, em Stalingrado em fevereiro de 1943, bem como a avassaladora derrota naval japonesa em Guadalcanal em 1942, lançaram as forças do Eixo na defensiva e inauguraram a fase final da guerra. Não havia mais ameaça militar imaginável para as Américas, nem nada – em termos econômicos, políticos ou de envio de armas – que a Alemanha pudesse oferecer a seus partidários restantes na Argentina ou no resto do continente. Prebisch supôs que a influência nazista e a pressão norte-americana sobre a Argentina começariam a diminuir.

Ele estava errado: em vez de melhorar, as relações se deterioraram em 1943. O Banco Central ficou em uma situação cada vez mais difícil com o passar dos meses, pois o controle consignatário entrou plenamente em vigor em 7 de janeiro de 1943. Nesse meio-tempo, as relações dos Estados Unidos com o Brasil se aprofundaram. Os presidentes Vargas e Roosevelt encontraram-se a bordo de um destróier americano em 28 de janeiro, depois da reunião dos Aliados em Casablanca, enquanto as demandas norte-americanas à Argentina se intensificavam, em relação inversa à real ameaça alemã à segurança do hemisfério Ocidental. Em 4 de março, o Departamento de Estado aprovou um memorando de políticas voltadas para cortar os últimos laços entre a Alemanha nazista e a Argentina.[30] Em 27 de março, Prebisch e o ministro das Relações Exteriores foram informados da "nova abordagem", que complementava a política de controle consignatário em vigor, mas embutia punições para quaisquer desvios da Argentina em relação à Declaração do Rio. Bohan disse a Prebisch que não se concederia à Argentina nenhuma licença de exportação sem um certificado de necessidade aprovado pela Junta de Guerra Econômica. Só haveria aprovações se a embaixada americana e a junta considerassem a Argentina um parceiro confiável.

Usando o Banco Central como instrumento, os Estados Unidos apertaram o laço. "Em alguns meses", afirmou Bohan em 26 de abril de 1943, "indústrias começarão a fechar, causando desemprego."[31] Até maio, na medida em que a política foi amadurecendo, entre 50% e 60% das solicitações de licenças de importação feitas pelo Banco Central foram rejeitadas, inclusive as de materiais essenciais, como peças de reposição para os setores de petróleo e de transporte. Bohan disse, exultante, que "a crueldade faz parte da guerra econômica assim como da guerra física. Para arrumar a situação por meio do controle consignatário, estilhaços de bombas atingirão inocentes, apesar dos nossos esforços para ser justos com todos os fulanos que se declarem importadores". Prometia "fechar com barricadas a última estrada entre o Eixo e o hemisfério Ocidental. [...] Deixemos que a Argentina se retire por si mesma da comunidade das nações ocidentais".[32] Em uma demonstração pueril de ressentimento, Cordell Hull excluiu Prebisch dos preparativos internacionais para a criação do Fundo Monetário Internacional e do Banco Mundial, recusando-lhe um simples visto para assistir à Conferência Monetária e Alimentar das Nações Unidas de 1943 em Washington. Bohan relatou que Prebisch ficou muito aborrecido, mas notou que "um pequeno ataque ao seu ego não lhe fará mal".[33]

Prebisch desafiou Bohan e a embaixada americana a fornecerem provas das acusações contra pessoas e empresas sob vigilância do Exército dos Estados Unidos e de agentes britânicos que viviam em Buenos Aires. Onde estava a ameaça nazista? Quem eram as "fontes confidenciais" que faziam as acusações? Malaccorto era incisivo nos relatórios sobre empresas alemãs que estavam registradas e não faziam nada ilegal: "O governo argentino não está convencido de que as operações dessas empresas sejam contrárias à segurança do hemisfério Ocidental."[34] O Banco Central também rejeitou a decisão dos Estados Unidos de tratar a Winterhilfe (doações e pequenas remessas a parentes necessitados na Alemanha) como prova da penetração nazista na Argentina e como ameaça à segurança pan-americana. Prebisch perguntava se Bohan esperava que o Banco Central argentino se tornasse mais um instrumento da campanha norte-americana para suplantar os interesse britânicos (e alemães). Ele advertiu que as exigências dos Estados Unidos estavam ficando irracionais e punham em risco a credibilidade do Banco Central como agente financeiro do governo argentino. Os Estados Unidos estavam lutando contra a Alemanha ou contra a Argentina? A pressão sobre o Banco Central já exigia concessões de petróleo como uma condição para liberar licenças de importação. Bohan achava justo que a Argentina abrisse o setor à Standard Oil em contrapartida pelos sacrifícios da guerra em defesa no mundo livre.

Prebisch atendeu cada vez mais às solicitações. Bohan insistiu em que ele fornecesse à embaixada americana demonstrativos mensais de remessas argentinas ao exterior. Ele concordou. Bohan pediu que o Banco Central bloqueasse um pagamento de 15,5 milhões de pesos ao grupo Siemens para projetos de construção locais, pela simples razão de que a Siemens era uma empresa controlada por alemães e estava incluída na lista negra. Ele concordou de novo, de forma relutante, já que a neutralidade argentina não lhe dava base legal para essa decisão. Bohan pressionou ainda mais: o Banco Central deveria bloquear remessas futuras ao Dresdener Bank. Raúl não via base legal para isso, mas disse que pediria a opinião de Pinedo, que concordou, para evitar represálias. Essa relação perigosamente íntima com a embaixada prejudicava os canais oficiais do Banco Central com o governo. Prebisch e a embaixada americana estabeleceram desde 1940 um hábito de contatos "não protocolares" e confidenciais, não sancionados pelo governo argentino, que nem sequer os conhecia, uma prática fortalecida por seus laços pessoais com Chris Ravndal e os banqueiros americanos ligados ao Banco Central e à embaixada. Em agosto de 1942, por exemplo, Ravndal solicitou de Washington que uma carta sua a Raúl deveria ser entregue "sem passar pela embaixada", isto é, evitando os canais do Ministério das Relações Exteriores, como mandava a prática diplomática normal. A carta solicitava dados confidenciais de que só o Banco Central dispunha. "Se puder nos dar uma ideia melhor sobre embarques em navios de bandeira argentina, isso seria uma grande ajuda", observou Ravndal.[35] Prebisch estava sendo arrastado para o papel de agente da embaixada americana. Em meados de 1943, Bohan e o pessoal da embaixada consideravam o acesso direto a Prebisch como um canal para obter ou dar informações confidenciais que desejavam ocultar do Ministério das Relações Exteriores ou da Presidência. O malfadado sistema de controle consignatário aprofundou as expectativas nessa relação especial, e a linha entre o cumprimento da Resolução V da Declaração do Rio e o fornecimento de informações privilegiadas à Junta de Guerra Econômica perdeu nitidez. Em 1943, a embaixada pediu cópias confidenciais de registros de embarque em todos os portos argentinos, algo que Ruiz-Guiñazú, ministro das Relações Exteriores, nunca teria autorizado.

As relações com a embaixada americana sofreram mais um revés em 1943, quando o sistema de controle consignatário de Bohan foi posto abaixo nos corredores da Washington. Lobistas atuavam no Congresso e junto a funcionários, e a maneira mais rápida de fazer com que a Junta de Guerra Econômica se mexesse era chegar a um acordo especial. Enquanto Bohan e Prebisch preparavam suas listas em Buenos Aires e as enviavam a Washington, funcionários da junta as descartaram e aprovaram licenças de exportação para a Argentina por *lobby* de empresas com influência política suficiente para passar ao largo do sistema de controle. As noções de necessidades de guerra e de coerência na política não tinham efeito. Na prática, isso significava que as empresas argentinas obtinham importações norte-americanas adicionais – mas não necessariamente os produtos de que precisavam para preencher a escassez que ameaçava sua economia na época da guerra. As prioridades estabelecidas pelo Banco Central tinham de ser respeitadas para manter a produção nacional. Por exemplo, a Yacimientos Petroliferos Fiscales, empresa estatal de petróleo, só se manteve operando graças a grandes esforços dos seus engenheiros, mas a escassez de equipamentos estava ficando dramática e logo afetaria a produção, deixando Prebisch irritado. Ele telefonou a Bohan em 24 de maio para dizer que se sentia usado. O Banco Central, disse, "não pode permitir que seu prestígio seja minado pela ineficiência americana".[36] Bohan concordou que ambos tinham sido desconsiderados em Washington, mas alegava que nada podia fazer diante dos lobistas. Reclamou ao Departamento de Estado que o resultado em Buenos Aires "foi uma completa perda de prestígio tanto para o banco quanto para a embaixada e, portanto, para todo o sistema de controle de exportações".

Ironicamente, e a despeito da política norte-americana de guerra econômica, as previsões de Bohan de fome e desemprego em massa nas ruas de Buenos Aires não se concretizaram. Em vez disso, a economia se expandiu durante 1943. Apesar da hostilidade dos Estados Unidos, a Argentina mantinha uma influência internacional significativa. Sua produção de carne bovina era necessária para o esforço de guerra dos Aliados, e Cordell Hull precisou garantir a continuação dessas exportações para a Inglaterra. O setor privado dos Estados Unidos continuou interessado na Argentina, e a Companhia Argentina de Promoção de Intercâmbio, estabelecida em Rockefeller Square, 9, em Nova York, não só sobreviveu como pretendia abrir novas filiais em Chicago, São Francisco e Nova Orleans. Além disso, a Inglaterra e os Estados Unidos também continuaram a discordar na política de guerra em relação à Argentina, com Londres favorecendo a neutralidade para proteger o transporte marítimo de carne bovina dos ataques de submarinos alemães, enquanto os Estados Unidos pressionavam Buenos Aires para ingressar na grande aliança. Ressentida pela agressiva intervenção de Washington, a Inglaterra ignorou a política norte-americana e intermediou um contrato dos Aliados para comprar todo o superávit de carne argentina até 30 de setembro de 1944. "Agora ficou difícil para os adversários argumentarem que o regime está isolado", lamentou Bohan.[37] Na verdade, a Argentina permanecia um refúgio, e tanto capital europeu fugia da guerra que o problema de Prebisch era controlar a inflação. O crescimento industrial foi estimulado pela chegada de empresários europeus impressionados com a força inerente do país, estimulando investimentos industriais como a fábrica de aço de Santa Rosa, inaugurada em 1943 por um francês que tinha fixado residência permanente no Novo Mundo. Industriais argentinos importantes, como di Tella, com fábricas espalhadas por todo o Cone Sul, eram exemplos vivos do bem-sucedido empreendedorismo imigrante que estava fora do alcance de Washington.

Prebisch defendia um planejamento para o após-guerra, ressaltando que os governos dos países industriais já trabalhavam nisso. O Relatório Anual do Banco Central reforçou em 1943 a urgência de abrir um debate nacional sério sobre o que chamou de "crescimento para dentro".[38] O apoio à industrialização crescia com rapidez. Os militares exigiam mais suporte estatal para a indústria de armamentos. Luis Colombo e a União Industrial Argentina pediam a criação de um fundo ou um banco de crédito industrial para fazer pela indústria o que o Banco de la Nación fizera pela agricultura. Aconselhado por Alejandro Bunge e temendo que depois da guerra o governo alterasse sua política para a indústria, Colombo criou um centro em meados de 1942 para estimular o apoio ao setor. Esse novo Instituto de Pesquisas e Conferências Industriais convidou Carlos Saavedra Lamas, agora reitor da Universidade de Buenos Aires, para ser seu presidente e recomendou que uma nova comissão nacional de reconstrução social e econômica se reunisse em agosto de 1943 para começar a trabalhar no planejamento do após-guerra.[39] A maioria das indústrias da Argentina construídas desde 1930 para substituir importações era vulnerável. A indústria tinha se expandido 22% durante a guerra e agora respondia por 50% da produção nacional, absorvendo mão de obra. O crescimento industrial também tinha descentralizado as atividades, com fábricas espalhadas por cidades e províncias do interior.[40] O emprego crescera e recuperara o terreno perdido entre 1940 e 1943. Os números sugeriam que a Argentina estava destinada a se tornar a nação industrial líder da América Latina, até mesmo com pretensões a assumir um lugar como potência industrial plenamente desenvolvida depois da Segunda Guerra Mundial. Porém, havia debilidades importantes que precisavam ser corrigidas se não se quisesse que essa semente promissora definhasse e morresse. A maior parte das novas indústrias bélicas tinha baixa produtividade porque estavam protegidas em um mercado interno isolado do mundo pela guerra. Havia exceções. As exportações argentinas para o Brasil (e outros países vizinhos) tinham crescido, apesar de o acordo bilateral de 14 de novembro de 1941 ter sido abandonado, pois os dois países se afastaram após a Conferência do Rio. De modo geral, as novas fábricas eram pequenas e intensivas em mão de obra, abastecendo mercados locais em vez de concorrer no exterior. A Argentina ainda não tinha setores industriais pesados significativos, e os existentes corriam o risco de ser varridos pela concorrência norte-americana depois que a guerra acabasse. Prebisch acreditava que o país enfrentaria essa ameaça com ferramentas melhores do que depois da Primeira Guerra Mundial, pois sua situação financeira e de crédito era muito melhor. A realidade do após-guerra seria uma grande ameaça à nova base industrial, e o sucesso exigia um apoio estatal preciso e equilibrado ao setor privado. Raúl era otimista, pois uma sólida base havia sido construída. O que pensava a esse respeito refletiu-se em um novo decreto, de 20 de abril de 1943, criado para canalizar a investimentos produtivos os capitais que buscavam um porto seguro na Argentina. O artigo que ele escreveu para *La Nacion* relacionava a nova legislação à obra de Keynes, pois tratava-se de restaurar um sistema internacional estável de crédito e de pagamentos para expandir o comércio e abrir os mercados para produtos argentinos.[41]

Em vez disso, a ameaça imediata à Argentina vinha de tensões políticas domésticas que se acirravam no final de 1942, conforme se aproximava o término do período de Castillo. As eleições estavam marcadas para setembro de 1943, mas não havia sucessor óbvio para dar continuidade à Concordancia. Personalidades destacadas perceberam que a Argentina precisava se preparar para a era do após-guerra, mas o governo estava paralisado. Um vácuo político surgira na capital justamente quando o país mais precisava de uma liderança de alto nível para lidar com o isolamento diplomático e a reconstrução no após-guerra. O Partido Radical ainda poderia apresentar a candidatura de Marcelo T. Alvear, mesmo que ele estivesse velho e cansado. Não havia sangue novo na Concordancia para ser um sucessor presidencial verossímil de Castillo, garantindo a vitória do seu Partido Democrata Nacional. O general Agustín P. Justo decidiu então voltar à política em um esforço derradeiro para montar uma coalizão com amplo apoio público e experiência. Justo, uma figura poderosa na Concordancia, sempre rejeitara a política de neutralidade de Castillo. Depois de Pearl Harbor, defendera o rompimento de relações com a Alemanha e, quando Castillo tomou outro caminho, declarou-se voluntário para servir no Exército brasileiro. Simpático à Inglaterra no passado, ele agora se tornara simpático aos Estados Unidos, e no final de 1942 estava preocupado em reduzir a tensão com Washington e restaurar uma relação de trabalho entre os respectivos governos e exércitos.[42] Justo podia contar com o apoio de Saavedra Lamas, Pinedo e Julio A. Roca, e ainda tinha grande apelo nos círculos socialistas e radicais. Em dezembro de 1942, por exemplo, Pinedo prestou uma homenagem especial ao presidente Roosevelt, ressaltando a necessidade de a Argentina aceitar a liderança dos Estados Unidos no esforço de guerra.[43] Prebisch apoiou a candidatura de Justo porque o general estava comprometido em restaurar uma política externa consistente, depois do palavrório de Castillo, e tinha prestígio suficiente para garantir uma relação forte tanto com os Estados Unidos quanto com a Inglaterra. Levando em conta a ação de Justo durante a Grande Depressão, Raúl acreditava que ninguém poderia liderar melhor a Argentina no período do após-guerra.

Prebisch nunca tinha participado ativamente de uma campanha, mas não podia mais se furtar quando o país enfrentava tamanho perigo. Entrou em contato com o ex-presidente e ofereceu seus serviços como assessor informal. Ajudou a preparar o importante discurso de Justo à Câmara Britânica de Comércio em 22 de novembro, que apoiava a vitória dos Aliados e expunha ideias sobre a criação de uma ordem internacional justa e equitativa. O discurso ressaltou a necessidade de uma estreita colaboração entre os Estados Unidos e o Reino Unido na criação de um sistema financeiro e comercial estável e, em um comentário que visava a esclarecer ideias sobre a economia nacional, enfatizou a necessidade de "um desenvolvimento industrial firme e sustentado, com o apoio mais aberto do Estado, desde que não fosse artificial ou antieconômico".[44]

Essa tentativa da Concordancia de formar uma liderança crível para depois de Castillo falhou quando o general Justo morreu em janeiro de 1943. Ele era insubstituível. Não havia candidato comparável no horizonte político. Em alguns meses, as opções da Argentina mudaram de forma ainda mais decisiva quando outras figuras-chave também faleceram. O desaparecimento de Roberto Ortiz e de Marcelo T. Alvear deixou os radicais sem rumo, enquanto a morte repentina de Julio A. Roca retirou de cena outra figura importante, ativa desde a Revolução de 6 de setembro de 1930. Não obstante, as eleições nacionais foram marcadas para setembro de 1943, forçando a Concordancia a buscar um novo líder. Depois de negociações difíceis, chegou-se a um compromisso entre as facções em torno de Robustiano Patron Costas – o mesmo Patron Costas que Prebisch detestava desde a infância em Tucumán. Presidente do Senado e por isso vice-presidente em exercício, ainda mantinha grandes fazendas produtoras de açúcar, cujos trabalhadores migrantes continuavam a viver em condições que lhe haviam rendido o apelido de "escravizador de índios". Sua candidatura a presidente estimulou a polarização política da Argentina. Foi um resultado amargo para Raúl, levado a fazer uma escolha impossível. Em abril, ele compareceu a um almoço angustiante com Patron Costas, o financista inglês Evelyn Baring e vários colegas argentinos, quando avaliaram suas ideias sobre diplomacia e economia. Patron Costas era um caso perdido. Castillo tinha feito muitos inimigos políticos com seus erros, mas o novo líder da Concordancia desgostava de todas as grandes potências, inclusive os Estados Unidos, a Inglaterra e a Alemanha, bem como quase todos os argentinos, desde as infelizes classes trabalhadoras que clamavam por atenção até os militares, cada vez mais irrequietos.[45]

A morte de Alejandro Bunge em 24 de maio complicou ainda mais o futuro da debilitada Concordancia, pois ele se tornara um interlocutor crítico entre o governo e a comunidade empresarial. Intermediara o contato entre o Banco Central e o *lobby* da União Industrial Argentina, proporcionando uma voz de moderação e de bom senso em um momento de crescente turbulência política. Prebisch sentia que uma geração inteira estava saindo de cena diante de seus olhos. Bunge tinha sido um mentor e um pensador à frente de seu tempo, que promovia a industrialização e a integração regional. Em seu último livro, publicado em 1940 com o título *Una nueva Argentina*, elogiara Raúl e endossara a necessidade de uma elite tecnocrática para dirigir o desenvolvimento nacional.[46] Raúl pensou no enterro de seu pai em Tucumán e em tudo que acontecera desde então. Não restavam mais na ativa muitas pessoas com quem havia trabalhado, não encontraria mais Augusto Bunge e agora teria um confronto com Patron Costas.

Dez dias depois, em 4 de junho de 1943, um golpe militar derrubou Castillo e o enviou para o exílio, pondo fim à Concordancia e mudando abruptamente os termos do debate sobre o futuro da Argentina. Liderada pelo general Arturo Rawson, a sublevação queria evitar a eleição de Robustiano Patron Costas, mas alterou o cenário político tão decisivamente quanto havia feito o movimento militar anterior, dirigido por Uriburu em 6 de setembro de 1930. O golpe foi bem planejado e não encontrou oposição significativa quando as tropas ocuparam o palácio presidencial. Porém, logo depois que o presidente Castillo foi deposto, os líderes militares começaram a se desentender e durante dois dias não ficou claro quem surgiria como presidente. A confusão foi enorme, com o governo da República quase no limbo e Rawson tentando controlar as coisas. As discussões se avolumaram em torno das nomeações para os principais ministérios, principalmente o da Fazenda e o das Relações Exteriores. Em um momento, Malaccorto se viu controlando de fato todo o ministério. Por fim, o general Pedro Pablo Ramirez substituiu Rawson e estabeleceu a autoridade, anunciando a nomeação de figuras destacadas, o que acalmou a capital. O Banco Central foi deixado intocado, decisão que agradou os mercados. Jorge Santamarina foi nomeado para a Fazenda em 7 de junho, tornando-se o único ministro civil, e Malaccorto continuou como seu assessor imediato e presidente da comissão interministerial permanente sobre política econômica. Santamarina era um ex-presidente do Banco de la Nación e um dos principais membros da oligarquia. Sua presença representava uma garantia para a elite, mas ele estava inseguro no cargo e preocupado com seu isolamento no governo militar.

A reação externa foi favorável. A nomeação do almirante Segundo V. Storni como ministro das Relações Exteriores foi bem recebida no país, em Washington e em Londres, pois ele tinha uma posição pró-Aliados. A embaixada americana, que havia ficado preocupada com a perspectiva de lidar com Patron Costas, relatou que o golpe favorecia os interesses americanos porque Ramirez era mais próximo dos Aliados que o presidente Castillo. As cotações argentinas subiram em Londres, assim como na Bolsa de Valores de Buenos Aires. Tanto a imprensa brasileira quanto a americana fizeram elogios,[47] com *The New York Times* dizendo que Rawson e Ramirez inspiravam "respeito e confiança".[48] Os principais jornais de Buenos Aires também aplaudiram o golpe militar e o final da luta pelo poder que se arrastava desde a doença do presidente Ortiz em 1940.

Poucas lágrimas rolaram em Buenos Aires pela queda da Concordancia. Ela tinha sido derrubada por dentro com um pequeno empurrão dos militares, e ninguém se surpreendeu que Patron Costas tivesse sido impedido de governar. Porém, a disputa entre líderes militares confundiu os observadores que tentavam interpretar as consequências do golpe na política interna e externa. No início, imaginou-se que o general Ramirez poderia conter a agitação nacionalista mais extrema, partidária do Eixo, e no primeiro momento ele pareceu mostrar à colônia americana em Buenos Aires a mesma afeição que Castillo demonstrara pelos ingleses. O almirante Storni, novo ministro das Relações Exteriores, era pró-Estados Unidos e estava determinado a melhorar a relação bilateral. Compareceu à recepção de 4 de julho na embaixada americana e reviveu nas relações regionais os esforços de integração paralisados desde Pearl Harbor. A Argentina e o Chile concordaram a princípio em estabelecer uma união aduaneira e formar uma comissão conjunta, celebrada com uma cerimônia em Buenos Aires em 24 de agosto.

Outros sinais apontavam para o lado oposto e sugeriam que o impacto da Revolução de 4 de junho seria mais radical do que parecia de início. A coalizão militar que derrubou Castillo tinha um núcleo duro. Por trás de Rawson e Ramirez estava um grupo centrado e coerente, dirigido pelo coronel Juan Domingo Perón, líder (ou pelo menos um dos líderes) do Grupo de Oficiais Unidos, com ideologia corporativista e simpatia por experimentos fascistas na Itália, Alemanha e Espanha. Ramirez o nomeou subsecretário da Guerra após o golpe e o colocou em uma posição que lhe permitia consolidar uma base de poder. Perón tinha desejo de poder e uma visão de futuro para a Argentina, o que o tornava um oponente formidável, mas permaneceu em segundo plano após 4 de junho e ainda não era muito conhecido fora dos círculos militares. O sinal mais claro de que a Revolução de 4 de junho era uma ruptura com o passado veio da nomeação do coronel Elbio Anaya como ministro da Educação. Na condição de oficial subalterno no início da década de 1920, Anaya tinha usado uma brutalidade excepcional para sufocar levantes camponeses na Patagônia e era adepto de uma pedagogia "cujas raízes estavam nas profundezas da tradição nacional e nos sentimentos da nação Argentina, que tinha proporcionado acima de tudo uma falange de cidadãos dignos, homens de posses, tementes a Deus e defensores da pátria". Seguiu-se uma nova ofensiva contra a sociedade civil, muito mais forte que as campanhas periódicas e a censura ineficaz da defunta Concordancia. Augusto Bunge, então presidente da Comissão Democrática para Ajuda a Países Combatentes do Racismo Nazista, foi preso junto com milhares de outras pessoas e sua biblioteca foi queimada por um bando da Legião Cívica. O governo militar nomeou interventores para controlar as universidades, silenciando a oposição nesses espaços. Concessões de cidadania também foram suspensas enquanto durasse a guerra. A justificação oficial para essa repressão foi que os grupos favoráveis à democracia davam cobertura a atividades comunistas. Saavedra Lamas, Prêmio Nobel, renunciou em protesto, mas a crítica feita pelo cidadão argentino mais respeitado no cenário internacional não pareceu preocupar Ramirez e seus colegas.

Em meio a essa mudança política que varria Buenos Aires, a mãe de Raúl morreu em Tucumán no dia 23 de junho. Apesar de não ter sido um acontecimento inesperado, ele o sentiu profundamente. Adelita, que tinha sido adotada por Rosa Linares como filha, passou as últimas semanas ao seu lado, enquanto cada vez mais filhos, parentes e amigos se reuniam em Tucumán. A crise política manteve Raúl na capital, e sua mãe faleceu antes que ele tivesse tempo de se despedir pessoalmente. O imenso funeral em Tucumán foi mais um evento em um ano cheio de preocupações. Apesar da primeira reação tranquilizadora do governo militar em relação ao Banco Central, o golpe o deixara mais exposto e vulnerável. Um decreto que permitia a emissão de títulos ao público e aos bancos tinha completado a arquitetura do banco como organismo central do Estado, dando-lhe a liberdade de que precisava para equilibrar as flutuações econômicas, mas essas medidas reanimaram os ataques a seus vastos poderes. Para o Partido Radical e a esquerda, o Banco Central encarnava a "oligarquia financeira" que dirigia o país. Prebisch foi criticado por suas estreitas relações com a embaixada americana, e a imprensa favorável aos nazistas não havia perdoado seu papel na expulsão do embaixador alemão von Thermann. Mas também crescia a oposição vinda de lugares incomuns, como a virulenta cruzada contra o Banco Central nos bairros pobres de Buenos Aires liderada por um padre católico chamado Mendivel.[49] Sob o grito de guerra de "antipátria", ele reunira todas as acusações contra Prebisch e seu "cartel dos cérebros" – ferramenta da oligarquia, marionete do Federal Reserve, bajulador da Universidade Harvard – em uma poderosa mobilização pública. Pouco depois do golpe de junho, Raúl convidou o padre Mendivel para ir ao Banco Central, onde lhe explicou o papel da instituição e os procedimentos que garantiam uma ação responsável. Mendivel pareceu perplexo e saiu boquiaberto. Prebisch também visitou sua paróquia para responder a perguntas. Como a campanha contra o Banco Central continuou, concluiu que ela era encorajada por facções dentro do próprio golpe de 4 de Junho.

Augusto Bunge morreu em 1º de agosto. Parecia impossível que a sombria sucessão de mortes em 1943 pudesse continuar, e esta foi ainda mais dolorosa porque os dois amigos teimosos não se falavam desde o rompimento em 1934. Ambos esperaram que o outro cedesse, mas nesse ano amargo Augusto seguiu seu pai em uma morte prematura aos 66 anos. Os amigos afastados nunca puderam recuperar o tempo perdido. Durante todos esses anos e a despeito da ruptura, Bunge deixara seu testamento guardado com Raúl como sinal da especial afeição e confiança que continuava a depositar nele. Para Raúl, Augusto Bunge representava civismo, cultura e cidadania sem paralelo em Buenos Aires. Ele tinha acolhido em seu grupo um Raúl recém-chegado e o estimulara em todas as fases de sua ascensão a cargos influentes. No enterro, Raúl deu o testamento a seu afilhado, Mario, com o carinho que devotava à memória de um homem que considerava como pai.

Ao se despedir, disse a Mario, e só a ele, que naquela noite partiria para Washington. O objetivo dessa viagem continua sendo segredo. Nada disse a Adelita, e os documentos americanos que se referem a essas conversas estão entre as centenas de páginas censuradas pelos zelosos arquivistas que cuidam dos papéis da inteligência relativos aos anos de guerra.[50] Raúl nunca falou sobre essa viagem, e somente essa papelada guardada a sete chaves nos Estados Unidos poderia revelar com quem ele se encontrou e o que discutiram. Como não compareceu a nenhum evento internacional, pode-se supor que foi fazer consultas com autoridades norte-americanas. Não restou cópia das conversas, e os relatórios da inteligência americana em Buenos Aires a respeito dos dias 23 de junho, 23 de julho e 2 de agosto, que provavelmente tratavam dessa visita, foram destruídos por censores americanos. Prebisch possivelmente afirmou a necessidade de uma política americana menos intervencionista na Argentina, o que fortaleceria o apoio interno às forças pró-Aliados, como o Banco Central, em vez de miná-las pelo ressentimento. Quase com certeza ele disse aos americanos que o sistema de controle consignatário precisava ser abandonado.

Prebisch sabia que essa viagem a Washington era arriscada, mas sua convicção de que o Ocidente precisava derrotar Hitler o mais rápido possível foi reforçada por acontecimentos familiares. A irmã de Adelita, que vivia na Holanda, narrava os detalhes da ocupação. Além disso, Raúl tinha ouvido em primeira mão um relato dos campos de extermínio em meados de 1942, quando Carlos, irmão de Adelita, cruzou o Atlântico para visitar a mulher e as duas filhas, de quem estava afastado havia uma década. Carlos sabia o que estava acontecendo na Europa porque tinha se juntado a um movimento de resistência que ajudava judeus e outras pessoas perseguidas a cruzar a fronteira com a Suíça. Ele tinha sofrido uma metamorfose ética: o homem que havia escapado da prisão em Buenos Aires e fugido para a Espanha com um nome falso tornara-se um militante antinazista que arriscava a vida se fosse capturado pela Gestapo. Quando Carlos voltou para a Europa para continuar o bom combate, Raúl percebeu que ele próprio não tinha alternativa moral a não ser promover a política pró-Aliados durante a guerra. Tudo indica que essa foi a motivação subjacente à decisão de ir a Washington. Prebisch deve ter feito a mesma rota cansativa de 1940, embarcando em um trem para Mendoza e depois tomando o desconfortável DC-3 para Santiago, Lima, Panamá, Cidade do México e Miami. Em meados de agosto, o mesmo itinerário o trouxe de volta a Buenos Aires, onde retomou sua posição de liderança no Banco Central.

As pressões políticas aumentavam. Em seu compromisso com o país e a causa aliada, ele se viu cada vez mais espremido entre Washington e o governo militar argentino.

CAPÍTULO 8

Isolamento

Adelita abriu a edição matutina de *La Nacion* em 19 de outubro de 1943 e viu a manchete que anunciava a demissão de Raúl da gerência geral do Banco Central. O café da manhã ainda não estava pronto. Raúl fazia a barba. Ela subiu as escadas correndo. "Você não me contou que tinha se demitido."[1] Ele raramente falava de trabalho em casa, mas isso havia passado dos limites. Infelizmente, era novidade para ele também. O novo governo o tinha exonerado sem aviso prévio. Depois de oito anos de poder no centro do Estado argentino, ele enfrentou um golpe repentino e inesperado à instituição que havia criado e que dominava sua vida e seu trabalho.

Prebisch desistiu de tomar café e partiu imediatamente para o banco, onde sua equipe o aguardava, confusa e preocupada. O coronel Enrique Gonzalez, do gabinete do presidente, já estava lá e lhe entregou um envelope com a carta de demissão. Ele próprio não concordava, disse, mas cumpria ordens. Saiu imediatamente, sem mais comentários, deixando Raúl boquiaberto. Pela lei, o gerente geral se reportava ao presidente do banco, o dr. Bosch. Era ilegal que o Poder Executivo o demitisse. Prebisch tinha a esperança de que a imprensa tivesse vazado boatos, uma característica não anormal na envenenada vida política da capital. Depois da visita de Gonzalez ele percebeu que não havia como evitar uma crise que poderia destruí-lo e ao trabalho da sua vida, o Banco Central. Mais notícias chegaram, confirmando a demissão de outros destacados membros da sua equipe, inclusive Malaccorto na Fazenda, em uma ampla operação que afastava ministros, vice-ministros, assessores, especialistas financeiros e até professores universitários. Alfredo Moll, que agora vivia em Buenos Aires depois de voltar de Nova York, ouviu as notícias no rádio e correu para ver Adelita em sua casa em Rivera Indarte, 134, pois temia que Raúl fosse detido pela polícia.

Prebisch poderia ter antevisto a demissão. Sentira uma grande frieza ao voltar de Washington em meados de junho, e os ataques a ele, chamado de "ditador", e ao seu "cartel de cérebros" tinham ganhado força na imprensa apoiada pelo governo. As relações entre Argentina e Estados Unidos estavam novamente em declínio quando a embaixada americana finalmente decidiu que o governo Ramirez era ainda mais intransigente e ditatorial que seu predecessor. Cordell Hull resolveu aumentar a pressão norte-americana depois que Mussolini foi derrubado e preso em julho de 1943, acreditando que uma ação mais dura fortaleceria a posição favorável aos Aliados. Hull então rejeitou o pedido do almirante Storni, ministro das Relações Exteriores, de receber armas norte-americanas, dizendo que a Argentina não cumprira a Declaração do Rio. A estratégia foi equivocada. A sociedade argentina estava controlada demais pelos militares para permitir manifestações de massa, e o endurecimento da política norte-americana só gerou a saída antecipada de Storni do ministério. Esses desdobramentos puseram fim à ambiguidade de parte a parte, levando Washington a mudar a política de controle consignatário para pressionar com mais força a Argentina a romper relações com a Alemanha e o Japão.

A nova política norte-americana visava a Ramirez e aos militares, não ao Banco Central, dando a entender que este último havia ganhado algum espaço depois da volta de Prebisch dos Estados Unidos. O término do sistema de controle consignatário suavizou seu isolamento e permitiu que ele se concentrasse em dirigir a economia, preparando-a para o período do após-guerra. A relação de Prebisch com Santamarina, ministro da Fazenda, permaneceu boa, embora não estreita em termos pessoais. Encontravam-se todas as manhãs e Raúl escrevia os discursos do ministro sobre o sistema bancário e as finanças internacionais. Uma nova oferta de títulos, realizada em 23 de agosto, rendeu 400 milhões de pesos, tornando-se a mais bem-sucedida da história da Argentina.[2]

O governo Ramirez apoiava a industrialização mais abertamente que o de Castillo. Inaugurou em agosto uma linha direta com o setor privado, criando uma comissão especial que incluía Luis Colombo, da União Industrial Argentina, e José Maria Bustillo, da Sociedade Rural, para aconselhar o ministro da Fazenda, sinalizando uma colaboração mais forte entre empresários e governo no futuro. Além disso, a indústria armamentista agora se tornava uma prioridade ainda maior. A Fabricaciones Militares tinha sido criada em 9 de outubro de 1941, antes de Pearl Harbor e da suspensão do envio de armas dos Estados Unidos para a Argentina por causa do resultado da Conferência do Rio. Com o advento do governo militar, as empresas existentes foram consolidadas e postas sob a direção do general Mario A. Savio, um administrador de primeira linha, determinado a modernizar os meios de defesa da Argentina para competir com o Brasil e o Chile. A Fabricaciones Militares defendia a criação de um moderno setor siderúrgico e investimentos em outras indústrias pesadas, como produtos químicos, produção de veículos, equipamento óptico e máquinas-ferramenta, reforçando o clamor pela industrialização.

Ramirez também aprovou a criação do Fundo de Crédito Industrial, a ser administrado pelo Banco Central. Raúl tinha defendido esse conceito, sem sucesso, no Plano Pinedo de 1940, mas coube ao governo militar entender seus méritos e pôr em prática essa importante decisão. Quando Santamarina anunciou na União Industrial Argentina a nova política, em 1º de setembro, seu discurso foi tão abafado por aplausos que ele quase não conseguiu terminar.[3] O texto, escrito por Prebisch, trouxe uma nova nota de otimismo em relação às perspectivas das exportações. O novo Fundo de Crédito Industrial finalmente abriu às empresas argentinas o acesso a um tipo de crédito de que seus concorrentes estrangeiros já dispunham havia muito tempo. Agora eles tinham o que precisavam para competir no comércio internacional. O discurso defendia a "aplicação sistemática de uma política coerente de desenvolvimento", que exigia tanto a industrialização quanto uma clara orientação de comércio internacional. "Este país também precisa de um comércio exterior vigoroso, tão ativo quanto possível. Esse objetivo não contradiz uma política de desenvolvimento industrial. [...] É de nosso interesse que as exportações cresçam tão rapidamente quanto possível a fim de manter a importação dos produtos essenciais de que precisamos."[4] No entanto, o governo militar também insistia em que 60% do Fundo de Crédito Industrial fossem reservados para a Fabricaciones Militares, que encarnava uma estratégia de investimento estatal mais vinculada à segurança nacional que a critérios comerciais. Mas o fato de o governo Ramirez concordar em entregar ao Banco Central a responsabilidade pelo fundo era outro sinal de confiança, e Prebisch era absolutamente franco quando defendia a industrialização argentina. Ele também tinha sido capaz de liquidar 2/3 da dívida externa com a Inglaterra, comprando-a a taxas de juros favoráveis, aproveitando a afluência de capital na época da guerra. Essa medida removeu um ônus financeiro de longo prazo sobre a economia nacional e permitiu que o governo planejasse o futuro com mais confiança.[5]

Prebisch achava que o Banco Central poderia enfrentar a tempestade política dos tempos de guerra e que a Argentina entraria na era do após-guerra com a vantagem de contar com uma economia saudável e cada vez mais industrial. Durante o período da Concordancia, tinha amigos e aliados capazes de apoiar politicamente o Banco Central. No entanto, após a morte de Justo, perdeu as ligações com o *establishment* militar, o que se tornou mais sério depois de 4 de junho. Quando ficou claro que Perón era o principal ator por trás do movimento militar, Raúl pediu a Santamarina, ministro da Fazenda, que arranjasse uma reunião particular com ele, na esperança de que uma conversa franca sobre a economia nacional e a política bancária afastasse os boatos negativos sobre o Banco Central. Prebisch sabia pouco sobre Perón, exceto que era um líder do Grupo de Oficiais Unidos e íntimo de Ramirez. Na verdade, os dois homens tinham coisas em comum. Tinham idades próximas – Perón era seis anos mais velho –, tinham sido protegidos do general Agustín Justo, apoiavam a industrialização e endossavam a criação de um mercado regional com Brasil, Chile e os três países menores – Uruguai, Paraguai e Bolívia. As ideias e políticas específicas de Perón em relação à industrialização não estavam claras no início de 1943 – havia militares mais destacados na defesa da indústria nacional de armamentos, como o general Savio, da Fabricaciones Militares –, mas Raúl nesse momento não previu uma divergência irreconciliável acerca disso. Acreditava que se pudesse encontrar Perón, seria capaz de explicar de maneira convincente o papel do Banco Central na economia nacional e sua importância especial na preparação para o período do após-guerra.[6] Porém, o encontro não ocorreu, apesar de Santamarina ter conseguido uma reunião particular dele mesmo com Perón. O ministro não convidou Raúl porque queria monopolizar esse contato com uma personalidade emergente no país.

Em meados de outubro, durante um grande abalo político na capital, Prebisch continuava convencido de que ele e o Banco Central estavam a salvo. Mesmo quando Santamarina foi substituído pelo militar legalista Cesar Ameghino, ele insistiu, em conversa com representantes americanos em 15 de outubro, em que não pretendia deixar o Banco Central, pois a instituição precisava de "calma e serenidade".[7] Como muitos outros na capital, foi pego de surpresa pelas nomeações no governo militar. O coronel Anaya tinha sido substituído no Ministério da Educação pelo romancista Gustavo Martinez Zuveria, que escrevia com o pseudônimo Hugo Wast e representava um retrocesso à Inquisição. Era um fundamentalista que defendia disciplina e ordem para introduzir instrução católica compulsória nas universidades argentinas. Essa decisão causou uma discordância unânime na capital. Anaya vinha das fileiras militares, mas "Hugo Wast" não. Por que Ramirez o colocara no ministério? Raúl se lembrava de como Augusto Bunge ficara horrorizado quando ele comprou os romances de "Wast" para Mario. Era incrível pensar que esse homem estava agora no poder.

Prebisch não percebia que a mudança ministerial também iria varrê-lo da cena política. Em 15 de outubro, logo depois da conversa de Raúl com representantes da embaixada, os jornais *La Nacion* e *La Prensa* desafiaram o governo ao publicar uma carta aberta assinada por 150 acadêmicos e personalidades de destaque, inclusive Bernardo Houssay, o primeiro argentino ganhador do Prêmio Nobel numa área científica, pedindo a restauração da democracia e o pan-americanismo. Apoiado pelo general Luis Perlinger, ministro do Interior, Gustavo Martinez despediu muitos deles em 17 de outubro. Houssay nunca foi reintegrado. O ataque a universidades provocou a renúncia de Alfredo Palacios, agora presidente da Universidade Nacional de La Plata. Assim como a perda de Saavedra Lamas alguns meses antes, foi um golpe na reputação internacional do sistema de educação superior da Argentina. A campanha do regime para eliminar a oposição potencial estava só começando, e Prebisch não suspeitava que ele próprio estava na lista até que Adelita leu sobre sua demissão na primeira edição de *La Nacion* em 19 de outubro.

Quando o coronel Gonzalez o deixou, Prebisch mandou que sua equipe voltasse ao trabalho até que o presidente e os diretores do banco fossem informados e pudessem se reunir para discutir a crise. Bosch ficou furioso com o governo quando Raúl lhe telefonou para contar a novidade. Recusou-se a aceitar a demissão e pediu uma entrevista imediata com o presidente da República para denunciar sua intervenção ilegal nos assuntos internos do banco. Mas os tempos eram outros. Sem receber retorno da ligação, Bosch percebeu que tinha pouca influência no novo regime. Com isso, Prebisch decidiu apresentar sua própria carta de demissão em 19 de outubro. Nas 24 horas seguintes o presidente Ramirez ignorou Bosch, que finalmente recebeu o recado de que se quisesse questionar a decisão, deveria se encontrar com Gonzalez. Quando Bosch reiterou que a ordem para despedir Prebisch precisava ser revogada e que a questão só dizia respeito ao conselho de administração do banco, foi rispidamente instruído a apresentar suas preocupações em uma carta ao novo ministro da Fazenda. Isso não era promissor, e ele nem sequer recebeu resposta à carta. Engolindo o orgulho, encontrou em 21 de outubro o ministro da Fazenda, que lhe informou que não podia fazer nada, por mais doloroso que fosse perder um funcionário público tão valioso quanto Raúl. A decisão de demiti-lo fora tomada pelo presidente da República e era definitiva.

Porém, por onze votos contra um, os conselheiros do Banco Central se recusaram a aceitar a demissão. Reunidos no dia seguinte em uma sessão de emergência, apenas Cosme Massini Escurra, do Banco de la Nación, votou contra ele. Até mesmo Emelio F. Cardenas, representante pessoal do presidente Ramirez no conselho de administração, se absteve, observando que concordava pessoalmente com a maioria e não se juntaria a Massini Escurra contra Raúl. Fortalecidos em sua decisão, Bosch e o conselho estavam determinados a confrontar o governo militar em sua flagrante desconsideração pela lei. Prebisch ficou gratificado pelo apoio do conselho e soube que contava com a lealdade incondicional da sua equipe no banco, mas percebeu que as coisas eram diferentes na capital. O legado da conexão com Uriburu, o pacto Roca-Runciman e o famoso "debate da carne" tinham dado frutos. A imprensa nacionalista apoiava as demissões, sua e de outros, exultando com a queda dos chamados "antipátrias",[8] amigos da embaixada americana, dos plutocratas ingleses, dos banqueiros e dos judeus. A presença entre eles de tantos profissionais com nomes estrangeiros – a começar pelo próprio Raúl e incluindo Max Alemann, Malaccorto e Jacobo Weiner – não era mera coincidência. A sugestão era clara: tratava-se de um grupo influenciado por judeus e, ao decapitar seus líderes, a Revolução de 4 de junho livrara a Argentina de uma conspiração que operava dentro do Estado. Que essa bobagem fosse publicada na imprensa nacionalista, principalmente em *El Cabildo* e *El Pampero*, não surpreendia Prebisch. O mais preocupante era que os maiores jornais do país, *La Nacion* e *La Prensa*, não tivessem saído em sua defesa. O silêncio de *La Nacion* era um golpe particularmente severo, já que ele trabalhara tão próximo de sua equipe editorial durante a última década. De fato, o jornal apoiou o golpe militar de 1943 contra a Concordancia e o defendeu durante meses, antes de publicar uma carta aberta em 15 de outubro.

Depois que a diretoria do Banco Central recusou-se a aceitar sua demissão, Prebisch passou dois dias em conversações com líderes na comunidade empresarial e bancária. Em 22 de outubro, após ter avaliado cuidadosamente as opções, ele tomou uma decisão. Escreveu de novo para Bosch, insistindo em que o conselho aceitasse sua demissão para o bem do banco. Três dias depois, em uma segunda reunião extraordinária, o conselho não viu alternativa, e a saída foi confirmada. Prebisch poderia ter encorajado os conselheiros a continuarem em posição de recusa. Porém, embora muito lisonjeiro, o apoio deles era insuficiente. Ele precisaria de uma base de apoio mais ampla se quisesse lutar por seu posto, mas ela não existia. A população argentina associava Prebisch à desacreditada Concordancia, e a imprensa nacionalista o chamava de "ditador". Suas consultas a representantes dos conglomerados nacionais incluíam os impérios Shaw, Tornquist, DeBary e quarenta outros grandes empresários e banqueiros. Ele percebeu que não tinha apoio significativo no setor privado nacional. O governo militar conseguira cooptar a liderança da União Industrial Argentina e outros grupos empresariais, acenando com um forte comprometimento com a industrialização. Nenhuma empresa argentina lhe ofereceu emprego, pois a ordem era bani-lo. Somente os bancos estrangeiros e a embaixada americana o apoiaram, um apoio contraproducente, para dizer o mínimo.

Prebisch foi pego de surpresa. Acreditava que ele e seu "cartel de cérebros" haviam se tornado indispensáveis e que nenhum governo racional, militar ou civil, corrupto ou honesto, abriria mão e nem mesmo enfraqueceria um ativo desse tipo. Tinha uma falsa sensação de segurança, acreditando que o Banco Central contava com ligações internacionais e apoio doméstico suficientes para permanecer imune às epidemias da política argentina. No final, o modelo de Pareto de uma "elite modernizante" explodira em suas mãos. A política tinha importância, a democracia e o império da lei tinham importância. Prebisch pretendera isolar o Banco Central, deixando a rixa política e o Jockey Club para quem estava acima dele na escala social, mas isso não tinha funcionado.

Agora precisava pensar no futuro. A demissão era dolorosa, mas ele imaginou que seria uma pausa e não um afastamento permanente. Ainda tinha esmagador apoio no conselho de administração do Banco Central. Bosch estava com oitenta anos e Prebisch era seu sucessor óbvio, além de também ter forte apoio de outros órgãos estatais e do Ministério da Fazenda. Em suma, uma breve reintegração era possível, depois que o governo caísse em si ou as circunstâncias políticas mudassem. Também pensou que a orientação do Banco Central e a grande maioria de sua equipe provavelmente seriam mantidas se ele aceitasse a demissão sem forçar um confronto com o governo militar. Se sua impopularidade se tornara um peso para o banco, o afastamento deixaria a instituição menos sujeita a críticas e a interferência política.

Mas sua demissão não havia sido provocada por diferenças imediatas, e sim pelo poder institucional que ele representava. Com o colapso dos partidos durante a Concordancia, os militares e o Banco Central formavam as duas âncoras institucionais do Estado: os primeiros dominavam a cena política e o segundo regulava a economia. Uma colisão inevitável se aproximava. Prebisch, na visão dos militares, tinha se tornado poderoso demais, independente demais e próximo demais da embaixada americana. Desde 1942 sua exposição política aumentara, com a posição pró-Aliados, a ligação com a embaixada por fora dos canais oficiais e o apoio a Justo. Sua viagem de agosto a Washington foi a prova definitiva de que tinha se tornado poderoso demais para ser tolerado. Se a embaixada americana estava intervindo no Banco Central, os militares tinham interesse nos contatos dela com Prebisch. Como o Banco Central acumulara influência internacional e se afirmara como um importante centro de poder não diretamente controlado pelo Estado, o governo militar decidiu remover um oponente poderoso e dar um golpe na sua independência.

A embaixada observou os acontecimentos de perto e percebeu que a saída forçada de Prebisch era um divisor de águas em relação ao futuro da Argentina. O embaixador Armour e Bohan realizaram uma reunião de emergência com Leo Welch e Lansing Silcox, do First National Bank of Boston, e o grupo recomendou um duro aumento na pressão sobre a Argentina, que deveria ficar "na geladeira". "Ninguém duvida que o governo quer controlar o Banco Central", explicou Arnour a Cordell Hull, "e o sentimento geral é de que isso é só uma questão de tempo".[9] A saída de Prebisch pôs fim ao acesso direto da embaixada a um centro de poder importante no Estado, que não poderia ser substituído com facilidade. "Estamos conscientes da responsabilidade que assumimos ao recomendar uma ação vigorosa", observou Bohn, que acentuou sua hostilidade ao regime com uma citação errônea do aforismo atribuído ao juiz Hartz dos Estados Unidos: "Garantimos que não estamos seguindo a filosofia do juiz Bean, de conceder ao réu um julgamento justo e depois enforcá-lo, mas a do jurista desconhecido que observou que 'podemos estar errados, mas não temos mais dúvidas'."[10] As relações entre os dois países se deterioraram de vez. Em janeiro a revista *Time* chamou a Argentina de "fascista" e "inimiga",[11] e os Estados Unidos aplicaram sanções econômicas. A obra de Bohan estava acabada. Ele trocou Buenos Aires por Washington.

E quanto a Prebisch? Washington percebeu que também era responsável por sua queda, e o subsecretário Adolph Berle reconheceu "a valiosa cooperação dele com a causa dos Aliados",[12] sugerindo que fosse convidado a ir para os Estados Unidos. "Poderia ser bom tomar providências para o sr. Prebisch visitar os Estados Unidos sob os auspícios do governo ou de alguma organização como a Associação Americana de Banqueiros." Era isto: uma visita em recompensa pelos bons serviços prestados; a história continuava, e Prebisch estava agora na retaguarda supérflua da causa aliada.

Ao perder a proteção do Banco Central, Raúl passou a enfrentar perigo pessoal em Buenos Aires. Sua casa ficou sob vigilância policial. Pinedo já tinha sido preso. Com a ajuda de Alfredo Moll, ele partiu naquela noite para buscar refúgio com Oswaldo Altgelt e sua mulher, amigos que viviam em uma casa isolada a cinco quilômetros de Mar del Plata. Na manhã seguinte, agentes da inteligência militar confrontaram Adelita e entraram na casa em Rivera Indarte, 134, procurando por Raúl. Vasculharam a casa e partiram depois que Adelita se recusou a lhes dirigir a palavra. Somente seu chefe de gabinete, M. A. Martinez (que continuava a chamá-lo de "chefe"), sabia onde ele estava e tomou providências para lhe entregar cartas e artigos pessoais em Mar del Plata. Em 2 de novembro, Raúl telefonou para Adelita para lhe contar que estava em segurança.

No início ele estava tão irrequieto que só conseguia andar pelo jardim. Por duas semanas manteve esperanças de que sua ausência fosse temporária e logo seria reinstalado no cargo. Em 2 de novembro Adelita lhe enviou uma mensagem descrevendo uma campanha dentro do banco para sua reintegração e citando boatos sobre uma reversão iminente na política governamental. Julio Gonzalez del Solar iria até a casa naquela noite para lhe dar um relato da situação. Porém, a esperança se desvaneceu durante a semana e nada resultou desses esforços. Em 14 de novembro Adelita escreveu de novo, reconhecendo o fracasso. Eles enfrentariam tempos difíceis. Para ela era mais fácil, observava, pois sua família já tinha perdido tudo na Grande Depressão. "O que mais quero", escreveu, "é ser sua amiga de verdade e ser útil nesses dias difíceis. Não se preocupe comigo. Tudo vai dar certo."

Prebisch teve de sair da letargia e tomar decisões. Como o governo suspendeu seu salário em 22 de outubro, sem pagar indenização, ressarcimento ou benefícios, e como inexistia outra opção no serviço público, Raúl e Adelita precisaram vender o carro para quitar a última parcela da hipoteca da casa. Isso lhes deixou sem dívidas, mas, ficando também sem renda, não podiam permanecer na casa. Teriam de alugá-la imediatamente. Marcelo, irmão do diretor Eleodoro Lobos, que tinha ajudado Raúl em sua chegada a Buenos Aires, ofereceu a Adelita e sua mãe acomodações temporárias numa pequena casa com jardim, aninhada entre montanhas e plantações de limão a oito quilômetros de San Isidro. Adelita aceitou. Tomou sozinha as providências para pôr a casa de Rivera Indarte, 134 para alugar e ao mesmo tempo tornar habitável a casinha com jardim, três pequenos quartos e uma cozinha mínima. Também vendeu para Gagneux a metade que possuíam na casa de férias e usou o dinheiro para comprar móveis para a nova moradia. Os amigos se prontificaram a ajudar, fazendo cortinas e consertando a cozinha e o banheiro. Em 8 de novembro, Adelita deu um jantar de despedida da bela casa onde tinha morado por menos de três anos e que ela esperava reocupar em breve, comemorando ao mesmo tempo o aniversário de casamento de Julio e June Gonzalez del Solar. No final do mês, quando os novos inquilinos chegaram, a casa de campo dos Lobos tinha sido convertida em um lugarzinho aconchegante para Adelita e sua mãe, com alguns inconvenientes – para comprar comida e produtos de mercearia, por exemplo, era preciso andar oito quilômetros de bicicleta.

Raúl ainda morava com os Altgelt em Mar del Plata, mas o medo da polícia tinha se dissipado. Para o regime, ele só era ameaça na condição de chefe de uma agência estatal poderosa. Afastado do cargo não representava perigo, principalmente se continuasse longe da capital. Essa nova sensação de segurança tranquilizou a vida em Mar del Plata. As visitas familiares foram retomadas, seu endereço e seu telefone passaram a circular livremente e ele se tornou um habitante mais visível na comunidade. Porém, a beleza e o isolamento de Mar del Plata, com as longas caminhadas na orla, só aumentavam a dor de seu repentino afastamento do poder e a consequente sensação de perda. Seu primeiro mês longe do Banco Central, com uma chuva de cartas de apoio, apreço, indignação e condolências dos maiores bancos do mundo, bem como de seus ex-funcionários, sublinhou o isolamento dos mundos que ele conhecia e desejava. Agora não tinha mais nada. Julio Silva, que trabalhava no banco e vinha de uma família rica, ofereceu que Raúl e Adelita morassem sem pagar em uma de suas casas pelo tempo que desejassem e pediu que aceitassem "de coração, não como uma dívida que devesse ser paga, mas como demonstração de gratidão por seu voto de confiança em permitir que trabalhasse ao seu lado durante sete anos".[13] Porém, ele recusava caridades. Também recusou ofertas de bancos estrangeiros que o convidavam a trabalhar no exterior. Os bancos nacionais continuavam a se esquivar dele.

A mudança foi abrupta demais. Raúl sempre vivera para o trabalho. De repente, a vida de uma das pessoas mais ocupadas da capital reduzira-se ao tédio de uma aposentadoria forçada. Até 19 de outubro suas decisões moldavam a economia e eram notícia nos jornais. Agora ele era um observador caído em desgraça, mantido à margem das decisões. Saindo da beleza e elegância da casa em Rivera Indarte, 134, tinha aterrissado em acomodações espremidas com cheiro de mofo e um jardim coberto de mato. Apesar de ser péssimo motorista, Prebisch admirava carros de luxo. Agora, até seu Packard se fora. O cargo na Faculdade de Economia também era uma dúvida. Ele não sabia se o regime o aceitaria como professor universitário, mas imaginava que a demissão do Banco Central o tornara *persona non grata* em outros cargos públicos na capital. As pessoas que ele admirava, como Palacios e Saavedra Lamas, tinham renunciado em protesto contra o governo militar. Voltar se arrastando seria uma demonstração de fraqueza. De qualquer forma, não haveria aula até o início do semestre de primavera, e o corpo docente era um remanso intelectual em comparação com o Banco Central. Não encontrava forças para entrar em contato com a faculdade.

O que poderia fazer no campo? Jardinagem? Prebisch adorava jardins e paisagismo, mas não chegava a semear canteiros ou plantar begônias. Ele projetava o jardim e Adelita o executava. Herdara uma aversão por trabalhos manuais e não praticava esportes, só caminhadas. Adelita era mais flexível, uma pessoa mais forte e mais serena que Raúl. Simplesmente aceitava os reveses e levava a vida adiante, fazendo trabalho manual e tudo o mais. Apesar de oriunda de uma família tradicional na Alemanha, era imune ao esnobismo.[14] Em contraste, Raúl era sensível e se magoava facilmente. Desde os tempos da primeira grande crise, em 1943, apoiava-se nela para superar os tempos difíceis. Precisava do infalível bom senso e bom humor dela para parar de se chatear e voltar ao trabalho. No final de novembro, já havia aceitado a nova realidade. Precisava começar vida nova.

Prebisch decidiu usar o retiro no campo para escrever um livro sobre a experiência como gerente geral do Banco Central. Se não era bem-vindo no governo e ninguém lhe oferecia emprego, poderia ao menos apresentar suas ideias ao público. Participara da administração econômica da maior economia emergente do mundo durante quinze anos, no Banco de la Nación, no Ministério da Fazenda e no Banco Central. Por menor que fosse o consolo, sua demissão forçada lhe proporcionava pelo menos o tempo disponível para escrever. Desde o início da guerra, em 1939, sua agenda estivera tão cheia que ele mal tinha tempo para dar aulas na faculdade. Dirigira publicações oficiais, como os Relatórios Anuais do Banco Central, e escrevera artigos anônimos para *La Nacion*, nos quais se identificava como "funcionário público graduado", mas sempre fora um técnico e não um acadêmico, um tecnocrata do *establishment* dirigente. Agora finalmente tinha tempo para pensar nas lições aprendidas desde 1928 e escrever livremente, pois não fazia parte do governo. É claro que sua motivação era ao mesmo tempo prática e financeira. Um livro o manteria no circuito e prepararia o retorno à vida pública depois que Ramirez e os generais tivessem entrado para a história. Não ocorreu a Prebisch que talvez nunca mais retomasse um cargo influente em seu país.

A ideia original era escrever um texto mais descritivo para documentar as lições aprendidas no Banco Central e refletir sobre elas enquanto ainda estavam frescas na memória. Não existia um texto detalhado sobre as origens e o funcionamento da instituição. Raúl conhecia essa história de dentro e melhor do que qualquer um. A política financeira e monetária era fundamental para a Argentina. O Banco Central fora criado porque as alternativas tinham fracassado, e o papel que desempenhara desde 1935 era um capítulo importante na história do país. Ele pretendia misturar experiências pessoais entre 1928 e 1943 com escritos e material de aulas na faculdade. Não mantinha um diário, mas Adelita tinha guardado durante anos tudo o que podia preservar. A maior parte da sua equipe continuava no banco e poderia ajudá-lo a obter informações. Ele estava em condições de fazer uma avaliação inédita da resposta da Argentina à Grande Depressão durante a década de 1930, e era melhor escrever o relato logo.

Porém, decidiu escrever um livro bem mais ambicioso. Para ter mais credibilidade em um período de turbulência internacional e nacional sem precedentes, deveria tratar não só do passado, mas também do futuro. Os desafios que a Argentina enfrentara na Grande Depressão e na guerra seriam seguidos por novos após a paz, e seria igualmente difícil alcançar as soluções. Que lições para o futuro podiam ser extraídas da experiência no Banco Central? Que política monetária a Argentina deveria adotar após a guerra? De forma mais geral, como a experiência desse período serviria melhor para fazer uma transição bem-sucedida para os tempos de paz? Prebisch preparou uma proposta de livro em três partes: a primeira traria uma abordagem teórica; a segunda cobriria a política econômica da década de 1930; a última avaliaria as perspectivas e as opções de política após a Segunda Guerra Mundial. O título seco e técnico, *La moneda y el ritmo de la actividad económica*, foi enganoso.[15] Em vez de um projeto acadêmico estreito, com foco e estrutura convencionais, Prebisch definiu um arcabouço mais ousado, que ia muito além da política monetária. Assim como sua decisão de documentar as experiências no Banco Central o tinha levado a pensar em opções de políticas futuras, também o estudo das perspectivas o tinha levado a interpretar o lugar da Argentina no sistema internacional. O projeto original se expandira para um empreendimento que exigia esclarecer princípios fundamentais. Escrevendo com a confiança de um funcionário graduado, o texto não deixou dúvidas sobre onde o economista Prebisch se posicionava teoricamente em 1943: ele ofereceu uma mistura singular e profética de radicalismo e ativismo estatal keynesiano, com a preocupação de um banqueiro com uma moeda e um setor privado sólidos. Desafiou os economistas liberais, invertendo as teses do equilíbrio e das vantagens comparativas na economia internacional, e propôs uma abordagem teórica mais alinhada com a intuição, a observação e a experiência. O livro apresentava cinco proposições inter-relacionadas sobre os mercados e o Estado.

Prebisch começou com a pergunta fundamental: quais eram os objetivos da política financeira e monetária na Argentina? Ele defendia que o funcionamento adequado da economia exigia um Estado ativo para alcançar três metas básicas de políticas públicas: evitar ciclos de auge e recessão por meio do controle de altas e baixas violentas nos preços agrícolas e de outros impactos do comércio externo sobre a economia; fortalecer o desenvolvimento e manter o pleno emprego; estimular o crescimento econômico no ritmo mais rápido possível. Somente esses objetivos possibilitariam que a Argentina realizasse o seu "enorme potencial", e somente um Estado ativo, que colocasse em prática as intervenções imaginadas pelo Banco Central, poderia proteger o país da sua vulnerabilidade permanente diante dos países industriais. Assim como a Argentina tinha sido forçada a abandonar o livre-comércio e desenvolver ferramentas como o Banco Central durante a Grande Depressão, ela também teria de abrir caminhos para superar os desafios do após-guerra ou enfrentar a marginalização. Depois da guerra o desenvolvimento nacional não viria automaticamente. Só um Estado ativo poderia garantir que a Argentina se tornasse um parceiro pleno – e não dependente – na economia global emergente.

A segunda proposição de Prebisch referia-se ao conceito de "desenvolvimento para dentro". A industrialização tinha desempenhado um papel central no desenvolvimento econômico da Argentina, e era necessária uma política estatal de substituição de importações para manter esse impulso. Por que a Argentina devia buscar a industrialização? Porque enfrentava relações desiguais com seus parceiros comerciais já industrializados. Nem a doutrina das vantagens comparativas nem o funcionamento do ciclo econômico a beneficiavam automaticamente. Prebisch sustentava que os termos de intercâmbio para produtores agrícolas enfrentavam um declínio histórico. Podia-se prever uma "persistente queda nos preços internacionais de nossas exportações" no futuro. A posição sobre os termos de intercâmbio em declínio vinha de sua experiência desde 1930 em diferentes cargos no governo e do que aprendera em Genebra. Os economistas dos países desenvolvidos ainda se agarravam à teoria das vantagens comparativas no comércio internacional, mas Prebisch tinha chegado a conclusões diferentes. Observara durante muito tempo os agricultores argentinos venderem grãos com custos crescentes e se convencera dessa realidade.

Ele percebia um desequilíbrio estrutural mais profundo do que os termos de intercâmbio em declínio no sistema internacional: o funcionamento do ciclo econômico. Segundo os economistas liberais, o mecanismo de mercado beneficiava todos os países – tanto as grandes economias industrializadas quanto as pequenas economias agrícolas –, e o ciclo econômico regulava as altas e baixas periódicas na economia internacional. Prebisch discordava. Em suas *Notas* de 1921 já concluíra que o ciclo econômico criava na Argentina um fenômeno atípico de auge e recessão porque ali faltavam mecanismos de autocorreção característicos das economias industrializadas. Tinha passado pelo *crash* de 1918, o auge da década de 1920, a Grande Depressão, a recuperação pós-1934 e, por fim, a Segunda Guerra Mundial. Vira que o sistema econômico internacional funcionava com um desequilíbrio permanente porque o ciclo econômico operava de forma diferente nos países industrializados e nos agrícolas. Sem uma vigorosa intervenção para controlar as flutuações cíclicas e fortalecer o poder aquisitivo e o emprego por meio da industrialização, a Argentina continuaria extremamente vulnerável a choques externos. "Para resistir à subordinação da economia nacional a movimentos e contingências de fora", escreveu, "temos de nos desenvolver para dentro, fortalecer nossa estrutura interna e chegar a um funcionamento autônomo de nossa economia." A Argentina não poderia desenvolver uma economia autônoma enquanto permanecesse principalmente um produtor de bens primários.

A terceira proposição de Prebisch estabelecia limites ao papel do Estado na promoção da industrialização. Ele pedia "um regime inteligente" (ou um "Estado esperto", no jargão econômico mais recente), o que implicava a "gestão criteriosa" dos poderes estatais, de modo a não reprimir as forças produtivas. Uma intervenção estatal excessiva seria tão prejudicial quanto uma aceitação ingênua da teoria das vantagens comparativas. Embora o Estado devesse apoiar a industrialização, a economia como um todo continuaria dirigida pelo setor privado, que não devia ser refreado. "De muito pouco ou de nada servirá a política monetária se sufocar a iniciativa privada e o espírito empreendedor que requer o incentivo do lucro e um ambiente geral de confiança." Para prosperar, a Argentina precisava de uma parceria entre os setores privado e público.

A quarta proposição de Prebisch tratava do papel do comércio no desenvolvimento. No plano internacional, ele ressaltava a necessidade de restaurar um sistema comercial aberto. Havia testemunhado a ruptura do comércio global em blocos (ou "compartimentos estanques", como ele dizia) durante a Grande Depressão e conhecia o dano que isso causava. Restaurar os fluxos globais após a guerra, com um comércio multilateral e um sólido sistema de crédito, era uma precondição – e poucos dependiam tanto disso quanto a Argentina. "É essencial evitar o que aconteceu após a Primeira Guerra Mundial", observou. A estratégia de "desenvolvimento para dentro" não implicava retirar-se da economia internacional nem hostilizar as potências industriais. "A participação do nosso país na economia internacional tem de ser a maior possível", enfatizou. "Se as importações crescerem, principalmente de produtos essenciais, bens duráveis e bens de capital, elas permitirão exportações e investimento estrangeiro permanente. [...] O país tem que exportar e importar." A promoção das exportações era essencial, e o protecionismo excessivo precisava ser evitado. Prebisch tinha esperanças de um período de após-guerra em que políticas como "comprar de quem compra de nós" poderiam ser deixadas de lado e os controles de importações poderiam ser simplificados. Harry Dexter White e John M. Keynes estavam preparando uma conferência, a ser realizada em julho de 1944, para elaborar um plano de retomada do comércio e de estabilização da economia internacional no após-guerra. Ele esperava que a liderança dos Estados Unidos garantisse o êxito da iniciativa.

Segundo Prebisch, a política de comércio e de industrialização no após-guerra exigiria uma combinação criteriosa de substituição de importações e promoção de exportações, em vez de um protecionismo geral. "Uma política de autarquia é tão absurda quanto a do livre-comércio, com consequências 'nocivas'. [...] A possibilidade de aumentar as importações sob um regime inteligente e uma política de estímulo monetário prudente, quando ele for indispensável, favoreceria um desenvolvimento industrial intensivo que naturalmente atrairia imigração para outros setores econômicos, como nas épocas anteriores de crescimento econômico e demográfico." O desafio da Argentina era desenvolver uma política comercial que refletisse suas próprias necessidades.

Em quinto lugar, para contar com um setor privado competitivo era preciso basear-se nos setores industriais viáveis e, ao mesmo tempo, eliminar as indústrias ineficientes e não competitivas que tinham surgido durante o protecionismo forçado do tempo de guerra. A mesma cautela de Prebisch aplicava-se a gastos estatais, que deviam permanecer prudentes e não inflacionários: "Deve haver um equilíbrio razoável entre o papel do Estado e a atuação de interesses individuais na vida econômica." Ele advertia contra a política de extremos. Em vez de um gasto público excessivo, o crescimento exigia que se buscasse um equilíbrio entre produtividade e política social. Estava obcecado com a inflação, preocupado com os excessos do governo militar em gastos e armamentos. A economia argentina já estava em pleno emprego e corria o risco de superaquecimento. O governo devia resistir a pressões políticas por gastos inflacionários. Apesar de a Argentina precisar melhorar as condições de vida dos pobres, ele apelava a uma política social coordenada com a produtividade para evitar déficits e inflação. "Deve-se ter em mente que a base da política social é o aumento da produção. Sem isso não se consegue um aumento estável no nível de renda das massas." A Argentina só manteria seu lugar no mundo se o governo adotasse uma combinação acertada de políticas. A política doméstica tinha de estimular o crescimento sustentado, pois o país dependia tanto do Estado quanto do comércio internacional para criar as condições da prosperidade.

Apesar de muitas incertezas, Prebisch previa um futuro positivo. É óbvio que a prosperidade não estava automaticamente garantida pelo relativo êxito alcançado durante os dez anos anteriores. Porém, como gestor experiente, ele achava que o país detinha as ferramentas de políticas necessárias para alcançar a estabilidade e o crescimento. O sucesso na gestão da Grande Depressão e a experiência da guerra haviam gerado uma nova confiança e peso internacional. A Argentina tinha dado passos largos desde 1930 e podia esperar chegar à era após-guerra com confiança em vez de com medo, como um jovem e talentoso ator no cenário internacional.

O livro de Prebisch levantou muitas questões teóricas. Suas ideias sobre o declínio histórico nos termos de intercâmbio, sua hipótese sobre um desequilíbrio estrutural no sistema econômico internacional, seu chamado à industrialização e seus conceitos de "desenvolvimento para dentro" e "Estado esperto" tinham extraordinário interesse acadêmico.[16] Sua abordagem poderia ser chamada de "globalização civilizadora". Não via outra opção para a Argentina que não fosse abraçar a inserção no mundo, fortalecer os laços comerciais com os vizinhos, reconhecer o declínio da Inglaterra e aceitar que a liderança dos Estados Unidos era inevitável no sistema internacional em gestação. Via muitos problemas pela frente, mas insistia em que a própria Argentina teria de fazer escolhas políticas. Apesar de acreditar que o sistema internacional era desigual, ele não era um crítico revolucionário do capitalismo ocidental. Não expressava raiva nem amargura. Confiava em que a Argentina poderia desenvolver as ferramentas de que necessitava para fazer face às incertezas do após-guerra.

No entanto, quando tomadas juntas, as propostas de Prebisch em 1943 apresentavam um desafio teórico para a ortodoxia liberal tradicional. Para ele, essa doutrina tinha muitos lapsos e não conseguia explicar a difícil situação da Argentina: "Meu longo envolvimento com a política monetária nos últimos quinze anos me convenceu da necessidade de voltar aos fundamentos teóricos do sistema para melhorar nosso entendimento e a capacidade de gerenciar problemas concretos." O funcionamento da economia internacional apresenta "características tão distintas em nossa vida econômica que requer uma explicação teórica alternativa àquela que é apropriada para os países industrializados". Essa "explicação alternativa" afirmava um desequilíbrio permanente entre países industrializados e agrícolas em um sistema global unificado. Não havia harmonia automática no sistema econômico internacional nem "magia do mercado", mas uma relação de poder desigual que só poderia ser remediada por uma ação estatal deliberada. A apresentação dessa crítica estrutural à teoria liberal abriu uma nova perspectiva no estudo da economia internacional, com sérias consequências para a política de desenvolvimento.

Prebisch concluiu a proposta do livro em 13 de dezembro, mas os editores argentinos não demonstraram interesse. Ninguém reconheceu sua importância acadêmica e seu caráter inovador. Não havia nada tão interessante na literatura econômica. Além da novidade teórica, o livro proporcionava um valioso estudo de uma economia emergente, trazendo o ponto de vista de um ator importante. Talvez o título ocultasse o alcance da investigação. A estrutura proposta em três partes – teoria, experiência no Banco Central e implicações políticas – pode ter parecido árida demais. Talvez o atrativo do livro fosse maior se ele tratasse de toda a América Latina e não só da Argentina. Talvez Prebisch tenha errado ao apresentá-lo sem as imagens evocativas – como "centro" e "periferia" – que usara em 1921. O mais provável é que a proposta estivesse à frente de seu tempo, ficando perdida no tumulto político de Buenos Aires durante a Segunda Guerra Mundial. Só se poderia especular sobre o impacto do livro se ele tivesse sido escrito e publicado em 1944, mas tudo o que restou foi a proposta, uma referência essencial de seu pensamento no fecho de sua carreira no Banco Central.

O fracasso do projeto mergulhou Raúl em depressão. Oscar Altgelt, um piloto que tinha um pequeno Cessna, tentou sem sucesso distraí-lo com passeios de avião pelo campo e ao longo do litoral. Raúl desejava retomar o trabalho teórico o mais rápido possível, mas estava sozinho e sem recursos – não tinha mais uma equipe de pesquisa, acesso a uma biblioteca ou um espaço para publicar sua obra. Sabia que sua formação e sua carreira eram atípicas e reconhecia suas limitações teóricas quando se comparava com economistas formados em universidades americanas ou europeias. Mas sentia que estava no caminho certo porque as ferramentas de política que desenvolvera no Banco Central tinham sido eficazes no mundo real. Falava de "realidade argentina" porque a vivera. Criticava a teoria existente porque havia pelejado com questões monetárias e de finanças internacionais desde a Grande Depressão e entendia intuitivamente que o caso argentino era diferente do dos Estados Unidos ou da Inglaterra.

Tão forte era a necessidade de uma base institucional para reassumir uma identidade criativa que ele admitiu engolir o orgulho e retomar negociações com a Faculdade de Ciências Econômicas, naquele momento sujeita ao caos, pois o governo militar tinha alterado a administração universitária, provocando uma greve, ainda em curso, de alunos e professores. Apesar de parada no tempo, a faculdade era melhor que o tédio e a falta de ação de Mar del Plata ou da casa de campo em San Isidro. Julio Gonzalez del Solar preparou o terreno em uma primeira reunião com a chefia da faculdade em 27 de dezembro, levando uma carta em que Raúl solicitava a readmissão em regime de tempo integral. O novo diretor estava confiante – e até animado – com a perspectiva desse retorno, pois reconhecia que Raúl era um dos professores mais importantes. Além disso, a hostilidade oficial tinha se desvanecido nos meses decorridos desde a sua demissão. Ele se orgulhava, por exemplo, de ver que funcionários do Ministério da Fazenda vinham fazendo contato com membros de sua antiga equipe no Banco Central para achar formas discretas de buscar seus conselhos. Concordou então em assumir duas disciplinas por ano na faculdade a partir de abril de 1946, mas rejeitou as tarefas administrativas para se concentrar em pesquisa e ensino.[17]

O isolamento estava acabando. Ele ansiava por voltar quanto antes a Buenos Aires, mas se via cada vez mais sem dinheiro. As economias do casal estavam se esgotando, e o fracasso da proposta do livro pôs fim a qualquer sonho de adiantamento. Seu cargo na universidade era quase honorífico, e o aluguel da casa em Rivera Indarte, 134 só cobria o essencial. Nem ele nem Adelita tinham rendas particulares e era improvável que encontrassem emprego em Buenos Aires. Ele precisava desesperadamente de um trabalho.

Em 22 de dezembro, uma carta inesperada da embaixada mexicana alterou suas perspectivas profissionais e financeiras.[18] Um mês antes, o Banco do México tinha enviado uma mensagem preliminar a Prebisch em Mar del Plata por intermédio da embaixada em Buenos Aires para fazer uma sondagem sobre uma possível visita. Sem nada mais em vista, ele sinalizou positivamente e indicou que aceitaria um convite formal. Mas nada aconteceu. Ele estoicamente pressupôs que a possibilidade tinha sido abandonada, ou que o governo Ramirez a tinha vetado. Logo depois da demissão recebera um convite semelhante do Uruguai, mas também nesse caso não houve desdobramentos.[19] De qualquer forma, precisava de trabalho em vez de distração. Em 19 de dezembro, em uma mensagem entregue ao embaixador mexicano por Alfredo Moll, Prebisch lembrou que não recebera resposta. Para sua surpresa, a embaixada mandou um convite formal assinado por Rodrigo Gómez, diretor-geral adjunto do Banco Central, propondo uma visita de três meses, na qual conheceria todo o país e realizaria uma série de seminários sobre suas experiências no Banco Central da Argentina. O Banco do México lhe pedia que marcasse uma data e sugerisse honorários. Emocionado com essa espantosa reviravolta em sua má sorte, respondeu no dia de Natal que aceitaria o que lhe oferecessem. Quanto à data, sugeria 5 de janeiro para que pudesse estar de volta no início de abril e preparar suas aulas na faculdade.[20] Quando os mexicanos ofereceram incríveis US$ 5.000, a crise financeira de Prebisch terminou, pelo menos no curto prazo. Ele poderia pensar em voltar para a capital, viver de novo com a família em circunstâncias normais e até comprar um carrinho. Adelita logo começou a procurar uma moradia maior e mais acessível do que a casa dos Lobos em San Isidro, e por fim encontrou uma casa modesta em Buenos Aires que estaria disponível na volta de Raúl.

O convite mexicano restaurou a confiança de Prebisch. Por mais que precisasse do dinheiro, precisava mesmo voltar a circular. Seu maior padecimento depois da demissão foi o isolamento. O Banco do México estava plenamente inserido na rede dos governos aliados envolvidos no redesenho da política monetária internacional, e ele agora contava com um meio de acesso a um mundo que lhe fora negado na Argentina. Sentia-se querido de novo. Além disso, durante a guerra a Cidade do México tinha se tornado uma capital importante, e o Banco do México era uma instituição financeira destacada, com estreitas ligações com o Federal Reserve e especialistas internacionais. As palestras ali significavam que teria uma oportunidade de apresentar suas experiências e lições aprendidas durante o mandato no Banco Central argentino.[21] O período de solidão terminara.

Em 2 de janeiro de 1944, pela primeira vez desde outubro, Prebisch voltou a Buenos Aires e entrou em contato com seus velhos amigos nas comunidades bancária e diplomática para saber as novidades econômicas e políticas. As notícias não eram boas. Soube que suas duas últimas iniciativas que tinham sobrevivido às visitas de 1940-1941 aos Estados Unidos estavam perto de terminar. O programa de intercâmbio entre o Banco Central, a Universidade Harvard e o Federal Reserve seria extinto, e a Companhia Argentina de Promoção do Intercâmbio (Capi), criada com o setor privado em 1941, também estava caindo no esquecimento. Para prosperar (na verdade, até mesmo para sobreviver), a Capi precisava da liderança do Banco Central, mas estava desfavorecida e rebaixada pelas medidas de 18 de outubro. Continuava a existir o escritório em Nova York, apesar do aprofundamento da tensão entre Estados Unidos e Argentina, mas o governo Ramirez mantinha a companhia na geladeira. A União Industrial Argentina, de Luis Colombo, tentava substituir a Capi, estabelecendo suas próprias relações com a embaixada americana, que não estava interessada nisso. Faltavam à entidade recursos e contatos para assumir um papel internacional (faltava-lhe até mesmo a capacidade de traduzir cartas para o inglês). A concorrência pelo poder na capital levou o experimento da Capi ao fracasso, e ela desapareceu sem deixar rastro.

A notícia da viagem de Prebisch ao México provocou comoção entre os amigos. Malaccorto ajudou a preparar seus documentos de viagem, Raúl visitou a faculdade para rever conhecidos e tomar providências para as aulas que começariam na primavera. Os adversários não ficaram satisfeitos que o México o tivesse reconhecido como a principal autoridade da América Latina em setor bancário, incluindo-o em um ciclo de conferências com economistas internacionalmente conhecidos, como Joseph A. Schumpeter. O convite, tão pouco tempo depois de sua demissão do Banco Central, desacreditava um governo militar cheio demais de ideologia para tolerar a excelência e irracional a ponto de condenar Prebisch como lacaio do imperialismo anglo-americano. Para os defensores de Prebisch, era uma vingança bem-vinda. Ernesto Bosch o cumprimentou em uma carta que chegou durante os preparativos para a viagem: "O ditado 'Ninguém é profeta em sua própria terra' não é necessariamente verdadeiro", escreveu. "Embora seja verdade que nosso governo não reconheceu seu papel de liderança no Banco Central, a opinião pública em nosso próprio país e no exterior entendeu o erro de nossos governantes imprudentes. [...] Sinto muito a sua falta. Apesar de você ter deixado uma equipe forte, o comprometimento e o trabalho árduo dessa equipe não são suficientes para nos fazer esquecer a presença do comandante em chefe."[22]

CAPÍTULO 9
Descoberta da América Latina

Oficialmente caído em desgraça em Buenos Aires, Prebisch foi recebido como um dignitário visitante por Eduardo Villaseñor, diretor-geral do Banco do México, e Rodrigo Gómez, seu vice, ao chegar à Cidade do México em 5 de janeiro de 1944. Exceto em conferências internacionais, ainda não tinha se encontrado com representantes do governo mexicano, que também só o conheciam de fama e pelos Relatórios Anuais do Banco Central argentino. Teriam convidado Adelita se soubessem que Raúl era casado. Ele ficou espantado com a gentileza da recepção. Apesar de não ser americano nem europeu, era visto como uma autoridade em moeda e bancos. Raúl sempre se referia a esses três meses como um período singular de descoberta e aprendizado cultural, durante o qual seu conceito de América Latina começou a tomar forma.[1]

Nunca tinha visitado o México. O que viu foi uma cidade magnífica que se estendia desde o centro imperial e as avenidas imponentes até a floresta de Chapultepec, em direção às montanhas, margeando a antiga capital asteca. Zocalo, a praça principal, com o palácio presidencial e a catedral, superava a Plaza de Mayo em grandeza. Hospedado no hotel colonial de Cortés ali perto, aproveitou as primeiras caminhadas matinais para visitar as principais atrações de uma capital construída em escala imperial. Após alguns dias na cidade, Rodrigo Gomez o levou para visitar o interior. Seus anfitriões tinham decidido que Prebisch poderia dedicar uma semana de cada mês a viajar pelo país, de forma que pudesse ver as regiões, sem pressa, até chegar a Guadalajara, passando por Queretero e San Miguel de Allende. No mês seguinte, a viagem continuou por Morelia e Guanajuato, San Luis Potosí e, depois, para o norte em direção a Monterrey, passando pela espetacular cidade colonial de prata, Real de Catorce.

Prebisch logo relaxou. A relação com Gomez e seus colegas ficou cada vez mais próxima, conforme exploravam o país. De início, os mexicanos estranharam seus maneirismos de Buenos Aires, mas depois perceberam que por baixo da superfície formal havia uma pessoa calorosa, generosa e espirituosa.

A descoberta de uma herança pré-europeia e colonial, com um legado cultural que nunca imaginara e uma riqueza totalmente diferente de Salta e Jujuy, transformou a ideia que Prebisch tinha do México – não só de sua diversidade, cultura, riqueza e beleza, mas também de seu potencial. Era um mundo diferente da Argentina. Seu país era muito mais desenvolvido em termos econômicos, com a segunda maior renda *per capita* do mundo, socialmente integrado, com uma ampla classe média e um nível de educação pública já alto e crescente, como se fosse um pouco da Europa no Cone Sul. A pobreza argentina, mesmo a dos agricultores da cana-de-açúcar em Tucumán, não era como a do México, onde a exclusão social conservava um sabor medieval. Os camponeses haviam se revoltado na Revolução de 1910 para reivindicar a terra na qual muitos trabalhavam em culturas de subsistência. A Argentina constituía um enorme êxito econômico e Buenos Aires era um tesouro no Novo Mundo, mas era um país de colonizadores, ainda em busca de si mesmo. O México era uma massa de contradições. Sua riqueza na época colonial havia superado a da América do Norte, até que um declínio abrupto o tinha deixado vulnerável à amputação. Agora, sua economia representava apenas 2% da dos Estados Unidos. Porém, o México era uma civilização, não apenas um país, e o lado Linares da personalidade de Prebisch reconheceu ali uma força e uma permanência que não existiam na Argentina. As culturas indígenas não tinham sido exterminadas. Apesar de maltratadas, mantinham com a terra ancestral um vínculo histórico que transcendia os fluxos e refluxos de prosperidade. A visão de Prebisch sobre a América Latina começou a evoluir de uma expressão geográfica aprendida na escola até um agrupamento de Estados diversos que poderiam e deveriam enriquecer uns aos outros, com o México e a Argentina nos extremos da uma grande família.

O México fervilhava de agitação intelectual e otimismo em 1944. A Segunda Guerra Mundial, que caminhava para o final, havia gerado uma rápida industrialização. O país sempre recebera exilados vindos de todos os continentes, e a mais recente onda de migração incluía muitos intelectuais republicanos fugidos da Espanha após a vitória de Franco em 1939. Outros refugiados haviam chegado da Europa depois do início da guerra maior em setembro de 1939, fortalecendo o espírito cosmopolita e a cultura urbana. Essa atração bem como sua localização geográfica privilegiada na Segunda Guerra Mundial transformaram a Cidade do México em um destino prioritário em 1944. Pela primeira vez o país estava ligado por amizade e aliança com os Estados Unidos.

A guerra na Europa e na Ásia produzira uma mudança na relação tradicionalmente conflituosa entre Estados Unidos e México. Washington precisou promover uma cooperação interamericana mais próxima do que a vaga parceria vislumbrada pela política de "boa vizinhança" do presidente Roosevelt, anunciada após a eleição de 1932. Já em 1º de dezembro de 1940, Roosevelt tinha enviado Henry Wallace, seu vice-presidente eleito, para comparecer à posse do presidente mexicano Manuel Ávila Camacho. Discordâncias por causa da nacionalização do petróleo em 1938 foram sanadas, e um acordo de defesa e cooperação econômica foi assinado no início de 1941. O México prontamente rompeu relações diplomáticas com Japão, Alemanha e Itália após Pearl Harbor, e no dia 20 de abril de 1943 o país ficou eletrizado com a histórica visita do próprio Roosevelt. Uma mudança permanente nas relações com o gigante do norte parecia certa, e a difusão dessa crença provocou uma onda pró-Estados Unidos por todo o país. Mas isso não tinha só um sentido. Washington recuperou a "ideia do Hemisfério Ocidental", com uma ruidosa solidariedade de tempos de guerra, que se espalhou para a sociedade civil. Antes de Pearl Harbor, o "dia da América" em 14 de abril era uma das datas menos conhecidas no calendário americano, mas agora a poeira tinha sido sacudida e o dia era comemorado em inúmeras cidades com festividades que duravam uma semana. A banda da Marinha se apresentava, e discursos invocavam a proximidade especial que parecia existir entre a família dos Estados americanos. Em suma, Estados Unidos e México precisavam um do outro. Uma nova amizade e a cooperação entre dois países surgiram em 1944.

O esforço compartilhado contra o inimigo nazista e o fechamento da maior parte da Europa e da Ásia proporcionaram ao México uma oportunidade para explorar novos caminhos de desenvolvimento econômico e alternativas nas relações com os Estados Unidos e a América Latina. Até o Canadá estava incluído. Começaram negociações trilaterais para um acordo de livre-comércio entre Estados Unidos, Canadá e México, enquanto Washington financiava programas de assistência técnica. O reconhecimento do México como aliado foi tal que a delegação do país à Conferência de Bretton Woods em 1944, que criou o Banco Mundial e o Fundo Monetário Internacional, copresidiu os trabalhos com os Estados Unidos e a Inglaterra. Nessa onda de solidariedade, o Banco do México se via como uma instituição nacional essencial, tendo o Federal Reserve como modelo.

Universidades e empresas norte-americanas também buscavam parceiros mexicanos para intercâmbios e investimentos, como o programa do Banco do México para o qual Prebisch tinha sido convidado, em um exemplo da abertura da instituição. As universidades americanas tinham professores dispostos a viajar ao país quando convidados, e os cursos de pós-graduação que ministravam eram importantes para a formação de economistas mexicanos. Não existia curso de doutorado em economia no México, que contava com pouquíssimos economistas. As universidades americanas tinham se fortalecido ao atrair economistas do mundo todo, oferecendo uma qualidade incomparável de ensino, pesquisa e experiência. Gottfried Haberler e Joseph Schumpeter estavam nesse grupo, assim como Henry Wallich e Jacob Viner. Todos se interessavam pelo México. O Banco do México era reconhecido em 1944 não só como uma instituição de elite em gestão econômica, mas também como fórum de debates e de novas ideias sobre a política monetária do após-guerra. Seu departamento de estudos econômicos não só reunia um grupo de economistas promissores, como também seu presidente e diretores estavam comprometidos com a inovação e o diálogo internacional. A instituição também tinha atraído jovens como Víctor L. Urquidi, que acabara de fazer pós-graduação na London School of Economics. Daniel Cosío Villegas, diretor da Fondo de Cultura Económica, a maior editora latino-americana de livros acadêmicos, também era membro da equipe de pesquisa do banco. Além disso, uma rede de instituições, que incluía o novo Colégio de México e a famosa Universidade Nacional Autônoma (Unam), fundada em 1551, ampliava o círculo de pesquisadores.

O contraste com a crescente polarização política e o estreitamento da vida intelectual em Buenos Aires deixou Prebisch inquieto com o futuro de seu país. Nesse período, a Argentina estava impondo a instrução religiosa nas universidades, reduzindo vínculos acadêmicos, despedindo os melhores professores e se isolando das redes e ideias internacionais. No México, não havia medo nem fofocas. A qualidade do debate, o clima de liberdade acadêmica e o comprometimento com o diálogo eram contagiantes. A prioridade era o desenvolvimento nacional. Universidades, empresas e governo estavam absorvidos nesse desafio e havia no ar um espírito de inovação. Apesar de sua riqueza e de suas vantagens, a Argentina estava se fechando para o mundo, enquanto o México, com todos os seus problemas, se abria para o futuro.

Os dois países se prestavam a uma comparação interessante. A população do México era bem maior, com seus 20,4 milhões de habitantes, contra os 14,2 milhões da Argentina no Censo de 1940; ambos tinham uma população muito superior à do Chile (5 milhões), apesar de não se equipararem à do Brasil, de 41,5 milhões. O México, assim como a Argentina, reagira à Grande Depressão abandonando o padrão ouro e introduzindo uma política de ampla intervenção estatal e expansão, mas havia diferenças importantes. O México ficara inadimplente com sua dívida e introduzira medidas mais radicais, que incluíam a reforma agrária, a nacionalização da indústria do petróleo em 1938, sob o monopólio da estatal Pemex, e a criação de outros instrumentos, como a companhia de desenvolvimento (Nacional Financeira) e um plano de seis anos.[2] A Argentina estava na esfera comercial inglesa, enquanto o México estava na esfera norte-americana. Para ambos os países, o pior momento da Depressão já tinha passado em 1933, quando começaram a crescer de novo, com resultados semelhantes, até o início da guerra europeia em 1939. Os dois diferiam mais nas áreas de segurança e política. O foco de segurança do México continuava a ser a fronteira com os Estados Unidos, mas esta não era mais uma ameaça militar – na verdade, os Estados Unidos haviam implementado um programa para atrair trabalhadores imigrantes, tendo em vista compensar a escassez de mão de obra durante a guerra. A Argentina, ao contrário, tinha rivais bem armados, o Brasil e o Chile. Ambos os países eram governados por generais, Ávila Camacho no México e Ramirez na Argentina. Eram autoritários ao seu próprio modo. Porém, depois dos infortúnios da revolução e da agressão americana, o México construíra instituições estatais duráveis. Cárdenas tinha amplo apoio popular e Ávila Camacho, após 1940, estabelecera uma relação de colaboração com Washington, o antigo inimigo. Na Argentina, os Estados Unidos estavam se tornando o novo inimigo, e as instituições políticas se desintegravam.

Em um ambiente tão estimulante, Prebisch mergulhou na preparação de seus seminários, realizados entre 24 de janeiro e o final de março, selecionando como temas principais o histórico e a criação do Banco Central argentino; a experiência argentina de controles cambiais; a história da política monetária na Argentina, seus princípios e seu vínculo com o sistema internacional; o Banco Central como instrumento financeiro do governo nacional; e, por fim, a questão do padrão ouro e a vulnerabilidade financeira dos países latino-americanos. O clima reinante lhe recordava o Banco Central antes de sua demissão, com a diferença de que, como gerente geral, ele tinha pouco tempo para se manter atualizado com publicações acadêmicas. Os seminários eram realizados em pequenos grupos duas vezes por semana, normalmente apenas com Villaseñor, Gomez e meia dúzia de outros funcionários na plateia, em discussões informais sobre tópicos que incluíam a política monetária e comercial mexicana, suas estratégias na relação com os Estados Unidos no após-guerra e questões mais amplas, como a conferência internacional que estava sendo preparada por Keynes e Harry Dexter White para julho de 1944 em Bretton Woods (New Hampshire) sobre política monetária e financeira global. Os mexicanos aprenderam com a experiência argentina. O Banco Central do México havia sido criado em 1925, antes do da Argentina, porque o sistema bancário privado tinha quase desaparecido durante os anos que antecederam a revolução e a guerra civil, mas só em 1941 a instituição recebeu poderes comparáveis aos do Banco Central da Argentina para gerenciar a oferta de dinheiro e regular o câmbio. Isso era verdade na teoria, mas na prática o México não contava com um mercado financeiro desenvolvido como a Argentina. Villaseñor e Gomez sabiam que ainda havia muito a fazer.[3]

Prebisch abriu o seminário com uma análise abrangente da experiência do Banco Central argentino, fornecendo um relato em primeira mão das operações durante os primeiros anos e uma previsão dos desafios que seu país teria pela frente. As palestras e os debates também chamaram atenção para a necessidade de os países definirem mais firmemente o rumo de suas economias. Vinda do Cone Sul, a experiência de Prebisch tinha uma relevância mais imediata para a plateia mexicana que a dos acadêmicos americanos e europeus. Eles ficaram cativados ao conhecerem a realidade que a Argentina havia enfrentado após a Grande Depressão e os esforços do Banco Central para moderar os impactos dos ciclos econômicos internacionais. A confiança de Prebisch em que países menores também tinham capacidade para entender e moldar seus destinos correspondia às ambições do México. Longos trechos de seus seminários eram impressos nos jornais diários. A combinação de conteúdo e personalidade dava grande significação a esses eventos, estendendo seu alcance para além das reuniões normais com especialistas estrangeiros. Prebisch não era somente um acadêmico, mas também um dos maiores especialistas no continente americano. Avisados de sua chegada, banqueiros norte-americanos o convidaram a ir a Nova York como um velho amigo.[4]

Nessas semanas, boas amizades surgiram com o presidente e sua equipe imediata, assim como com Daniel Cosío Villegas, Víctor Urquidi e o economista americano Robert Triffin. Além de ser editor e um dos maiores intelectuais mexicanos, Daniel Cosío representava uma ponte para entender o país e suas relações com os Estados Unidos.[5] Prebisch reconheceu Urquidi como um dos mais brilhantes economistas jovens do México e, apesar da diferença de idade, descobriu nele alguém que compartilhava seu interesse em teoria do desenvolvimento. O encontro com

Triffin foi diferente. Apesar de terem sido apresentados no México, passaram pouco tempo juntos. Cedido pela Universidade Harvard para o Federal Reserve, Triffin fazia parte de uma geração de economistas americanos comprometidos com o desenvolvimento latino-americano e abertos a abordagens que iam além da ortodoxia liberal do pré-guerra. Convidou Prebisch para trabalhar com ele em alguns projetos de apoio técnico sobre moeda e bancos que o Federal Reserve dava a bancos centrais da América Latina e do Caribe. Foi uma ótima combinação de interesses. Nos Estados Unidos e na América Latina, poucos especialistas tinham a capacidade comunicativa, o conhecimento prático e a reputação de Prebisch. Por outro lado, essas consultorias resolveriam seu dilema financeiro e lhe permitiriam escrever o livro que ficara parado em Mar del Plata.

A notícia se espalhou com rapidez. Outros governos latino-americanos, a começar pela Venezuela, seguida por países andinos, convidaram Prebisch a visitá-los na viagem de volta a Buenos Aires, logo depois que concluísse os seminários. Como a estada no México também aumentara seu interesse em entender as outras regiões do continente, ele tentou harmonizar essas demandas com a data marcada para o reinício das aulas em Buenos Aires. Precisou recusar o convite da Venezuela, mas conseguiu marcar viagens curtas às capitais da Colômbia, Peru e Chile. Sua volta do México, portanto, foi uma sucessão, durante dez dias, de visitas breves a Bogotá, Lima e Santiago, lugares onde ele nunca tinha estado antes. Todos queriam conhecê-lo, e cada visita trouxe uma surpresa.

Nunca refletira com atenção sobre a Colômbia, país que tinha quase o dobro da população do Chile, com uma economia em expansão e uma capital já transbordando os limites de seu centro colonial. Lima era uma cidade magnífica, mais bem preservada que a Cidade do México. Apesar de menor e menos dinâmica, parecia um conjunto de peças de museu no litoral, separada das terras altas indígenas. Chile e Peru tinham tamanhos semelhantes, mas Santiago competia com Buenos Aires, com uma elite governante determinada a colocar o país na liderança da América do Sul. Em cada capital, encontrou latino-americanos – como Carlos Lleras Restrepo na Colômbia ou Herman Max e Benjamin Cohen no Chile – que compartilhavam sua própria determinação em promover o desenvolvimento econômico e acreditavam que a América Latina tinha saído da Grande Depressão com experiência suficiente para ter êxito.

Prebisch voltou para casa no dia 17 de abril, com apenas uma semana para preparar as aulas na faculdade. Adelita foi buscá-lo no aeroporto para lhe dar as boas-vindas após mais de três meses longe, a única vez que ficaram separados.

A casa alugada estava mobiliada, de modo que Prebisch não precisou passar nenhuma noite com os Lobos em San Isidro. Conseguiu comprar um pequeno Citroen para que Adelita não fosse mais obrigada a andar só de bicicleta. Estava satisfeito por ter realizado uma das tarefas que havia estabelecido depois que seu projeto de livro foi rejeitado pelos editores: registrar sua história pessoal sobre a criação e a administração do Banco Central argentino. Seus seminários no Banco do México tinham sido gravados e seriam publicados com o título *Conversaciones en el Banco de Mexico*, embora as sessões tenham sido informais e personalizadas demais para receberem divulgação imediata.[6] Sua contribuição estava ali, para a posteridade, e ele se alegrava de ter alcançado esse objetivo.

Agora poderia passar ao segundo desafio: propor uma teoria do desenvolvimento nova e coerente, conforme havia sido apresentada no projeto do livro recusado. O México lhe causara impacto: deixou de se sentir um acadêmico. Confidenciou a Triffin: "Percebi que sei muito menos do que pensava."[7] Considerava que sua iniciação *ad hoc* na teoria econômica o deixava em desvantagem em relação aos acadêmicos ocidentais. As palestras no México haviam sido bem descritivas, apresentando hipóteses e fatos sobre as "realidades" do ciclo econômico. Uma coisa era descrever o desequilíbrio enfrentado pela Argentina como país exportador agrícola distanciado dos centros industriais (só passou a usar normalmente o termo "periferia" a partir de 1945); outra, bem diferente, era desafiar o *establishment* econômico do mundo inteiro com uma abordagem teórica rival que apontava um desequilíbrio permanente no sistema global. Tinha experiência pessoal e profissional mais que suficiente em política monetária e bancos centrais, mas sua formação teórica era insuficiente. Seus seminários no México tinham sido um sucesso, mas sabia que sua capacidade de convencimento estava mais relacionada com o caráter direto de sua experiência do que com uma elaboração teórica. Decidiu aprofundar a pesquisa sobre a teoria do ciclo econômico, examinando em detalhes a obra de Keynes e comprovando sua relevância para o desenvolvimento econômico na América Latina. O curso, intitulado "Moeda e ciclos econômicos na Argentina", foi além de suas palestras no México.

A faculdade proporcionava poucas condições para um trabalho sério. É verdade que ele tinha seguidores: era esperado por sua antiga equipe e por admiradores como Julio Gonzalez del Solar, que frequentou as aulas e ajudou a publicar várias delas na revista da faculdade. Porém, ao contrário das universidades da maioria dos países, a de Buenos Aires não proporcionava nem um salário suficiente, nem o apoio de alunos de pós-graduação, nem bibliotecas bem equipadas, nem acesso às redes de pesquisa internacionais que trabalhavam com política monetária e comercial. Prebisch não tinha dinheiro para pagar assistentes nem acesso aos estudos especializados e às estatísticas de que precisava. Mantinha ligação pessoal com uma importante editora na região por meio de Daniel Cosío Villegas. Acadêmicos como Víctor Urquidi e Robert Triffin impediam seu isolamento intelectual, proporcionando-lhe um canal de contato com o Federal Reserve. Porém, esses contatos não compensavam o fato de que a Argentina estava visivelmente se fechando para o resto do mundo. Os economistas no exterior tinham acesso não só uns aos outros, como também a especialistas em sistemas bancários públicos e privados, enquanto a Faculdade de Economia estava cada vez mais fragilizada pela crescente vigilância política. Havia pouca possibilidade de trabalho ou de debate produtivo nessas circunstâncias.

A situação política estava mais tensa do que antes de sua partida para o México quatro meses antes, e a volta de Prebisch ao ensino foi denunciada pelos jornais hostis.[8] O governo Ramirez estava dividido ao romper relações com a Alemanha em 26 de janeiro de 1944, lançando dúvidas sobre seu futuro. Em 17 de fevereiro, um amigo de Buenos Aires escreveu a Prebisch dizendo que "a situação no país é muito confusa após os últimos acontecimentos. A impressão é de que há divisões internas no governo. [...] Não há confiança nem nos líderes nem no sistema."[9] Semana após semana, a incerteza política se aprofundava. Apoiadores de Perón prenderam o ministro das Relações Exteriores em 26 de fevereiro, e o presidente foi forçado a recuar. Uma carta de um amigo que trabalhava na embaixada argentina em Washington observou, em 7 de março, que "os acontecimentos políticos em nosso país desanimam os mais otimistas. Parece que o povo começou a usar antolhos, olhando apenas em uma direção e, além disso, a curta distância."[10] A crise política chegou a um ponto crítico em 10 de março com a renúncia do presidente Ramirez, substituído pelo vice-presidente Edelmiro Julian Farrell, que prontamente revogou as medidas antinazistas. Juan Perón, subsecretário da Guerra e ministro do Trabalho e do Bem-Estar Social, foi promovido a ministro da Guerra. Como ministro do Trabalho, estava reorganizando a Confederação Geral de Trabalhadores (CGT) como um instrumento para incorporar os imigrantes pobres, vindos do interior, que inchavam a força de trabalho em Buenos Aires. Em 7 de julho de 1944 o presidente Farrell o nomeou vice-presidente da República e um mês depois ele se tornou presidente do recém-criado Conselho Nacional para o Planejamento do Após-Guerra, que reunia líderes empresariais, trabalhistas, militares, produtores agrícolas, representantes graduados do governo e a comunidade financeira para preparar a economia para o tempo de paz. Mais uma vez, esse novo órgão incluía pesos pesados do setor privado, inclusive Luis Colombo e José Maria Bustillo, que viam uma convergência de interesses com Perón. O presidente Farrell ainda não tinha suspendido o estado de sítio, e todo o comitê central do Partido Comunista continuava preso na Patagônia. Na esfera internacional, a mudança na política argentina em relação à Alemanha minou ainda mais as relações com os Estados Unidos, que romperam relações com Farrell em 4 de março. Em 27 de junho o embaixador Norman Armour foi chamado a Washington para consultas, sem prazo para retornar.

Nesse meio-tempo estavam em curso os preparativos finais para a Conferência de Bretton Woods, com abertura marcada para 1º de julho. O Mount Washington Hotel em New Hampshire tinha sido reformado e estava preparado para receber 730 delegados de 44 países. Vetada pelos Estados Unidos, a Argentina foi o único grande país latino-americano ausente da reunião. Prebisch entendeu o que isso significava para a posição internacional do país. Os acontecimentos mundiais desenrolavam-se com rapidez. Quando terminou, em 22 de julho, a conferência decidira criar o Fundo Monetário Internacional (FMI) e o Banco Internacional para Reconstrução e Desenvolvimento (Banco Mundial), ambos com sede em Washington. Ao ficar de fora dessas instituições multilaterais, a Argentina perdia toda a influência, enquanto países de importância econômica semelhante, como o Canadá, convertiam-se em potências de porte médio, com assento e voz. Prebisch invejou Víctor Urquidi, da representação mexicana, o mais jovem delegado na conferência. Em vez de ajudar a moldar o sistema do após-guerra junto com Keynes e White, Prebisch estava apartado das redes oficiais, abandonado, sem uma base institucional segura, imerso em uma crise política que parecia sem fim.

Tanto Triffin quanto Chris Ravndal, que assumira um posto na Suécia em outubro de 1943 para monitorar a situação da guerra no Leste Europeu, aconselharam com veemência que Prebisch deixasse a Argentina e se mudasse para os Estados Unidos, onde as oportunidades de pesquisa seriam incomparavelmente maiores. Ele havia muito se sentia atraído pela ideia de ensinar em Harvard, mas sua prioridade era permanecer na Argentina. Tinha um interesse sério em teoria econômica, mas estava comprometido com a ideia de voltar à vida pública em seu país. Continuava a acreditar que seu afastamento era temporário, e várias vezes referiu-se à nova carreira acadêmica como uma pausa, um interlúdio, que usaria para escrever um livro que abalaria os fundamentos da economia. Apesar dos argumentos de seus amigos americanos, ele descartava a possibilidade de se mudar para os Estados Unidos e cortar os laços com Buenos Aires. Raúl e Adelita decidiram comprar um terreno em San Isidro, localizado em Chile, 563, com vista para as montanhas em volta. Alberto concordou em projetar uma casa nova para eles – sem a imponência da de Rivera Indarte, 134, mas uma construção sólida que pudesse abrigá-los até que recuperassem o antigo lar e servisse como investimento estável em tempos de inflação.

Prebisch sentia-se deslocado. Estava frustrado, de novo sem dinheiro e sem perspectivas para depois de seu curso na universidade, que terminava em julho. A guerra continuava, e a hostilidade entre Estados Unidos e Argentina se intensificava. O bem-sucedido desembarque das tropas aliadas na Normandia em junho de 1944 não provocou o colapso imediato das forças alemãs, e o fim do conflito no Pacífico estava ainda mais distante. Ele se abriu para uma mudança temporária. Quando Robert Triffin chegou a Buenos Aires para visitá-lo em julho, ofereceu-lhe um trabalho de consultoria no Paraguai em cooperação com o Federal Reserve. Triffin tinha esperanças de que a missão fortalecesse a visibilidade regional de Prebisch e ele fosse convidado para um posto universitário nos Estados Unidos.

O Paraguai, cuja população finalmente chegara a 1 milhão de habitantes em 1940, tinha recuperado uma certa estabilidade política depois que o general Higinio Morinigo sucedeu seu colega José Felix Estigarribia. Este último era um herói nacional cujas táticas não convencionais, aprendidas quando lutou com os franceses na Primeira Guerra Mundial, tinham vencido a Bolívia na Guerra do Chaco, mas cujas habilidades em gerenciar a economia tinham se mostrado limitadas. Depois da morte de Estigarribia em um desastre de avião, Morinigo pôs fim a quatro anos de tumultos e proporcionou uma abertura para a modernização econômica. O Federal Reserve foi solicitado a dar aconselhamento sobre a criação de um Banco Central, e o decreto presidencial 5.130, de 8 de setembro de 1944, autorizou sua criação: Triffin sugeriu que Prebisch passasse alguns meses em Assunção, ajudando a lançar as bases da instituição,[11] com honorários de US$ 2.000 por mês mais despesas. Ele aceitou, com duas condições: que Adelita o acompanhasse e que fosse remunerado pelo governo do Paraguai e não pelo Federal Reserve. As tensas relações diplomáticas entre Argentina e Estados Unidos, junto com o longo histórico de proximidade entre Argentina e Paraguai, aconselhavam um pagamento feito entre sul-americanos, excluindo a intermediação de Washington para evitar qualquer reação em Buenos Aires. No dia 17 de setembro ele recebeu um convite oficial de Carlos A. Pedretti, presidente do Banco da República do Paraguai, para um contrato que se estenderia de janeiro a abril de 1945, com uma visita posterior em julho.

Triffin desculpou-se depois por "tê-lo empurrado para um trabalho que certamente tinha muitas desvantagens", mas, na verdade, Prebisch desejava a missão no Paraguai.[12] Em primeiro lugar, era perto de Buenos Aires. Apesar de querer se afastar um pouco da tensão política, também desejava permanecer próximo da capital para poder voltar para casa rapidamente, se necessário. Não era como trabalhar nos Estados Unidos, onde teria a dupla desvantagem de ficar isolado e ser acusado de se vender para os americanos. Em segundo lugar, o Paraguai era um país importante para a Argentina, que disputava com o Brasil o predomínio no Cone Sul. O país vizinho era quase uma província, de modo que desempenhar ali o papel de consultor do Banco Central não conflitava com o interesse nacional argentino. O Paraguai se tornara independente da Espanha em 1811. Apesar de recusar a anexação à Argentina, assim como o Uruguai e a Bolívia, permanecia em sua órbita. Os dois países haviam celebrado um acordo de livre-comércio em 1916, e a Argentina intermediara o fim da Guerra do Chaco. O Paraguai, segundo um memorando argentino datado de outubro de 1943, "não é como qualquer outro país, mas organicamente complementar a nós em termos econômicos e geográficos".[13]

O começo da Segunda Guerra Mundial ameaçara os interesses argentinos no Paraguai. Em 1940 o Eximbank emprestou US$ 3 milhões ao general Morinigo para contrabalançar a influência argentina. Em outubro desse ano, a Argentina reagiu, promovendo um acordo de comércio com quatro países do Cone Sul, que no entanto foi anulado pela guerra no Pacífico, iniciada em 7 de dezembro de 1941. Depois de Pearl Harbor, com o Brasil como parte da aliança norte-americana e a Argentina neutra, a disputa pela influência no Paraguai se intensificou, ficando a Argentina cada vez mais preocupada com o crescente poder militar do Brasil. Quando a Argentina cancelou as dívidas pendentes do Paraguai como gesto de boa vontade, o Brasil anunciou a mesma medida em maio de 1943. Em 1944, o Paraguai dava-se ao luxo de ter três países competindo por sua atenção em acordos comerciais. Apesar de Prebisch ter ido para Assunção como consultor sobre moeda e bancos, era um patriota argentino comprometido com o fortalecimento da cooperação bilateral. Antes de ter sido demitido, apoiara a formação de uma comissão conjunta e uma união aduaneira com o Paraguai, e antes de partir foi informado pelo Banco Central sobre as iniciativas em curso e sobre as intenções brasileiras no Paraguai, um Estado amortecedor que argentinos de todas as facções consideravam de vital importância.[14]

O Paraguai era considerado um peão no equilíbrio regional de poder, mas Prebisch conhecia pouco da história do país quando entrou com Adelita em um barco fluvial uruguaio no porto de Buenos Aires para começar uma viagem de três dias até Assunção. Depois de cruzar o estuário do Prata, entraram em um canal navegável do rio Paraná e rumaram em direção à província tropical de Corrientes, na Argentina, onde cruzaram a fronteira e entraram no Paraguai. Depois de jantar com talheres e bandejas de prata à luz de candelabros pendentes do teto, o casal recolheu-se a aposentos igualmente elegantes no andar de baixo e despertou na manhã seguinte com nuvens de flamingos voando ao som do ronco repetitivo e abafado dos motores da embarcação.

Conforme iam adentrando florestas intocadas que margeavam o rio, animais selvagens se alinhavam na borda para observar os intrusos. Ao meio-dia o sol tropical tinha levado os passageiros a se refugiarem em espreguiçadeiras sob toldos, servidos por garçons que circulavam com copos de gim-tônica e canapés. O jantar só pôde ser servido às 23h30, quando uma leve brisa começou a correr pela sala de jantar. Mais adiante, na altura da cidade de Corrientes, a embarcação reduziu a velocidade, avançou, retrocedeu e avançou de novo, na tentativa de encontrar uma passagem no rio imenso mas raso, para a fase final até Assunção. Depois de uma hora, o capitão admitiu que não era possível prosseguir. Os dois passageiros para Assunção foram avisados e suas malas, transferidas para uma lancha pequena e aberta. Adelita e Raúl acotovelaram-se com a bagagem, trocando o luxo da embarcação fluvial por uma corrida veloz e molhada até o destino no centro geográfico da América do Sul. Assunção foi avistada como uma miragem no calor intenso, com seu minúsculo porto abrigado em uma baía profunda depois do rio, dando lugar a um platô por trás dele, onde estavam localizados o palácio presidencial e o Congresso, emoldurados por um lânguido céu azul.[15]

Os meses em Assunção foram envolventes e enriquecedores. O Paraguai era uma descoberta tão interessante quanto o México, apresentando uma nova face da América Latina, com um desafio de magnitude diferente. Eles ficaram hospedados no Gran Hotel de Paraguay, propriedade de uma tranquila família alemã, mas celebrizado (como souberam então) por Madame Lynch, uma cortesã irlandesa que tinha tornado a capital um destino obrigatório em toda a região em meados do século XIX. Foram calorosamente recebidos na cidade quente e úmida. O anfitrião, Carlos Pedretti, e seus colegas eram pares ávidos e atentos, comprometidos em criar um Banco Central autônomo com uma divisão de controle cambial eficiente, sem interferência política e sem corrupção. Como não havia ar condicionado, o dia de trabalho na cidade era organizado de acordo com o clima. A agenda matinal era a seguinte: despertar às 6h para reuniões logo cedo no banco com Pedretti e seus colegas, almoço às 11h, seguido de sesta. O turno de trabalho vespertino começava às 17h, seguido de jantar tardio, na esperança de que o calor no quarto estivesse suportável por volta da meia-noite para o descanso.

Assunção era limpa e simpática. O povo era pobre mas digno, e os bondes eram eficientes e pontuais. Adelita conheceu bem a cidade e viajou por um país interessante e diverso, normalmente descartado em Buenos Aires, Montevidéu ou no Rio de Janeiro como sendo um lugar atrasado e semicivilizado. A língua do povo era o guarani, junto com o espanhol; a cultura era, portanto, indígena, e mostrava uma dimensão da América Latina que Raúl tinha ignorado desde seus anos em Tucumán. Ele e Adelita começaram a entender a Guerra da Tríplice Aliança, como era chamada, em que os três países "europeus" – Argentina, Uruguai e Brasil – uniram forças contra esse vizinho sem acesso ao mar e comparativamente minúsculo e lutaram até que a população foi reduzida ali em 2/3 de um total que antes da guerra era estimado em 450 mil habitantes, com uma catastrófica dizimação de homens – apenas um vivo para cada quatro ou cinco mulheres – e a virtual desintegração do Estado.[16] No final, soldados mirins e mulheres paraguaias haviam lutado em Cerro Corá com varas e pedras contra regimentos que usavam espingardas e canhões. O arcebispo de Assunção fez uma visita guiada com Adelita pela catedral, cujo altar de prata havia sido levado pelas tropas argentinas junto com outros bens valiosos. No tratado de paz imposto ao Paraguai, a Argentina exigiu 10 bilhões de pesos em indenização, assim como fez o Brasil – dívidas absurdas que foram canceladas pelos dois países em 1943, setenta anos após o conflito mais catastrófico na América Latina pós-independência. Os livros de história do ensino básico em Tucumán culpavam o ditador paraguaio Francisco Solano López por declarar uma guerra tola contra o Brasil e a Argentina, e Raúl nunca refletira sobre isso. Em Assunção, porém, formou uma visão diferente. Quaisquer que fossem as origens do conflito, três vizinhos poderosos e de população branca hegemônica (o Brasil manteve a escravidão até 1888) travaram uma guerra de extermínio contra uma sociedade indígena digna, que resistiu literalmente até o último combatente. As tropas da Tríplice Aliança tinham usado metralhadoras Gatling de último tipo para arrasar destacamentos inteiros formados por garotos. Porém, o Paraguai se reconstruíra após a catástrofe. Famílias de várias mulheres com um só homem aos poucos refizeram a população masculina. Disputas entre os vencedores e a subsequente decisão arbitral do presidente Hayes, dos Estados Unidos, deixaram o Paraguai com a metade de seu tamanho inicial, mas com menos perda territorial do que esperavam seus vizinhos brutais. A volta à normalidade ocorreu gradualmente, mas, quando a população retornou ao nível de 1865, a Grande Depressão atingiu o país. Depois, em 9 de setembro de 1932, a Bolívia atacou do leste, com um exército muito maior e mais bem equipado, para tirar do Paraguai a região do Chaco, supostamente rica em petróleo, iniciando a segunda guerra mais sangrenta da história latino-americana. Novamente o Paraguai lutou sozinho pela sobrevivência, dessa vez conseguindo vencer os invasores com uma campanha brilhante. A poeira da região semidesértica do Chaco entupiu as armas das tropas bolivianas, enquanto o calor, a seca e as distâncias dificultaram a manutenção de uma linha de fornecimento de suprimentos. Tropas irregulares paraguaias comandadas pelo general Estagarribia reviveram o espírito de luta da guerra de 1865-1870, enfrentando pelotões bolivianos com facas e, por fim, rechaçando-os de uma das regiões mais hostis do mundo. Saavedra Lamas intermediou um acordo de paz, e a guerra terminou em 12 de junho de 1935, deixando o Paraguai com fronteiras que circundavam 3/4 do Chaco. O país tinha sofrido mais de 35 mil baixas, 10% da população, com um número ainda maior de feridos. Depois constatou-se que não havia petróleo na região.

A experiência de Prebisch no Paraguai forçou-o a repensar os estereótipos culturais compartilhados com muitos na Argentina e no Ocidente em geral. Como a destruição do Paraguai entre 1865-1870 poderia ser entendida, exceto em termos raciais, que se estendiam a todo o Novo Mundo? Ele percebia agora que até mesmo Augusto Bunge, um crítico incansável da injustiça social e líder da campanha contra o antissemitismo, escrevera em 1915 *El culto de la vida*, um livro impregnado de preconceitos bem difundidos em relação à inferioridade racial de índios e negros.[17] Raúl percebeu que as campanhas "militares" de Roca contra os índios, celebradas com tanto orgulho nos livros didáticos em nome da construção da nação, tinham sido campanhas de extermínio contra populações indígenas dentro de suas próprias fronteiras. Ele mesmo tinha ficado orgulhoso ao achar cartas do general Teodoro, seu tio, para Roca sobre uma das campanhas. A repulsa que varreu o mundo em relação ao holocausto nazista devia ser vista em um contexto histórico que incluía a catástrofe infligida pela conquista europeia aos povos indígenas – o pecado original das Américas e da África, cuja responsabilidade tinha de ser assumida pelas sociedades colonizadoras. O Paraguai havia experimentado uma história trágica, mas seu povo não tinha sido vencido e servia de exemplo para os povos indígenas submetidos nas Américas. Esta foi a lição que Prebisch aprendeu no Paraguai.

O trabalho de consultoria foi uma novidade em relação à sua experiência pessoal e profissional. Esse era um país claramente subdesenvolvido, mais do que a Argentina ou o México, carente de recursos humanos e de infraestrutura para uma modernização econômica, que incluísse um sistema estatístico nacional adequado. Boatos recorrentes de golpes militares (um deles havia sido sufocado pouco antes de sua chegada) dificultavam qualquer esforço para fortalecer o Estado, e já havia ameaça inflacionária. Prebisch tinha poucas expectativas de que a legislação de criação do Banco Central, que ele redigira, pudesse ser eficaz mesmo que fosse aprovada. (O mesmo se pode dizer de Pedretti: pouco tempo depois da partida de Prebisch, ele também se veria a bordo de uma embarcação descendo o rio Paraguai.) A despeito desses problemas, Prebisch ajudou a fortalecer a administração bancária, sanear o sistema de controle cambial e criar uma divisão de pesquisas para abrigar uma equipe de especialistas que aconselhariam a política econômica e ajudariam a monitorar o gasto público.[18] Prebisch havia estabelecido uma relação próxima com seus colegas em Assunção. Três meses de trabalho tinham dado uma direção e fortaleceram as operações e a moral do Banco Central. Ele não podia fazer mais nada, pois o resto dependia de desdobramentos políticos no Paraguai. Triffin ficou encantado com os resultados e quis lhe dar mais trabalho: "Estudei o projeto com toda a atenção, assim como também estudei toda a regulamentação de controle cambial e do Banco Central. Peço permissão para me inspirar no seu trabalho em missões futuras."[19]

A volta de Raúl e Adelita a Buenos Aires foi um misto de felicidade por estar em casa e expectativa sombria pelas dificuldades políticas que se avizinhavam. As últimas fases de preparativos para a casa nova em Chile, 563, em San Isidro, mantiveram Adelita e sua mãe ocupadas, enquanto Raúl tentava se concentrar em sua pesquisa. Chegou a notícia de que Carlos Moll não sobrevivera à guerra: fora executado na prisão Plötzensee, em Berlim, depois de ter ajudado em uma tentativa de assassinato de Hitler. De início, sua cidadania argentina permitiu que ele fosse deslocado para fazer trabalhos forçados fora das celas, mas foi posto em solitária e na lista de eliminações depois de ajudar quarenta prisioneiros a fugir quando os guardas estavam bêbados. No dia 22 de abril, quando o exército soviético estava a poucos quilômetros de Plötzensee, Carlito pediu que um padre holandês que também estava preso desse a extrema-unção a todos. Na noite seguinte, levados para fora com a promessa de libertação, foram metralhados. Gravemente ferido, o padre foi o único sobrevivente do massacre. Ele se recuperou dos ferimentos em um hospital de campanha soviético e pôde contar a história de Carlos Moll, cujas filhas em Buenos herdaram um relógio Rolex, 19 mil francos suíços e a memória de um herói argentino para a humanidade.[20]

A turbulência política em Buenos Aires desconcentrava Prebisch. A guerra não era mais um divisor. Como a derrota da Alemanha se anunciava, até o governo Farrell decidiu declarar guerra em 27 de março de 1945 para se alinhar com os vitoriosos e confiscar os bens dos cidadãos alemães e japoneses na Argentina. A decisão era conveniente para todas as partes e logo melhorou as relações com os Estados Unidos. Nelson Rockfeller ficou muito satisfeito. A Argentina foi convidada a ingressar na Organização das Nações Unidas (ONU) e a assinar o Tratado de Chapultepec. Washington restaurou as relações e enviou um novo embaixador, Sproule Braden, que antes servira em Cuba, para suceder Armour. Gordo e corado, determinado a trazer a Argentina de volta ao redil interamericano, Braden foi recebido com boas-vindas por toda a oposição democrática, de oligarcas a socialistas.

Buenos Aires enfrentava sérios protestos contra o governo conforme a vitória dos Aliados se aproximava. A repressão política se aprofundou e a universidade ficou ainda mais tumultuada. Pedidos de eleições e pelo fim do governo militar cresciam, agora que a guerra não era mais uma desculpa. Surgiu uma divergência nas relações do regime militar com as grandes empresas, desestabilizando ainda mais as relações políticas. Luis Colombo, da União Industrial Argentina, que originalmente acolhera os planos de industrialização de Perón para o após-guerra, rompeu com ele – assim como a Sociedade Rural – quando percebeu que os planos políticos e econômicos diminuíam seus poderes. Agora temia-se o crescente apoio de Perón na classe trabalhadora e em outros grupos excluídos da capital e do interior. O aumento de sua popularidade no movimento trabalhista conferiu-lhe uma base que podia paralisar a economia do país com greves e cujo apoio continuado demandava custosas reformas. Uma revolta populista vinda de baixo estava em fermentação.

Triffin esforçava-se para trazer Prebisch para a Universidade Harvard, e o Departamento de Estado dos EUA estimulava essa iniciativa. Em carta de 20 de março de 1945 ele levantou de novo a possibilidade de uma estada de Prebisch como professor visitante para ajudá-lo na "preparação de seu livro". Uma semana depois, em uma carta mais longa, listou as alternativas práticas para que Raúl visitasse os Estados Unidos depois de terminar as aulas em 1945.[21] Dizia que a Fundação Guggenheim estava pronta para financiar a visita, mas havia um problema de datas com Harvard. A universidade gostaria muito de recebê-lo, e Wassily Leontief apresentara à Fundação Rockefeller e à Fundação Guggenheim uma calorosa carta-convite para recebê-lo como professor visitante. No entanto, Harvard já tinha preenchido o cargo para 1945, e isso significava esperar mais um ano. Triffin aconselhou que Prebisch viesse com uma bolsa da Fundação Guggenheim e aos poucos se estabelecesse na comunidade acadêmica americana: "Uma vez no país, será mais fácil fechar outros acordos. Há muitas organizações e universidades que poderiam convidá-lo a dar palestras aqui em Washington, em Nova York e em Harvard." As relações entre os dois tinham se estreitado no início de 1945, com a visita de Triffin e sua mulher a Buenos Aires ("De longe, a parte mais alegre de toda a nossa viagem ao Sul", como observou). Ele enviou a Raúl uma cópia de suas propostas para a nova legislação de controle monetário e cambial na Costa Rica, considerando o trabalho de ambos um modelo para a América Latina como um todo. "Tenho esperança", confidenciou a Prebisch, "de que o tipo de controle cambial proposto na Costa Rica e no Paraguai possa interessar o Fundo Monetário Internacional e fornecer algum tipo de padrão para a política futura."[22]

Triffin também tentou recrutar Prebisch para outros trabalhos de assessoria ao Federal Reserve na América Latina. "Ficaria muito orgulhoso de associá-lo a esse trabalho", escreveu em 23 de agosto.[23] Estava entusiasmado com a perspectiva de Prebisch trabalhar na Guatemala, embora também houvesse opções disponíveis na República Dominicana e talvez em Cuba. A primeira delas era interessante, mas avançava com dificuldade sob a longa ditadura do generalíssimo Rafael Leonidas Trujillo. Em contraste, a democracia acabava de ser restaurada na Guatemala com o presidente Juan José Arevalo, empossado em 15 de março em um governo comprometido com o que Triffin chamava de "reforma inédita". Ele achava o novo governo um dos mais excitantes desdobramentos nas Américas, e os Estados Unidos estavam comprometidos com seu êxito. "Seus membros são jovens e inexperientes, mas, no conjunto, capazes e bem-intencionados", relatou. As perspectivas econômicas da Guatemala eram excelentes e além disso havia uma dimensão regional, já que o novo governo estava comprometido em explorar a possibilidade de instituir uma federação com El Salvador. Esse desdobramento poderia mudar o panorama político na América Central. O país estava no início de uma nova era, mas precisava de um Banco Central eficaz. Manuel Noriega Morales, novo ministro da Economia e do Trabalho, contava com a plena confiança do presidente e representava a nova geração de líderes emergentes na região. Triffin e Morales tinham sido colegas em Harvard, e o último conhecia e respeitava o trabalho de Prebisch. Arevalo tinha passado anos na Argentina, na Universidade de La Plata. Todos queriam que Raúl dirigisse a equipe.

Apesar de Prebisch ter apoiado os esforços de Triffin para vinculá-lo a Harvard e às fundações americanas, declinou tanto da viagem aos EUA quanto de consultorias que o afastassem da Argentina. "Acho melhor abandonar qualquer ideia de uma viagem prematura aos Estados Unidos", respondeu. "Agradeço seu interesse e sua atenção." Mais uma vez retomaria as aulas na faculdade, centrando-se na obra de Keynes. "A verdade é que estou feliz com minha situação atual, forçada pelas circunstâncias", escreveu a Triffin. "Sinto falta de estudar, ler e pensar." Tornou a ressaltar a sensação de insuficiência teórica. "Antes de pretender ensinar algo a alguém é melhor ficar em casa e pôr a leitura em dia."[24] Observou uma "semelhança surpreendente" entre suas descobertas sobre o ciclo econômico e as da publicação mais recente do professor Machlup, dos Estados Unidos, enfatizando o trabalho em curso sobre política monetária, tanto em nível nacional quanto internacional. O novo livro de Clapham sobre o Banco da Inglaterra descrevia a experiência idiossincrática desse país, comparando-a à dos Estados Unidos. Tais variações entre os países e o "confronto entre a teoria e os fatos" o tinham persuadido de que uma perspectiva histórica era essencial para pensar sobre as políticas e instituições do após-guerra.

Porém, a pesquisa não era a principal razão para ficar em casa. Havia uma oportunidade para reingressar na vida pública na Argentina: Prebisch estava de olho na presidência do Banco Central. Bosch, com 82 anos, doente e em fim de mandato, queria que ele voltasse à instituição. Ao contrário do cargo de gerente geral, a presidência tinha um mandato garantido de sete anos. O próprio dr. Bosch não tinha sido importunado nem por Ramirez nem por Farrell. Prebisch não deixaria a Argentina até que a nomeação tivesse sido decidida. A tensão começou a crescer no final de abril quando Bosch ofereceu que Raúl reassumisse o cargo de gerente geral, acreditando que o governo reconhecia o erro cometido em outubro de 1943. Contudo, ele recusou a oferta. Não daria ao governo a satisfação de vê-lo voltar a um cargo que não tinha mandato definido. Edmundo Gagneux estava disponível, era qualificado e, de fato, foi nomeado gerente geral em 22 de maio, depois de Prebisch recusar o convite. Ele escreveu a Triffin: "Você sabe que sou contra o atual regime do país. Acho que devo ficar fora disso, aproveitando o tempo para ler e pesquisar."[25]

A relutância de Prebisch mudou quando o dr. Bosch anunciou, em 24 de julho, que estava renunciando junto com o vice-presidente Evaristo Uriburu. O governo Farrell enviou uma lista de candidatos para que o conselho do banco escolhesse o sucessor. Após alguma hesitação, os conselheiros rejeitaram todos os nomes oficiais, considerados não qualificados, e anunciaram uma busca independente com base no mérito e na experiência. Consultado, Prebisch concordou em deixar seu nome entrar na lista, com a condição de que nenhum dos candidatos da lista do governo entrasse. Bosch concordou. O resultado foi a escolha de seu nome pela unanimidade dos conselheiros, inclusive o representante do Banco de la Nación, que se opusera a ele em 1943. Segundo Prebisch, "foi uma vingança pessoal da maior importância moral, porque foi absolutamente espontânea".[26]

Farrell recusou-se a aceitar Prebisch como presidente do Banco Central. Seguise uma prolongada altercação entre o governo e o conselho de administração. Nenhum dos lados queria capitular, com o Banco Central contando com apoio suficiente na comunidade empresarial e com o regime militar preferindo criar um impasse em vez de aceitar um candidato que não lhe agradava. Ambos os lados consideravam que a questão era crítica. Ou o Banco Central permanecia independente, tendo Prebisch como símbolo e garantidor de sua missão original, ou seria transformado em um dócil instrumento de política governamental, com um presidente escolhido pelo governo. Prebisch tentou de novo se encontrar com Perón. Acreditava, como em 1943, que os assessores dele não estavam lhe dizendo a verdade sobre o Banco Central e que ele entenderia seu papel se os dois pudessem conversar cara a cara. Essa segunda tentativa não foi mais bem-sucedida que a primeira. Nesse ínterim, intensificaram-se os ataques da imprensa contra Prebisch e o retorno do 'cartel de cérebros'.[27]

A violência política decidiu o impasse. Buenos Aires foi varrida por demonstrações. José Maria Bustillo, presidente da Sociedade Rural, que representava os grandes interesses agrícolas no Conselho Nacional de Planejamento do Após-Guerra, criticou publicamente Perón e foi preso, para espanto da elite de Buenos Aires, que agora percebia que tinha pela frente um adversário obstinado. Se alguém como Bustillo podia ser preso por dizer o que não devia, todos estavam em perigo. A polícia ficou impassível quando um bando invadiu a sede do jornal *Critica* em 15 de agosto, em um conflito que deixou quatro mortos e mais de cem feridos. As relações entre Argentina e Estados Unidos atingiram de novo o fundo do poço, com Sproule Braden atacando abertamente o governo de Farrell duas semanas depois de voltar a Washington para substituir Nelson Rockfeller como secretário de Estado adjunto para a América Latina e provocando uma onda de protestos contra os Estados Unidos. Em 21 de setembro, o conselho de administração do Banco Central viu que não havia jeito e retrocedeu, aceitando a lista do governo.[28]

Naquela noite, Prebisch escreveu a Triffin, pedindo desculpas pelo longo silêncio e descrevendo o que acontecera durante o verão. Ele agora aceitava o trabalho de assessoria por um ano no exterior.[29] Mudara de ideia sobre uma longa estada fora da Argentina, pois não havia mais motivo para ficar em Buenos Aires. Suas últimas esperanças no Banco Central tinham evaporado; ele estava banido para sempre. Além disso, a situação na universidade estava tão turbulenta que não se podia mais programar aulas regulares. Em sua carta anterior, Triffin sugerira um pagamento de US$ 2.000 por mês além das despesas básicas. Prebisch concordou, com a condição de que Adelita fosse com ele. Sua preferência era pela Guatemala e a República Dominicana, mas achava que Cuba oferecia maiores possibilidades de inovação no Banco Central, por ter uma economia e um desenvolvimento educacional mais avançados.

Antes que Triffin pudesse responder, os planos de Prebisch mudaram de novo. Ele reverteu a decisão de deixar a Argentina porque uma crise política irrompeu na capital e abriu uma possibilidade de mudança: o futuro do regime militar estava em questão. Tudo começou depois que Farrell suspendeu o estado de sítio em 4 de agosto de 1945, quase quatro anos depois de tê-lo decretado, acenando com eleições democráticas. Exilados voltaram, prisioneiros políticos foram libertados e os partidos políticos começaram a se reorganizar. Em 18 de setembro, Perón reclamou no rádio dessa "combinação de elementos estrangeiros, espíritos reacionários, políticos incorrigíveis e plutocratas egoístas".[30] No dia seguinte, esses partidos organizaram uma marcha pela Constituição e a liberdade que reuniu meio milhão de pessoas de todo o espectro político, a maior jamais vista na Argentina. O ex-presidente Rawson encenou um golpe malogrado em 24 de setembro, mas Farrell e Perón contra-atacaram, prendendo Luis Colombo, outros líderes da demonstração e a maioria dos jornalistas mais importantes da cidade, o que provocou uma batalha de quatro dias na universidade entre a polícia e os estudantes que haviam montado barricadas nos prédios principais. Os estudantes foram vencidos em 5 de outubro, com 1.629 presos, e a polícia ocupou os prédios. Porém, a sorte mudava diariamente. Em 9 de outubro Perón foi forçado a renunciar à Vice-Presidência e a todos os outros cargos, depois que violentas demonstrações públicas fortaleceram seus adversários dentro dos grupos civis e militares cada vez mais alarmados com o radicalismo de seu movimento. Ele havia passado dos limites. Aprisionado na ilha de Martín García no rio da Prata, parecia estar fora do jogo político de uma vez por todas, mas, na verdade, estava longe de ser derrotado. Os militares permitiram que em 10 de outubro ele fizesse uma despedida pública a 15 mil trabalhadores diante de seu gabinete, transmitida pelo rádio. Anunciando que tinha acabado de aprovar um decreto que aumentava os salários e instituía o salário mínimo, terminou desafiando o regime: "Peço-lhes que respeitem a ordem pública para que possamos prosseguir com nossa marcha triunfante, mas, se um dia for necessário, pedirei que lutem."[31]

Líderes sindicais mobilizaram-se para exigir sua volta, com a Confederação Geral de Trabalhadores chamando uma greve geral para 16 de outubro. Perón fora transferido para um hospital militar em Buenos Aires após quatro dias em Martín García. No dia seguinte à greve, trabalhadores em tumulto ouviram dizer que ele estava no hospital e atravessaram a ponte Riachuelo para libertar seu herói. Por volta do meio-dia, uma multidão começou a se aglomerar em seu favor na Plaza de Mayo, com centenas de milhares de pessoas das classes mais baixas. Quando finalmente ele apareceu na sacada da Casa Rosada, tochas já iluminavam a massa no escuro. "Onde está você?", urrava a multidão, repetindo a pergunta sem cessar e cantando o hino nacional. Quando Perón apareceu e disse "Trabalhadores!", eles responderam: "Sim, o povo está aqui, somos o povo." Naquela noite ele começaria um diálogo com as classes populares que duraria até sua morte. Muitos trabalhadores que esperavam desde o meio-dia no calor úmido haviam tirado a camisa, e os "descamisados" entraram imediatamente para o folclore peronista. Depois de 17 de outubro, o equilíbrio de poder tinha mudado. Perón era a personalidade central da vida política argentina, muito mais forte do que antes de sua prisão. Quando as eleições nacionais foram marcadas para 24 de fevereiro de 1946, a polarização política era completa.

Prebisch não desejava sair da Argentina em um momento tão dramático. Aventurou-se pela primeira vez no mundo da política, em concentrações e reuniões, pois o futuro do país estava em jogo. Desculpou-se com Triffin por ter novamente voltado atrás na decisão, mas ressaltou a profundidade da crise e a necessidade, como cidadão, de ver com os próprios olhos como tudo acabaria. "Caro amigo", escreveu, "o momento que estamos vivendo na Argentina é muito sombrio. A violência está no ar e temos sérias dúvidas se o processo eleitoral vai se desenrolar de forma correta. De qualquer modo, os próximos meses vão ter enorme importância para o futuro do país. Esperemos que haja uma nova oportunidade de trabalharmos juntos."[32] O movimento de Perón confrontou a União Democrática, de oposição, que agrupava uma aliança inquieta de radicais, socialistas, comunistas, conservadores, democratas progressistas e a vasta maioria dos estudantes. As aulas foram canceladas. A universidade inteira, inclusive a faculdade de Prebisch, estava fechada indefinidamente após a batalha de 1º a 5 de outubro entre os estudantes e a polícia. Morales escreveu da Guatemala no dia 16 de novembro, pedindo que Prebisch fosse trabalhar lá no cargo que quisesse, inclusive como gerente geral do Banco Central, mas ele respondeu que "compromissos inevitáveis me impedem de deixar a capital. O momento em que o país se encontra me aconselha a ficar aqui até que o horizonte político clareie, com o triunfo das forças democráticas na luta atual".[33] Contra todas as expectativas, ele tinha esperanças de que a União Democrática vencesse.

Para frustração de Prebisch, sua posição não servia de nada, pois continuava identificado com o antigo regime da Concordancia, sem credibilidade na oposição a Perón. A "década infame" havia acabado e era universalmente criticada. Apesar de seu nome continuar a ser um símbolo de retidão nas comunidades financeiras e bancárias, não tinha aliados políticos. A esquerda o caricaturava como um agente da Concordancia, enquanto os nacionalistas o descartavam como coautor do Tratado Roca-Runciman. Ele só podia dizer que fora simplesmente um tecnocrata a serviço do Estado e que sua equipe prestara um serviço essencial no interesse de todos os argentinos: sem a sua liderança no Banco Central, as coisas teriam sido piores. Opunha-se aos planos econômicos de Perón, advertindo principalmente contra a inflação. Na sua aula inaugural, em 24 de abril, respondera à pergunta "Como se controla a inflação?" de modo breve: "Prevenção." Em 8 de agosto, a divisão de pesquisas econômicas do Banco Central publicou um relatório que ele ajudara a preparar, criticando duramente a política do governo que protegia indústrias de guerra ineficientes. Da mesma forma, apoiava as críticas do Instituto Alejandro E. Bunge às políticas econômicas do regime, como a duplicação do gasto governamental e do número de funcionários públicos desde 1943. As instituições militares haviam dobrado de tamanho, aumentando sua participação no orçamento de 27,8% para 50,7% em três anos. Porém, condenações secas à inflação não podiam deter a maré. Nada disso tinha importância no clima político da hora.

Cada lado lançou-se em campanha, com os peronistas se autodenominando "descamisados" e a União Democrática lançando a palavra de ordem "vitória". A novidade da campanha era que Eva Maria Duarte, companheira de Perón desde janeiro de 1944 (e esposa a partir de 22 de outubro de 1945), o seguia nas viagens pelo país. Pela primeira vez uma mulher acompanhava o marido em campanha. Desde o início a iniciativa política estava mais com o movimento de Perón do que com a União Democrática, pois ele conseguiu reunir uma grande coalizão de elementos diversos: a Igreja contrária ao liberalismo, os trabalhadores agrícolas e as massas urbanas negligenciados, setores das forças armadas e nacionalistas preocupados com o controle externo sobre a economia e pessoas com más lembranças da Concordancia. Spruille Braden, em Washington, e a embaixada americana em Buenos Aires também ajudaram Perón com uma intervenção aberta e desajeitada: a tentativa de enfraquecê-lo com o chamado Livro Azul, que o acusava de ter sido agente nazista durante a guerra, criou uma resposta nacional a seu favor. Panfletos anti-Estados Unidos inundaram a cidade: "Caubói Braden, domador de governos sul-americanos" e "Unidos contra o imperialismo de Wall Street".[34]

O resultado das eleições de fevereiro não poderia ter sido mais deprimente para Prebisch. Ele antevira a derrota e percebeu que não tinha captado a força bruta que veio tomando corpo de baixo para cima. A energia nas ruas favorecia Juan e Eva Perón em vez dos partidos democráticos, que pareciam compostos de gente de meia-idade, de classe média e de maioria branca. A invocação de Alfredo Palacios à classe trabalhadora lembrava a geração anterior, em que 3/4 dos trabalhadores da cidade eram europeus de primeira geração. Com um bigode cuidadosamente aparado e discursos bem elaborados, ele vivia em um mundo muito distante das novas classes baixas oriundas do interior. As famosas líderes femininas do Partido Socialista, como Alicia Moreau de Justo, vinham lutando havia décadas pelos direitos da mulher nos ambientes seguros da sociedade de Buenos Aires. Slogans peronistas como "Calçados sim! Livros não!" vinham de um mundo social diferente. Perón estava mobilizando o proletariado com uma política de massas visceral e bem organizada. Em 24 de fevereiro, seu movimento venceu com 56% dos votos. Apesar de haver irregularidades, as eleições foram livres e refletiram a vontade da Argentina. Observadores externos consideraram baixa a diferença, mas Perón tinha conquistado o país, obtendo maiorias em ambas as câmaras do Congresso e em todas as assembleias provinciais, com exceção de uma. Havia chegado lá por seu próprio esforço, e agora nada se interpunha em seu caminho para implementar a revolução que planejava para a Argentina.

A primeira decisão de Perón como presidente eleito, mesmo antes da posse em 4 de junho de 1946, foi nacionalizar o Banco Central. Em 28 de março, o presidente Farrell reconheceu os resultados eleitorais e colaborou com Perón na preparação da legislação necessária e dos decretos. Não obstante a demissão de Prebisch em 1943, a autoridade de Bosch e a reputação do banco haviam permitido que a instituição mantivesse sua missão original de âncora do sistema financeiro, protegendo o Estado no cenário internacional, como escudo contra o ciclo econômico, e no cenário nacional, por sua autonomia em relação aos governos. Como o mais moderno e desenvolvido dos bancos centrais latino-americanos, era também a pedra de toque da credibilidade argentina junto à comunidade financeira internacional. Perón estava determinado a mudar a imagem do banco, que passaria de guardião a servo do Estado. Ele seria "democratizado". Apoiaria seu programa, sem questionamento. Imprimiria dinheiro. Prebisch escreveu a um amigo mexicano: "Um sistema magnífico foi desmantelado da noite para o dia."[35]

O sonho tinha acabado. Membros da antiga equipe de Prebisch agora procuravam emprego em outro lugar, e seu primo Julio Gonzalo del Solar decidiu ocupar um posto no Federal Reserve. Raúl custou a aceitar que o trabalho mais importante da sua vida seria destruído.

CAPÍTULO 10
Acadêmico solitário

Prebisch sentiu-se ainda mais isolado depois da eleição de Perón, mas estava determinado a permanecer na Argentina. Preocupados com seu futuro, amigos no exterior ofereceram-lhe emprego. Robert Triffin o tinha convidado a trabalhar na Guatemala, onde uma "reforma inédita" era possível, e a situação política em Cuba poderia ficar suficientemente estável para permitir que eles visitassem Havana.[1] De Nova York, Leo Welch escreveu: "Tenho pensado bastante em você nesse panorama cambiante da Argentina nos últimos meses, principalmente quando leio as notícias sobre o Banco Central, uma grande instituição modelada por suas mãos. Como costumávamos dizer naquelas conversas na tranquilidade de sua sala com vista para o pátio, 'as coisas melhorariam se nos deixassem fazê-las'. Isso serve para o cenário internacional em muitos momentos. Hoje em dia, lamentavelmente, quanto maior a tarefa, menor é a estatura do homem designado para realizá-la."[2] Como no outono de 1943, o México também reagiu como um amigo fiel, com Eduardo Villaseñor oferecendo a Prebisch um emprego permanente "caso não encontre uma solução para sua vida em seu próprio país".[3] Ao responder, Raúl agradeceu, admitindo que os últimos meses tinham sido "problemáticos" e logo revelariam a realidade do novo regime. Embora observasse que o trabalho no México ofereceria "uma solução para um problema pessoal difícil", estava decidido a não deixar a Argentina. "Ainda tenho esperanças de continuar a trabalhar no meu país. Para mim, seria muito difícil abandoná-lo."[4] Entraria em contato com Villaseñor se as coisas não funcionassem. O governo da Venezuela também o procurou, oferecendo-lhe a presidência do Banco Central ou da nova Companhia de Desenvolvimento, à sua escolha. Prebisch também declinou a oferta.

Decidira permanecer em sua base em Buenos Aires e se concentrar em escrever e pesquisar. "Quatro séculos de sangue argentino correm nas minhas veias", observou. Antes da vitória peronista, ele tinha ficado para lutar e tentar retomar o seu cargo. Agora estava ainda mais determinado a mostrar a amigos e inimigos que passaria por esse período louco como um cidadão engajado e leal, não desistiria nem fugiria após a derrota para não dar ao governo a satisfação de comemorar seu exílio. Apesar da tristeza após a nacionalização do Banco Central, queria manter sua credibilidade na capital.

Ele tinha seguidores entre ótimos alunos – como Aldo Ferrer, Norberto Gonzalez e Manuel Balboa – comprometidos com os seminários que realizava desde 1944.[5] Esses rapazes e moças representavam a nova geração de funcionários públicos argentinos e reanimavam o comprometimento de longa data de Prebisch com a profissionalização da formação em economia no país. Principalmente agora, após o triunfo de Perón, quando o governo provavelmente isolaria a Faculdade de Ciências Econômicas para privilegiar as ciências naturais e físicas, parecia ainda mais importante continuar dando aulas e fortalecer os vínculos acadêmicos com universidades no exterior.

Raúl refugiou-se na pesquisa e no ensino. Para conseguir pagar as contas, concordou em dar uma consultoria de quatro dias por mês a Enrique Frankel, um rico comerciante de lã germano-argentino que descobriu uma forma discreta de ajudá-lo. Raúl comentou com Villaseñor que, "apesar de ter evitado até recentemente ingressar na iniciativa privada, tive de aceitar algumas consultorias na indústria que me deixam com suficiente tempo livre para continuar o trabalho teórico que me cativou depois da viagem ao México".[6] A consultoria não exigia muito. Frankel foi o mecenas de Prebisch no setor privado e lhe fez a única oferta que recebeu na Argentina desde 1943. Essa modesta segurança financeira lhe permitia se concentrar na pesquisa. Nesse ínterim, Adelita conseguiu reduzir os gastos da família, cultivando uma horta e cortando custos. Para obter notícias do que se passava nos Estados Unidos, Raúl agora podia contar com "Gonzalito" (seu irmão postiço Julio Gonzalez del Solar, o sobrinho órfão de sua mãe, adotado pela família Prebisch ainda criança), instalado no Federal Reserve em Washington, e com a mulher dele, June Eckard. Gonzalo trabalhava com Triffin, que chefiava a seção latino-americana da Divisão de Relações Internacionais do Conselho e também estava em contato com os professores Williams e Hansen, de Harvard. Dessa forma, Raúl tinha um canal para discutir o trabalho que realizava e obter publicações recentes na área, indisponíveis em Buenos Aires. A morte prematura de Keynes no domingo de Páscoa de 1946, logo depois da reunião inaugural do conselho diretor do Fundo Monetário Internacional em março, contribuiu para piorar o humor sombrio de Raúl no início do período peronista: não poderia mais conhecer o economista que admirava.

Ironicamente, o longo interlúdio entre a eleição e a posse de Perón em 4 de junho trouxe de volta a paz civil, proporcionando um período de reflexão em que o país pôs de lado o conflito político e esperou a revolução. A contundência da vitória de Perón espantou industriais, jornalistas, professores e outros oponentes potenciais e lhes fez aceitar o novo regime. Os estudantes agora se arrependiam de seu comprometimento total com a União Democrática. As greves na universidade terminaram, os prédios foram consertados e as aulas, marcadas para recomeçar em 16 de maio. A imprensa continuou tão livre quanto durante a eleição. Os judeus sentiram-se aliviados quando ficou claro que Perón não tinha intenção de tocar neles. O setor privado decidiu enfatizar os aspectos positivos, pois o novo presidente controlaria ambas as câmaras do Congresso e poderia implementar reformas de longo alcance independentemente das posições da União Industrial ou da Sociedade Rural.

Raúl e Adelita, como todos em Buenos Aires, observaram com fascinação como Juan Perón preparava-se para tomar posse e se mudar com Eva para o palácio presidencial. Desde Uriburu, todos os presidentes haviam vivido entre as paredes de ouro e marfim de seus 283 cômodos, mas nenhum se comparava ao casal emergente do povo. Perón foi nomeado general para a posse, e Eva, ou "Evita", projetava um carisma indefinível, num vestido longo prateado que impressionou a alta sociedade. Estava com 26 anos, metade da idade dele, e juntos tinham poder. O novo governo prometeu um plano quinquenal até novembro, deixando alguns meses a mais de incertezas em relação ao futuro. Recebera uma boa herança, pois a Argentina em 1946 era uma das economias mais fortes do mundo e estava bem posicionada para prosperar durante a reconstrução do após-guerra. As reservas cambiais e de ouro totalizavam 1,688 bilhão de pesos, e o comércio externo apresentava superávit. O próprio Perón estava surpreso com a riqueza ao seu dispor. "Temos o Banco Central repleto de ouro", disse, "e não há lugar para mais. Os corredores estão cheios."[7] Apesar de Prebisch e outros terem reclamado quanto ao mau uso dos recursos após 4 de junho de 1943, a Argentina atraía fluxos constantes de divisas em uma economia mundial que precisava de seus produtos, pelos quais ela podia cobrar preços exorbitantes.

Nesse hiato político, o seminário de Prebisch de 16 de maio a 7 de julho foi o mais bem-sucedido depois de deixar o banco. Dedicado à *Teoria geral do emprego*, *do juro e da moeda*, de Keynes, ofereceu aos alunos uma introdução e um guia de leitura à obra keynesiana sem propor um modelo alternativo para entender os problemas do desenvolvimento na América Latina. Prebisch tinha progredido o bastante para apreciar a importância do marco teórico keynesiano, mas não estava convencido de que ele era adequado para o que começou a chamar de "periferia", termo que entrou em sua correspondência com colegas durante 1945. Essas dez aulas, no entanto, foram mais disputadas do que ele havia previsto, pois os estudantes latino-americanos ainda não dispunham de uma introdução em espanhol à obra do acadêmico inglês que dominara a cena intelectual em economia na década anterior.

O Banco Central da Venezuela assediava Prebisch desde o início de 1944, insistindo em alguma forma de colaboração. Quando ele recusou o convite para uma assessoria em meados de 1946, os venezuelanos ofereceram-se para publicar seu material sobre Keynes em edições sucessivas do boletim do Banco Central a partir de janeiro de 1947, pagando a quantia única de 1.500 pesos. Ao ser informado da oferta, Daniel Cosío Villegas, do México, convidou Prebisch para preparar um manuscrito para uma publicação mais ampla que se chamaria *Introdução a Keynes*.[8]

Esse livro reforçaria o reconhecimento acadêmico de Prebisch, ultrapassando as fronteiras da Argentina. Ele concordou em assinar um contrato com a Fondo de Cultura Económica, mas isso representava uma obrigação adicional, o que significava adiar a obra teórica que tinha visualizado no projeto de *A moeda e o ritmo da atividade econômica*, redigido havia mais de dois anos. Em janeiro de 1946 Triffin já perguntava quando o livro estaria pronto. A pesquisa ia bem, com Gonzalo mantendo-o a par dos eventos em Washington e com uma correspondência regular com amigos como Triffin e Víctor Urquidi para contrabalançar o isolamento em Buenos Aires. Recebia um fluxo constante de material de revistas especializadas e outras fontes indisponíveis na Argentina. Ele se tornou dependente desse intercâmbio de ideias, e suas cartas chegavam a atingir a extensão de um artigo. ("Gostaria de conversar sobre preferência pela liquidez?", perguntou uma vez a Urquidi.)[9]

Como desejava fazer avançar essa obra, ficou relutante em aceitar propostas de consultoria, mas houve uma viagem que não pôde recusar durante o verão de 1946. O Banco do México o convidou a participar de um evento importante, a primeira Conferência de Bancos Centrais das Américas, um encontro de especialistas da maior parte dos países do hemisfério Ocidental para aprofundar a colaboração estabelecida na época da guerra entre o Federal Reserve, o Banco do México e outros. O México se via como um interlocutor entre a América Latina e os Estados Unidos. Urquidi foi o secretário da conferência, com a responsabilidade de editar as atas e orientar os trabalhos de uma comissão permanente para garantir que dirigentes dos bancos centrais do hemisfério continuassem a atuar em conjunto em tempos de paz. Realizado de 15 a 30 de agosto, o evento reuniu os maiores economistas e especialistas do continente, tornando-se uma oportunidade para encontrar os amigos após um longo período no distante Cone Sul. Em Buenos Aires, o jornal *La Nacion* censurou o governo, pois o México havia convidado Prebisch na condição de "maior especialista em bancos e finanças do continente americano".[10]

A conferência foi um êxito, reunindo pela primeira vez um grupo de especialistas interamericanos, inclusive canadenses, em um assunto técnico da maior importância. A exposição de Prebisch, intitulada "Panorama geral dos problemas de regulação monetária e creditícia no continente americano", tratava de como harmonizar desenvolvimento e estabilidade financeira no ciclo econômico do após-guerra e oferecia uma oportunidade para usar os termos "periferia" para a América Latina e "centro cíclico" para os Estados Unidos.[11] Além de ver os amigos mexicanos, ele conheceu os principais economistas de outros países latino-americanos, como José Antonio Mayobre e Manuel Perez Guerrero, da Venezuela, Felipe Pazos, de Cuba, e Jorge del Canto, do Chile, que reconheciam sua liderança. Porém, apesar de terem sido apresentados trabalhos interessantes em um ambiente agradável, a comissão formada para desenvolver conexões permanentes e organizar eventos regulares não saiu do papel. Em agosto de 1946, a cooperação interamericana, que se desenvolvera durante a Segunda Guerra Mundial, caiu vítima da Guerra Fria. A atenção dos Estados Unidos foi monopolizada pela crise nas relações com Moscou. Washington agora centrava sua atenção na Europa e na Ásia, em detrimento da América Latina, estrategicamente segura, e os interesses norte-americanos estavam sendo reavaliados segundo novos critérios econômicos e de segurança. As esperanças latino-americanas de um multilateralismo regional e um desenvolvimento cooperativo mostraram-se prematuras. A celebração do Americas Day desapareceu de repente após 1945. Os Estados Unidos e o Canadá passaram a enfatizar a Organização do Tratado do Atlântico Norte (Otan) e depois o Acordo Geral de Tarifas e Comércio (Gatt), deixando as relações com a América Latina se desenvolverem em termos bilaterais.

A duração da viagem expandiu-se quando solicitações de visitas adicionais se acumularam. A caminho da Cidade do México, Prebisch encontrou-se com Manuel Noriega Morales por trinta minutos no aeroporto da Guatemala e foi convencido a voltar, logo após a conferência, por dez dias. Também foi estimulado por Woodlief Thomas e Henry Wallich, do Federal Reserve (Triffin estava em missão na Europa Ocidental), a aconselhar as autoridades bancárias dominicanas durante algumas semanas a partir de 13 de setembro. Enquanto esteve em Santo Domingo, dedicou igual energia ao objetivo de formatar a nova faculdade de economia local, que incluiria um curso de mestrado para alunos dominicanos, e ligar esses jovens profissionais com colegas latino-americanos. Quando chegou, nenhuma instituição de ensino superior formava economistas no país. O plano de Prebisch buscava corrigir as inadequações de sua própria faculdade em Buenos Aires, como sua "falta de disciplina mental e rotinas doutrinárias", com professores mal pagos e pouco motivados repetindo textos estrangeiros. "O fato de a República Dominicana não ter uma instituição de ensino de ciências econômicas pode ser visto como uma vantagem", observou. "Isso permite aprender com a experiência de outros países latino-americanos que se confrontaram com o mesmo problema. A experiência tem sido fraca, como ocorre na Argentina. Apesar de contar com uma faculdade de economia há 1/4 de século, meu país ainda não deu uma contribuição séria para a teoria econômica. Além disso, não alcançou o que se poderia esperar quando se lançam as bases do conhecimento: uma descrição empírica sistemática dos dados e das condições econômicas existentes."[12] Entre a visita à Guatemala e à República Dominicana, Raúl e Adelita passaram dois dias em Havana, onde relaxaram no magnífico Hotel Nacional, no quebra-mar do Malecón.

O casal chegou a Buenos Aires em 15 de outubro. O brilho inicial da posse de Perón dera lugar à polarização. Prebisch enfrentou um clima político hostil quando a volta às aulas se aproximava. Antes de partir, a imprensa ainda era independente, mas os controles do governo estavam agora bem apertados. Em 8 de novembro ele escreveu a Urquidi: "Comecei minhas aulas na faculdade e precisei parar poucos dias depois. Foram provavelmente as últimas. [...] Imagino que o objetivo das reformas [peronistas] seja livrar-se de todos os professores que não concordam com o regime. Acho que terei de pedir demissão se o governo conseguir levar a cabo esse projeto." Em 26 de novembro Perón convocou os trabalhadores ao Teatro Colón, onde, usando camiseta, apresentou um plano quinquenal. Declarou que era o primeiro trabalhador e que a nova economia seria deles. Prebisch conhecia e abominava o autor do plano, José M. Figuerola, um exilado espanhol que chegara em 1930, depois da queda da ditadura corporativista do general Miguel Primo de Rivera. Considerava-o um charlatão. Depois de ler o plano, disse a Daniel Cosío Villegas: "Caro amigo, não tenho nada de bom a dizer sobre o meu país. Tanto a orientação política quanto o plano quinquenal me preocupam. Não há luz no fim do túnel."[13] O poder de Perón continuou a crescer. Em 27 de janeiro, Evita anunciou em cadeia nacional de rádio que uma lei promulgando o voto feminino seria aprovada em breve. Em setembro de 1946, ela se instalara no antigo gabinete de Perón no Ministério do Trabalho. Prebisch observava com pesar que o governo havia conseguido se apossar de causas importantes, esquecidas pela Concordancia, para solidificar sua base política. Perón também tinha prometido pleno emprego a qualquer custo. Seria difícil tirar o homem de lá.

O plano quinquenal de 1946 foi um pesadelo para Prebisch. O Banco Central estava nas mãos de Miguel Miranda, também chefe do Fundo de Crédito Industrial, diretor do Conselho Econômico e presidente do novo Instituto Argentino para Produção do Intercâmbio, que não guardava qualquer relação com a Capi, o órgão de promoção de exportações que Prebisch criara em 1941. Filho de uma família de imigrantes espanhóis pobres que tinha feito fortuna fornecendo folha de flandres para a florescente indústria de processamento de alimentos protegida durante a guerra, ele seria um desastre como novo czar econômico, na opinião de Prebisch, pois usaria o Banco Central como instrumento da industrialização sem se preocupar com equilíbrio e controles. Nenhum banco privado poderia conceder crédito sem a aprovação do Banco Central, que ao mesmo tempo se encarregaria de financiar o plano quinquenal. Na verdade, a instituição tornou-se o veículo de Perón para transformar a economia, acenando com crédito fácil para a indústria em apoio a uma estratégia industrial intensiva em mão de obra e extensiva em tecnologia para promover o pleno emprego. Altas tarifas de proteção, herdadas dos anos da guerra, foram mantidas para preservar setores não competitivos. Como as empresas conseguiam crédito fácil, as falências diminuíram. Apesar de popular no curto prazo, essa política recompensava empresas ineficientes e gerava problemas no longo prazo.

Sinais de problemas já apareciam em 1946. A oferta de dinheiro tinha dobrado entre 1943 e 1946. A parcela militar do orçamento passou de 27,8% em 1942 para 50,7% em 1946. O gasto governamental e o número de funcionários públicos dobraram. Não era um "desenvolvimento para dentro", como Prebisch tinha vislumbrado em *A moeda e o ritmo da atividade econômica* de 1943. Ele havia apoiado o capitalismo liberal em uma economia mista, com liderança do setor privado e equilíbrio entre proteção contra importações e promoção de exportações. Seria necessária uma administração estatal prudente e cautelosa para refrear a inflação e a instabilidade no após-guerra, garantir as importações de produtos essenciais, suprimir as indústrias de guerra ineficientes e reforçar as exportações, a começar pelos países vizinhos.

Conforme Perón consolidou seu poder, ficou claro que os pontos de convergência com Prebisch eram superficiais: ambos eram nacionalistas, mas radicalmente diferentes em estilo e ideologia. Ambos apoiavam a substituição de importações, mas, para Prebisch, equilíbrio e precaução eram as palavras de ordem, enquanto Perón era extremado. A ideia de Perón, de uma industrialização totalmente liderada pelo Estado, baseada em tarifas, subsídios e empréstimos a juros baixos com emissão de moeda, conduzia a um setor público inchado, pesados gastos militares e espiral inflacionária. Prebisch apoiava um Estado ativo, que lançasse mão de todas as ferramentas usadas por outros países exportadores, mas dentro de uma estrutura liberal, global e competitiva. O modelo de Perón levava a um Estado corporativista e nacionalista com uma economia dirigida, apoiada pelas massas industriais e as pequenas indústrias não competitivas criadas aos milhares por todo o país desde a Grande Depressão. Prebisch defendia que a Argentina participasse plenamente da economia internacional, inclusive do FMI, e por isso havia cultivado vínculos com bancos estrangeiros, entre eles o Federal Reserve, que admirava. Perón boicotou a Conferência de Bretton Woods, denunciou o imperialismo anglo-americano e suprimiu a discordância. Para Prebisch, um Banco Central autônomo e tecnicamente competente era crucial, pois sua estrutura mista – pública e privada – criava uma fonte de poder fora do controle do Executivo. Perón não podia tolerar uma instituição que fizesse um contraponto ao seu poder. Exigiu pleno controle do Banco Central. Ao observar isso, Prebisch percebeu que o pesadelo de a Argentina se tornar um "compartimento estanque", isolada da comunidade internacional, estava se tornando real.

As preocupações de Prebisch o inspiraram a baixar a guarda com seu editor mexicano Daniel Cosío Villegas, um acontecimento raro, que revelou a força da amizade entre os dois. Ele se inquietava com uma possível depressão pessoal. "Há momentos em que a adversidade toma conta de nós", confidenciou. "Você me ajuda a combater essa tendência."[14] Conforme o peronismo minava a rica vida cultural de Buenos Aires, Prebisch enfrentava privações intelectuais, apesar de se manter ativo no conselho editorial de uma nova publicação, *Realidad*.

Julio Gonzalez del Solar e sua mulher, June, estavam deixando Washington para trabalhar na Guatemala durante um ano com Manuel Noriega Morales como parte de um projeto de assistência técnica do Federal Reserve. A perspectiva de publicar seu livro *Introdução a Keynes* mantinha Raúl ativo e engajado na preparação do manuscrito, apesar da situação tensa em Buenos Aires. Víctor Urquidi também ajudou, dedicando um tempo generoso a uma correspondência sem a qual Prebisch teria ficado ainda mais isolado. As cartas no início de 1947 ressaltavam que sua pesquisa "sobre a moeda e o ciclo econômico na perspectiva dos países situados na periferia econômica (como a Argentina) e a circulação de renda entre eles e os centros cíclicos" estava progredindo bem. Ele comentou em janeiro, por exemplo: "Espero terminar a parte fundamental da minha pesquisa este ano." Prebisch sentia-se cada vez mais confiante de estar no caminho certo, indo além de Keynes.[15]

Apesar de aplaudir Keynes por inverter a cadeia de causalidade do livre mercado em seu ataque aos guardiães da ortodoxia, Prebisch achava que o autor inglês estacionara na metade do caminho ao tentar explicar o dilema dos países que não participavam das economias centrais. Keynes não era um pensador tão radical como muitos pensavam. "Se a economia keynesiana não explica a realidade dos ciclos, como explica a realidade?"[16] Prebisch achava que o elegante Keynes não tinha rompido o bastante com as premissas neoclássicas. De certa forma, ele o respeitava mais como formulador de políticas do que como economista: na perspectiva dos países em desenvolvimento, a contribuição de Keynes era importante, mas não constituía um passo qualitativo além da "teimosia teutônica" de economistas norte-americanos, como Gottfried von Haberler, fixado na teoria do equilíbrio. Víctor Urquidi, que estava debatendo um artigo com Haberler, concordou com alegria. Nos países em desenvolvimento "sempre há desequilíbrio", observou.[17] A pesquisa de economistas na periferia não deveria centrar-se nos problemas enfrentados pelas economias desenvolvidas, como os Estados Unidos, mas na natureza e nas causas do impacto diferencial dos ciclos econômicos no centro e na periferia. Urquidi era agora editor da prestigiosa revista mexicana *Trimestre Económico*, publicada pelo Fondo de Cultura Económica, e detectou um crescente interesse na área de estudos a que Prebisch se dedicava. O novo artigo de Rutledge Vining na *Econometrica* sobre a região como um conceito necessário à teoria dos ciclos econômicos continha as sementes de uma abordagem centro-periferia. Charles Kindleberger escrevera o sugestivo artigo "Planejamento de investimentos estrangeiros" na *American Economic Review*, propondo que os exportadores agrícolas estavam em desvantagem quando comparados com os exportadores industriais no comércio internacional. A notícia desse novo texto estimulou e inquietou Prebisch, que ficou temeroso de ficar para trás no isolamento de Buenos Aires.[18]

Os amigos de Prebisch ficavam desconcertados com a recusa dele de visitar universidades americanas. Ficavam atônitos com seu argumento de que tais visitas mostrariam fraqueza e minariam sua credibilidade em Buenos Aires. As relações de Perón com Washington eram tensas, mas as perspectivas de Prebisch no governo eram tão mínimas que parecia quixotesco encenar um gesto grandioso de lealdade nacional a um custo pessoal tão alto. Ele declinou um convite do Instituto de Estudos Avançados de Princeton para participar de um seminário sobre sistema de bancos centrais organizado com as maiores autoridades acadêmicas da área, como Ragnar Nurske, Jacob Viner, Oscar Morgenstern, Friedrich Lutz, Woodlief-Thomas e especialistas do mesmo nível. Princeton fez o convite por recomendação dos norte-americanos que tinham visto a conferência dele no Banco do México em agosto. A instituição demonstrou desapontamento com o cancelamento da viagem de Prebisch dois anos antes e manifestou esperança de que ele "recuperasse o tempo perdido, nos escolhendo como sua base nos Estados Unidos. Por sua posição de grande destaque, o senhor poderia visitar o país todo, como acadêmico, diretor de Banco Central ou homem de negócios".[19] Prebisch ficou tentado. Precisava de apoio financeiro. Respondeu que apreciaria conhecer o ambiente intelectual de Princeton, tão diferente do de Buenos Aires. "Aqui as possibilidades são parcas, já que pouquíssimas pessoas dedicam-se ao estudo e à pesquisa. [...] Mas não é o momento adequado."[20]

Olhando em retrospecto, uma viagem de pesquisa a Princeton era exatamente o que Prebisch precisava, pois ele logo caiu em uma depressão debilitante que durou quase todo o ano. Tudo parecia dar errado, apesar de as perspectivas iniciais parecerem positivas. Em 12 de fevereiro, descrevera suas palestras futuras como "uma primeira reunião dos resultados de uma paciente obra teórica".[21] Uma semana depois estava ainda mais otimista em uma carta escrita de Mar del Plata a seu empregador, Frankel. "Agora minha obra teórica deve continuar sem interrupções. Estou convencido de que minhas conclusões diferem substancialmente das abordagens convencionais da teoria econômica. Minha obra tem alguma importância e deve progredir rapidamente sem mais atrasos."[22] Chegou a comprar um terreno grande no final de uma rua sem saída em Mar del Plata, de certa forma uma compensação pela perda do jardim em Rivera Indarte, 134. O tempo era curto. Os próximos meses seriam decisivos. Precisava acabar o livro de qualquer jeito.

Porém, sua situação acadêmica era cada vez mais frágil, e as pressões se multiplicavam. Não publicava mais artigos no jornal da faculdade. Por fim, pediu demissão em 26 de junho de 1947, alegando motivos de saúde. Apesar da atitude amigável de Pedro José Arrighi e do diretor Eugenio Blanco, cães de guarda do governo, a universidade incluíra seu nome em uma lista de defensores do peronismo, e ele pediu afastamento quando ela se recusou a retirá-lo. A faculdade era a sua última base institucional. Agora se defrontava com o futuro como um acadêmico solitário. Também ficou fisicamente doente, incapaz de trabalhar por semanas conforme a depressão se aprofundou. Passava mais tempo em Mar del Plata, sua pesquisa ficou atrasada e ele se sentia velho. Os amigos encaravam tudo isso como exaustão, consequência do desapontamento em relação ao Banco Central e do intenso período de estudos e de trabalho sobre Keynes após a movimentada viagem ao México, América Central e Caribe.

As notícias vindas de Urquidi, no México, também escassearam. Em 2 de março de 1947 ele escreveu a Raúl contando que estaria fora do país por uns tempos, em missão do Banco Mundial. Na verdade, estava deixando o Banco do México para assumir um cargo permanente nessa nova organização internacional porque as condições de trabalho tinham se deteriorado. O Partido Revolucionário Institucional (PRI) instalara um novo presidente, Miguel Aleman Valdés, em substituição ao general Manuel Avila Camacho. Eduardo Villaseñor havia sido substituído por um protegido do partido, determinado a reduzir a autonomia do Banco Central. Urquidi já era bem conhecido, apesar da pouca idade, e não foi surpresa que o novo Banco Mundial tenha tentado atraí-lo para Washington. Ele havia "resistido por muito tempo à tentação" de se mudar para os Estados Unidos, como disse. Concordava com Prebisch sobre a necessidade de os latino-americanos permanecerem em seus países e desenvolverem centros de pesquisa fortes e independentes, sem os quais as prioridades do continente não seriam tratadas. Os dois tinham compartilhado planos de estudo para esses centros quando Raúl estava redigindo as recomendações finais para a criação de uma escola de pesquisa econômica na República Dominicana.[23] Urquidi, por seu lado, participava ativamente na modernização do programa Universidade Nacional Autônoma (Unam).

Agora Urquidi se fora, em mais uma perda para a América Latina. A ONU, o Banco Mundial e o FMI extraíam os maiores talentos da região. Os atrativos eram óbvios. Como Urquidi observou: "Será uma experiência valiosa e um novo estágio na minha formação, além de uma oportunidade de realizar na vida real coisas que, no México, só discutimos em teoria." Para Raúl, a partida do amigo foi um golpe pessoal, pois sentia que a América Latina estava sendo subtraída dos talentos necessários para equilibrar o poder dos países industriais. Mesmo assim, a mudança de Urquidi para Washington foi sedutora e acabou por influenciá-lo. Víctor escreveu: "Ainda não perdi as esperanças de você vir juntar-se a nós brevemente – há um lugar para você. Ouvi muitos elogios no banco a seu respeito, inclusive de quem não o conhece pessoalmente, pessoas que não hesitariam em convidá-lo se você concordasse em vir." Acrescentava os nomes de amigos que já estavam em Washington: Felipe Pazos (Cuba), Javier Marquez (México), Triffin, Grove e Wallich, Jorge del Canto e outros.[24]

Em 1947, no entanto, havia poucas solicitações e convites internacionais. Prebisch sentiu medo de ficar permanentemente isolado. Triffin tinha sido mandado para tratar de assuntos europeus, e agora a correspondência com Urquidi chegaria ao fim. Ele estava na posição amaldiçoada de ser um acadêmico solitário na prateleira, enquanto colegas mais novos seguiam em frente com rapidez, fazendo coisas interessantes: o relato de Urquidi sobre sua "fantástica" viagem de volta ao mundo em uma missão consultiva do Banco Mundial provocou inveja em Raúl, que registrou o lamento de Víctor por estar ausente quando sua mulher Marjorie teve o primeiro filho. Até nesse assunto Prebisch sentia-se para trás, sem ter tido nenhum filho em quinze anos de casamento com Adelita.

Durante esse período solitário em 1947, o único avanço profissional de Prebisch foi proporcionado pelo economista brasileiro Eugenio Gudin, ex-ministro da Fazenda e diretor-geral da Fundação Getúlio Vargas no Rio de Janeiro. Conheceram-se quando Gudin visitou Buenos Aires em maio e sentiram um imediato respeito mútuo, estabelecendo-se então um vínculo pessoal de Prebisch com a emergente potência regional que tinha superado a Argentina na liderança econômica da América do Sul depois da Segunda Guerra Mundial. O presidente Vargas havia renunciado em 29 de outubro de 1945 depois de quinze anos no poder, o mesmo tempo do governo militar da Argentina. Mas que legado tão diferente Vargas deixara em comparação com a Concordancia! Ao comparar o destino dos dois países e, principalmente, a inflação crescente na Argentina, Prebisch comentou que o governo de seu país estava "elaborando novos temas que no momento não sou capaz de aprofundar, mas, a julgar pelos resultados que estamos experimentando, é muito improvável que o genial Miranda alcance na história econômica argentina a estatura que ele já reivindicou".[25] Gudin era culto, bem-humorado e irreverente. O Brasil tinha um ministro igualmente fraco, disse, mas a inflação estava sob controle pela intervenção da Abençoada Virgem Maria – ou melhor, de duas Marias: Nossa Senhora das [baixas] Importações e Nossa Senhora do Crédito [apertado].²⁶ Cada um falava sua língua, mas se entenderam perfeitamente.

Apesar da rivalidade de longa data entre os dois países, Prebisch era bem lembrado no Rio por seus tempos no Banco Central. Gudin e outro importante economista brasileiro, Octavio Gouvêa de Bulhões, autodidata e poderoso diretor da divisão de estudos econômicos e financeiros do Ministério da Fazenda, solicitaram seu aconselhamento quando o Brasil começou a debater a criação de um Banco Central. Bulhões escrevera a Prebisch alguns meses antes, pedindo comentários sobre o projeto provisório. Prebisch respondera com o conselho que se poderia esperar de um homem experiente: "Acho que o sucesso de um Banco Central reside, em grande medida, em saber quando é prudente tomar medidas preventivas [...] para controlar uma inadequada expansão do crédito."²⁷ Porém, apesar de ter elogiado Bulhões por um trabalho claro, preciso e lógico, também questionou sua ortodoxia, que levava a uma orientação neoclássica excessivamente doutrinária em relação a políticas intervencionistas, como controle de importações. Perguntou a Bulhões por que ele desejava de antemão políticas menos severas para o Brasil, apesar de admitir que elas tinham funcionado na Argentina na década de 1930. Gudin era um representante típico da velha classe governante brasileira, com uma forte dose de educação clássica e um pragmatismo saudável em um marco essencialmente conservador, não muito diferente do de Prebisch. Ambos eram severos, mas sabiam ouvir. Só mais tarde suas diferenças vieram à tona.

Depois de se encontrar com Prebisch em Buenos Aires, Gudin escreveu em 2 de julho convidando-o a passar dois meses na Fundação Getúlio Vargas, em um seminário sobre políticas bancárias e monetárias. O seminário analisaria a proposta do governo para o novo Banco Central, tendo em vista garantir a legislação mais adequada que deveria ser enviada ao Congresso no final do ano. Gottfried von Haberler, de Harvard, também tinha sido convidado e já havia confirmado a presença no seminário. Gudin mencionou que Haberler já sabia do convite a Prebisch e estava ansioso para conhecê-lo. No interesse das relações entre Argentina e Estados Unidos, os dois economistas estrangeiros seriam solicitados a escrever um artigo durante a estada no Rio para publicação na nova *Revista Brasileira de Economia* da Fundação. Ambos foram convidados a trazer as esposas, receberiam os mesmos honorários e ocupariam quartos confortáveis no elegante Hotel Glória.

Prebisch deveria ter aceitado logo o convite pela possibilidade de conhecer Haberler, que trabalhara na Liga das Nações em Genebra entre 1934 e 1936 como especialista da seção financeira, antes de entrar para o departamento de economia de Harvard e foi nomeado especialista para trabalhar na diretoria do Federal Reserve de 1943 a 1944. Era considerado uma das maiores autoridades em teoria de comércio internacional e em ciclo econômico, principalmente por ter reformulado a teoria básica do custo comparativo segundo a moderna teoria do equilíbrio geral. Dois meses com Haberler teriam proporcionado a oportunidade ideal para Prebisch debater face a face com um dos mais importantes acadêmicos da área, testando a crítica estruturalista à teoria do equilíbrio. No mais, seria um confronto incomum entre rivais com formações diferentes, cada um com seus pontos fortes: um economista profissional *versus* um técnico de reconhecida reputação; teoria *versus* prática; dedução *versus* intuição; experiência de país industrializado *versus* de país em desenvolvimento; publicações acadêmicas *versus* relatórios bancários; prestigiosas universidades americanas versus Buenos Aires.

Porém, novamente, como no caso de Princeton, Prebisch declinou o convite, embora reconhecesse a oportunidade intelectual incomum de trabalhar com Haberler, Bulhões e Gudin; além disso, o Rio de Janeiro era perto, uma viagem relativamente fácil e uma cidade muito agradável. Contudo, alegou que sua saúde não permitiria uma viagem desse tipo.[28] Ofereceu a possibilidade de ir por apenas um mês (o que Gudin aprovou), mas continuou a adiar. "Há risco de recaída se eu retornar prematuramente ao trabalho", explicou, reclamando do tempo perdido. "Infelizmente, fiquei doente em pleno voo teórico."[29] Apesar da intensa troca de cartas, Prebisch não visitou o Rio nos dois meses seguintes, nem Gudin – a despeito de repetidas tentativas – conseguiu publicar qualquer trabalho dele na *Revista Econômica Brasileira*.

A natureza da doença de Prebisch em 1947 permanece obscura, mas sabe-se que foi debilitante, exigindo um regime estrito de exercícios e dieta. Seu proverbial pessimismo foi reforçado pela morte prematura de um amigo de longa data, Klein, e pela saída de muitos outros da Argentina. É possível que ainda se sentisse inseguro teoricamente para testar suas hipóteses contra os ataques certeiros de Haberler e Bulhões. O bom senso falou mais alto. Em uma carta ao amigo venezuelano Xavier Lope Bello, criticou a obra de Keynes com uma previsão: "Acho que sua contribuição para a teoria econômica não será notável em longo prazo."[30] Porém, é certo que ele lutou com a saúde e trabalhou até novembro, quando a Universidade de Buenos Aires solicitou que retornasse e o ministro da Educação pediu que dirigisse e editasse a nova *Revista de Teoria Econômica* para a recém-criada Academia de Ciências Econômicas. O ministro, o proeminente cirurgião dr. Oscar Ivanisevich, queria Prebisch de volta e se recusou a aceitar sua demissão.

"Quero que ele fique", disse. "O governo não fará retaliação contra nenhum professor que não compartilhe suas ideias, a menos que ele fale de política nas salas de aula."[31] A repressão crescia na Argentina. Prebisch tinha sido forçado a cancelar uma conferência um mês antes, em outubro, mas aceitou a abertura acadêmica e voltou à atividade na nova revista com uma chamada para trabalhos. Sua doença misteriosa desapareceu diante da possibilidade de reencontrar a comunidade acadêmica: "Estou voltando depois de uma longa ausência", observou aos alunos em 16 de março de 1948, "depois de ter percebido o que a faculdade representa para meu estudo e minha pesquisa".[32] Ele até aventou a hipótese de procurar o diretor da faculdade para introduzir reformas que apresentara em sua primeira palestra.

Prebisch recuperou toda a energia e agora reclamava a Gudin de sobrecarga de trabalho em vez de ócio forçado, mas com um novo tom de otimismo e animação. Em 10 de fevereiro de 1948 enfatizou o "desafio crítico" que então enfrentava para finalizar a *Revista de Teoria Econômica*. Precisava terminar um artigo sobre o que chamava de "uma teoria dinâmica da economia, [...] no qual tenho trabalhado com afinco nos últimos anos". A conclusão estava distante, escreveu a Gudin. "Estou muito preocupado com a tarefa de síntese, que requer um esforço de análise e clareza que exige mais tempo do que o de escrever. Apesar de dedicar oito horas de trabalho por dia, estou longe do final."[33] Enquanto Prebisch lutava com o texto, Gudin conseguiu lançar sua revista no Rio. O primeiro número foi enviado a Buenos Aires pela embaixada brasileira, em 5 de novembro, com um pedido reiterado para que Prebisch escrevesse um artigo para o segundo.

Prebisch continuou a buscar autores durante as férias de verão de janeiro-fevereiro de 1948 e a preparar aulas para o início do ano letivo, mas ambas as tarefas tomavam tempo em um momento em que se sentia próximo de chegar a conclusões inéditas. "Estou muito avançado no meu trabalho [...] sobre o ciclo econômico e a teoria dinâmica da economia; tenho dedicado a ele quase todo o meu tempo na esperança de iniciar brevemente publicações preliminares", escreveu em 23 de fevereiro ao recusar uma viagem para dar palestras em El Salvador. "A interrupção desse trabalho seria preocupante."[34] Também respondeu negativamente a uma solicitação de Princeton pedindo cópias de seus artigos feitos para o Banco do México e das anotações de seminários recentes na faculdade. Queria evitar que circulassem, disse. "O motivo é simples. Em grande parte, eles representam pontos de vista iniciais em relação à moeda e ao ciclo econômico em países como o meu. Esse trabalho tem sido feito há cerca de quatro anos. Durante esse período, continuei a pesquisar nessas áreas. Minhas ideias evoluíram consideravelmente. Por isso decidi enterrar essas observações preliminares que não mais refletem com exatidão o meu pensamento."[35] Na verdade, essa correspondência com Princeton só lhe lembrou como avançara pouco nos últimos meses, desde quando tinha assegurado aos colegas americanos: "Espero acabar a parte fundamental do meu trabalho este ano." Mas o grande avanço não ocorreu durante 1948, ano marcado pelos altos e baixos da Argentina de Perón. Prebisch logo percebeu que seu retorno à universidade seria efêmero, pois houve uma mudança ministerial e o clima político se deteriorou novamente. As universidades ficaram mais vulneráveis sem o dr. Ivanisevich no ministério, e uma previsível contração na economia aguçou a tensão política na capital.

A breve prosperidade peronista terminou no final de 1948: a inflação superou 50% e a balança comercial ficou negativa. As enormes reservas cambiais do tempo da guerra tinham evaporado, investidas na compra de empresas estrangeiras sem valor, como linhas de bonde e ferrovias inglesas deficitárias e sucateadas. O aumento da corrupção, que envolvia acusações ao próprio Miguel Miranda, contribuiu para o desentendimento e a polarização. Uma figura tão visível quanto Prebisch não teria grandes chances de sobreviver à situação de crise que se seguiu, quando Perón tomou medidas para conter a oposição e prolongar o próprio governo por meio de uma emenda à Constituição. Apesar de Raúl ter concluído as aulas no fim do semestre de outono sem incidentes, a crescente intervenção peronista na vida universitária não trazia bons augúrios. Arrighi pediu que Prebisch incluísse as virtudes do plano quinquenal em suas aulas, mas ele recusou. A proposta da nova *Revista de Teoria Económica* fracassou, e o exílio de profissionais argentinos se intensificou.

Essa situação em Buenos Aires e a necessidade financeira levaram-no a aceitar o convite do Banco Central venezuelano para visitar Caracas e redigir um relatório sobre política bancária.[36] Isso o tirou de Buenos Aires em julho de 1948, proporcionando-lhe uma pausa na crescente preocupação com as dificuldades econômicas, além de honorários fabulosos de US$ 4.000, uma reserva bem-vinda em tempos inflacionários e incertos. A viagem também significava ter a companhia de seus amigos venezuelanos Manuel Perez Guerrero e José Antonio Mayobre, ambos desfrutando o luxo de trabalhar na Venezuela democrática, agora tornada um destino para argentinos que não conseguiam mais trabalhar livremente em seu país. No caminho, Prebisch fez uma parada em Trinidad e Tobago, sua primeira visita ao Caribe anglófono.

Ao terminar o trabalho em Caracas em 28 de julho, Prebisch voltou a Buenos Aires para continuar sua pesquisa e preparar as aulas do segundo semestre. Em outubro, a situação estava tão frágil que somente a presença de Arrighi se interpunha entre ele e a demissão. Mas então o próprio Arrighi foi substituído. Em 15 de novembro, seu sucessor disse a Prebisch que, por ordens pessoais de Perón, ele tinha a chance de pedir demissão ou seria demitido. Na manhã seguinte, apresentou a carta de demissão, pondo fim a vinte anos de atividades na Universidade de Buenos Aires. Essa nova desgraça não poderia ter acontecido em hora pior, pois coincidiu com um genuíno avanço em sua pesquisa. A consultoria na Venezuela já interrompera o ritmo de trabalho, mas agora ele enfrentava uma interrupção ainda mais séria em sua carreira, pois não vislumbrava uma volta breve da democracia na Argentina. Relutava em deixar Buenos Aires, sua cidade, lugar com uma cultura urbana incomparável. Adelita se recuperava de uma cirurgia. Aos 45 anos, ele não estava em sua melhor forma. Não se sentia imediatamente ameaçado pelo peronismo, mas essa não era uma hipótese que pudesse ser afastada. Sua consultoria de quatro dias por mês a Frankel continuava a lhe garantir uma renda segura. O peronismo acabaria um dia. Quando fracassasse, Prebisch queria estar disponível para reconstruir o Estado argentino. Mas não encontrava lugar na vida pública sob o peronismo, e sua pesquisa dependia de conseguir alguma audiência e uma base institucional. "Nunca mais quero me pôr na triste posição de acadêmico solitário", comentou quatro dias depois de sua demissão.[37] Parecia inevitável aceitar algum tipo de trabalho fora da Argentina.

Refletiu sobre a boa sorte dos acadêmicos norte-americanos que trabalhavam em circunstâncias previsíveis, sem as constantes preocupações financeiras, políticas e de segurança que lhe tomavam tempo de pesquisa e de escrita. No entanto, ao contrário de um ano antes, estava confiante no êxito de seu trabalho. Escreveu a Gudin em 20 de dezembro, certo de que estava perto de terminar, e adiantou um breve resumo de sua abordagem e de suas conclusões. "Acho que o ciclo é a forma típica de crescimento na economia capitalista e está sujeito a leis de movimento bem diferentes das leis do equilíbrio. Nessas leis de movimento, a disparidade entre o ritmo do processo produtivo, de um lado, e a circulação resultante de moeda, de outro, desempenha um papel fundamental." Havia muito tempo esse era o seu argumento central, mas faltava-lhe uma abordagem metodológica suficientemente poderosa para criticar a teoria do equilíbrio geral. Agora caminhava em terreno mais sólido. "Tentei, então, introduzir sistematicamente os conceitos de tempo e espaço na teoria econômica. [...] O conceito de espaço permitiu-me estudar o movimento no centro e na periferia, não para introduzir deduções formais, mas para assinalar diferenças funcionais de importância transcendental."

Não forneceu mais detalhes. Gudin ficou perplexo, como se podia prever. Considerava Prebisch um colega talentoso, mas até então ele tinha dado poucas pistas sobre o tão proclamado questionamento às teorias econômicas convencionais. Sua credibilidade sofreu um abalo. Prebisch não tinha publicado nenhum artigo sobre o tema em revista econômica de porte, e seu livro sobre Keynes não avançava muito nessa direção. Limitaria seus argumentos à teoria dos ciclos econômicos ou incluiria outras áreas, como as condições de comércio entre os centros industrializados e os exportadores de recursos primários? Gudin não sabia. Nem sequer tinha cópia dos textos dos seminários de 1948. Mesmo assim, pediu que o artigo chegasse até 15 de março de 1949 para que fosse incluído na revista.

Na prática, Prebisch viu que havia pouco tempo para qualquer coisa além de lidar com as incertezas cotidianas em Buenos Aires. Gudin foi ignorado de novo. Enquanto isso, o México foi leal como sempre. A Escola Nacional de Economia na Unam havia preparado uma série de seminários internacionais com grandes personalidades, como Haberler, Schumpeter, Hansen e Ludwig Von Mises, convidando Prebisch no dia 6 de maio para uma possível visita em julho. Ele não aceitara, por causa do compromisso na Venezuela. Quando a Unam soube de sua demissão, renovou o convite, e dessa vez Prebisch se animou. Concordou em dar uma série de palestras por um período de dez dias a partir de 16 de fevereiro de 1949, encarando a viagem como uma oportunidade de se concentrar na pesquisa e divulgar uma síntese sobre o ciclo econômico, visto da perspectiva da periferia latino-americana. "Terei grande satisfação em apresentar minhas ideias em seu país", escreveu a Jesus Silva Herzog. "Tenho uma antiga e profunda afeição pelo México, fortalecida pela reiteração de seu convite amigo em um momento de sérias inquietações, tal como ocorreu há alguns anos."[38] É claro que o êxito no México também serviria para cumprir seu compromisso com Gudin e para escrever um capítulo em uma coletânea em homenagem a John H. Williams, que estava sendo organizada pela Escola James Williams de Economia na Universidade de Virgínia com um eclético e significativo grupo de colaboradores, entre os quais Paul Baran, Robert Triffin, Henry Wallich, Paul Samuelson, Richard Musgrave e Charles Kindleberger. Prebisch era o único convidado de um país em desenvolvimento, e o título que propôs, "Problemas monetários dos países periféricos", obviamente coincidia com o trabalho que faria no México.[39]

A visita ao México não resolveria o problema de longo prazo, mas servia como uma luva às necessidades imediatas. "Finalmente, veremos", observou em 13 de dezembro, quando finalizou os detalhes com a Unam.[40] Alguns amigos norte-americanos também se movimentaram. O Departamento de Estado convidou-o para uma série de palestras durante três meses em faculdades de administração, acenando com a possibilidade de que a viagem rendesse um lugar em alguma universidade. Isso foi arranjado por intermédio de Chris Ravndal, que tinha voltado para Washington em um alto posto governamental. "É o mínimo que podemos fazer por ele", observou em uma nota de circulação interna.[41] No entanto, o convite previa uma diária de apenas US$ 10, sem itinerário programado com antecedência. Prebisch não viu vantagem em se somar ao grupo cada vez maior de latino-americanos que vagavam pelas universidades americanas, aceitando o que lhes ofereciam. Na América Latina, as opções de emprego permanente também tinham se estreitado. Em 1946 o Banco Central mexicano lhe havia feito uma oferta firme de ir trabalhar lá quando quisesse, mas o convite deixou de existir com o fim do mandato de Aleman na presidência. Mais recentemente, a Venezuela tinha reiterado a oferta para que ele trabalhasse no Banco Central ou na Companhia de Desenvolvimento, à sua escolha. Mas isso tinha sido no governo democrático do presidente Romulo Gallegos, derrubado por um golpe militar em 24 de novembro. Mayobre e Perez Guerrero, amigos fiéis de Prebisch, haviam saído de Caracas em busca de empregos no exterior. O Paraguai também estava em chamas; Pedretti tinha sido expulso do país. Era como se tudo que Prebisch tinha tentado na América Latina estivesse fadado ao fracasso. Pela primeira vez, ele se resignou a trabalhar fora da Argentina.

Felizmente, recebeu duas propostas. Primeiro da ONU, que passara o ano de 1948 reiterando convites. Já em fevereiro, Ralph Bunche tinha surpreendido Prebisch com o chamado para ele se juntar ao grupo econômico preparatório composto de três pessoas, proposto pela Comissão Palestina. Apesar de lisonjeado por terem se lembrado de seus tempos na Liga das Nações, não teve interesse no cargo. Com a criação da Comissão Econômica para a América Latina (Cepal) em 15 de fevereiro de 1948, de novo foi sondado pela ONU para dirigir a agência na condição de secretário executivo e fundador.[42] David Owen, secretário-geral adjunto para assuntos econômicos, e Benjamin Cohen, secretário adjunto para assuntos públicos (que Prebisch conhecera nos tempos de estudante), consideravam que ele era o candidato ideal e convenceram o secretário-geral Trygve Lie a abordá-lo. Em julho, pouco antes da viagem de Raúl à Venezuela, Lie enviou Cohen a Buenos Aires com uma oferta formal. Um membro da delegação francesa na ONU pediu seu consentimento para que a França o apresentasse para o cargo. O pequeno secretariado da Cepal em Santiago do Chile ficou entusiasmado com a possibilidade. Eugenio Castillo, secretário executivo em exercício, vinha de Cuba e era casado com a norte-americana Patricia Willis, supostamente ligada aos serviços de inteligência dos Estados Unidos. Ele viajou a Buenos Aires em agosto com a missão de convencer Prebisch a aceitar. Até Perón concordou, sem dúvida na esperança de se ver livre de um adversário incômodo. A notícia da criação da Cepal havia sido recebida por Prebisch com indiferença e não parecia lhe interessar. Lembrava-se da velha e fracassada Liga das Nações de seus dias em Genebra e do papel marginal que os países em desenvolvimento como a Argentina desempenhavam em suas deliberações. O título de "secretário executivo" também sugeria um papel fraco em uma agência subordinada, distante do poder em Nova York, com responsabilidade meramente administrativa. Ele achava que a Cepal não teria nem poder nem influência em uma instituição dominada por Washington. "Estou muito desapontado", desabafou Castillo na sede da ONU em Nova York.[43] Mas não desistiu. Como que para demonstrar sua vulnerabilidade, a Cepal ainda não tinha alugado um prédio ou um espaço próprio. Seus escritórios provisórios continuavam a ocupar o décimo quinto andar do Hotel Carrera, no centro de Santiago, e a nova organização enfrentava um vácuo de liderança. Não foi surpresa que Castillo voltasse a insistir. Raúl e Adelita receberam-no em 19 de novembro, quando reinava outra confusão na faculdade, e ouviram uma súplica para que ele fosse trabalhar na Cepal. Se não pudesse ir para Santiago de vez, que pelo menos aceitasse por alguns meses. Prebisch foi vencido pelo cansaço. Concordou com uma consultoria de quatro meses, mas com duas condições: que a Cepal pagasse quatro voos para Buenos Aires e que o acordo ficasse subordinado aos resultados de suas negociações, em curso, com o Fundo Monetário Internacional (FMI).[44]

Prebisch estava muito interessado em um posto no FMI, que lhe daria muito mais projeção e prestígio do que a Cepal e o levaria para Washington. Na comparação, a Cepal tinha importância menor. O FMI seria um órgão poderoso no futuro, de vital importância para América Latina e a economia global. Ele se lembrava da carta de Urquidi em maio de 1947, encorajando-o a fortalecer a presença latino-americana em Washington.[45] Além disso, o FMI o queria. Prebisch havia respondido afirmativamente a sondagens informais feitas por Javier Márquez e recebera uma visita de Camille Gutt, diretor-geral do organismo, e de Edward M. Bernstein, seu assistente. Eles lhe ofereceram o cargo permanente de assessor do diretor-geral, sem responsabilidades executivas, com o salário de US$ 14 mil. Seu telegrama aceitando a oferta, enviado em 17 de dezembro, dizia que o cargo proporcionaria "tempo suficiente para o trabalho teórico", e sua carta a Bernstein observava: "Vocês me tentaram com as amplas oportunidades que o Fundo proporciona para reflexão teórica e pesquisa em políticas públicas. Desde que saíram, tenho analisado seus argumentos e cheguei à conclusão de que têm razão. Desejo ser admitido no Fundo nas condições propostas pelo sr. Gutt."[46]

As notícias se espalharam. "Você não sabe como estou feliz com as notícias", escreveu Urquidi em 3 de dezembro. Os Ravndal deram boas-vindas e lhes ofereceram acomodação até que conseguissem uma casa em Washington. Adelita começou os preparativos para a partida.[47] Menos de um mês depois de ser demitido da universidade, Prebisch resolvera seu dilema profissional com um cargo prestigioso, que se ajustava às suas pretensões. As palestras no México serviriam como um interessante interlúdio antes de começar a trabalhar no FMI, em Washington. Castillo e a nova Cepal em Santiago foram esquecidos.

CAPÍTULO 11

Triunfo em Havana

Camille Gutt, diretor-geral do FMI, oferecera e Prebisch aceitara uma posição no alto escalão do organismo em Washington, mas o contrato só seria assinado depois da aprovação pela diretoria. Gutt encarava isso como mera formalidade, mas um silêncio perturbador começou a sugerir que Prebisch poderia enfrentar uma humilhação.

O primeiro sinal da oposição interna apareceu logo depois, em 23 de dezembro, quando Gutt lhe enviou uma mensagem para dizer que as condições da contratação teriam de ser mudadas. "Relatei nossas conversas recentes aos chefes de departamentos. Eles acham que contratar um assessor de fora não é factível. Disponho-me a recomendar sua contratação pelo departamento de operações com o salário proposto."[1] Ele assegurou que a mudança pretendia evitar um precedente e que a oferta logo seria confirmada. M. L. Parsons, do departamento de operações, disse-lhe que a demora na aprovação era um acidente técnico: uma gripe em Washington esvaziara a diretoria. Ele esperava que houvesse uma reunião antes do fim de janeiro. "Estamos ansiosos para tê-lo conosco, para nos beneficiarmos de sua experiência, principalmente nas negociações com a América Latina."[2]

Tranquilizados, Raúl e Adelita continuaram os preparativos para a partida, enquanto Urquidi e outros amigos buscavam imóveis na capital americana e arredores. Houve despedidas, e Raúl preparou as palestras no México, que começariam em 16 de fevereiro. Martinez-Cabañas e Castillo continuaram a pressioná-lo a negociar com o FMI para permanecer quatro meses com a Cepal antes de começar a trabalhar em tempo integral em Washington. Pouco antes de partir, Raúl recebeu boas notícias. Parsons disse que a aprovação pela diretoria era iminente e sugeriu que eles se encontrassem no México durante o seminário na Unam para discutir um plano de trabalho. Foi um mês muito agitado, o que era um bom augúrio para o futuro, apesar da tristeza de deixar Buenos Aires. No entanto, Adelita estava doente em Mar del Plata e não conseguiu acompanhá-lo quando ele partiu no dia 15 de fevereiro. Ao chegar ao Hotel Reforma, ele lhe enviou uma mensagem afetuosa.

Quando Prebisch abriu o seminário no dia 16 de fevereiro, ficou claro que a demora tinha pouco a ver com doença na diretoria do FMI. Parsons não chegou, nem chegaram notícias de Washington. Começaram a circular boatos de que o Tesouro dos Estados Unidos se opunha à sua contratação. Quando o seminário no México chegou ao fim, Prebisch decidiu forçar a decisão com uma mensagem a Gutt em 6 de março, solicitando resposta. O diretor-geral primeiro a postergou com uma mensagem pedindo mais tempo, mas depois confirmou que a diretoria tinha rejeitado a contratação. Parsons escreveu uma carta pessoal de desculpas. "Nosso comportamento foi intolerável. [...] Não sei o que é pior: sentir vergonha de nós ou da organização para a qual trabalhamos. Vamos pagar caro por perder seus serviços e o prestígio que o senhor teria trazido ao Fundo em suas relações com a América Latina. Não lhe peço tolerância, porque acho que nos comportamos de forma inaceitável, mas peço-lhe que nos perdoe por aumentarmos, com essa insensatez, o que já é um ônus bastante pesado. Os deuses primeiro enlouquecem aqueles que desejam destruir." Despediu-se com "desculpas sinceras".[3] Raúl compartilhou seu desapontamento em um telefonema a Adelita, que se recuperava. Adelita respondeu que estava feliz por não se mudar para Washington e ter de lidar com pessoas sem palavra. Algum dia, previu, eles se arrependeriam.[4]

Robert Triffin e outros amigos contaram a história dessa rejeição, e June Eckard repassou o relato a Prebisch em uma longa carta pessoal.[5] A questão virara uma *cause célèbre* na instituição porque os Estados Unidos tinham voltado atrás: aprovada inicialmente pelo Tesouro, a candidatura de Prebisch passou a ser questionada de modo embaraçoso e desagradável. O Fundo fora atrás dele, estabelecendo um compromisso antes do consentimento formal dos Estados Unidos. A luta havia sido morosa e amarga: Prebisch era o economista e dirigente de Banco Central mais conhecido na América Latina. Era impossível questionar sua competência.

Um complexo conjunto de fatores estava por trás dessa recusa de Washington no início de 1949. Ela não tinha nada a ver com o boato de que veteranos lembravam sua firmeza em negociações bilaterais durante a década de 1930 e estavam se vingando dele por haver beneficiado a Inglaterra depois do Tratado Roca-Runciman.

A decisão norte-americana refletia a nova abertura nas relações diplomáticas com a Argentina, a oposição brasileira à nomeação e a mudança no clima político em Washington. Perón se opôs vigorosamente a que Prebisch ocupasse qualquer cargo influente no FMI, apesar de a Argentina não ser membro da instituição. Cinco meses antes, o presidente argentino apoiara sua candidatura para um cargo secundário em Santiago, na Cepal, supostamente para se ver livre dele, mas não queria um adversário em um cargo importante em Washington. Considerando-se o congelamento das relações entre os dois países desde Pearl Harbor, essa oposição não deveria preocupar Washington. Em 1946, a embaixada americana fizera campanha aberta contra Perón, que mais tarde denunciou o Plano Marshall como um castigo e um desastre para a Argentina.[6] No entanto, em 19 de janeiro de 1949, Perón demitiu a equipe econômica chefiada por Miguel Miranda, e Washington viu nisso uma abertura para melhorar as relações bilaterais. Uma comissão conjunta foi estabelecida para analisar questões econômicas, inclusive a abertura a investimentos dos Estados Unidos em petróleo. Washington pretendia restaurar sua posição do pré-guerra na Argentina, então o mais importante mercado da América Latina, "agora ameaçado pela expansão do comércio bilateral europeu e pela escassez de dólares".[7] A contratação foi perturbada por essa reorientação diplomática, com o Departamento de Estado argumentando que não se devia prejudicar esse desdobramento promissor com Perón. Prebisch fora destituído de sua função no Banco Central pelo governo militar apoiado por Perón em 1943, sob protestos dos Estados Unidos, interrompera sua carreira pelo apoio à causa aliada e continuara a cooperar com o Federal Reserve após 1945. Agora, seis anos depois, era sacrificado no altar da reaproximação dos Estados Unidos com o mesmo Perón.

Havia um fator menos tangível em jogo. Além de não ter apoio de seu próprio país, Prebisch também estava vulnerável à mudança no clima político em Washington, agora muito diferente do que era quando ele saiu do Banco Central em 1943. Ele tinha trabalhado com o Federal Reserve e ainda conhecia alguns de seus funcionários, como David Grove, chefe da seção de América Latina no departamento de pesquisas. Nesses anos, também poderia ter conseguido emprego em bancos americanos: o Chase Manhattan Bank havia se referido a ele como "quase um membro da família". Na carta em que comunicou sua aposentadoria a Raúl, em 1945, Joseph C. Rovensky escreveu: "Você está tão à vontade no Chase que não sentirá minha falta."[8] Mas os tempos haviam mudado. Prebisch já não era muito conhecido em Washington, e os amigos que ainda o estimavam, como Triffin e Wallich, sentiam-se cada vez menos à vontade com a ideologia da Guerra Fria. Eles representavam a generosidade e a inovação da época da guerra na política latino-americana dos Estados Unidos. Uma abordagem nova e mais dura tornou Prebisch uma figura estranha na Washington de Truman. O bloqueio de Berlim continuava. A divisão da Europa não tinha mais volta. A vitória comunista na China era iminente. Apesar de ainda não ser uma histeria, uma onda de anticomunismo na capital americana impunha muito cuidado na escolha de funcionários de alto escalão para o FMI e o Banco Mundial. Ninguém pode alegar que Prebisch fosse simpático ao comunismo, mas ele era um latino-americano que usava termos como centro e periferia. Não estava automaticamente "a salvo". O Tesouro dos Estados Unidos e representantes norte-americanos que empunhavam a nova bandeira transmitiram ao FMI a nova cautela exigida nos processos de seleção. E. M. Bernstein, por exemplo, que se aproximara de Prebisch em Buenos Aires e cujo apoio poderia ter assegurado a aprovação, permaneceu em silêncio. Até mesmo Ravndal, que também poderia ter influenciado o Departamento de Estado, se manteve afastado. O FMI era uma organização intergovernamental dirigida pelas grandes potências, e sua política não poderia escapar das mudanças de alinhamento ideológico que ocorriam na comunidade responsável pela política externa de Washington. Os Estados Unidos haviam usado Prebisch quando ele era poderoso. Agora que estava fraco, podia ser descartado, tornando-se motivo de chacota nas Américas. Latino-americanos recém-admitidos no Fundo, como Felipe Pazos, observavam o espetáculo com frustração e raiva.

A oposição brasileira a Prebisch fortaleceu a determinação de Washington em vetar sua nomeação. Nesse caso, no entanto, a questão não era tanto política, mas de inveja. Em 5 de fevereiro, Octavio Bulhões enviou a Prebisch uma carta de felicitações do Ministério da Fazenda por sua contratação pelo FMI, mas ao mesmo tempo atuava para convencer o ministro a vetá-la na diretoria do Fundo.[9] Gudin, que de fato respeitava e apoiava a contratação, estava longe do Rio, passando por uma cirurgia nos Estados Unidos, e não pôde evitar uma traição que durante anos deixou um sentimento de culpa em relação a Prebisch na capital brasileira. Confrontados pelos Estados Unidos e o Brasil, outros membros da diretoria do FMI recuaram.

Na última semana de fevereiro, com medo de ficar sem nada, Prebisch aceitou a oferta da Cepal para um contrato de quatro meses em Santiago a partir de 10 de março de 1949. Martinez-Cabañas ficou entusiasmado, anunciando essa decisão como uma vitória para a América Latina e um feito para a Cepal. Castillo não se conteve de tanta satisfação e enviou uma mensagem de boas-vindas a Prebisch, junto com um bilhete aéreo de primeira classe. Raúl mandou uma mensagem para avisar Adelita do que estava acontecendo: iria para o Chile em março. "Você sabe mais do que ninguém o que é melhor", respondeu ela. Ao chegar a Santiago em 13 de março, Raúl ficou hospedado algumas noites no Hotel Crillon antes de alugar um pequeno apartamento mobiliado em Los Urbinos, na Providencia, perto dos escritórios da Cepal. Adelita alugou a casa localizada em Chile, 563 e partiu de Buenos Aires no primeiro domingo de abril. Para alívio de Raúl, sua saúde estava quase completamente restaurada e puderam ficar juntos enquanto ele se concentrava no desafio que enfrentariam.

Houve mais decepções. A Fondo de Cultura Económica, do México, decidiu não publicar suas palestras. Pouco depois, em uma carta ríspida, o diretor da faculdade em Buenos Aires recusou-se a pagar as aulas ministradas em 1948, pois não recebera uma carta de demissão. Mesmo assim, Raúl e Adelita comemoraram o aniversário dele em 17 de abril tranquilos em casa, com um telegrama de felicitações de Enrique Frankel e uma longa carta de Alfredo Moll contando os últimos acontecimentos políticos na Argentina. Mais do que nunca *persona non grata* em Buenos Aires, Prebisch foi aconselhado por Eleodoro Lobos a não tentar voltar. "Eles o estão perseguindo de verdade", advertiu em 20 de março.[10] Seu amigo venezuelano Manuel Perez-Guerrero, exilado na divisão de coordenação e ligação da ONU em Nova York, observou que ambos estavam sendo vigiados por seus respectivos ditadores, com correspondência interceptada sempre que possível. Sua irmã Maria Luisa disse por carta que ele se aposentaria em 31 de maio.

O que estava em jogo não era muito. Desde o começo de suas andanças em 1943, as opções de Prebisch tinham se estreitado. As melhores universidades norte-americanas haviam flertado com ele depois de 1943, mas esse interesse tinha secado também. Prebisch encontrara-se com Henry Wallich durante o seminário no México em fevereiro e lhe perguntara sobre as possibilidades. Wallich não se mostrou otimista. O cenário acadêmico estava mudando junto com o aumento da preocupação de Washington com a Guerra Fria. Os economistas do New Deal tinham caído em descrédito. A Ásia substituía a América Latina como região prioritária. A Universidade de Columbia, por exemplo, mudara os planos de estabelecer um centro de pesquisas sobre a América Latina, preferindo criar o Instituto de Estudos Asiáticos, o que refletia a mudança na política externa dos Estados Unidos conforme a Guerra Fria se espalhava da Europa para a região Ásia-Pacífico.[11] Por ter recusado as oportunidades de ensinar lá desde 1943 e de publicar em revistas especializadas, Prebisch não era conhecido nos círculos econômicos mais influentes, com exceção de seus antigos colaboradores na reduzida área de política bancária latino-americana aplicada. Ele perdera todas as batalhas recentes e agora só tinha uma consultoria de pesquisa prevista para quatro meses, sem planos ou ofertas para o futuro. Embora não soubesse exatamente o que fazer, estava determinado a retomar a iniciativa, com a raiva canalizada e controlada pela necessidade de enfrentar a situação mais difícil que já vivera. Santiago era sua última cartada.

A mesma atmosfera de apreensão dominava os funcionários em Santiago e em Nova York, pois o futuro da Cepal estava em risco tanto quanto o futuro de Prebisch. Quando ele se apresentou em 14 de março de 1949 a nova organização estava quase paralisada, com seu papel sendo questionado por Washington e por outros governos. O problema da sobrevivência da Cepal ainda decorria de seu nascimento contestado em 15 de fevereiro de 1947. No ano anterior, os Estados Unidos tinham proposto a criação de duas comissões regionais dentro do Conselho Econômico e Social das Nações Unidas, a Comissão Econômica para a Europa (ECE), com secretariado em Genebra, e a Comissão Econômica para a Ásia e o Extremo Oriente (Ecafe), a ser localizada em Bancoc. O objetivo era incorporar a ONU na reconstrução dessas regiões destruídas pela guerra. Tanto a ECE quanto a Ecafe foram aprovadas por unanimidade no conselho. Os latino-americanos não ficaram satisfeitos com esse favoritismo regional. O governo do Chile, com apoio dos outros membros latino-americanos e em desenvolvimento, como Cuba, Peru e Venezuela, solicitou que a ONU também criasse a Comissão Econômica para a América Latina, para contrabalançar as comissões de Genebra e Bancoc.[12] Hernan Santa Cruz, chefe da delegação chilena, afirmou que os governos latino-americanos mereciam e precisavam de um instrumento comparável, no interior da ONU, para apoiar um crescimento acelerado. O desenvolvimento era o principal objetivo da região, que também estava exaurida, apesar de a guerra ter sido travada na Europa e na Ásia. A América Latina desejava estabilidade e reconstrução econômica, e a União Pan-Americana era um órgão político e não econômico. Estava implícito que o futuro secretariado da Cepal, se aprovado, ficaria em Santiago e não em Washington. O Chile também se apresentava como líder regional, já que a Argentina deixara vago esse lugar após 1941.

Os Estados Unidos, a Inglaterra, o Canadá e outros países industrializados, assim como a União Soviética, torceram o nariz, argumentando que um órgão regional da ONU era desnecessário porque a União Pan-Americana já existia e tinha o seu próprio Conselho Econômico e Social. William Thorpe, delegado norte-americano, perguntava por que os Estados Unidos, o principal contribuinte da ONU, deveriam financiar uma nova comissão regional quando já existia uma para atender às necessidades da América Latina no após-guerra. Em 1945, a Conferência Pan-Americana em Chapultepec tinha concordado que a União Pan-Americana coordenaria as atividades econômicas e sociais interamericanas. O Canadá afirmou que a criação da Cepal promoveria "o nacionalismo e o anti-multilateralismo". Os soviéticos estavam mais preocupados com a possibilidade de ficarem à margem, enquanto os Estados Unidos (já membros da ECE e da Ecafe) seriam incluídos como membro pleno.

O Comitê Econômico e Social da ONU debateu se devia ou não aceitar a resolução chilena, mas estava tão dividido em Norte e Sul que decidiu criar uma comissão especial para estudar o caso. Washington só ficou menos relutante quando o relatório da comissão apoiou a criação da Cepal, citando a utilização excessiva de equipamentos de capital nos tempos de guerra, a necessidade de assistência externa para fortalecer o desenvolvimento na região e o alto custo de reparação das perdas econômicas. Começou então a montagem de uma equipe em Santiago com a busca de um diretor executivo, tendo junho de 1948 como data para a primeira sessão da Cepal, na qual os governos membros aprovariam um programa de trabalho. Além da América Latina, tornaram-se membros os Estados Unidos e as três potências coloniais restantes na Europa – França, Inglaterra e Holanda. O Canadá optou por permanecer de fora. Foi uma vitória estreita, ressentida e ambígua. Os Estados Unidos só concordaram com a Cepal como uma experiência de três anos, após os quais se tomaria uma posição definitiva. Nesse ínterim, o novo órgão se reportaria a Harold Caustin, da divisão de estabilidade econômica e desenvolvimento da ONU, bem como a Wladek R. Malinowski, no departamento de assuntos sociais e econômicos, que abrigava o pequeno secretariado das comissões regionais.

O pouco apoio dos Estados Unidos à Cepal logo ficou evidente com a forte campanha diplomática para pôr fim à instituição após o período de experiência de três anos. Mesmo antes da sessão de fundação, marcada para 7 a 25 de junho de 1948 em Santiago, os Estados Unidos usaram a IX Conferência Interamericana em Bogotá, em abril de 1948, para relançar a velha União Pan-Americana sob a forma da nova Organização dos Estados Americanos (OEA) e fazer um desafio direto, aumentando o orçamento do Conselho Econômico e Social de US$ 40 mil para US$ 500 mil, o equivalente a todo o orçamento projetado da Cepal para 1949. Além da oposição oficial, acadêmicos americanos também criticaram a criação da Cepal. Simon G. Hanson, editor de uma nova revista, *Inter-American Economic Affairs*, lançou o primeiro ataque mesmo antes de o novo órgão regional ser constituído.[13] "A vida vai ficar complicada", reclamou David Owen, "com a existência de duas comissões econômicas paralelas para a América Latina, com funções quase idênticas e orçamentos iguais." Ele perguntou se deveriam considerar a possibilidade de mudar a sede da Cepal de Santiago para mais perto de Washington e Nova York, pois seria difícil recrutar pessoal para um local tão longe de tudo.[14]

Nesse ínterim, a Cepal existiu quase só no papel. A primeira sessão da comissão foi realizada enquanto o novo secretariado permanecia em uma sede temporária no décimo quinto andar do Hotel Carrera, no centro de Santiago. A reunião ocorreu tranquilamente porque pouco se esperava de uma organização tão nova, mas a principal resolução deixou o secretariado sobrecarregado ao instruí-lo a apresentar o documento "Investigación económica de América Latina" na segunda sessão, marcada para ocorrer em Havana entre 26 de maio e 14 de junho de 1949. À primeira vista, parecia adequado solicitar "um estudo dos movimentos dos preços de importações e exportações, dos fatores determinantes desses movimentos e das consequências deles para o balanço de pagamentos", mas nada semelhante havia sido preparado antes para a América Latina e era evidente que isso ultrapassava a capacidade do novo secretariado em Santiago. Como as funções da Cepal eram muito gerais ("iniciar e participar de medidas para [...] aumentar o nível da atividade econômica na América Latina e fortalecer as relações econômicas dos países latino-americanos tanto entre si quanto com outros países do mundo"), também esperava-se que a "Investigación económica" fornecesse uma estrutura e uma direção para a nova organização. "Estamos de acordo em que grande parte do futuro da Cepal depende desse documento", escreveu Wladek Malinowski a Harold Caustin. "Não estou preocupado só com o nível da publicação sob o aspecto puramente acadêmico ou profissional. Também acho que, como resultado dela, deveríamos ser capazes de formular as tarefas, a política e a estrutura organizacional da Cepal."[15]

O clima estava tenso quando Prebisch chegou a Santiago. Pelo menos havia um secretário executivo, Gustavo Martinez-Cabañas, um economista mexicano de 39 anos que Raúl encontrara em 1944 e 1946. Mas era evidente que ele era uma escolha de compromisso, sem experiência, reconhecimento internacional nem força de personalidade. Depois que Prebisch declinou o convite, David Owen tentara Daniel Cosío Villegas, sem sucesso, e Víctor Urquidi também não se qualificou por ser jovem demais para o cargo. O secretário-geral aceitou então a recomendação de

Owen de contratar Martinez-Cabañas a partir de 1º de janeiro de 1949, mas o fez de forma relutante e recusou o valor adicional solicitado por Martinez-Cabañas para remunerá-lo no mesmo nível de Gunnar Myrdal, o famoso economista sueco que chefiava a Comissão Econômica para a Europa em Genebra. A nova liderança não tinha credibilidade nem habilidade administrativa para pôr a "Investigación económica de América Latina" em uma forma aceitável para a futura Conferência de Havana. Não teria sido uma tarefa fácil em qualquer caso, pois a Cepal era uma organização nova, carente de reconhecimento político na região: em 28 de dezembro nenhum governo latino-americano havia respondido a uma solicitação de informações enviada quatro meses antes. Dados regionais tinham de ser reunidos rapidamente ou a reputação da Cepal desabaria. Castillo e Martinez-Cabañas oscilavam entre exaltação e melancolia, mas estavam cada vez mais resignados a apaziguar os críticos e evitar um evidente fracasso. A pequena equipe de profissionais da ONU já contratados em Santiago incluía gente de qualidade, mas todos pareciam inseguros de suas funções e sem liderança. Malinowski já percebera isso em novembro, antes de o novo diretor executivo ser nomeado, reclamando que a Cepal carecia de "um cérebro mestre central".[16] Martinez-Cabañas não podia desempenhar esse papel. Na prática, a principal realização de Castillo em 1948 tinha sido montar uma agradável casa de dois andares em Los Leones, Providencia (Pio Decimo 2475), longe do centro da cidade, com dezesseis cômodos e aquecimento central de boa qualidade. Era um lugar confortável e aconchegante, mas a paisagem agradável não conseguia compensar a ausência de liderança.

Em Nova York, o Departamento de Assuntos Econômicos e Sociais da ONU estava cada vez mais ansioso sobre o futuro da Cepal, percebendo que um fracasso em Havana prejudicaria gravemente a sede central também. A unidade latino-americana do departamento só tinha três funcionários em 1948, com o argentino Adolfo Dorfman sendo o mais graduado, mas ele possuía outras funções além de auxiliar no levantamento econômico. Um ano antes, Dorfman tentara reunir séries econômicas confiáveis para a América Latina, mas achou os dados enganosos já que, como disse, "os países têm sistemas diferentes e nenhum deles é muito rigoroso".[17] Owen então contratou Francisco Croire, outro ex-funcionário de Prebisch no Banco Central argentino, que tinha sido mandado para fazer pós-graduação em Harvard, para atuar em Nova York como âncora do levantamento econômico. Ao chegar, em dezembro de 1948, achou que pouco tinha sido feito durante os seis meses anteriores e que os dois membros da equipe que herdara eram de qualidade duvidosa, com pouco gosto pelo trabalho.

O clima na ONU e a competência da equipe em Nova York não se comparavam com o antigo Banco Central em Buenos Aires, lamentava Croire.[18] A ONU tinha de competir com novos grandes rivais em Washington – o FMI e o Banco Mundial – e estava ficando para trás.

Croire manifestou sua preocupação a Prebisch em longas cartas pessoais.[19] Ele descobriu que a "Investigación económica" passara a ter um valor simbólico forte para a América Latina no sistema da ONU. Havia uma crescente *schadenfreude* [alegria pelo fracasso alheio] entre os céticos em Nova York, que duvidavam que economistas latino-americanos conseguissem fazer um bom trabalho sem a supervisão de americanos ou europeus. Como a "Investigación" era o único trabalho importante do Comitê Econômico e Social em relação à América Latina, a publicação tornara-se um teste para os economistas latino-americanos. Era o primeiro grande relatório sobre a região a ser dirigido e escrito por gente do continente em vez de consultores estrangeiros. No FMI ou no Banco Mundial, os latino-americanos integravam equipes, mas sem posições de chefia. Croire e outros latino-americanos em Nova York sentiram-se testados: um fracasso em Havana confirmaria a percepção de que eram gente de segunda categoria. Isso tornou o papel de Prebisch duplamente importante. Nova York mobilizaria todos os recursos disponíveis para obter um documento respeitável, podendo enviar funcionários da sede para Santiago em missões curtas. Grande quantidade de dados estava sendo reunida. Um plano de trabalho e um esboço mais realistas da "Investigación" eram aceitos agora em Santiago. Outras agências, como a FAO e o FMI, estavam colaborando, e o Banco Mundial tinha acabado de concluir um estudo, *The Pattern of Latin American Trade Payments with ERP Europe and the US*, que seria útil para o relatório que a Cepal estava preparando para Havana, intitulado "Perspectivas para la expansión del comércio". Dorfman e Alfonso Santa Cruz trabalhavam nele sem parar. Louis Shapiro, da sede em Nova York, chegou a Santiago em 17 de dezembro para trabalhar com o economista cubano Regino Boti nas estatísticas do comércio exterior regional.

O problema, no entanto, era a liderança geral: a "Investigación" seria um esforço de equipe, mas no final uma pessoa precisaria redigir um documento que definisse seu método e suas bases teóricas. Croire ficou aliviado quando Prebisch aceitou esse papel. Se isso não tivesse ocorrido, a ONU teria buscado ajuda fora da América Latina, provavelmente com Gunnar Myrdal, o que mostraria ao mundo a falência dos economistas latino-americanos e anunciaria a morte da Cepal.[20]

Além disso, de forma inesperada, Havana seria uma reunião importante para as relações entre os Estados Unidos e a América Latina. Em parte, isso refletia as antigas esperanças truncadas de reconhecimento por parte dos Estados Unidos e cooperação no após-guerra. Em 1949, no começo do segundo governo Truman, já havia uma sensação de injustiça em relação à posição de Washington, que centrava suas prioridades na Europa e na Ásia. Durante a Segunda Guerra Mundial, os países latino-americanos tinham vendido suas mercadorias aos Estados Unidos a preços fixados pelo Departamento de Administração de Preços, sem conseguir converter em bens os seus ganhos. Quando os produtos norte-americanos ficaram disponíveis, aqueles países descobriram que não havia controles de preços sobre esses bens industriais, enquanto os preços dos produtos primários e agrícolas declinavam. Com o final da guerra, países que só tinham um produto, como Venezuela, Cuba, Chile e Bolívia, enfrentaram uma redução no comércio e estavam à beira de uma crise econômica séria. O governo Truman vetou todas as tentativas latino-americanas de implementar as promessas de parceria econômica, feitas durante a guerra. Washington agora se opunha à criação de um banco de desenvolvimento interamericano, continuava a adiar a tão anunciada conferência econômica interamericana e rejeitava esforços multilaterais para estabilizar os preços dos bens comercializados. Pior ainda: crescia no Congresso a oposição contra a ratificação da Organização Internacional do Comércio (OIC), que tinha sido proposta em 1948 em uma grande reunião internacional, também em Havana. Isso aumentava a tensão nas relações. Concebida durante a Segunda Guerra Mundial, a OIC tinha sido considerada por Keynes como equivalente, no comércio, ao FMI e ao Banco Mundial. O fracasso da iniciativa frustrava e desapontava os latino-americanos. A sequência da Grande Depressão, da guerra e do desafio do ajuste à Pax Americana no após-guerra criara um regionalismo incipiente na América Latina, sob a forma de experiências compartilhadas e necessidades maiores, vividas por uma nova geração de profissionais mais bem treinados e viajados. Jovens latino-americanos ansiavam por reconhecimento, liderança e definição, tudo de uma vez só: havia uma abertura para novas ideias e mudança. "Existe América Latina?", perguntara o autor mexicano Luis Alberto Sanchez alguns anos antes. Tratava-se de uma região pronta para ser criada. Essa ideia, cercada de ressentimentos, deu à Conferência da Cepal em Havana em 1949 uma importância simbólica desproporcional à agenda real da reunião.

A ansiedade e as expectativas da Cepal, da ONU e dos latino-americanos acrescentaram-se à agonia de Prebisch quando ele começou a trabalhar em uma sala no andar de cima no final do corredor, um pouco afastado dos demais funcionários, parando apenas para o almoço com Adelita em Providencia. Ele precisava realizar um feito marcante, mas sentia-se sem inspiração. Agora entendia perfeitamente o custo de seus anos de isolamento. Quando saiu do Banco Central em 1943 e esboçou o roteiro para *La moneda y el ritmo de la actividad econômica*, estava na vanguarda do desenvolvimento teórico. A ideia de uma fissura estrutural na economia internacional entre países industriais e agrícolas, em que as forças de mercado tendiam a acentuar desigualdades, era uma novidade excitante. Mas isso havia sido mais de cinco anos antes. Na época, estava à beira de uma inovação maior, mas não fora capaz de apresentá-la ao mundo. O manuscrito que prometera a Triffin em 1945 continuava incompleto.

A verdade era que tinha estagnado. Por quê? Necessidade de ganhar dinheiro, viagens constantes, desapontamentos pessoais e profissionais, a depressão da vida cotidiana na Argentina peronista, com seu isolamento crescente e seu declínio cultural, a falta de recursos para pesquisa e, acima de tudo, o problema de trabalhar isolado, sem uma equipe de colaboradores – tudo isso tinha desacelerado o trabalho. É certo que houve progressos. Desde 1945, introduzira a terminologia "centro-periferia" em sua análise para acentuar o dualismo presente na economia internacional, e agora esse era um elemento permanente em seus textos. Seu trabalho sobre o ciclo econômico havia avançado consideravelmente. Mas a disciplina também não estava parada. Economistas mais jovens faziam progressos na economia do desenvolvimento. O argumento, por exemplo, de que exportadores agrícolas encontravam-se em desvantagem no comércio internacional diante de exportadores industrializados estava surgindo na literatura.[21] Apesar de nenhum outro acadêmico ter ainda apresentado uma resposta à hipótese de Prebisch, formulada em 1943 em "Ritmo de la actividad económica", era só uma questão de tempo até ele perder também essa corrida para acadêmicos da Europa e da América do Norte.

Prebisch sentia que estava próximo de uma nova síntese, mas os dias passavam em Santiago e sua frustração crescia conforme se aproximava o prazo final para a conferência de Havana. No início de abril, divulgou um texto preliminar entre os colegas da Cepal para comentários. Celso Furtado, jovem economista brasileiro que tinha acabado de chegar a Santiago para trabalhar na Cepal, leu o manuscrito e ficou desapontado. O estilo era acadêmico e defensivo, e o texto tratava de tópicos conhecidos: o declínio do coeficiente de importação norte-americano, controles de capitais, comércio exterior, poupança e inflação, além da importância da industrialização. O artigo parecia uma síntese das palestras na faculdade e no

México, não um documento de política econômica. Apesar de revigorada pela terminologia centro-periferia, a explicação desse capitalismo assimétrico era incompleta e, diferentemente de seu "Ritmo de la actividad económica", de 1943, não se referia à deterioração dos termos de intercâmbio. Era evidente que Prebisch sentia dificuldade em dar conta do prazo, ciente de que seu trabalho estava aquém do que podia alcançar.

O que aconteceu em seguida foi muito bem relatado por Furtado em sua autobiografia, *A fantasia organizada*.[22] Enquanto Prebisch batalhava em Santiago, Croire recebeu em Nova York uma cópia de um relatório preliminar que Hans Singer escrevera para a subcomissão da ONU sobre desenvolvimento econômico, intitulado *Post-war Price Relations Between Under-developed and Industrialized Countries*.[23] Castillo recebeu uma cópia adiantada do documento de Singer em 17 de dezembro, quando Louis Shapiro chegou de Nova York, mas não a mostrou a Prebisch.[24] Croire notou que os funcionários mais graduados relutavam em divulgar o documento porque Singer questionava a doutrina convencional. Provavelmente o texto seria rejeitado pela subcomissão da ONU. Mesmo assim, ele o enviou a Raúl junto outro texto do FMI sobre comércio exterior. Prebisch não conhecia Singer, um acadêmico nascido na Alemanha, que tinha deixado sua terra natal em 1933 para fazer doutorado na Universidade de Cambridge. Recrutado por David Owen para trabalhar na ONU, ele chegou a Nova York em abril de 1947 com uma licença de dois anos da Universidade de Glasgow. Ali começou a trabalhar na seção de comércio do Departamento de Assuntos Econômicos e Sociais com um interessante grupo de economistas que chamou sua atenção para a questão dos termos de intercâmbio.[25] Singer defendia que as estatísticas históricas mostravam um declínio nas relações comerciais de países em desenvolvimento. "Do final do século XIX até o início da Segunda Guerra Mundial, um período de meio século, houve uma tendência secular descendente nos preços dos produtos primários em relação aos preços dos produtos manufaturados".[26] Tal declínio proporcionava um "novo incentivo à industrialização" nos países em desenvolvimento, já que de outra forma eles perderiam recursos para os industrializados.[27] O texto de Singer também levantava a questão da equidade global, pois os dados mostravam que a dinâmica do comércio internacional mantinha separados ricos e pobres.

O texto de Singer era o estímulo que Prebisch precisava para se libertar da frustração e do medo do fracasso. Em "Ritmo de la actividad económica", de 1943, ele já tinha proposto um declínio secular nos termos internacionais de comércio dos países agrícolas. Kindleberger e Samuelson tinham escrito artigos com base nessa hipótese.[28] Porém, Singer não só demonstrou isso estatisticamente, em um estudo histórico rigoroso, como também mostrou as implicações éticas do fenômeno. Prebisch identificou-se com o trabalho de Singer, que corroborava suas hipóteses sobre comércio e lhe dava a confiança necessária para relançar sua obra com uma nova estrutura e estilo. Recuperou a energia e começou a reescrever do zero, certificando-se de que todas as cópias de seu texto anterior fossem desconsideradas. Em três dias e três noites, escreveu "El desarrollo económico de América Latina y algunos de sus principales problemas", que acabou conhecido como o "Manifesto" ou o "Manifesto de Havana", no qual a prosa elaborada de sua obra anterior desapareceu em um ensaio que lembrava a força e a simplicidade de Keynes. O documento de 55 páginas não tinha o tom acadêmico ao gosto das publicações de referência, nem estava repleto de fórmulas matemáticas, hipóteses explícitas ou montes de notas de rodapé. Nenhum dos componentes de seu principal argumento era inteiramente novo – está certo, por exemplo, identificar as conclusões inovadoras sobre os termos de intercâmbio como sendo a "teoria Prebisch-Singer"–, mas o Manifesto de Prebisch serviu para reunir esses componentes díspares em uma síntese única e convincente.[29] Conseguiu reexaminar os determinantes da atividade econômica em países em desenvolvimento e representou um acontecimento singular que mudou o vocabulário do desenvolvimento internacional e marcou um novo período na América Latina.

O Manifesto de 1949 começava parafraseando Aristóteles: "Os fatos ainda não foram suficientemente estabelecidos. Se um dia o forem, o crédito deverá ser dado à observação mais do que às teorias – e às teorias apenas na medida em que tiverem sido confirmadas pelos fatos observados." Os latino-americanos, argumentava, precisavam enfrentar sua própria realidade para encontrar soluções, e isso significava sujeitar o conhecimento herdado a perguntas definitivas. Funciona? Quem ganha e quem perde? Entender é ser livre e capaz de assumir o controle do próprio destino, sugeria o Manifesto. Prebisch estruturou um marco inesquecível, apesar de enganosamente simples, para explicar por que o sistema não funcionava no interesse mútuo das nações ricas e das pobres, por que os países industrializados recebiam os maiores lucros e o que devia ser feito para restaurar a igualdade na economia internacional. "El desarrollo económico de América Latina y algunos de sus principales problemas", de 1949, deve muito a "Ritmo de la actividad económica", de 1943. Há o mesmo tom confiante, o mesmo distanciamento em relação aos dados para ressaltar os pontos mais importantes, e a mesma certeza de que o dilema dos países em desenvolvimento poderia ser superado com sucesso.

Porém, o Manifesto era diferente por sua visão regional e pela convocação à ação. A concepção "centro-periferia" da economia mundial enfatizava muito mais explicitamente a dinâmica e a estrutura da desigualdade global. Começava com a reivindicação de uma economia mundial unificada, na qual todos os países, industrializados e em desenvolvimento, estavam ligados em um único sistema de trocas e eram afetados por um ciclo econômico comum. Dentro desse sistema, no entanto, havia papéis bem diferentes: os países agrícolas produziam produtos primários para os industrializados em troca de produtos manufaturados, enquanto o ciclo econômico começava nos países centrais e se espalhava para a periferia. Prebisch argumentava que a distribuição de benefícios era desigual, pois a dinâmica do comércio exterior e o ciclo econômico favoreciam os países industrializados. Não por má vontade dos governos, mas pelo funcionamento inerente do sistema, os ganhos de produtividade eram maiores em produtos industriais do que em produtos primários. Isso podia ser documentado pelos termos de intercâmbio declinantes, que ele tinha sugerido em 1943 e Singer tinha acabado de documentar. Esse fator era agravado por um ciclo econômico internacional em que os países agrícolas eram mais vulneráveis do que economias centrais durante as recessões porque o grau de sindicalização na Europa e na América do Norte era suficiente para evitar um colapso equivalente nos preços. O resultado de ambos os fatores – um declínio secular nos termos de intercâmbio e a vulnerabilidade no ciclo econômico – explicava a falha fundamental da teoria de comércio neoclássica, que pressupunha benefícios iguais para exportadores industriais e agrícolas e que supostamente tinha a mesma validade na América Latina, nos Estados Unidos ou na Inglaterra. Em suma, havia uma assimetria inerente ao sistema. Era necessário compreendê-la para entender a inserção da América Latina no mundo e, portanto, para criar uma nova abordagem para suas necessidades futuras.[30]

A atratividade do Manifesto residia em sua dupla força: oferecia um diagnóstico poderoso e prometia uma saída para o dilema dos países agrícolas. Ser periférico não era necessariamente igual a ser dependente. Assim como no texto "El ritmo de la actividad económica", de 1943, ele voltava a propor que a industrialização, com o devido cuidado de evitar a inflação e as distorções, oferecia à América Latina a perspectiva de reverter a dinâmica do intercâmbio desigual. Caso contrário, o continente estaria fadado a receber benefícios decrescentes na economia global. Tratava-se de uma receita de mudança não revolucionária e não comunista, que os governos na região poderiam aplaudir independentemente da orientação ideológica de cada um. Era um chamado à ação, que Prebisch fazia com base em sua experiência direta na Argentina, onde a substituição de importações já tinha avançado consideravelmente antes de 1941 e onde o Banco Central tinha desempenhado esse papel, fazendo a produção industrial igualar a da agricultura em 1943. Vista de uma perspectiva regional, era uma saída ousada, pois a maioria das economias era menos desenvolvida que a da Argentina. Uma vez exposto, o desafio para que as economias periféricas transitassem de uma produção de produtos primários a uma economia industrial mais diversificada mostrou-se irresistível e duradouro. Hoje, essa proposição é considerada tão óbvia que a originalidade do Manifesto de Prebisch ficou obscurecida pelo êxito.

Sob uma prosa extraordinariamente elegante e fluente, com apelo à razão e a uma argumentação equilibrada, havia no Manifesto um tom quase imperceptível mas inconfundível de indignação e até mesmo de uma raiva mal disfarçada. A economia do desenvolvimento exigia que se assumisse uma posição. O tratamento que ele acabara de receber em Washington talvez explicasse em parte essa irritação, bem como o pessimismo comercial em 1949, quando a perspectiva de aumentar as exportações latino-americanas era sombria: "Antes da Grande Depressão, os países latino-americanos desenvolveram-se para fora, estimulados pelo constante incremento nas exportações. Não há motivo para supor, pelo menos neste momento, que isso ocorrerá de novo na mesma proporção, exceto em casos muito particulares."[31] A partir dessa triste perspectiva, era ainda menos provável que o sistema econômico internacional estimulasse o desenvolvimento e o progresso técnico na América Latina. Urgia começar a se mover sem demora.

Ao terminar o Manifesto, Prebisch estava mais confiante do que em qualquer momento desde 1943 e ansioso para partir para Havana. Sabia que o relatório seria polêmico. Em uma cópia que enviou a Ravndal, cronometrada para coincidir com sua apresentação em Havana, ele indicava que "as ideias contidas no relatório não seguem as linhas convencionais. Com seu amplo conhecimento de nossa realidade, você será capaz de avaliar o verdadeiro alcance do documento."[32] Martinez-Cabañas também não divulgou o texto entre os funcionários da Cepal antes da conferência. Somente Furtado recebeu uma cópia para traduzir para o português, já que não estaria presente em Havana. Os outros, assim como os delegados, deveriam experimentar uma surpresa completa. Prebisch telefonou para Adelita depois que chegou a Havana e ela enviou uma mensagem de boa sorte em resposta: "Não tenho dúvida de que o texto receberá a aclamação que merece."[33]

A conferência foi aberta em 29 de maio com fanfarra no Capitólio Nacional. Era o primeiro grande teste internacional da Cepal. A imprensa internacional mobilizou-se para relatar a existência do mais novo órgão burocrático das Américas, mas a afluência de diplomatas foi desigual, a começar pelos norte-americanos, que emitiram uma mensagem clara ao enviar seu embaixador de menor qualificação, o de El Salvador, como chefe da missão. A Argentina copiou Washington e enviou seu embaixador em Honduras. Os chilenos, chefiados por Hernan Santa Cruz, estavam como sempre em bom número. H. M. Phillips compareceu representando a Inglaterra, e os diplomatas Robert Buron e Philippe de Seynes representaram a França. Como que para compensar a escassa plateia, a comissão de recepção era muito distinta: Trygve Lie, secretário-geral da ONU, Carlos Prio Soccaras, presidente de Cuba, e Alberto Baltra, ministro chileno da Economia e do Comércio, que presidia a sessão. O presidente Prio declarou que a missão da Cepal era afastar a sombra da fome do cenário americano: "Senhores, vocês são a esperança do mundo."[34] Baltra acrescentou uma nota de realismo ao observar que a América Latina era fraca, dependente e instável e continuava incapaz de superar as estruturas semicoloniais. O secretário-geral foi o mais modesto de todos, observando devidamente o duplo papel da comissão como um instrumento regional dentro de um órgão com responsabilidade global e acrescentando que a "Investigación económica" era "o primeiro grande projeto da Cepal".[35]

A "Investigación" não era o "grande projeto" anunciado pelo secretário-geral, mas podia ser defendida como o melhor documento possível nas circunstâncias. Oferecia um panorama regional em 245 páginas. A parte A apresentava as "tendências na produção" na indústria e na agricultura num período de dez anos desde 1937; a parte B resumia "outros aspectos econômicos", que incluíam população, transporte, comércio exterior, inflação, balanço de pagamentos e perspectivas da recuperação europeia. O relatório fornecia informações consideráveis não disponíveis, a começar pelos dados demográficos básicos. O Equador nunca fizera um Censo. O último da Bolívia datava de 1900 e o do Uruguai, de 1910. Ao sugerir uma população total de 146 milhões de pessoas, com uma taxa de crescimento anual de 1,8%, a "Investigación" lançou a base para a coleta de dados estatísticos essenciais na região e apresentou muitas outras conclusões úteis. Concluía que a indústria em 1947 tinha crescido 21% acima do nível de 1937, mas esse aumento *per capita* permanecia abaixo da média mundial. A América Latina permanecia extremamente sensível a flutuações nos mercados internacionais. As exportações de produtos agrícolas e de gado continuavam no mesmo patamar havia uma década (52%), com uma tendência promissora para matérias-primas mais processadas, contrabalançada por um aumento de 45% nas importações de alimentos. No entanto, a participação da região nas exportações globais expandira-se de 9% em

1937 para 13% em 1946, com os Estados Unidos tendo substituído a Europa como mercado principal. O desafio da América Latina era ultrapassar os maiores obstáculos ao desenvolvimento: baixa produtividade da mão de obra na agricultura e na indústria, escassez de poupança para investimento produtivo, uma persistente crise na habitação e estagnação no setor de mineração. O problema com a "Investigación" em Havana era seu conteúdo geral e descritivo. Os delegados perceberam seu valor, recomendando que a Cepal continuasse esse trabalho e preparasse outro levantamento anual da situação econômica da região para sua próxima reunião em 1950, mas ainda faltavam um marco e um plano de ação. Era o que Croire temia. Por isso havia recebido de bom grado a contratação de Prebisch. Por falta de uma abordagem diferenciada do desenvolvimento, a pesquisa em economia oferecia pouco atrativo para que os governos se interessassem pela missão da Cepal. Estavam todos entediados. Não havia nada que outras agências, como o Banco Mundial e o FMI – ou até mesmo a OEA –, não pudessem fazer.

O relatório de Prebisch preencheu o vazio. Dizer que sua apresentação na capital cubana eletrizou a plateia é diminuir seu impacto. Surgindo como uma figura meio misteriosa, ele criou uma tensão quase insuportável quando subiu ao palco do salão de baile do hotel e prolongou o silêncio até a ansiedade, antes de começar um discurso em tom baixo e profundo. Vestido em um terno azul de risca de giz, falou sem ler e estabeleceu uma ligação imediata com os delegados, que vivenciaram uma experiência coletiva inesperada e hipnótica. O comércio internacional havia deixado de ser mera troca de madeira e pedra. Prebisch atraiu a confiança deles, discutindo conceitos econômicos complexos sem cair no jargão, envolvendo a plateia enquanto desenvolvia o argumento da independência regional. Quando terminou, os delegados estavam convencidos de que os latino-americanos deviam agir imediatamente se quisessem compartilhar os benefícios do progresso econômico com os países industrializados, e também que seriam bem-sucedidos em mudar seu destino entre as potências mundiais. Ninguém ficou impassível. Foi um grande espetáculo, com uma reação memorável.

O Manifesto criou sensação na imprensa latino-americana e consternação entre os representantes oficiais mais graduados dos Estados Unidos e da ONU em Nova York e Washington, que perceberam sua força. O marco estruturalista de Prebisch apresentava uma nova abordagem ao desenvolvimento internacional. Conclamava por um Estado ativo e pela industrialização em uma nova linguagem que desafiava a velha doutrina das vantagens comparativas. A noção de que os países agrícolas na América Latina poderiam prosperar mantendo-se como produtores de matérias-primas foi minada. Os especialistas em desenvolvimento, vindos de países industrializados ou em desenvolvimento, perceberam que um novo debate havia sido lançado.

A reação imediata e ríspida dos principais economistas, incluindo-se Gottfried von Haberler, Gerald Baldwin, Charles Kindleberger e Gerald Meier, a "El desarrollo económico de América Latina y algunos de sus principales problemas" ressaltou a seriedade do desafio que Prebisch apresentava à teoria econômica tradicional.[36] Jacob Viner, da Universidade de Princeton, deu o tom, desqualificando o Manifesto como um conjunto de "fantasias desvairadas, conjecturas históricas distorcidas e hipóteses simplistas".[37] Durante uma série de palestras pronunciadas na Universidade Nacional do Brasil em julho e agosto de 1950, a arrogância de Viner espantou a plateia: fiquem com o livre-comércio, não se afastem das verdades neoclássicas pelo canto das sereias que promovem a diversificação econômica, dediquem-se à agricultura e ao controle da natalidade. Prebisch era um herético – chamado mesmo de "grande heresiarca"[38] – que devia ser evitado a todo custo. Outros economistas americanos foram menos ideológicos, criticando os dados empíricos que sustentavam a tese de Prebisch e Singer ou a relevância da inovação tecnológica. As críticas a Prebisch não atingiram o alvo. O Manifesto nunca pretendeu fornecer uma teoria acabada do desenvolvimento econômico. O texto apelava para a necessidade de mais pesquisa. E também não era anticomércio: "Quanto mais ativo for o comércio exterior da América Latina, maiores as possibilidades de aumentar a produtividade mediante a formação intensiva de capital." Não era antiagricultura: "A industrialização da América Latina não é incompatível com o desenvolvimento eficiente da produção primária." Tampouco era cegamente favorável à industrialização. O capítulo 6 chamava-se "Os limites da industrialização": "A industrialização não é um fim em si mesma, mas é o único meio para obter uma parcela dos benefícios do progresso técnico e de aumentar progressivamente o padrão de vida das massas."[39] Viner, que se autodenominava "um defensor antiquado do livre-comércio", só podia recorrer aos velhos ditados neoliberais como "fortalecer o ambiente de investimentos" e "apertar o cinto". Prebisch também acreditava no mercado e em sólidos ambientes de investimento, mas pedia respostas a um outro conjunto de perguntas. "O que mais é necessário para o desenvolvimento?", indagava. "E quanto à assimetria do sistema?" Ele desafiava o mercado a ser um grande equalizador e convocava o Estado a realizar uma ação consciente para que os países mais fracos pudessem compartilhar os benefícios da economia internacional.

Este foi o salto que identificou Prebisch como o pai do desenvolvimento: ele apresentara uma visão do subdesenvolvimento em um marco fundamentalmente novo, que desafiava as teorias existentes com uma abordagem alternativa que incluía, ao mesmo tempo, países industrializados e periféricos. De fato, a crítica mais séria – e ressentida – de Prebisch aos economistas neoclássicos das universidades norte-americanas e europeias era sua presunção de sabedoria: "Uma das deficiências mais patentes da teoria econômica geral, do ponto de vista da periferia, é seu falso senso de universalidade."[40] O Manifesto pedia o fim do absolutismo na teoria econômica e destacava a necessidade de ver o desenvolvimento como um processo mais complexo de mudança, dependente tanto de estruturas e características regionais quanto de verdades neoliberais. As vulnerabilidades da América Latina, que ele tinha articulado pela primeira vez nas "Notas sobre nosso meio circulante" em 1921, precisavam ser corrigidas se a região quisesse avançar e contribuir para a prosperidade global. Como essa parte da equação do desenvolvimento dependia de entender a realidade latino-americana, os economistas da região deveriam se concentrar nessa tarefa em vez de copiar os modelos dos países desenvolvidos.

A metamorfose pessoal de Raúl após seu triunfo em Havana equiparou-se ao tamanho de seu feito profissional. Depois de ter aturdido a plateia, ele deixou a conferência abruptamente e desapareceu do Hotel Nacional, permanecendo incomunicável até mesmo para Adelita. Isso nunca acontecera antes. Ela ficou sem notícias dele durante dias. Leu sobre o discurso nos jornais e lhe enviou uma mensagem, evidentemente aborrecida. "Este foi seu primeiro sinal de vida nas últimas três semanas", escreveu em 10 de junho. Evidentemente o estresse e as tensões dos últimos seis anos, culminando com a rejeição pelo FMI, e agora seu sensacional êxito tinham desencadeado uma sexualidade desenfreada, até então contida por uma vida familiar e de trabalho disciplinado. Assim como o pai, a personalidade de Raúl tinha abrigado um outro lado, liberado na luxúria de Havana. Assim como o pai, ele manteria esse lado isolado de sua vida profissional. Outro Raúl apareceu de modo indesejado junto dos ternos do executivo, e a irreversível mudança de caráter foi espantosa e entristecedora para Adelita e os amigos, que permaneceram leais ao Prebisch "essencial".

Quando ressurgiu do submundo de Havana, Prebisch voltou para participar da terceira sessão. Ninguém duvidava que ele tinha sido a peça central da reunião, o grande vitorioso. Todos, inclusive ele, perceberam que o Manifesto o tinha lançado como personalidade regional. Aprovou-se uma resolução formal de reconhecimento em 14 de junho, no encerramento da reunião. Um ano depois de ter sido rejeitado de maneira humilhante pelo FMI, ele reverteu sua sorte de forma espetacular e ressurgiu como uma celebridade. Não era mais o dr. Prebisch: agora era Don Raúl.

CAPÍTULO 12

A afirmação da Cepal

Antes de Havana, Prebisch tinha encarado a Cepal como um ator secundário no jogo interamericano. Foi para Havana como assessor por pouco tempo com uma única ideia na cabeça: apresentar um relatório que resgataria os anos que passara elaborando uma nova abordagem ao desenvolvimento econômico da América Latina. Seu contrato expiraria em 31 de julho.

Depois da experiência de Havana, no entanto, convenceu-se de que, sob sua liderança, a Cepal poderia tornar-se um poderoso instrumento de canalização do regionalismo que o relatório tinha provocado. A aparente desvantagem da localização em Santiago poderia ser transformada em vantagem: quanto maior a distância de Washington e da sede da ONU em Nova York, maior a defesa contra a ortodoxia deles e contra a pressão para se subordinar. A Cepal prosperaria como um centro de pesquisa exclusivamente latino-americano, longe da rigidez da Aliança Atlântica. Desde 1945, economistas latino-americanos qualificados tinham tido poucas opções além das organizações internacionais baseadas nos Estados Unidos e na Europa; a Cepal se tornaria uma localização alternativa e um contrapeso intelectual para essa sangria de talentos, oferecendo um centro de ideias autônomo em que abordagens locais ao desenvolvimento poderiam ser exploradas. Santiago poderia se tornar um laboratório regional para ligar teoria e prática nas tarefas urgentes do desenvolvimento. Uma Cepal com esse objetivo, revitalizada por sua liderança, poderia estancar o êxodo de talentos para Washington e Nova York, mantendo jovens economistas como Celso Furtado e Víctor Urquidi na região, enriquecendo Santiago pela reunião de latino-americanos de todas as áreas, aproveitando suas diferentes experiências e, em geral, promovendo economistas latino-americanos e instituições de pesquisa no lugar de grandes organizações internacionais como o FMI e o Banco Mundial. Uma Cepal assim poderia atrair economistas na América do Norte e da Europa comprometidos com o desenvolvimento, mas em busca de percepções e experiências para além das alternativas transatlânticas tradicionais. Em suma, Prebisch percebeu que, com uma liderança apropriada, a Cepal se tornaria um centro poderoso de ideias e ação em vez de só mais uma pequena agência da ONU no fim do mundo.

David Owen e outros funcionários da ONU logo entenderam o valor de Prebisch para o organismo. Tinham-no ouvido falar e viram o que ele conseguia fazer com as plateias. Ali estava um líder de verdade, e a ONU precisava de carisma para projetar internacionalismo. Prebisch era do Sul, não da Europa ou da América do Norte, um pensador original e uma personalidade carismática. Owen sabia que a ONU devia atraí-lo. Havia, é claro, a questão delicada de "El desarrollo económico de América Latina y algunos de sus principales problemas" (o Manifesto de Prebisch). A ONU não podia incluí-lo entre os documentos aprovados em Havana porque as missões dos Estados Unidos e de outros países ocidentais discordavam da tese central. Hans Singer experimentara a mesma resistência naquele ano, e Prebisch pusera os países industriais ainda mais na defensiva.[1] Se a economia internacional era o único sistema global interdependente e se sua dinâmica favorecia apenas um conjunto de países, então a responsabilidade de corrigir o desequilíbrio recaía tanto sobre os países vulneráveis (agrícolas) quanto sobre os privilegiados (industriais). Somente uma ação combinada criaria as condições certas para o desenvolvimento. Martinez-Cabañas concordou com Owen em dissociar a Cepal do Manifesto de Prebisch. No final, Trygve Lie assinou um prefácio afirmando que "as ideias expressas neste relatório pertencem inteiramente ao autor" e que o texto – contrário à política norte-americana – estava sendo publicado só porque "o assunto é de vital importância para as Nações Unidas". Os representantes mais graduados da ONU consideraram "muito desejável" esse caminho de exceção.[2] A decisão da ONU de insistir em que ele assumisse o crédito e a responsabilidade pelo relatório impulsionou a visibilidade de Prebisch em Nova York e na América Latina e deu-lhe um reconhecimento maior do que teria se o Manifesto tivesse ficado misturado com os documentos de Havana.

Os planos de Prebisch eram ainda mais essenciais para a Cepal, a principal beneficiária de seu papel em Havana. Com bom instinto de sobrevivência, Martinez-Cabañas percebeu que Prebisch era vital para a continuidade da instituição. Sem ele, a reunião de Havana poderia ter sido um fracasso, e o desafio da sobrevivência não estava superado. A Cepal tinha mais dois anos para se mostrar necessária. O prestígio e o talento de Prebisch eram necessários para manter o impulso. Os temores de Martinez-Cabañas mostraram-se reais em julho, quando o Conselho Econômico e Social analisou sem entusiasmo o desempenho da Cepal, advertindo contra a "burocratização", citando como exemplo a criação da Comissão de Comércio Permanente tão desejada pelo secretário executivo.[3] Essa reação morna mostrava que ninguém em Santiago e em Nova York podia relaxar.

Martinez-Cabañas abordou Prebisch antes de os dois partirem de Havana. O insistente secretário executivo deve ter se sentido como o dr. Frankenstein: ele precisara de Prebisch para Havana, e agora precisava ainda mais. Porém, como Raúl era mais poderoso do que ele sob todos os aspectos, ele se arriscava a criar um monstro que provavelmente escaparia de seu controle. Alguns incidentes anteriores tinham diminuído a consideração de Prebisch por seu chefe, como o pedido de que ele o ajudasse a negociar um preço melhor em um conjunto de móveis comprado em Buenos Aires para sua residência em Santiago – isso no meio da batalha da Cepal pela sobrevivência e da demissão de Raúl da universidade. Mas eles chegaram a um acordo. Em 16 de junho, Prebisch concordou em prorrogar seu contrato por nove meses, estendendo-o até 30 de abril de 1950. A negociação revelou como diminuía o poder de Martinez-Cabañas: Prebisch concordou em ficar em Santiago, mas só se pudesse criar um centro de pesquisa autônomo e trabalhar como seu diretor, na verdade assumindo pleno controle do programa de pesquisas da Cepal, inclusive a preparação da "Investigación económica", limitando o alcance do secretário executivo a "atividades operacionais e de política". O acordo dividiu o secretariado em dois componentes: Prebisch teria "plena autoridade sobre o pessoal lotado no centro", controle sobre seu próprio orçamento e seria responsável sozinho por todos os estudos e relatórios. O pessoal permanente nomeado para o novo centro "seria selecionado a partir de propostas do diretor". O secretário executivo seria mantido informado "para possibilitar que expressasse suas ideias", mas o próprio Prebisch trataria das comunicações com pessoas e instituições de fora. Como a pesquisa era a principal missão da Cepal, essa divisão de trabalho era na verdade um *coup d'état* realizado por uma pessoa que permanecia tecnicamente um "consultor" e ainda não era um funcionário da ONU em regime de tempo integral. Prebisch insistiu em uma cláusula adicional: "Se o sr. Prebisch se tornar membro do pessoal permanente da ONU [...] ele será equiparado na hierarquia ao principal diretor." Martinez-Cabañas manteve o cargo de secretário executivo, mas Prebisch se tornaria a personalidade mais visível da Cepal tanto em Santiago quanto na região. Nova York aceitou esse acordo.

Em 5 de julho de 1949, Prebisch fez seu juramento na ONU, o começo simbólico de sua nova carreira. Enviou uma mensagem para Adelita dizendo que "o próximo passo em nossas vidas foi decidido". Em outra carta, descrevia o novo acordo em termos apaixonados: ele finalmente teria o centro de pesquisas que buscava havia tanto tempo e "em perfeitas condições". Não se tratava mais da Argentina, mas de um enfoque regional, latino-americano, o que expandia a visão e o desafio. Eles se mudariam para Santiago. Como Adelita se encontraria com ele no México em 15 de julho, tinha pouco tempo para alugar a casa em San Isidro e preparar a mudança. Ela conseguiu despachar todos os móveis da casa em Chile, 563, mas o velho Citroen permaneceu na garagem dos novos inquilinos – amigos banqueiros franceses de René Berger, que aceitaram assinar um contrato de aluguel de um ano a 1.700 pesos por mês. (Raúl encomendou um Chevrolet grande, que chegou a Santiago de Nova York em 9 de outubro.) Em sua última noite na casa, Adelita descreveu seus sentimentos confusos por ter que deixar o país. Segundo ela, era "um pesadelo desistir de nossa casinha, na qual vivi tão feliz como sua assistente".[4] Sentia que talvez nunca mais voltassem para Buenos Aires.

Antes de voltar para Santiago, vindo de Havana, Prebisch decidiu fortalecer as defesas diplomáticas da Cepal em Nova York, Washington e na Cidade do México, pois a segunda sessão e a reação ao seu relatório tinham demonstrado que ele precisava de um apoio muito maior nessas capitais para sobreviver. Passou a maior parte do verão em Washington e Nova York, e voltou para Santiago via Cidade do México em 21 de outubro. Em Nova York, Prebisch familiarizou-se com a estrutura de poder da ONU, reunindo-se pela primeira vez com Trygve Lie, secretário-geral, e visitando David Owen, H. Caustin e Wladek Malinowski nos Departamentos de Assuntos Econômicos e Sociais – que seriam fundidos em um departamento unificado em 1954 – para discutir o futuro da Cepal e expandir o alcance de sua ação dentro do sistema. Assim como Owen, Malinowski tinha ido à Conferência de Havana. Ele e Prebisch logo se reconheceram como aliados. O pai de Malinowski havia sido um dos fundadores do Partido Socialista Polonês e ele próprio fora ativo no Sindicato Independente dos Estudantes antes do triunfo comunista e de sua expulsão da Polônia. Ciente de que esse histórico não lhe dava qualquer influência em Washington ou nas capitais ocidentais, integrou-se à ONU e passou a conhecer bem a organização, tornando-se um aliado valioso para encontrar os caminhos certos no labirinto burocrático. A Unidade Latino-Americana, que Caustin e Alfonso Santa Cruz dirigiam, tinha poucos funcionários. A partida de Croire (ele havia voltado para a Argentina) tornou as coisas ainda mais difíceis. Mas todos concordaram em não repetir os meses caóticos que antecederam Havana e prometeram melhorar as ligações entre o Departamento de Assuntos Econômicos e Sociais e Santiago na preparação do segundo "Informe económico" da Cepal, que seria apresentado na terceira sessão, de 5 a 21 de junho de 1950, em Montevidéu. Responsável por essa tarefa, Prebisch queria evitar a confusão e o quase fracasso do primeiro Informe. Muitos dados, informações e recursos para estudar as economias latino-americanas estavam em Nova York e em Washington. A Cepal precisava ter acesso a essas fontes.

Washington era um dilema mais difícil. O governo Truman abstivera-se da votação de 1948 que criara a Cepal, e os Estados Unidos já tinham decidido que ela acabaria em 1951, depois do prazo de três anos. Um mês antes de Havana, o Conselho Econômico e Social da OEA reunira-se em sessão plenária e recomendara discussões com a ONU para assumir o orçamento da Cepal, mantendo "alguns membros mais competentes no secretariado". O Departamento de Estado não alterou seu ponto de vista: a Cepal e o conselho deviam "se fundir",[5] o que significava uma absorção. David Owen observou, de forma ácida, que aceitaria o plano dos Estados Unidos desde que a nova organização "fundida" se reportasse a ele em Nova York, em vez de à OEA em Washington. A resolução em Havana exigindo que a Cepal melhorasse sua coordenação com a OEA era vista por todos como um compasso de espera enquanto o futuro da Cepal estava sendo decidido. Prebisch decidiu que a ONU precisava induzir a mudança de atitude em Washington e recomendou a criação de um pequeno escritório que funcionasse como posto de escuta na capital americana. Isso atenderia a vários objetivos: evitaria as críticas dos Estados Unidos, ao promover um diálogo regular com as agências do governo, o Eximbank e a OEA; posicionaria a Cepal na rede diplomática interamericana de Washington; e beneficiaria Santiago ao construir uma rede de contatos profissionais nas agências americanas e nas principais organizações internacionais. Dois americanos foram escolhidos para chefiar o escritório: Sidney Merlin, do Banco Mundial, e George Kalmanoff, do Departamento de Comércio dos Estados Unidos. Prebisch até propôs que ele fosse localizado no prédio da OEA, mas o Conselho Econômico e Social não desejava dividir espaço com seu novo concorrente de Santiago.

Prebisch também decidiu estabelecer um pequeno escritório de ligação no México como apoio visível na região norte da América Latina, considerando o país como um aliado essencial na batalha sobre o futuro da Cepal. O governo mexicano não era considerado um defensor da instituição, mas também não deveria tomar qualquer medida para terminar com ela, pois Martinez-Cabañas era mexicano. Prebisch conseguiu arrumar uma salinha no Banco Central mexicano com o apoio de Rodrigo Gomez, com apenas um funcionário pouco graduado para poupar custos. O minúsculo escritório serviria como sinal de que a Cepal pretendia regionalizar seu trabalho, oferecendo aos países do norte um papel mais direto em suas operações. Sua primeira missão era garantir que dados e relatórios do México e do Caribe fossem disponibilizados para a segunda versão da "Investigación".

Em Santiago, Prebisch estava restaurado física e mentalmente pelo novo desafio, recuperara a energia de seus dias no Banco Central e parecia mais jovem do que antes de Havana. Voltou a assumir uma jornada diária de dezoito horas de trabalho, organizando as atividades do centro de pesquisa, selecionando funcionários e buscando novos talentos. Os economistas em Santiago formavam um grupo eclético mas interessante. Além de Martinez-Cabañas, que estava sempre viajando, Eugenio Castillo e Louis (Speck) Swenson formavam o secretariado executivo, responsável por toda a secretaria. Swenson era um dos raros americanos em que os latino-americanos confiavam, mas também era capaz de se comunicar bem com os funcionários da ONU e do Departamento de Estado, o que era indispensável para a Cepal, e vice-versa. "Gostamos de Santiago", escreveu a um amigo em Nova York após sua chegada. "Os chilenos são cordiais e simpáticos."[6] Milic Kybal, meio mexicano, apesar de ter as cidadanias americana e tcheca, era outro especialista internacional interessante na Cepal. Originalmente contratado por dezoito meses em agosto de 1948 e rapidamente promovido a chefe de pesquisas antes da reunião de Havana, era um especialista competente no setor, mas mais um seguidor do que um líder. Suas reminiscências dos anos no Federal Reserve irritavam os colegas e punham seu comprometimento em questão. Celso Furtado destacava-se como um economista e intelectual notável. Tinha lutado com a divisão brasileira na Itália e permanecera na Europa para fazer pós-graduação na Sorbonne. Gudin e Bulhões o reconheciam como uma das mentes brilhantes do país e o estimularam a tentar a Cepal. O interesse deles bem como a preferência de sua companheira argentina por um país de língua espanhola o trouxeram a Santiago. A maioria dos outros economistas estudara na Inglaterra ou nos Estados Unidos. Regino Boti, especialista em comércio, era ao mesmo tempo brilhante, engraçado e enlouquecedor à moda cubana – um socialista declarado, obcecado pelos Estados Unidos, que tinha estudado em Harvard e dizia que nunca tinha lido nem uma página de Marx; havia sido contratado, com recomendação da ONU, por suas habilidades estatísticas. Outros se destacavam com menos proeminência. O chileno Bruno Leuschener, um engenheiro de minas, era cunhado do fundador Benjamin Cohen; os dois argentinos, Alizon Garcia e Raúl Rey Alvarez, eram ex-funcionários do Banco Central na época de Prebisch; Jorge Alcazár, da Bolívia, e Francisco Aquino, da América Central, ambos especialistas em agricultura, garantiam o equilíbrio regional. Jorge Ahumada, um especialista chileno em comércio internacional, juntou-se à equipe após a Conferência de Havana.[7]

A nomeação de Prebisch para chefiar o novo centro de pesquisas marcou o verdadeiro nascimento da Cepal. O clima em Santiago melhorou, a equipe descobriu um chefe que redigia seus próprios textos, obstinado com a norma culta, e era líder nas ideias e na administração. Sua presença se impunha. Alguns membros da equipe haviam conhecido Prebisch em 1948, quando Castillo o convidara para ir a Santiago como parte da campanha para incorporá-lo à "Investigación económica". O encontro não tinha sido bem-sucedido. Meticulosamente vestido em um terno de lã cinza, com distintas têmporas grisalhas para combinar, Prebisch pareceu deslocado, de outra geração. Alizon Garcia e Rey Alvarez tinham preparado a equipe com anedotas, descrevendo seu controle com mão de ferro sobre todos os aspectos do Banco Central argentino antes de 1943, mas todos descobriram que ele tinha algum senso de humor, apesar de ser insistente e exigente quando contrariado. Estabelecia um padrão de comprometimento e excelência para si e esperava que a equipe o seguisse. Principalmente, era bom ouvinte, submetendo os funcionários a uma avalanche de perguntas que os deixava esgotados e exaustos, mas também estimulados para a causa da Cepal. Prebisch atraía para si os holofotes, mas parecia conferir energia aos que estavam à sua volta. Sua liderança criou um novo entusiasmo em Santiago, que começou um período de intensa atividade e expectativa. Era como se a ameaça contínua à existência da instituição criasse um vínculo especial dentro da equipe. Ao visitar Santiago em 1950, Hans Singer ficou espantado com o clima de inovação e comprometimento tão intenso e raro que lhe recordou Cambridge na década de 1930.[8]

Prebisch tinha comandado equipes de pesquisadores entre 1928 e 1943, sentindo-se isolado após ser demitido do Banco Central. Agora tinha novamente uma equipe, com um orçamento e a capacidade de apoiar a pesquisa econômica em grande escala que a região exigia. As necessidades da América Latina eram enormes, de dados básicos confiáveis e desenvolvimento de políticas até a melhora dos recursos humanos em todos os níveis. Uma infraestrutura regional inteira precisava ser criada. Em novembro, Prebisch estava de volta aos Estados Unidos para recrutar latino-americanos com experiência, empregados em outras agências, como Javier Marquez no FMI. Bernstein concordou em liberar Marquez para trabalhar na segunda "Investigación" e Prebisch fortaleceu seus vínculos com economistas mais jovens, como Víctor Urquidi.

O desafio imediato da Cepal era preparar-se para a terceira sessão, em Montevidéu. O sucesso era essencial para a sobrevivência e seria medido pela qualidade da segunda "Investigación económica", que devia ser claramente superior à de Havana. Todos estavam concentrados em uma única data: 5 de junho de 1950. Em 27 de fevereiro, Raúl enviara uma pauta provisória para a sede, abarcando as tendências do desenvolvimento econômico a longo prazo, a produtividade na indústria, o financiamento do desenvolvimento, o papel do comércio e a assistência técnica. Os governos latino-americanos estavam exigindo um levantamento suficientemente prático e relevante em termos de políticas. Tinham esgotado as reservas de ouro e de divisas acumuladas durante a Segunda Guerra Mundial e experimentavam dificuldades. O relatório deveria interpretar a situação atual, com análises setoriais detalhadas e estudos de caso suficientemente profundos sobre economias regionais para mostrar que a Cepal poderia realizar pesquisas úteis. Prebisch selecionou quatro países para um estudo detalhado – México, Brasil, Chile e Argentina –, mas a preparação de um levantamento tão ambicioso ameaçava ultrapassar as possibilidades do centro de pesquisas, mesmo com a equipe trabalhando sem parar e com os recursos adicionais que Raúl mobilizara em Nova York. Ele abordou David Grove, chefe da seção latino-americana no departamento de pesquisas do Federal Reserve, na esperança de que pudesse apoiar missões especiais de pesquisa. Diante da falta de funcionários, voltou-se diretamente para governos latino-americanos, pedindo que os melhores economistas dos bancos centrais ajudassem a Cepal em tarefas de curto prazo, o que teria uma dupla vantagem: envolveria especialistas de cada país na "Investigación" e lhes daria a experiência de trabalhar com outros latino-americanos. Prebisch preparou um texto teórico, "Crecimiento, desequilibrio y disparidades", como introdução à "Investigación económica", para elaborar e aprofundar a estrutura teórica do Manifesto de Havana.[9]

Conforme a reunião em Montevidéu se aproximava, ficou evidente que a Cepal tinha se atrasado e não seria capaz de divulgar a "Investigación" e outros documentos importantes antes da reunião. A sede da ONU estava insatisfeita, assim como os governos. Na verdade, tanto Nova York quanto (e ainda mais) a equipe em Santiago tinham ficado frustrados com a capacidade de liderança de Martinez-Cabañas desde sua chegada. Apesar de o centro de pesquisas ter preparado as primeiras versões dos relatórios dentro do cronograma, o secretariado executivo não apoiava seu trabalho nas fases de edição, produção, impressão e circulação. Além de viajar muito e ter pouca experiência gerencial, Martinez-Cabañas não conseguia delegar com eficácia. Quando percebeu que a Cepal não conseguiria divulgar o material, tentou apaziguar o Departamento de Estado enviando uma cópia ainda confidencial da agenda, bem antes da reunião de Montevidéu.

As capitais latino-americanas observavam Washington. Reeleito no outono de 1949, o governo Truman ainda estava estudando a política dos Estados Unidos em relação às Américas. Assim como quase todos os presidentes americanos, Truman inaugurou o novo governo prometendo revitalizar as relações com a América Latina. Desde o início de 1949, Acheson, secretário de Estado, proclamou a prioridade das relações interamericanas, insistindo em que a negligência dos Estados Unidos desde 1945 e no início da Guerra Fria seria revertida. Em um discurso à Sociedade Pan-Americana em 19 de setembro de 1949, anunciou um pacote de novas iniciativas que foram muito louvadas nas capitais latino-americanas. O Escritório de Assuntos Interamericanos dos Estados Unidos foi reorganizado e fortalecido em torno de uma missão que pretendia promover segurança, democracia e desenvolvimento econômico, e um embaixador em regime de tempo integral foi designado para o Conselho Econômico e Social da OEA para estimular o multilateralismo regional. O presidente Truman reafirmou a mensagem de Acheson em uma recepção em 12 de outubro. Miller, secretário de Estado adjunto, fez discursos tão floreados, invocando a solidariedade dos tempos da guerra, que seus embaixadores temeram um alarde exagerado sobre as novas resoluções de Washington. Ele citou de forma errônea e grotesca o *Paraíso perdido*, de Milton – "Com chuva sobre chuva, desordem sobre desordem, a confusão pior ficou" –, pois a verdade é que o governo Truman ainda não tinha tomado uma decisão sobre a política para a América Latina. Não havia acordo sobre a redação final de "Objetivos e medidas dos Estados Unidos em relação à América Latina".[10]

Atlanticistas como George Kennan subestimavam a importância de um planejamento regional para a América Latina, argumentando que Washington deveria escolher uns poucos aliados significativos como o Brasil e o México em vez de promover uma ficção geopolítica chamada "hemisfério Ocidental". Nelson Rockfeller, por sua vez, enfatizava a necessidade de um engajamento econômico de longo prazo na América Latina. John C. Dreier argumentava que era um erro dar aos latino-americanos a impressão de que eles tinham o direito de ser consultados antes de os Estados Unidos darem passos importantes no mundo. Louis B. Halle Jr. defendia a solidariedade, favorecendo a consulta, como os ingleses tinham feito na Commonwealth, reconhecendo que certas queixas latino-americanas contra os Estados Unidos eram justificadas, mas lamentando a persistência de "velhos conceitos", como o de que "os Estados Unidos exercem liderança no mundo em nome da comunidade de Estados americanos". Miller advertia contra "uma tendência excessiva a colocar camisas de força". Acheson tendia para o floreio. Em uma reunião de líderes latino-americanos, insistiu: "Somos parte da associação do mundo livre" e não "uma aliança como as que a Europa impingiu no último século", não "um ordenamento de esferas de influência ou um sistema de satélites", mas "uma confederação espiritual de povos e de nações ligadas pela preocupação com a liberdade".[11]

Porém, todos estavam de acordo em que as Américas eram uma zona de influência americana e a OEA representava o "sistema de segurança reserva" dos Estados Unidos. Halle confidenciou que "as vinte outras repúblicas são, em grande medida por força das circunstâncias, nossos clientes; essa é a base de nossa liderança".[12] A OEA era a única ligação dos Estados Unidos com a América Latina, um investimento que valia a pena. Os Estados Unidos pagavam a maior parte do orçamento, mantendo controle sobre as nomeações e os programas. A sede era em Washington. Além disso, Amos E. Taylor, secretário executivo do Conselho Econômico e Social da entidade, era americano. A OEA deveria permanecer como um fórum inquestionável para as relações entre os Estados Unidos e a América Latina. Era preciso evitar que a Cepal, fundada pela ONU, dividisse essa esfera interamericana e duplicasse responsabilidades. O governo Truman já tinha recebido ataques de Joseph McCarthy, senador republicano pelo Wisconsin, que acusava o Departamento de Estado de estar infiltrado de comunistas que enganavam Truman com uma política de conciliação. O índice de aprovação do presidente estava em queda. A cruzada anticomunista de McCarthy empurrou a política interna e externa do país para a direita e injetou uma ortodoxia ideológica mais rígida nas relações com a América Latina. Alguns especialistas da ONU tinham sido, ou eram, esquerdistas ou comunistas; uma caça às bruxas nas agências norte-americanas com certeza se espalharia para o quadro de servidores internacionais, em Nova York ou em Santiago. Como os governos latino-americanos eram mais anticomunistas que os Estados Unidos – só na Guatemala havia descontentamento com a United Fruit Company –, o governo Truman percebeu que a região era politicamente segura. Mas seria totalmente leal? Enquanto a OEA estava instalada na segurança de Washington, a Cepal era potencialmente imprevisível em suas contratações e atividades. Ainda era pequena. Como seria se contratasse esquerdistas ou até mesmo comunistas? E se transformasse desacordos em grandes confrontos, como, por exemplo, sobre a criação de um Banco de Desenvolvimento Interamericano, que Washington acabara de vetar em Bogotá? A pequena Cepal era um tiro no escuro e um fator de irritação nas relações, não pelo que efetivamente era em 1948-1949, mas pelo que poderia se tornar no futuro. Pelo menos implicitamente, desafiava o sistema interamericano representado pela OEA e o Tratado de Assistência Recíproca do Rio de 1947, situando-se fora da conformidade ideológica do anticomunismo que prevalecia na Guerra Fria. Diferentemente da OEA, a Cepal não era previsível ou totalmente controlável. Não seria possível evitar o surgimento de visões radicais sobre mercados e o Estado ou prioridades diferentes das de Washington em relação à ameaça comunista, a segurança e desenvolvimento. Os latino-americanos apoiavam o desenvolvimento econômico, com a Guerra Fria sendo uma preocupação secundária. Em Washington, era justamente o contrário. Nessa equação, a Cepal estava claramente identificada com o desenvolvimento, e sua sobrevivência tinha implicações simbólicas para as relações interamericanas.

No início de 1950, o governo Truman estava confiante em que a OEA prevaleceria sobre a Cepal. Nas duas reuniões interamericanas em abril, o fim da Cepal foi abertamente defendido pelo México, Argentina, Colômbia, El Salvador e Panamá, bem como pelos Estados Unidos. Chile, Brasil, Uruguai, Guatemala e Cuba continuaram a apoiá-la, enquanto o Peru fez objeção à presença de governos europeus na comissão. Nem a Venezuela nem o Equador tinham opinião formada, contra ou a favor. Com esse apoio, Washington seguiu adiante em sua agenda. Em 5 de maio, a OEA entregou uma nota formal a Trygve Lie anunciando que criara um programa de cooperação técnica, em concorrência direta com a ONU.[13] Governos latino-americanos que apoiavam a Cepal, como o do Chile, estavam frustrados pelo favoritismo manifesto de Washington. Um mês antes da reunião de Montevidéu, Hernan Santa Cruz, representante chileno na ONU que assumira um papel de liderança na Cepal dois anos antes, literalmente "agarrou pelo colarinho" seu colega americano (de acordo com um relato do Departamento de Estado) para reclamar do esforço de liquidar a Cepal. Os Estados Unidos responderam que "não era justificado falar de um plano norte-americano", mas várias repúblicas americanas sentiam que a duplicação estava paralisando ações construtivas tanto da Cepal quanto do Conselho Econômico e Social da OEA e consideravam que a situação era insustentável. As queixas de Santa Cruz aumentaram por "nossa tentativa de 'afundar a Cepal'". Ele considerava inútil o Conselho Econômico e Social ("Como se pode ter duplicação entre algo e nada?"), enquanto a Cepal era o único mecanismo multilateral efetivo para lidar com problemas econômicos da América Latina.[14]

Faltando um ano para terminar o período de experiência, a Cepal tinha de ganhar apoio e impulso em Montevidéu para seu teste iminente. A estratégia dos Estados Unidos na terceira sessão foi a inversa: minar a credibilidade da Cepal por meio de uma diplomacia discreta, deixando que Argentina e Colômbia tomassem a dianteira em defesa de sua fusão com a OEA, enquanto impediam qualquer resolução que garantisse a continuação do organismo depois de 1951. A delegação americana desempenhou um papel passivo, na esperança de que a desordem gerencial da Cepal na preparação da reunião de Montevidéu falasse por si, mas mesmo assim promoveu jantares para cada delegação latino-americana em sua embaixada para convencê-las de que a Cepal devia ser fundida com o conselho da OEA.

Essa estratégia colidiu com lealdades do passado. Chris Ravndal tinha sido nomeado embaixador americano em Montevidéu, e nessa posição foi destacado como representante em exercício dos Estados Unidos para a terceira sessão da Cepal. A Guerra Fria não havia sido gentil com sua carreira: seus cargos graduados em Washington e no exterior tinham dado lugar a nomeações diplomáticas modestas na fase final de sua longa atuação no Departamento de Estado. Mas, pelo menos, Ravndal estava de volta ao Cone Sul, sua parte preferida do mundo, e poderia trabalhar de novo com Prebisch. Ele relatou a Washington em 9 de junho: "Conheço bem o dr. Prebisch desde 1935 e testemunhei sua vida pessoal e profissional durante minha permanência de seis anos em Buenos Aires. Não hesito em declarar que, ao que eu saiba, o dr. Prebisch não só é um cavalheiro de excelente caráter como também um dos economistas mais competentes e reverenciados da América Latina. Além disso, pela minha experiência, é uma pessoa gentil no trato profissional." Mas, lamentavelmente, a missão diplomática de Ravndal era minar a Cepal e seu amigo Prebisch.

A reunião de Montevidéu teve um início lento, conforme os delegados foram chegando aos poucos das capitais europeias e do hemisfério Ocidental. Os preparativos da Cepal para a conferência tinham sido inadequados e confusos. Como os documentos não haviam sido divulgados para as capitais antes das reuniões, os governos não deram instruções às delegações. A organização foi um desastre. Alguns materiais só foram divulgados depois do início do evento. A comissão sobre desenvolvimento econômico só pôde começar a trabalhar depois de dez dias, provocando confusão nas agendas que dependiam dela. Quatro dias extras foram acrescentados para concluir os trabalhos. Houve outros problemas: os presidentes não definiram procedimentos-padrão, de forma que novas propostas surgiam de repente sem aviso e nunca ficava claro se os delegados estavam falando em seu próprio nome ou como representantes de governos. Mais preocupante para Martinez-Cabañas foi a representação diplomática diminuída em Montevidéu em comparação com Havana um ano antes. O secretário-geral da ONU não compareceu, enviando David Owen, que só ficou alguns dias. Em Havana, as delegações latino-americanas não eram as de mais alto nível, mas pelo menos estavam lá. Dessa vez, como se o *glamour* da Cepal tivesse diminuído na região, faltaram países importantes como Peru, Venezuela e Costa Rica. Argentina, Colômbia, Bolívia, Equador, República Dominicana, El Salvador, Honduras, Paraguai, Nicarágua, Panamá e Haiti estavam quase invisíveis. O México assumiu uma postura reservada, com uma missão quase toda técnica, e o Brasil foi representado pelo general Gomes, muito admirado por sua personalidade afável e atitude amigável, mas cuja nomeação não sinalizava muito interesse pelo encontro. Isso deixou quatro pequenos países – Chile, Cuba, Uruguai e Guatemala – como as delegações mais falantes na conferência. Representantes do FMI, da Organização Internacional do Trabalho (OIT), da Organização Internacional de Refugiados (OIR), da Unesco e da FAO apareceram, mas o Banco Mundial decidiu não participar. O principal interesse dos três membros europeus era reassentar refugiados da Europa Central; só a Aide Suisse à l'Europe tinha planos de transferir 100 mil europeus para a América Latina. Assim, eles solicitaram que a Cepal criasse uma comissão de desenvolvimento econômico e imigração para trabalhar junto com a Organização Internacional para os Refugiados (OIR, que foi rebatizada Alto Comissariado da ONU para Refugiados um ano depois). A delegação britânica, chefiada por H. M. Phillips, seguia Washington ou ficava bebendo no bar.

 Apesar de tudo, a sessão da Cepal em Montevidéu foi um sucesso surpreendente. As tentativas dos Estados Unidos de administrar a questão entre a Cepal e a OEA quase tiveram êxito, até o general Gomes declarar que o Brasil "admirava muito o trabalho da Cepal" e "que o Conselho Econômico e Social da OEA não servia a qualquer propósito útil". A delegação cubana concordou, observando que "certos países sentem que as organizações latino-americanas são dominadas pelos Estados Unidos". A Guatemala usou o tom mais antiamericano possível para denunciar a fusão proposta. Logo a indisciplinada família latino-americana estava em destaque: o Chile em seu papel de apóstolo dos países subdesenvolvidos; a delegação cubana dividida, apresentando resoluções contraditórias, apesar de unida nos elogios a Prebisch e na hostilidade a Martinez-Cabañas e a Marco Antonio Ramirez, o único delegado guatemalteco, chamado pela delegação americana de "criança-problema" por suas críticas à United Fruit Company.[15] Amos E. Taylor compareceu, junto com Jorge Mejia Palacio, o representante colombiano no Conselho Interamericano, tendo este último lido um discurso desastroso (descrito por Hernan Santa Cruz como "o melhor argumento que ele já tinha ouvido a favor da Cepal"). De modo geral, a equipe de pesquisa de Santiago embaraçou sua congênere moribunda da OEA, mas o empate continuava. Era evidente que os Estados Unidos estavam decididos a se livrar da Cepal, mas vários governos latino-americanos apoiavam a instituição. Ravndal relatou esse impasse a Washington, observando que uma fusão poderia ser aceitável na América Latina, permitindo "manter um secretariado único, forte e independente". Na mesma linha, vinculava essa situação com a permanência de Raúl Prebisch na Cepal. "O dr. Prebisch detém a mais alta estima dos governos latino-americanos e é um habilidoso defensor de suas ideias econômicas."[16]

Assim como em Havana, Prebisch foi a figura central da Cepal em Montevidéu. Sua apresentação da "Investigación económica" dominou a reunião inteira: ele exibiu a mesma personalidade e o carisma que mostrava em Havana, a mesma liderança e a mesma habilidade para se comunicar. Ravndal mais uma vez observou Raúl em ação, revendo a energia dos anos na Argentina. Em seu relatório confidencial da reunião de Montevidéu, explicou a Washington que o novo vocabulário de desenvolvimento de Prebisch espalhara-se na reunião como que por osmose, mudando de forma sutil e profunda a dinâmica do encontro. "Foi interessante notar a maneira como muitos delegados latino-americanos, no final da sessão, tinham adotado os pensamentos e as expressões técnicas usadas por Prebisch em sua tese central sobre o desenvolvimento econômico latino-americano."[17] Sem dúvida, Prebisch foi o centro das atenções quando a segunda "Investigación económica" foi acolhida com entusiasmo, recebendo comentários favoráveis nos relatórios de todos os países da região. Inexistia um trabalho sobre a América Latina com essa qualidade e essa profundidade. O documento de 650 páginas e os estudos sobre os países eram um trabalho inovador. Prebisch deu voz ao interesse pelo desenvolvimento econômico na região, passando dias no palco respondendo a perguntas teóricas e práticas sobre os estudos dos quatro países, produzidos para a reunião, bem como sobre os desafios globais que a América Latina precisava enfrentar na economia internacional. Se Havana deu visibilidade a Prebisch, Montevidéu acrescentou credibilidade. "O trabalho de pesquisa produzido sob sua direção", relatou Ravndal, "é bem-vindo e endossado por muitos que podem desconfiar das conclusões apresentadas por economistas em Washington."

A única resolução de alguma importância apresentada em Montevidéu, com o título bíblico de "Decálogo econômico", compreendia um conjunto de princípios para guiar o desenvolvimento na América Latina. Foi redigido por um grupo de trabalho que não contara com representantes americanos. Em essência, o "Decálogo" afirmava que os governos latino-americanos deveriam adotar metas de desenvolvimento, com uma ordem de prioridades para sua realização, e identificar políticas específicas para intensificar as taxas de crescimento e superar obstáculos.[18] Era evidente que a resolução estava ligada à tese central de Prebisch sobre o desenvolvimento, esboçada na "Investigación económica": a América Latina precisava superar a vulnerabilidade externa e quebrar o círculo vicioso de baixa produtividade, baixa renda e poupança reduzida, reestruturando a produção doméstica e as importações (isto é, promovendo a industrialização). Surpreendida, a delegação americana ameaçou bloquear o "Decálogo". Surgiu a possibilidade de um sério desencontro entre Estados Unidos e América Latina e até do fracasso da conferência.

A crise foi superada pelos esforços de Pierre Mendès-France, que chefiava a delegação francesa e era também relator da ONU, com a tarefa de comentar os resultados na reunião do Conselho Econômico e Social em Genebra. Junto com Prebisch, ele foi o participante mais visível em Montevidéu, e os dois tornaram-se inseparáveis após a reunião. Não só eram as duas únicas pessoas que tinham lido cada página da vasta documentação, como ambos eram intelectuais importantes que apreciavam a companhia um do outro e compartilhavam uma visão comum sobre a ONU. Mendès-France admirava a capacidade de Prebisch e seu francês fluente, enquanto Raúl se sentia privilegiado por conhecer um dos líderes da França. Ambos eram prodígios e compartilhavam trajetórias. Mendès-France fora eleito deputado radical socialista em 1932 e, como Raúl, nomeado subsecretário do Tesouro com 39 anos de idade. Ambos eram meio estrangeiros, tendo Mendès-France nascido em uma família de judeus sefarditas da Tunísia. Eram baixos e atarracados, incrivelmente bem-dotados em termos intelectuais. Mas, enquanto Prebisch fora rejeitado em seu país, Mendès-France foi aceito na França e se tornara uma figura-chave política junto com o general de Gaulle durante a guerra e depois dela. Chefiara a delegação francesa à Conferência de Bretton Woods, servira no conselho diretor do Banco Mundial e do FMI e decidira servir no Conselho Econômico e Social entre 1947 e 1950. Sua chegada a Montevidéu assinalou um apoio definitivo e total da França à Cepal, após uma reserva inicial, e não havia ninguém em melhor situação para intermediar acordos entre os latino-americanos e os americanos. Segundo Ravndal, "por seu intelecto notável, prestígio pessoal e habilidade na negociação e no debate, ele exercia uma influência incomum sobre as delegações latino-americanas".[19] Em troca, Mendès-France incentivou os colegas americanos a não se oporem ao "Decálogo", que estava sendo endossado pela América Latina e cuja redação não impunha compromissos específicos aos Estados Unidos e aos demais países industrializados. No final, os Estados Unidos aceitaram o conselho, inserindo a expressão "a depender de outros estudos". A reunião terminou com a adoção do "Decálogo", mas os Estados Unidos continuaram descontentes. Quando Mendès-France apresentou seu documento de relator ao Conselho Econômico e Social em 7 de agosto em Genebra, Walter M. Kotschnig, representante dos Estados Unidos, questionou algumas conclusões, levando o conselho a apenas "tomar ciência" da declaração da Cepal, sem aprová-la. Os Estados Unidos abstiveram-se em uma votação de treze a zero a favor da Cepal, que também marcou a data de abertura da quarta sessão para 29 de maio de 1951 no México.[20]

Prebisch partiu para Nova York em 20 de junho, imediatamente após a reunião, para resolver a questão de seu futuro na ONU, já que o sucesso em Montevidéu fez com que a liderança da Cepal viesse à tona. Durante a reunião, correra um boato de que ele deixaria Santiago no fim de seu contrato de um ano com a Cepal para se tornar diretor adjunto da recém-criada Administração de Assistência Técnica em Nova York – um novo e poderoso instrumento da ONU, que agruparia assistência, treinamento técnico, administração do setor público, bolsas de estudo, ajudas de custo e serviços de consultoria em bem-estar social. Seu diretor-geral, Hugh L. Keeleyside, ex-vice-ministro do Departamento de Recursos e Desenvolvimento do Canadá, o convidara a se juntar ao grupo, e Castillo também queria participar como assistente de Raúl. Prebisch confidenciara sua partida iminente a Ravndal, que, por sua vez, relatou o fato a Washington, dizendo que esperava que Raúl pudesse continuar a trabalhar na região. Essas notícias deram um toque dramático à reunião. Prebisch preferia chefiar a Cepal a se mudar para Nova York, mas Martinez-Cabañas acabara de iniciar o mandato e não dava sinal de querer deixar o cargo. Além disso, o México apoiava Martinez-Cabañas por ser cidadão mexicano, enquanto Prebisch não tinha apoio do governo argentino.

Em Nova York, ele se encontrou com David Owen, Keenleyside, Malinowski e Trygve Lie. Também se encontrou com as delegações latino-americanas e americanas na ONU, quando anunciou que aceitara o cargo de adjunto de Keenleyside e partiria de Santiago. Quando os governos latino-americanos, principalmente o Chile, ouviram as notícias, foram à sede da ONU e pediram que, em vez disso, Prebisch fosse nomeado secretário executivo da Cepal. Trygve Lie enfrentou um dilema, mas após Montevidéu não tinha opção. As outras duas comissões regionais estavam na batalha: a Comissão Econômica Europeia (CEE), sob a direção de Gunnar Myrdal, tinha começado bem, assim como a Comissão Econômica para a Ásia e o Extremo Oriente (Ecafe), mas a primeira enfrentava a polarização da Guerra Fria enquanto a segunda carecia de identidade e não contava com a China. Ele precisava de pelo menos uma comissão saudável. Owen e o secretário-geral sabiam que Martinez-Cabañas não era um líder, mas seria difícil tirá-lo do cargo. Prebisch era a única pessoa que poderia manter a Cepal unida e dar-lhe um perfil regional. Trygve Lie consultou Washington e obteve resposta favorável. Acheson viu o relatório do Departamento de Estado em 26 de junho e rascunhou na margem: "Agradeço sua menção ao dr. Prebisch. Ouvi falar bem dele." Com isso, Trygve Lie nomeou Prebisch secretário executivo, promovendo Martinez-Cabañas para o cargo que Keenleyside oferecera a Raúl. Ao deixar Santiago permanentemente em 26 de julho (sem ter recebido os móveis que vinham de Buenos Aires de navio), Martinez-Cabanãs encontrou Raúl voltando de Nova York. Eles tinham pouco a dizer um ao outro.[21]

Depois de Montevidéu, a confiança e a energia de Prebisch envolveram toda a organização. Ele redobrou os esforços para manter os melhores funcionários e contratar outros, mas a oferta de economistas latino-americanos era escassa. Já em janeiro de 1950, tinha abordado o Banco Mundial e o FMI em busca de dois economistas americanos, ressaltando a escassez de latino-americanos qualificados e a determinação da Cepal de não invadir terreno alheio. "Eu não ousaria escrever-lhe se não fosse pela escassez nessa área", observou. Leonard Rist, do Banco Mundial, confirmou o problema: "Com nossa crescente atividade na América Latina estamos na mesma situação difícil, competindo pelo mesmo tipo de treinamento e capacidades... uma escassez que só vai piorar."[22] O custo de vida em Santiago subiu 24% durante 1950, enquanto o valor do dólar caía 30%. Além disso, como a existência da Cepal estaria em jogo na quarta sessão no México, que se aproximava, havia um limite prático de recursos: a ONU não aumentaria o orçamento do organismo até que o futuro dele estivesse assegurado. Prebisch precisava de pessoas preparadas e inteiramente comprometidas. Insistiu então com Nova York em que a Cepal aumentasse os salários para manter seus melhores funcionários, que estavam recebendo propostas melhores de outros lugares. Swenson continuou como assistente executivo, passando a ser o braço direito de Prebisch, e Castillo decidiu ficar em Santiago. Prebisch também convenceu Javier Marquez a deixar o FMI para se tornar seu sucessor como chefe do centro de pesquisas, mas Marquez logo deixou Santiago para se tornar diretor executivo suplente do México no FMI. Furtado teve duas ofertas de melhores salários no Brasil. O mesmo aconteceu com Boti, que recebeu uma proposta do Banco Central cubano. Prebisch saiu à caça de outros economistas da Argentina, Brasil, Peru e Colômbia, assim como da América Central, onde, como contou a H. Gerald Smith, da embaixada americana, "teve grande dificuldade para localizar economistas não contaminados pelo pensamento marxista adotado por uma parte considerável dos economistas mexicanos".[23] Também afastou propostas para tirar Jorge Ahumada da Cepal. Formado em Harvard na mesma turma que Manuel Noriega Morales, da Guatemala, e Regino Boti, de Cuba, antes de ocupar uma série de cargos em Porto Rico e no FMI (onde trabalhou com Javier Marquez), no Banco Central da Guatemala e no Chile, o potencial de liderança de Ahumada o tornou um dos favoritos de Prebisch no secretariado.

Apesar das dificuldades, a equipe de funcionários da Cepal se manteve e cresceu. Prebisch não conseguiu equiparar os salários de fora, mas oferecia dois elementos que outras agências não tinham e isso se mostrou irresistível para os melhores jovens latino-americanos. Em primeiro lugar, eles partilhavam a consciência de que participavam de uma experiência única, de criação da América Latina. Economistas de todas as partes dessa região estavam trabalhando juntos e dividindo experiências nas tarefas comuns mais difíceis: entender o lugar do continente no sistema econômico internacional e resolver seus problemas econômicos, tecnológicos e de desenvolvimento. Partiam de suas próprias experiências, não das dos países industrializados, para formular teorias de desenvolvimento. O próprio fato de que a Cepal pudesse não sobreviver aumentava a consciência de risco pessoal e de sacrifício potencial. Em vez da segurança de outros empregos menos desafiadores, eles tinham escolhido a solidariedade que vem junto com a experiência no limite. Prebisch também angariou a lealdade da equipe da Cepal ao livrá-la do procedimento usual na sede da ONU, onde os antecedentes pessoais tinham de obter aprovação prévia dos norte-americanos. Com essa providência, única no sistema da ONU, todos os funcionários, inclusive os americanos, tornaram-se companheiros em vez de meros colegas. Nenhuma outra comissão regional obteve esse privilégio e, conforme o período McCarthy foi se prolongando e sua pressão sobre a ONU cresceu, a Cepal tornou-se um oásis de paz ideológica em relação a Washington. Alexander Ganz, por exemplo, que tinha trabalhado na Operação Mãos à Obra em Porto Rico e flertado com o Partido Comunista americano na década de 1930, foi contratado por Prebisch por suas habilidades profissionais após uma recomendação favorável de seu chefe conservador, Harvey Perloff. Adolfo Dorfman era um esquerdista da Argentina; também seria perseguido em Nova York, mas encontrou abrigo em Santiago. Mas a maior atração da Cepal era a capacidade de Prebisch de criar um ambiente de trabalho sem paralelo, que desafiava os melhores funcionários e recompensava o pluralismo ideológico. Na reorganização do secretariado, por exemplo, Furtado tornou-se diretor de desenvolvimento (sua equipe, que incluída Boti e Ganz, ficou conhecida como a "divisão vermelha"), mas Prebisch escolheu Ahumada, um democrata cristão conservador chileno, para chefiar o programa de treinamento. Ao encorajar – mas também contrabalançar – essas visões divergentes, ele fortaleceu o debate na organização, mas manteve o controle sobre a política e as publicações.[24]

Prebisch também lançou uma campanha diplomática para fixar a Cepal como *fait accompli* em Washington e entre as organizações internacionais. A capital dos Estados Unidos estava passando por uma turbulência política, não só pelo início da Guerra da Coreia em 25 de junho de 1950, mas principalmente depois de 26 de novembro, quando tropas chinesas fizeram as forças americanas retrocederem, com um ataque terrestre que neutralizou as vitórias anteriores do general McArthur. A mobilização para um conflito asiático mais amplo aprofundou a divergência latente de prioridades entre os Estados Unidos e a América Latina. O impacto combinado da Guerra da Coreia e da irreversível divisão da Europa fortaleceu o senador McCarthy. Prebisch optou pela transparência em suas relações com a embaixada dos Estados Unidos, supondo corretamente que estava sendo investigado de qualquer forma pela inteligência americana. Mas foi firme. Depois de Montevidéu, ao ser questionado por funcionários da embaixada em Santiago sobre seus planos de reorganização da Cepal, disse-lhes que não previa um trabalho de um ano. "Aparentemente o dr. Prebisch não tem dúvida de que a Cepal, incluindo o secretariado, continuará após 1951."[25]

A Cepal também tinha de mostrar-se eficaz no burocrático sistema da ONU, que poderia abrigar Santiago das tormentas de Washington ou amplificá-las. Deixando Swenson e Castillo responsáveis por Santiago, Prebisch compareceu às reuniões do Conselho Econômico e Social em Genebra de 29 de julho a 1º de setembro para assegurar-se de que a Cepal estava visível e representada. Mendès-France foi magnífico, elogiando a Cepal como a mais eficiente e menos dispendiosa das comissões regionais, dando "uma contribuição notável à compreensão da região nos campos do desenvolvimento econômico, estabilidade doméstica, comércio exterior e balanço de pagamentos". Ele também foi pródigo no reconhecimento a Prebisch pelo "brilhante relatório" e assegurou que a abordagem da Cepal ao desenvolvimento econômico era moderada. Não só prestava atenção à inflação, como também "condenava unanimemente a autarquia, argumentando que o desenvolvimento econômico exige não a autossuficiência, mas um volume maior de comércio exterior". O Canadá considerou a "Investigación económica" muito útil, a Dinamarca ficou "muito impressionada" e até o delegado dos Estados Unidos teve de admitir (guardadas as reservas americanas à tese central) que era "um estudo de primeira linha e uma contribuição valiosa". Só o delegado argentino de Perón condenou a "falta de equilíbrio no secretariado". Prebisch também descobriu, provavelmente com surpresa, que o "Decálogo econômico" não só tinha sido elogiado por muitos membros do Conselho Econômico e Social, mas também tinha posto a Cepal no mapa do desenvolvimento em termos globais. Sir A. Ramaswami Mudaliar, da Índia, ficara impressionado com o tom moderado e construtivo da resolução e com as semelhanças que via nos problemas e dificuldades que os países latino-americanos e asiáticos estavam enfrentando. Walker, da Austrália, reconheceu os paralelos entre as experiências australiana e latino-americana, principalmente em relação ao elo entre industrialização e desenvolvimento. Tomando o partido da Cepal, contradisse o representante inglês no conselho, que recomendava aos latino-americanos não dar muita importância à industrialização, escolhendo "o caminho do meio" para evitar os perigos da imposição de altas barreiras tarifárias. Dessa forma, argumentou, a América Latina seguiria a experiência do Canadá e da Austrália, "cujo desenvolvimento econômico tinha sido natural e não forçado por uma industrialização indevida, e que agora gozavam de um padrão de vida entre os mais altos do mundo". "Não!", explodiu Walker. Os ingleses tinham entendido tudo errado. Muito longe de estarem seguindo o chamado caminho "natural" ou do *laissez-faire*, a Austrália e o Canadá "tinham, em várias ocasiões, forçado o ritmo de seu próprio desenvolvimento, com considerável sucesso". Sua indústria do aço, inexistente antes de 1914, desenvolvera-se com o apoio estatal durante o entreguerras, "de modo que, ao chegar a Segunda Guerra, tinha sido possível desenvolver um grande número de indústrias secundárias". Mudaliar pediu que os países industrializados ocidentais compreendessem melhor as aspirações dos países em desenvolvimento e a necessidade de eles escaparem da acomodação na produção de matérias-primas. Um mundo em desenvolvimento mais rico também os beneficiaria, argumentou, e de qualquer forma eles teriam a última palavra no controle do investimento estrangeiro.[26]

Apesar do aumento do apoio à Cepal na ONU, a sobrevivência da agência ainda não podia ser dada como certa na quarta sessão, na Cidade do México. Isso dependeria em parte de obter maior apoio na América Latina, mas principalmente do curso das relações entre os Estados Unidos e o continente durante a Guerra da Coreia. Como na Segunda Guerra Mundial, os Estados Unidos precisavam da América Latina – pelo menos, de seus minerais estratégicos – para o esforço de guerra, e por isso cortejavam os governos da região. Por seu lado, os líderes latino-americanos ficaram mais assertivos em relacionar o repentino auge das matérias-primas necessárias à guerra com suas necessidades de desenvolvimento em mais longo prazo. Embora recebessem um estímulo econômico no curto prazo, eles temiam os custos ocultos, como a escassez de importações industriais durante a guerra e o colapso dos preços quando terminasse. Em uma reunião especial de ministros de Relações Exteriores para discutir a crise, convocada pelos Estados Unidos, representantes latino-americanos prometeram não repetir a experiência negativa da Segunda Guerra Mundial. Dessa vez era preciso evitar um ciclo de expansão e retração, e as matérias-primas estratégicas latino-americanas deviam obter um preço justo em vez de subsidiar o esforço de guerra dos Estados Unidos. Washington respondeu invocando a solidariedade interamericana e a divisão do ônus diante de uma ameaça global ao Ocidente. Os Estados Unidos falavam muito de princípios, mas silenciavam na prática, tomando o cuidado de evitar compromissos específicos. O resultado foi uma onda de descontentamento na América Latina, onde o confronto com os norte-americanos era tentador. Quando o governo Truman retomou a campanha para fundir a Cepal com o Conselho Econômico e Social da OEA, a sobrevivência de Santiago tornou-se um símbolo da autonomia latino-americana.

Os Estados Unidos não conseguiram obter endosso ao seu plano antes da reunião iniciada em 28 de maio.[27] Chegaram à Cidade do México com menos aliados latino-americanos ou europeus do que em Montevidéu e, dessa vez, não houve confusões de organização. Nada na quarta sessão da Cepal foi deixado ao deusdará. Prebisch tinha reduzido a pauta e aperfeiçoado a estrutura, com quatro comissões para guiar o trabalho da conferência, comprimindo os tópicos econômicos em desenvolvimento, mercado, coordenação e questões gerais, e funções da Cepal. Dessa vez, todos os documentos foram divulgados aos governos bem antes da reunião e corretamente rotulados. Ele selecionou cuidadosamente os sete membros da equipe da Cepal que o acompanhariam, enviou Castillo para o México com antecedência e chegou uma semana antes para supervisionar os preparativos finais e entrar em contato com as delegações. Também chegou armado com uma "Investigación económica" ampliada, que continha dez estudos de países (Argentina, Brasil, Chile, Colômbia, Cuba, Venezuela, México, Guatemala, El Salvador e Uruguai), bem como relatórios especiais sobre o impacto econômico regional da Guerra da Coreia e do comércio entre a América Latina e a Europa. Para complementar esses temas, também escreveu "Problemas teóricos y prácticos del crecimiento económico", a parte final dos ensaios teóricos iniciados em Havana e continuados em Montevidéu, que juntos formavam a "tese da Cepal". Quando o mexicano Antonio Martinez Baez abriu a terceira sessão, as delegações encontraram uma operação profissional, organizada nos mínimos detalhes e com objetivos claros, começando com a questão Cepal-OEA. A estratégia de Prebisch era forçar uma decisão sobre a situação da Cepal no início da reunião, apostando em que uma vitória produziria impulso suficiente para aprofundar sua força na região e expandir o prazo e o orçamento de Santiago. Mas isso significava confrontar os americanos em uma questão que todos sabiam ser perigosa.

Para espanto de Prebisch, outro fantasma americano do passado apareceu no México. Merwin Bohan fora nomeado representante americano em exercício para a quarta sessão. O velho guerreiro dos dias de Buenos Aires, que desempenhara um papel importante na queda de Prebisch em 1943, fora nomeado representante permanente dos Estados Unidos na OEA para fortalecer a instituição em sua rivalidade com a Cepal. Assim como Chris Ravndal em Montevidéu, Bohan também ficou espantado com o caráter irônico de seu novo confronto com Prebisch. Ele era em geral admirado na América Latina e sabia muito bem que essa questão tinha se tornado relevante nas relações entre os Estados Unidos e o continente. Percebeu, por exemplo, que uma resolução radical no sentido de fundir as duas organizações fracassaria. Washington deveria propor uma opção mais sutil. O mais importante é que os norte-americanos eram suspeitos e tinham de se manter em segundo plano. O México, um sólido parceiro latino-americano, assumiria o papel de liderança na atração de outros países. Bohan propôs que a Cepal continuasse por mais dois anos, passando a coordenar suas atividades com a OEA e a realizar suas reuniões simultaneamente com o Conselho Econômico e Social. Por um tempo a perspectiva parecia promissora. Os Estados Unidos convenceram o México a distrair a atenção enquanto sua delegação afogava a reunião com materiais que condenavam os males da duplicação. Porém, o plano teve de ser abandonado diante da oposição latino-americana a essa nova manobra para abolir a Cepal. A delegação francesa também veio em defesa da Cepal. Philippe de Seynes, um protegido de Pierre Mendès-France e não menos atraído por Prebisch, disse na reunião que, apesar de France não querer intervir em uma questão tão sensível, ele se sentia compelido a enfatizar que "a Cepal era a única organização especializada da ONU que trabalhava sem brigas ideológicas e sem a cansativa divisão em blocos ideológicos, que afetava as outras agências". Essa crítica velada ao macartismo em Washington provocou gargalhadas. Bohan reclamou, mas foi silenciado. Até mesmo Carillo Flores, chefe da delegação do México, rompeu com seu governo e apoiou abertamente a Cepal.[28] Bohan mandou uma mensagem a Washington: "O debate no plenário e em todas as comissões demonstrou o apoio unânime à continuidade e à independência da Cepal." Os americanos trabalharam durante três dias para achar uma fórmula salvadora que pelo menos deixasse a questão em aberto para futuras decisões. Por fim surgiram com uma nova abordagem que atraiu um amplo apoio latino-americano, principalmente do México. Nesse plano, a comissão aceitava a permanência da Cepal, mas concordava com a criação de um grupo de trabalho permanente Cepal-OEA, a ser criado em Washington. Prebisch estava preocupado que esse comprometimento fosse perigoso para Santiago porque o processo de tomada de decisão se transferiria para o norte, em direção à capital americana, mas concordou em trabalhar com Bohan em uma redação que limitasse o risco para a Cepal.

Em 10 de junho, Bohan pensou ter chegado a um consenso, mas Miguel Osório de Almeida, delegado brasileiro, estragou os planos ao comunicar que seu governo se opunha a qualquer resolução que minasse a futura independência da Cepal. O compromisso de Bohan era irrelevante, argumentava, porque não havia problema de duplicação com a OEA. Bohan reclamou que Miguel Osório excedera suas atribuições, pois não tinha recebido instruções do presidente Vargas para bloquear a iniciativa americana. Mas o Brasil não voltou atrás, e os Estados Unidos se viram em um beco sem saída. O Brasil era a prioridade de Washington na América Latina. Não valia a pena criar outras divisões em uma questão já controversa. "Aos olhos da América Latina, toda a história da Cepal é de não cooperação [americana]", relatou Bohan após a derrota. Washington fizera uma avaliação errônea do humor regional, e Bohan solicitou permissão para capitular, alinhando os Estados Unidos com latino-americanos e europeus no endosso a um secretariado permanente em Santiago: "A delegação americana acredita que a questão da Cepal deve ser decidida em bases políticas", concluiu. Acheson concordou.[29] Bohan imediatamente mudou de rumo e anunciou que o "governo dos Estados Unidos está impressionado com a alta qualidade do trabalho realizado pela Cepal e apoiará sua continuação". Prebisch enviou um telegrama à sua equipe, comemorando as boas notícias: "Gostaríamos de compartilhar nossa profunda satisfação com todos os nossos camaradas no trabalho em Santiago." Começaram as despedidas. Raúl respondeu gentilmente a Bohan, louvando "nosso trabalho conjunto em tempos idos", e agradeceu-lhe o apoio no México. O governo mexicano lançou louvores à Cepal. Delegados da OEA e da Cepal se abraçaram e trocaram elogios. Os norte-americanos aplaudiram a mensagem de que "é chegada a hora de a América Latina encontrar seu próprio caminho", e Bohan tornou-se o principal aliado de Prebisch em Washington até o governo Truman terminar, cambaleante, no ano seguinte.[30]

A vitória da OEA foi só o começo do triunfo de Prebisch na Cidade do México. Tudo se encaixou conforme a sessão evoluía. A Cepal não só foi confirmada como uma comissão regional permanente da ONU, como foi expandida e fortalecida. Em vez de só produzir relatórios de pesquisa, passou a ter atividades práticas, acrescentando-se duas funções aos termos de referência do secretariado. Primeiro, foi aprovado o novo centro de treinamento para economistas latino-americanos, prevendo-se o início de suas operações para 1952, o que converteria a Cepal em um importante instrumento regional de educação. Em segundo lugar, a capacidade operacional e os serviços de consultoria da Cepal na região foram fortalecidos por um mandato de assistência técnica com recursos orçamentários de Nova York. Santiago ficaria mais visível e firme no papel de agência de desenvolvimento. A sede no México foi promovida de escritório de ligação para filial responsável pelas atividades nesse país, na América Central e no Caribe. A Cepal também foi solicitada a chefiar um novo projeto de apoio à integração econômica na América Central, que seria supervisionado por uma comissão de cooperação econômica composta pelos ministros da economia dos cinco países envolvidos. Para afirmar sua importância, a Cepal o dirigiria a partir do México. Castillo mudou-se de Santiago para se tornar o diretor dessa sede, enquanto Prebisch finalmente teve sucesso em atrair Víctor Urquidi como diretor de pesquisas de Castillo, para se encarregar da nova iniciativa na América Central. Esse voto de confiança em Santiago foi simbolizado pela resolução de que as próximas sessões da Cepal seriam realizadas a cada dois anos, em vez de anualmente (com um comitê gestor muito menor entre as reuniões). Isso deu a Prebisch o espaço necessário para respirar e concluir o programa de trabalho expandido da Cepal. Agora ele poderia concentrar-se com calma na estratégia para a quinta sessão, marcada para o Rio de Janeiro em abril de 1953. Prebisch e a Cepal tinham mudado de patamar.

CAPÍTULO 13

A criação da América Latina

Feliz de quem tem uma segunda chance na vida. A conferência da Cepal no México ofereceu essa oportunidade a Raúl. O Banco Central – o conceito, a criação, a equipe e a realização – havia sido um momento histórico em sua vida. Tudo tinha se encaixado. Ele estava no centro do Estado argentino chefiando uma elite administrativa que proporcionou uma âncora firme para a economia nacional nos anos turbulentos após a Grande Depressão. Sua equipe de profissionais era uma elite modernizante, unida por uma visão coerente de desenvolvimento nacional. A competência era o único critério de progresso na carreira. O banco não era só mais um órgão burocrático; criara uma ilha de racionalidade que mantinha estável a economia apesar do caos político. Em 1943, ele de repente perdera tudo – o emprego, a influência e, por fim, o país. Caído no ostracismo, só lhe restou observar o Banco Central ser destruído e sua equipe ser dispersada, enquanto a economia argentina afundava.

Inesperadamente, a ONU, com a conferência da Cepal em Havana, lhe proporcionou um renascimento. Os anos de Raúl no ostracismo tiveram esse benefício: agora podia ver a cena a partir de uma perspectiva regional, tendo visitado toda a América Latina e mudado seu conceito de desenvolvimento. Antes de 1943, suas aulas e seu pensamento centravam-se na Argentina. Seis anos mais tarde, "El desarrollo de América Latina y algunos de sus principales problemas", o Manifesto de Havana, justificou as atribuições vividas após a demissão, enquanto a Cepal proporcionou o veículo para recriar a síntese entre teoria, instituições e política. Essa doutrina foi a tese da Cepal desenvolvida entre 1949 e 1951. O escritório em Santiago foi sua base institucional para estimular o desenvolvimento regional, e a nova equipe era outra elite modernizante sob sua orientação para fornecer uma política de desenvolvimento autônomo para a América Latina. Prebisch tinha criado o estruturalismo. Em 1951, a conferência na Cidade do México reuniu, sob sua influência, um formidável grupo de economistas jovens. Cada membro sentia-se privilegiado por trabalhar na Cepal. Uma lealdade feroz e recíproca lembrava o clima no Banco Central sob a liderança de Prebisch. Santiago tornou-se um movimento – quase uma seita – sob a firme orientação do "grande heresiarca".

Onde isso tudo ia dar? Na Cidade do México ninguém tinha como saber. Como chefe do Banco Central argentino, Prebisch exercera poder de verdade. Agora dependia de agências da ONU cheias de burocracia e controladas por governos. Os latino-americanos e os Estados Unidos manteriam a fé na Cepal? A previsão em Washington não era promissora. O macartismo mantinha o governo Truman paralisado desde 1950, e o fracasso de Truman nas eleições presidenciais seguintes, em 1952, parecia certo. Uma vitória republicana varreria os últimos defensores da Cepal na capital. Quanto às grandes instituições financeiras internacionais, como o FMI e o Banco Mundial, elas se alinhariam com qualquer política norte-americana. Onde Prebisch poderia encontrar novos aliados se ele se tornasse *persona non grata* em Washington?

Parecia que o futuro da Cepal estava na própria América Latina. A instabilidade reinante na região afastava a certeza de aliados governamentais duradouros, mas uma geração nova e culta ansiava por dar substância ao conceito de América Latina. O desafio era aproveitar essa energia latente, tornando-se símbolo e instrumento de autoconfiança. As visitas de Prebisch a Cuba, Brasil e América Central após a conferência do México foram sucessos estrondosos, até mesmo acontecimentos nacionais. O evangelho estava lá para ser transmitido, os ouvintes estavam lá para serem alcançados.

E quanto ao próprio Raúl? Ele agora guardava pouca semelhança com o diretor-geral do Banco Central. Em Buenos Aires, ele era socialmente invisível, um *workaholic* que passava com a família e amigos as poucas horas longe do trabalho. Na ONU, era uma personalidade pública notável, elegantemente vestido, penteado, escovado, engomado e carismático. Agora estava no centro das multidões, rápido e devastador nas discussões, impressionando grandes plateias, que atraía sem esforço – escrevendo seus próprios discursos com cuidado, memorizando-os para falar sem consultar anotações e usando toda a energia para se conectar com multidões atentas. Era uma celebridade internacional, apresentando-se com uma *entourage* de seguidores da Cepal, como um arcebispo com seus padres, projetando a arrogância do brilhantismo. Ele quase não descansava, e as pessoas amontoavam-se à sua volta. Para completar essa aura, tinha uma reputação de libertino que corria de boca em boca entre seus assistentes, gerando desconforto. Porém, por trás desse exterior urbano e dinâmico, restava o Prebisch incansável, reservado, dedicado e ético de Tucumán, pronto para surgir na companhia de Adelita e de amigos íntimos em El Maqui, seu refúgio nas montanhas fora de Santiago com vista panorâmica para o rio Maipo.

O sonho de voltar à Argentina também fervilhava. A Cepal era excitante, Santiago era agradável, mas Buenos Aires tinha um charme incomparável. Raúl e Adelita ainda eram proprietários de duas casas lá, a mansão em San Isidro e a residência secundária em Mar del Plata, e Raúl mantinha-se a par dos acontecimentos políticos em seu país por meio de uma correspondência regular com Alfredo Moll e outros amigos na capital. Os relatórios confirmavam uma oposição política crescente, que Raúl se satisfazia em ter previsto, mas também confirmavam seus temores pelo futuro do país. Alfredo Moll escreveu que Perón tinha percebido o erro de excluir Raúl da vida pública, e os membros de seu círculo mais íntimo o queriam de volta. Ele decidira não retornar enquanto Perón estivesse no poder, mas será que voltaria depois da queda da ditadura? Tudo isso estava por vir. A primeira parte da vida de Raúl estava encerrada, e a aventura da Cepal na construção da América Latina estava prestes a começar. Não havia tempo a perder.

* * *

Prebisch deixou o México e seguiu para Cuba, onde foi recebido de forma fulgurante em 3 de julho de 1951. O presidente Carlos Prio Socarras insistiu em ter longas conversas particulares com ele. A imprensa nacional acompanhou cada palavra, publicando os textos de seus muitos discursos e entrevistas, e ele foi convidado para muitos jantares, recepções e noitadas na Tropicana. Havana estava animada com um latino-americano que se tornara celebridade internacional. As viagens anteriores de Raúl para a ilha eram relembradas com carinho, e ele estava de novo instalado no Hotel Nacional, no Malecón. Somente dois anos tinham se passado desde que ele apresentara o Manifesto. Cuba havia apoiado a Cepal com lealdade desde o começo, durante os anos difíceis, e agora era recompensada com a primeira visita de Prebisch a uma capital latino-americana após o confronto com os Estados Unidos no México.

Tecnicamente, Prebisch tinha sido convidado pelo Banco de Desenvolvimento Agrícola e Industrial de Cuba, mas foi recebido com o protocolo e as honras concedidos aos chefes de Estado. Felipe Pazos, ex-funcionário do FMI, tinha voltado para criar o Banco Central cubano, chamado Banco Nacional, do qual era agora o presidente. Eugenio Castillo, apesar da lendária antipatia pelo presidente Prio e da amizade com Fulgencio Batista, acompanhou Prebisch em Havana com a mulher, Patricia Willis.

O presidente Prio buscava afrouxar a tutela dos Estados Unidos, e a mensagem da Cepal de transformação por meio do comércio e da diversificação industrial era atraente: em toda a América Latina, Cuba era a economia mais firmemente integrada na economia americana, um satélite virtual, uma extensão do sul da Flórida e do Texas. Sindicatos e alunos da Universidade de Havana ansiavam por mudança, mas a plateia que foi ouvir Prebisch também incluía empresários e banqueiros. Ele tinha sido, afinal de contas, um respeitado dirigente de Banco Central e, em seus impecáveis ternos de risca de giz, com sua presença confiante, desempenhava esse papel com perfeição.

A mensagem central de Prebisch era de mudança. A América Latina precisava pensar de maneira nova. "A marcha forçada dos primeiros países na Revolução Industrial criou um firmamento econômico com um sol composto pelas economias desenvolvidas no centro, em torno do qual os países periféricos giram em órbitas desorganizadas."[1] Agora os países latino-americanos precisavam reunir vontade para transformar essa relação entre centro e periferia. Eles estavam presos a um novo drama humano global – uma luta histórica – que poderiam ganhar ou perder. "Aproveitarão a oportunidade?", perguntava. Se perdessem a esperança, estariam condenados, pois o requisito fundamental para o sucesso era moral – o *desejo* de desenvolvimento.

Cuba, observou, exigia uma "mudança radical" em sua economia para eliminar a dependência do setor açucareiro. E *poderia* alcançar o sucesso. O país possuía os recursos e o talento humano necessários para a transição, e o governo do presidente Prio demonstrara seu comprometimento com o novo caminho defendido pela Cepal ao introduzir tarifas de proteção para desenvolver a indústria têxtil nascente. Cuba agora tinha ferramentas para proteger sua economia, como um Banco Central dirigido por profissionais e o Banco de Fomento para financiar o desenvolvimento e "remodelar substancialmente a economia". A palavra "industrialização" estava por toda parte. "Um país só pode avançar mediante a transformação industrial", anunciava a manchete típica durante a visita de Prebisch a Havana.

Os cubanos ficaram fascinados com sua retórica, e a maioria deles só viu esse lado de suas aparições cuidadosamente elaboradas. Porém, por trás do espetáculo havia outro Prebisch, para quem o escutava atentamente. Sua mensagem de revivescência regional apelava para o orgulho e o nacionalismo latino-americanos, mas ele era cuidadoso quando se tratava de indicar medidas específicas para promover o desenvolvimento. A meta regional global era a transformação econômica da América Latina, mas o processo seria demorado e complexo, exigindo planejamento, industrialização acelerada, tributação, reforma agrária, cooperação técnica, investimento estrangeiro e crescimento do comércio. Cuba, argumentava, não deveria cair na armadilha de medidas extremas, como a de abandonar o setor açucareiro. Em vez disso, o governo Prio deveria fortalecê-lo como fonte de comércio exterior. Apesar de apoiar fortemente a substituição de importações, ele aconselhava o país a conter a inflação e aprovava o cuidado de Pazo com a política monetária no Banco Central. Quando pressionado por jornalistas, apresentou poucas ideias específicas sobre industrialização. A malvácea africana – planta da mesma família do algodão, que produz fibra na casca e no talo para fabricação de sacos – oferecia uma boa oportunidade para a diversificação, assim como o setor têxtil, mas é claro que os cubanos já tinham pensado nisso antes. Enfatizou a necessidade de um setor privado forte e de um governo flexível. "O subsídio é apenas uma receita para reciclar trabalhadores", uma medida transitória no processo de industrialização.[2] Esse outro Prebisch – o tecnocrata – parecia enfatizar os limites da industrialização tanto quanto seu comprometimento com ela, a ferramenta central do desenvolvimento. Era cauteloso em não levantar expectativas sobre uma ajuda substancial da Cepal, que levaria muitos anos até desenvolver sua plena capacidade. Um programa de treinamento estava em marcha, mas não se deveria esperar milagres.

Os dois Prebischs – o inspirador e o pragmático – eram tão diferentes no tom quanto na mensagem. Como um pregador, sua eloquência acentuava a mensagem de esperança e de promessa, deixando no pano de fundo a cautela do Prebisch conselheiro de políticas públicas. Os anfitriões cubanos, jornalistas, trabalhadores e estudantes ouviam apenas o Prebisch inspirador.

Somente em uma ocasião a magia falhou. Um jornalista fez uma pergunta direta: Prebisch pensava que Washington tinha cortado a cota de açúcar de Cuba como represália às tarifas sobre as importações de têxteis americanos? Em caso positivo, como Cuba poderia ter esperanças de mudar seu *status* de satélite dos Estados Unidos? Prebisch parou e respirou fundo por um momento, antes de rejeitar firmemente essa ligação e questionar como era possível que uma pessoa pensasse dessa forma. O governo Truman, observou, apoiava a industrialização na América Latina. O Brasil continuava a importar mercadorias norte-americanas apesar de ter se tornado praticamente autossuficiente em uma indústria têxtil construída com tarifas protetoras. Os americanos finalmente tinham entendido a nova realidade de benefícios mútuos: mercados em expansão e desenvolvimento latino-americano beneficiavam os dois lados.[3] Em um tom de voz magoado, Prebisch expressou a preocupação de que esse pensamento negativo viesse a enfraquecer o compromisso com o desenvolvimento econômico na América Latina.

Por um momento, a realidade do poder americano lançou uma nuvem sobre a reunião. Todos em Havana sabiam que a possibilidade de escolha, em Cuba, era uma ilusão, pois o país estava no centro do império americano. Muitos suspeitavam que Castillo, adjunto de Prebisch, estava ajudando Batista a preparar o golpe militar que tiraria o presidente Prio, independente, do cargo em março de 1952. Mas a punhalada da verdade foi ofuscada pelo brilho e o charme de Prebisch. Ele deixou a ilha após uma visita que, da chegada até a partida, tinha sido um grande sucesso.

* * *

Ao voltar a Santiago, Prebisch vivenciou um mês de pura alegria – e não só no trabalho. Em uma excursão de 25 quilômetros fora da cidade até o rio Maipo, ele e Adelita encontraram um chalé modesto escondido em um penhasco com vista para o rio, tendo a cordilheira andina emoldurada ao fundo. Eles o compraram imediatamente para servir de refúgio de fim de semana. El Maqui, o esconderijo, como o batizaram, tornou-se um destino especial quando estavam juntos em Santiago. Enquanto Adelita começava a consertar a casa, Raúl planejava um jardim no terreno de um hectare precariamente pendurado sobre o Maipo.

Havia de novo razão para otimismo na esfera internacional: uma reviravolta inesperada na Guerra da Coreia fizera surgir a perspectiva de paz no Extremo Oriente. Todas as partes pareciam fartas de uma guerra dispendiosa empacada no paralelo 38. Um cessar-fogo foi anunciado em 27 de julho com o aparente apoio soviético. A cronometragem das notícias pareceu quase milagrosa: a febre da Guerra Fria poderia arrefecer, a bolha do senador McCarthy estouraria e o equilíbrio voltaria à política externa americana. A paz finalmente traria de volta a atenção dos Estados Unidos aos problemas do desenvolvimento na América Latina, e a Cepal ganharia mais espaço para respirar em Washington. Essa era a visão de Merwin Bohan, convertido após a reunião na Cidade do México em aliado de Prebisch. A Cepal ainda tinha amigos em Washington, afirmou. Fez campanha dentro do governo Truman, após sua volta do Brasil, por um maior apoio financeiro no orçamento da ONU. No memorando interno do Departamento de Estado, argumentou: "É difícil me opor a um aumento razoável no orçamento da Cepal por duas razões: (a) o fato de que as outras organizações regionais obtêm muito mais que a Cepal e (b) minha impressão de que a Cepal está fazendo um trabalho que é francamente do interesse dos Estados Unidos."[4]

Quando Prebisch voltou para a sede da Cepal após a longa estada no México e em Cuba, foi recebido como um herói. Sua equipe sabia que só ele teria sido capaz de impressionar Washington e salvar a instituição. Mas ele não desejava congratulações. Assegurou à equipe que o trabalho estava só começando e o plano adotado no México exigiria esforços ainda maiores. Sua tarefa imediata foi reorganizar e expandir a Cepal. Como o futuro da organização permanecera incerto nos três primeiros anos, até a reunião no México, a ONU a tinha mantido com um *status* temporário. Tornada permanente, Prebisch precisava remodelar o secretariado, aumentando a equipe e aperfeiçoando a estrutura. Reestruturou a Cepal seguindo o modelo do Exército alemão após a Primeira Guerra Mundial, criando pequenas unidades chefiadas pelos funcionários existentes, que poderiam ser expandidas rapidamente com novos integrantes conforme surgissem oportunidades e recursos. Dessa forma, um escritório com menos de cinquenta profissionais em regime de tempo integral formaria o núcleo da poderosa organização de pesquisa que Prebisch tinha em mente.

No topo, ele criou um grupo executivo de quatro economistas e cinco secretários chefiados por seu adjunto Louis Swenson para manter uma direção política geral – seu estado-maior, por assim dizer. "Lucho", como Swenson era chamado com carinho pelos colegas latino-americanos, era um interlocutor habilidoso entre a Cepal, Washington e a ONU. Muito suave, com um bigode fino de gângster que dava a seu rosto um aspecto de ursinho de pelúcia, era um homem de poucas palavras, mas, quando falava, era com razão e autoridade. Por intermédio de Swenson, cinco divisões e a unidade estatística se reportavam a Prebisch: desenvolvimento, treinamento, pesquisa econômica, agricultura e indústria e mineração. O posto avançado do México foi abrigado no prédio da Seguridade Social, pago pelo Banco do México como sinal da continuidade de seu apoio a Prebisch, mas com a missão de liderar o projeto de integração da América Central em vez de trabalhar em função do próprio México. O escritório de Washington, com quatro funcionários, completava a equipe. Prebisch supervisionava pessoalmente as publicações da Cepal, aprovava as nomeações e administrava as relações com o secretariado em Nova York, governos e agências internacionais. Os escritórios do México e de Washington eram geridos com rédea curta; não tinham nem orçamentos separados nem privilégios de contratação.

As unidades mais poderosas da Cepal eram a divisão de desenvolvimento, chefiada por Celso Furtado, e a divisão de treinamento, dirigida por Jorge Ahumada. Furtado tinha uma equipe de nove pessoas que incluía Regino Boti e o mexicano Juan Noyola, recrutado após a conferência da Cepal de 1951. Essa divisão era o centro do pensamento sobre teoria do desenvolvimento e planejamento na organização. Um objetivo específico era preparar estudos sobre países, mas o foco maior era assumir o desafio que a Cepal explorou de 1949 a 1951, culminando com "Problemas teóricos y prácticos del desarrollo económico", apresentado na Cidade do México: como a América Latina poderia desenvolver um modelo próprio de planejamento? Examinavam-se os três sistemas que tinham surgido após a Segunda Guerra Mundial: capitalismo liberal norte-americano, comunismo soviético e a abordagem híbrida franco-europeia.[5] Ahumada quase deixou a Cepal após desentendimentos iniciais com Martinez-Cabañas, mas Prebisch o convenceu a ficar e chefiar o único centro de treinamento profissional na América Latina. Jovens economistas promissores dos governos de toda a região receberiam 24 semanas de treinamento básico em análise econômica, contabilidade social, sociologia, teoria do desenvolvimento econômico e planejamento de projetos. A esse treinamento básico seguiam-se dezesseis semanas extras de trabalho em pequenos grupos, centradas em tópicos especiais como administração do setor público, planejamento orçamentário e desenvolvimento de recursos humanos. Junto com seu "curso básico" anual, a divisão de Ahumada oferecia cursos intensivos e seminários especiais por toda a região, por solicitação de governos e em colaboração com universidades e institutos. Acadêmicos internacionais foram convidados a ensinar em Santiago.[6] Ahumada e Furtado eram rivais de fato: um comunicava novas ideias, enquanto o outro as criava. Mas também eram ideologicamente distintos: o grupo de Furtado era conhecido como a "divisão vermelha". O chileno Ahumada era um democrata cristão intimamente envolvido na política chilena. Eles se equilibravam, e Prebisch fazia questão de manter esse pluralismo ideológico no secretariado.

Na chefia estava Prebisch, ouvinte e líder, distribuindo tarefas e se preocupando com o futuro imediato. Ele solucionara o problema da sobrevivência na Cidade do México, mas agora a Cepal enfrentava o desafio de atender às expectativas.

Prebisch sentia-se preso em uma armadilha. A menos que dobrasse ou triplicasse a equipe, não conseguiria se preparar para a próxima reunião da Cepal marcada para o Brasil em maio de 1953. A menos que ganhasse mais apoio na região, não poderia ter esperanças de vencer as guerras orçamentárias em Nova York, necessárias para expandir a equipe. Na prática, isso significava, como primeira prioridade, consolidar e ampliar o apoio do Brasil. Apesar de outros países serem também importantes – sempre se poderia contar com o Chile, e a Colômbia se mantinha indiferente, mas poderia ser incorporada –, o Brasil era indispensável e precisava ser o aliado-chave de Prebisch. Sua economia era agora maior do que a da Argentina. Partindo de uma base mais pobre, bem mais pobre em termos *per capita*, o Brasil crescera rapidamente, enquanto a Argentina de Perón estava estagnada e asfixiada pela inflação.

Prebisch marcou para 19 de março uma viagem de duas semanas ao Rio de Janeiro e São Paulo, acompanhado de Celso Furtado, para explicar a Cepal a empresários, funcionários de governo, jornalistas, acadêmicos e estudantes. Era uma viagem incomum. Havia muito a perder: ele era da Argentina, a concorrente tradicional, conhecia pouco o Brasil e não falava português. Apesar de tudo, sentia uma identificação com o Brasil após a negociação do acordo de comércio bilateral, de vida curta mas visionário, com a Argentina em outubro de 1940. Mas isso tinha sido muito tempo atrás, e ele não retornara ao país desde a Conferência do Rio em 1942. Conhecia pessoalmente poucos economistas brasileiros, além de Furtado, Eugenio Gudin e Otavio Bulhões, com quem se correspondera desde 1947, e o jovem Alexandre Kafka, que trabalhava no FMI e viera ao Brasil para a visita de Raúl. Gudin também o tinha convidado três anos antes para dar uma palestra na Fundação Getúlio Vargas, que não aconteceu, e a traição de Bulhões a Prebisch na questão do FMI um ano depois deixou um gosto amargo. Por outro lado, o Manifesto de Havana estava disponível em português e era bem conhecido no Brasil, de forma que o anúncio da visita de Raúl tinha suscitado curiosidade. A Cepal era pouco conhecida, a começar pelo próprio presidente Vargas. Ele havia apoiado sua continuidade no México principalmente com o intuito de confundir os americanos. Quando Prebisch o conheceu em 27 de agosto, descobriu que Vargas tinha apenas uma vaga ideia sobre a Cepal e pouca memória da intervenção decisiva do Brasil em 1951. Quando começou a entrevista explicando os objetivos da Cepal, Vargas interrompeu para perguntar se aquela era de fato a organização internacional que ele tinha decidido apoiar na Cidade do México. Depois de ouvir a resposta positiva, o presidente quis saber a composição da comissão, sua sede e seu custo para os países da região.⁷ A falta de conhecimento sobre a Cepal no Brasil era grande, já que o português ainda não era língua oficial na instituição, diferentemente do espanhol, do inglês e até do francês. Seus documentos eram divulgados em espanhol. Prebisch só tinha duas semanas para estabelecer sua credibilidade e seu prestígio.

A visita de Prebisch ao Brasil foi, portanto, muito diferente da viagem a Cuba feita antes naquele mesmo ano. As duas sociedades tinham elites com educação cosmopolita e uma aguda desigualdade na distribuição de renda, mas enquanto Cuba era um caso extremo de economia deprimida baseada na monocultura e absorvida pelos Estados Unidos, o Brasil era um país com otimismo e energia. Seu rápido crescimento era mais evidente na industrialização de São Paulo. Cidade dinâmica em rápida expansão, era a nova usina de ideias da América do Sul. A relação de Cuba com os Estados Unidos era obsessiva e conflituosa. Em contraste, o esforço de guerra do Brasil com os Aliados contra a Alemanha nazista criara uma forte amizade com os Estados Unidos. Era o único país na América do Sul a ter um acordo militar permanente com os Estados Unidos, semelhante ao do México e ao do Canadá. Uma comissão econômica conjunta estava ajudando o Brasil a lançar as bases de uma economia industrial moderna. Cuba era pequena e dependente. A cultura, o tamanho e os recursos do Brasil davam-lhe a confiança que faltava na América hispânica. Prebisch tivera uma tarefa fácil em Havana, com poucos críticos qualificados na plateia, e conseguira se safar proclamando o lado inspirador do evangelho da Cepal. No Rio e em São Paulo, enfrentou autoridades, industriais e especialistas bem informados e engajados, que vinham observando vinte anos de mudança industrial desde a Grande Depressão e tinham perguntas difíceis sobre a viabilidade da doutrina da Cepal no Brasil. Como em Cuba, ele estava cauteloso, evitando criar expectativas: a Cepal era "uma instituição econômica por natureza, e as questões sociais da ONU estavam em outro departamento"; ela não lidava com problemas de legislação social, "apesar de haver óbvios pontos de interseção".⁸

O interesse pela visita de Prebisch cresceu em todos os setores enquanto ele estava no Rio e continuou quando chegou a São Paulo. Manteve entrevistas com os ministros das Relações Exteriores, da Fazenda e da Agricultura, com o presidente e diretores do Banco do Brasil e com quase todos os funcionários de alto escalão envolvidos na definição de políticas monetárias e econômicas. Foram marcadas reuniões com o Conselho Econômico Nacional, a Comissão Brasileira de Assistência Técnica e líderes do setor privado, como os presidentes da Companhia Nacional de Ferro e Aço e da Federação Nacional das Indústrias, que providenciaram visitas a fábricas, à Bolsa de Valores e ao Instituto de Estudos Técnicos. É claro que encontrou Bohan de novo! Convocado para substituir Truslow Adams, recém-falecido, como diretor americano da comissão econômica mista Brasil-Estados Unidos, Bohan quis cooperar com Prebisch depois "de fazer as pazes com a Cepal".[9] Quase todos os economistas importantes vieram para as reuniões no Rio ou em São Paulo. Na Fundação Getulio Vargas, quando Gudin organizou quatro mesas-redondas com trinta eminentes economistas, compareceram cinco ou seis vezes mais visitantes do que nos eventos anteriores, inclusive as palestras do famoso Jacob Viner um ano antes. As mesas-redondas com Prebisch em 1951 tornaram-se um contraponto ao conselho de Viner de que o Brasil seguisse a teoria clássica e observasse as leis das vantagens comparativas na política comercial.

Prebisch encontrou-se com praticamente toda a geração seguinte de líderes brasileiros: Cleanto de Paiva Leite, consultor pessoal de Vargas, Alexandre Kafka, do FMI, e Roberto de Oliveira Campos, do Banco do Brasil. Kafka havia sido escolhido pelo presidente como diretor do novo Banco Nacional de Desenvolvimento Econômico (BNDE), e Campos era um protegido de Gudin que atraiu a atenção de Prebisch. Nascido em 1917, três anos mais velho que Furtado, Campos tinha passado onze anos estudando para ser padre antes de deixar o seminário e entrar para o Itamaraty. Seu primeiro cargo foi na seção comercial da embaixada do Brasil em Washington, aonde chegou em 1942 com a reputação de radical. Em 1944, Gudin convidou-o a juntar-se à delegação brasileira na Conferência de Bretton Woods, após o que se inscreveu na pós-graduação em economia na Universidade George Washington e depois voltou a trabalhar no Banco do Brasil. Sua orientação política continuava incerta, mas, à sua maneira, ele se destacava como um concorrente de Celso Furtado. Prebisch interessou-se por ele e começou uma amizade para garantir que contasse sempre com dois pontos de vista sobre o Brasil. Durante a visita de Campos a Santiago, um ano depois, eles criaram um programa conjunto, Cepal-BNDE no Rio, ao qual Furtado se juntou como diretor.[10]

Prebisch começou com o tema "batalha de ideias", sua marca registrada: países "novos" como o Brasil tinham de recuperar a autonomia intelectual e afastar a mão pesada de teóricos norte-americanos e europeus, como Viner. A versão deles sobre a divisão internacional do trabalho e as "leis" das vantagens comparativas condenavam o Brasil e a América Latina a continuar fornecedores de matérias-primas, sujeitos a termos de intercâmbio desfavoráveis.[11] As ideias tinham importância. Economistas como Viner criavam um "ambiente psicológico" que limitava a vontade de industrializar e mudar as relações comerciais entre as velhas potências industrializadas e a América Latina. Em vez disso, a Cepal oferecia uma teoria própria de desenvolvimento, com base nas condições reais e na história da região, que desafiava a teoria liberal ortodoxa. Viner não entendia isso. O Brasil não podia voltar a raízes agrícolas, evitar a industrialização e resolver o problema do emprego com o controle da natalidade.[12] Como não havia possibilidade de volta atrás – a modernização do país já estava firmemente estabelecida, e a industrialização era um fato –, a questão não era mais se o país deveria se industrializar, mas como. Prebisch congratulou o Brasil pelo sucesso na construção de indústrias pesadas como a siderúrgica de Volta Redonda, sendo São Paulo uma lição exemplar da necessidade de absorver o excedente de mão de obra proveniente do campo com industrialização acelerada.

Havia detratores. Gudin criticava Prebisch por "abandonar a antiga teoria e construir teorias inteiramente novas de origem puramente local, sem ter pelo menos um indígena entre seus autores".[13] Por que não poderia se ater às leis da economia clássica, estabelecidas e comprovadas? Para ele, o "mito do planejamento" da Cepal era incompatível com a iniciativa do setor privado e o livre mercado. Uma vez iniciada, a intervenção levaria irresistivelmente ao controle estatal. O papel essencial do Estado devia limitar-se a construir infraestrutura e, acima de tudo, controlar a inflação com uma política monetária rígida. A combinação de um Estado minimalista e da iniciativa do setor privado seria suficiente para a industrialização e o crescimento.[14] Prebisch concordava quanto à inflação, mas insistia em um Estado mais ativo para acelerar a industrialização. "Programação" ou "planejamento", conforme entendidos pela Cepal, disse à Federação das Indústrias do Estado de São Paulo em 31 de agosto, não significavam avançar sobre o setor privado em estilo soviético. "Não se trata de uma intervenção completa nos negócios ou na produção, mas de uma ajuda com instrumentos específicos para garantir que se atinjam objetivos e quantidades específicas." As decisões empresariais deveriam ser tomadas pelo setor privado, que precisava ser fortalecido no Brasil e na América Latina. Não havia incompatibilidade entre planejamento estatal e setor privado forte. A doutrina da Cepal só buscava aumentar o volume de investimentos para acelerar o crescimento e "evitar o evidente desequilíbrio no desenvolvimento econômico latino-americano". Em suma, o setor público estava em seu papel primordial de promover o bem-estar público. Quanto à substituição de importações, o comércio internacional sob o GATT poderia ser compatível com o protecionismo, pois a industrialização alterava as relações comerciais entre países desenvolvidos e em desenvolvimento, mas não prejudicava o crescimento do comércio em si.[15]

A maioria dos brasileiros que veio assistir Prebisch estava interessada em questões específicas do desenvolvimento. Como se podia fortalecer a industrialização? O presidente Vargas estava criando o BNDE em 1952: era uma decisão sensata? Qual deveria ser o papel da instituição? (Prebisch o considerava um passo adiante essencial, mas advertia contra os excessos de Perón no fomento de indústrias ineficientes.) Quais eram os papéis especiais das políticas monetária e cambial nesse estágio do desenvolvimento? Com que velocidade a substituição de importações deveria marchar? Qual era o nível adequado de intervenção governamental no mercado? Como a Cepal poderia ajudar o Brasil a lidar com tais problemas nesse estágio da industrialização? Prebisch citou casos e exemplos: a criação pela Cepal de associações industriais regionais, como a primeira reunião de especialistas na indústria de ferro e de aço em novembro; o importante estudo sobre a economia brasileira que estava sendo feito sob a direção de Furtado; o programa de treinamento de Ahumada e, acima de tudo, o trabalho pioneiro da Cepal em técnicas de programação econômica.

Era aí que a Cepal entrava, ressaltava Prebisch, como o único centro de pesquisas econômicas independente e dirigido por latino-americanos, uma usina de ideias inovadoras para iniciativas necessárias à construção de uma nova América Latina. Cem empresários o aclamaram com uma ovação na Federação das Indústrias; a imprensa também aplaudiu. O tradicional jornal *O Estado de S. Paulo* chamou-o de "símbolo vivo da industrialização latino-americana".[16] O próprio presidente Vargas e integrantes do governo ficaram entusiasmados com a visão de Prebisch de um Estado ativo. Gudin e Roberto Campos ainda discordavam, e o liberalismo deles refletia a divisão que se ampliava na sociedade brasileira. Enquanto Vargas estivesse no poder, Prebisch podia contar com o governo. Agora, a Cepal tinha muitos defensores poderosos e bem relacionados no Brasil. Ele tomou providências para que o português se tornasse a língua oficial da instituição no ano seguinte.

* * *

O sucesso da visita de Prebisch ao Brasil fortaleceu sua posição na América Latina, mas as relações com os Estados Unidos permaneceram difíceis. A esperança de paz na Guerra da Coreia tinha evaporado, e o conflito se arrastava. O aprofundamento da Guerra Fria na Ásia e na Europa concentrava nessas regiões a atenção política e econômica dos Estados Unidos em detrimento da América Latina. Os conflitos na Ásia exigiam grande ajuda econômica americana a governos amigos como um muro de contenção contra o comunismo. A América Latina, dentro do perímetro de defesa dos Estados Unidos, estava segura e podia ser esquecida. Washington passou a dedicar à região menos de 1% de sua ajuda global ao desenvolvimento. Havia um apoio decrescente à América Latina no governo Truman, e isso se traduzia em menos energia dedicada a melhorar as relações.

O prestígio acumulado pelos Estados Unidos na América Latina sob a chamada "política de boa vizinhança" dissipou-se durante 1952 conforme o governo Truman era criticado em casa e no exterior. O reconhecimento do ditador cubano Fulgencio Batista, que assumiu o poder com um golpe de Estado em março, não era popular na América Latina. Os Estados Unidos pareciam ficar para trás na promoção dos direitos humanos, a segregação racial tornava-se uma questão internacional e os bombardeios de saturação sobre civis na Coreia do Norte alcançava níveis irracionais. Em 23 de junho de 1952, quinhentos bombardeiros americanos destruíram a hidroelétrica de Suiko e as barragens de irrigação no rio Yalu, as maiores da Ásia e entre as maiores do mundo, que forneciam água para 75% da produção de alimentos da Coreia do Norte. Era uma instalação civil sem defesas, como os diques da Holanda. Na manhã seguinte, mais quinhentos bombardeiros destruíram o que restava. A Força Aérea americana registrou que a derrubada de uma barragem de cem metros gerou uma inundação que "lavou 27 milhas de vales morro abaixo, arrastando arrozais, ferrovias, pontes e estradas". Foi uma catástrofe maior do que a destruição nazista dos diques da Holanda, que os mesmos Estados Unidos haviam declarado como crime de guerra. "Os ocidentais não fazem ideia do enorme significado que o arroz tem para os asiáticos – fome e morte lenta", anunciou o porta-voz da Força Aérea norte-americana.[17]

Os Estados Unidos pareciam ter-se apequenado em espírito. Prebisch achou que desde os anos da guerra a imprensa norte-americana havia retrocedido em atitudes e conhecimento sobre as relações entre seu país e a América Latina. Em junho de 1952, um jornalista norte-americano perguntou a Prebisch por que os latino-americanos defendiam a industrialização. Ele explicou que era necessário criar empregos para os imigrantes que chegavam às grandes cidades, desempregados por avanços na agricultura semelhantes aos que aconteciam nos Estados Unidos. "Não é uma decisão insensata iniciar uma industrialização só para alimentar as pessoas, se não houver razão moral para fazer isso?" Por que a América Latina não enviava os camponeses para terras incultas nas regiões tropicais? Por que eles eram tão "egoístas"? A paciente explicação de Prebisch de que a América Latina precisava desenvolver economias equilibradas, como a Ásia, a Europa ou a América do Norte, deparou com provocações típicas da Guerra Fria: os latino-americanos prefeririam economias comunistas ou de livre mercado?[18] Curiosamente, a Guerra Fria reviveu velhos estereótipos sobre a América Latina, enquanto se subentendia que a Ásia e a Europa eram regiões normais, progressistas e industrializadas na economia internacional.

Prebisch tinha esperanças de que as eleições presidenciais de 1952 melhorassem o clima. Quando o Partido Republicano recrutou o general Eisenhower como candidato, essa escolha foi aplaudida em toda a América Latina, e a perspectiva de uma mudança de governo em Washington reviveu expectativas. Eisenhower converteu a deterioração nas relações com o continente numa questão eleitoral importante. Em um discurso em 3 de outubro, prometeu uma nova abordagem depois da política de "vaivém e zigue-zague" de Truman. Alegou que a "política de boa vizinhança" fracassara porque os Estados Unidos tinham sido inconsistentes e incapazes de cumprir as promessas de apoio à América Latina. Em uma clara referência ao abandono por Truman da promessa de realizar uma conferência econômica com o continente, ele disse: "Com a chegada da guerra, cortejamos freneticamente a América Latina. Então veio o final da guerra e o governo esqueceu esses países com a mesma rapidez. Uma terrível desilusão tomou conta da América Latina. Problemas econômicos de longo prazo não foram resolvidos em conjunto. A política de boa vizinhança tornou-se por negligência, uma política de má vizinhança."[19] Eisenhower convocou então uma abordagem de "boa parceria" nas relações, algo menos íntimo do que a "boa vizinhança", mas baseado em desempenho sólido em vez de retórica. Não ficou claro o que isso representava na prática.

Eisenhower venceu com facilidade. Em Santiago, a Cepal esperou com apreensão as notícias sobre a escolha do ministério. Em 23 de novembro, Julio, irmão de Raúl, que havia sido um cirurgião promissor, morreu, vítima da depressão e do abuso de drogas. Foi o primeiro irmão a falecer. Teve um funeral melancólico em Tucumán, reunindo a família. Alberto, então uma celebridade em Buenos Aires, estava em férias na Europa e não pôde ser localizado. O momento era soturno. A mãe de Adelita, que vivia com eles em Santiago, decaía com rapidez. Raúl precisava de boas novas. As orientações futuras do governo Eisenhower em relação à América Latina foram, de início, animadoras. Funcionários de carreira como

Bohan permaneceriam, e o dr. Milton Eisenhower, reitor da Universidade Princeton e irmão do presidente, conhecido pelo comprometimento com o continente, foi solicitado a viajar para a região e relatar as linhas gerais de uma nova política antes de 20 de novembro de 1953.

O indicado para a Secretaria de Estado, John Foster Dulles, era uma figura enigmática, para dizer o mínimo. O primeiro secretário de Estado adjunto para a América Latina, John Moors Cabot, simpatizava com as preocupações latino-americanas,[20] mas foi logo substituído por Henry Holland, ex-embaixador americano na Venezuela, que compartilhava com Dulles uma abordagem liberal ortodoxa e geopolítica mais estreita em relação à América Latina. Funcionários do Departamento de Estado que preparavam a nova política sugeriam que ela deveria basear-se em "maturidade, autoconfiança e respeito próprio". Os latino-americanos precisavam "enfrentar seus próprios problemas com senso de realidade", e os Estados Unidos devem "fazê-los sentir que são nossos parceiros... [mas] evitar ações e declarações que enfatizem um status econômico e social inferior".[21] Holland exaltou as virtudes do investimento privado como motor de crescimento e ignorou apelos de empresários americanos, como Peter Grace, para promover o desenvolvimento econômico. George Humphrey, secretário do Tesouro, mais do que Holland, do Departamento de Estado, passou a dirigir as relações desde o início do governo Eisenhower. Até mesmo o presidente admitia: "O que George falar, está falado."[22]

O senador Wayne Morse acusou o presidente de "dar a reacionários o controle completo" quando soube da nomeação de Humphrey.[23] O marco da política norte-americana na região virou um compromisso quase religioso com a santidade da empresa privada "como a pedra de toque essencial de uma sociedade livre e democrática". Humphrey defendia a ortodoxia do livre mercado, cortes de impostos e investimento privado como o motor do crescimento, insistindo em que todas as condições para o desenvolvimento global já estavam em funcionamento e advertindo os latino-americanos contra práticas socialistas como o planejamento. Eles já tinham acesso ao Banco Mundial, ao FMI e a bancos comerciais. Com certeza não precisavam de ajuda externa às expensas dos contribuintes norte-americanos. Humphrey decidiu reduzir as operações do Eximbank em 1953, deixando o financiamento do desenvolvimento da América Latina totalmente nas mãos do Banco Mundial e do capital privado. O Brasil foi informado por uma coletiva de imprensa que o popular embaixador norte-americano Hershel Johnson tinha sido demitido, e em 2 de junho Washington confirmou que dissolveria a comissão econômica conjunta criada apenas dois anos antes. Bohan decidiu sair de cena. "O secretário de Estado não tem interesse na América Latina. A política da área econômica foi dominada pelo secretário do Tesouro, Humphrey, que só pensa em termos de grandes negócios; isso pode parecer socialista, mas é a pura verdade."[24]

As relações interamericanas pioraram em 26 de maio de 1953, quando o governo Eisenhower criou a Junta Investigativa sobre a Lealdade de Empregados de Organizações Internacionais para afastar os funcionários considerados indesejáveis pelo senador Joseph McCarthy. "Há uma quinta coluna de norte-americanos e de outros países não comunistas dentro da ONU e de agências especializadas", relatou a subcomissão de segurança interna do Senado.[25] Cidadãos americanos, latino-americanos e outros estrangeiros que trabalhavam na ONU eram suspeitos, e o governo concordou em "pressionar por uma análise rigorosa de todo o pessoal da ONU procedente de países não comunistas". Até mesmo Ralph Bunche, Prêmio Nobel de 1950, teve de comparecer, assim como outras 1.700 pessoas até meados de 1954. Muitas foram perseguidas e afastadas.

Se a ONU estava sob vigilância acirrada, a Cepal não escapava do mesmo destino, considerada subversiva pelo FBI e a CIA. Com o avanço da campanha de McCarthy em Washington, aumentou a vigilância do FBI aos escritórios de Santiago e Washington. Dez anos antes, J. Edgar Hoover apontara Prebisch como perigoso defensor do nazismo, mas agora aparentemente ele tinha se bandeado para o lado dos comunistas. Quando os agentes de Hoover intimidaram o escritório de Washington com visitas inesperadas, Prebisch, pressupondo que os escritórios de Santiago estavam sendo grampeados, passou a mandar Swenson com regularidade à embaixada dos Estados Unidos para garantir que ela receberia informações corretas.

Entre os diretores de agências da ONU, somente Prebisch conseguiu proteger a Cepal da ameaça macartista. Apesar das pressões e advertências, ele contratou os economistas que escolheu com base no critério do mérito e da necessidade, em vez do da ideologia. Adolfo Dorfman, um especialista argentino em desenvolvimento industrial, foi afastado do secretariado da ONU em Nova York por causa de sua antiga participação no Partido Comunista argentino. Prebisch pediu que ele viesse para Santiago, contratando-o por suas reconhecidas qualificações profissionais. Alex Ganz também era inaceitável para os Estados Unidos por ter flertado com o Partido Comunista americano quando estudante, apesar de seu trabalho no Departamento de Comércio dos Estados Unidos de 1946 a 1950 ter sido bem-sucedido a ponto de lhe render uma nomeação permanente para a Universidade de

Chicago. A formação e a experiência de Ganz em contas nacionais e técnicas de projeção eram necessárias em Santiago, principalmente para Furtado em sua divisão de desenvolvimento. Quando a sede central da ONU recusou-se a aprovar um contrato permanente, Prebisch o trouxe por meio de um contrato de curto prazo renovável, que não precisava ser aprovado por Nova York. Raúl foi reverenciado por se manter firme na defesa de sua equipe, confundindo os temores de alguns, como Noyola, que previu que ele seria despedido. O deserto intelectual e moral deixado para trás pelo senador McCarthy ampliou os atrativos de Santiago. A Cepal reluzia como centro de novas ideias, e sua atração magnética trouxe estudiosos do mundo todo para trabalhar e ensinar. Peregrinos acadêmicos convergiam para Santiago porque era uma ilha de pluralismo ideológico, onde novas abordagens podiam ser discutidas sem medo e uma nova linguagem sobre o desenvolvimento estava em construção. Mulheres eram contratadas e aceitas como iguais. Em 1951, a Cepal suspendeu unilateralmente as restrições da ONU à promoção de mulheres a diretoras. Se Prebisch era o "grande heresiarca", seus discípulos tinham orgulho de compartilhar a heresia, ousando ser diferentes e inovadores.

Com a liberdade de contratação veio a independência de pensamento, e Santiago manteve uma autonomia intelectual completa dentro do sistema da ONU. Também foi importante que Prebisch tenha vencido batalhas orçamentárias que lhe permitiram contratar economistas qualificados em número suficiente para manter um pesado programa de trabalho e produzir excelentes trabalhos. Em outubro de 1953, dispunha de 130 funcionários em regime de tempo integral, número aumentado graças a projetos conjuntos com outras agências da ONU para ampliar o alcance operacional da Cepal. Enquanto permanecesse independente e produzisse materiais relevantes e de alta qualidade, ele poderia contar com apoio dos governos latino-americanos. A OEA não tinha autonomia ou equipe comparável, não merecendo o mesmo respeito. Até observadores amigos caçoavam de suas reuniões em Washington, "onde os latino-americanos se reuniam como primos pobres em torno da mesa do tio rico implorando refeições melhores". Bohan estava de acordo: a OEA "nunca conquistou um lugar".[26]

A força de barganha direta da Cepal em Nova York era menor que a de agências maiores, mas Prebisch tinha suas vantagens no mundo peculiar da diplomacia da ONU. Em primeiro lugar, a agência era um raro caso de sucesso da ONU, e o secretariado, inclusive o secretário-geral, precisava disso. As outras duas comissões regionais criadas após 1945 estavam paralisadas sob as pressões da Guerra Fria. Na Europa, a CEE sobreviveu à Guerra Fria e ao stalinismo como uma concha oca, com Gunnar Myrdal logo se afastando cheio de frustração. A Ecafe, da Ásia, enfrentou obstáculos semelhantes conforme a Guerra Fria se espalhou. Em contraste, a Cepal teve um paradigma claro, uma agenda e programas, sendo reconhecida até mesmo pela Assembleia Geral. Prebisch, em suma, tinha construído um lugar como figura-chave no Terceiro Mundo, com fortes aliados internos e externos. A Cepal tinha uma visibilidade desproporcional em relação ao seu tamanho e contava com respeito suficiente para salvaguardar sua independência.

Além disso, a América Latina formava o maior bloco de membros na ONU, pois a África e o Caribe ainda estavam sujeitas ao colonialismo. Washington era, é claro, o centro global de poder, e não por acaso o Tesouro dos Estados Unidos estava próximo do FMI e do Banco Mundial. Porém, a América Latina permanecia uma área econômica essencial para os Estados Unidos, com duas vezes mais investimento do que a Ásia, mais do que a Europa Ocidental ou o Canadá, e uma significativa relação comercial.[27] O sentimento do governo norte-americano contra a ONU e a Cepal permanecia, mas também havia limites para a influência americana na ONU. O Conselho Econômico e Social, ao qual Prebisch se reportava por meio do Departamento de Assuntos Econômicos, era uma fonte consistente de apoio. Diferentemente do Conselho de Segurança, o Conselho Econômico e Social não tinha membros permanentes com poder de veto, e suas reuniões raramente ocorriam em nível ministerial. No entanto, tinha legitimidade suficiente para dar opiniões importantes, e Prebisch nunca perdeu suas reuniões em Genebra e em Nova York. O Conselho incluía países industrializados e em desenvolvimento, e suas resoluções sempre endossavam o trabalho da Cepal, tendo a França e a Índia como defensoras particularmente valiosas. A Índia fornecia a perspectiva de um país em desenvolvimento de tamanho gigante. A França era uma aliada valiosa: nomeava o secretário-geral adjunto responsável pelo Departamento de Assuntos Econômicos, era um governo membro da Cepal, e Jean Monnet era o melhor amigo de John Foster Dulles, a quem tinha conhecido durante as negociações do Tratado de Paz de Paris em 1919.

Finalmente, a grande complexidade e a política oculta da ONU forneciam oportunidades inesperadas para Prebisch localizar parceiros e ampliar seu raio de ação. O Departamento de Assuntos Econômicos, interlocutor da Cepal em Nova York, era enorme porém amorfo, com um obscuro equilíbrio de forças operando dentro dele. Guillaume Georges-Picot, da França, era o diretor formal, mas Jacob Mosak, seu número dois, mantinha ligações próximas com Washington e a delegação americana na ONU. Como secretário das comissões regionais, Wladek

Malinowski tinha sido um amigo e apoiador fiel desde 1949, habilidoso em reconhecer aliados e adversários potenciais – hábil em identificar quem era quem nas agências e secretariados em Nova York. Muitos oficiais do Departamento respeitavam Prebisch e tinham peso no processo de tomada de decisão por causa de sua experiência profissional. Dentro do secretariado como um todo, Prebisch tinha uma rede de contatos que se estendia ao escritório de Dag Hammarskjöld, secretário-geral, e Andrew Cordier, o americano que era seu assessor executivo. A força de Prebisch residia no uso da diplomacia interdepartamental para converter esses contatos em coalizões incomuns, a fim de criar um fluxo de energia e idealismo em apoio à visão da Cepal.

A inação de Eisenhower e Dulles nas relações com a América Latina foi rompida com a crise na Guatemala em junho de 1954, quando uma revolta apoiada pela inteligência americana derrubou o governo do presidente Jacobo Arbenz Guzman, um modernizador que cometera o erro de aprovar a reforma agrária. Dulles o considerava um ponto de entrada para a influência soviética. Depois de os Estados Unidos protestarem durante dez dias contra a suposta chegada de um carregamento de armas da Polônia no dia 17 de maio, o destino de Arbenz ficou incerto. Então, uma força clandestina reunida pela CIA e chefiada pelo coronel Carlos Castillo Armas invadiu a Guatemala, vinda de Honduras. Arbenz resistiu até 27 de junho, quando renunciou. Castillo Armas o substituiu formalmente como presidente em 8 de julho, realizando um expurgo que levou mil refugiados para as embaixadas latino-americanas, quinhentos só para as instalações mexicanas, onde o próprio Arbenz encontrou refúgio. A intervenção deu início a uma das ditaduras mais sangrentas da América Latina e destruiu a democracia no país por gerações.

Prebisch estava em Nova York quando irrompeu a crise na Guatemala, recebendo um título de doutor *honoris causa* da Universidade de Columbia em 1º de junho, junto com John Foster Dulles. Dulles não fez menção ao golpe e Prebisch não levantou a questão. A Guatemala não foi mencionada durante o elegante jantar de celebração do bicentenário de fundação da universidade. Mas as notícias corriam. Não apenas essa era a primeira intervenção norte-americana direta desde a Segunda Guerra Mundial, como também assinalava uma nova era na política externa dos Estados Unidos, que passaria a usar forças organizadas pela CIA. O reconhecimento de Batista pelos Estados Unidos em 1952 tinha aborrecido os latino-americanos, mas isso era coisa do passado. A Guatemala mostrou uma forma de penetração americana que poderia desestabilizar qualquer país na região.

Diante de protestos internacionais, a missão dos Estados Unidos na ONU advertiu os membros do Conselho de Segurança para que não tratassem da questão da Guatemala e começou a listar apoios de países amigos na região. Mas nem todos os latino-americanos eram maleáveis. O México e a Venezuela recusaram-se abertamente, e a maioria dos países fez críticas privadas. Nem a OEA apoiou Washington. Alberto Lleras Camargo, o primeiro e respeitado secretário-geral, renunciou com um discurso muito aplaudido que falava em traição, deixando Washington na companhia dos piores déspotas latino-americanos – Batista, Trujillo, Somoza e Stroessner.[28]

Uma demonstração tão inesperada de afirmação latino-americana pôs Washington na defensiva em relação à reunião especial de ministros da Fazenda e da Economia, marcada para 22 de novembro no Hotel Quitandinha, em Petrópolis, a convite do presidente Getúlio Vargas.[29] Embora de forma relutante, Dulles tinha aceitado a proposta em março, antes da irrupção da crise na Guatemala, como forma de reduzir a pressão latino-americana para que se realizasse a chamada conferência econômica interamericana, prometida por Truman em 1949. O governo Eisenhower estava ainda menos disposto a ceder às conhecidas queixas dos latino-americanos. Concordar com a reunião no Quitandinha era uma concessão feita para manter as aparências, diminuir a pressão e obter alguns anos de paz e tranquilidade. Porém, o impacto do golpe na Guatemala reabrira feridas perenes.

Dulles percebia a importância de melhorar as relações com a América Latina, mas os departamentos do Tesouro e de Estado afastavam a possibilidade de uma nova política: a perspectiva da conferência era incerta e imprevisível.[30] Sem pessoal, a OEA teve de recorrer à Cepal para preparar a reunião do Quitandinha. Prebisch concordou, e os governos da comissão, inclusive os Estados Unidos, concordaram que os funcionários de Santiago deixariam de lado o trabalho regular e prepararam um documento de apoio chamado "Cooperacción internacional en una política de desarrollo latinoamericano".[31] Não ficou claro, contudo, o que o texto recomendaria.

Desde 1950, quando assumiu a Cepal, Prebisch tinha sido cauteloso ao lidar com os governos patrocinadores, sempre trabalhando para chegar a consensos em vez de provocar confrontos. Revisava pessoalmente todos os relatórios antes da publicação, aconselhara Furtado a não ser impetuoso e era escrupuloso ao tentar ser objetivo e neutro com governos, a ponto de se opor a recomendações gerais nos relatórios da Cepal.[32] Ao contrário de alguns colegas mais jovens em Santiago, não era antiamericano. A Inglaterra e o intolerável Pickwick Club em Buenos Aires, que reunia pretensiosos ex-alunos das tradicionais universidades Oxford e Cambridge, tinham sido a pedra no sapato de sua experiência; depois deles, recebera bem norte-americanos como Triffin e Williams, além do Federal Reserve. Prebisch conhecia os Estados Unidos melhor que sua equipe de Santiago e tinha vivenciado uma fase benigna nas relações desse país com a América Latina. Achava que o pêndulo acabaria oscilando de novo para restaurar o equilíbrio ideológico em Washington.

Mas o golpe na Guatemala havia sido tão ousado – com uma geração inteira de reformadores e amigos mortos, presos ou no exílio – que Prebisch decidiu abandonar a costumeira cautela. Normalmente, um documento de conferência, como "Cooperacción internacional...", seria escrito em contato com Washington, mas Prebisch decidiu confrontar os americanos com um *fait accompli* inesperado, deixando-os em uma situação diplomática embaraçosa. Isso escapava das normas diplomáticas aceitas na ONU. Além de ultrapassar as regras do jogo, Prebisch decidiu também propor uma agenda de desenvolvimento que os americanos certamente rejeitariam. Teriam de rejeitá-la publicamente, sem panos quentes. Ele sabia que essa humilhação provocaria raiva ou mesmo retaliação de Washington, mas valia o risco. A reunião no Quitandinha era uma oportunidade única para propor uma nova agenda que rompesse com os clichês estabelecidos em torno do "desenvolvimento". Americanos, europeus e soviéticos apoiavam, em princípio, o "desenvolvimento". Em abstrato, era um termo consensual e um objetivo universalmente aceito. Porém, apesar da concordância com a palavra, a dinâmica real do desenvolvimento provocava desacordo, quase sempre ignorado.[33] No Quitandinha, Prebisch decidiu aceitar esse discurso comum sobre desenvolvimento como ponto de partida e centrou principalmente nas condições tanto internacionais quanto nacionais para seu sucesso. Ao fazê-lo, colocou as estruturas de interdependência e de governo como o foco primário de análise, afastando o debate das generalidades sem sentido, destacando as responsabilidades recíprocas de países industrializados e em desenvolvimento, projetando um plano de ação e um marco de políticas para essa agenda comum. Isso era pisar em solo novo e subversivo. Em certo sentido, o texto "Cooperacción internacional...", de Prebisch, tornou-se o complemento operacional do Manifesto de Havana.

Para dar à iniciativa a maior legitimidade, ele criou um grupo de apoio com seis latino-americanos com prestígio internacional: Eduardo Frei (Chile), Carlos Lleras Restrepo (Colômbia), Evaristo Araiza (México), Rodrigo Facio (Costa Rica), Cleanto de Paiva Leite (Brasil) e Francisco Garcia Olano (Argentina). Os seis representavam todas as sub-regiões do continente, e o envolvimento deles ampliou a base de apoio da Cepal. Frei e Lleras Restrepo vieram a ser presidentes de seus países. Além disso, Prebisch tomou providências para que os governos e a sede da ONU só recebessem cópias de "Cooperacción internacional..." quatro dias antes da abertura da conferência, quando já seria tarde demais para o veto. Dag Hammarskjöld, o novo secretário-geral da ONU, tinha ideias conservadoras sobre o desenvolvimento internacional e poderia tentar bloquear o relatório. O Departamento de Estado, que logo percebeu a importância do documento, ficou estarrecido e aborrecido. A Holanda recusou-o por ser "anti-Estados Unidos".[34] O Departamento de Estado enviou o pacote do Quitandinha para o Departamento do Tesouro com uma mensagem de advertência: "Esse documento atraiu enorme interesse e sem dúvida fornecerá muita argumentação a ser usada pelas delegações latino-americanas em debates sobre os problemas econômicos nessas áreas."[35] As delegações já estavam chegando ao Quitandinha. Nada podia ser feito.

A reunião no Quitandinha cumpriu o prometido em termos de disposição e vivacidade. Sem Dag Hammarskjöld, que não pôde comparecer e pediu a Prebisch que o representasse, a audiência foi do mais alto nível, incluindo as equipes do Banco Mundial e do FMI. A imprensa latino-americana cobriu o evento em detalhes. A maior parte dos delegados tinha estado lá um ano antes, aproveitando o conforto do antigo hotel luxuoso com suas enormes banheiras de ferro fundido sobre patas de leão de bronze, mas dessa vez previam um grande confronto entre Raúl Prebisch e George Humphrey. O clima no Brasil contribuía para o ambiente dramático: o presidente Vargas cometera suicídio em 24 de agosto, e sua emocionada mensagem de despedida gerara uma onda de comoção em todo o país. Sua autodenominação de defensor dos brasileiros comuns e sua defesa do patrimônio nacional contra grandes interesses e companhias estrangeiras provocaram manifestações de antiamericanismo em seguida à sua morte.

Prebisch apresentou "Cooperacción internacional..." em 24 de novembro como um desafio para que os governos reunidos resgatassem o capitalismo liberal. "A validade do sistema empresarial privado em países como os nossos, com fortes possibilidades de desenvolvimento, depende principalmente de sua capacidade dinâmica, sua capacidade de garantir altas taxas de crescimento." Washington não tinha como discordar. Prebisch havia parafraseado um memorando escrito pelo industrial Peter Grace um mês antes a John Foster Dulles.[36] Ele observou que o crescimento não estava avançando e havia um crescente desconforto social. Agradeceu a ocasião, "quando, pela primeira vez, os problemas básicos do desenvolvimento dos países latino-americanos serão discutidos em sua totalidade e com alto nível de responsabilidade". E apresentou as responsabilidades conjuntas, surgidas da interdependência, declarando claramente que, apesar de o relatório ser direcionado "principalmente à própria América Latina" e aos obstáculos domésticos ao desenvolvimento, "os estadistas latino-americanos não devem ser criticados por adotarem medidas que só são factíveis com o apoio do crédito internacional". A melhora nas taxas de investimento não podia ser alcançada só com recursos domésticos, sem a colaboração financeira internacional, "não apenas para atender às constantes demandas de desequilíbrio externo, mas também para ajudar a realizar um rápido aumento na produção e guiar a economia para as exportações e a substituição de importações, a fim de evitar futuros desequilíbrios". Não havia uma resposta simples. O empresário latino-americano precisava ser fortalecido com assistência técnica e ação governamental, além de financiamento. Ali não era o Canadá, onde o setor privado podia se desenvolver ao lado dos Estados Unidos sem as disparidades em técnicas e densidade de capital tão características da América Latina. "Cooperacción internacional..." propunha "uma combinação de medidas nacionais e internacionais" a serem aplicadas "simultaneamente e de modo coordenado" para inaugurar uma nova era de cooperação entre os Estados Unidos e a América Latina. Isso incluía a criação de um banco de desenvolvimento regional; o reforço do planejamento econômico para evitar turbulências; estabilidade para a exportação de matérias-primas; cooperação técnica e treinamento; taxação e reforma agrária; financiamento para o desenvolvimento, com a meta mínima de US$ 1 bilhão por ano em auxílio à industrialização; e a realização da tão prometida conferência econômica interamericana em 1956. Todos esses itens tinham sido levantados antes, individualmente, mas ele sugeria um processo de cooperação radicalmente diferente. Essa nova visão das relações entre Estados Unidos e América Latina também exigia um novo mecanismo, com grupos formados por especialistas reconhecidos para avaliar os planos de desenvolvimento de governos latino-americanos e assegurar uma estrutura adequada para permitir o crescimento econômico. O conceito, em suma, sugeria uma nova abordagem à governança e à construção da América Latina, com base na cooperação e no interesse mútuo de longo prazo.

Humphrey rejeitou todas as recomendações essenciais. Um Banco de Desenvolvimento Interamericano era desnecessário porque a América Latina já tinha acesso "mais do que adequado" ao capital. A meta de US$ 1 bilhão para financiamento de desenvolvimento era inaceitável para os Estados Unidos, assim como as ideias apresentadas para estabilizar o comércio de matérias-primas. O resultado foi uma polarização em que Cuba (Batista), República Dominicana (Trujillo), Guatemala (Castillo Armas) e Venezuela (Jimenez) apoiavam os Estados Unidos. Ortiz Mena, ministro da Fazenda do México, humilhou-se ao agradecer a Humphrey pela generosidade dos Estados Unidos para com a América Latina. A delegação americana ficou aborrecida, a ponto de levantar de novo a ameaça de incorporar a Cepal à OEA, mas o Brasil, no espírito do recém-falecido Vargas, abafou esse rompante. O Departamento de Estado ofendeu-se com a tática de Prebisch de repartir suas recomendações entre os governos que o apoiavam, levando o Chile a propor a criação do Banco de Desenvolvimento Regional. Ficaram aborrecidos por serem postos em destaque, a ponto de os parlamentares americanos que compareceram à conferência zombarem da "pasta vazia" de Humphrey. Poucas conferências interamericanas resultaram em tamanho fracasso, mas essa conseguiu projetar uma agenda regional duradoura, particularmente sobre o futuro Banco de Desenvolvimento Regional, o item mais discutido no Quitandinha. No entanto, quando os delegados deixaram o Brasil, em 2 de dezembro, as relações entre os Estados Unidos e a América Latina estavam mais tensas do que nunca.

* * *

O prestígio da Cepal na região alcançou novos níveis após a conferência no Quitandinha, e a nova sessão em Bogotá, de 29 de agosto a 17 de setembro de 1955, foi uma celebração de seu êxito desde 1948. As relações com a sede da ONU em Nova York nunca haviam estado melhores: a Cepal tinha se saído bem em mais uma análise de desempenho interna, e Philippe de Seynes substituíra Guillaume Georges-Picot como subsecretário da ONU encarregado do Departamento de Assuntos Econômicos em 1º de janeiro de 1955. Esse cargo era particularmente delicado para a Cepal, de modo que Prebisch passava a ter um aliado importante no escritório de Nova York. De Seynes era um burocrata talentoso, comprometido não só com o desenvolvimento internacional, mas também com a construção de coalizões que diluíssem o negativismo dos Estados Unidos. Em sua carta de congratulações, escrita em francês elogioso, Raúl lembrou a participação de De Seynes em sessões anteriores da Cepal e o apoio consistente da França.[37] Sua chegada significava que Nova York seria agora uma cidade ainda mais amistosa, aumentando a rede de aliados, como Malinowski, Hans Singer e outros que faziam comentários favoráveis ao trabalho da Cepal nos memorandos internos.[38]

A Colômbia tinha sido um dos países latino-americanos a se alinhar com a Cepal. O convite para que ela abrigasse a sexta sessão foi uma conquista de Prebisch, um reconhecimento de seu trabalho no país desde 1953, apoiado por seu bom amigo Carlos Lleras Restrepo. O único desapontamento em Bogotá foi o golpe de Estado liderado por Gustavo Rojas Pinilla. Quando os delegados da sexta sessão chegaram ao Hotel Tequendama, Bogotá estava em estado de sítio: Pinilla tinha banido todas as "atividades comunistas" em 4 de março, com penas de prisão de cinco anos para os criminosos. Os dois principais jornais da cidade, *El Tiempo* e *El Espectador*, estavam fechados e, em 31 de agosto, a *Time Vision*, uma publicação americana, também foi banida. A polícia percorria toda Bogotá, onde ocorriam manifestações públicas e prisões. Prebisch soube que Raúl Mendes, um economista colombiano que fora consultor da Cepal, havia sido preso. Ele interveio diretamente junto ao presidente Pinilla pedindo sua libertação imediata. Obteve sucesso, para surpresa de Mendes, libertado antes do final do dia.

Confinados no Hotel Tequendama durante a sexta sessão, os delegados da Cepal só podiam trabalhar. Prebisch pressentiu um novo êxito e novas possibilidades quando os acontecimentos conspiraram em sua direção. No encerramento da reunião, enviou uma mensagem a De Seynes afirmando que a sessão tinha sido "um sucesso completo". Dados os resultados, ele tinha motivos para se gabar: total apoio latino-americano para seus estudos sobre o Brasil e a Colômbia, com pedidos de mais estudos sobre países, por sua evidente utilidade para os governos; consenso sobre a necessidade de haver programação econômica, o que se refletia no número crescente de escritórios nacionais de planejamento por toda a região; e apoio para mais trabalho técnico sobre energia e agricultura. Prebisch também podia relatar outro importante resultado: a decisão de criar uma comissão de comércio para ajudar a remover os obstáculos ao comércio interamericano. Isso significava que a Cepal estava sendo convidada a participar da mais importante área de política dos governos, o que prenunciava uma mudança de ênfase em seu trabalho. Ele observou a De Seynes que os governos latino-americanos queriam estudos e ação: "Os estudos do secretariado chegaram a um estágio em que são necessárias providências para pô-los em prática."[39] As decisões tinham sido unânimes. Era evidente que o consenso do Quitandinha tinha unido os principais governos latino-americanos em torno de uma agenda de cooperação econômica internacional, que Washington mais cedo ou mais tarde acolheria em vez de rejeitar. A reunião de Bogotá analisou o progresso na associação de produtores regionais e o firme avanço de economias, que se tornavam mais autônomas conforme amadureciam. Crescia um sentimento de identidade regional. Um jornalista mexicano provocou uma comoção no Departamento de Estado ao defender que a América Latina precisava de "uma política comum e uma frente comum" para compensar a "influência penetrante e arrebatadora" dos Estados Unidos e que isso só poderia ser alcançado combinando industrialização e integração regional. Eram sinais pequenos, mas contundentes.

Prebisch tinha conseguido: a Cepal era uma realização espantosa, uma voz regional valorizada que convocava a criação de uma região. A realização era coletiva – a Cepal tanto liderou quanto reagiu a ideias e conceitos de outros – mas superava o que qualquer um poderia ter esperado. Sem dúvida, era uma criação sua, forjada com tenacidade e diplomacia no implacável mundo do sistema da ONU e da política latino-americana.

Foi um momento de profunda satisfação. Raúl teria tempo para relaxar e aproveitar. Porém, após mandar o telegrama para De Seynes em 16 de setembro, soube que o general Lonardi comandara um golpe contra Juan Perón, que fora deposto. Deveria voltar? Ficou atarantado diante de uma atração fatal, irresistivelmente arrastado a uma encruzilhada que poderia levá-lo a uma vitória espetacular ou a uma derrota desastrosa.

CAPÍTULO 14
Paraíso perdido

É claro que Prebisch não devia ter retornado. Malaccorto tinha vivido os anos Perón em Buenos Aires e lhe implorou que não voltasse: a Argentina que ele deixara em 1948 era agora, em 1955, um país mudado que ele dificilmente reconheceria e no qual não saberia viver. Croire tentou explicar o movimento desordenado da revolução de Perón, que tinha acabado com o antigo regime, inclusive o Banco Central, sem criar um centro político em torno do qual fosse possível construir o futuro. Frankel documentou a desmoralização do setor privado manufatureiro, sem falar no setor agrícola, que fora deixado de lado. O que Prebisch esperava ganhar?, perguntou Malaccorto. Quem o ouviria depois de tantos anos? Em Santiago, ele tinha o melhor trabalho da América Latina. Por que não mantê-lo e pôr o sonho argentino de lado? Ele nunca seria aceito em Buenos Aires. Voltar seria o erro mais sério de sua vida. Prebisch não devia deixar a excitação superar a inteligência e a razão. Seu nome era identificado com a oligarquia, um estigma público arraigado que não seria apagado por anos de serviço na ONU, no exterior.

Olhando em retrospecto, a desastrosa volta de Prebisch a Buenos Aires respondeu a um impulso irresistível a partir do momento em que ele recebeu as notícias em Bogotá. O canto da sereia de suas realizações chamou-o de volta para sua maior derrota.

Um Prebisch mal-humorado e ansioso permaneceu na Colômbia durante mais de uma semana, analisando as notícias que chegavam de Buenos Aires, incapaz de acreditar que a era peronista acabara. Por muitos meses tinha havido violência nas ruas de Buenos Aires junto com boatos de complôs militares. Isso não levara a nada. Perón esmagara um sério levante militar em 12 de junho. Raúl lembrou-se das falsas esperanças anteriores e permaneceu cauteloso. Declarações contraditórias de vitória e derrota foram relatadas na imprensa de Bogotá enquanto a conferência da Cepal se dispersava, mas foi impossível verificar a exatidão das notícias até 19 de setembro, quando Perón renunciou e embarcou no *SS Paraguay*, uma canhoneira paraguaia que estava no estaleiro no porto de Buenos Aires para reparos, rumando para Assunção, onde se exilou. Lonardi foi empossado presidente interino em 23 de setembro diante de uma multidão de meio milhão de pessoas, a maior já vista na Plaza de Mayo. Mesmo assim, alguns bolsões de resistência permaneciam. A situação continuou incerta até 26 de setembro, mas a coletiva de imprensa de Lonardi no dia seguinte restaurou a tranquilidade política. Os governos no mundo inteiro reconheceram o novo regime: a "revolução libertadora" era uma realidade.

O general Lonardi telefonou: Prebisch voltaria para servir ao país nesse momento de necessidade? Poderia voltar logo para aconselhar o novo governo? Sem consultar a ONU, ele concordou em chegar a Buenos Aires em 1º de outubro para conversas exploratórias com o novo presidente e realizar durante uma semana uma intensa análise das perspectivas econômicas da Argentina.

Como poderia recusar? Nos anos de exílio depois de 1948, nunca tinha abandonado o sonho de retornar à Argentina. Raúl e Adelita haviam mantido a casa grande em San Isidro e, de Santiago, ele tinha acompanhado os acontecimentos em Buenos Aires mais de perto do que estava preparado para admitir, com visitas pessoais regulares, telefonemas e cartas de Alfredo Moll e do "grupo de Prebisch" dentro e fora das agências governamentais, apesar de ter repelido pelo menos um emissário de Perón que o abordara em Santiago para uma reaproximação. No entanto, havia mantido uma atitude correta em relação ao governo Perón, que era também, é claro, membro da Cepal. Nunca usou seu cargo para isolar a Argentina, e tinha assegurado que as reuniões da agência fossem realizadas também em Buenos Aires. Em meados de 1955 houve um abrandamento nas relações de Perón com a ONU, e em 8 de agosto o governo da Argentina apresentou a Nova York uma solicitação formal de assistência técnica para ajudar a resolver a estagnação econômica. Prebisch recusara-se a voltar enquanto Perón era presidente. A queda deste desfez o dilema de responder ao pedido da Argentina.

Agora o jogo era outro. O general Lonardi era outro tipo de líder militar – não um típico ditador latino-americano feroz, mas um oficial leal e comprometido com um governo constitucional que restauraria a democracia assim que os cadastros eleitorais fossem postos em ordem. Prebisch sempre dissera em Santiago que nunca mais serviria a um governo militar, mas a "revolução libertadora" era um caso especial, pois os militares estavam agindo como um baluarte constitucional para o povo argentino. Em sua primeira coletiva à imprensa em 27 de setembro, Lonardi prometeu governar com base nos princípios da liberdade, do império da lei, da justiça e do pleno emprego: ele não passava de um servidor do povo da Argentina, um soldado, um democrata católico e um amigo da justiça social a serviço do país. Prometeu reconciliação nacional em vez de vingança, garantindo aos seguidores de Perón que seriam bem-vindos na tarefa de reconstrução. "O ditador deposto teve durante certo período grande parte do povo argentino do seu lado", declarou. "Não é possível aplicar os epítetos 'impatrióticos' e 'partidários da tirania' aos que defenderam o ditador de maneira desinteressada ou de boa-fé. A grande maioria do povo argentino deve participar da vida civil do país de forma irrestrita, apesar de alguns apoiarem o regime deposto."[1] Da mesma forma que Lonardi tinha obtido credibilidade por romper com Perón em 1951 e recusar um comando militar sob a liderança dele, a nomeação do advogado Eduardo Busso, considerado incorruptível, como novo ministro do Interior tranquilizou argentinos de todas as tendências. E se Lonardi sentia-se compelido a dissolver ambas as câmaras do Congresso, dominadas por peronistas, até que novas eleições livres fossem convocadas, ele preencheria o vácuo político com um novo grupo consultivo nacional de líderes de todos os partidos, exceto peronistas e comunistas. Seria uma verdadeira "revolução libertadora" em vez de uma tomada de poder para fins políticos. Até o título de Lonardi de "presidente interino" enfatizava que ele não tinha interesse em prolongar seu papel, estritamente transitório.

Adelita estava na Holanda, visitando a irmã, durante o golpe militar contra Perón. Prebisch pediu a Carlos Echegoyen, um economista argentino que trabalhava com ele em Santiago desde 1950, que entrasse em contato com ela e a mantivesse informada dos acontecimentos em Buenos Aires.[2] Como a irmã de Adelita não tinha telefone, o contato demorou vários dias, mas a reação dela foi imediata e inequívoca: queria voltar para a cidade da família, dos amigos e das lembranças, e estava decidida a pegar um avião diretamente da Europa para Buenos Aires para ver por si mesma o que estava acontecendo e conseguir acomodações temporárias em caso de uma volta antecipada. Ela não conseguiu fazer isso. Seu voo da Holanda foi desviado de Buenos Aires para Santiago e permaneceu lá até que tudo ficasse mais claro. No final, Raúl e Adelita chegaram a Buenos Aires juntos na tarde de 1º de outubro, recebendo flores e sendo recebidos por uma multidão de dignitários.

A primeira semana de Prebisch em Buenos Aires foi mágica. Ele foi recebido como herói. A universidade reconduziu-o ao cargo de professor. A primeira reunião com o presidente Lonardi confirmou sua crença na seriedade da "revolução libertadora". Passou o dia seguinte com os ministros, discutindo a situação econômica e política do país. A imprensa, que sempre lhe fora hostil, agora estava entusiasmada, referindo-se a ele como um "símbolo", já que fazia quase doze anos desde que tinha sido forçado a sair do Banco Central, iniciando-se o declínio dessa grande instituição e, com ela, da economia nacional.[3] Com a declaração de uma anistia geral e a anulação do estado de guerra interna em vigor desde 1951, Buenos Aires agora se aquecia de prazer no sol da liberdade restaurada. As estátuas de Juan e Eva Perón na capital foram derrubadas por uma multidão em delírio. Navios, províncias e ruas que ostentavam o nome do casal agora impopular foram rebatizados. O juramento nacional tradicional ("Diante de Deus, do país e dos santos evangelhos") reapareceu na posse dos novos ministros. E logo depois de Prebisch chegar a Buenos Aires, o *SS Paraguay* finalmente concluiu os reparos e zarpou sem alarde, com Perón a bordo, encerrando sua era até outros tempos.

Prebisch começou a trabalhar cedo no dia 3 de outubro com uma primeira reunião dos subsecretários da área econômica, bem como especialistas e consultores externos. Criaram-se equipes, e um almoço de trabalho entrou pela tarde adentro.[4] A atividade continuou sem pausa, com Raúl instruindo as equipes e esboçando as linhas gerais da avaliação preliminar que tinha prometido a Lonardi. O clima e a lealdade da equipe, muitos deles dos velhos tempos, como Roberto Verrier, lembravam a época no Banco Central. A ampla sala de Prebisch no Ministério do Comércio fervia de atividade, enquanto a imprensa exaltava sua "lealdade, eficiência e patriotismo".[5] A primavera estava linda na capital. A graça e a civilidade de Buenos Aires cativavam. Raúl e Adelita saíram para vistoriar sua antiga casa em San Isidro, ainda alugada mas bem conservada, e ansiaram por voltar ao lar, principalmente para o jardim, agora cheio de mato e precisando de cuidados, mas ainda maravilhoso com suas cores e árvores. Foi fácil esquecer que doze anos tinham se passado. Era como retomar uma rotina familiar de trabalho bem semelhante aos tempos idos. Em 7 de outubro, Prebisch conseguiu apresentar suas conclusões ao novo governo reunido na sala do presidente e concedeu uma coletiva à imprensa no dia seguinte, analisando o relatório preliminar por um tempo considerável e concluindo que "a situação do país não é assunto de otimismo ou pessimismo, é simplesmente uma questão de pôr a mão na massa".[6] Foi cauteloso: "A situação é séria, mas não crítica." Também estava cauteloso em evitar controvérsias, por seu duplo papel de consultor nacional e dirigente da Cepal, mas não revelou se solicitaria uma licença sem vencimentos da ONU para continuar o trabalho na Argentina.[7] Sua voz o traiu quando falou "dessa segunda trajetória que as circunstâncias me obrigam a assumir, na qual posso servir aos grandes interesses da comunidade". Na coletiva à imprensa, Prebisch quase engasgou quando falou do potencial da Argentina. Ele tinha sido fisgado.[8] A Cepal e a ONU pareciam coisa do passado. Tão clara era a sensação de regresso que o relatório preliminar e a coletiva de 2 de outubro começaram com referências ao seu afastamento em 1943. Não houve referências nem à Cepal nem à ONU.

Malinowski, que estivera com Prebisch em Bogotá e era seu amigo mais íntimo na ONU, soube que ele estava em Buenos Aires por um artigo no *The New York Times* sobre sua primeira coletiva à imprensa. Magoado por Raúl não ter se dado ao trabalho de informá-los – muito menos de pedir permissão a De Seynes e Hammarskjöld –, seu bilhete de 3 de outubro trazia anexo a matéria do *Times* e o advertia a não estragar a ligação com a ONU de forma gratuita. "Apesar de estarmos cientes de suas intenções, gostaríamos de obter rapidamente uma indicação de qual será a sua missão."[9] Prebisch lutava com o dilema de deixar a segurança de Santiago e da ONU pela turbulência de Buenos Aires. Adelita entendeu que ele estava preparando o terreno para uma volta permanente ao serviço público na Argentina, mas as advertências de Malaccorto foram tão lúgubres que ele recuou de um comprometimento pleno com o governo Lonardi. Em sua coletiva à imprensa, explicou que continuava a ser funcionário da ONU e precisaria voltar a Santiago para tratar de assuntos da Cepal depois terminar a avaliação. O anúncio subsequente, em 8 de outubro, de que estaria tentando obter uma longa licença sem vencimentos em vez de se demitir da ONU mostrava a sua indecisão.

Lonardi não ficou satisfeito. Tinha-se oferecido para criar um cargo de superministro para Prebisch, para que ele orientasse o programa de recuperação e pudesse ingressar no governo como ministro em tempo integral. Como Perón havia destruído o Banco Central, um cargo no ministério era o lugar ideal para dar continuidade a uma agenda de reformas com poder político. Também era a solução mais simples e limpa, permitindo que Raúl assumisse responsabilidade direta pela liderança econômica. Porém, exigia o afastamento da Cepal e o compromisso pleno com um futuro na Argentina. Malaccorto fez objeções à volta de Prebisch em qualquer caso, mas insistiu em que, se ele persistisse nessa decisão apressada e provavelmente desastrosa, deveria pelo menos negociar a manutenção de seu cargo na Cepal, solicitando uma licença sem vencimentos, em vez de deixar a ONU.

Prebisch então convenceu Lonardi a nomeá-lo assessor econômico especial do presidente, em vez de ministro, com uma licença de três meses da ONU e sem salário do governo, pois devia receber férias mais que suficientes para cobrir esse período. Essa alternativa menos arriscada teve a vantagem de lhe permitir adiar a decisão final de se mudar até entender melhor quais eram suas reais possibilidades. Se as coisas dessem errado, teria uma saída. No entanto, voltar à volátil Buenos Aires mantendo o papel seguro de consultor da ONU foi visto como impatriótico – pois estava hesitando em mergulhar de cabeça num momento de necessidade nacional – e prejudicou sua credibilidade. Não havia boa opção. Malaccorto resmungou: Raúl deveria ter ficado longe.

Prebisch argumentou que teria um poder significativo com o cargo de consultor, pois naquelas circunstâncias uma ameaça de renúncia de uma figura internacional tão famosa teria um peso especial. A Argentina precisava de apoio internacional, principalmente em Nova York e em Washington, e o novo governo evitaria comprometer as conexões de Prebisch nesses círculos. Em segundo lugar, argumentou, Lonardi perceberia que o endividamento e a situação internacional da Argentina ficariam melhores com a manutenção de Prebisch em seu cargo na ONU, viajando para Nova York e Washington como um emissário especial do país. A Argentina certamente precisaria de um programa de assistência técnica maior, liderado pela ONU, no qual a Cepal desempenharia um papel crucial – até Perón tinha percebido isso quando contatara Nova York em 8 de agosto. Prebisch seria mais capaz de fazer isso atuando dentro do sistema da ONU. Por fim, ao não aceitar um salário pelo trabalho em Buenos Aires, afastaria qualquer acusação de enriquecimento às custas dos cofres públicos.[10]

Com apoio de Malinowski e De Seynes, Hammarskjöld aprovou uma licença sem vencimentos de três meses, estabelecendo que, como parte da consultoria, Prebisch prepararia um programa de assistência técnica de longo prazo da ONU para a Argentina. Ao retornar por pouco tempo a Santiago, reuniu-se com a equipe na Cepal para anunciar sua decisão e nomear Swenson secretário executivo em exercício. Raúl e Adelita partiram para Buenos Aires na expectativa de reocupar a casa em San Isidro após a saída dos inquilinos. Nesse ínterim, ficariam com Alfredo Moll. Só em 25 de outubro foi assinado um decreto estabelecendo os termos da nomeação de Prebisch como assessor especial do presidente, responsável pela "formulação de um programa de recuperação econômica, bem como pelas medidas necessárias para sua realização", mas ele mergulhou imediatamente na fase seguinte de seu trabalho: preparar um plano de recuperação nacional.

* * *

Com Lonardi sob pressão pública para anunciar o plano de recuperação nacional – argentinos de todos os setores e investidores estrangeiros temiam pelo futuro –, um comunicado presidencial à nação foi marcado para a noite de 25 de outubro, dando a Prebisch apenas duas semanas para redigir um relatório. O ministro do Comércio, Cesar Bunge, ajudou-o na medida do possível e reuniu um grupo de trabalho especial para esse fim, mas foi um desafio difícil. Prebisch ficara fora do país durante a maior parte da era Perón. As estatísticas nacionais não eram confiáveis. Ao contrário do Brasil, a Argentina não dispunha de uma análise abrangente do país feita pela Cepal para ajudá-lo a definir prioridades. Ele teve de se basear em entrevistas com cerca de cem figuras de destaque nos setores público e privado bem como na cooperação de ex-colegas do tempo do Banco Central, como Roberto Verrier, agora ministro adjunto da Fazenda, e os ex-alunos Aldo Ferrer, Norberto Gonzalez e Ricardo Cibotti, reconhecidos como promissores economistas da nova geração. Não obstante o trabalho que Prebisch tinha iniciado durante a primeira semana em Buenos Aires, o máximo que se poderia esperar para 25 de outubro era um relatório – nada que se assemelhasse a um plano acabado. O resultado foi a decisão de dividir o trabalho em três partes. Um primeiro documento (chamado "plano Prebisch", por sua enorme exposição pública) formava a base do comunicado de Lonardi à nação em 25 de outubro, contendo um diagnóstico e medidas emergenciais imediatas. Dois relatórios adicionais tratando de política de mais longo prazo seguiriam-se em janeiro de 1956: "Moneda sana o inflación descontrolada" e "Plan para la recuperación económica". O primeiro foi preparado tão às pressas que podia conter cálculos errados. Para apresentar de forma dramática a crise nacional, Prebisch centrou-se deliberadamente em fracassos domésticos e reduziu a ênfase nos assuntos típicos da Cepal que tratavam do contexto internacional, como deterioração dos termos de intercâmbio, deixando de avaliar o impacto econômico dos desastres naturais – inundações e terremotos – que vinham afligindo a Argentina desde 1951.

"A Argentina está na pior crise de sua história", começava o "plano Prebisch", pior que as da década de 1890, das guerras civis do século XIX ou da Grande Depressão, "pois nessas épocas o país manteve suas forças produtivas intactas".[11] A crise pós-Perón era ainda pior que a da Alemanha em 1945, pois o dano à Argentina fora invisível, enquanto a Alemanha em ruínas mantivera a capacidade de se reconstruir. "Dez anos de irresponsabilidade e corrupção" tinham deixado a infraestrutura da nação decair, seu setor privado se descapitalizar e sua economia se endividar, gerando uma espiral inflacionária. Na Alemanha, apenas as cidades e fábricas haviam sido destruídas; o espírito industrial estava intacto, faltando-lhe apenas recursos para restaurar o crescimento. Prebisch observou que a Argentina enfrentava uma ameaça pior, que ele chamou de "crise de produção". As exportações tinham despencado, a produtividade industrial caíra, a inflação criara raízes, o setor agrícola estava atolado em dificuldades, as obrigações externas totalizavam US$ 757 milhões e as importações de petróleo devoravam os escassos resultados do comércio internacional, apesar dos ricos recursos energéticos do país. Em dez anos a economia crescera apenas 4%, em comparação com 40% no Brasil e no México. Além do Chile, do Brasil e do México, até a Colômbia tinha siderúrgicas, mas a Argentina, outrora líder do continente, não havia conseguido investir em indústria pesada. A solução era construir uma base sólida para restaurar o crescimento e a prosperidade por meio de um ajuste estrutural para reduzir o déficit e a inflação: desvalorização do peso, aumento de impostos, promoção de exportações e recurso ao FMI para atrair créditos externos. A produção agrícola era prioritária para expandir exportações e obter divisas. Dutos e infraestrutura eram gargalos críticos, mas Prebisch aconselhou o governo Lonardi a reverter a concessão de Perón à Standard Oil no último período de seu governo: em vez de abrir o setor para o investimento americano, a Argentina devia manter o controle nacional, pois tinha ampla experiência no setor. Ele exortou os argentinos, principalmente os ricos, a se sacrificarem pelo bem comum e prometeu que essa união de forças seria recompensada com uma rápida recuperação econômica. Gostando ou não, os argentinos precisavam agir. A reforma do imposto de renda para uma distribuição mais equitativa da riqueza era necessária no período de austeridade que se avizinhava. Lonardi logo decretou uma série de medidas recomendadas no "plano Prebisch", a começar pela desvalorização cambial (que tornou as importações mais caras e dificultou os planos de viagem da classe média), medidas para estimular as exportações e um fundo de reconstrução nacional.

O "plano Prebisch" foi bem recebido pela imprensa estrangeira. "As perspectivas mudaram de um dia para outro", relatou Norman Crump do *The Sunday Times*, falando da situação da Argentina. "Estou confiante em que Londres e Nova York considerarão digno de crédito um governo orientado pelo dr. Prebisch e também tenho confiança em que um governo guiado por ele justificará esse ponto de vista."[12] Desastrosamente, a Sociedade Rural saudou Prebisch, revivendo a lembrança de suas supostas ligações com a oligarquia, e a ultraconservadora publicação em inglês *Review of the River Plate* chamou o plano de "análise magistral".[13] Porém, o diagnóstico árido de Prebisch também gerou um amplo ceticismo no público. Os cafés de Buenos Aires fervilhavam como sempre, a riqueza *per capita* da Argentina continuava maior que a do Brasil, México ou Chile, e até mesmo a do Japão, França ou Itália. Os argentinos consumiam mais carne bovina *per capita* que os americanos. Seus restaurantes serviam os pratos mais fartos do mundo. A riqueza acumulada permanecia intacta. O crescente isolamento dos mercados mundiais e das redes internacionais bem como o colapso na qualidade dos corpos docentes universitários ou da administração pública tinham sido tão graduais que eram pouco perceptíveis. Em vez disso, o público lia notícias a respeito de um progresso contínuo: a primeira montadora de automóveis moderna da América Latina, produzindo 150 mil carros por ano, estava sendo inaugurada em Córdoba, e as faculdades de ciências, engenharia e medicina continuavam a atrair estudantes de todas as partes da América Latina. Poucos argentinos acreditavam na avaliação de Prebisch de que a situação pós-peronista era a "pior crise da história" ou na melodramática comparação da altiva Buenos Aires com a terra de ninguém bombardeada de Berlim. *The Sunday Times* de Londres concordou, observando que a dívida da Argentina era de apenas US$ 757 milhões em quatro anos, "baixa, quando comparada com suas potencialidades depois que seus assuntos econômicos forem restaurados a um nível estável".[14] A embaixada americana sugeriu que ele tinha exagerado de propósito os problemas da Argentina para desacreditar o peronismo, mas fora longe demais na dramatização da crise econômica.[15]

O relatório de Prebisch deslanchou a primeira onda de ataques da imprensa sobre seus motivos e sua credibilidade. *Politica y Politicos* ressuscitou todos os velhos temas: Prebisch como antigo servidor da oligarquia durante a "década infame"; como gerente-geral de um Banco Central que fazia o jogo da Inglaterra; como eminência parda, impulsionando seus seguidores para posições de liderança na "revolução libertadora"; como alemão desleal procedente de Tucumán; como um oportunista sem cargo formal no novo governo.[16] *El Clarín* repetiu esses temas.[17] Antigos inimigos em Buenos Aires retomaram alegações contra o "cartel de cérebros" de Prebisch que tinha vendido o país, lembrando o escárnio de Lisandro de la Torre relativo ao suposto doutorado de Prebisch, quando, na verdade, ele não passava de um contador público. Começaram a surgir perguntas sobre sua atual lealdade para com a Argentina. Afinal, não era um "estrangeiro", um agente de interesses de fora – dos americanos, dos ingleses e agora do FMI?

Apesar de estarrecido com a violência dos ataques, o próprio Prebisch não tinha dúvidas sobre o diagnóstico sombrio da crise e não estava sozinho. José Ortega y Gasset, filósofo espanhol e autor de *Revolução das massas*, que encontrara refúgio em Buenos Aires depois da Guerra Civil Espanhola, também escreveu sobre o profundo mal-estar que afligia o país outrora favorecido, e o diagnóstico pessimista foi reimpresso após sua morte, uma semana antes da divulgação do "plano Prebisch".[18] Longe de se aproximar do grupo dos novos países desenvolvidos, como Austrália, Canadá e países escandinavos, a Argentina estava mergulhando no subdesenvolvimento, quando comparada até mesmo com o Sul do Brasil. Algo de vital havia se perdido, segundo Ortega y Gasset. Uma repentina mediocridade invadia a vida pública. Combativos em suas conquistas individuais, os argentinos pareciam incapazes de alcançar o objetivo coletivo necessário para construir uma nação moderna. Eles consumiam, mas a produção estava estagnada. Nenhuma teoria tradicional, como o liberalismo, o marxismo ou o corporativismo, parecia adequada para o caso: a antiga classe política tinha se desintegrado quando o peronismo varreu o país e agora, com sua extinção, as forças estavam fragmentadas, mas muito mobilizadas, encurraladas em um equilíbrio frenético e destrutivo. Ao contrário do falecido escritor espanhol, Prebisch estava em Buenos Aires e era parte dessa batalha.

Os ataques imediatos desapontaram Prebisch, mas seu cargo era inatingível enquanto tivesse o apoio incondicional de Lonardi. Muitas críticas poderiam ser descartadas, pois vinham de antigos inimigos da década de 1930, sem maiores consequências. *La Nacion* e a imprensa de melhor qualidade em Buenos Aires apoiavam suas medidas emergenciais, assim como Ricardo Balbín, líder do Partido Radical, um aliado essencial, com maioria no grupo consultivo nacional, com grandes possibilidades de se tornar presidente quando a "revolução libertadora" convocasse eleições nacionais. As perspectivas políticas permaneciam otimistas. A maioria das figuras públicas importantes na vida política tinha se reposicionado com a convocação de Lonardi a uma nova era, inclusive muitos dos defensores de Perón, principalmente o núcleo de seu partido – a forte Confederação Geral dos Trabalhadores (CGT) com 6 milhões de membros –, que aceitara a abordagem conciliatória do presidente provisório com poucos protestos: os líderes sindicais haviam pedido que todos continuassem a trabalhar em vez de fazerem greve, em troca da promessa de que direitos sociais e dissídios coletivos seriam respeitados. Perón estava no exílio e marginalizado, destituído do uniforme por um tribunal militar e desacreditado pela revelação de um abundante fluxo de cartas de amor, dinheiro e joias para Nelida Rivas, uma amante de catorze anos de idade. A CGT não reagiu quando Perón transmitiu um discurso de Assunção, pondo a culpa da crise econômica e do golpe militar na "classe parasitária", com "a oligarquia contribuindo com dinheiro e o clero com sermões", contra a vontade da "classe produtora".[19]

Animado com a calma em Buenos Aires, Prebisch aceitou um convite para visitar Montevidéu e foi recebido calorosamente em 11 de novembro por seus muitos amigos no Uruguai e convocado para uma rodada de reuniões, entrevistas, recepções e jantares oficiais. Repetindo o diagnóstico que apresentara no "plano Prebisch", explicou que seu pior pesadelo tinha se tornado realidade ao retornar a seu país natal: "Achei que estava ruim, mas a realidade foi pior que a conjectura mais pessimista. [...] Só a austeridade e o sacrifício podem salvar a Argentina."[20]

Porém, enquanto Prebisch gozava da tranquilidade de Montevidéu, o regime Lonardi estava sob ataque mortal em Buenos Aires. Poucas semanas depois da queda de Perón, já tinha antagonistas. Antiperonistas do Exército e do Partido Radical criticavam-no por sua leniência em relação aos apoiadores do ditador. Outros temiam a crescente influência dos nacionalistas ultracatólicos no novo governo. Quando Lonardi afastou Eduardo Busso do cargo de ministro do Interior, o conselho consultivo nacional e os cinco ministros recém-nomeados para o Supremo Tribunal renunciaram, disparando um bem-sucedido golpe palaciano na noite de 12 para 13 de novembro, liderado por Pedro Eugenio Aramburu, chefe do Estado-maior. Aramburu renomeou Busso, reconquistando a confiança do conselho consultivo nacional e dos ministros do Supremo Tribunal. Assim, o golpe foi uma mudança de liderança sem derramamento de sangue na "revolução libertadora". Mas a chegada de Aramburu ao poder marcou o fim da política de reconciliação nacional de Lonardi, que tinha atraído os seguidores de Perón. Instalou-se uma guerra contra a CGT. Aramburu enviou fuzileiros para ocupar os escritórios da central, dissolveu o Partido Peronista e iniciou uma campanha de repressão contra seus integrantes. A CGT retaliou convocando uma greve geral. Aramburu respondeu que "de forma alguma toleraria que determinados setores usassem trabalhadores para alcançar objetivos políticos". Como se previa, um conflito trabalhista explodiu: as jornadas de trabalho suspensas subiram de 114 mil em 1955 para 5,2 milhões em 1956.[21] Antes de 12 de novembro, a política de Lonardi, de reconciliação nacional, proporcionou alguma esperança de relançar a política argentina em novos caminhos, mas a repressão contra 6 milhões de trabalhadores afastou Aramburu da maioria do eleitorado e condenou o país a uma polarização política renovada. Depois de apenas dois meses, a "revolução libertadora" entrou em uma fase nova e incerta.

Estarrecido com o golpe de Aramburu e seus perigos para a estabilidade política, Prebisch enviou uma mensagem de renúncia ao cargo de assessor, sendo informado em seguida de que o novo presidente interino recusara-se a aceitar sua renúncia e insistia em vê-lo logo que retornasse de Montevidéu. Malaccorto aconselhou-o a ficar longe da Casa Rosada e deixar o governo enquanto ainda podia partir com dignidade: o golpe tinha encerrado a fase idealista da "revolução libertadora". A repressão contra o peronismo e a CGT reabriria feridas e condenaria a Argentina a um tumulto sem fim. Prebisch optou de novo por ignorar o conselho do amigo. Um jornalista o viu no palácio e ficou sabendo que ele tinha concordado em voltar atrás na decisão de renunciar, pois, a seu ver, havia muitas coisas em jogo. Como incentivo para que ele ficasse, Aramburu fez duas nomeações que reforçaram o apoio a Prebisch no ministério: Alizon Garcia foi nomeado ministro da Fazenda e Eugenio Blanco, ministro da Economia. Blanco era uma figura-chave no Partido Radical, próximo de Ricardo Balbín e, assim, uma ponte para o provável futuro presidente. Em carta pessoal ao general Lonardi, Prebisch ressaltou seu descontentamento com a reviravolta nos acontecimentos e seus temores sobre o futuro em uma nação dividida. Lonardi respondeu amavelmente, agradecendo a Raúl pelos serviços e por ter aderido à "revolução libertadora", a despeito do golpe de Aramburu. A Argentina, disse, precisava dele.

A chegada de Aramburu e a decisão de Prebisch de permanecer aumentaram as críticas. Depois de uma matéria particularmente virulenta publicada em *Noticias Graficas* em 15 de novembro, alegando que ele seguia mais os interesses ingleses do que os argentinos, Prebisch convocou uma coletiva à imprensa sem consultar o gabinete do presidente nem os membros do ministério. "Decidi acabar com isso de uma vez por todas", declarou. "Estou mais do que cansado de ouvir essas acusações", que só são feitas "no meu próprio país e sempre de forma vaga e nebulosa". Seu histórico de serviços públicos estava disponível, "tudo sobre mim está numa pasta no arquivo no Banco Central". Nem mesmo Perón conseguira desacreditá-lo. Tudo o que os jornalistas precisavam fazer era verificar os fatos, pois os registros estavam disponíveis. Não fazia sentido afirmar que ele tinha sido um instrumento dos interesses ingleses ou que se opusera à industrialização. Seus detratores não encontrariam o menor sinal de corrupção. O pior era o ataque ao seu patriotismo. Tinha orgulho do "velho sangue espanhol e bom sangue alemão".[22] Ele, Prebisch, mais do que Perón, defendera os interesses nacionais, tais como a manutenção do setor do petróleo sob o controle nacional. Quanto ao chamado "plano Prebisch" de 24 de outubro, era "só um relatório estrutural, não um plano". Tudo o que continha eram simples fatos da vida; qualquer governo teria de implementar um programa de austeridade. Um empréstimo para ajudar a estabilizar a economia era bem diferente de vender a Argentina ao imperialismo. Entrar para o FMI era essencial porque, "queiramos ou não, precisamos ter crédito externo". Clamava por moderação: "Todos temos que colaborar para superar nossas dificuldades, suportando os ônus inevitáveis. Acredito na capacidade das pessoas, na compreensão de todos os nossos cidadãos e no espírito de solidariedade do país nesta hora difícil. Além disso, tenho confiança nas potencialidades do país e em suas enormes fontes de produção. Estou confiante em que todas as dificuldades serão superadas num futuro próximo."[23]

Um jornalista chileno ficou espantado com a campanha anti-Prebisch na imprensa. Nos Estados Unidos e no restante da América Latina ele era considerado um esquerdista perigoso. "Como é possível que o senhor seja criticado aqui por seu suposto apoio a interesses particulares contra o povo argentino, quando nossa crítica no Chile é exatamente oposta?" Prebisch respondeu com um comentário que complicou ainda mais suas relações com a imprensa argentina: "A ONU inteira pensa de uma forma e a Argentina, de outra. Aqui reina uma superficialidade insolente. Os jornalistas não investigam nem consultam, só dão opiniões pessoais. Em todos os outros países latino-americanos, tenho entrevistas ou conversas sérias com jornalistas que desejam esclarecer suas dúvidas em relação a vários problemas. Aqui é diferente: eles começam com sua própria interpretação e insistem em que ela seja aceita independentemente das provas. Como disse Hitler, 'se você repetir uma mentira com bastante frequência, ela se torna verdade'. Temos de mudar esse sistema absurdo se quisermos nos aproximar da verdade na Argentina."[24] Essa franqueza só aumentou a hostilidade. Já no dia seguinte Prebisch sentiu necessidade de convocar outra reunião com jornalistas para responder a seus críticos, começando então contatos quase diários com a imprensa, que levantava as mesmas dúvidas sobre sua integridade. Ele as esclarecia pacientemente, muitas e muitas vezes, pedindo que os jornalistas lessem os documentos. Foi pessoalmente à redação de *La Nacion*, mas a campanha contra ele estava tão arraigada que nenhum comportamento surtia efeito. Até Pinedo zombou dele na imprensa por lembrar sempre o antigo desempenho no Banco Central.

Prebisch decidiu ignorar a imprensa e se retirar para trabalhar nas três grandes questões que ameaçavam a recuperação argentina. A primeira era o marco de política que pretendia completar nos dois relatórios finais, "Moneda sana o inflación descontrolada" e "Plan para la recuperación económica". A segunda era preparar o Estado argentino para implementar o novo pacote de reformas. "As melhores cabeças foram eliminadas", observou a um jornalista, "e ninguém foi treinado para substituí-las."[25] Começou a elaborar o mais amplo programa de assistência técnica da ONU na América Latina para possibilitar que especialistas internacionais treinassem cerca de 150 economistas e funcionários argentinos para melhorar a gestão financeira e a administração pública em Buenos Aires. O terceiro desafio era preparar-se para a futura visita de uma delegação americana chefiada por Henry Holland e Samuel Waugh, presidente do Eximbank. Só os Estados Unidos tinham os meios necessários para que o plano de recuperação fosse bem-sucedido: crédito industrial, investimento estrangeiro e garantia de uma entrada rápida da Argentina no FMI. Prebisch esperava repetir sua experiência de 1940, quando a intervenção especial junto à embaixada americana tinha preparado o terreno para o sucesso em Washington.

Swenson visitou Prebisch no final de novembro e relatou a De Seynes que ele continuava profundamente comprometido com as medidas propostas, por considerá-las necessárias e corretas. "Achei-o relaxado e calmo de mente e de espírito – de fato, poucas vezes o vi tão tranquilo. Está completamente impermeável a qualquer pressão e tem claro que o governo atual precisa tomar medidas impopulares envolvendo sacrifícios e a eliminação de privilégios especiais."[26] Os dois últimos relatórios estavam prestes a ser finalizados. A equipe da Cepal chefiada por Adolfo Dorfman e Alex Ganz estava terminando a apresentação técnica da ONU ao governo, indo e voltando na ponte aérea entre Santiago e Buenos Aires, e o trabalho ficaria pronto até janeiro. A visita de Holland e Waugh em novembro fora cordial. Apesar de terem concordado em agilizar as negociações, enviando uma missão técnica especial a Buenos Aires antes da planejada viagem de Prebisch a Washington em janeiro, o clima positivo já estabelecera uma sólida relação de trabalho.

Dezembro foi um mês de preparativos. Prebisch deu os últimos toques nos relatórios finais e fez um relatório resumido para os oficiais graduados das forças armadas em 21 de dezembro, data em que as repartições do governo entraram em recesso de fim de ano. Raúl e Adelita ainda estavam morando com Alfredo Moll e foram para Mar del Plata após o Natal para passar uns poucos dias ao sol. No dia 4 de janeiro, ele apresentou "Moneda sana o inflación descontrolada" e "Plan para la recuperación económica" ao presidente Aramburu na Casa Rosada.

Aramburu reagiu no dia seguinte, criando uma comissão econômica e financeira para trabalhar com Prebisch. Foi um bom sinal. O grupo tinha uma base política e social mais ampla que o grupo consultivo nacional formado por representantes de partidos políticos; a maior parte de seus membros eram delegados escolhidos nos principais setores econômicos, incluindo-se trabalhadores e empresários, e com um secretário dinâmico e competente, Adelberto Krieger Vasena. O presidente também deu um almoço especial em homenagem a Prebisch no dia 6 de janeiro. Os mercados monetários observavam os acontecimentos com ansiedade e havia muita expectativa na capital. Porém, logo ficou claro que Aramburu ainda não tinha decidido o que fazer com os relatórios finais.

Prebisch programou-se para viajar por duas semanas a partir de 8 de janeiro para ir a uma reunião em Nova York com representantes da ONU e dos EUA para tratar dos planos futuros para a Argentina. Era difícil realizar essas conversações sem mostrar seus relatórios e sem uma carta oficial do governo argentino solicitando formalmente a assistência técnica da ONU. Para complicar ainda mais as coisas, estava programada uma viagem para Bancoc, sua primeira ida à Ásia, para se reunir com outros diretores das comissões regionais da ONU, o que prolongaria sua ausência de Buenos Aires nesse momento crítico. No final da tarde de 7 de janeiro, não pôde esperar mais: convocou uma coletiva à imprensa e resumiu suas principais conclusões, na verdade forçando Aramburu a liberar os relatórios, que foram publicados em 12 e 13 de janeiro, quando ele estava em Nova York. O presidente também cumpriu a promessa de enviar uma solicitação oficial para a missão da ONU.

Os dois relatórios tinham tom mais ameno do que o do "plano Prebisch". Previam um aumento salarial de 10%, mas, em conformidade com o texto anterior, propunham um programa de austeridade com reformas liberais: corte de pessoal e de orçamento, privatização de empresas estatais ineficientes, como a Aerolineas Argentinas, redução de gastos públicos, redução do déficit, retirada de controles de preços, desvalorização e liberação da taxa de câmbio para combater empresas ineficientes, reforma tributária para aumentar a receita e evitar a evasão, redução da inflação, fomento da produção agrícola e das exportações, com a criação do Instituto Nacional de Tecnologia Agrária, investimento imediato no setor petrolífero, principalmente em dutos, e na indústria pesada, como a do aço, atração de capital estrangeiro, exceto no setor petrolífero, e ingresso no FMI.[27] Apesar de Prebisch pedir sacrifícios a todas as classes sociais, com os ricos em primeiro lugar, seu plano era um pacote de ajuste estrutural ortodoxo no estilo do FMI para fazer a Argentina se afastar da versão peronista de capitalismo de Estado, que tinha um viés contra a formação de capital e indústrias competitivas, resultando em um Estado inchado, um setor privado ineficiente, inflação aguda e excesso de consumo.[28]

Quando perguntado em Nova York sobre a Argentina, Prebisch usou uma metáfora médica: "A Argentina tem um corpo forte, basicamente com boa saúde, mas castigado. Livre do veneno, sua saúde será restaurada."[29] Após uma semana de pesadas negociações, Prebisch percebeu que um acordo formal sobre a missão da ONU na Argentina exigiria um tempo extra: não se poderia esperar um anúncio antes de 21 de março de 1956, para o trabalho começar em 4 de maio. Mesmo então Prebisch teria que voltar a Washington e Nova York para garantir tudo. Como sua licença de três meses na ONU estava expirando, os jornalistas lhe pediram que esclarecesse suas intenções. Raúl respondeu que esperava continuar com o trabalho de assessoria "de alguma forma", na esperança de incorporar uma equipe da Cepal em "seu grupo" em Buenos Aires. Pode ter sido só da boca para fora, mas isso deixava claro que seu dilema não tinha terminado: queria chefiar a missão da ONU proposta e, ao mesmo tempo, dirigir o Plano de Recuperação Econômica do governo Aramburu. No dia 18 de janeiro, indo de Nova York para Bancoc, Prebisch anunciou que a ONU tinha concordado, com as seguintes condições: ele voltaria para a Cepal em Santiago, mas continuaria o trabalho na Argentina.[30] Em sua breve visita a Bancoc, ele transpirava confiança na recuperação da Argentina, apesar de enfatizar o desafio com comparações entre Berlim após 1945 e Buenos Aires após Perón.[31]

Ao retornar a Buenos Aires em 23 de janeiro, Raúl percebeu que o Plano de Recuperação Econômica desencadeara uma onda de fúria e o governo ainda não o tinha endossado completamente. O peso argentino havia perdido 10% de seu valor durante a semana de 9 a 13 de janeiro, quando os relatórios de Prebisch foram divulgados, uma das quedas mais acentuadas desde 1950. Consumido por negociações de alto nível no ministério, Prebisch acostumara-se a ataques da imprensa, repudiando-os como opiniões de peronistas decepcionados, que ele simplesmente ignorava. Porém, essa nova onda de ataques uniu a esquerda e a direita contra ele. Escritores e críticos famosos em Buenos Aires condenaram os relatórios como sendo factualmente errôneos e arriscados para a economia argentina. Uma coisa era o trotskista *Lucha Obrera* proclamar "Abaixo o plano Prebisch: a oligarquia e o imperialismo não venceram a batalha final", outra era uma figura conhecida como Raúl Scalabrini Ortiz publicar "A crise imaginária do dr. Raúl Prebisch".[32] Scalabrini alegava que Prebisch tinha distorcido as estatísticas e fabricado obrigações do governo. Tratava-se de um "relatório falso", escrito com "absoluta falta de sinceridade e seriedade", para denegrir a política de industrialização de Perón e minimizar os custos das inundações e dos terremotos de 1952. A Argentina não devia um centavo a ninguém: a alegação de Prebisch de uma dívida externa de US$ 757 milhões era bobagem – o principal culpado era a piora dos termos de intercâmbio durante o último ano, que ampliara o déficit comercial. A economia estava crescendo. Em suma, o plano Prebisch era "extravagante e confuso", mais do que irrelevante. A única explicação para essa distorção era que Prebisch se vendera a investidores estrangeiros, opondo-se à industrialização e fazendo a Argentina voltar aos tempos da oligarquia agrícola, com quem Perón tinha tentado romper. O *plan* Prebisch, batizado ironicamente de "*flan* Prebich", era mal concebido e reacionário, e seu apelo ao investimento estrangeiro era uma volta ao colonialismo. "Por trás do consultor econômico está o brucutu de sempre", insistia Scalabrini.[33]

Um coro nacional de oposição exigia sua demissão, e o governo Aramburu ficou dividido. Uma revolta ameaçou surgir na nova comissão econômica quando o radical Oscar Alende rompeu com o plano. "Moeda sadia, sim", reclamou em 18 de janeiro, "mas esse não tem de ser o objetivo final, alcançado às expensas de sofrimento, miséria e mais labuta dos grupos de renda mais baixa".[34] Mas Prebisch ainda tinha o apoio necessário para pressionar pelo avanço. Após uma difícil semana de negociações, Alicia Moreau de Justo, símbolo do socialismo na Argentina, concordou em apoiar o plano com reservas em relação a questões sociais e aumentos de preços. Oscar Alende abrandou as críticas, e o plano foi aprovado pelo ministério em 28 de janeiro. Pareceu uma vitória importante: o assessor pessoal da Presidência continuaria seu trabalho, substituindo formalmente o antigo Departamento de Assuntos Econômicos de Perón.[35] O cargo de Prebisch parecia ter sido fortalecido, e o presidente divulgou uma síntese de 21 páginas de seus relatórios de janeiro, observando que sua implementação exigia "patriotismo, honra e trabalho árduo".[36]

Raúl e Adelita puderam finalmente partir para Santiago, mas com uma despedida bem mais discreta (só Alfredo Moll e Malaccorto) do que a recepção pública triunfante que os acolhera em Buenos Aires em 1º de outubro. Pedro Orradre acompanhara Raúl a Buenos Aires como seu secretário particular para assuntos argentinos, e nem ele nem Adelita achavam que o sonho de regressar à Argentina estava acabado. No entanto, quando Raúl voltou para Buenos Aires duas semanas depois, a cena política era ainda mais incerta, a polarização em torno de seu plano continuava a crescer e o ministério de Aramburu não estava preparado para seguir suas recomendações. A situação econômica também havia se deteriorado. A inflação insuflou a ira popular e demandas de aumento salarial de 30%. Prebisch insistiu em que o presidente se mantivesse firme, mas o anúncio de Aramburu em 17 de fevereiro de que aumentos salariais teriam de estar ligados à produtividade provocou uma nova rodada de descontentamento e greves de trabalhadores. Os peronistas não mais estavam intimidados. Os militares prendiam líderes sindicais, mas Perón, no exílio, tinha recuperado a liderança, a base de poder e a esperança de retorno. O Partido Radical estava ainda mais dividido entre, de um lado, Balbín e seus apoiadores e, de outro, uma ala dissidente liderada por Arturo Frondizi, que estava entrando em contato com peronistas insatisfeitos para construir uma coalizão vencedora para as próximas eleições nacionais. Frondizi, mais do que Balbín, representava a força dinâmica na Argentina. Determinado e habilidoso, construíra sua reputação denunciando a decisão de Perón de abrir o setor petrolífero para a Standard Oil. Apesar de suas ideias sobre investimento estrangeiro combinarem com as de Prebisch, Frondizi rompeu com o plano econômico, usando-o como saco de pancadas para desacreditar o governo Aramburu e flertar com uma ampla coalizão de radicais, peronistas e nacionalistas de todos os tipos em sua campanha presidencial.[37]

A posição de Prebisch havia se tornado incrivelmente frágil no país. No dia 20 de fevereiro ele sofreu um grande revés quando seu cargo de assessor particular no gabinete da Presidência foi extinto e fundido com o recém-criado gabinete econômico e social, com participação restrita a ministros. Deixou de ter acesso a Aramburu e ao ministério, e os dois últimos ministros que o apoiavam (Alizon Gracia e Eugenio Blanco) também se voltaram contra ele, suspeitando que Prebisch estava interferindo em suas áreas de competência e ressentidos por suas entrevistas repentinas à imprensa para influenciar a opinião pública e compensar a falta de apoio no governo. A antiga equipe do Banco Central de Prebisch tinha perdido força. Verrier se fora.

Foi um momento difícil. Vulnerável por todos os lados, só lhe restava esperar que seus conterrâneos, por fim, entendessem a gravidade da crise. Decidiu defender seus pontos de vista em uma conferência especial organizada pela Universidade de Córdoba em 27 de fevereiro. Córdoba tinha se tornado uma cidade industrial grande, um símbolo da industrialização da Argentina e um reduto peronista, e a conferência foi organizada como um fórum nacional para denunciar o plano Prebisch. Raúl não se deu conta da armadilha até chegar com sua equipe, composta de Giner de los Ríos, Oscar Bardeci, Julio Silva e Benjamin Cornejo, para enfrentar uma turba enfurecida de manifestantes armados de cartazes hostis, diante de uma imprensa nacional totalmente mobilizada. "O que você fez com o dinheiro do Banco Central?", gritavam os estudantes. "O que você fez com nossas libras esterlinas?" Ficou evidente que a manifestação tinha sido preparada para destruí-lo. A sala de conferências superlotada estava quente e agitada, com a multidão provocadora quase fora de controle antes de ele falar. Raúl percebeu que seria calado e humilhado caso se ativesse a um texto seco, escrito nos moldes da Cepal. Decidiu então surpreender a plateia, defendendo a reforma agrária, o controle dos investimentos norte-americanos no setor petrolífero e o aprofundamento da industrialização com uma estratégia nacional para a indústria pesada. A multidão hesitou. Quando interrompido por Rudolfo Irazusta, presidente da União Republicana, Prebisch sugeriu que ele subisse ao palco e apresentasse sua pergunta. Irazusta indagou por que Prebisch recomendava novos empréstimos internacionais se a Argentina tinha uma fortuna em libras esterlinas – 900 milhões, para ser exato – depositada na Inglaterra. Como a Inglaterra devia pelo menos 800 milhões de dólares, a Argentina podia resolver seus problemas sem um programa de austeridade, simplesmente exigindo pagamento imediato.

Prebisch perguntou onde ele tinha obtido esses dados. Irazusta explicou que eles tinham calculado os números a partir de exportações e importações, demonstrando que a Argentina tinha um balanço de pagamentos favorável com a Inglaterra nesse valor. "Esse número inclui tudo?", continuou Prebisch. "Todas as exportações e importações argentinas?" Quando Irazusta respondeu que sim, Prebisch perguntou em voz alta como a Argentina pagava suas importações de petróleo e de outros itens. Ele sabia? Não, ele não sabia. "Com libras esterlinas, senhor", vociferou Prebisch. "O senhor realmente acha que pediríamos empréstimos se tivéssemos 900 milhões de libras esterlinas na Inglaterra? É inconcebível que, neste momento de calamidade nacional, existam pessoas irresponsáveis veiculando informações desse tipo. Não use estatísticas irresponsáveis, mas sim de pessoas honestas como o senhor, já que o considero um jovem de alma pura. Não se coloque nas mãos de filhos da puta."[38]

Com isso, Prebisch saiu da sala para pegar o carro e partir para o aeroporto de Ezeiza, em Buenos Aires, onde fez escala para a Venezuela. No auditório, a plateia o aplaudiu: esperava por um discurso reacionário, mas fora vencida por um discurso de improviso e a humilhação de um adversário ignorante e atrevido. Foi uma vitória menor, insuficiente para fazer diferença: "Agora entendo o clima político na Argentina e sei o tom e o teor que deveria ter usado em meu relatório se tivesse percebido a realidade como ela é", concluiu ele mais tarde.

Chegando em Caracas, Prebisch soube no dia 2 de março que seus problemas na Argentina o tinham seguido até a Venezuela: Irazusta o desafiara para um duelo com pistolas para recuperar a honra ofendida em Córdoba. O absurdo tornara-se extravagante, e Raúl ficou feliz de estar fora do país. Porém, precisava responder ou ser difamado como covarde. A imprensa nacional registrou que ele escolheu Julio Silva e Estaquio A. Mendez Delfino, presidente da comissão econômica e financeira, como padrinhos para negociar as condições do desafio. Adelita ficou apavorada quando foi contatada. Nunca se vira nada igual na sede da ONU. Os amigos temeram pela vida de Prebisch, cuja falta de coordenação física era notória; ele podia até atirar em si mesmo. Julio Silva decidiu tentar um acordo pacífico. Com o auxílio do dicionário da Real Academia Espanhola, persuadiu o enviado de Irazusta de que a palavra "irresponsável" usada por Prebisch em Córdoba havia sido puramente descritiva e não deveria ser interpretada como um insulto pessoal. Irazusta concordou e decidiu, em 6 de março, que Prebisch não havia vilipendiado sua honra. O duelo se tornou desnecessário.

Prebisch também foi questionado por sua própria equipe, que ficou espantada com sua visita ao ditador Perez Jimenez na Venezuela. Apesar de o país ser membro da Cepal, Raúl havia resistido a todas as aberturas anteriores para evitar conferir legitimidade a esse regime. Agora, apesar da promessa de nunca mais apoiar generais, lá estava ele, como chefe da agência, lado a lado com o general, elogiando suas realizações, inclusive a liberdade de imprensa na Venezuela. Para os colegas da Cepal, a viagem a Caracas foi um pouco demais, bem diferente do argumento de Raúl de que a "revolução libertadora" argentina tinha sido um caso necessário e especial que justificava sua colaboração com o general Aramburu. Na verdade, o plano Prebisch já tinha deixado Furtado perplexo e desapontado, pois a ortodoxia no estilo do FMI não combinava com o Prebisch que ele conhecera em seus anos de maior brilhantismo. Furtado, temporariamente servindo no México, acompanhava de perto os acontecimentos na Argentina (sua mulher era argentina) e esperava uma abordagem mais nuançada de Prebisch, que incluísse, por exemplo, as lições que se poderiam tirar de comparações mais relevantes, como a França do após-guerra, que tinha restaurado com sucesso sua economia após anos de desmoralização política e declínio econômico. Uma explicação poderia ser que Prebisch estava em Caracas para financiar o novo prédio da Cepal planejado em Santiago:

com a riqueza do petróleo, Perez Jimenez era o único presidente na região que dispunha de muito dinheiro.

Acossado pelas críticas, Prebisch viajou para Nova York e Washington, onde esperava encontrar ambientes mais calmos, para conversas com Henry Holland, Samuel Waugh e outros dirigentes do FMI e do Banco Mundial. Teve uma recepção fria, uma reação que estava crescendo aos poucos desde o "plano Prebisch" em outubro de 1955. John Foster Dulles criticava especialmente a recomendação de bloquear o investimento estrangeiro no setor petrolífero depois de Perón ter feito concessões à Standard Oil. Dulles desconfiava de Prebisch. Cauteloso, em princípio não se opôs à missão de assistência técnica da ONU à Argentina, mas considerava "estranha" a posição dual de Prebisch como assessor presidencial e secretário executivo da Cepal. Ele e Holland se opuseram fortemente à participação de Adolfo Dorfman e Alex Ganz, que estavam no topo da lista norte-americana de comunistas suspeitos. Dulles concordou que eles ocupariam "uma posição estratégica" e, tendo "uma ideologia econômica incompatível com a do nosso governo, criariam sério problema nas relações entre os Estados Unidos e a Argentina".[39] O setor do petróleo era particularmente sensível: a missão da ONU poderia até mesmo abrir caminho para consultores ou equipamentos soviéticos. Dulles instruiu Lodge em Nova York a se certificar de que economistas competentes e reconhecidos seriam contratados para contrabalançar o "conselho socialista" de Prebisch sobre a restrição aos investimentos de grandes petrolíferas americanas.[40]

O descontentamento latente em relação a Prebisch em Washington, compartilhado por Dulles e outras autoridades, como Henry Holland, foi alimentado pela sensação de que ele tinha passado a perna neles de novo. A reunião no Quintandinha deixara um gosto amargo em suas bocas: Prebisch preparara uma armadilha pelas costas de Washington, expondo-os ao ridículo e levando-os a ficar mal publicamente, enquanto aumentava seu próprio espaço. Agora estava fazendo o mesmo. A enorme missão da ONU à Argentina era uma iniciativa de Prebisch, anunciada como fato consumado a que Washington dificilmente poderia se opor. Mais uma vez, os Estados Unidos se viam em uma situação embaraçosa, tendo de endossar um programa da ONU com uma equipe que incluía Dorfman e Ganz, sem falar no próprio Prebisch, que acabara de impedir a expansão dos negócios da Standard Oil na Argentina. Washington não queria comprometer as relações com a "revolução libertadora", bloqueando a missão, pois também desejava uma Argentina estável depois de Perón. O pior é que essa missão ultrapassava o mandato da Cepal, que havia estendido seu papel de pesquisa para prestar serviços de assessoria técnica. Prebisch estava tentando um novo lance, e a construção do seu império tinha que ser detida.[41] De Dulles para baixo, o Departamento de Estado decidiu acompanhar o programa de trabalho da Cepal, para que Prebisch se limitasse a seguir os acordos governamentais, evitando casos semelhantes ao do Quitandinha e da Argentina. Não queriam mais ser pegos de surpresa.

O resultado foi uma recepção dura a Prebisch em Washington. Ele foi forçado a negociar a partir de uma posição de fraqueza e a aceitar a exigência de que a missão argentina incluísse norte-americanos confiáveis. "Já que ele deseja ajuda econômica americana para a Argentina", tripudiou Holland, "é provável que atenda aos desejos do Departamento."[42] A influência dos Estados Unidos na ONU era dominante tanto em Washington quanto na sede em Nova York, onde os dirigentes se curvavam ao embaixador americano Lodge. No final, Dulles conseguiu incluir especialistas americanos em petróleo, bem como uma equipe argentina aceitável de ex-funcionários e tecnocratas, muitos deles treinados em universidades americanas e integrantes da elite (como Alberto, irmão de Raúl). No entanto, Prebisch foi firme e conseguiu manter Dorfman e Ganz.

Prebisch convocou uma coletiva à imprensa quando voltou a Buenos Aires em 11 de março para declarar que Hugh Keenleyside, chefe da missão da ONU, anunciaria os planos em Buenos Aires em 21 de março, com o início dos trabalhos previsto para 4 de maio. Ele tinha decidido sobre o futuro: "Não permanecerei permanentemente em meu país." O sonho de voltar para casa estava acabado num futuro previsível. Santiago, e não Buenos Aires, seria seu lar. Ele não tinha opção. A esvaziada coletiva à imprensa tratou desta história triste: sua influência na Argentina evaporara. Parecia que tinha desgostado a todos e ficou sem aliados. O apoio à desvalorização e a vinculação dos salários à produtividade ofendiam a classe trabalhadora. A promoção da agricultura era considerada uma capitulação à oligarquia. Entrar para o FMI era sujeitar-se ao imperialismo. Os interesses financeiros resistiam à reforma tributária, proprietários de terras vetavam a reforma agrária e o setor privado queria menos governo, mas mais proteção. Nem os militares nem o Partido Radical aceitariam os custos políticos desse ajuste estrutural. Ninguém queria impostos. Cada vez mais, ele se tornou um bode expiatório para todas as partes atingidas e descontentes. A hostilidade – a ele, ao FMI, ao investimento estrangeiro, ao plano – tinha se tornado irracional.[43] Os argentinos não queriam um salvador porque não achavam que precisavam ser salvos.

Porém, Prebisch ainda estava comprometido demais para se libertar da fixação com o país. Uma semana depois, em 21 de abril, viajou a Washington para negociar créditos e a entrada da Argentina no FMI, defendendo esse passo como essencial e neutro em relação à soberania. Em Buenos Aires, porém, isso foi amplamente condenado como uma traição nacional, e o próprio Aramburu hesitou em confirmar a decisão. Uma semana depois, ele enviou um relatório implacável ao governo, na qualidade de ex-assessor, mantendo-se firme na linha anti-inflacionária e expressando alarme em relação à resistência pública à estabilização dos preços. (Disse a um jornalista brasileiro que não defendia "apertar os cintos", somente "não afrouxá-los totalmente".)[44] Em vez disso, o aumento de salário de 10% tornou-se 30%, o controle de preços foi intensificado, a Aerolineas Argentinas não foi privatizada, a reforma tributária foi adiada e Aramburu não conseguiu realizar uma reforma no Estado, que consumia 42% do PIB.

A missão da ONU (ou "comissão Prebisch", como ficou conhecida) começou a trabalhar em 4 de maio, conforme planejado, justamente quando a espiral descendente da "revolução libertadora" estava ganhando impulso.[45] Chegaram muitos especialistas, formaram-se equipes, encomendaram-se estudos, coletaram-se estatísticas. Foi feita uma pesquisa impressionante, mas totalmente acadêmica, ultrapassada pela dinâmica política que varria o país. As dúzias de especialistas da ONU, com seus colegas argentinos, trabalhavam nas sombras, sem encontrar vontade política. Ninguém acompanhava seus passos. Formavam "um exército de economistas", observou um visitante brasileiro, "mas um exército que travava uma batalha sem esperanças".[46]

Prebisch dedicou o mês de maio a escrever uma análise da crise Argentina. Foi a maneira de lidar com o choque de uma derrota que afetava profundamente seu pensamento e sua personalidade, ameaçando se tornar uma fixação. Na Cepal, por exemplo, não conseguia falar de outro assunto. Durante a sessão plenária em Santiago em 15 de abril, projetou sua preocupação com Buenos Aires como se a experiência representasse um novo marco para seu trabalho. Qualquer que fosse o sacrifício, a estabilidade monetária precisava ser mantida na região. "O Chile está combatendo a inflação com grande decisão e firmeza", aprovou, e os governos têm de ser firmes contra demandas salariais. No passado, ele se preocupara com o perigo de o protecionismo latino-americano mostrar-se excessivo, mas o fracasso da política de substituição de importações no governo Perón o tornou um defensor de economias capazes de exportar. "A necessidade de a América Latina adotar uma política vigorosa de promoção de exportações está ficando cada vez mais óbvia", observou em plenário. "Sem isso, não conseguiremos intensificar o processo de industrialização."[47] Porém, para se libertar da Argentina, Prebisch teve que refletir sobre a experiência. Quando foi admitido como membro honorário da Faculdade de Ciências Econômicas da Universidade do Chile em 8 de junho, falou sobre esse capítulo da sua vida como pessoa, não como funcionário da ONU.

Foi uma denúncia amarga do fracasso da substituição de importações. A industrialização proposta por Perón estava certa, mas sua estratégia estava errada. Sem industrialização, a América Latina não conseguiria absorver as massas e aumentar seu padrão de vida, mas Perón usara o protecionismo e refreara a produtividade. Todos os países usavam alguma forma de protecionismo nos estágios iniciais da industrialização – os Estados Unidos, a Europa, o Canadá, a Ásia e assim por diante, e as necessidades da Argentina não eram diferentes. Mas a industrialização com base na substituição de importações podia ser aplicada de forma acertada ou desastrosa. Isso dependia de escolhas políticas domésticas sobre os papéis do Estado e do mercado: nos países bem-sucedidos, o Estado seguia uma política intervencionista limitada e inteligente, que apoiava em vez de abafar o setor privado. Em vez disso, Perón tinha sugado o sangue do setor produtivo em um culto populista à mediocridade, manipulando o povo e liderando "a revolta das massas" com um Estado inchado, em vez de liderar uma economia política saudável e disciplinada. Em vez de alinhar o crescimento industrial e agrícola e usar a substituição de importações para construir uma economia sólida, o governo tinha fomentado a inflação para ocultar os desequilíbrios e a desordem crescentes.[48]

Os argentinos não deveriam culpar o "estrangulamento externo", potências e acontecimentos de fora, termos de intercâmbio, desastres naturais ou o "imperialismo" pelas falhas no modelo peronista. É claro que agora o país precisava do auxílio do FMI, de Washington e da ONU, assim como de investimento privado, para recuperar a estabilidade e relançar a economia no caminho do crescimento, mas os principais problemas eram nacionais, e as decisões difíceis, tornadas imprescindíveis, eram de responsabilidade da própria Argentina e, portanto, tinham de ser tomadas em Buenos Aires. Os líderes precisavam ser honestos, convencendo os cidadãos de que o país enfrentava uma crise de longo prazo e o futuro dependia de sacrifícios e de profundas mudanças políticas. A psicologia nacional da lamúria precisava ser substituída pela atitude de ir para o mundo, abrindo monopólios locais à concorrência, começando uma reforma agrária séria e reorganizando todo o sistema fiscal. O desastre ainda podia ser evitado, mas somente os argentinos poderiam reverter um impulso que estava levando o país à direção errada.

No dia seguinte ao discurso de Prebisch em Santiago, Aramburu abafou uma rebelião provocada por um decreto governamental antiperonista particularmente duro, declarou estado de sítio e executou sumariamente 27 homens, tendo sido centenas de outros feridos e presos.[49] Se a reconciliação política parecera possível na Argentina depois de 1955, o massacre de 9 de junho extinguiu essa esperança. A dinâmica da "revolução libertadora" mudou para sempre. A mobilização de peronistas contra o governo era agora completa, e a vingança pessoal contra Aramburu era uma questão de tempo. O "plano Prebisch" passara para a história, conforme forças rivais lutavam pelo poder. Ultrapassado como política, entrava para os anais da Argentina como um mito político maligno junto com o Tratado Roca-Runciman e o "grande debate sobre a carne" de Lisandro de la Torre na década de 1930. Símbolo de traição nacional, tornou-se um mote para os políticos. Depois do massacre de 9 de junho, Arturo Frondizi foi o mais habilidoso na condenação, beneficiando-se com isso. Sua abertura aos peronistas, chegando ao ápice com um acordo formal com o próprio Perón, produziu um impulso irrefreável para a vitória eleitoral em 23 de fevereiro de 1958, quando se tornou presidente, vencendo com ampla vantagem a ala de Ricardo Balbín do dividido Partido Radical.

Prebisch, agora o homem mais odiado da Argentina, passou a ser assombrado por uma sensação de fracasso. Perdeu o interesse pela comissão da ONU, deixando Dorfman e Ganz como responsáveis, e poucas vezes visitou Buenos Aires a partir de então. Quando isso acontecia, esgueirava-se na capital como um refugiado, evitando a imprensa. Em dezembro de 1956, tomou a decisão insensata de concordar com uma entrevista coletiva ao lado de Federico Pinedo e Ernesto Hueyo, reconhecidos pilares do antigo regime. Até Alfredo Moll, um empreendedor que conseguia fazer negócios e ganhar dinheiro sem aparente esforço, mergulhou em estupor alcoólico. Era uma metáfora dos tempos.

Prebisch sentia-se sozinho. Era a única pessoa na Argentina que havia conseguido mobilizar a esquerda e a direita contra si. Tinha contrariado Washington, que agora o observava de perto, desapontado seus colegas na ONU e lançado a Cepal em confusão após uma gloriosa direção durante cinco anos. Adelita e Raúl colocaram a casa de Rivera Indarte, 134 à venda, e Raúl assinou um contrato de cinco anos como secretário executivo da Cepal, que chegaria até a idade de sua aposentadoria, aos sessenta anos, em 1961. Francisco Bustelo, um comerciante de vinhos de Mendoza, enviou-lhe seis caixas de xerez Pere Grau em reconhecimento "por tudo o que você fez por nosso país". Pareceu uma recompensa pequena demais para um ano tão irremediavelmente perdido.[50]

CAPÍTULO 15
Volta a Santiago

Com a confirmação de seu novo exílio, Prebisch estabeleceu-se em Santiago para ficar. A casa grande de Rivera Indarte, 134, em Buenos Aires, foi vendida. El Maqui, a casa de fim de semana no monte Maipo, a 50 quilômetros de Santiago, foi reformada para servir como residência permanente – uma casa afastada e escondida que preservava a intimidade de um chalé. A partir de um saguão central, a ala esquerda de teto baixo abrigava os quartos e um pequeno estúdio; da sala de visitas para a direita, a escrivaninha de madeira de seu tio tomava a parede inteira, de frente para janelas amplas com vista para o vale do Maipo. O retrato do bisavô, dado pela mãe, estava pendurado sobre a lareira. A sala de música ao lado da sala de visitas, também com vista panorâmica para o vale do Maipo, abrigava o piano Bechstein, de Adelita, com um par de poltronas ao lado. Seguia-se a sala de jantar com lugar para dez pessoas em volta de uma mesa de mogno e um aparador. Do lado de fora, Prebisch construiu um jardim com terraço que irradiava cores contra a paisagem dos picos andinos brilhantes, enquanto Adelita trabalhava com os habitantes de Los Vertientes para construir a primeira escola pública na comunidade. El Maqui era um mundo afastado, discretamente elegante, uma ilha de calidez e paz onde podiam relaxar.

Agora havia a Cepal por mais cinco anos. Desde a queda de Perón, Prebisch tinha sido consumido pela "revolução libertadora", ficando pouco em Santiago. Swenson encarregara-se de tudo, mas a organização precisava de atenção. Ao voltar a presidir as reuniões administrativas semanais, ele viu sinais de fadiga por toda a organização, desde os pesquisadores mais graduados até os faxineiros. Os economistas chegavam tarde ao escritório, ou nem vinham, esquecidos dos tempos em que ficavam trabalhando até tarde da noite. A participação na comissão de veículos tinha se tornado valiosa. Raúl ficou sabendo que os funcionários da Cepal, de qualquer nível, estavam importando veículos livres de impostos para serem revendidos com lucro no mercado local. O estacionamento havia se tornado um lugar sofisticado se comparado com os primeiros anos, quando ninguém falava em dinheiro, nem em carros, nem em catálogos para fazer encomendas pelo correio. Prebisch nunca poderia aceitar isso. O terror que inspirava restaurou imediatamente a disciplina.

Mas a disciplina não conseguiu restaurar a animação. O líder não parecia mais o mesmo depois do fiasco na Argentina. Estava mudado, e a questão era para onde levaria a organização. Na verdade, mesmo antes da partida de Prebisch para a Argentina, havia começado um debate sobre caminhos futuros, que evidenciou áreas de desacordo. Furtado e Noyola diagnosticavam a inflação latino-americana como um sintoma de atraso institucional e político, com as especificidades de cada país exigindo soluções mais complexas do que uma simples estabilização monetária.[1] Prebisch tinha um foco mais estreito. Escreveu a Nova York em abril de 1954: "Estou tão convencido do mal que a inflação faz aos países latino-americanos que, por questão de princípios, estou pouco inclinado a discutir medidas para corrigir certas consequências do processo inflacionário. Preferiria dedicar toda a nossa atenção à elaboração de uma política para cortar a inflação e estabilizar as economias sem prejudicar os incentivos ao crescimento econômico."[2] Os funcionários mais jovens viram que o "plano Prebisch", de 1955, devia muito à velha elite anterior a 1943, que tinha recentemente triunfado sobre Perón e não entendia bem as forças sociais das quais dependia o êxito de qualquer recuperação. Eles o viam agindo como o general Ibanez no Chile, que havia recorrido a uma empresa de consultoria norte-americana em 1954 para aplicar um pacote de medidas anti-inflacionárias simplistas.[3] Todos, inclusive Prebisch, estavam frustrados com a carga de trabalho avassaladora que recaía sobre a Cepal sob a forma de projetos e relatórios, impedindo a pesquisa acadêmica, enquanto economistas na América do Norte e na Europa, protegidos em universidades ricas, avançavam nos estudos sobre desenvolvimento. Todos queriam publicar. Furtado imprimiu *A economia brasileira* com seu próprio dinheiro, contrariando a sede da ONU e provocando o envio de uma carta de Santiago que estabelecia as condições em que funcionários da Cepal podiam publicar em seu próprio nome. Para Prebisch, o surgimento do artigo de Sir Arthur Lewis, intitulado "Development with Unlimited Supplies of Labour" [Desenvolvimento com oferta ilimitada de mão de obra], que logo ficou famoso, foi particularmente frustrante, já que se adiantava à sua própria pesquisa. Depois do Manifesto de Havana, em 1949, ele não tinha tido tempo de reelaborar seu material para publicação em periódicos acadêmicos. Então decidiu escrever um livro e concluir sua obra magna sobre as relações centro-periferia. Mas a queda de Perón o levara de volta a Buenos Aires. Quando voltou a Santiago, estava desanimado demais para levar o projeto adiante.

Não foi fácil esquecer o desapontamento na Argentina mesmo quando o fiasco do "plano Prebisch" se dissipou: acabrunhado e intolerante como nunca, ele se tornou descuidado com a vida pessoal, incluindo aventuras indisfarçadas com suas secretárias particulares. Vez ou outra, viajava a Buenos Aires com Jacobo Timerman, editor de *Primera Plana*, descrevendo-se nessas visitas fugazes como "um estrangeiro em seu próprio país". Em Santiago, refugiava-se com os economistas argentinos recém-contratados. Os funcionários esmeravam-se em cuidados, sentindo a falta de Furtado, que sempre argumentava com o chefe; ele tinha partido de Santiago no outono de 1955, enquanto Prebisch estava na Argentina, para realizar um importante estudo sobre o México.[4]

Em junho, depois que o massacre de trabalhadores por Aramburu pôs fim ao compromisso com a Argentina, Prebisch despertou do estupor e voltou a olhar para o futuro: era necessário um novo impulso de liderança na chefia de uma nova missão da Cepal, a fim de reverter a queda no entusiasmo e reavivar seu próprio espírito. A equipe aguardava instruções: para onde Raúl os levaria? A data final para relançar a organização era a próxima reunião da comissão, marcada para maio de 1957 em La Paz, na Bolívia. Restava menos de um ano – na verdade, um pouco mais do que o verão e o outono – para modelar a nova missão da Cepal. Os funcionários ficaram aliviados quando a soturna depressão de Prebisch deu lugar à preparação do que ele chamou de "uma nova fase na existência produtiva da Cepal".[5]

Raúl argumentou que o primeiro período, que começara em 1950, havia terminado. Esses anos tinham sido bem-sucedidos em criar uma estrutura de ação. O denominador comum que havia unido a equipe, formada por membros tão diversos num leque que ia do ortodoxo Ahumada ao marxista Noyola, tinha sido a criação da América Latina – explorando o conceito de América Latina em suas muitas dimensões, as características internas e externas que deram à região uma identidade entre as potências, e consolidando o secretariado em Santiago como um centro regional único para esse trabalho intelectual. "Terminamos a análise teórica", concluiu, "e agora estamos prontos para nos dedicar plenamente a medidas práticas para resolver nossos problemas." O novo pensamento seria substituído pela ação. Ressaltou que seria bom fazer as duas coisas ao mesmo tempo, mas era impossível. Impunham-se escolhas. A Cepal precisava concentrar-se em soluções no lugar de problemas. Os desafios do dia a dia, que os governos enfrentavam, tinham de substituir a teorização e as grandes intenções.[6]

Prebisch reclamou que os funcionários haviam esquecido que o secretariado não era uma universidade, mas parte de uma comissão da ONU que respondia por seus atos perante os governos. A Cepal precisava manter as linhas abertas com os governos, que estavam cansados de estudos, urgentes em 1949, ainda interessantes em 1951, mas desconsiderados como meramente acadêmicos em 1956. Estavam impacientes com o interminável debate interno sobre inflação, por exemplo, se ela era "estrutural" ou não. Prebisch percebia um problema de legitimidade: os países latino-americanos não estavam apoiando a Cepal como tinham feito no passado e andavam preocupados com a desaceleração do crescimento econômico com o final do auge que se seguiu à Guerra da Coreia. Sob a liderança de Prebisch, a Cepal tinha sabido vencer e manter um nível único de autonomia intelectual, mas não podia ignorar seu organismo superior e os governos da região, que enfrentavam desafios crescentes. Mesmo com popularidade em alta em 1955, o trabalho da Cepal era mais elogiado no exterior do que pelos governos latino-americanos no Conselho Econômico e Social da ONU. Georges-Picot, que representara a França na sexta reunião da Cepal, em Bogotá, viajou para Genebra vindo de Paris para as reuniões de dezembro de 1955 especificamente para fazer um tributo à "liderança do secretariado pelo dr. Prebisch e à assistência competente de sua equipe". O Paquistão via a Cepal como um modelo para sua própria região; o representante iugoslavo achou que a qualidade dos estudos da Cepal sobre o Brasil e a Colômbia "transcendia em utilidade os países em questão". Até mesmo o representante americano, o dr. Kotschnig, expressou satisfação. De Seynes registrou que os comentários de todos os debatedores na sessão eram sempre expressos em termos laudatórios, enfatizando a importância dos estudos da Cepal para a região latino-americana, bem como para outras partes do mundo, sua qualidade e a abordagem metodológica adotada na realização de seu programa de trabalho. Porém, os delegados dos países latino-americanos ficavam em silêncio e não se comprometiam. Prebisch não conseguia convencer a ONU a aumentar o orçamento da Cepal, sinal de que os governos latino-americanos não o apoiavam com força suficiente em Nova York. Depois de Vargas, o Brasil estava mais frio com a Cepal. O México, como sempre, estava distante. Prebisch via nisso um sinal de advertência: a Cepal precisava adotar uma agenda mais prática para recuperar o interesse dos governos latino-americanos. Isso significava atacar os problemas econômicos imediatos.[7]

A integração regional que os governos latino-americanos enfrentavam em 1956 estava acima de todos os outros "problemas econômicos imediatos", e Prebisch determinou que essa seria a atividade central de seu segundo mandato. A questão já tinha sido identificada como uma prioridade nos anos anteriores e, de fato, fazia parte do "Decálogo" de 1950, adotado em Montevidéu. Mas aquele não era o momento certo. Os países estavam só começando a industrialização, enquanto agora o Brasil, por exemplo, tinha uma base econômica apropriada para uma expansão ainda mais rápida ("Cinquenta anos em cinco", proclamou o presidente Juscelino Kubitschek, sucessor de Vargas, sem falar em seu épico projeto de construir uma nova capital no meio do nada.) O Mercado Comum Europeu, agora tomando forma do outro lado do Atlântico, estava interessado em uma região tão ligada cultural e historicamente ao Velho Mundo. Apesar de a Cepal ter sido pioneira na integração da América Central em 1951, tinha ficado determinado no mesmo ano que a Comunidade Europeia do Carvão e do Aço substituiria as fronteiras nacionais rígidas da Europa no tocante às indústrias bélicas. O experimento tinha prosperado em meio a dúvidas, e em Messina, em junho de 1955, os seis estados membros endossaram a criação da Comunidade Econômica Europeia (CEE) com um mercado comum, instituições comuns e uma fusão progressiva das economias nacionais, decisões a serem confirmadas no Tratado de Roma em 1957. Esse sucesso na Europa Ocidental chamou a atenção da América Latina, onde se buscava a industrialização em vinte pequenos e isolados mercados nacionais, chamados por Prebisch de "compartimentos estanques". Não era preciso ser um gênio para entender a importância disso para a América Latina. Se os estados industrializados da Europa Ocidental, um pilar da economia global, sentiam necessidade de juntar forças para concorrer internacionalmente, o que dizer das incipientes economias da periferia latino-americana, que estavam só começando a se industrializar! Em comparação com a Europa, a América Latina estava no início da industrialização e precisava planejar o futuro.

A criação da nova comissão de comércio da Cepal em setembro de 1955 em Bogotá foi a primeira indicação do crescente interesse da região no comércio internacional, mas a "integração regional" não constava entre suas atribuições. Foi pedido que o secretariado de Santiago preparasse um documento intitulado "Estudio preliminar del comercio interamericano" que ajudaria a "resolver problemas práticos que limitam ou minam o crescimento do comércio intrarregional".[8]

Mas os acontecimentos avançaram rapidamente no apoio à integração regional. Em julho de 1956, Prebisch enviou Ivovich, Eusebio Campos, José Garrido Torres e Santiago Macario para sondar as opiniões dos governos de toda a região. Eles encontraram mais apoio do que imaginavam. Os principais apoiadores incluíam todos os países do Cone Sul – Brasil, Argentina, Chile, Uruguai e Paraguai –, e o grau geral de comprometimento foi espantoso. Apesar de reconhecerem os desafios que se opunham à integração regional, sabendo que só seriam possíveis soluções graduais, pois os países enfrentavam dificuldades no balanço de pagamentos e no crédito, todos os governos latino-americanos apoiaram a realização de uma conferência de comércio exploratória em Santiago, de 19 a 29 de novembro de 1956, para trocar ideias e avaliar a exequibilidade de uma iniciativa maior, liderada pela Cepal.

A Reunião dos Especialistas sobre Ferro e Aço em São Paulo, de 15 a 18 de outubro, copatrocinada pela Cepal, atraiu mais interesse para a nova iniciativa de comércio. O setor privado brasileiro compareceu em peso, pela primeira vez se reunindo de forma tão evidente em apoio à Cepal (o que provocou uma mensagem de felicitações de Nova York), e as novas chaminés de São Paulo anunciavam a dinamismo industrial da cidade. Seu novo Centro de Pesquisa Tecnológica e o Instituto de Pesquisa Aeronáutica estavam engajados em setores avançados de metalurgia, engenharia e produção automobilística e aeronáutica. Um senso de oportunidade impregnou a reunião, e o comparecimento foi expressivo. Os delegados europeus deram o tom, enfatizando as vantagens de um mercado único. "Não há mais fronteiras nesse setor", diziam. "A Europa está em marcha, não se esqueçam disso", estimulando os latino-americanos a perseverar numa integração industrial plena em vez de se contentar com promessas bem-intencionadas de cooperação regional. A Europa mostrava que pequenos mercados nacionais estavam ultrapassados nas indústrias de ferro e de aço: a América Latina perderia o passo se não se colocasse à altura dos europeus, dos americanos, com seu mercado continental, ou dos gigantes do mundo em desenvolvimento, como a Índia e a China. A América Latina tinha de acompanhá-los ou ficaria para trás.[9]

Na abertura da Conferência de Comércio da Cepal em Santiago, em 19 de novembro de 1956, a maioria dos governos latino-americanos tinha identificado a integração regional como sua prioridade número um. Com 120 delegados, ela se tornou um encontro tão grande quanto a reunião regular da comissão. Além dos 24 países membros, Japão, Itália, Polônia, Canadá, Rússia, Tchecoslováquia, Romênia e Iugoslávia enviaram observadores, além dos representantes do GATT, do

FMI e de outras organizações internacionais. Foi a primeira grande conferência internacional desde os dois desastres do outono de 1956: a Guerra do Oriente Médio lançada pelas forças inglesas, francesas e israelenses em 29 de outubro, seguida por sua subsequente humilhação pelo presidente Eisenhower, que denunciou a invasão e exigiu a retirada; e a intervenção soviética na Hungria em 3 de novembro para esmagar uma revolução popular. Até o clima na reunião de comércio – a gloriosa primavera de Santiago, comparada com a sombria névoa de novembro em Londres e Paris – ressaltava o contraste entre o Velho e o Novo Mundo. (A América Latina apoiara a ONU contra a aliança Inglaterra-França e contra a União Soviética.) Longe da Hungria e do Oriente Médio, e após um certo estranhamento inicial, as delegações vindas da Europa, do Oriente e dos Estados Unidos decidiram deixar de lado o constrangimento e realizaram uma sessão produtiva, sem retórica. Arturo Maschke, presidente da conferência e do Banco Central do Chile, enfatizou a necessidade de pôr de lado os sonhos frustrados e a retórica de Bolívar para lidar com franqueza com as barreiras internas e externas a um mercado regional. Prebisch também incitava ao realismo, considerando "a diversidade de estruturas econômicas na região", a falta de infraestrutura, o fato de que o comércio inter-regional era quase inexistente – principalmente de produtos agrícolas, que só atingiam US$ 350 milhões, meros 7% do comércio total. Tais obstáculos demandavam ação sem demora.

Em um discurso cuidadoso, Prebisch esboçou a visão e as implicações da integração regional para a América Latina. O temor comum que reunia seis nações na Comunidade Econômica Europeia era a ameaça soviética e o ressurgimento de uma Alemanha unida. Como um retorno à prosperidade na Europa Ocidental dependia da segurança e a fomentava, a integração em um mercado comum tinha uma lógica estratégica para superar os interesses particulares locais e garantir o apoio dos Estados Unidos. Essa era a feliz coincidência do Tratado de Roma que se avizinhava. A América Latina era diferente; não havia nem risco de invasão soviética nem uma ameaça como a Alemanha. O continente era uma periferia no remanso do tempo. Vinte economias tinham surgido como apêndices das potências coloniais e permaneciam isoladas entre si, vendendo produtos tradicionais – carne bovina, trigo, café, banana e açúcar – para os mesmos países industrializados, como se ainda estivessem no século XIX, na época da independência política. Toda a infraestrutura – portos, estradas e ferrovias – fora construída em torno desses mercados, reforçando os vinte compartimentos estanques. Era um anacronismo: um pouco do século XIX sobrevivendo no século XX.

A industrialização desde 1945 não rompera esse padrão de segmentação na América Latina, disse Prebisch, porque a primeira e fácil etapa de substituição de importações de bens de consumo, como têxteis e calçados, só envolvia produtos dirigidos aos mercados locais. Essa fase estava quase completa. A América Latina estava entrando na segunda fase, mais complexa, que envolvia setores dinâmicos: bens duráveis, aço, engenharia pesada, montagem de automóveis, motores, fábricas de produtos químicos e daí em diante – setores novos e dinâmicos que exigiam as economias de escala de um mercado regional, nova tecnologia e alta produtividade para aproveitar uma força de trabalho em expansão. O Brasil, o México e a Argentina haviam começado uma produção limitada de jipes e tratores, por exemplo, e agora estavam prontos para iniciar a produção de automóveis: era a hora de dar o salto de mercados nacionais pequenos para a região como um todo, como na Europa, com preferências que reduziriam e, por fim, aboliriam impostos alfandegários. A primeira tarefa, insistia Prebisch, era "desenvolver novas formas de comércio recíproco, acima de tudo dos produtos industriais que praticamente não existiam antes".[10] Para expandir o leque de indústrias e setores competitivos e forçar as empresas a olhar além de suas fronteiras era preciso adotar uma abordagem mais gradual em relação às empresas já estabelecidas.

"Sem o mercado comum", repetia Prebisch, "cada país tentará produzir tudo – de automóveis a máquinas – sob a asa protetora de altas tarifas. Isso significa repartir o processo de industrialização sem o benefício da especialização e de economias de escala." Assim como na Argentina na época de Perón, o custo dessa opção seriam indústrias não competitivas, participação limitada no comércio internacional e declínio relativo do continente na economia global. Mercados separados e truncados não eram os mais adequados para uma produção competitiva capaz de exportar: o mercado comum era um passo no caminho para o aumento das exportações internacionais. O padrão da América Latina desde a Grande Depressão – de "substituição de importações em compartimentos estanques" – tinha levado a uma nova forma de vulnerabilidade em vez de lhe dar maior autonomia. Ela não havia se libertado do padrão de comércio do século XIX, de troca de matérias-primas por produtos manufaturados vindos dos mesmos países industrializados, com altas tarifas e restrições em relação ao resto do mundo, assim como dentro da região. Agora o continente precisava de bens de capital caros para as novas indústrias da segunda etapa da industrialização, 90% dos quais tinham de ser importados dos Estados Unidos, sendo pagos com as mesmas exportações de baixo valor, que só cresceram 1% ao ano durante a década de 1960.

O resultado era um déficit comercial permanente que ameaçava o fornecimento de importações essenciais e, portanto, os meios para fomentar o crescimento industrial. A solução era a especialização regional para superar essa "restrição comercial": criar indústrias de bens de capital competitivas na América Latina "para romper esse padrão anacrônico com a formação gradual e progressiva de um mercado comum e a consequente diversificação de importações e exportações".[11]

Prebisch perguntou à plateia em Santiago: "O que o conceito de mercado comum implica para o comércio com o resto do mundo? Que vamos trocar vinte mercados autárquicos por uma grande zona autárquica? Isso seria um erro de dimensões incalculáveis. A América Latina tem de exportar cada vez mais. [...] Há perfeita compatibilidade entre a ideia de uma integração progressiva de nossas economias e a ideia igualmente meritória de mais impulso às exportações." O setor privado na Europa Ocidental demonstrava que o raciocínio estava certo: apoiou a integração, e empresas nacionais e estrangeiras fortaleceram suas operações passando a fazer investimentos em toda a região, em busca de um crescimento regional com maior produtividade que a concebida pelos primeiros visionários europeus, como Monnet.[12]

Em uma carta a De Seynes, Prebisch relatou que a reunião da Comissão de Comércio tinha sido "muito satisfatória e excedeu o que se poderia esperar de uma reunião projetada para pôr o trabalho em marcha". Quatro resoluções foram aprovadas, autorizando a Cepal a continuar a trabalhar em um sistema gradual de pagamentos multilaterais, um inventário das indústrias existentes, um mercado regional latino-americano de manufaturas e na criação de medidas para estabilizar mercados tradicionais no comércio inter-regional. Os governos latino-americanos, principalmente os da América do Sul, estavam motivados. A posição dos Estados Unidos estava sendo observada de perto, por seu papel central na região. Antes da reunião, Swenson advertira Prebisch a não declarar que os centros industriais ocidentais queriam manter a América Latina como produtora de matérias-primas: talvez "alguns círculos", sim, mas "na verdade, um progresso considerável vem sendo feito nos últimos anos para mudar a visão não apenas de economistas, mas também de representantes de governos e industriais nos Estados Unidos e na Europa Ocidental".[13]

A Cepal estava ficando paranoica? Em Santiago, essa advertência foi considerada correta: Prebisch relatou a De Seynes que a delegação norte-americana aceitava a ideia do mercado comum com duas condições: quaisquer novos acordos deviam levar em conta os compromissos internacionais contraídos no GATT e não prejudicar a expansão do comércio internacional. Quando chegou a votação, os Estados Unidos, Cuba e o Reino Unido se abstiveram. Prebisch achou que a atitude positiva norte-americana "ajudou muito a atender as aspirações dos países latino-americanos".[14] Sabia-se que os Estados Unidos apoiavam a evolução da Europa Ocidental; apesar de John Foster Dulles incentivar a integração por motivos estratégicos, sua longa amizade com Jean Monnet também o tinha convencido do valor intrínseco desse processo.[15] O problema mais sério na Conferência de Comércio tinha sido o desprezo da delegação do FMI pelo "idealismo emocional" da Cepal e pela "falta de pensamento claro", assim como a insistência em que houvesse uma "representação não latino-americana para evitar que os piores absurdos acontecessem". O grupo de Prebisch, dizia ironicamente o pessoal do FMI, baseava-se "no princípio de manter o pleno emprego nas instituições internacionais. [...] Sendo legítimos latino-americanos, decidiram por unanimidade não ter reuniões durante o fim de semana para relaxar no clima ameno de Santiago". O cadavérico Edgar Jones, do FMI, inspecionou a reunião em busca de latino-americanos dispostos a realizar em seu nome "algumas jogadas tradicionais" para garantir que o Fundo "vigiasse a Cepal". A ditadura do Peru lhe pareceu um candidato promissor,[16] mas fracassou. Jones alegou que não tinha sido bem entendido em sua oposição à ideia do mercado comum. Apesar do embaraçoso choque, Prebisch concluiu que a conferência "tinha iniciado um novo período para a Cepal", no qual, repetindo sua advertência, "a ação prática substituiria a teoria". O trabalho do novo comitê de comércio dividiu-se em dois grupos, um sobre os bancos centrais, para conceber um sistema de pagamentos regional, outro sobre a estrutura e os princípios do mercado regional.[17]

Prebisch pôde avançar para o encontro decisivo na sétima reunião da Cepal, em La Paz, em maio de 1957, com as bênçãos de Nova York e dos governos latino-americanos. A reunião foi bastante concorrida, apesar das instalações exíguas da romântica mas pouco prática La Paz, com só dois hotéis modestos, o Sucre e o Copacabana, tendo as salas de aula mal equipadas da Universidade San Andres como locais de reunião; todo o papel, material de escritório e equipamentos de cópias precisaram vir de Santiago. De Seynes e Malinowski, encantados com as ladeiras, o exótico mercado central e as crianças indígenas vestidas com roupas coloridas, se perguntaram se era diplomático anunciar ali a aprovação da ONU ao novo e esplêndido complexo multimilionário da Cepal na arquirrival Santiago. O presidente Hernan Siles, dividido entre uma hiperinflação que lembrava a Alemanha de Weimar e uma catastrófica recessão que estava prestes a ser imposta ao país pelo FMI, abriu a reunião lamentando a queda na atividade econômica em toda a região, onde o crescimento *per capita* tinha passado de 3% para 0,1% em 1956.

A sóbria mensagem de Siles abriu caminho para a confiante convocação à ação, por parte de Prebisch, reelaborada desde a Conferência de Comércio quase como um apelo pessoal ao próprio Simon Bolívar. A ideia do mercado comum era vital para a América Latina. Não havia outra forma de incorporar as massas procedentes do campo. Sonhos anteriores de integração tinham sido tão efêmeros quanto as tentativas passadas de concretizá-los. Tudo havia falhado. A América Latina não podia se dar ao luxo de falhar de novo: sua prosperidade futura e seu lugar no sistema internacional dependiam de solucionar o dilema da integração. A plateia aplaudiu. "Creio que a Cepal teve êxito em despertar o interesse da América Latina no assunto na primeira reunião da Comissão de Comércio e na de La Paz", declarou Prebisch mais tarde. A questão dominou as sessões seguintes da reunião.

Prebisch conseguiu o que queria em La Paz: a integração regional foi confirmada como o principal projeto da Cepal. "O mercado regional tornou-se a novidade na América Latina", concluiu Raúl em uma carta a De Seynes, descrevendo a reunião de La Paz como "muito bem-sucedida do ponto de vista das realizações práticas e do futuro papel da Comissão na América Latina". Nova York concordou. Philippe de Seynes, recém-chegado de Paris, estava entusiasmado com a iniciativa de Prebisch – uma ousada afirmação de liderança regional que revivia a visibilidade da Cepal após o deprimente interlúdio na Argentina. Em uma carta a Nova York, Prebisch incitou De Seynes a encarar a integração regional como "um grande projeto para a ONU". Nova York também pressionava no mesmo sentido. "Talvez este seja o momento certo para você e o secretário-geral darem um passo adiante que pode ter um grande impacto não apenas na América Latina mas também nos Estados Unidos e na Europa, cuja compreensão da ideia e o apoio a ela podem ter grande valor."[18]

Porém, o novo período após o êxito de Prebisch em La Paz também começou com uma surpresa: a equipe ficou chocada quando Celso Furtado pediu demissão. Com apenas 37 anos e membro fundador da Cepal, onde tinha chegado antes do próprio Prebisch, ele era uma ponte entre o Brasil e a América hispânica. Com personalidade magnética e destemido nos debates, já reconhecido como um autor de prestígio e uma presença que só ficava atrás da de Prebisch na organização, Furtado sempre desafiava a Cepal a crescer e se adaptar à realidade emergente da América Latina. Seu leque de experiências pessoais, a começar pela Força Expedicionária Brasileira na Segunda Guerra Mundial, dava-lhe uma credibilidade pessoal na Europa, compartilhada por poucos no secretariado. Com uma personalidade gentil e generosa, popular em Santiago em todos os níveis, Furtado parecia ser o herdeiro natural de Prebisch.

O desentendimento pareceu trivial: antes de partir para La Paz, Prebisch disse a Furtado que decidira não publicar seu estudo de dois anos sobre a economia mexicana. Furtado ficou boquiaberto. Era um projeto importante, aprovado pela organização em 1955. A oportunidade era tão extraordinária – antes, o governo mexicano tinha sido reticente aos pesquisadores da Cepal – que ele tinha se mudado com a mulher para a Cidade do México para dirigir o estudo a partir do escritório de Urquidi na Cepal. Lá reuniu uma equipe que incluía os mexicanos Juan Noyola e Óscar Soberón, além de Osvaldo Sunkel, o chileno favorito de Ahumada, recém-chegado da London School of Economics com reconhecido prestígio por seu trabalho inovador. Com a ajuda de Soberon, ele tinha solicitado e obtido acesso livre às estatísticas nacionais do México e realizara uma análise abrangente e independente – ou seja, pouco ortodoxa – do desenvolvimento mexicano e de suas perspectivas.[19]

As conclusões de Furtado não se ajustaram completamente à tese de Prebisch apresentada no Manifesto de Havana. Diferentemente da Argentina, a substituição de importações no México tinha gerado um forte crescimento econômico, e nesse sentido estava mais próxima da experiência brasileira. Porém, como na Argentina, a industrialização por substituição de importações tivera um preço alto, embora diferente: um aumento da desigualdade. Furtado e sua equipe diziam que o México tinha a vantagem de contar com um setor externo permanentemente dinâmico, graças à interdependência com a economia norte-americana, mas eram necessárias políticas regulatórias governamentais mais eficazes para evitar uma tendência persistente de concentrar renda nas classes mais altas.[20] Era um relatório inovador, que desbravava um novo terreno para expandir o pensamento e o trabalho da Cepal, a fim de compreender a fase mais complexa de desenvolvimento que a região experimentava agora. A substituição de importações estava bem estabelecida na região, mas era a resposta? O desastre argentino sugeria o contrário. Também estavam aparecendo contradições em outros países, como as disparidades regionais entre norte e sul no Brasil, e a inflação no Chile.

Em certo sentido, havia um desafio geracional entre Furtado e Prebisch, e isso foi bem entendido por ambos. Em vez de concluir a fase teórica, a Cepal, segundo Furtado, precisava de uma nova reflexão para orientar a política de desenvolvimento. O estudo sobre o México era um teste para Santiago, para que o "grande heresiarca" aceitasse que sua escola de pensamento não era rígida, mas se alimentava do debate. O governo do México não ficou satisfeito com o relatório e pediu que ele fosse invalidado; para Furtado, a publicação tornou-se uma questão de princípio.²¹ Ele defendeu isso junto a Prebisch, sem sucesso. Era o primeiro caso de censura de Prebisch a um relatório da equipe. Furtado acabou desistindo, muito frustrado.

Prebisch abriu mais a ferida, pedindo que Roberto Campos fosse o relator da reunião de La Paz e financiando a viagem dele a Genebra para apresentar suas conclusões ao Conselho Econômico e Social da ONU. A saída de Furtado e a entrada de Campos, agora presidente do BNDE e o mais sofisticado consultor conservador do presidente Kubitschek, representou uma mensagem clara de que Prebisch não recuaria. Urquidi foi o próximo. Apesar de ter acompanhado Prebisch a La Paz e continuado a discutir sobre o estudo do México enquanto caminhavam pelas ruas sinuosas da capital boliviana, estava tão magoado quanto Furtado e pediu demissão um ano depois, em 26 de junho de 1958, com um ato simbólico de desafio: como diretor do escritório da Cepal no México, autorizou uma publicação limitada do estudo feito por Furtado.

Prebisch foi ainda mais longe. Depois da reunião de La Paz, solicitou que Alex Ganz pedisse demissão, perguntando-lhe se algum dia pertencera a uma "organização ilegal". Ganz idolatrava Prebisch por seu desafio a McCarthy ao contratá-lo. Trabalhara como um membro valioso da equipe da Cepal por seis anos, mais recentemente na Argentina, e nesse período sua lealdade ou suas crenças políticas nunca foram questionadas ou confrontadas. Suas excepcionais gentileza e educação, mal disfarçadas pelos ríspidos maneirismos do Bronx, o tinham tornado, ao lado de Swenson, o americano mais querido em Santiago. Prebisch já conhecia todos os detalhes do histórico de Ganz, cuja entrada na Cepal provocara anos de enfrentamento com o pessoal da segurança do Departamento de Estado. Em 1956, a Junta de Lealdade de Funcionários de Organizações Internacionais, dos Estados Unidos, de novo notificou à ONU que negara autorização a Ganz para um cargo permanente na instituição – até então, ele fora mantido com um contrato temporário para que a Cepal e a ONU contornassem as recomendações da junta norte-americana. No entanto, em novembro de 1957, o comitê assessor do secretário-geral da ONU decidiu ignorar essas recomendações e lhe ofereceu um contrato, que Ganz aceitou. Agora, porém, Prebisch insistia em que ele deixasse a Cepal, quando a ameaça já havia passado e McCarthy estava morrendo de alcoolismo. "Por quê?", perguntou-se a equipe.

Com o afastamento de Furtado e Ganz, Juan Noyola no México e Regino Botti de volta à Universidade de Havana, a divisão de desenvolvimento – antigamente chamada de "divisão vermelha" – ficou esvaziada. O venezuelano José Antonio Mayobre, que substituiu Furtado como diretor, era uma personalidade regional reconhecida pelas habilidades pessoais e administrativas dentro da Cepal e da ONU, mas havia percorrido um logo trajeto desde que fora membro do Partido Comunista venezuelano na juventude. Não era um pensador como Furtado. Seguiria a liderança de Prebisch sem desafiá-la. Apesar de residir em Santiago, estava de olho na Presidência da Venezuela depois que a instável ditadura de Perez Jimenez finalmente chegasse ao fim. Suas extensas e conflituosas lealdades complicavam seu futuro na Cepal.

As mudanças na equipe de Prebisch antes e depois de La Paz esclareceram a sucessão na Cepal. O chileno Jorge Ahumada, diretor da divisão de treinamento, parecia pronto para receber o bastão, mas Mayobre estava de sobreaviso, caso fosse necessário. Ahumada tinha uma visão ortodoxa e era muito ligado a Eduardo Frei, líder do Partido Democrata Cristão do Chile. Quando Mayobre voltou para a Venezuela como ministro da Fazenda em 1958, depois da queda de Perez Jimenez, Prebisch nomeou Ahumada chefe da divisão de desenvolvimento, de forma que sua eventual sucessão pareceu ainda mais garantida. Porém, o caso Furtado-Ganz, mesmo tendo fortalecido a ala ortodoxa do secretariado, esfriou as relações. Até então, a equipe da Cepal se via como uma *petite troupe* com lealdades compartilhadas, entusiasmo para explorar novas ideias em uma atmosfera de liberdade intelectual e um sentimento de família. Agora estava claro que a inovação era bem-vinda desde que fosse compatível com os "resultados práticos" a serem alcançados no novo período. Em 1956 acabou a era de ouro. Era como se o outono tivesse sucedido a primavera em Santiago sem um verão no meio, após o ano desastroso de Prebisch em Buenos Aires.

* * *

Depois de La Paz, Prebisch mexeu-se rápido para tirar vantagem do impulso regional favorável e lançar seu projeto, a criação do mercado comum latino-americano. Coincidindo com o Tratado de Roma na Europa, esse foi imediatamente reconhecido como um experimento de grande visão e ousadia, sendo acompanhado de perto por economistas da Europa e da América do Norte, como Nicholas Kaldor, Dudley Seers e Raymond Mikesell.[22] Sidney Dell veio da sede em Nova York com funções específicas. Os consultores da Cepal tentaram compartilhar sua experiência na negociação de pactos comerciais regionais. Essa visibilidade renovada refreou a maré baixa em Santiago, iniciada com a saída de Furtado e Ganz, e restaurou a moral no secretariado. A nova divisão de comércio latino-americana da Cepal tornou-se o principal centro de atividade, recebendo pessoal de outras seções. Quase todos os fundos de viagens foram drenados para o projeto do mercado comum, restando um saldo quase insuficiente para viagens essenciais em outros trabalhos. O próprio Prebisch foi convidado pela Associação Americana de Economia a assumir um papel de destaque em sua reunião anual de janeiro de 1958, recebendo uma enxurrada de convites para palestras e aparições públicas nos Estados Unidos.

Não existia nenhum projeto ou antecedente para orientar a iniciativa do mercado comum latino-americano. Os problemas logo se evidenciaram, a começar pelos fracos ou mesmo inexistentes fundamentos para a cooperação comercial. "América Latina" tinha um significado cultural e geográfico residual, mas a construção da região estava só começando. As diferenças entre as vinte repúblicas eram mais claras do que as coisas em comum. Eram raras as estradas e ferrovias ligando os países, o que refletia rivalidades geopolíticas e disputas de fronteiras ainda em curso. O comércio e o intercâmbio cultural eram pequenos. Havia três grupos latino-americanos – brancos, indígenas e negros – em diferentes níveis de desenvolvimento, com diferenças importantes em tamanho e atributos.[23] A Comunidade Econômica Europeia, com seis membros, começara com grandes vantagens, tornando-se uma inspiração, mas não um modelo, para a América Latina. Antes de 1914 a Europa já tinha livre-comércio, que desmoronou com a Primeira Guerra Mundial. A América Latina tinha uma história diferente. O desafio da Comunidade Europeia era a reconstrução no após-guerra e a aceleração do crescimento em economias desenvolvidas, com o pano de fundo da Guerra Fria e o poderoso apoio institucional e financeiro externo do Banco de Compensações Internacionais, da Organização para Cooperação Econômica Europeia, do Plano Marshall e da Otan. A América Latina só tinha a desafortunada OEA – ou seja, nada –, o que aumentava a dependência do FMI, do Banco Mundial e de Washington. Apesar de ter havido uma ajuda oficial americana no início da Guerra Fria, o endosso a um mercado comum latino-americano era incerto, já que nenhuma ameaça externa exigia a atenção de Washington.

Mesmo assim, os primeiros resultados da Cepal, depois de La Paz, foram promissores. Os dois grupos de trabalho – sobre bancos centrais e mercado regional – começaram a trabalhar logo, realizando reuniões de especialistas em Montevidéu e Santiago no início de 1958. Seguindo o modelo da reunião no Quitandinha, criou-se um grupo de notáveis para apoiar o trabalho do mercado comum, que incluía Galo Plaza (Equador), Rodrigo Gomez (México) e Carlos Lleras Restrepo (Colômbia). Os melhores assessores da América Latina, Estados Unidos e Europa foram contratados para ampliar a equipe de pesquisa da Cepal e tranquilizar os Estados Unidos. O FMI foi convidado a entrar para o grupo de trabalho sobre bancos centrais, e iniciaram-se discussões com Eric Wyndham-White, do GATT. O objetivo dessa fase, que durou até o início de 1958, era identificar os principais problemas e preparar o trabalho de base necessário às soluções. A segunda fase culminaria na reunião seguinte da comissão, marcada para maio de 1959 na Cidade do Panamá, onde se esperava chegar a um acordo regional para um tratado formal de criação do mercado comum.[24]

As boas notícias melhoraram o ânimo. Em 29 de maio de 1957 o Chile e a Argentina assinaram um acordo de comércio bilateral com uma característica singular: incluía a abordagem da Cepal à liberalização do comércio com transferência de contas a terceiros. As autoridades desses dois países, do Brasil e do Uruguai marcaram reuniões em Santiago para discutir uma política comercial coordenada e começar a preparar a posição latino-americana para o GATT. O Cone Sul mantinha o interesse histórico em um mercado regional, demonstrado durante as iniciativas de Prebisch sobre o Mercosul de 1940-1941 e outras tentativas fracassadas ao longo dos anos. O Uruguai tinha proposto a formação da comissão de comércio da Cepal em 1955. Ao herdar o desastre deixado por Perón, a "revolução libertadora" de Aramburu aprendeu uma lição sobre a loucura dos mercados fechados. No país mais rico da região, a política de substituição de importações tinha avançado mais, mas deixara um círculo vicioso de comércio declinante, produtividade em queda, estagnação e inflação. Não podia haver argumento melhor para que o mercado regional pusesse fim aos monopólios das fábricas locais ineficientes, protegidas da concorrência contra o interesse de longo prazo do desenvolvimento latino-americano como um todo. É claro que os resultados das eleições em 23 de fevereiro de 1958 eram incertos e a situação política em Buenos Aires estava muito carregada, mas para Prebisch esse caminho paralelo do Cone Sul criava o núcleo da integração regional, que poderia se expandir conforme outros países concordassem em aderir, como o Benelux na Europa Ocidental, que antecedeu o Tratado de Roma. Os diferentes níveis de desenvolvimento na América Latina sugeriam que esses agrupamentos de países seriam os componentes iniciais de um eventual mercado comum. Junto com o Brasil e o Cone Sul, a Colômbia (em rápida industrialização), o Equador (pequeno, mas interessado) e a Venezuela (prestes a se ver livre de Perez Jimenez) formavam outro subgrupo em potencial. Olhando adiante, um projeto de mercado comum que incluísse esses países e o México contaria com uma adesão inicial respeitável, que compreenderia a maior parte da população e da atividade econômica do continente e deixaria a integração da América Central prosseguir em seu próprio ritmo, como vinha ocorrendo desde 1951.

Em fevereiro de 1958 o Departamento de Estado reclamava para se integrar nos grupos de trabalho, sinal de sucesso e seriedade. O FMI também estava prestes a se somar, mas ainda havia comentários maliciosos e sorrisos afetados. "A ideia está cercada de tantas dificuldades práticas que dificilmente será levada a sério. Acho que os especialistas da Cepal tiveram uma ideia, mas não dedicaram à questão a atenção e o exame adequados", opinou Gordon Williams. O FMI deveria ter cuidado ao tratar com Prebisch: "Não devemos nos converter em servidores do secretariado da Cepal."[25] Porém, a atitude hostil mudou para cautela quando o interesse regional em um mercado comum continuou a crescer. "Não há motivo para menosprezar os esforços que estão sendo realizados", refletiu um alto funcionário em 15 de janeiro de 1957, pois eram "genuínos e apoiados em sentimentos fortes de prestígio e conveniência política". O alheamento do FMI, observou, só "encorajaria os países da Cepal". Por trás dessa sensibilidade havia um segredo sombrio: o FMI não soubera assessorar os governos europeus durante o estágio embrionário da Comunidade Econômica Europeia. O órgão tinha sido convidado a organizar um sistema de pagamentos para resolver os problemas de crédito dos países membros, mas declinara sem se manifestar, incapaz de decidir sobre o que fazer. Então os europeus formaram a Organização para Cooperação Econômica Europeia em 1948, que supervisionava a União Europeia dos Pagamentos apoiada pelo Banco de Liquidações Internacionais. A Comissão Europeia do Carvão e do Aço em 1951 e depois a Comunidade Econômica criada pelo Tratado de Roma em 1957 deram origem à integração europeia com extraordinário sucesso, forçando o FMI a voltar atrás em seu esnobismo.[26] Por causa desse histórico erro de cálculo, o Fundo achou mais inteligente não ignorar Prebisch e imaginou que poderia obter um papel na integração latino-americana.[27] "Seria melhor estar dentro", observou um alto funcionário, para evitar o que chamou de "repetição de erros passados". Quando outro funcionário aconselhou não fazer nada, Per Jacobsson e seu adjunto Merle Cochran hesitaram, mas Jacobsson escreveu com força na margem: "NÃO PODEMOS ERRAR. A EPU [União Europeia de Pagamentos] DEU CERTO. NUNCA SE SABE!"

O FMI concordou em juntar-se ao grupo de trabalho sobre os bancos centrais e preparar um artigo para a primeira reunião de especialistas em meados de 1957 em Montevidéu. A decisão produziu um otimismo prudente em Santiago e em Nova York. De Seynes acompanhou de perto as negociações que se desenrolavam e apoiou Prebisch com uma diplomacia discreta que contrabalançava os relatórios da ONU que podiam prejudicar as relações com o Fundo.[28] Prebisch também estava cauteloso, pois sabia como a ligação com o FMI era importante e, ao mesmo tempo, frágil.[29] O projeto de integração da América Latina exigia o apoio do FMI. Não havia opção, pois a Cepal dispunha de poucos recursos além da persuasão, algo parecido com o papel da comissão de ação de Jean Monnet para mobilizar a opinião pública em apoio ao Tratado de Roma. A reação inicial do FMI foi encorajadora. Prebisch sentiu que as peças começavam a se encaixar. Negociações sérias se aproximavam.[30]

* * *

A visita do vice-presidente Richard Nixon à América Latina dois meses depois, de 28 de abril a 15 de maio de 1958, mudou o futuro das relações entre os Estados Unidos e a América Latina e, assim, as perspectivas de um mercado comum. Tensas desde a posse de Eisenhower seis anos antes, as relações tinham se deteriorado mais com o fracasso da Conferência Econômica Interamericana em Buenos Aires durante o mês de agosto de 1957. Poucos se lembram das origens desse evento, que nasceu do compromisso norte-americano, em 1948, de estreitar as relações econômicas com a América Latina. Coincidindo com o Plano Marshall na Europa, a prometida conferência foi vista pelos latino-americanos como um ponto de partida semelhante, em que finalmente receberiam parte da grande generosidade norte-americana no após-guerra. Incomodado, pois não tinha essa intenção, o governo norte-americano continuou a buscar desculpas para adiar a conferência, sob democratas e republicanos, até que a Argentina teve êxito em reviver a ideia após a queda de Perón, conseguindo marcar uma data com os Estados Unidos. Convocado pela OEA com retórica solene e a inépcia costumeira, o encontro em Buenos Aires reuniu todos os ministros da Fazenda e jornalistas. Mas não deveria ter ocorrido. A abordagem de George Humphrey foi tão fria – ele repetiu que o governo Eisenhower não tinha intenção de alterar as políticas já estabelecidas – que até a delegação americana ficou mortificada. Dois de seus membros eram personalidades fortes: C. Douglas Dillon, um republicano de peso, embaixador americano na França de 1953 a 1957 e filho de um poderoso banqueiro de Wall Street, que voltara a Washington como subsecretário adjunto de assuntos econômicos no Departamento de Estado; e o embaixador Thomas Clifton Mann, um competente diplomata de carreira, líder batista do Sul, com testa altaneira e lábios vermelhos, cheios e bem definidos, que retornara de El Salvador. Ambos entenderam que a conferência havia suscitado grandes expectativas, que seu fracasso acenderia um sentimento antiamericano na imprensa regional e que as relações pareciam empacadas nos anos da Guerra Fria, com a OEA mais uma vez humilhada como capacho de Washington. A conferência de Prebisch sobre o projeto do mercado comum foi um dos momentos menos polarizados da conferência, o que reforçou o contraste entre o fracasso da OEA e o prestígio da Cepal na região como centro de ideias e de energia. "Reclamei muitas vezes de nossa organização", confidenciou ele a De Seynes, "mas quando ouço os relatórios sobre como a conferência econômica foi preparada não acho que sejamos tão ruins."[31]

A viagem de Nixon foi um desastre espetacular. A recessão americana tinha atingido a América Latina. No dia 7 de abril, Prebisch advertiu sobre a estagnação e os problemas sociais que os Estados Unidos enfrentariam com o desemprego dos jovens. "A América Latina está mostrando de novo seu alto nível de vulnerabilidade", observou, com uma queda de 6% no comércio da região. "Enfrentamos uma emergência sem os meios para tomar medidas de emergência."[32] O aumento de problemas econômicos em centros urbanos em expansão desordenada gerou uma frustração latente com a política americana e as empresas multinacionais.

Os sinais de problemas foram ignorados em Washington por causa do "fator Sputnik": em 4 de outubro de 1957, a União Soviética colocou em órbita o primeiro satélite artificial. Com apenas 60 centímetros de diâmetro e pesando 83 quilos, ele inaugurou a era espacial na frente dos engenheiros americanos. "A nova sociedade socialista tornou realidade os sonhos mais ousados da humanidade", observou Khrutchev. Em contraste, as manchetes americanas naquela semana vieram do Arkansas: em 25 de setembro, trezentos soldados do Exército tinham escoltado nove aterrorizadas crianças negras até uma escola de ensino médio em Little Rock, pois o governador Orval Faubus recusava-se a acabar com a segregação racial.[33] Essa coincidência do êxito espacial soviético e do fracasso social americano abalou a autoconfiança do governo Eisenhower. Havia crise na educação americana e na segurança hemisférica. Até John Foster Dulles sugeriu em 14 de abril, duas semanas antes da viagem de Nixon, que a política comercial americana em relação à América Latina precisava ser revista, sinal de que algo devia ser feito para melhorar as relações após seis anos de inação.[34]

Ninguém em Washington percebeu a profundidade do sentimento antiamericano nas ruas da América Latina. A visita de Nixon foi considerada uma turnê de boa vontade pelas capitais regionais em um momento em que a democracia voltava à Venezuela e à Argentina, e seu itinerário centrou-se na posse de Arturo Frondizi em Buenos Aires. Desde o começo, porém, a viagem foi um pesadelo. Em 13 de maio, a violência em Caracas chegou a um nível de ofensa física e verbal suficiente para que Washington enviasse quatro companhias de fuzileiros navais e de paraquedistas ao Caribe para ajudar as autoridades venezuelanas se fosse necessário. Nixon explicou: "Não é nada agradável ser coberto de cuspe dos pés à cabeça e ver um homem cuspir no rosto da minha mulher."[35]

No dia seguinte ao regresso de Nixon a Washington, a comissão de relações exteriores do Senado iniciou uma investigação para entender as origens do evidente sentimento antiamericano na América Latina. Nixon culpava uma pequena minoria de estudantes arruaceiros inspirados pelos comunistas, mas outras pessoas no governo Eisenhower, como Douglas Dillon, subsecretário de Estado adjunto para assuntos econômicos, que tinha estado com a delegação americana na Conferência Econômica de Buenos Aires ("Foi uma revelação para mim", observou), apoiou uma mudança de política para a região.[36] Percebendo essa abertura, o presidente Juscelino Kubitschek escreveu a Eisenhower: "Temos de perguntar às nossas consciências se estamos no caminho certo em relação ao pan-americanismo. Algo tem de ser feito para restaurar a serenidade e a unidade continental." As relações entre os Estados Unidos e a América Latina exigiam "uma base mais firme".[37] A resposta americana foi entregue pessoalmente três dias depois por Roy R. Rubottom Jr., secretário de Estado adjunto para assuntos interamericanos: John Foster Dulles receberia bem um convite para ir ao Rio de Janeiro nos dias 4 e 5 de agosto para um diálogo bilateral. No Rio, os dois países concordaram em realizar uma reunião de presidentes, na qual novos programas de desenvolvimento econômico seriam discutidos. Em agosto, Kubitschek propôs a chamada Operação Pan-Americana, retomando a agenda da reunião no Quitandinha em 1954.[38]

O ritmo da mudança foi espantoso. Para não ser superado pelo Brasil, Washington assumiu rapidamente a prioridade latino-americana mais visível – um banco de desenvolvimento interamericano –, um sonho antigo, até recentemente recusado. Em 11 de agosto, o presidente Eisenhower aprovou a iniciativa, depois que os departamentos de Estado e do Tesouro apoiaram sua criação. O anúncio foi feito no dia seguinte.[39] Em abril de 1959 – quando adesivos "Gosto de Fidel" ainda podiam ser encontrados em carros americanos –, o Banco Interamericano de Desenvolvimento (BID) tornou-se uma realidade. Outras mudanças ocorreram em Washington. Depois que Milton Eisenhower percorreu a região em busca de áreas sensíveis nas quais se pudesse atuar imediatamente, ele observou "o apelo das nações latino-americanas para que se estabeleçam relações estáveis entre os preços de matérias-primas e os preços de produtos manufaturados".[40] Na década de 1950, Washington opunha-se a acordos internacionais de comércio. Agora, depois da desastrosa viagem de Nixon, concordaram apressadamente com um Acordo Internacional do Café – particularmente importante para o Brasil e a Colômbia –, concluído sob os auspícios da ONU em 1962. Foi outro sinal de uma nova era nas relações.[41]

Poucos meses antes, em janeiro de 1958, o Departamento de Estado havia-se voltado contra Prebisch por defender um "capitalismo progressista" ou uma "terceira alternativa" em que as relações com a América Latina apoiariam um crescimento mais equitativo. As missões norte-americanas no exterior foram instruídas a denunciar essas "falsidades e falácias" quando houvesse oportunidade. Seis meses depois, porém, Washington adotou em silêncio boa parte do "capitalismo progressista" de Prebisch,[42] pois as autoridades norte-americanas concluíram que ele não era tão ruim assim. Roy Rubottom, secretário adjunto de Estado para assuntos interamericanos, desculpou-se pelo comportamento anterior, registrando que "gostaria de corrigir possíveis mal-entendidos que possam ter existido no passado sobre a atitude do governo dos Estados Unidos em relação à Cepal", bem como registrar a satisfação "pelo trabalho feito pela Cepal sob a liderança do dr. Prebisch". Ele reafirmou a Raúl "nossa amizade com a Cepal e o desejo de trabalhar junto com ela", não obstante "diferenças em questões específicas, que podiam ser resolvidas de maneira amigável, como se espera entre homens de inteligência e boa-fé". Prebisch fez "um gentil agradecimento", conforme consta nos registros do Departamento de Estado.[43]

Até onde ia essa mudança em Washington? Para Prebisch, o teste essencial do novo espírito nas relações entre Estados Unidos e América Latina era o projeto do mercado comum latino-americano, que agora alcançava um ponto decisivo, quando os dois grupos de trabalho se preparavam para se reunir antes da sessão da Cepal no Panamá em 1959. O papel dos Estados Unidos era vital em todas as áreas: financiamento do desenvolvimento e do comércio; apoio diplomático no GATT e no FMI; e influência sobre o setor privado, pois muitas multinacionais americanas estavam entrando na América Latina. Washington apoiou as empresas norte-americanas, defendendo a abertura dos mercados ao investimento estrangeiro. Kubitschek, por exemplo, acolheu as multinacionais americanas para acelerar a industrialização brasileira, principalmente nos setores mais dinâmicos e mais avançados tecnologicamente; a pressão das multinacionais conduziria a política americana na direção do mercado comum proposto. Prebisch tinha enfrentado a Standard Oil em seu plano para a Argentina, e sua versão de integração regional conferia um papel de planejamento ao Estado, em oposição a investimentos estrangeiros sem restrições. Com a abertura inesperada de Eisenhower para a América Latina em 1958, ele sentia que pisava em terreno pouco estável.

Dillon esclareceu a posição dos Estados Unidos em 18 de novembro de 1958: "Também estamos dispostos a fazer o que pudermos para ajudar os países latino-americanos interessados em fechar sólidos acordos de integração econômica."[44] Thomas Mann, secretário adjunto de Estado para assuntos econômicos, e Isaiah Frank, diretor adjunto do escritório de políticas de comércio internacional, deram a mesma impressão. Os Estados Unidos apoiariam qualquer iniciativa latino-americana de integração econômica, com uma condição: que não reduzisse o volume de comércio exterior nem contribuísse para criar monopólios domésticos, diminuindo a concorrência. Tudo devia ser compatível com as normas do GATT, enfatizou Frank, que aconselhou os países latino-americanos a aderirem à instituição (até então somente seis eram membros). Fora isso, Washington não tinha uma atitude dogmática, mas preferiria começar com grupos de países (Mann mencionou a esperança de uma união econômica entre Argentina e Chile) em vez de toda a América Latina. A "nova" posição não era nova de jeito nenhum. Repetia a "aprovação em princípio" declarada em Santiago na primeira reunião da comissão de comércio: os Estados Unidos apoiavam a integração regional "sem reservas", mas sujeita às determinações do GATT.[45] Mann disse que reconhecia o trabalho pioneiro da Cepal no campo da integração econômica; Frank, com quem Prebisch tinha uma relação pessoal amigável, lembrou que os Estados Unidos haviam ficado do lado da Cepal na OEA, defendendo seu papel de liderança na integração regional. Ele esperava organizar uma reunião na próxima vez que Prebisch visitasse Washington, para apresentá-lo a outros funcionários do Departamento de Estado.[46]

Apesar da nova linguagem em Washington, havia um lado negativo: a maior parte dos funcionários mais graduados do governo Eisenhower não gostava de Prebisch, que não recebeu nenhum papel no novo Banco Interamericano de Desenvolvimento, nem sequer foi convidado para uma reunião de ministros das Relações Exteriores na OEA em 23 e 24 de setembro para discutir o projeto do novo banco no contexto da integração regional. "É claro que estou disposto a participar dessa discussão", escreveu Prebisch a Milic Kybal, seu chefe em Washington, "mas até agora não recebemos qualquer indicação sobre isso".[47] Quando os 21 ministros das Relações Exteriores da América Latina formaram um grupo de especialistas para começar a organizar o novo banco, os Estados Unidos insistiram em vetar observadores – com o objetivo expresso de manter Prebisch de fora, apesar da experiência dele como ex-dirigente do Banco Central da Argentina e de seu trabalho pregresso com o Federal Reserve por toda a América Latina. Como o banco se tornaria a mais importante instituição interamericana, os representantes americanos queriam Prebisch o mais longe possível das questões-chave de política, localização e liderança. T. Graydon Upton, do Departamento do Tesouro, cotado para ser o primeiro vice-presidente executivo americano da nova instituição, chamou-o de "um economista de esquerda com ideias sobre desenvolvimento econômico latino-americano que custariam caro aos Estados Unidos".[48] Thomas Mann e Douglas Dillon, os dois principais funcionários norte-americanos nos assuntos interamericanos, desconfiavam muito de Prebisch, especialmente porque haviam tido que adotar a agenda da Cepal, que antes haviam rechaçado. Mann, um administrador talentoso, endossava preconceitos característicos do início da década de 1950: "Latino-americanos gostam de dinheiro no bolso e um chute no traseiro. [...] Eles não pensam como nós."[49] Confiante nas prerrogativas de um representante oficial do governo dos Estados Unidos em negociações com o Sul, gostava do exercício do poder: sorria para o representantes latino-americanos e falava mal deles pelas costas. Prebisch, um negociador ainda mais duro e mais experiente que Mann, não se encaixava nesse estereótipo do latino-americano: sua obstinação era considerada "arrogância". Dillon e Mann fizeram questão de mostrar que Prebisch não havia sido convidado para a cerimônia de abertura do conselho diretor do BID em El Salvador em 5 de fevereiro de 1960.[50]

Quando Prebisch visitou Washington no final de 1958 para discutir o projeto, Mann disse sem subterfúgios que não acreditava na sua afirmação de que o mercado comum latino-americano respeitaria, como o europeu, o artigo XXIV do GATT, isto é, não promoveria distorções no comércio. Prebisch insistiu em que ele seria "aberto" e não "fechado", mas, como na Europa, seriam necessárias salvaguardas na forma de uma política "dinâmica" de protecionismo que fosse "racional", "ordeira" e "seletiva", a fim de criar um setor automobilístico e novos setores industriais. À Comunidade Econômica Europeia tinham sido concedidos grandes exceções na política agrícola comum, além de comércio privilegiado com as ex-colônias. Por que os Estados Unidos recusariam tratamento semelhante para a América Latina? Assim como na Europa Ocidental, o comércio da América Latina com o resto do mundo cresceria, em vez de declinar, e a integração regional beneficiaria todos.

Mann descartou um modelo de desenvolvimento para a integração regional na América Latina que supusesse "disposições especiais que favorecessem monopólios para proteger a expansão de novos produtos".[51] A repetição do compromisso de Prebisch com um processo compatível com as regras do GATT não tinha importância, pois era considerada equivocada ou deliberadamente enganadora. O projeto de integração regional da Cepal era liderado pelo Estado, em um modelo clássico de "regionalismo fechado" por muros tarifários que conduziriam a América Latina na direção de um protecionismo errado e antiempresarial. O futuro do crescimento latino-americano dependia de investimentos externos, e as multinacionais norte-americanas só seriam atraídas se houvesse um clima empresarial que garantisse o livre movimento de capitais. A melhor estratégia para integração regional era combinar mercados abertos e regulação governamental mínima, de forma que o setor privado – multinacional e doméstico – investisse racionalmente, dentro e fora das fronteiras. Mann repudiou a proposta de Prebisch relativa à produção automobilística. Os latino-americanos não podiam fabricar produtos complexos como carros ou aviões. "Seria errado criar uma indústria artificial e antieconômica no setor automobilístico ou de qualquer outro produto com o qual nunca conseguiriam competir." Mann parecia saber de antemão quais produtos os latino-americanos conseguiriam ou não produzir. Parecia referir-se a produtos existentes – já que levaria tempo para demonstrar se os demais "estavam voltados para fora e baseados na ideia de concorrência". Nesse ínterim, os latino-americanos deveriam contentar-se em plantar café, engarrafar refrigerantes, produzir tecidos e embarcar minerais para os Estados Unidos (estes representavam 80% das importações norte-americanas da região).[52] Mann não arredava pé de sua posição. Seus apoiadores – as multinacionais americanas – eram hostis à liberação do comércio regional, mas defendiam a industrialização por substituição de importações, para se expandirem em mercados nacionais pequenos nos quais podiam obter altos lucros com a tecnologia já existente em suas matrizes. As multinacionais tinham endossado a Comunidade Econômica Europeia, mas se opunham à mesma ideia na América Latina. Somente uma clara ameaça à segurança nacional convenceria Mann e seus colegas a se desviarem de sua posição.

Seguindo a mesma marcha, Eric Wyndham-White, do GATT, defensor de acordos regionais de livre-comércio, que tinha acabado de aprovar a Comunidade Econômica Europeia, usou o mesmo argumento de Mann para rejeitar o mercado comum latino-americano como um acordo legítimo: ele infringia o artigo XXIV.[53] O GATT insistia em que qualquer acordo comercial resultante da iniciativa da Cepal fosse chamado de "área de livre-comércio" em vez de "mercado comum". Urquidi levantou-se contra a hipocrisia de Wyndham-White, perguntando: as salvaguardas não são habituais nos acordos internacionais? Elas não existem no GATT, na legislação sobre políticas comerciais dos Estados Unidos ou no notório protecionismo da Comunidade Europeia para com produtos agrícolas? "São mecanismos consagrados pela tradição, fatos econômicos da vida testados ao longo do tempo. Não se pode exigir que os latino-americanos sejam os últimos praticantes do livre-comércio perfeito no planeta."[54]

O FMI uniu-se aos Estados Unidos e a Wyndham-White na rejeição ao projeto do mercado comum de Prebisch. Seu novo modelo quantitativo, finalizado em 1957 e aplicado ao pacote de estabilização boliviano naquele ano, pôs fim à abordagem ideológica mais flexível de anos anteriores, e a chegada de Jacobsson como diretor executivo, com Merle Cochran, Jacques J. Polak e Irving Friedman ao seu lado, solidificou ainda mais a nova linha: Jacobsson encarava a linha divisória entre a civilização e a selva como estando próxima do canal da Mancha, excluindo definitivamente a América Latina, que não conhecia e na qual não tinha nenhum interesse.[55] Jorge del Canto, chefe de Jacobsson no Departamento do Hemisfério Ocidental, simbolizava a nova linha. Esse chileno, o primeiro latino-americano nomeado para o FMI, não era conhecido por ter uma mente aguda e tinha uma convicção inabalável: ortodoxia monetária. A posição de Del Canto sobre a integração latino-americana era rígida: o FMI deveria ajudar, desde que não comprometesse a estrita aplicação dos quatro princípios de ouro: fim da discriminação, conversibilidade, bilateralismo (negociações diretas entre o FMI e os governos membros) e taxas de câmbio simplificadas. A melhor contribuição do Fundo para a integração regional era garantir moeda sólida – e ponto final.

O bom soldado Jorge del Canto recebeu a missão de conter Prebisch na oitava sessão da Cepal, realizada em maio de 1959 na Cidade do Panamá, na qual o destino do mercado comum latino-americano seria decidido.[56] Prebisch tentou adiantar-se a seus muitos adversários, respondendo linha por linha às primeiras críticas de Mann sobre o "regionalismo fechado".[57] Mas Del Canto assumiu a ofensiva contra a proposta do mercado comum e passou a enfrentar abertamente os "chamados consultores da Cepal", chamados de "membros das tropas de assalto de Prebisch".[58] "A futilidade de todo o exercício era evidente", relatou a Washington, fazendo um autoelogio à "dignidade e à coragem com as quais [os observadores do FMI] defenderam o ponto de vista do Fundo".[59]

O FMI não precisava se preocupar. O mercado comum latino-americano tinha um novo inimigo, Arturo Frondizi, que efetivamente matou o projeto. Combinada com a resistência externa de Washington, do GATT e do FMI, a oposição da Argentina a uma integração regional efetiva mostrou que, no máximo, se poderia chegar a um compromisso minimalista para salvar as aparências.[60] Depois de ganhar as eleições gerais em 23 de fevereiro de 1958 contra Ricardo Balbín sob a insígnia do UCRI (Radicais Intransigentes), Frondizi assumiu o poder em 1º de maio, tendo diante de si grandes expectativas de recuperação econômica.[61] Em janeiro de 1959, revertera a direção anterior, pondo fim à aliança eleitoral com Perón, voltando os tanques contra os trabalhadores peronistas em greve e adotando um pacote de ajuste estrutural do FMI que o tornou o presidente-modelo de Del Canto na América Latina. Também mudou a direção nas relações com os Estados Unidos, abandonando o nacionalismo e abrindo a economia para as multinacionais americanas e outros investidores estrangeiros a qualquer preço, em uma tentativa de copiar o crescimento do Brasil de Kubitschek. Frondizi apostou em negociações diretas com o FMI e os Estados Unidos, restaurando a posição da Argentina em Washington.[62] Um rápido crescimento da atividade econômica fortaleceu sua popularidade e pareceu provar suas ideias. Com a Standard Oil de volta, o setor petrolífero acenou com autossuficiência em quatro anos, justamente como a embaixada norte-americana previra.

Frondizi opôs-se à proposta de Prebisch para o mercado comum latino-americano. Preferia construir uma identidade argentina em vez de compartilhar a soberania em um pacto de comércio regional. Ele detestava a Cepal. A conversa de Prebisch de que a América Latina devia competir com os novos gigantes globais, a China e a Índia, assim como com a Europa Ocidental e a América do Norte, não despertava seu interesse.[63] Em um almoço do FMI em homenagem a Prebisch em 18 de novembro de 1959, Merle Cochran e sua equipe concordaram com Frondizi, sustentando que seu programa de estabilização era uma das melhores realizações da América Latina e confirmando a posição de Del Canto no Panamá, de que o FMI se ateria à política de moeda sólida em negociações bilaterais com cada governo.[64] Prebisch, que não podia esperar mais nada do FMI ou de Frondizi, entendeu perfeitamente um antigo ditado: na política argentina, o ódio é a lei predominante.

Tanta energia despendida no mercado comum latino-americano tinha que resultar em algo. A solução de compromisso foi a Associação Latino-Americana de Livre-Comércio (Alalc). Todos os adversários de Prebisch, de Frondizi ao GATT, de Washington ao FMI, podiam tolerar o Tratado de Montevidéu assinado em 18 de fevereiro de 1960, inicialmente pelo Brasil, Uruguai, Argentina, Brasil, Colômbia, México e Equador. Era um passo modesto, com várias lacunas e exceções. Não sendo nem união aduaneira nem mercado comum, a Alalc estabelecia um mecanismo para uma zona de livre-comércio tal como prevista no artigo XXIV do GATT, com implementação gradual durante doze anos; 75% do comércio recíproco, em valor, seriam livres em nove anos, percentagem que cresceria daí em diante. A Conferência dos Estados Membros, com uma comissão executiva, formava o mais alto órgão da associação e era o principal fórum de tomada de decisões e de elaboração de políticas. O secretariado ficaria localizado na neutra Montevidéu, chefiado por um secretário executivo, com funcionários e um orçamento. As reduções de tarifas e outras barreiras seriam negociadas com base em listas de produtos, com países trocando preferências. Porém, os governos guardariam o poder de veto, pois a Alalc não era uma entidade supranacional; havia várias salvaguardas para os integrantes e nenhuma disposição sobre crédito comercial.[65]

O Tratado de Montevidéu foi um anticlímax. Poucos acordos sobre racionalização industrial tinham menos chance de sucesso: líderes como Frondizi eram entusiasmados com o livre-comércio quando ele operava em seu benefício, mas rejeitaram concessões em setores difíceis (agricultura, automóveis, têxteis, bens de consumo etc.), sempre que empregos estavam em jogo. Ao mesmo tempo, o setor privado e os trabalhadores de cada país – o mesmo valendo para empresas nacionais e estrangeiras – clamavam com sucesso por barreiras comerciais mais altas para restringir importações. Dag Hammarskjöld e De Seynes enviaram mensagens de congratulações: "Muito satisfeitos com o resultado da reunião de Montevidéu. Consideramos que o acordo alcançado é uma realização importante, na qual a ONU desempenhou um papel essencial por seus esforços incansáveis e sua liderança esclarecida."[66] A imprensa regional proclamou que a Alalc era uma realização "histórica". Prebisch sabia que não era assim. Washington e o FMI zombaram dela; o BID havia sido bem recebido, mas ninguém apoiara a Alalc.[67] Era um começo modesto para a integração regional, considerando as expectativas de seu lançamento em 1956. Na verdade, o Tratado de Montevidéu negou à Cepal a liderança na Alalc, e Prebisch recusou a sugestão de que fosse seu primeiro secretário executivo.[68]

***

Depois do Tratado de Montevidéu, chegando aos sessenta anos de idade, desapontado, Prebisch finalmente tirou férias em El Maqui para refletir sobre seus êxitos e fracassos desde 1956. Havia pouco a mostrar: os custos da luta obstinada pelo sonho do mercado comum eram evidentes. Houve mais reveses que vitórias no segundo período da Cepal desde 1956. A nova missão da "ação concreta" tinha deixado a desejar. É claro que a equipe havia proposto grandes ideias – a criação de um Instituto Tropical Latino-americano, por exemplo –, mas elas haviam sido rechaçadas para se concentrar no mercado comum. Ele tinha se esforçado demais, talvez passando os limites. A Cepal perdera sua marca especial. Ela havia conseguido cavar um nicho na ONU e na paisagem latino-americana; suas divisões preparavam relatórios em quatro línguas para as reuniões das grandes comissões a cada dois anos. Suas estatísticas eram as mais confiáveis da região. Tinha gerado novos centros, como o Centro Latino-Americano e Caribenho de Desenvolvimento (Celade), com seu próprio conselho. Mas não tinha mais o monopólio do novo pensamento na América Latina, na medida em que surgiam outros institutos nacionais bem financiados.[69] Após a visita de Nixon e o evidente degelo nas relações entre Estados Unidos e América Latina, nem Santiago conseguiu manter sua imagem de posto avançado. Prebisch e seu pequeno grupo tinham florescido contra a hostilidade norte-americana durante a década de 1950. Poderiam sobreviver a uma Washington repentinamente amigável?

Pior: a Cepal se afundava na burocracia. Depois de ter cavado um nicho regional, seu programa de trabalho perigava ficar previsível; até seus relatórios tinham desenvolvido um estilo reconhecível e tedioso. As outras comissões regionais da ONU estavam presas nas mesmas pressões vindas da sede central em Nova York e dos governos membros controladores. Era evidente um certo enfado em Santiago. Uma sensação de nostalgia dos velhos tempos assombrava os corredores. A Cepal não desapareceria, mas estava ameaçada de degenerar em mais uma organização da ONU destituída de alma.

Prebisch estava cansado da carga administrativa após dez anos de trabalho incessante e se sentia pessoalmente desgastado depois da longa celeuma em torno do mercado comum. Os tímidos resultados obtidos na reunião do Panamá em 1959 e o compromisso da Alalc reacenderam seu desejo de voltar a uma atividade intelectual. Convidado para a reunião de 1958 da Associação Americana de Economia, percebeu que sua comunicação tinha sido tímida, uma reelaboração do

Manifesto de Havana. O novo comércio internacional e o conhecimento acadêmico sobre desenvolvimento estavam muito adiante de seu trabalho anterior. Não só Arthur Lewis, mas acadêmicos mais jovens estavam seguindo adiante – partindo de seu trabalho "pioneiro" –, enquanto ele e os colegas da Cepal queimavam as pestanas com relatórios tediosos. Ele reconhecia que o trabalho criativo "tinha de estar subordinado às reivindicações da ação prática, em conformidade com as solicitações dos governos". O resultado foi que "nos últimos anos, a Cepal vive de um fundo acumulado de interpretação teórica, que não foi renovado ou aumentado". Um ano antes, ele tinha escrito para o setor de recursos humanos da ONU para indagar sobre uma aposentadoria precoce em 1961.[70] Porém, não houve pressa em Nova York para que ele deixasse a Cepal. Em 1958, Dag Hammarskjöld tinha estendido o segundo mandato de cinco anos de Raúl até 1963, dois anos além da idade normal de aposentadoria, e Malinowski disse-lhe que provavelmente seria nomeado para um terceiro mandato se quisesse, pois seu prestígio em Nova York era grande.[71]

Para relançar a doutrina dos primeiros tempos, que era agora insuficiente, Prebisch ansiava por um órgão mais autônomo do que a Cepal. Ele se tornava cada vez mais crítico aos governos latino-americanos e às elites que eles representavam. Não podia mais tolerar a pose deles, as queixas contra os Estados Unidos, o mundo ou o "sistema", enquanto recusavam reformas domésticas. Faltava dinamismo na América Latina. A região estava mais marginalizada na economia global do que na época do nascimento da Cepal, e as comparações com os países do Leste da Ásia eram embaraçosas. Apesar de mais pobres – o Japão ainda tinha menos automóveis *per capita* que o Peru, sem falar nas comparações com o invejável padrão de vida na Argentina –, esses países avançavam com rapidez. Não gastavam mais em educação e formação do que a América Latina, mas a qualidade de sua força de trabalho era superior. Suas estratégias de industrialização por substituição de importações eram em geral semelhantes, mas, ao contrário da América Latina, estavam criando indústrias globalmente competitivas. Os latino-americanos precisavam repensar seu modelo de desenvolvimento. Prebisch queria dirigir essa próxima fase de ajuste criativo. Em La Paz, em 1957, tinha proposto "grupos consultivos liderados pela Cepal para trabalhar em planejamento do desenvolvimento e avaliação de projetos, mediante solicitação dos governos, com equipes de especialistas dentro dos ministérios para atrair capital e canalizá-lo para o investimento produtivo com base em um plano de desenvolvimento realista. Quando possível, trabalhariam com agências similares na ONU, como a FAO. A Bolívia foi a primeira a solicitar uma missão em 1959, mas o conceito ficou sob ataque desde o início. A Cepal era rígida demais para aceitar missões de grupos de assessores que precisavam de autonomia para ser eficazes.[72] Prebisch precisava de um novo centro, protegido das lutas administrativas e orçamentárias, para se converter em um defensor do novo pensamento econômico e do planejamento na região.

A solução inesperada para o dilema veio de Paul G. Hoffman, em visita a Santiago depois de ser nomeado administrador no recém-criado Fundo Especial da ONU. Hoffman era uma personalidade importante no mundo empresarial dos Estados Unidos e confidente do presidente Franklin Roosevelt, tendo liderado o Plano Marshall de 1948 a 1950, servido como presidente da Fundação Ford de 1950 a 1953 e tendo sido nomeado representante norte-americano na ONU em 1956. Em março de 1960, Hoffman visitou Prebisch para explicar sua nova operação. Jantaram em El Maqui, e Adelita tocou suas *Variações Goldberg* favoritas. Hoffman explicou que o conselho consultivo do Fundo Especial se reuniria em setembro daquele mesmo ano e ele precisava de bons projetos para um lançamento digno. Por que não criavam um novo centro de pesquisa latino-americano – o Instituto Latino-americano de Planejamento Econômico e Social (Ilpes) –, tendo como ponto de partida o trabalho prévio da Cepal?

Hoffman era uma figura poderosa no cenário da ONU em Nova York. Chefiava uma nova agência com potencial para crescer e se tornar o maior organismo de assistência técnica no tabuleiro do desenvolvimento internacional. O Fundo Especial era o remanescente de uma proposta para criação do Fundo Especial das Nações Unidas para o Desenvolvimento Econômico (Sunfed), recomendado em 1951 por um grupo de especialistas da ONU para fornecer capital para o desenvolvimento baseando-se na necessidade e não na aprovação de bancos ocidentais, entre eles o Banco Mundial.[73] Apoiado por funcionários da ONU como Hans Singer, o conceito não tinha tido possibilidades de êxito. Era inevitável que os bancos, o Banco Mundial e as economias desenvolvidas se opusessem e, como controlavam os fundos, tinham grandes chances de sucesso. Mas estavam comprometidos com duas concessões: a Associação Internacional de Desenvolvimento (AID), uma linha de crédito a juros baixos que o Banco Mundial administraria, e o Fundo Especial, dirigido pelo patrício grisalho Hoffman, que financiaria grandes projetos de "pré-investimentos", como centros de pesquisas, levantamentos ou projetos de extensão, em vez de capital para investimento, como se pretendia originalmente.[74]

O fundo especial, com seu próprio conselho diretor, operava fora do orçamento regular da ONU. Se ele financiasse o novo Ilpes, Prebisch teria a autonomia necessária. Além disso, depois que o fundo começasse a operar, o Banco Interamericano de Desenvolvimento, muito maior, com certeza entraria com um financiamento de mesmo porte para o instituto. Prebisch teria uma situação ideal: o novo Ilpes estaria dentro e fora da Cepal, compartilhando o mesmo prédio, mas com conselho de administração e gerenciamento separados, para livrá-lo de controles externos. Raúl poderia selecionar os economistas que quisesse e pagar mais, pois o instituto não se submeteria às normas da ONU de cargos e salários: com ele viriam seu círculo de colegas argentinos – Benjamin Hopenhayn, Norberto Gonzalez, Ricardo Cibotti e Oscar Bardeci – e seus chilenos favoritos, como Osvaldo Sunkel. Incapaz de deixar Swenson para trás, Raúl o vincularia ao instituto como assessor especial. Como diretor-geral, o próprio Prebisch manteria seu *status* de subsecretário da ONU, e agora que estava fora do secretariado poderia continuar além da idade normal de aposentadoria na ONU.

De Seynes e Malinowski, que tinham questionado Hoffman antes de sua viagem a Santiago, também endossaram o conceito do Ilpes: não só queriam que Prebisch continuasse na ONU após a aposentadoria, como também achavam que institutos regionais modelados a exemplo do Ilpes e ligados às quatro comissões acrescentariam o elemento criativo que faltava ao sistema, além de satisfazer a demanda por maior descentralização. Se bem-sucedido em Santiago, o Ilpes se tornaria um modelo para as outras regiões. Prebisch enviou uma proposta curta a Hoffman e foi recompensado com a imediata aprovação, em princípio. Malinowski e De Seynes redigiram uma resolução da Assembleia Geral para a criação de institutos de planejamento regionais ligados de perto às comissões.[75] O diretor do BID, Felipe Herrera, concordou em cofinanciar o instituto com Hoffman. Em um ambiente assim, Santiago poderia reivindicar a liderança em serviços de treinamento, pesquisa e consultoria para desenvolvimento. Era um pacote justo e uma saída digna da Cepal, quando seu mandato expirasse em 1963.

Porém, quando o novo Ilpes foi criado, as relações entre Estados Unidos e América Latina estavam dando uma guinada e saindo de controle. O senador John F. Kennedy venceu Richard M. Nixon, tornando-se o novo presidente dos Estados Unidos.

CAPÍTULO 16

A ofensiva de Kennedy

Prebisch e os latino-americanos em geral esperavam ansiosos as eleições presidenciais nos Estados Unidos em 4 de novembro de 1960, percebendo mudança no ar. Eisenhower tinha sido líder militar na Segunda Guerra Mundial. O candidato democrata John F. Kennedy seria o arauto da chegada de uma nova geração se vencesse o melancólico vice-presidente Richard M. Nixon. Não era muito conhecido na América Latina, ao contrário de Nixon, que desde abril de 1958 ficara com fama de anticomunista antipático, previsível e frio por defender o desmonte da democracia na Guatemala em 1954: "É a primeira vez que um governo comunista é substituído por um governo livre."[1] Kennedy era bem-posto, bem casado e rico. Rodeado de intelectuais, escritores e artistas, ele e sua jovem equipe irradiavam uma animação que contrastava com o clima no cansado grupo de Eisenhower e Nixon. Simbolizava uma liderança internacional vigorosa e confiante dos Estados Unidos. Talvez conseguisse tornar Washington o ponto fascinante do mundo. Sua campanha prometia uma "aliança para o progresso" – uma política nova e real para a América Latina, em vez de mera promessa.[2] Para os latino-americanos, o senador Kennedy parecia diferente, valorizando o desenvolvimento internacional como um objetivo em si, em vez de uma mera ferramenta de combate ao comunismo.

Essa imagem de Kennedy era real ou só uma miragem? Prebisch se perguntava se não estava imaginando coisas, embarcando na tendência de venerar heróis na velhice, querendo acreditar que o ideal de desenvolvimento Norte-Sul, que defendera nesses longos anos, enfim se tornaria uma prioridade na política externa de Washington. Se as relações entre Estados Unidos e América Latina pudessem ser relançadas assim, ele queria fazer parte desse novo despertar liderado por Washington. Porém, durante o outono de 1960, quando a campanha presidencial americana entrou na fase final, a tensão aumentou entre o Kennedy humanista de uma "aliança para o progresso" e o Kennedy da Guerra Fria, obcecado com o "desequilíbrio dos mísseis", a liderança soviética na corrida espacial e a "perda de Cuba".

Fidel Castro, o espectro do comunismo encarnado, pairava por sobre a sucessão presidencial. Nos dois anos desde sua vitória em Havana em 1º de janeiro de 1959, Cuba exercera em Washington uma influência desproporcional ao seu tamanho. Em 4 de janeiro de 1961, três semanas antes de John F. Kennedy se mudar para a Casa Branca, Eisenhower cortou relações diplomáticas com a ilha. Os Estados Unidos tinham arquitetado a queda do presidente Arbenz na Guatemala em 1954. Os latino-americanos aguardavam a política de Kennedy em relação a Cuba, desejando sua vitória sobre Nixon, o linha-dura, que não deixava dúvidas sobre seu entusiasmo pela intervenção militar.

Muitos na Cepal se alegraram quando o regime de Batista caiu em 1º de janeiro de 1959. Regino Boti tornou-se ministro da Economia e responsável pelo Conselho Econômico Nacional de Cuba. Juan Noyola pediu que Prebisch criasse um programa especial para Cuba e o nomeasse chefe da missão. Felipe Pazos deixou o FMI para retomar a presidência do Banco Central cubano após uma ausência forçada de sete anos. Todos acreditavam que podiam servir à revolução. Um sentimento de renovação inundou a região diante da perspectiva de uma mudança social genuína nesse reduto interno do império americano. Batista fugiu para a República Dominicana e o desacreditado Eugenio Castillo foi para Baltimore, onde se juntou à família de sua mulher.

Prebisch temeu desde o início que a Revolução Cubana fosse acabar mal. Entendia os motivos que impeliam Boti e Pazos a voltar. Ele também estava no exílio e ansiava por retornar algum dia. Também sentia o impacto emocional da Revolução Cubana e concordava com Noyola: não se podia negar assistência técnica a esse país fundador da Cepal e sempre leal nas épocas de dificuldade. Boti pediu que Noyola viesse com um grupo de especialistas para ajudar a modernizar a indústria açucareira, e Prebisch apoiou uma pequena missão da Cepal, não obstante evidências de desagrado dos Estados Unidos.[3] Ele estava fascinado com as moças e rapazes da revolução liderada por Fidel e seu companheiro argentino Che Guevara — seu zelo e seriedade de propósitos, sua determinação de acabar com a venalidade e a corrupção da ditadura de Batista. Não duvidava do comprometimento deles com a mudança social a favor dos pobres, dos despossuídos, dos negros esquecidos, nem de seu apoio instintivo aos movimentos sociais em outros lugares na América Latina. Porém, temia o fanatismo, um reflexo de seus dias de estudante em Buenos Aires, quando rejeitou o marxismo-leninismo e depois a psicologia de massas do peronismo, que o tinha banido da Argentina. Temia o que a revolução poderia fazer a Cuba e como a fúria de Washington contra Fidel envenenaria as relações entre Estados Unidos e América Latina.

Apesar da cautela inicial em Washington, as relações se deterioraram quando Castro julgou e executou policiais e militares, anunciando ao mesmo tempo amplos planos de reforma. A primeira visita de Fidel à capital norte-americana, em abril de 1959, não foi um êxito. "Boti está aqui com Fidel Castro", escreveu Kybal de Washington em 17 de abril. "Eu o vi ontem. Espero que ele e Pazos influenciem os assuntos de seu país."[4] Na sessão da Cepal em maio de 1959 no Panamá, Boti chefiou a delegação cubana e confirmou a Prebisch que "Cuba precisa realizar reformas internas (agrária, fiscal etc.) que parecem revolucionárias para o mundo externo, mas as políticas financeiras do governo são tão conservadoras quanto as que o Fundo [FMI] recomendaria para qualquer país: contenção do crédito e superávit orçamentário. E o governo se alia aos trabalhadores". Mas advertiu: "Por quanto tempo essas políticas financeiras conservadoras poderão ser mantidas depende da cooperação do exterior."[5] As dúvidas dos Estados Unidos já estavam se transformando em animosidade. Dudley Seers, um economista inglês de licença em Santiago, foi detido pelo FBI ao entrar no Panamá porque usava barba. A polarização instalou-se com rapidez, conforme foi ficando claro que não se tratava de um típico golpe de Estado latino-americano. Fidel estava no comando, e sua proposta para Cuba era inaceitável para o governo Eisenhower. Em meados de maio de 1959 o governo cubano promulgou a lei da reforma agrária, cogitando nacionalizar as propriedades norte-americanas. Em uma ríspida advertência oficial, Washington rejeitou a oferta de indenização de Cuba (títulos com juros de longo prazo) e exigiu pagamento à vista, segundo suas condições. A situação ficou tensa, com pedidos no Congresso para que os fuzileiros navais fossem enviados, enquanto a crescente comunidade de refugiados cubanos de classe média iniciava ataques terroristas. Em meados de novembro, os Estados Unidos ameaçaram cortar a cota de açúcar cubano, principal meio de subsistência da ilha. Em 15 de janeiro de 1960, em resposta, Havana iniciou uma expropriação simbólica de fazendas norte-americanas não cultivadas, desafiando Washington, mas o governo Eisenhower adiou uma represália drástica contra a economia da ilha.

As relações entre União Soviética e Estados Unidos complicaram os acontecimentos. Nas vésperas de conversações com Eisenhower, Khrutchev anunciou mais um sucesso: em 14 de setembro um foguete soviético chegou à Lua, o primeiro objeto enviado de um corpo cósmico a outro. A foice e o martelo estavam na superfície lunar. Tentativas americanas semelhantes tinham fracassado. Moscou deu um passo adiante: em 5 de fevereiro de 1960, Anastas Mikoyan, o segundo homem mais poderoso do governo soviético, chegou a Cuba para anunciar a compra de 5 milhões de toneladas de açúcar ao longo de cinco anos, um crédito no valor de US$ 100 milhões e suprimentos de petróleo e derivados. Washington estava sendo desafiada em sua própria região. Moscou também ofereceu a Cuba equipamentos militares que os países ocidentais, sob pressão norte-americana, haviam recusado. Eisenhower então cortou as compras de açúcar em 70 mil toneladas, deixando apenas um carregamento mínimo de 39 mil. Quando companhias americanas recusaram-se a fornecer petróleo a Cuba, Moscou anunciou que preencheria a lacuna. As tensões cresceram quando um avião espião U-2 americano foi abatido no espaço aéreo soviético e seu piloto, Francis Gary Powers, foi capturado. Khrutchev anunciou que os Estados Unidos enfrentariam foguetes soviéticos se decidissem realizar uma intervenção militar em Cuba. Em 6 e 7 de agosto, o governo cubano nacionalizou todas as propriedades norte-americanas na ilha, rompendo a integração com os Estados Unidos, que Washington e muitos cubanos consideravam consolidada.[6]

Em meados de 1960 uma dinâmica de acusações recíprocas e radicalização tinha gerado um novo ícone político no Caribe: um orgulhoso posto avançado revolucionário sobrevivia ao cerco militar, político e econômico norte-americano, acolhia apoio soviético contra o bloqueio e insistia em ter uma voz independente na ONU. Balançava com a emigração em massa da classe média, mas – engrandecido pela hostilidade e a intervenção americana – mantinha-se como um símbolo regional único de construção de uma nova sociedade em um continente injusto. A cada denúncia americana de violações de direitos humanos, Fidel contra-atacava com lembranças de atrocidades cometidas em um século de intervenção dos Estados Unidos. Em seu discurso de 26 de julho de 1960, que marcou o aniversário do primeiro levante em 1953, ele especulou que os Andes se tornariam a próxima Sierra Maestra. Em janeiro de 1961, quando Eisenhower rompeu relações diplomáticas, a intervenção na baía dos Porcos estava sendo preparada.

O exemplo cubano foi contagiante. Latino-americanos de todas as tendências ficaram mais assertivos e menos temerosos de ofender Washington. O conservador Jorge Alessandri, presidente do Chile, visitou Havana em abril de 1960, ignorando os protestos dos Estados Unidos. Escritores de toda a região zombavam dos temores norte-americanos em relação a Cuba. "Como o grande Estados Unidos ficou pequeno", escarneceu o poeta mexicano Jaime Sabines em 8 de julho de 1960, ao ouvir sobre os esforços americanos para frear as relações diplomáticas entre o México e Cuba.[7] A usual deferência latino-americana para com Washington em encontros regionais evaporou. "Os Estados Unidos e outros três membros não latino-americanos da comissão foram vítimas de um jogo de poder que usou a superioridade numérica", lamentou um representante norte-americano, em tom magoado, ao relatar os acontecimentos em uma reunião especial da Cepal em Nova York em 2 de julho de 1960. Ele reclamava de uma "grosseria aparentemente deliberada, dirigida contra os Estados Unidos".[8]

Enquanto a Cepal era criticada em Washington por suas supostas tendências "socialistas" e, em particular, por sua missão em Cuba, Prebisch ficava cada vez mais preocupado com os desdobramentos da revolução. Em novembro de 1959, Che Guevara, que até então ocupava um cargo no Instituto Nacional de Reforma Agrária, substituiu Felipe Pazos como presidente do Banco Central. Pazos durou menos de um ano em Havana antes de voltar para Washington.[9] "Não era nem revolucionário nem radical",[10] queixou-se Guevara, enquanto insistia em que Salvador Vilaseca se tornasse seu assistente, apesar de ele afirmar que não entendia nada de sistema bancário: "Quando a revolução lhe atribui uma missão, você tem de aceitá-la e fazê-la bem."[11] Prebisch respeitava Pazos. Se esses economistas mais competentes que tinham largado tudo para voltar a Cuba não aguentavam mais trabalhar com Castro e seu grupo, algo estava errado. Em abril de 1960, ele contou ao embaixador americano em Santiago suas preocupações: a radicalização e o aumento do controle estatal em Cuba poderiam levar a uma economia de comando em estilo soviético. Assegurou que a Cepal não se tornaria um peão no jogo de xadrez entre Estados Unidos e Cuba; tinha consciência do que estava acontecendo e havia determinado que o pessoal da Cepal ficasse longe de atividades políticas. O convite de Castro para que a Cepal enviasse especialistas tinha sido "aceito de boa-fé nos primeiros momentos", mas agora sentia que "alguns funcionários da Cepal haviam ficado profundamente envolvidos com Guevara e outras autoridades cubanas", de modo que estava "buscando alguma forma gentil de afastá-los".[12] Prebisch e Washington tinham-se tornado estranhos aliados em uma zona sensível.

A tensão entre Prebisch e Noyola cresceu conforme a crise se desdobrou, apontando para a nacionalização de todas as propriedades americanas. Em 9 de agosto de 1960, em um bilhete pessoal enviado a David Pollock, Noyola referiu-se a "determinados problemas" que estava tendo com Prebisch, mas acrescentou que eram de pouca importância. "Estou trabalhando firme em algo que considero a realização mais importante e decisiva da minha carreira e sou afortunado por participar de um projeto que é o acontecimento mais importante na América Latina desde a independência."[13] Nos meses seguintes, a tensão aumentou quando Noyola descumpriu as normas da ONU. Em 20 de setembro de 1960 ele participou de uma coletiva à imprensa em Havana, na condição de diretor da Cepal, e disse que, com uma nova economia baseada na revolução, Cuba tinha avançado mais nos dez últimos meses do que muitos outros países em dez anos: "A Revolução Cubana é exemplo e guia para a América Latina." O desemprego tinha caído mais em dez meses do que nos últimos vinte anos, e Cuba tinha dado "um forte golpe nas relações entre o imperialismo e os países dependentes". Era preferível manter relações comerciais e de crédito com o bloco comunista do que com os países capitalistas, pois elas não eram baseadas em uma ética da acumulação, ao contrário dos Estados Unidos, por exemplo, que "exigem condições políticas, tanto no âmbito internacional quanto no nacional".

Prebisch ficou furioso e exigiu que Noyola deixasse Cuba em um mês. Noyola pediu demissão da Cepal, voltou para o México e atacou Prebisch como intolerante.[14] Para acalmar os ânimos de ambos os lados, Prebisch enviou Jorge Ahumada, seu assistente mais confiável, para supervisionar o escritório da Cepal em Havana após a partida de Noyola. Suficientemente ortodoxo para satisfazer Washington, ele também era respeitado por Fidel Castro pelos muitos anos em que dirigira a divisão de treinamento em Santiago. Ahumada encontrou uma Havana tão irresistível quanto Noyola: trocou tudo – mulher, família, o país, os democratas cristãos chilenos e a sucessão na Cepal – por uma mulher com a metade de sua idade. Substituído, morreu prematuramente no exílio em Caracas, debruçado sobre uma escrivaninha de metal vazia. Sua deserção calou fundo em Prebisch e complicou a sucessão na Cepal. Antonio Mayobre, sua segunda opção, tornou-se o herdeiro do escritório em Santiago, se Raúl pudesse persuadi-lo a voltar, pois acabara de ser nomeado embaixador da Venezuela nos Estados Unidos.

A eleição presidencial se aproximava e a Revolução Cubana se tornava uma crise cada vez mais grave em Washington. O governo Eisenhower passou a dedicar atenção à América Latina, que não podia mais ser considerada uma "região segura". Procurando apresentar medidas positivas após o Sputnik e a visita de Nixon em 1958, Washington aceitou as demandas latino-americanas de maior apoio ao desenvolvimento. Após as conversações entre Kubitschek e Eisenhower sobre a Operação Pan-Americana, os Estados Unidos aceitaram a criação do Banco Interamericano de Desenvolvimento (BID), mas adiaram um programa bilateral maior, que fosse além das trocas comerciais normais e dos canais bancários. No entanto, conforme as relações entre Cuba e Estados Unidos escapavam do controle, foi criada uma comissão especial para examinar novos mecanismos de cooperação econômica – a "comissão dos 21" – para estabelecer um diálogo entre os 21 presidentes (os latino-americanos e o norte-americano), tendo em vista um plano regional de ação. Em fevereiro de 1960, Kubitschek revisou a Operação Pan-Americana como o plano mestre dessa nova era de cooperação e a enviou a Eisenhower, que depois foi ao Brasil para a inauguração de Brasília, na primeira visita de um presidente dos Estados Unidos ao país. Em julho de 1960, Eisenhower eliminou a cota de açúcar de Cuba, mergulhando a economia da ilha no caos, e ao mesmo tempo anunciou um Fundo para o Progresso Social de US$ 500 milhões para a América Latina. Os latino-americanos tinham esperado muito por essa mudança de atitude. Uma reunião especial da "comissão dos 21" foi convocada para Bogotá em setembro de 1960, e os chefes de organizações internacionais, inclusive Prebisch, também foram convidados.[15] O local simbolizava a renovação do sistema interamericano, doze anos depois da adoção da Carta da OEA em 1948, estendendo a cooperação entre Estados Unidos e América Latina à dimensão social e econômica.

Mas o acordo não foi fácil. Os latino-americanos, liderados por Kubitschek, tinham expectativas diferentes, que lembravam a política norte-americana para a Europa após 1945. O investimento de US$ 500 milhões no Fundo para o Progresso Social parecia tímido, limitado e atrasado. Eles esperavam um programa milionário e plurianual de assistência para a região e insistiam em um novo organismo para dirigir a Operação Pan-Americana no lugar da OEA.[16] Mas o governo Eisenhower tinha chegado ao limite. Mann e Dillon, representando os departamentos de Estado e do Tesouro, recusaram ir além das iniciativas já anunciadas e deixaram claro que Washington exigia que a OEA estivesse à frente do novo programa interamericano. O apoio do Congresso ao Fundo para o Progresso Social não estava assegurado, e pelo menos a OEA tranquilizava os legisladores americanos de que as decisões sobre o dinheiro dos Estados Unidos seriam tomadas em Washington e não na América Latina. Durante a conferência de Bogotá, Dillon precisou recorrer ao senador John F. Kennedy para garantir a aprovação da legislação no Congresso.[17]

Foi alcançado um compromisso que serviu de base para a Ata de Bogotá, que teve adesão de vinte países e esboçou um novo conjunto de princípios para a cooperação interamericana por justiça e igualdade. A esse compromisso foi acrescentado o apoio americano à Operação Pan-Americana, convenientemente alterada para atender às demandas relativas à OEA e ao Fundo para o Progresso Social. Fidel Castro denunciou o acordo como sendo indigno. "O que se entende por isso? Como ali pode haver uma solução para os problemas sociais sem um plano de desenvolvimento econômico? Eles querem fazer os países latino-americanos de bobos?"[18] Porém, para a maioria dos líderes do continente, inclusive Prebisch, a Ata de Bogotá marcou uma mudança na forma de pensar dos Estados Unidos, embora o entusiasmo pudesse diminuir se Richard Nixon fosse eleito dois meses depois para suceder Eisenhower.

Ao definir a OEA como agência líder no desenvolvimento nas Américas, a Ata de Bogotá complicou o futuro da Cepal como uma das "três grandes" organizações das Américas, lideradas por Mora (OEA), Felipe Herrera (BID) e Prebisch. A duplicação era o primeiro problema. Se fosse atribuído à OEA um papel de liderança, como agora parecia certo, seu orçamento seria multiplicado. O papel da Cepal, ao contrário, poderia encolher na mesma medida ou mesmo desaparecer, pois era uma agência da ONU atuando em uma época de expansão do regionalismo. Só a Cepal enfrentava a possibilidade de ficar marginalizada: a OEA tinha financiamento dos Estados Unidos, enquanto o BID, sendo um banco de desenvolvimento regional, tinha a influência inerente a quem distribui recursos. É claro que a Cepal era detentora de uma capacidade analítica muito mais profunda do que a do recém-criado BID e uma capacidade organizacional muito maior do que a da OEA, sem falar na credibilidade. Nesse período de mudança em Washington, mais do que nunca as "três grandes" precisavam uma das outras, e nisso Mora, Prebisch e Herrera estavam de acordo. Depois da reunião em Bogotá, Prebisch propôs um novo mecanismo de coordenação, a comissão tripartite de cooperação, com uma nova divisão de trabalho que refletisse seus diferentes pontos fortes e melhorasse a coordenação. Ele abriu mão do Relatório Anual, que passaria a ser elaborado conjuntamente com a OEA em Washington, mas manteve os grupos consultivos como nicho especial da Cepal. Seus colegas concordaram. A criação da comissão tripartite coincidiu com a chegada da Aliança para o Progresso.

***

A vitória de John F. Kennedy sobre Richard Nixon foi apertada, mas sua chegada à Presidência foi confirmada quando Nixon reconheceu a derrota. As expectativas aumentaram com a aproximação da posse. O novo presidente decidiu prosseguir com a Aliança para o Progresso, conforme prometido durante a campanha, e a força-tarefa liderada por Adolph Berle elaborou um texto-base sobre as Américas com a ajuda de Lincoln Gordon, da Harvard Business School. Em 19 de dezembro, eles convocaram um grupo de influentes acadêmicos americanos, que incluía Albert O. Hirshman, Paul Rosenstein-Rodan, Frederico G. Gil e Walter W. Rostow, junto com representantes do setor privado, para analisar uma primeira versão do texto intitulado "Aliança para o Progresso: um programa de parceria interamericana".[19] Eles escreveram: "A eleição do senador Kennedy aumentou as expectativas e esperanças em toda a América Latina, mas essa nova oportunidade pode ser a última. Sem uma reorientação pronta e drástica da política externa americana, a oportunidade será perdida." A América Latina não só era a mais rica das regiões em desenvolvimento, diziam, mas também a mais vulnerável ao comunismo, e o aumento das expectativas estava conduzindo a crise regional a um ponto de ruptura. A Aliança representava o desafio único de usar a ajuda externa para combinar uma revolução social pacífica, com a qual o comunismo perderia o apelo de longo prazo, e iniciativas imediatas, em escala sem precedentes, para atender às expectativas latino-americanas nas áreas de política econômica e comercial, integração regional e reforma agrária.

Para Prebisch, o novo elemento era a atitude da força-tarefa de Kennedy ao se colocar em contato com os latino-americanos: os Estados Unidos, como doadores, pediam conselho aos receptores sobre o que fazer com o dinheiro. O desgastado linguajar da parceria e do multilateralismo começava a ganhar sentido. Prebisch ficou espantado ao ser chamado por Richard Goodwin, que lhe perguntou se ele, Felipe Herrera, José Antonio Mora e outras personalidades regionais dariam ideias para a nova Aliança para o Progresso. A embaixada de Mayobre em Washington serviu como local de reunião para que esse pequeno grupo, formado *ad hoc*, se encontrasse com a força-tarefa. Quando Kennedy anunciou a Aliança para o Progresso no discurso de posse em janeiro, Prebisch e seus colegas sentiram-se envolvidos e prestaram atenção às palavras do presidente. O que ouviram foi melhor do que esperavam: Kennedy comprometeu seu governo no apoio ao desenvolvimento internacional como primeira prioridade "porque é justo". Prebisch ouviu essa frase no rádio e sentiu que ela assinalava uma nova era, com o fim da política externa da década de 1950.

A esperança virou convicção quando Presbich e o grupo latino-americano foram novamente chamados depois da posse para preparar comentários mais detalhados para o lançamento formal da Aliança para o Progresso pelo presidente Kennedy em 13 de março, em uma recepção especial na Casa Branca, com uma conferência para congressistas americanos e diplomatas latino-americanos. A situação de Prebisch em Washington era singular. Ele estava no centro da Aliança: ninguém negaria que era seu padrinho intelectual. Cinco dias antes do evento, em 13 de março, redigiu uma carta a Kennedy, assinada pelos diretores da Cepal, do BID e da OEA, sobre uma nova abordagem nas relações entre Estados Unidos e América Latina. O memorando escrito à mão foi enviado aos colegas, para comentários, e depois essa versão original, com anotações nas margens, foi entregue a Adelita como lembrança. Em resumo, o memorando continha oito dos dez pontos principais do discurso de Kennedy em 13 de março, inclusive um trecho essencial que foi incorporado na íntegra.[20] Sobre a implementação de reformas econômicas, Prebisch recomendara que "cada país pudesse elaborar seu próprio programa de desenvolvimento econômico e social, talvez de forma preliminar, estabelecendo metas realistas e fixando as contribuições financeiras e as reformas sociais e administrativas que realizaria". Refraseada pela Casa Branca, essa parte ficou assim: "Cada país deve formular planos de longo prazo para seu próprio desenvolvimento. [...] Esses planos servirão de base para o nosso esforço de desenvolvimento e a alocação de recursos externos." Era uma vitória gigantesca para Prebisch e a Cepal, uma justificação do trabalho realizado na última década: haveria mais ajuda externa, mas com a condição de que os governos latino-americanos se comprometessem com desenvolvimento e reformas.[21]

A recepção na Casa Branca em 13 de março foi um *coup de théâtre* inesquecível, com Prebisch no centro de um grupo de diplomatas latino-americanos em torno de Kennedy: nada parecido tinha sido visto antes, gerando enormes expectativas na América Latina. Foi maravilhoso e tocante, uma combinação perfeita de detalhes, teatro e impacto, com termos fluentes e compromisso firme. "Proponho que as repúblicas americanas iniciem um amplo plano decenal para as Américas", começou Kennedy, "um plano para transformar a década de 1960 em um período histórico de progresso democrático." O "majestoso conceito da Operação Pan-Americana de Kubitschek" foi mencionado apenas como precursor, como que para teatralizar ainda mais a nova Aliança para o Progresso, "um vasto esforço de cooperação, sem paralelo em magnitude e nobreza de propósitos, para atender às necessidades básicas do povo do hemifério americano por casa, trabalho e terra, saúde e escolas –

techo, trabajo y tierra, salud y escuelas". Haveria uma dotação anual de US$ 1 bilhão durante dez anos e mais US$ 500 milhões como primeiro passo na implementação da Ata de Bogotá. Uma reunião ministerial especial do Conselho Interamericano Econômico e Social da OEA seria realizada de 5 a 17 de agosto em Punta del Este para redigir novos estatutos e "começar o esforço de planejamento que estará no cerne da Aliança para o Progresso". "Não ouvimos palavras assim desde Franklin Roosevelt", exclamou Mayobre.[22] Depois da entrevista coletiva, Prebisch foi convidado a ajudar a preparar a reunião de Punta del Este, e a *Foreign Policy* pediu que ele escrevesse um artigo antes da conferência sobre as relações entre Estados Unidos e América Latina, intitulado "Joint Responsibilities for Latin American Progress" [Responsabilidades conjuntas para o progresso latino-americano].[23] A equipe do escritório da Cepal foi fortalecida como uma base para as cada vez mais longas e frequentes visitas de Prebisch à capital americana.

Prebisch sentiu-se aceito em Washington de uma forma que lhe fez lembrar Ravndal e os anos que antecederam Pearl Harbor, ou seu trabalho posterior com Robert Triffin e o Federal Reserve. Durante os vinte anos que tinham se passado desde então, as relações entre Estados Unidos e América Latina regrediram. Prebisch havia sido afastado durante os anos Eisenhower e, apesar de tolerado por educação, Mann e outros o mantiveram a distância ao remodelarem as relações econômicas interamericanas depois de 1958. Agora era diferente: ele não estava mais sob suspeita. Apesar de muitos membros da equipe de Kennedy aceitarem as ideias econômicas de Prebisch, eles eram mais atraídos por sua política social, pela coerência de suas ideias, por seu conhecimento e contatos na região, além da força de sua personalidade. Em abril, ele foi convidado para um encontro com os principais assessores de Kennedy, inclusive Lincoln Gordon, Douglas Dillon, W. W. Rostow, Richard Goodwin, Adolf Berle e os senadores William Fullbright e Hickenlooper. Gordon contou que Prebisch disse ("com emoção e lágrimas nos olhos"): "Chefio a Cepal há mais de uma década e esta é uma experiência maravilhosa porque pela primeira vez um delegado americano de alto nível dirigiu-se a mim de igual para igual."[24] A Aliança para o Progresso parecia um sonho tornado realidade: uma versão do "capitalismo progressista" fundamentado em interesse e respeito mútuos. Ideias latino-americanas voltavam a ser bem acolhidas, em vez de repelidas ou no máximo toleradas como forma de aplacar as demandas de vizinhos indisciplinados.

Dias depois, a sensação de euforia de Prebisch por um novo começo, e na verdade toda a Aliança para o Progresso, foi abruptamente varrida. Em 12 de abril o noticiário do mundo inteiro voltou-se para Moscou, onde o primeiro-ministro Nikita Khrutchev proclamou "a genialidade do povo soviético e a força poderosa do socialismo" depois que o major Yuri Gagarin ficou em órbita durante 108 minutos na cápsula espacial Vostok e se tornou o primeiro homem a ir ao espaço. Khrutchev comparou o quieto e sorridente Gagarin a Cristóvão Colombo. Mais uma vez os soviéticos tinham se adiantado no espaço. Os Estados Unidos retomaram de Moscou a atenção das manchetes três dias depois, ao lançarem uma operação militar contra Cuba na baía dos Porcos. Bombardeiros americanos B-26 atacaram a ilha para facilitar o desembarque da Brigada 2506 formada por exilados cubanos para derrubar Fidel Castro. Atolada em terreno pantanoso, incapaz de fazer contato com rebeldes que operavam no Oriente, sem um apoio decisivo por terra e por ar e, acima de tudo, incapaz de conclamar os cubanos contra seus líderes, a intervenção armada fracassou. Em 19 de abril, os 1.189 membros restantes da brigada se renderam em situações ridículas.

Vários aspectos dessa derrota foram muito prejudiciais para Kennedy: a manifesta violação do direito internacional; o caráter óbvio da intervenção americana, claramente planejada durante meses pelo governo Eisenhower e retomada pelo novo governo, apesar dos desmentidos oficiais; o uso de napalm contra milícias cubanas equipadas com armas leves; e, principalmente, a notável incompetência de uma operação mal planejada. Ela revelou o instinto anticomunista do governo Kennedy sob a linguagem do desenvolvimento e relembrou a intervenção norte-americana na Guatemala em 1954, com o uso de truques sujos da CIA e de traidores. Para os latino-americanos desconfiados, o incidente na baía dos Porcos foi imperdoável. Para Prebisch e seus companheiros que haviam estado na recepção da Casa Branca, a intervenção levantou as primeiras dúvidas sobre Kennedy. Em Cuba, foi o ponto de não retorno.

Porém, a característica notável do fiasco na baía dos Porcos foi a rápida recuperação da credibilidade de Kennedy e da popularidade da Aliança para o Progresso: a maioria dos latino-americanos queria acreditar que um novo período tinha começado e estava pronta para lhe conceder uma segunda chance. Assim como Prebisch, eles encararam o passo em falso do novo presidente como um erro decorrente da inexperiência, prejudicado por uma operação falha herdada dos anos Eisenhower em estado avançado de preparação. O presidente assumiu responsabilidade pessoal pelo evento. Isso, aliado ao *glamour* cada vez maior da nova administração, restaurou a confiança e diminuiu o cheiro de decepção e fracasso. Em 5 de maio, quando Kennedy enviou uma mensagem de congratulações a Prebisch pela sessão da Cepal de maio de 1961 em Santiago, as lembranças da derrota na baía dos Porcos tinham sido substituídas pela ansiedade com a aproximação da conferência em Punta del Este, onde seria proclamada a formação e estabelecida a estrutura da Aliança para o Progresso.

Fora de temporada, o hotel litorâneo de Punta del Este estava deserto, exceto pelos delegados da OEA, os jornalistas e o pessoal da segurança, mas um tempo radioso se estendia pelas dunas de areia brancas do estuário do Prata 110 quilômetros a leste de Montevidéu. Um torneio de polo estava em curso. Havia muita coisa em jogo, pois nunca antes se havia tentado algo com o alcance e os recursos da Aliança nas relações Norte-Sul, o que despertara expectativas de uma nova era nas Américas. Era a primeira reunião entre Estados Unidos e América Latina desde a fundação da OEA, em 1948. A Aliança era essencialmente política, e o pano de fundo político da conferência era a contenção da Revolução Cubana. A chegada de Che Guevara criou grande agitação. Douglas Dillon chefiava a delegação dos Estados Unidos. Ele intimidava os latino-americanos apreciadores de vinhos, não tanto por suas credenciais de Harvard, por ter sido membro do conselho da Bolsa de Valores de Nova York aos 23 anos, pela riqueza familiar, por ter recebido condecorações por serviços de guerra como capitão de corveta na Marinha americana ou por sua amizade pessoal com Eisenhower, mas por ser proprietário da vinícola Château Haut-Brion em Bordeaux, fundada em 1550 por Jean de Pontiac e comprada por seu pai por 2,3 milhões de francos em 1935. Todos aguardavam o presidente Kennedy, que, afinal, não compareceu.

As delegações dos Estados Unidos e de Cuba observavam uma à outra e eram observadas pelas demais para ver se conversariam. Por fim, Richard Goodwin e Che Guevara reuniram-se em 22 de agosto.[25] O presidente Frondizi convidou seu famoso compatriota a cruzar o rio da Prata e ir a Buenos Aires para uma visita secreta de quatro horas, provocando uma crise com seus generais e o pessoal da segurança de Washington; na época, espiões da CIA realizavam uma nova tentativa de assassinar Fidel Castro. Felipe Pazos recusou ostensivamente cumprimentar Richard Bissel, co-organizador da invasão da baía dos Porcos e ex-professor do MIT.[26] Mas a estrela foi Che, aplaudido e insultado com paixão, sempre se comportando de forma muito gentil, para surpresa geral.

Prebisch pretendeu passar tão despercebido quanto possível, desconcertado com o cenário que se armava. A questão não era se Cuba seria expulsa da Aliança, já que este era o objetivo dos Estados Unidos na conferência. O próprio Fidel Castro achou que se antecipar à revolução era uma estratégia inteligente dos

Estados Unidos, e Che não foi autorizado a assinar a "Declaração dos povos das Américas", que excluía Cuba ao insistir em afirmar "as instituições da democracia representativa". A questão principal em Punta del Este foi o real significado do compromisso lançado por Kennedy em 13 de março: estabelecer uma nova parceria com a América Latina. O dilema era que os intelectuais aliados a Kennedy que apoiavam a Aliança, onipresentes em Punta del Este, tinham pouca ou nenhuma experiência no continente, fora férias em Acapulco e em Havana antes de 1959. Ainda pior: desde a Segunda Guerra Mundial o Departamento de Estado não realizara nenhuma reflexão sobre a América Latina no longo prazo, e de repente os Estados Unidos precisavam de um modelo de desenvolvimento para combater Fidel Castro. A Cepal tinha o único programa que poderia ser útil, fundamentado nas lições da década de 1950, que também havia embasado a Operação Pan-Americana e a Ata de Bogotá. Assim, a delegação americana em Punta del Este quis incorporar quase todo o programa da Cepal na Carta, incluindo muitas ideias que Washington havia combatido antes com palavras fortes. Ela aprovou, por exemplo, a ideia de apoio recíproco entre países desenvolvidos e subdesenvolvidos e a necessidade de capital estrangeiro sob condições; mudança social, com reformas fiscal e agrária; planejamento econômico de longo prazo no contexto de economias mistas (na América Latina) e um novo regime para o comércio de produtos primários. Nada menos que 97 recomendações, cobrindo setores que iam da habitação à infraestrutura, foram incluídas no programa da Aliança. Os Estados Unidos prometeram "fornecer a maior parte do mínimo de US$ 20 bilhões de que a América Latina precisaria nos dez anos seguintes, de todas as fontes externas, para complementar seus próprios esforços".[27]

Prebisch ficou alarmado com essa irrealidade. Pegar ideias de um instituto de pesquisas como a Cepal e usá-las em um discurso era uma coisa, tentar torná-las um vasto plano de ação aparentemente concebido nos Estados Unidos era outra. "Estou muito preocupado com a forma como as coisas estão sendo encaminhadas", observou, pois "suas implicações políticas são muito prejudiciais para a própria Aliança e para o apoio popular amplo que ela exige na América Latina".[28] Uma retórica rebuscada não era necessariamente uma tática negativa, mas podia mostrar-se contraproducente se a prática entrasse em conflito violento com a realidade. O Congresso dos Estados Unidos, por exemplo, não falava a mesma linguagem de economia mista da Carta de Punta del Este. Quando esta estava sendo assinada, o Congresso só aprovou por estreita vantagem a Lei para o Desenvolvimento Internacional, de Kennedy, mesmo assim acrescentando condições favoráveis às empresas. Prebisch não duvidava da sinceridade de Kennedy e de seus assessores, nem de seu comprometimento com as metas reformistas da Aliança, mas perguntava se e como elas poderiam ser alcançadas.

A irrealidade em Punta del Este também ficou evidente entre as delegações latino-americanas, que concordaram em realizar as reformas estruturais exigidas para uma revolução democrática pacífica. Alguns, como o novo governo brasileiro de Jânio Quadros, que sucedeu Kubitschek, eram fracos demais para realizar algo. Outros enfrentavam interesses estabelecidos, com forte resistência à mudança, que a mística da Aliança para o Progresso não poderia reverter. Ao endossar a Ata de Bogotá um ano antes, Prebisch não estava otimista de que os países latino-americanos seriam capazes de aproveitar a ajuda americana. "Mais assistência não basta. [...] Haverá mais cooperação internacional, mas será que a América Latina será capaz de usá-la?" Em tom sombrio, em nítido contraponto com o clima animado em Bogotá, Prebisch apontou os obstáculos internos para o desenvolvimento – desigualdade, má distribuição de terras, educação ruim e falta de mobilidade social –, que precisavam ser enfrentados para que o financiamento do desenvolvimento fosse eficaz. "Estaremos preparados, não apenas do ponto de vista da tecnologia, que não é um obstáculo insuperável, mas também do ponto de vista político, para introduzir em nossos países as reformas estruturais e sociais exigidas para a aplicação de uma política econômica eficaz? [...] Não devemos fazer vista grossa aos acontecimentos. É óbvio, até mesmo notório, que crescem as disparidades na distribuição de renda na América Latina, e a inflação, esse mal monstruoso, não está sendo controlada. [...] A produção de alimentos está bem atrás das necessidades da população. [...] A América Latina não foi capaz de introduzir em sua estrutura econômica e em seu modelo produtivo as mudanças que são requisitos essenciais para o desenvolvimento."[29] A Revolução Cubana tinha desencadeado duas tendências: uma vinha de Washington para retomar o controle da região usando todas as ferramentas econômicas, políticas e militares de seu arsenal e reduzir a possibilidade de outras mudanças revolucionárias que seguissem o modelo cubano; a outra vinha de Havana e ameaçava as elites latino-americanas, avessas a reformas, com mudanças sociais e econômicas. Por baixo da Ata de Bogotá e de novas promessas que variam a América Latina havia sociedades polarizadas, com governos desconfiados e pouco representativos, preocupados com desafios internos vindos das camadas mais baixas. Porém, como as elites latino-americanas recusavam-se a fazer trabalhos manuais e insistiam em contratar mão de obra doméstica barata, faltava um incentivo essencial para reformas básicas.

"Os grupos de mais alta renda têm um padrão de vida muito mais alto que grupos equivalentes em centros mais avançados, pois desfrutam tanto dos benefícios de formas de vida tradicionais quanto das vantagens oferecidas pela tecnologia moderna." Prebisch advertiu que os recursos dos Estados Unidos poderiam ter o efeito perverso de dar aos governos latino-americanos os meios para retardar as reformas difíceis mas essenciais, necessárias a um desenvolvimento saudável no longo prazo.

Diante da combinação de superlativos e clichês em Punta del Este, Prebisch decidiu concentrar-se na estrutura e nos mecanismos da Aliança para o Progresso, pois essas decisões determinariam como de fato ela seria implementada. O presidente Kennedy prometera um programa multilateral, "um vasto e novo esforço cooperativo" com a liderança da OEA, "um Conselho Interamericano Econômico e Social muito ampliado com os principais economistas e especialistas do hemisfério para ajudar cada país a desenvolver seu próprio plano de desenvolvimento". Ficou acordado que o orçamento da OEA seria duplicado para US$ 6 milhões e sua equipe aumentada para quinhentos funcionários. Também houve progresso na questão da coordenação: a comissão tripartite OEA-Cepal-BID foi reafirmada como principal mecanismo de coordenação do sistema interamericano, desde que – por insistência de Frondizi – Prebisch não fosse nomeado seu diretor executivo.[30] Na coletiva à imprensa de 13 de março, Kennedy tinha mencionado a importância da Cepal e do BID. A comissão tripartite era um mecanismo de apoio à Aliança.

A Aliança enfrentava uma questão-chave: como aprovar ou rejeitar as solicitações governamentais para assistência econômica. Os delegados em Punta del Este continuavam a adiar esse item da pauta, como se quisessem evitar o problema da direção efetiva do projeto. Mas alguma instância teria de dizer sim ou não aos pedidos de financiamento, e essa era a questão mais controversa. Prebisch tinha uma proposta: seria preciso criar, no âmbito do sistema geral da OEA, um mecanismo interamericano para analisar planos nacionais de desenvolvimento com base em um princípio de condicionalidade, no qual fundos provenientes dos Estados Unidos e de outros doadores seriam vinculados a metas específicas. A OEA era uma organização fraca. O desafio era colocar a Aliança dentro dela, mas com autonomia suficiente para ser eficaz e fiscalizar as metas de desenvolvimento, democracia e mudança social. O mecanismo compreenderia uma comissão de sete especialistas, com um diretor executivo localizado em Washington e com a responsabilidade de avaliar planos nacionais, trabalhando com a comissão tripartite OEA-BID-Cepal, quando necessário. O financiamento da Aliança seria dirigido aos países que pudessem demonstrar avanços na reforma social e uma política econômica sólida. Estabelecia-se uma taxa de crescimento anual mínima de 2,5% como meta para cada país. Convencido de que só um órgão multilateral forte, com poderes executivos, poderia disciplinar os governos latino-americanos para que aceitassem reformas estruturais e sociais, garantindo que as metas sociais e econômicas da Aliança estavam sendo buscadas, Prebisch propôs uma comissão permanente, formada por membros reconhecidos internacionalmente que avaliariam planos de desenvolvimento e emitiriam relatórios à OEA, ao BID e ao país membro. A comissão analisaria anualmente a implementação dos planos de desenvolvimento e recomendaria aperfeiçoamentos tanto nos planos quanto nos processos de execução. Com isso, os governos teriam interesse em cooperar com a comissão.

Perto do encerramento, a Conferência de Punta del Este rejeitou a recomendação de Prebisch para a formação da "comissão de sete" dentro da Aliança para o Progresso. Frondizi, apoiado pelo Brasil, liderou o esforço para diluir o processo de análise proposto por Prebisch em um novo "painel dos nove" com um papel meramente consultivo. O painel não teria o *status* de uma comissão fixa permanente da OEA nem autoridade executiva. Em vez disso, sua tarefa seria criar comissões *ad hoc* para analisar planos de desenvolvimento, formadas por três membros do próprio painel e três especialistas nomeados pelo governo em questão. Com nove membros, em vez de sete, o novo "painel de especialistas" (como ficou conhecido) seria maior e menos flexível, mas a solução tranquilizava os governos latino-americanos ao manter a norma estabelecida para a criação de órgãos regionais: dois representantes dos Estados Unidos, um de cada dos cinco países maiores (Argentina, Brasil, Chile, Colômbia e México) e dois membros rotativos dos países menores.

Desapontado, Prebisch se perguntava se essas mudanças não diluiriam a ideia de uma comissão de análise permanente, efetiva e politicamente poderosa, eliminando assim um elemento necessário para o sucesso da Aliança. Porém, ele também percebia que o painel de especialistas era uma inovação significativa e que só o tempo e a experiência diriam se e como o mecanismo funcionaria. Também estava animado com o apoio à comissão tripartite OEA-BID-Cepal: os três executivos – Mora, Herrera e Prebisch – foram solicitados a nomear os membros do futuro painel. Mais ainda: o pessoal de Kennedy em Punta del Este abordou Prebisch para que chefiasse a comissão.[31]

Prebisch ficou satisfeito com os resultados de Punta del Este. A Aliança para o Progresso estava avançando. O papel dele e o da Cepal tinham sido confirmados. O êxito contribuiu para a proposta de Kennedy diante da Assembleia Geral da

ONU em 25 de setembro: o desenvolvimento internacional deveria ser "expandido e coordenado", e a década de 1960 deveria ser designada pela ONU como "década do desenvolvimento". O novo painel de especialistas levou Prebisch a Washington, o centro de ideias e decisões do governo Kennedy, que o tinha acolhido desde o início. Ele passara ali a maior parte de 1961. Estava com sessenta anos, mas sentia-se pronto para assumir um novo desafio. Durante a conferência houve boatos sobre sua renúncia iminente: ele deixaria a Cepal antes do final de seu contrato, previsto para 1963, e entregaria o cargo a Alfonso Santa Cruz, temporariamente, até a volta de Antonio Maoyobre a Santiago. Os jornais americanos relataram que ele estaria de mudança para Washington para implantar o painel de especialistas na OEA. Ao chegar lá, em 9 de setembro, alugou uma suíte no Sheraton-Plaza Hotel por US$ 500 por mês e tomou providências para que utensílios domésticos essenciais fossem trazidos do Chile em abril.[32]

A chilena Eliana Diaz vivia em Washington. Essa relação, especial para Raúl, confirmava o alinhamento quase perfeito de estrelas sobre o Novo Mundo no resplendor de Punta del Este. Eles tinham se conhecido em Santiago. Agora trabalhando como bibliotecária no FMI, ela havia se tornado um fator permanente na complicada vida de Prebisch, enquanto ele planejava o começo de uma nova era de desenvolvimento nas relações entre Estados Unidos e América Latina.

* * *

Prebisch sabia o que queria em Washington. Antes de partir em 2 de setembro, discutiu suas ideias com colegas no porto seguro da sede da Cepal. Seus planos chegaram rapidamente a Washington pela via da embaixada americana. Ele partiu convencido de que seria nomeado diretor-geral e teria um papel de liderança na criação do novo painel de especialistas da OEA. Pensando na arquitetura geral da Aliança para o Progresso, previa que três órgãos trabalhariam juntos: o novo painel, avaliando e fiscalizando os planos de desenvolvimento nacional apresentados pelos governos latino-americanos, a comissão tripartite OEA-BID-Cepal, coordenando a implementação da Aliança, e a Agência dos Estados Unidos para o Desenvolvimento Internacional (Usaid), fornecendo a maior parte do financiamento. Como as três estruturas estavam sendo criadas, ele queria chegar logo a Washington. Era particularmente importante evitar erros nos primeiros passos da criação do painel de especialistas porque a qualidade de seus membros determinaria o êxito: sem poder executivo, o grupo só poderia se impor pelo respeito.

Prebisch não escondia o desejo de atrair as personalidades de maior destaque nas Américas, com quatro generalistas de maior experiência (incluindo ele mesmo como diretor-geral) e cinco especialistas de alto nível nas áreas de indústria e energia, agricultura, transportes, habitação e urbanização, e educação. Uma combinação desse tipo aliaria competência macroeconômica e setorial, aceleraria a filtragem de planos de desenvolvimento nacionais e criaria confiança regional suficiente para estabelecer a credibilidade do painel.

Prebisch chegou a uma Washington frenética, onde pouco se podia fazer na densa e confusa nuvem de relatórios, reuniões e sessões de negociação que rodeavam as relações entre Estados Unidos e América Latina. As nomeações do governo Kennedy demoravam. Por fim, Teodoro Moscoso foi escolhido coordenador norte-americano da Aliança, a posição número dois na Usaid, que seria o mais importante financiador do desenvolvimento latino-americano nos dez anos seguintes. Estas foram boas novas para o painel: o papel de chefia anterior de Moscoso em Porto Rico e seu forte apoio à carta da Aliança o tornaram uma escolha bem aceita em toda a América Latina. Mas houve outros atrasos: como os novos escritórios do painel, no quarto andar do Edifício Premium, ainda não estavam prontos, Prebisch ficou trabalhando nos apertados escritórios da Cepal para conseguir a nomeação de Bodil Royem e Benjamin Hopenhayn, que ele escolhera como secretários do painel.

O governo argentino, nesse ínterim, estava fazendo pressão na OEA e na Casa Branca contra Prebisch, com Frondizi opondo-se a que ele analisasse planos nacionais confidenciais no painel de especialistas e, em geral, reclamando que a Aliança estendera indevidamente o papel e a influência da Cepal em Washington. Essa vingança refletia as dificuldades políticas de Frondizi na Argentina. O modelo econômico implantado com o apoio do FMI e de Washington a partir de 1958 tinha obtido um êxito inicial e depois fracassado, imerso em déficit, desemprego e falências.[33] Excetuando-se os setores privilegiados, como petróleo e montagem de automóveis, a economia estava soçobrando: o déficit nas contas nacionais de 1960 bateu o recorde, 75 mil ferroviários foram demitidos e greves se espalharam por todo o país. Cada vez mais vulnerável a um golpe militar e dependente do apoio financeiro de Washington, o mortalmente ferido Frondizi, em um lance teatral, atacou seu velho inimigo dos tempos do Plano Prebisch. Apesar de pueril em substância, o ataque vinha de um país membro antigo da OEA, e foi eficaz. A oposição de Frondizi fez Prebisch perder a aposta de se tornar diretor-geral do painel de especialistas. Apesar de Mora insistir em que ele tinha declinado da oferta, alegando outros compromissos, isso era flagrantemente falso. Sentindo-se ofendido, Raúl recusou uma simples participação, criando um impasse, já que era o candidato óbvio. Era preciso achar uma solução. No final, a posição de diretor-geral deixou de existir e ele foi nomeado "coordenador" em regime de tempo parcial: isso Frondizi aceitaria, desde que os nove membros fossem aprovados pelos governos e pela comissão tripartite. Prebisch concordou relutantemente, e essa querela logo no início foi uma advertência sobre o futuro do painel.

Apesar desse revés, Prebisch iniciou o trabalho convencido de que o painel poderia constituir uma importante vitória para as Américas,[34] pois tinha a vantagem de começar do zero. Suas próprias atribuições eram amplas: reunir e dirigir o painel, supervisionar seus grupos de trabalho e realizar a atividade de ligação em Washington e na América Latina. O apoio dos Estados Unidos era forte. Em 29 de novembro, em uma cerimônia especial na OEA, o presidente Kennedy anunciou oficialmente o painel, declarando que "hoje se inaugura um outro marco na Aliança para o Progresso, pois começamos a selecionar o painel de especialistas aprovado na Carta de Punta del Este. É uma inovação histórica, não apenas nos negócios interamericanos, mas no esforço de desenvolver as economias de metade do mundo. Desde o Plano Marshall as nações aliadas não iniciavam um programa de desenvolvimento regional guiado por um órgão em grande parte selecionado pelos próprios países em via de desenvolvimento". Os membros do painel, sete latino-americanos e dois norte-americanos, não refletiam a composição proposta por Prebisch de generalistas e especialistas, mas eram pessoas conhecidas na região e comprometidas com as metas da Aliança. Os dois membros americanos, Paul Rosenstein-Rodan e Harvey Perloff, eram aliados de Prebisch, que também mantinha relações estreitas com Ernesto Malaccorto (Argentina), Ary Torres (Brasil), Raúl Saez (Chile), Hernando Agudelo Villa (Colômbia), Gonzalo Robles (México), Felipe Pazos (Cuba) e Manuel Noriega Morales (Guatemala). Douglas Dillon, nomeado secretário do Tesouro, reafirmou o compromisso dos Estados Unidos em doar US$ 1 bilhão para o primeiro ano da Aliança, que terminaria em 13 de março de 1962, e enfatizou a "importância primordial" do painel na "avaliação de planos de desenvolvimento [e]... no fortalecimento da seleção de projetos", bem como a assistência do governo dos Estados Unidos "ao aporte e à canalização de capital externo".[35] Em uma demonstração de reconhecimento, a OEA pediu que Prebisch encerrasse a sessão.

Determinado a começar logo, Prebisch convocou uma reunião de organização do painel para dezembro, antes de sua nomeação oficial entrar em vigor, em

1º de janeiro de 1962. Queria decidir sobre prioridades. A Carta de Punta del Este dizia que o plano era o "principal instrumento da Aliança", mas os países latino-americanos compreendiam de diferentes maneiras expressões como "planejamento" e "planos", e estavam em diferentes estágios de desenvolvimento. O Brasil pretendia estabelecer uma comissão de coordenação nacional para projetos urgentes.[36] A Bolívia, sem experiência comparável, tinha um "plano" nacional desde 1959, feito com base no trabalho de um grupo consultivo da Cepal, mas ele só definia metas amplas e não era um programa coerente de investimento público e privado. Muitos países precisariam de vários anos para preparar planos de desenvolvimento detalhados e operacionais. Antes da Conferência de Punta del Este, Prebisch dissera que somente planos "de médio prazo" eram factíveis, mas agora enfrentava o perigo de os governos fazerem solicitações de emergência, sem plano nenhum.

O painel de especialistas precisava de um caso de teste que servisse de exemplo, uma primeira história de êxito da Aliança para o Progresso, vinda de um país importante, que submetesse um plano nacional para obter financiamento. O Chile, como sempre, estava pronto. Ao contrário da Argentina (de má vontade), o Brasil (relutante) ou o México (misterioso), o presidente Alessandri estava ao mesmo tempo comprometido com o processo do painel e ávido por chefiar o primeiro país a ter um plano nacional aprovado pela Aliança para o Progresso. Com um Banco Central forte e instituições nacionais organizadas, juntamente com economistas que tinham longa experiência em planejamento do setor público, o Chile ficou muito satisfeito quando foi escolhido pelo painel e aceitou de bom grado sua ajuda para finalizar um plano de investimentos de longo prazo. Felipe Pazos, Hernando Agudelo e Rodrigo Gomez foram selecionados pelo painel para servir no grupo *ad hoc*, assistido pelos especialistas externos, escolhidos depois de consulta ao próprio Chile.[37] O painel se estabeleceu em seus novos escritórios, Hopenhayn veio da Cepal para trabalhar como secretário e os nove especialistas começaram a trabalhar, ocupados também com solicitações de palestras e artigos, dado o interesse que o experimento despertara em toda parte, nas Américas e fora delas.

Como o sucesso dependia muito do Chile, o grupo *ad hoc* trabalhou com afinco e comprometimento, chegando a resultados preliminares promissores. Porém, os acontecimentos na Argentina logo vieram para o primeiro plano. Em 29 de março de 1962, Arturo Frondizi foi preso pelo Exército e enviado para a ilha de Martín Garcia, no rio da Prata, em um típico melodrama portenho. Granadeiros vieram buscá-lo no meio da noite. Ao se aproximarem da Casa Rosada, Frondizi dispensou sua guarda pessoal para evitar derramamento de sangue. Ela aceitou não resistir, mas permaneceu no palácio com toda a equipe civil, em apoio ao presidente. Quando por fim os granadeiros entraram, todo o grupo – soldados, a equipe e o próprio Frondizi – começou a cantar o hino nacional em meio a lágrimas, inclusive os golpistas. O golpe militar estava sendo tramado havia algum tempo e não foi inesperado, mas o que preocupava Prebisch em Washington e Alessandri em Santiago era que o novo regime de José Maria Guido, instalado pelos militares até a realização de eleições no ano seguinte, apelou ao governo Kennedy por uma ajuda econômica imediata para evitar "uma nova Cuba", usando a linguagem da época.

A crise entre Estados Unidos e Argentina depois da queda de Frondizi atingiu em cheio a Aliança para o Progresso. A Argentina não tinha submetido nada ao painel, nem mesmo um esboço de plano nacional. O pedido de meio bilhão de dólares de Guido a Washington era uma tentativa de burlar a Carta de Punta Del Este e a estrutura criada para implementá-la. Alessandri ficou furioso quando Washington concordou com a demanda argentina por motivos de segurança: "Abri meus livros para nada." Para o painel de especialistas e seu grupo *ad hoc* sobre o Chile, a negociação entre Estados Unidos e Argentina era duplamente desmoralizante, pois mostrava que eles eram redundantes em Washington e irrelevantes na América Latina. A tragédia do golpe militar afetou Prebisch também como cidadão, mas, na condição de protagonista da Aliança, foi devastador sentir-se passado para trás antes mesmo de terminar a reforma dos escritórios. Se os generais latino-americanos podiam conseguir dinheiro fácil dos Estados Unidos levantando a bandeira da "ameaça comunista", por que algum governo levaria o painel a sério? O descrédito da Aliança era ainda mais desanimador por causa do aparente vigor com que ela fora lançada apenas seis meses antes.

A decisão tomada depois da queda de Frondizi revelou o peso do *establishment* de segurança em Washington. Além disso, o clima geral na capital americana em relação à Aliança para o Progresso também começou a se deteriorar. Para piorar o dano causado pela Argentina, o presidente Kennedy recuou do outro compromisso-chave assumido em Punta del Este, que falava em uma "nova era" no comércio de produtos básicos, as exportações mais importantes da América Latina, simplesmente estendendo o Acordo Internacional do Café negociado por Eisenhower a outros produtos. As flutuações de preços e a consequente inconfiabilidade das rendas de exportação enfraqueciam a capacidade de financiar o desenvolvimento: um novo acordo entre Estados Unidos e América Latina incrementaria a agenda comercial, fortalecendo os compromissos da Aliança. Mas o tempo tinha se esgotado em Punta del Este sem que se conseguisse concluir essas negociações. O grupo de trabalho conjunto sobre estabilização de rendas de exportação retomou as negociações em janeiro de 1962, com os representantes dos Estados Unidos se desculpando pela intransigência americana no passado, culpando George Humphrey pela má vontade anterior e tranquilizando os colegas latino-americanos: agora as coisas seriam diferentes, pois o presidente Kennedy estava pessoalmente comprometido com uma política de estabilização das exportações regionais. A única questão era a escolha de políticas e de mecanismos. Em março, porém, era óbvio que os norte-americanos tinham levantado expectativas irrealistas. Um Congresso protecionista, preocupado com o déficit e o desemprego crescentes, não aceitaria o que considerava um programa de "ajuda disfarçada". Apesar da pirotecnia de Kennedy, os democratas não controlavam o Congresso. Sem encontrar solução, as conversações entre Estados Unidos e América Latina terminaram em fracasso.

A atmosfera política em Washington evoluía em nova direção. Uma onda de otimismo e confiança renovados varria o país. Na rivalidade espacial, o trauma que se seguiu ao Sputnik terminou com um bem-sucedido voo americano tripulado em 20 de fevereiro de 1962, quando o astronauta John Glenn viajou em torno da Terra no Friendship 7. Os Estados Unidos não tinham ficado para trás em relação à União Soviética; ao contrário, estavam na liderança. O setor empresarial americano iniciara uma ofensiva contra a Aliança para o Progresso e o próprio Prebisch, considerados hostis ao empresariado. A revista *Fortune* de fevereiro de 1962 publicou o artigo "Latin America: Bureaucracy and the Market", que descrevia a postura de Prebisch (agora de origem iugoslava) como antiempresarial: "Doutrinário, [...] talvez o economista político mais influente, mas não necessariamente o mais sólido, do hemisfério, com uma personalidade encantadora e volátil e uma mente tão ágil quanto caprichosa [...] um desses economistas politicamente engajados, que moldam a economia para se adequar a seus objetivos."[38] John D. Rockefeller estava formando o Conselho das Américas em Nova York como uma investida contra a abordagem "estatizante" da Aliança e, em maio, Kennedy criou a comissão de comércio da Aliança para o Progresso, composta por 23 empresários importantes. A emenda do senador Bourke Hickenlooper ao projeto de lei de ajuda externa dos Estados Unidos estabelecia que qualquer ajuda seria automaticamente extinta onde os investidores norte-americanos estivessem sujeitos a tributação discriminatória ou nacionalização.[39] O investimento direto dos Estados

Unidos na América Latina foi de apenas US$ 85 milhões em 1960 e US$ 144 milhões em 1961, enquanto as remessas de lucros e juros nesses dois anos atingiram as espantosas cifras de US$ 632 milhões e US$ 675 milhões.[40] A previsão para 1962 não era melhor. Apesar de Kennedy ter conseguido do Congresso um aumento de 20% na ajuda econômica, que atingiria US$ 1,3 bilhão em 1962, haveria uma queda no exercício fiscal de 1963 e um corte dramático em 1964, que reduziria o pacote de ajuda para pouco mais de US$ 500 milhões. Assim, o financiamento do desenvolvimento latino-americano, tanto originário do setor privado quanto do setor público, enfrentava dificuldades. Aproximavam-se as eleições para a metade do Congresso.

Durante 1962, um grupo mais radical da equipe de Kennedy ganhou influência. Washington posicionou-se contra o modelo de governança representado pelo painel de especialistas. Richard Goodwin foi substituído por Edwin Martin, enquanto Thomas Mann, Douglas Dillon e W. W. Rostow foram promovidos. Uma nova política de contrainsurgência, adotada pela equipe de Kennedy em agosto de 1962 para combater a ameaça comunista na América Latina, fortaleceu o imperativo da segurança nacional. A oposição a Prebisch foi profunda: o Tesouro e o setor privado resistiam ao planejamento, pois disciplina fiscal e monetária resolveria tudo; Thomas Mann opunha-se frontalmente a Prebisch em todos os assuntos; a CIA via a Aliança para o Progresso como uma armadilha comunista; o FMI, o Banco Mundial e o BID preocupavam-se com seus próprios espaços; e burocratas do Departamento de Estado descartavam os latino-americanos como fracos e corruptos para se encarregarem de qualquer coisa.

As autoridades dos Estados Unidos não aceitavam o multilateralismo, descartando o painel de especialistas como irrelevante, enquanto a maioria dos governos latino-americanos entendia tudo bem demais e resistia ao modelo justamente porque poderia ser eficaz. A derrota da Aliança veio pelos dois lados. Os latino-americanos criticaram Kennedy por não se impor, mas ficaram aliviados quando arrefeceu o impulso de Washington a favor das reformas agrária e fiscal. Nem os Estados Unidos nem a América Latina estavam preparados para os compromissos estabelecidos na Carta de Punta del Este. Um ano antes, na excitação que se seguiu ao discurso de Kennedy em 13 de março, Prebisch havia imaginado o começo de novo período, mas a sensação de vingança havia sido prematura. Permaneciam suspeitas subjacentes entre os Estados Unidos e a América Latina. A Aliança para o Progresso continuaria a existir na OEA, mas nem em Washington nem na América Latina as pessoas continuavam animadas com essa ideia. O "ano da América

Latina" estava encerrado, e a equipe de Kennedy seguia em frente. Em 13 de junho, Prebisch renunciou. Foi o seu cargo mais curto da história. Ele compartilhou o fracasso do painel de especialistas: "Cheguei à conclusão de que não é possível corrigir o grave erro cometido em Punta del Este, quando a conferência rejeitou a proposta original de um presidente que formasse um grupo de sete especialistas."[41] Sem influência ou poder executivo, o painel era impraticável e a posição do coordenador, insustentável.

* * *

Prebisch desistiu da suíte no Sheraton-Plaza e voltou para Santiago. Antonio Mayobre tinha saído da Venezuela para assumir uma missão na ONU encarregada de explorar a criação de um novo centro sobre desenvolvimento industrial; só poderia ir para Santiago em agosto de 1963. Raúl concordou em ficar como secretário executivo da Cepal até que a transição se completasse. Porém, sua carreira estava rumando em direção ao novo Instituto Latino-americano de Planejamento Econômico e Social (Ilpes), que aos poucos tomava forma desde a visita de Paul Hoffman a Santiago dois anos antes. A aliança de Hoffman, Herrera e De Seynes era definitiva: o Fundo Especial da ONU aprovou um pacote de financiamento de US$ 3 milhões em 11 de janeiro de 1962. Felipe Herrera contribuiu com US$ 1 milhão do BID para completar um pacote de financiamento de cinco anos e De Seynes conduziu pela Assembleia Geral a resolução que aprovava a criação de institutos regionais autônomos.[42] Quando o painel de especialistas começou a fracassar, Prebisch ficou cada vez mais interessado no projeto. Em maio de 1962, a ONU nomeou-o diretor-geral do instituto com um mandato de cinco anos e, por fim, em 8 de junho, ele renunciou ao cargo no painel de especialistas e voltou definitivamente para Santiago com novo cargo e novo desafio.

Era uma honra ser convidado por Don Raúl para participar do novo centro autônomo de pesquisa e formação. Ele escolheu funcionários da Cepal. Hopenhayn, que deixou com ele o painel de especialistas para se tornar secretário do instituto, refletiu sobre as expectativas da equipe: "Não tenho dúvida de que o instituto encarna as maiores esperanças da América Latina."[43] Com a equipe ansiosa para começar a operar, o instituto celebrou sua inauguração oficial em julho de 1962. Muita coisa acontecera durante seus dois anos de gestação. Havia agora uma concorrência séria. Ao contrário do BID, o Banco Mundial decidira criar seu próprio Instituto de Desenvolvimento Econômico, "uma expansão muito substancial das nossas atividades de assistência técnica, principalmente pela criação de um corpo de elite de especialistas em desenvolvimento disponíveis para missões de campo".[44] Apresentado como uma oferta do Banco Mundial à Aliança para o Progresso, o instituto foi reconhecido como concorrente direto do Ilpes, proporcionando uma opção mais sólida e mais bem financiada para facilitar os programas da Usaid na América Latina. Richard H. Demuth, diretor de planejamento e assistência técnica do Banco Mundial, observou que a proposta "nos colocou em contato de novo com toda a formulação de programas de ajuda estrangeira dos Estados Unidos". Condescendente, disse: "Informalmente, acho que devemos usar nossa influência para manter o programa da Cepal em bases razoáveis, de forma que se não for bem-sucedido, conforme acredito, não vire um grande elefante branco."[45]

Hoffman e Prebisch sentiram-se ultrapassados, mas não havia nada a fazer. Os governos latino-americanos se perguntavam o que o Ilpes realizaria agora, quando o novo instituto do Banco Mundial tinha sido criado e organismos semelhantes, como o Instituto de Pesquisas para Desenvolvimento Social, da ONU, estavam sendo estruturados. Dois anos antes, quando Hoffman visitou Santiago, o conceito de um instituto regional da ONU em Santiago parecera visionário, mas no final de 1962 a paisagem do desenvolvimento internacional estava ficando desordenada. Havia também uma resistência crescente por parte dos governos latino-americanos, que passaram a questionar a razão de existência do instituto, pois já existia a Cepal. Na oitava sessão plenária da Cepal, em fevereiro de 1962, perguntaram a Prebisch por que o instituto enfraquecia a Cepal, retirando seus melhores funcionários. O Centro Latino-Americano de Estudos Demográficos (Celade) tinha sido criado como uma unidade separada, embora não autônoma, e estava trabalhando bem. Por que o instituto devia ser privilegiado com uma organização separada, quando toda a equipe da Cepal era de apenas 85 funcionários? E por que devia reivindicar, no sistema da ONU, um *status* comparável às grandes agências especializadas?

Prebisch explicou que o instituto devia assumir o papel da Cepal na comissão tripartite e, portanto, precisava de "um caráter autônomo, semelhante ao do Fundo Especial e da Unicef", chefiado por um diretor-geral com nível de subsecretário da ONU. O instituto também precisava de autonomia para reacender o impulso criativo do início da década de 1950. Seu conselho diretor incluiria membros que atuassem em nome pessoal (e não como representantes de governos, como na Cepal) para manter o objetivo de sua criação. "Se os economistas gastam muito tempo com problemas práticos, sem se afastar deles para se dedicar ao estudo teórico e científico dirigido para uma solução, correm o risco de se tornar empíricos, com abordagens excessivamente pragmáticas. Se, por outro lado, dedicam suas energias a interpretar cientificamente os fatos e formular teorias, sem colocar os pés na terra de vez em quando, correm o perigo de ficar envolvidos em abstrações que os afastam dos problemas da vida real na América Latina."[46] O Ilpes e a Cepal seriam organizações irmãs, difundindo treinamento e pesquisa para o desenvolvimento, enquanto o trabalho aplicado do secretariado de Santiago continuaria do outro lado do corredor.

Frondizi opusera-se terminantemente aos planos de Prebisch. Sem o golpe militar que o depôs, o Ilpes não teria sido aprovado. Mesmo assim, foi necessária uma sessão especial da Cepal em 2 de junho, em Nova York, na qual Raúl conseguiu aprovar por escassa margem sua lista de conselheiros para o comitê diretor, com a ajuda de Celso Furtado, agora uma autoridade no Brasil. Apesar dos acontecimentos de 1957, Furtado não recusou o chamado de seu velho amigo. No final, o BID e a Cepal obtiveram poder de voto em um comitê diretor expandido para oito membros latino-americanos, para apaziguar ansiedades.[47]

As dificuldades que cercaram o nascimento do instituto foram um presságio. O observador do Banco Mundial na reunião de Nova York apontou: "Ao ouvir sobre os procedimentos que envolveram a criação do novo instituto, fica-se com a impressão de que é provável que ele enfrente mais do que os problemas usuais associados ao lançamento de qualquer nova organização. Podem-se esperar novas dificuldades decorrentes da profunda divisão que existe entre os Estados em relação à natureza, aos objetivos e ao alcance da organização. Essas diferenças provavelmente exercerão uma influência debilitante sobre os funcionários e as atividades do instituto, limitando suas contribuições práticas ao desenvolvimento econômico de países latino-americanos no futuro."[48] O Ilpes poderia começar com o programa de formação de Ahumada. Esses cursos, ministrados competentemente pela Cepal durante muito tempo, tinham grande demanda e poderiam ser expandidos. Por isso, desde sua criação em julho de 1962, o Ilpes organizou um curso-padrão para oitenta profissionais com pouca experiência, vindos de todo o continente. Também foram planejados seminários mais curtos sobre educação e saúde. Mas a atividade de formação não era suficiente para justificar a existência do instituto, que se voltou para Prebisch em busca de novos papéis: ancorar em Santiago a comissão tripartite OEA-BID-Cepal e converter o Ilpes na principal usina de ideias inovadoras sobre desenvolvimento da América Latina.

Prebisch encontrou uma Cepal irreconhecível quando voltou de Washington. A Aliança para o Progresso tinha absorvido sua agenda. A sede em Santiago, apesar de orgulhosa de seus feitos históricos, sentia-se isolada e de certa forma deslocada diante da irresistível atração de Washington. A situação da Cepal não era diferente da de um partido político minoritário em uma coalizão que enfrentava eleições depois de seu parceiro dominante adotar sua plataforma e passar a reivindicá-la. De fato, as embaraçosas reverências à Cepal como "pioneira" e "missionária" em Punta del Este só haviam aprofundado a sensação de mal-estar. Todos os elogios recebidos dos americanos, da ONU e dos outros pareciam panegíricos funerários: o centro de criatividade e ação em programas de desenvolvimento estava se mudando para Washington, com os latino-americanos sendo atraídos para essa órbita de luz e poder. Estrelas remotas como Santiago estavam diminuindo, com seus dias de brilho contados. O impulso político, as agências e o dinheiro estavam no Norte. A Cepal chegara ao auge. Precisava de uma nova geração.

Prebisch estava feliz por deixar seu posto. O instituto era sua nova esperança de reverter o declínio da Cepal, onde seus colegas eram mais doutrinários, arrogantes e ideológicos, pois uma nova militância crescia mesmo quando o prestígio da organização se desvanecia. Prebisch observou a Mayobre: "Cuidado com o cavalo da Cepal. Ou você o domina ou ele te joga longe."[49] O novo dogmatismo na organização era uma estrada que levava a uma certa irrelevância em uma época em que a América Latina enfrentava desafios crescentes, gerando uma parcela declinante do comércio e da produção globais e enfrentando uma perda de sua posição privilegiada na ONU e nas organizações internacionais, na medida em que dezenas de novos países conquistavam independência. Quando representantes dos Estados Unidos perguntaram-lhe sobre o futuro da Cepal após sua partida, Prebisch chamou a atenção deles para "a necessidade de a Cepal reconstruir seu estoque de capital intelectual".[50] Em vez de repetir slogans do passado, ela deveria concentrar-se em áreas em que tinha competência específica, como política social (habitação, educação e trabalhadores imigrantes) e pesquisa microeconômica em indústria e agricultura, para se religar com as realidades da região.

O discurso de despedida de Prebisch na Cepal revelou uma nova direção de seu pensamento; agora ele iria muito mais longe na crítica às elites latino-americanas e na ligação do apoio externo com a mudança interna: propriedade da terra, educação pública e distribuição de renda. Mercados em expansão, tecnologia e acesso à assistência e ao capital eram ingredientes necessários à modernização, mas reformas políticas e sociais eram precondições fundamentais, sem as quais a assistência estrangeira fracassaria.⁵¹ Foi uma avaliação severa, até sombria, pois a polarização entre as capitais latino-americanas e a Washington de Kennedy refletia a polarização interna em Santiago. Parecia duplamente importante tentar reverter o diálogo negativo e a amargura que tinham retornado às relações entre Estados Unidos e América Latina durante 1962. Prebisch apoiou a OEA na convocação de uma reunião de ministros de Relações Exteriores para tratar do problema e buscar novos rumos para revitalizar a Aliança para o Progresso. O governo Kennedy apoiou a ideia, e o México concordou em servir de anfitrião da reunião de alto nível em outubro de 1962.

A conferência foi aberta em 22 de outubro com uma mensagem gravada do presidente Kennedy louvando a Aliança para o Progresso como "a contribuição mais valiosa para o fortalecimento da estabilidade social e política na comunidade americana" e defendendo a cooperação entre Estados Unidos e América Latina para que a iniciativa fosse renovada. Ele acrescentou: era uma oportunidade importante demais para ser desperdiçada, e, apesar das realizações, os 21 governos enfrentavam o desafio de reconsiderar a Carta. Porém, os delegados, inclusive Prebisch, não estavam prestando atenção nessa declaração gravada. O Kennedy real e vivo, em Washington, tinha acabado de ordenar um bloqueio naval a Cuba, exigindo a retirada de mísseis soviéticos de médio alcance instalados na ilha. Com o mundo enfrentando o perigo nuclear, os representantes norte-americanos e ministros de Relações Exteriores correram para casa em um clima de excitação nervosa para enfrentar uma crise diante da qual a Aliança para o Progresso parecia uma questão menor. A reunião desandou. Prebisch aguardou os acontecimentos na Cidade do México. Três dias depois, Khrutschev recuou. A reunião da OEA na Cidade do México foi reconvocada em um clima diferente. A delegação dos Estados Unidos recebeu uma prolongada ovação quando entrou no salão lotado. Os latino-americanos perceberam que compartilhavam a vitória de Kennedy, pois armas nucleares soviéticas em Cuba ameaçavam todos os países das Américas e não só os Estados Unidos. Mas uma profunda impressão de *déjà vu* marcou a celebração. A sensação de alívio pela derrota soviética era acompanhada do reconhecimento de uma nova equação de poder nas Américas.

Prebisch deixou a Cidade do México em 27 de outubro, sabendo que o triunfo de Kennedy tinha deslanchado um novo instinto napoleônico nas relações entre Estados Unidos e América Latina, deixando pouco espaço para a criatividade no desenvolvimento regional. Durante cinco anos, desde 1957, a América Latina tinha sido prioridade em Washington porque não era totalmente segura. A Carta de Punta del Este simbolizou uma nova parceria, nascida da necessidade. A crise dos mísseis de outubro de 1962 foi um triunfo espetacular dos Estados Unidos na Guerra Fria, que superou a humilhação da baía dos Porcos em 1961 e restaurou a confiança abalada pelo Sputnik e a perda de controle sobre Cuba. O orgulho americano e a ordem natural nas Américas foram restaurados, pondo fim às inseguranças e preocupações em Washington a respeito da América Latina. Com Cuba neutralizada como uma ameaça direta à segurança nacional, Washington voltou-se para a contrainsurgência na região, endurecendo as relações com governos latino-americanos que não eram dóceis e fortalecendo elites conservadoras que resistiam à mudança social, classificando-a de "comunismo". O Brasil já se convertera em uma das maiores preocupações americanas, com o presidente João Goulart sendo identificado como uma ameaça aos interesses americanos.[52] Lincoln Gordon foi nomeado embaixador no Brasil, assessorado pelo coronel Vernon Walters como adido militar, para tratar Goulart com firmeza. A América Latina estava voltando à sua posição tradicional de quintal seguro dos Estados Unidos, um campo de provas para um *establishment* de segurança nacional descomunal e confiante. O impulso de mudança passou decisivamente para Washington. Apesar de não se poder afastar a ideia de um renascimento da Aliança para o Progresso, agora as regras do jogo seriam estabelecidas em Washington.

O destino da comissão tripartite OEA-BID-Cepal, o último vínculo de Prebisch com Washington, mostrou a crescente marginalização da Cepal. Antes de deixar a Aliança para o Progresso, ele concordara em chefiar a nova comissão consultiva de planejamento da comissão tripartite. Depois de se afastar do "painel dos nove" em junho de 1962, viajara diversas vezes entre Santiago e Washington para reuniões com Felipe Herrera e Mora, esperando que a força combinada de suas organizações proporcionasse maior influência sobre os governos. Agora descobria que os países principais – 90% da América Latina – não estavam mais interessados. Eles administravam seus próprios planos, buscando consultores onde quisessem, lidando com a Usaid, bancos e suas próprias agências. As missões do grupo consultivo da Cepal enviadas pela comissão tripartite estavam fora de moda: mesmo os pequenos países, como o Uruguai, as aceitavam com ressalvas ligadas a custo e qualidade. O FMI e o Banco Mundial também não tinham interesse na comissão tripartite, que se intrometia em suas áreas de competência, e a Usaid parecia voltada para suas próprias questões. O BID era respeitado: nenhum governo latino-americano, pequeno ou grande, podia se dar ao luxo de ignorá-lo, já que fazia parte do grupo em que estavam o Banco Mundial e o FMI. A Cepal, porém, não emprestava dinheiro. Apesar de Felipe Herrera tratá-los com respeito e cortesia, Prebisch e Mora estavam reduzidos à condição de atores sem recursos, que solicitavam dinheiro e atenção. Com apenas três anos de idade, sua comissão tripartite se esgotara. Ao ouvir os relatórios das reuniões, Prebisch lembrou-se das inúmeras cartas que tinha prometido escrever e refletiu sobre a insignificância de tudo aquilo. Entendeu que um período havia terminado, mesmo que a comissão só viesse a ser oficialmente dissolvida muito depois, em 1967.

Os amigos de Prebisch em Nova York insistiam em que olhasse para fora da região, para a agenda de desenvolvimento global. Ao se demitir do painel dos especialistas, ele não tinha intenção de deixar as Américas. Agora estava aberto a convites.

CAPÍTULO 17

Jogo global

Amigos em Nova York duvidaram de que Prebisch quisesse voltar a Santiago para sempre. O desmanche da Aliança para o Progresso no início de 1962 o desanimou ainda mais porque era, depois do mercado comum, seu segundo revés em muitos anos. Porém, Malinowski sabia que ele não estava resignado. Em 14 de maio, depois que Raúl foi oficialmente nomeado secretário-geral do Ilpes, eles caminharam do secretariado, subindo a Primeira Avenida até a Rua 69, passando pelo Central Park na direção norte para o Jardim do Conservatório, onde as azaleias, aquilégias e peônias estavam prestes a desabrochar. Prebisch se perguntava se sempre tinha almejado muito, expondo-se ao desapontamento, ou se havia uma perversidade natural nas relações entre Estados Unidos e América Latina, na qual hostilidade e amizade geravam resultados contraditórios. A ideia de América Latina tinha avançado sob a liderança da Cepal durante um período de hostilidade dos Estados Unidos na década de 1950; fomentada por governos, é verdade, e ainda não amplamente aceita pela sociedade, uma identidade regional aos poucos se formava. Mas a Aliança para o Progresso, de Kennedy, a estava matando em meio a tratamentos especiais, contrainsurgência e recriminações mútuas. Em vez de "bons vizinhos" compartilhando pontos fortes, eram Caim e Abel, nutrindo-se de diferenças, ou simplesmente um casamento infeliz que ampliava defeitos e fraquezas latentes. Nada parecia dar certo no Novo Mundo – o destino do painel de especialistas era o mais exasperante, já que o grupo corporificava um começo genuíno, substituindo poder e inveja por um sistema prático de cooperação para o desenvolvimento. Todavia, não tinha funcionado, sendo destruído em poucos meses, expondo as antigas frustrações geopolíticas da coexistência entre Estados Unidos e América Latina.

Malinowski percebeu que, em duas horas de conversa, Prebisch não tinha mencionado o Ilpes uma só vez: a retirada para Santiago e a vida contemplativa evidentemente não eram a primeira opção para a mais importante autoridade em desenvolvimento da América Latina. A frustração era visceral demais para que ele aceitasse a derrota. Aos 61 anos de idade, com tanto a ser feito, Prebisch buscava engajar-se em um projeto e não encontrar um local para uma aposentadoria tranquila na periferia. Malinowski pressionou-o a se reorientar, buscando uma perspectiva global em vez de latino-americana, e o encorajou a comparecer à próxima conferência no Cairo sobre Problemas do Desenvolvimento Econômico em julho de 1962 como representante do secretário-geral U Thant. Trinta e seis países não alinhados da Ásia, África e América Latina se encontrariam para discutir uma abordagem comum e um programa futuro para o comércio internacional. Seria uma pausa interessante no atual impasse nas relações no hemisfério americano. Além disso, seria sua primeira reunião na África e talvez houvesse surpresas e oportunidades.

Prebisch estava cético. Tinha ouvido isso muitas vezes antes: a demanda perene do Terceiro Mundo por uma nova política comercial internacional, que nunca ia além do conhecido diagnóstico que ele já conhecia desde seus tempos na Argentina. Todos podiam repetir os principais pontos, a começar pelo fracasso em criar a Organização Internacional do Comércio (OIC) como complemento do FMI e do Banco Mundial – os chamados "três pilares" de uma ordem estável no após-guerra. Faltou pouco para isso acontecer. Proposta na fundação da ONU em São Francisco em 1945, a OIC prometia regras justas e equitativas para o comércio, a fim de evitar os perigos dos mercados internacionais não regulados que tinham contribuído para a Grande Depressão. Eric Wyndham-White foi escolhido como primeiro secretário executivo para preparar uma conferência especial em março de 1948 em Havana, e os países em desenvolvimento, com sua especial vulnerabilidade no comércio de produtos de base, ansiavam pela OIC como um apoio para o desenvolvimento.[1] Em 1948, no entanto, o entusiasmo inicial pela OIC tinha esfriado nos Estados Unidos, Reino Unido e em outras economias industrializadas. Apesar de uma primeira versão da Carta ter sido aprovada em Havana, assinada por 53 dos 56 países participantes, o Congresso norte-americano não a ratificou, deslanchando uma cascata de eventos negativos e enterrando o projeto. Afinal, só a Libéria ratificou a Carta.

Nesse ínterim, em uma iniciativa paralela que se iniciou em 1946 (também liderada pelos Estados Unidos, com a aprovação da Grã-Bretanha e os outros aliados do Atlântico), um grupo muito menor de 33 países do Norte com identidade de pensamento começou uma reunião em Genebra para efetuar corte de tarifas. Em 1947, esses parceiros criaram uma nova organização chamada de Acordo Geral sobre Tarifas e Comércio (GATT). Apesar de tecnicamente subordinados ao processo da OIC em curso, com Eric Wyndham-White como secretário executivo do GATT (mantendo seu cargo original na OIC), o pacto floresceu enquanto a Carta de Havana se desmanchava. O motivo era simples: os 23 membros industrializados estavam se reconstruindo depois da Segunda Guerra Mundial e precisavam de uma organização para promover o comércio e solucionar controvérsias. Eles não estavam preocupados com as necessidades dos países em desenvolvimento e ainda controlavam a Ásia, a África e a América Latina.[2] Em vez da ampla participação prevista na OIC, o GATT tratava dos interesses das potências avançadas: redução de barreiras comerciais para bens e serviços industriais, deixando de lado produtos agrícolas e têxteis, nos quais os países em desenvolvimento tinham vantagem.

Com a OIC definitivamente morta, Wyndham-White personificava a estreiteza dos países atlânticos do GATT. Mas em 1949 ele foi eficaz na presidência de uma conferência para redução de tarifas na França. Outras reuniões se seguiram. Em 1956, a Alemanha e o Japão tinham se tornado membros, e o competente secretariado do GATT estava estabelecido de maneira firme e permanente em Genebra. Em vez de uma única organização de comércio global, como vislumbrada em 1945, havia agora uma fissura na comunidade internacional entre o GATT e o resto. Quase todos os países em desenvolvimento, principalmente não ocidentais, concordaram que o GATT servia muito bem aos interesses das potências industriais. Nisso estavam de acordo com os fundadores da instituição. O problema era que faltava uma estrutura mais ampla que ligasse comércio e desenvolvimento, incluindo preços estáveis e aceitáveis para exportações agrícolas, bem como medidas para apoiar a industrialização. A organização não pretendia ser "justa": Wyndahm-White rejeitou o mercado comum latino-americano de Prebisch por ser um regionalismo "fechado", ao passo que acolheu a Comunidade Econômica Europeia apesar de sua política agrícola comum protecionista e sugeriu que os países em desenvolvimento aderissem ao GATT, desde que aceitassem as prioridades e as regras dos membros fundadores.

Conforme o GATT tornou-se parte essencial da comunidade atlântica e do Japão, aprofundando a cooperação entre as potências industrializadas ocidentais no após-guerra, passou a ser cada vez mais um alvo de críticas do Terceiro Mundo.

Com o avanço da década de 1950, esses países se convenciam de que, mesmo quando seguiam boas políticas de desenvolvimento, restrições sistemáticas minavam seu progresso econômico: termos de intercâmbio declinantes, falta de capacidade de investimento em comparação com os países desenvolvidos, redução contínua de gastos com ajuda, aumento da dívida, elevação das barreiras comerciais nos países ricos para reduzir a concorrência dos produtores do Terceiro Mundo, serviços de transporte marítimo e seguros fora de seu controle. Em outras palavras, a institucionalidade econômica internacional criada após a Segunda Guerra Mundial e gerida pelos países ocidentais avançados operava principalmente no interesse deles e, para manter esse estado de coisas, eles controlavam as agências-chave, em particular o FMI, o Banco Mundial, bancos regionais e o GATT. Essa imagem de relações de poder enviesadas e injustiça estrutural – "eles" *versus* "nós" – era negada pelos países industrializados, que consideravam sólido o sistema baseado no GATT.[3] Para eles, os principais obstáculos ao desenvolvimento do Terceiro Mundo eram internos. Se um clima empresarial estável fosse instaurado por seus próprios governos, nada deteria a modernização econômica, e certamente não o GATT de Wyndham-White ou as outras grandes agências. O mercado funcionava; o clamor por "mudanças estruturais" era equivocado e fazia o jogo do líder soviético Nikita Khrutschev, empenhado em influenciar os países em desenvolvimento com apelos repetitivos para reviver a OIC.

Prebisch perguntou a Malinowski por que a Conferência de 1962 no Cairo deveria gerar resultados quando esforços anteriores tinham fracassado de forma tão previsível. Os latino-americanos tinham tido uma experiência particularmente amarga desde 1945: dada sua experiência com o colapso dos preços do trigo, café, açúcar e metais durante a década de 1930, eles tinham sido a região mais comprometida com o êxito da OIC. Após o fracasso da Conferência de Havana, os latino-americanos usaram seu poder de voto na ONU (20 dos 51 assentos na Assembleia Geral) para avançar objetivos de comércio e desenvolvimento. Durante toda a década de 1950 tiveram a força necessária para lançar comissões com nomes pomposos, mas não haviam sido capazes de torná-las eficazes contra a oposição dos países desenvolvidos satisfeitos com o GATT.[4] Os governos latino-americanos tentaram uma abordagem regional – propuseram o conselho interamericano de comércio e produção, por exemplo –, mas isso também fracassou. E o próprio Prebisch tinha um lugar privilegiado em 1962, quando Washington rejeitou o acordo comercial prometido em Punta del Este.[5] Olhando em retrospecto, refletia Prebisch, esse enorme esforço na política de comércio internacional só tinha gerado mais burocracia na ONU e nervos à flor da pele. Malinowski foi peremptório: Prebisch precisava dar uma pausa nas relações entre Estados Unidos e América Latina. Devia ir para o Cairo. Estava esgotado demais pelas demandas de Washington para notar mudanças importantes que estavam ocorrendo no sistema global. Além disso, espairecer um pouco não faria mal. "Olhe para você mesmo", aconselhou.

Depois de pedir afastamento do painel de especialistas no início de junho, Prebisch concordou em ir à conferência, e o que viu foi uma revelação. Muito bem preparada e organizada, com comparecimento expressivo e sem a retórica inflamada sobre as relações Norte-Sul, ela resultou em uma declaração que fixava as principais características de um programa comum para enfrentar os obstáculos internos e externos ao desenvolvimento, endossando uma conferência da ONU para lidar com questões importantes relativas ao comércio internacional, comércio de produtos primários e relações econômicas entre países em desenvolvimento e industrializados.

A Conferência do Cairo foi mais do que estimulante. Além de introduzir novos rostos e ideias, proclamou uma mudança nas relações de poder. Desde 1945 os países desenvolvidos controlavam a agenda econômica global e pretendiam manter as coisas dessa forma. Vindo do Departamento do Tesouro dos Estados Unidos, o francófilo Douglas Dillon havia fortalecido ainda mais a coesão entre Estados Unidos, Europa e Japão, liderando a criação da Organização para Cooperação e Desenvolvimento Econômico (OCDE), com um secretariado em Paris como um instrumento para reunião e pesquisa. Inaugurou a "rodada Dillon" do GATT, na qual a Comunidade Econômica Europeia, pela primeira vez, votou de maneira unificada.[6] Do outro lado da divisão Norte-Sul, o encontro no Cairo em 1962 reuniu outro grupo de países em torno de uma pauta comum. Apesar de ainda muito mais fracos que a OCDE, esses 36 países em desenvolvimento da Ásia, África e América Latina, agindo em conjunto, poderiam influenciar – embora não moldar – o debate sobre comércio e desenvolvimento. Foi um teste essencial para a construção de coalizões: o fracasso de todas as iniciativas anteriores de comércio na ONU durante a década 1950 resultara de um poder de barganha desigual. A cooperação entre os países do Terceiro Mundo nos três continentes, ainda nos primórdios, tinha um imenso potencial. Em sua reunião em Belgrado em 1959, o Movimento Não Alinhado (MNA), criado em 1955, havia anunciado que comércio e desenvolvimento exigiam ação internacional e que disciplina e organização no Cairo seriam um passo importante rumo à remodelagem da política global. Com o fim dos impérios coloniais, dezenas de novos países estavam se juntando à comunidade internacional. Comércio e desenvolvimento emergiam de novo como a principal questão nas relações Norte-Sul após 1959, alimentada pela parcela declinante do Sul no comércio mundial.[7] O empate entre a Otan e o Pacto de Varsóvia na Guerra Fria era secundário para o Terceiro Mundo. O discurso do presidente Kennedy na Assembleia Geral de 1961 foi contagiante, catalisando o interesse internacional no progresso do Terceiro Mundo e elevando a "década do desenvolvimento" da ONU a prioridade internacional.[8]

Duas semanas depois de Prebisch voltar do Cairo, o Conselho Econômico e Social concordou, em 3 de agosto, em recomendar a realização da Conferência das Nações Unidas sobre Comércio e Desenvolvimento (Unctad), praticamente garantindo a aprovação na Assembleia Geral no outono de 1962. Malinowski tinha diagnosticado corretamente a nova dinâmica internacional: o Cairo demonstrou que os países em desenvolvimento poderiam ter peso se agissem juntos. A partir de seus cargos-chave como secretário do Conselho Econômico e Social e da Comissão Econômica e Financeira da Assembleia Geral, ele tinha se tornado influente, estimulando os delegados a se unirem em votações e resoluções, tendo em vista a redistribuição da renda global, e se juntarem em grupos para contrabalançar o poder dos países desenvolvidos. Diante da resistência do Terceiro Mundo, Washington retirou sua oposição a uma conferência de comércio internacional a fim de, pelo menos, influenciar o que não podia mais impedir. Os opositores restantes também concordaram.[9]

Malinowski queria mais: a Unctad exigiria uma liderança forte. Encorajou Prebisch a aceitar esse novo desafio global. Telefonou várias vezes para ele em Santiago e em Washington e defendeu o nome dele junto aos delegados da Ásia, África e América Latina. A Unctad era prioridade máxima, argumentava, e Prebisch seria o diretor ideal. Durante seus treze anos como secretário executivo da Cepal, sua reputação mundial e sua rede de apoiadores não podiam se comparar a qualquer outra figura no Terceiro Mundo. A Unctad representava uma extraordinária oportunidade para projetar o conceito de diálogo Norte-Sul em nível internacional e para forjar uma nova organização, assim como ele tinha moldado a Cepal como um secretariado regional poderoso. Os paralelos entre a construção da identidade regional na América Latina depois de 1949 e esse novo desafio eram intrigantes: sob a direção de Prebisch, a Unctad poderia ser uma versão global da Cepal, diagnosticando a desigualdade estrutural e a necessidade de transformação global e de planejamento como proposta corretiva. Prebisch reconheceu que a Cepal tinha aberto caminho para a criação da Unctad. "Foi uma ideia desenvolvida aos poucos nas Nações Unidas com base nas atividades da Cepal."[10] Teoricamente, a Unctad recolhia e estendia os conceitos nucleares da Cepal de intercâmbio desigual e assimetria nas relações Norte-Sul. Do ponto de vista tático, ela ofereceu uma aliança global para o progresso, que se centrava em acesso estável ao comércio, assistência oficial ao desenvolvimento e integração regional. Malinowski perguntou se Prebisch pelo menos concordaria em receber uma delegação do Terceiro Mundo.

Depois da crise dos mísseis em Cuba e do fracasso da comissão tripartite, Prebisch avisou a Malinowski que estava aberto a uma oferta da Unctad. Representantes do Brasil, Argentina e Iugoslávia logo chegaram a Santiago com um pedido formal para nomeá-lo chefe da comissão preparatória da conferência.[11] Furtado veio do Rio, Alfonso e Hernán Santa Cruz mobilizaram os chilenos. Depois de ouvir a proposta e falar de novo com Malinowski, Prebisch disse: "Não pedi esse posto, ele está sendo oferecido. Vou considerar a questão." Visitou Nova York para fazer uma avaliação com amigos depois que a Unctad foi formalmente aprovada pela ONU em 8 de dezembro, dia da festa da Imaculada Conceição na América Latina, o melhor dos presságios.[12] O clima na sede da ONU foi encorajador. Foi um desafio e tanto tornar importante essa sigla enorme, Unctad, na luta pela igualdade na comunidade global. Embora sem fazer *lobby* pessoal ("Não movi uma palha", insistiu mais tarde), Prebisch não deixou dúvidas de que aceitaria o cargo.

Porém, sua nomeação foi contestada. A busca da ONU por um secretário-geral para chefiar a Unctad mostrou uma profunda divisão entre os países industrializados ocidentais, de um lado, e o mundo em desenvolvimento junto com o bloco socialista, de outro. O cargo era potencialmente significativo, mas somente a Austrália, o Canadá e a Nova Zelândia entre os países desenvolvidos tinham votado a favor da iniciativa da Unctad, contra a posição dos Estados Unidos, Inglaterra, França, Itália, Espanha, Irlanda e África do Sul. Japão, Países Baixos, países escandinavos e as ex-colônias francesas na África abstiveram-se. Depois de deliberações, os países ocidentais decidiram pela nomeação do australiano Sir John Crawford. Malinowski era tão detestado em Washington que sua campanha a favor de Prebisch tinha recrudescido a resistência dos Estados Unidos.

U Thant procurou ganhar tempo, e a oposição à candidatura de Prebisch aumentou nas primeiras semanas de 1963. Os países desenvolvidos afirmavam que a recusa anterior de Wyndham-White em apoiar o mercado comum latino-americano tinha gerado ressentimento em Prebisch em relação ao GATT, aprofundando suspeitas de que ele era muito autocentrado, tinha dificuldades em fazer concessões e era um crítico do livre-comércio. Prebisch esperou ansiosamente em Santiago, mas Washington permaneceu em silêncio até a terceira semana de janeiro de 1963. Como a primeira reunião da comissão preparatória da Unctad tinha sido marcada para 23 de janeiro, o prazo era mínimo. Foi só naquela manhã, no último momento, que U Thant telefonou para Prebisch para oferecer o cargo de secretário-geral com um contrato até 1º de julho de 1964, já que não havia garantia de que seria criada uma instituição permanente. Mais tarde naquele mesmo dia, U Thant enviou uma mensagem desculpando-se pela "falta de formalidade" por não ter enviado com antecedência uma oferta por escrito, definindo os termos e condições da nomeação. A decisão foi tomada "com muita pressa", observou, "para conter a impaciência dos delegados". O bilhete expressava sua "satisfação e gratidão" por Prebisch ter aceitado a oferta: "Estou convencido de que sua presença nesse cargo estratégico será o fator mais importante para o sucesso da conferência".[13] Prebisch respondeu com "minha alegria por assumir essa nova responsabilidade" e disse para De Seynes que "seu apoio e orientação contínuos [serão] mais necessários do que nunca". Wladek Malinowski divulgou um anúncio entusiasmado a seus funcionários por todo o sistema da ONU.

"Espero que esteja melhor de saúde", observara U Thant, "e anseio vê-lo em breve em Nova York, quando poderemos discutir providências administrativas e práticas." Prebisch tinha sofrido de artrite em dezembro e respondeu: "Espero estar bem em março." Mas já estava no telefone, tomando providências em Santiago para chegar a Nova York antes do esperado, surpreendendo a primeira comissão preparatória ao comparecer à sua sessão final em 31 de janeiro.

***

Malinowski tinha encorajado Prebisch a vir para Nova York o mais rápido possível para evitar que os adversários da Unctad ganhassem uma vantagem inicial. Com ou sem artrite, Prebisch não podia arriscar um atraso. Precisava afirmar sua liderança imediatamente, assumindo o controle da comissão preparatória em sua primeira sessão em Nova York. Esse órgão com representantes de trinta países – industrializados, em desenvolvimento e socialistas – era um dos dois mecanismos burocráticos criados para desacelerar e controlar a nova iniciativa (o outro era um grupo separado de especialistas para estudar a criação – ou não – de um secretariado de comércio permanente depois da Unctad). A reunião tinha começado bem, com uma colaboração amigável entre os três campos, mas ocorreu um repentino esfriamento que deu lugar a um impasse, conforme a divergência de expectativas dos países veio à tona. Os maiores países em desenvolvimento, como o Brasil e a Índia, apresentaram uma abordagem nova para as relações Norte-Sul. Os Estados Unidos e seus aliados, que estavam ali de má vontade, ficaram irritados com o apoio oportunista de Moscou ao Terceiro Mundo. Surgiram todas as divergências sobre a economia global, ampliando o dilema de chegar a um compromisso com decisões mutuamente aceitáveis. Depois de nomear o mexicano Cristóbal Lara como seu vice no Ilpes, Prebisch correu para Nova York para evitar um fracasso inicial que pudesse minar toda a iniciativa. De fato, sua chegada não anunciada em meio a uma situação tensa, cheia de olhares hostis e falas irônicas, foi providencial: o discurso de improviso de Raúl como novo secretário-geral acalmou os ânimos, ressaltando o momento histórico, apelando para a cooperação e aliviando o ambiente de um desastre anunciado para conseguir um começo auspicioso, embora frágil.

A iniciativa da Unctad ficava mais séria com Prebisch em Nova York, mas o desafio era imenso. Em 1950, quando ele assumira a liderança da Cepal, chegara a uma organização que já existia, embora estivesse ameaçada. Na Unctad, nem mesmo o local das instalações tinha sido decidido. Antes de partir de Santiago, Prebisch enviara uma mensagem a David H. Pollock, chefe do escritório da Cepal em Washington, pedindo que fosse encontrá-lo no aeroporto e o assessorasse no ano seguinte como seu assistente pessoal. "Esteja onde eu estiver", pediu com simplicidade, pois precisava do talento e da lealdade de Pollock para dar o pontapé inicial na Unctad. Canadense genial e inofensivo, conhecedor dos meandros de Washington, Pollock conseguia lembrar-se de detalhes e resumir conversas e reuniões com impressionante exatidão. Seu papel era assegurar registros precisos das reuniões em Nova York e monitorar os eventos durante as semanas em que Prebisch ficaria ausente em Santiago.[14] Além de Pollock, não tinha nem equipe nem escritório – nem mesmo uma mesa de trabalho e um telefone: quatrocentos metros quadrados de espaço ficariam disponíveis no 24º andar a partir de 1º de março, quando a Unicef se mudasse. A ONU tinha reservado apenas US$ 1,5 milhão para financiar a Conferência durante 1963-1964, com o secretário-geral Prebisch e sua equipe de seis a dez pessoas, com até doze consultores por nove meses, limitados a US$ 64.400 em 1963 e US$ 16 mil em 1964. Ele só tinha um ano para realizar o maior evento na história da ONU, que os países em desenvolvimento consideravam a mais importante reunião internacional desde São Francisco em 1945 e que os países ocidentais queriam enterrar!

Prebisch tinha o cargo formal de secretário-geral da Unctad, mas sua autoridade real não estava clara dentro da hierarquia em Nova York. As duas figuras mais poderosas no Departamento de Assuntos Econômicos e Sociais da ONU eram Philippe de Seynes e seu substituto, Jacob (Jack) L. Mosak, diretor de pesquisas e políticas econômicas gerais. Mosak e De Seynes eram muito diferentes: um era americano, o outro era francês (ambos convencidos de que seus países eram quase perfeitos, com erros de menor importância no passado, cometidos de boa-fé); Mosak desconfiava de Prebisch, De Seynes era seu amigo pessoal; Mosak era viciado em trabalho e sério, De Seynes era tranquilo e sociável; Mosak era rude, De Seynes sofisticado; Mosak era um gerente prático, De Seynes era tático e cerebral; Mosak era heterossexual, De Seynes, homossexual; a superioridade natural das maneiras de Mosak contrabalançava o tom de irritante arrogância de De Seynes. Porém, em um ponto eles estavam de acordo: manter o poder no secretariado da ONU em Nova York.

Prebisch era conhecido como defensor da descentralização do sistema da ONU, mas Mosak e De Seynes bloqueavam qualquer tentativa de reduzir o próprio papel. As tentativas persistentes de Prebisch de obter mais autonomia de Nova York para a Cepal tinham-se apoiado na ideia de "responsabilização". Mosak e De Seynes sabiam que a Unctad provocaria outro desafio.[15] Nem eles nem seus governos a haviam apoiado, mas, agora que tinha sido aprovada, estavam determinados a controlá-la. Na prática, isso significava que à frente da Unctad deveria estar um subordinado que se reportasse ao Conselho Econômico e Social. Caso contrário, Prebisch emergiria como uma força rival no sistema da ONU.

Prebisch sabia que a Unctad tinha de escapar das garras de Mosak e De Seynes para ser considerada legítima pelos países em desenvolvimento, tinha de ser autônoma em relação ao Departamento, e o cargo de secretário-geral – o único outro funcionário no sistema da ONU, fora U Thant, que contava com esse reconhecimento especial – tinha de estar à altura de uma autoridade verdadeira. Os países em desenvolvimento haviam solicitado especificamente o título de secretário-geral para o chefe da Unctad para mantê-la longe do controle do Departamento e garantir que Prebisch não se tornasse uma figura decorativa diante de Mosak e De Seynes. Também insistiram em uma equipe com número equilibrado de componentes, pois nas seções de Estudos de Produtos Básicos e de Relações Comerciais Internacionais do Departamento somente dois dos dezessete funcionários eram de países em desenvolvimento (um da Índia, outro da Indonésia), sem nenhuma representação da África ou da América Latina.

A guerra interna começou na manhã de segunda-feira, 6 de fevereiro, quando Prebisch e Mosak encontraram-se para uma primeira rodada de negociações. Confiante e expansivo, Mosak demonstrava que tinha o comando e controlava as nomeações de funcionários e pesquisadores nas áreas de comércio e desenvolvimento dentro do secretariado.[16] Mesmo que Prebisch quisesse pessoas com mais experiência, como Sidney Dell e Wladek Malinowski – as duas pessoas, conforme ele sabia, de que Prebisch mais precisava –, teria de falar com Mosak e De Seynes para obter autorização do Departamento. Mosak tinha cuidado dos preparativos da Unctad desde sua aprovação pela ONU em 8 de dezembro e queria que as coisas continuassem assim. "Este escritório", informou à equipe da ONU em 9 de janeiro, "é responsável pela Unctad." Depois de ter organizado a primeira sessão da comissão preparatória em Nova York, já estava adiantado nos preparativos para a próxima reunião em Genebra, de 21 de maio a 29 de junho, contatando funcionários e especialistas e pedindo o apoio de outras agências. O novo grupo de especialistas se reuniria em 18 de fevereiro sob a direção de Mosak.[17] Suas expectativas para a Unctad eram modestas e bem conhecidas: ele previa "anúncios de princípios" e "uma zelosa declaração de intenções", mas não uma nova organização de comércio internacional – no máximo, uma comissão de compromisso ou um órgão que se reportaria ao Conselho Econômico e Social.[18] Uma solução desse tipo – essencialmente, uma iniciativa controlada pela sede da ONU – fortaleceria o Departamento e obteria o apoio dos Estados Unidos, da França e de outros países industrializados. "A única coisa que os Estados Unidos não queriam era a criação de uma nova máquina administrativa e de comando", observou. Os Estados Unidos, como outras nações industrializadas, estavam satisfeitos com o GATT: "Suas regras são bem conhecidas, o órgão já desenvolveu um histórico substancial de experiências e, o mais importante de tudo, o controle de políticas é dominado pelos países ocidentais desenvolvidos." Ele comparava a Unctad com o debate do Fundo Especial das Nações Unidas para Desenvolvimento Econômico na década de 1950, quando os países em desenvolvimento tiveram de se contentar com a linha de crédito de pré-investimento do Fundo Especial de Paul Hoffman. "Se houve uma luta tão acirrada em relação aos US$ 100 milhões que estavam sendo canalizados por meio de uma agência de ajuda sem uma votação ponderada, imagine a oposição a uma organização que envolveria mais de US$ 100 bilhões."[19] Na verdade, a maior prioridade de Washington, segundo Mosak, era preparar uma nova rodada de negociações do GATT, começando em 1964, para deter o protecionismo da Comunidade Econômica Europeia.

Até então Mosak estava no comando. Ele prometeu a Prebisch a maior parte dos funcionários exigidos para a Conferência de Comércio. Aconselhou-o a fazer economia: deveria limitar as viagens a alguns poucos países especialmente relevantes, "cerca de meia dúzia". Controlava todos os assuntos. Prebisch podia ficar à vontade para voltar a Santiago e se preparar para a chegada de José Antonio Mayobre como secretário executivo.[20] Em 8 de fevereiro, quando Raúl partiu para a América do Sul via Washington, nada de importante fora decidido. Prebisch percebeu que a postura "de compromisso" de Mosak para com a Unctad era tão inaceitável para os países em desenvolvimento quanto para ele mesmo. Porém, também percebia que Mosak estava se colocando em uma posição complicada e que os acontecimentos logo funcionariam a seu favor. Decidiu evitar um confronto direto e manter uma relação de trabalho essencial.

A tentativa de Mosak de obter o cargo de liderança logo se dissolveu quando ele não foi capaz de recrutar economistas e especialistas importantes de países em desenvolvimento para a Unctad. De início estava otimista ("Quanto maior a rede, mais peixes podem ser pegos", brincara), mas os resultados foram embaraçosos: Salant Myint, de Burma, e o economista nigeriano Okigbo, entre outros, declinaram do convite. O grupo de especialistas de onze países reunidos por Mosak no final de fevereiro estava paralisado entre a OCDE (Estados Unidos, Reino Unido, Países Baixos e Dinamarca) e o resto (Brasil, Índia, Líbano e Mauritânia, entre os países em desenvolvimento, e a União Soviética e a Romênia, no bloco socialista). Uma segunda reunião, realizada de 25 de março a 5 de abril, com os mesmos grupos, mas com economistas diferentes, terminou no mesmo impasse.

Com Prebisch longe, Mosak percebeu que não podia preencher o vácuo de liderança em Nova York. Ele era um funcionário capaz e respeitado, sua turma na Universidade de Chicago havia recebido quatro Prêmios Nobel, trabalhara com a Comissão Cowles, pioneira na ligação entre teoria econômica e matemática, e seu livro *General Equilibrium Theory in International Trade* [Teoria do equilíbrio geral no comércio internacional], de 1944, recebeu críticas favoráveis como sendo uma contribuição primorosa. Apesar de ser um economista ortodoxo, avesso ao estruturalismo de Prebisch, não seguia rigidamente a teoria neoclássica que ficaria famosa na Escola de Chicago na década de 1960. Mas sua credibilidade profissional era questionada por relações íntimas com agências controversas do governo americano durante o período macartista.

No início de abril, Prebisch estava em Nova York em tempo integral e assumira a direção da comissão preparatória da Unctad. O turbilhão tinha acabado. Alugou uma suíte no Beekman Towers Hotel, de onde ia a pé até a sede da ONU, e os novos escritórios ficaram prontos. A legitimidade da Unctad dependeria da qualidade de seu trabalho e da percepção internacional da imparcialidade de Prebisch como secretário-geral. Ele então começou a reunir o cerne de uma futura equipe – um núcleo interno confiável que pudesse aplicar seus planos de trabalho, liberando tempo para as longas consultas necessárias para localizar áreas de consenso, preparar as precondições para um acordo nos pontos-chave, planejar a pauta e organizar as atividades táticas da conferência. Em fevereiro, solicitou Sidney Dell, um dos economistas mais capazes da ONU. Os dois tinham ficado amigos íntimos quando Dell passou três meses em Santiago em 1958, trabalhando com ele em integração regional. Dell entrara na ONU em 1948, estimulado por David Owen, com qualidades intelectuais e éticas anunciadas por um brilhante primeiro lugar em Oxford em 1939 e o subsequente alistamento no Exército britânico na época da guerra. Alto e bem-apessoado, incisivo e decidido, Dell tinha um comprometimento com a justiça mundial inabalável; arriscara a carreira defendendo vítimas do macartismo na ONU. Além disso, era um dos economistas mais graduados do Departamento, capaz de dirigir grandes projetos, e tinha subido rápido na hierarquia no secretariado em Nova York. Para Prebisch, Dell era tão essencial no conteúdo quanto Malinowski era na estratégia, ambos atuando como primeiros entre iguais na equipe da Unctad. Apesar de as relações de Dell com Mosak serem civilizadas e até cordiais (ao contrário de Malinowski, que Mosak detestava), foi difícil obter o consentimento de Mosak para sua liberação de outras funções no Departamento. Prebisch, por fim, foi obrigado a apelar diretamente para De Seynes, que concordou com uma licença de um ano a partir de 5 de abril.[21]

A situação de Malinowski era mais complicada. Prebisch precisava de um assistente para absorver uma parte do trabalho administrativo e as pressões por viagens. Ele queria Malinowski nessa posição-chave pelos contatos dele no Terceiro Mundo. Mas nem os Estados Unidos nem funcionários da ONU mais graduados concordariam.[22] Seymour Finger, da delegação americana, advertiu que se Malinowski fosse nomeado, os países desenvolvidos e os socialistas apresentariam candidatos próprios e vetariam os outros, a menos que Prebisch aceitasse os três. Diante dessa hostilidade, ele abandonou a ideia de um substituto e nomeou oito "assistentes executivos" em 25 de abril para funcionar como comitê dirigente informal da Unctad. Com esse número seria possível chegar a um equilíbrio geográfico e profissional aceitável em um grupo heterogêneo que incluía Malinowski (Polônia) e Sidney Dell (Inglaterra), mas também J. Mosak e S. Shevchenko (para tranquilizar os

Estados Unidos e a União Soviética), Perce Judd (Austrália), R. Krishnamurti (Índia), Samuel Lurie (Bélgica) e A. H. Abdel-Ghani (Egito). Prebisch representava a América Latina. Krishnamurti tinha chegado em abril. Como com Dell, Prebisch havia pedido sua transferência de Bancoc, por suas comprovadas habilidades e realizações na Ásia. Perce Judd, um dos melhores conhecedores dos mercados internacionais de produtos primários, foi nomeado secretário da conferência. A essas nomeações-chave, Prebisch acrescentou os consultores Alfred Maizels (Reino Unido), Lal Jayawardena (Sri Lanka), Paul Berthaud (Suíça), Christopher Eckenstin (Alemanha Ocidental) e outros, em um equilíbrio que refletia as nuanças sutis das divisões Norte-Sul e Leste-Oeste, bem como a *expertise* funcional.

Até o escritório de Prebisch tinha uma comissão executiva de quatro pessoas, composta por Jack Mosak (pesquisa e políticas) e S. Shevchenko (políticas especiais), enquanto Sidney Dell (ata e relatórios finais) e Malinowski (coordenação) tranquilizavam os países em desenvolvimento. Apesar de esse alinhamento sugerir a predominância de delegados ocidentais, Prebisch garantiu que especialistas de países em desenvolvimento ocupariam cargos importantes. Krishnamurti, por exemplo, foi encarregado da questão central da Unctad – a criação de uma nova instituição –, e a promoção de Diego Cordovez (Equador) para ocupar o cargo de especialista foi aplaudida na América Latina. Prebisch voltou-se para a Cepal em busca de David Pollock e Jorge Viteri de la Huerta (Equador) para torná-los assistentes especiais encarregados da organização geral e política da conferência. Bodil Royem, do escritório da Cepal em Washington, faria toda a parte administrativa. Esse era o núcleo inicial, trinta pessoas no total, no final de 1963, incluindo a equipe de secretários e técnicos administrativos. Nenhum cargo era permanente.[23]

Os não residentes em Nova York ficaram no Hotel Gorham ou no mais modesto, porém conveniente, Hotel Tudor e trabalhavam de dez a doze horas por dia em um clima de camaradagem. Duas vezes por semana, fugiam do refeitório da ONU para ir a restaurantes da cidade: La Cabana e Brazilian Pavillion (os preferidos dos latino-americanos) ou Tandoori e Madras (os favoritos de Krishnamurti), alternando com os mais caros Russian Tea House e Tobeus, ou Kitchko, Ramanyana, Grove Street Café e o popular Stage Deli na Broadway, para variar. Prebisch chegava ao escritório antes da equipe e ainda ficava lá depois que todos iam embora. Era um chefe exigente mas justo, que escrevia seus próprios relatórios à mão, respeitava um código de formalidade, nunca mencionava sua vida pessoal e não mostrava qualquer indício de estresse.

* * *

Havia uma sensação de urgência. A data e o local da conferência (que acabou conhecida como I Unctad) foram finalmente definidos: Genebra, no Palais des Nations, de 23 de março a 16 de junho de 1964.[24] Porém, a comissão preparatória se reuniria de novo no final de maio e, para uma sessão final antes da I Unctad, de 2 a 15 de fevereiro, precisando de uma montanha de documentos. Com sua identidade definida, a equipe da Unctad ganhou impulso e o progresso foi rápido. O momento era perfeito. As maiores inteligências do mundo estavam mobilizadas para esse novo centro de desenvolvimento internacional. Consultores e acadêmicos importantes logo demonstraram o desejo de participar.[25] Seminários internacionais enriqueceram as reuniões dos grupos de especialistas marcadas para ocorrer em Genebra no início de julho e em Nova York, do dia 19 ao dia 24. A equipe das sedes do Banco Mundial, FMI, GATT e ONU, as comissões regionais, agências especializadas, departamentos governamentais e centros de pesquisas colaboraram, sentindo que a Unctad era uma nova iniciativa internacional séria.[26]

Essa onda de apoio do público e da imprensa à Unctad forneceu um pano de fundo positivo para a cooperação em todos os campos quando Prebisch convocou a segunda reunião da comissão preparatória em Genebra, de 21 de maio a 9 de junho de 1963. Diferentemente da primeira sessão em Nova York, essa foi marcada pelo consenso do início ao fim. Delegados de países industrializados ficaram satisfeitos com a conduta profissional da sessão e aprovaram o trabalho prévio feito pela equipe de Prebisch. Chegou-se a um acordo sobre os cinco temas mais importantes para a I Unctad: comércio de produtos primários; comércio de bens manufaturados; financiamento e negócios correlatos (transporte marítimo e seguros); novas instituições; e problemas regionais. O que era considerado impossível – documentos de ótima qualidade para a conferência preparados em todas as línguas da ONU até janeiro de 1964, cobrindo a vasta área em que muitos Estados recém-independentes careciam de documentos adequados – não mais parecia um desafio intransponível.

A principal realização da reunião, no entanto, foi o nascimento do Grupo dos 77 (G-77), uma referência aos países em desenvolvimento que votaram a resolução da Assembleia Geral autorizando a Unctad em 1962.[27] Em Genebra, delegados da Ásia, África e América Latina aprovaram uma resolução solicitando cooperação na causa comum de uma nova ordem mundial. "Desde o primeiro momento", observou Prebisch, "cheguei à conclusão de que a semelhança de preocupações, problemas e meios de enfrentá-los exigia união de vontades e a busca de métodos comuns de ação para fortalecer certas tendências que há algum tempo vinham tomando forma na Assembleia Geral da ONU." Essa percepção "me deu um enorme estímulo" e "abriu novas perspectivas", pois significava que uma identidade de grupo – o G-77 – começava a se tornar realidade. Estava ocorrendo uma abertura histórica para a inovação institucional, vislumbrando-se o surgimento de um contrapeso para "a abordagem egocêntrica dos países industrializados".[28]

Apesar de ainda embrionário quando comparado com os apoios políticos à OCDE, o surgimento do G-77 anunciou a formação de um sistema de grupos de negociação dentro da Unctad: o Grupo A (Ásia e África) juntamente com o Grupo C (América Latina) compreendia o G-77, enquanto o Grupo B incluía potências ocidentais industrializadas na OCDE. Os países do bloco socialista viraram o Grupo D. Havia anomalias: Iugoslávia e Israel, por exemplo, precisavam de um lugar e foram encampados pelo grupo asiático, enquanto a Nova Zelândia ficou por um tempo na dúvida se pertencia ao Grupo B ou ao G-77.[29] Países em desenvolvimento da Ásia, África e América Latina estavam levando a sério a instituição como instrumento de negociação permanente. Tendo chegado à independência um depois do outro, sem um dispositivo que fomentasse a união, eram coletivamente vulneráveis. Agora, com o G-77 como fórum para preparar negociações, os países desenvolvidos não mais ficariam com todas as cartas nas mãos no comércio e no desenvolvimento internacional.

Uma renovação nas relações entre Estados Unidos e União Soviética complementou esses acontecimentos positivos. Em 5 de agosto de 1963 as superpotências assinaram em Moscou o histórico tratado de proibição de testes nucleares e iniciaram um novo período de distensão. Com a diminuição dos temores de guerra nuclear, a atenção poderia voltar-se para reduzir a pobreza e abrir maiores possibilidades de desenvolvimento para os países retardatários. Kennedy e Krutchev tinham evitado uma guerra nuclear durante a crise dos mísseis cubanos. Havia boatos de uma reaproximação entre Cuba e Estados Unidos, conforme as operações para matar Fidel Castro foram fracassando, e sinais de que Kennedy controlaria a escalada no Vietnã. Foi um verão abençoado: o idealismo e o apoio ao desenvolvimento internacional chegaram ao ápice. Prebisch não foi o único a se referir a essa primeira fase da Unctad como uma "grande aventura".[30]

A próxima tarefa de Prebisch era espalhar a ideia da Unctad: encontrar áreas de acordo e construir uma coalizão de apoiadores em todos os continentes, principalmente fora da América Latina. No final, escolheu treze capitais para uma "volta ao mundo em quarenta dias", de 1º de setembro e 9 de outubro, que seria seguida de visitas a Washington e Ottawa.[31] Dell e Pollock prepararam a viagem, enviando com antecedência apresentações e perguntas aos governos. Ambos acompanharam Prebisch quando ele partiu para a Austrália. Krishnamurti juntou-se a eles na parte asiática da viagem. Em cada capital, as reuniões com funcionários graduados começavam às 9h e continuavam à tarde até as 17h. Almoços e jantares formais com ministros, vice-presidentes e presidentes duravam até tarde da noite. Prebisch nunca fazia anotações durante as entrevistas nem carregava pastas. Criou-se um padrão em que Raúl abria a discussão com uma análise geral e questões abrangentes, enquanto Dell assumia os tópicos diretos e complementares. De volta ao hotel, Dell e Pollock resumiam a discussão e ressaltavam pontos importantes sobre políticas ou processos, gravando tudo em discos plásticos verdes (usados na época em vez de fitas), enviados à sede para transcrição. Os DC-7 usados nos deslocamentos entre as capitais tornavam a viagem exaustiva, mas Prebisch conseguia dormir no avião e pareceu refeito ao se reunirem de novo em Nova York para avaliar os resultados.

Os anfitriões mostraram-se confusos quanto ao protocolo. Nenhum ministro na Austrália se reuniu com Prebisch (em retaliação pelo fracasso da candidatura de Sir John Crawford para chefe da Unctad), mas na Índia ele foi recebido com regalias e levado de Nova Déli para uma visita ao Taj Mahal, à meia-noite, à luz do luar. Moscou enviou um grande Chylka preto, na recepção mais elaborada de todos os 15 países, que incluiu visitas ao Hermitage em Leningrado e, para Dell e Pollock, ao Balé Bolshoi. Varsóvia exibiu a cidade antiga, reconstruída depois da guerra, com uma procissão de brindes com vodca e comida pesada, que por fim atacou o estômago de ferro de Prebisch. Como o médico que o atendeu se recusou a receber pela consulta, Raúl o presenteou com as duas garrafas de conhaque francês que tinha ganhado naquele mesmo dia como presente de boas-vindas de seus anfitriões; depois voltou aos clássicos que sempre lia antes de dormir. Na Iugoslávia ninguém parou para se divertir, e no Cairo tudo foi cerimonial, pois eles tentavam garantir o cargo de presidente da Conferência de Genebra para o vice-presidente Abdul El Khaisani. Em Londres, Edward Heath, ministro da Fazenda conservador, e Harold Wilson, líder da oposição trabalhista, ofereceram um prato típico inglês que Prebisch abominava, torta de carne e rim. O Japão não tomou qualquer iniciativa individual, pondo-se invariavelmente no mesmo lado dos Estados Unidos, Reino Unido ou Alemanha, enquanto a Índia insistiu em um papel de liderança visível.

A viagem de Prebisch evidenciou a polarização de pontos de vista entre o G-77 e os países industrializados. Os países em desenvolvimento queriam a criação de uma iniciativa comercial abrangente e muito visível sob a bandeira da ONU, enfrentando uma oposição profunda e ampla. Prebisch tratou dessa questão com franqueza quando se reuniu informalmente com a segunda comissão da Assembleia Geral da ONU depois de voltar a Nova York. Apesar de existirem diferenças entre os países do Grupo B (principalmente entre Reino Unido, França e Estados Unidos), os países industrializados estavam de acordo nas questões principais, como acordos sobre produtos primários, financiamento suplementar e novas máquinas, e todos apoiavam o GATT. Os países em desenvolvimento não eram tão bem organizados quanto a OCDE, mas estavam de acordo quanto às regras do jogo injustas que prevaleciam no comércio internacional; todos viam o FMI, o Banco Mundial e o GATT como "clubes de ricos".[32]

Prebisch observou que havia uma ansiedade cada vez maior entre os países em desenvolvimento, pois suas rendas provenientes do comércio internacional continuavam a cair em relação aos países industrializados; sentia-se a necessidade de mudanças de longo prazo para criar "uma nova ordem na economia internacional".[33] A máquina administrativa existente, centrada no GATT, carecia de universalidade de participação e amplo escopo; beneficiava os países industrializados, mas era deficiente para o G-77. Era preciso mudar o marco geral – a relação de longo prazo de comércio e desenvolvimento –, "de forma que o mercado funcione adequadamente não apenas para os países grandes, mas também para os países em desenvolvimento em suas relações com os desenvolvidos". No momento, notou Prebisch, "há uma conspiração contra as leis do mercado", que não pode ser atendida por meio de truques de curto prazo. O desafio da Unctad seria produzir uma política econômica internacional sem paralelo na história, mas uma política "de que o mundo precisa hoje e que é possível tanto para os países grandes quanto para os que estão em desenvolvimento".[34]

Prebisch tranquilizou os países industrializados: qualquer nova estrutura para alcançar essa "nova ordem" teria de ser uma solução de compromisso entre o conceito da OIC de Moscou, que o Grupo B vetaria, e o GATT, que o G-77 também criticava. Tal compromisso poderia assumir muitas formas. Após a viagem, Prebisch pensava em uma Unctad permanente, como agência única e autônoma dentro da ONU. Conferências de comércio periódicas, realizadas a cada dois a três anos, serviriam como fórum global, e um secretariado permanente estabeleceria metas, desenvolveria e promoveria políticas e avaliaria resultados.

O GATT, sugeriu Prebisch, continuaria como parte essencial dessa máquina, "sem perder sua autonomia e seu papel, adaptando-se aos problemas dos países em desenvolvimento".[35]

Essas mudanças, francas e provocadoras em sua convocação a uma "nova ordem", foram mais bem recebidas do que Prebisch previra. Outras boas notícias se seguiram no início de novembro. George Ball, o severo subsecretário de Estado dos Estados Unidos, elogiou seu trabalho como "extremamente valioso e estimulante" e observou a "obrigação do mundo ocidental desenvolvido de encontrar soluções de uma forma construtiva"; ele concordava que "os países em desenvolvimento precisam aumentar sua participação no comércio mundial".[36] George Woods, presidente do Banco Mundial, foi ainda mais explícito no apoio. Em um almoço cordial de boas-vindas oferecido em homenagem a Prebisch em Washington, ressaltou a importância da Unctad para o próprio Banco Mundial. "Algo está errado quando os empréstimos anuais concedidos pelo banco podem ser anulados pela redução nos preços dos produtos primários."[37] Tal situação precisava ser atacada, e ele torcia pelo sucesso da Unctad em Genebra. Afinal de contas, apesar de a ajuda facilitar o comércio, o inverso também era verdade: se os tomadores de empréstimos do Banco Mundial não conseguissem exportar, sua avaliação de crédito declinaria, o que restringiria futuros empréstimos. Proteger países em desenvolvimento de reduções abruptas nas rendas do comércio fazia todo o sentido. Quando Prebisch perguntou se ele repetiria seus argumentos na conferência de Genebra, Woods não só se comprometeu a fazê-lo, mas disse "Espero poder dar uma contribuição ainda mais positiva".[38]

Estimulado pelas boas notícias e pelo amplo apoio, a equipe de Prebisch na Unctad dedicou-se a concluir um relatório do secretário-geral, "Towards a New Trade Policy for Development" [Em direção a uma nova política comercial para o desenvolvimento]. A sobrecarga de documentos já era uma queixa nos corredores: um núcleo digerível precisava ser criado a partir de uma miríade de documentos de apoio e dados técnicos. O relatório de Prebisch moldaria então o debate em Genebra. Era um texto que todas as delegações deveriam ler. Precisava ser relativamente curto, expondo o problema, oferecendo uma estrutura e um resumo geral das demandas do G-77. Tinha de articular as demandas do G-77 e, ao mesmo tempo, delinear uma pauta realista aceitável para os países ocidentais e o bloco soviético. A primeira versão ficou pronta em meados de dezembro, o que foi comemorado com duas garrafas de champanhe que já estavam sob a mesa de Prebisch. Próximo da meia-noite, quando as últimas páginas foram terminadas e uma nevasca antecipada atingiu a sede em Nova York, Prebisch perguntou: "Jovens, onde podemos esfriar essas duas garrafas a esta hora?" O refeitório estava fechado e não se conseguiu gelo em nenhum lugar no prédio. A sempre criativa dupla Pollock-Viteri encontrou uma sala vazia no 39º andar e gelou o champanhe pendurando as garrafas na janela com as cordas de uma persiana. A nevasca logo realizou a tarefa e eles voltaram triunfantes. "Engenhosidade à meia-noite!", exclamou Prebisch.

Prebisch achou que tinha encontrado o tom certo no relatório. Mais tarde, refletiu: "Consegui apresentar à primeira conferência um relatório cuja virtude talvez tenha sido expressar de forma sistemática essas preocupações comuns das três regiões do mundo em desenvolvimento e servir como base para a organização de uma ação ao mesmo tempo urgente e inevitável." Ele adotou na Unctad o estilo de trabalho da Cepal e do Banco Central argentino: cada frase do relatório era discutida com Dell e sua equipe. Convocou reuniões especiais para finalizar um esboço comum para cada capítulo. Solicitou memorandos por escrito de membros da equipe e de consultores para debater diferentes perspectivas teóricas e regionais, convidando pessoas de várias procedências: embaixadores na ONU, representantes dos setores público e privado, representantes de outras entidades, acadêmicos e jornalistas. No final, porém, escreveu o texto à mão, com uma letra que só Bodil Royem conseguia decifrar.[39]

O conceito central do relatório foi o "desequilíbrio comercial" que atrapalhava as economias dos países em desenvolvimento. Prebisch expôs sua argumentação apoiando a taxa mínima de crescimento de 5% ao ano na primeira década de desenvolvimento da ONU e demonstrando que isso exigia que as exportações aumentassem em pelo menos 6% ao ano. Os países do G-77 estavam longe dessa meta. O poder de compra das exportações do Terceiro Mundo tinha crescido apenas 2% ao ano desde 1950 em termos reais. Se as tendências de exportações e importações se mantivessem, eles enfrentariam um desequilíbrio comercial crescente, que poderia chegar a US$ 20 bilhões no final da década. Havia um dilema: ou os países em desenvolvimento obteriam US$ 20 bilhões ao ano em fluxos financeiros durante o restante da década de 1960 ou aumentariam sua parcela de exportações em produtos primários, manufaturados ou serviços para preencher esse hiato. No corpo do texto, Prebisch apresentou alternativas de políticas, que chamou de "uma estratégia internacional coordenada de medidas convergentes", para a I Unctad debater e, quem sabe, aprovar.

Uma nuvem continuava pairando no ar. O choque e as consequências do assassinato do presidente Kennedy em 22 de novembro de 1963 tinham minado o otimismo anterior acerca do desenvolvimento internacional e das relações Norte-

Sul. Assumiu o vice-presidente Lyndon B. Johnson, que encarava com ceticismo a Aliança para o Progresso e sua retórica de reforma agrária e política social. Mudanças de pessoal também sugeriam uma linha mais dura: Dillon deixou o Departamento do Tesouro para ir para Wall Street, Isaiah Frank deixou o Departamento de Estado para ir para a Universidade Johns Hopkins, e Thomas Mann sucedeu Edwin Martin como secretário de Estado adjunto e coordenador da Aliança. Quando ele recebeu uma mensagem perguntando se os Estados Unidos deveriam apoiar Prebisch como secretário-geral da Unctad, Mann revirou os olhos. "Prebisch acabou com a América Latina. Mas quem liga para a Unctad? Não ligo a mínima para o que acontece na ONU."[40] Desde sua primeira visita a Washington como secretário-geral da Unctad em fevereiro de 1963, a recepção de Prebisch havia sido desigual. Como os Estados Unidos tinham aceitado a iniciativa com relutância, ele não alimentava ilusões quanto ao entusiasmo deles pela nova organização. Porém, desde a posse de Kennedy havia uma abertura para novas iniciativas, refletida em um amplo leque de ideias sobre a Unctad na comunidade responsável pela política externa em Washington. Alguns altos funcionários tinham uma atitude negativa, como Lincoln Gordon, embaixador no Brasil desde 1961, insistindo em que as políticas domésticas em países em desenvolvimento eram a maior fonte de problemas, mas havia outros, como Isaiah Frank, que concordavam que os países industrializados não podiam "se imunizar contra o que está acontecendo nos países em desenvolvimento" e que uma polarização prolongada entre ricos e pobres era uma ameaça à segurança global e à dos Estados Unidos.[41] Kennedy tinha carisma para liderar uma mudança global. Com sua morte violenta, seu compromisso subjacente com o desenvolvimento internacional não animava mais Washington. Provocado por uma manifestação contra os Estados Unidos no Panamá, Mann convocou todos os embaixadores latino-americanos para retraçar a política para a região: não havia menção a Aliança para o Progresso, democracia ou reforma social. Washington aumentou a pressão sobre o presidente João Goulart. As esperanças de uma reaproximação com Cuba se desvaneceram. Em vez de uma desaceleração no Sudeste da Ásia, começaram os bombardeios ao Vietnã do Norte, com previsão de chegada em março das primeiras tropas de combate.

A mal-sucedida reunião de Prebisch com Walter W. Rostow, presidente do conselho de planejamento de políticas de Johnson, foi sintomática do clima incerto mas mutante na Washington pós-Kennedy. Rostow, cuja obra *Stages of Economic Growth: A Non-Communist Manifesto* [Etapas do crescimento econômico: um manifesto não comunista] o tornou o intelectual de plantão na Casa Branca, tinha modernizado o Grupo Especial de Contrainsurgência e era agora um consultor importante de Johnson sobre o Vietnã, a ideia de "construção da nação" e relações Norte-Sul em geral. A entrevista foi uma oportunidade importante para Raúl apresentar seu relatório sobre a I Unctad, ouvir e reagir a preocupações dos Estados Unidos. Rostow declarou que a Unctad estava no caminho errado; os países latino-americanos, por exemplo, deviam confiar mais na industrialização com base na substituição de importações do que tentar exportar bens manufaturados para mercados estrangeiros.[42] Prebisch achou que ele estava brincando – a substituição de importações em mercados fechados após a Grande Depressão tinha gerado o dilema atual da América Latina, com indústrias protegidas e ineficientes, voltadas para mercados locais – e perguntou se essa era a estratégia de comércio dos Estados Unidos na rodada do GATT que estava em curso. Posto contra a parede e incapaz de reagir, Rostow transformou-se de médico em monstro, e seu tom professoral virou ameaça. O melhor conselho para os países em desenvolvimento era "remediar suas próprias deficiências internas" e ajudar os Estados Unidos a desenvolverem mais rapidamente novas tecnologias. Dessa forma, "antigas indústrias, como a têxtil, irão decair por si sós" e transferir a produção para o Terceiro Mundo. De qualquer forma, o governo dos Estados Unidos era incapaz de fazer muito pela Unctad, já que "os *lobbies* protecionistas estão abrigados no Congresso, e ordens do Departamento de Estado não podem fazer muito quanto a isso".

* * *

A reunião final da comissão preparatória da Unctad ocorreu de 2 a 15 de fevereiro em um clima estranho. Por um lado, o comparecimento foi muito alto: todos os 32 membros estavam lá, além de observadores de quase todos os países integrantes da ONU e de organizações internacionais. Por outro lado, a paciência estava curta: parecia a Assembleia Geral em seu pior humor. Reunidos para tratar só de questões de procedimento para a conferência, que seria instalada em 23 de março, os 32 delegados não conseguiram evitar apartes jocosos ao escolherem a comissão geral, comissões principais, presidentes de comissões e por aí afora; nada menos que 28 vice-presidentes precisavam ser escolhidos. Comentários mordazes rapidamente se intensificaram, numa demonstração de retórica global.

Apesar dessa tensão, ou por causa dela, a I Unctad ganhou impulso e era esperada com ansiedade. As expectativas eram altas. O Banco Mundial a encarava como importante demais para falhar e George Woods era uma figura destacada em questões de desenvolvimento internacional na capital norte-americana. Em 14 de março, Prebisch e sua equipe chegaram a Genebra para montar o escritório. Adelita chegou no dia seguinte, o que lhe deu uma semana para organizar o apartamento deles no prédio Parc du Budé, do outro lado da rua do Palais des Nations. Ela havia acompanhado Raúl à reunião da Liga das Nações trinta dias antes, e sua presença proporcionava a âncora emocional de que ele precisava para sobreviver à orgia de trabalho de três meses que iria começar.

A sede da ONU em Genebra, e mais particularmente Georges Palthey, diretor dos serviços de conferência, eram responsáveis pelas cerimônias de abertura da I Unctad. Acreditava-se que protocolo era seu ponto forte, e Prebisch não tinha se preocupado muito com isso nos meses de trabalho antes da reunião. Porém, na manhã de 22 de março, só para se certificar de que tudo estava em ordem, ele decidiu rever os preparativos para a plenária inaugural no dia seguinte, que reuniria U Thant e dignitários do mundo todo. O que viu excedia qualquer entrave burocrático anterior de sua carreira na ONU e na Argentina. Em vez de um auditório apropriado com cabines de tradução simultânea e instalações adequadas para os jornalistas, os funcionários de Genebra tinham atribuído à Unctad a mais baixa prioridade: uma sala apertada de quinta categoria com velhas mesas metálicas em estilo militar, cadeiras com forro surrado, em um dos mais velhos de seus prédios espalhados por Genebra. O pequeno palco parecia de teatro, separado dos delegados por uma cortina gasta, pendurada em um arame improvisado, que lembrava uma produção mambembe para soldados em tempos de guerra.

Prebisch olhou aquilo por um momento, deu meia-volta sem dizer palavra e voltou de carro ao Palais junto com Pollock e Viteri. Os três entraram no prédio andando rápido e se dirigiram à sala de Palthey, passando por uma secretária espantada, que nunca testemunhara tal invasão das colônias. Palthey recuou diante do trio com rostos de pedra, retirando-se passo a passo até as amplas janelas por trás de sua mesa. Ao se debruçar contra o vidro, um pavão soltou um grito rouco no pátio. "Vou te esmagar como um inseto e te dar de comer aos pavões", gritou Prebisch. Mais tarde, Prebisch deparou com Palthey na frente de um banheiro no Palais: "Vou urinar em você", advertiu. A ONU virou a noite trabalhando, e a conferência foi aberta no dia seguinte em condições muito melhores, com os corações aos pulos e a tensão a mil.

* * *

A Unctad de Prebisch, em 1964, foi o maior evento internacional da história. Mais de 4 mil delegados oficiais vindos de 119 países, a imprensa, organizações internacionais e organismos não governamentais encontravam-se em Genebra. Os hotéis estavam lotados desde muito antes, forçando as autoridades a acomodar os visitantes em casas de família. Os tradutores da ONU não conseguiram atender os pedidos de serviços nas cinco línguas oficiais durante três meses, acabando por pedir ajuda a empresas privadas de toda a Europa. Che Guevara vestido em um terno bem talhado de risca de giz foi a sensação social do evento. O papa João XXIII destacou cinco bispos do Vaticano para comparecerem e rezou uma missa especial pelo sucesso da conferência.

O discurso inaugural de Prebisch foi teatral. A ponderada mensagem de boas-vindas de U Thant, lida de um texto preparado com antecedência, criou uma sensação de expectativa. Prebisch levantou-se devagar, sem trazer anotações, colocou-se diante de uma vasta e silenciosa plateia no Palais e encarou os delegados reunidos com uma postura cerimonial. Em uma voz tão baixa que as pessoas precisavam fazer esforço para ouvir, pediu atenção: a comunidade global enfrentava um momento decisivo, e os atos ali em Genebra seriam medidos em proporção ao desafio dos tempos. Eles estavam fazendo história – para o bem ou para o mal. Até participantes que já tinham assistido a Prebisch diante de uma grande plateia se maravilharam com a sensação de importância que varreu o Palais. "Frequentadores assíduos dessas conferências internacionais foram unânimes em dizer que nunca tinham visto uma coisa assim", admitiu um calejado observador do Banco Mundial.

Ele então cortou o melodrama, mudando de modo abrupto da solenidade para o humor, adornando seu discurso com comentários irreverentes. Criticou seu próprio relatório como sendo leve demais (ele preferiria ter sido muito mais radical do que o secretário-geral da conferência podia ser), exprimiu dramaticamente a crise do desenvolvimento (o fracasso da conferência seria uma calamidade mundial), elogiou os esforços feitos pelos países desenvolvidos (apesar de terem evitado compromissos específicos que pudessem limitar sua liberdade de ação durante a própria conferência) e desafiou os países do Terceiro Mundo a se aterem ao seu objetivo: "Uma política de cooperação internacional é somente complementar; não pode substituir o desenvolvimento." Nas observações finais, Prebisch estimulou uma nova parceria entre nações ricas e pobres, benéfica para todos. Motivações bem-intencionadas eram irrelevantes para o drama do desenvolvimento, insistiu. Todos os países, ricos e pobres, compartilhavam um interesse de longo prazo na superação da pobreza. "Medidas convergentes" eram necessárias, conforme identificara em seu relatório, para gerenciar o "desequilíbrio comercial". Com uma última advertência de que o crescimento tinha se desacelerado em anos recentes, fez com que a plateia rompesse em aplausos de pé ao retornar ao desafio da abertura: eles precisavam vencer, e podiam vencer; superar a desigualdade global não era uma meta utópica se a comunidade mundial trabalhasse unida para o bem comum.

Delegados céticos concordaram que havia sido um espetáculo e tanto. "O início foi bem planejado", observou um deles. "Como tudo isso vai acabar, ninguém sabe." Duas semanas depois, grande parte dessa coesão inicial tinha se dissipado, dando lugar a um formato entediante, desajeitado e paralisante. Em vez de uma pauta estreita e mais estruturada, Prebisch tinha escolhido deliberadamente um formato inclusivo, no qual todos os 119 governos (sem falar nos dirigentes de organizações internacionais) foram convidados a apresentar uma declaração de abertura à conferência. A intenção era admirável – atrair a atenção para o desenvolvimento do Terceiro Mundo e angariar um apoio político mais amplo para a Unctad –, mas esse protocolo era arriscado em termos práticos. A maior parte das delegações havia trazido declarações formais longas e insistia em lê-las na íntegra. A plateia minguava fora das apresentações de figuras importantes, e os jornalistas reclamavam que nada acontecia. Che Guevara recebeu uma prolongada ovação de pé (o único além de Prebisch), mas Cuba ocupava uma posição no início da lista de oradores. O auditório permaneceu impaciente.

Prebisch assistiu às sessões de oito horas por dia com paciência estoica e aparente atenção total. Pollock lhe perguntou como ele aguentava. "Bobagem, David", respondeu. "Fico mudando de canal na tradução simultânea para praticar a minha compreensão nas várias línguas." George Woods, no entanto, era um nome de peso e passou uma mensagem forte de apoio do Banco Mundial à Unctad; Prebisch o chamou de "papa João XXIII do desenvolvimento internacional". Eric Wyndham-White reconheceu uma clara diferença de atribuições entre o GATT e a Unctad: sua organização tinha um objetivo estreito, o de reduzir tarifas. Ela não negociaria acordos sobre produtos primários, por exemplo, "um campo que tinha sido confiado pela ONU a seus próprios órgãos". Não haveria, portanto, concorrência nem duplicação de propósitos entre o GATT e a Unctad. Essa declaração objetiva e direta foi muito bem recebida pela conferência como um voto de confiança vindo daquele que era considerado seu principal adversário.[43]

Porém, todos estavam esperando George Ball, subsecretário dos Estados Unidos, a personalidade-chave na conferência, que falou em 25 de março, após Valéry Giscard d'Estaing, ministro da Fazenda da França. "Estou ciente de que os delegados esperam que os Estados Unidos façam promessas que soem generosas, mas vou me ater ao compromisso com a franqueza." A indelicadeza de Ball foi excepcional para um evento internacional daquelas proporções, em que gracejos e intenções insinuantes de solidariedade eram a norma, e "o discurso caiu como um balde de água fria". Ele advertiu que o relatório de Prebisch era idealista, eticamente motivador e razoável – mas, infelizmente, não realista. Fez questão de deixar claro que os Estados Unidos não confundiriam os demais com uma bajulação insincera.[44] Ball rejeitou quase todas as recomendações de Prebisch por um novo sistema de cooperação internacional. Questionou os suportes estatísticos que projetavam um "desequilíbrio comercial" de US$ 20 bilhões, o elemento central do relatório, que ele descartou como sendo uma "cifra em um discurso". O pedido de Prebisch por concessões financeiras ou comerciais no valor de US$ 20 bilhões dos países do Grupo B sem controles adequados arriscavam que o G-77 usasse a Unctad como "uma válvula de escape de suas próprias responsabilidades internas". Prebisch se concentrara nas deficiências e responsabilidades internacionais, quando deveria ter sido duro em relação às insuficiências dos próprios países em desenvolvimento: "Isso confere ênfase excessiva a apenas um lado da balança." Richard Gardner, o principal negociador de Ball na delegação norte-americana, pegou o gancho do discurso, insistindo com os presentes em que Washington levava a conferência a sério e estava interessada em promover o comércio e o desenvolvimento do hemisfério Sul. Porém, o feroz ataque de Ball, lançado tão cedo, levantou problemas quando as cinco comissões começaram a trabalhar: matérias-primas, produtos manufaturados, finanças, instituições e problemas regionais.

Essas cinco comissões eram responsáveis por formalizar as recomendações da conferência. Seu trabalho nos próximos três meses era a chave para o sucesso ou o fracasso da Unctad. Mas as comissões eram grandes demais para serem eficazes, pois todas as 119 delegações insistiam em estar representadas. Elas ficaram tão grandes quanto reuniões plenárias e quase tão prolíficas em discursos. T. Swaminathan (Índia) e Stanovnik (Iugoslávia) eram presidentes competentes, mas nem todas as comissões eram bem gerenciadas, como por exemplo a comissão de matérias-primas chefiada por Bernardo Grinspun, da Argentina. Assessor econômico do presidente Arturo Illia, eleito em 1963, um ano depois do golpe militar contra Frondizi, ele representava um governo argentino que apoiava Prebisch – uma impressionante reviravolta em relação à experiência anterior – e estava determinado a se equiparar ao Brasil no apoio à Unctad. Mas Grinspun não conseguia parar de falar. Incitado por Prebisch a limitar as intervenções a cinco minutos, passou vinte minutos anunciando a providência. Subcomissões e grupos de trabalho proliferavam em uma complicada teia de discussões Norte-Sul. A conferência começou a parecer, segundo um participante, "uma curiosa mistura de intrigas políticas e seminários sobre desenvolvimento econômico".[45]

Prebisch e sua equipe enfrentaram o desafio de monitorar – ou melhor, orientar – essa atividade para localizar áreas de consenso potencial. A equipe espalhou-se para observar o máximo possível de reuniões, e cada dia passou a começar com uma reunião às 8h30, presidida por Prebisch, para analisar a evolução dos trabalhos nas cinco comissões. Os discursos dos delegados eram analisados linha por linha, e resumidas as ideias sobre os principais itens da pauta. Que acordo os Estados Unidos, o Reino Unido, a França, o Canadá e outros países propunham sobre produtos primários, por exemplo? Que preferências tinham? Tudo era comparado com as posições dos países em desenvolvimento. Às 10h, quando as sessões oficiais recomeçavam, todos voltavam a seus postos. Também preparavam resumos para Prebisch ler antes das reuniões diárias com as delegações, uma diplomacia pessoal que continuava à noite em eventos sociais lotados. Apesar de estar com 63 anos, Prebisch cumpria essa jornada de dezessete horas de trabalho sem manifestar estresse. Ao comemorar seu aniversário no dia 19 de abril com um jantar para os delegados latino-americanos, insistiu em três regras básicas: nenhuma discussão sobre a Unctad, sobre Fidel ou sobre o golpe de Estado no Brasil três semanas antes, que tinha instaurado um regime militar, levando ao exílio Furtado e outros colegas. Prebisch e Che trocaram piadas de argentino. Adelita achou os olhos de Che cativantes. "Olhos perigosos", comentou Raúl. Para sua surpresa, Che lhe enviou uma fotografia com um bilhete de agradecimento, que Raúl guardou na sua mesa em Santiago até morrer.

Quando maio se aproximou, a equipe de Prebisch detectou um certo espaço para manobra, pois o tão esperado confronto Leste-Oeste ainda não se materializara. Países do Leste Europeu, liderados por Hungria e Romênia, recusavam-se a aceitar a liderança de Moscou no comércio internacional; eles não se comportavam como um bloco. Poucos países em desenvolvimento, fora a Índia, viam o comércio "Leste-Sul" como prioridade em comparação com os mercados ocidentais, e até os países do Leste Europeu buscavam oportunidades comerciais futuras com os países da OCDE. Até mesmo Moscou parecia desconfortável com o G-77 como Grupo B, e os suntuosos banquetes em homenagem a Prebisch durante sua turnê só mostravam agora a parcimônia internacional de Moscou: esta daria apoio "moral" ao G-77, mas não tinha intenção de oferecer recursos financeiros ou comerciais adicionais para compensar séculos de colonialismo ocidental. A União Soviética tinha sido marginalizada desde o início dos preparativos da Unctad, perdendo influência gradativamente, e agora se via reduzida a erupções esporádicas de mau humor ou pedidos reiterados para que uma nova OIC substituísse o GATT.

Tendo a rivalidade entre as superpotências deixado de ser um fator sério, a atenção voltou-se para a flexibilidade dentro dos grupos da OCDE e do G-77. Apesar de os Estados Unidos e a Alemanha Ocidental permanecerem firmes, outros países pareciam mais flexíveis. O Reino Unido e a Suécia, assim como George Woods, estavam dispostos a considerar mecanismos de financiamento suplementares e até preferências comerciais para os países em desenvolvimento: Prebisch procurou Edward Heath, que viajava de lá para cá entre Londres e Genebra, como seu principal interlocutor dentro do Grupo B, mas os Países Baixos estavam comprometidos em encontrar um terreno comum.[46] Na Ásia, a Austrália estava mais aberta a posições no G-77 do que o Japão – o maior desapontamento para os países em desenvolvimento –, que se alinhava com os Estados Unidos em todos os pontos principais (exceto pelo endosso à criação de um Banco de Desenvolvimento asiático). O comércio agrícola (produtos básicos) era mais sensível, com Paris e Washington discordando em relação à abordagem fundamental. A "organização dos mercados" da França, o chamado plano Baumgarten-Pisani, propunha que os agricultores de países em desenvolvimento fossem tratados como o setor agrícola do mundo desenvolvido, com preços fixados mais alto do que níveis de longo prazo. Na verdade, os consumidores dos países desenvolvidos pagariam para estabilizar as rendas de exportações do Terceiro Mundo, como a França já fazia com Madagascar e outros países africanos. O plano francês propunha que seu esquema de paridade de rendas agrícolas para essas ex-colônias fosse estendido globalmente. Os Estados Unidos se opunham a esse sistema indireto de apoio via preços, e o ceticismo de Washington em relação a acordos internacionais de produtos básicos era tão virulento que impediu grandes avanços nessa área em Genebra. Um novo grande acordo internacional em relação, digamos, ao cacau ou ao açúcar era simplesmente impossível, embora as deliberações da Comissão 1 tenham fornecido uma base para negociações futuras.

As cinco comissões se arrastavam. Certas áreas de concordância foram identificadas e resoluções foram adotadas no final de maio, mas elas tendiam a ser de interesse secundário ou úteis apenas para definir a pauta de futuras negociações. Algumas recomendações foram notáveis: apoio explícito ao comércio "Sul-Sul" (entre países em desenvolvimento), disposições para ajudar países sem acesso ao mar, apoio dos países ocidentais à integração regional e assim por diante. Mas os resultados ficaram aquém das expectativas. O Relatório Prebisch tinha listado políticas específicas de cooperação internacional para minimizar o desequilíbrio comercial: acordos internacionais sobre produtos agrícolas, preferências tarifárias para exportações de manufaturas do Terceiro Mundo, maior acesso a mercados para produtos primários, expansão do comércio entre os países do Terceiro Mundo, novas iniciativas de comércio com países do bloco soviético e novos mecanismos de financiamento para compensar reduções inesperadas de exportações. Tudo isso era radical demais para o Grupo B. Nenhuma fórmula para organizar o mercado internacional de produtos agrícolas era aceitável: o denominador comum para o Grupo B era uma abordagem caso a caso, com interferência governamental mínima no funcionamento de cada mercado para produtos agrícolas. Em relação às exportações de produtos manufaturados, a redução das barreiras tarifárias também teria de ser negociada caso a caso e apenas dentro do GATT – não em um fórum da ONU como a Unctad. A proposta de um sistema geral de preferências (SGP) foi considerada conceitualmente aceitável, mas seriam necessários "estudos adicionais" antes de qualquer implementação, mesmo parcial. Novos mecanismos de financiamento também teriam de esperar "estudos" antes que algo concreto pudesse ser anunciado. Mesmo mudanças nos termos e condições de empréstimos internacionais, públicos ou privados, teriam de esperar esses "estudos adicionais" pelo FMI e o Banco Mundial. Não se esperava que surgissem novas iniciativas no financiamento do comércio do Terceiro Mundo, nem no comércio do G-77 com países do Conselho para Assistência Econômica Mútua (Comecon), do bloco soviético. Todas as questões substanciais chegaram a impasses. Os Estados interlocutores – Bélgica e Suíça para o Grupo B e Iugoslávia para o G-77 – não tinham avançado em nada nessa confrontação. Uma piada que corria nos corredores era que, para os países desenvolvidos, Unctad significava "Under No Circumstances Take Any Decisions" [Em hipótese alguma tome quaisquer decisões].

A conferência estava se polarizando entre o Grupo B e o G-77, conforme cada grupo percebia que seus interesses comuns superavam divergências internas de curto prazo. Isso foi mais fácil para os países industrializados. Havia opiniões diferentes sobre se a proposta de política comercial de Prebisch era dirigista e inibidora do mercado, mas mesmo assim os países do Grupo B resolveram tolerar suas diferenças e aceitar a liderança dos Estados Unidos. Eles estavam muito preocupados com a hipótese de o projetado desequilíbrio comercial de US$ 20 bilhões ser usado para justificar demandas do Terceiro Mundo após o encerramento da conferência. Da mesma forma, apesar das queixas internas, havia muito a perder se as fileiras fossem rompidas: eles compartilhavam uma parceria de valor comprovado, forjada desde 1945 e simbolizada pelo secretariado da OCDE em Paris. Desacordos comerciais podiam ser gerenciados, pois não constituíam uma ameaça à unidade de propósitos compartilhada pela vitoriosa Aliança Atlântica, nem às relações entre Estados Unidos, Europa e Japão no após-guerra. Para expandir o comércio mundial precisavam de um acordo sobre a nova rodada Kennedy do GATT, que seria lançada oficialmente em 4 de maio de 1964. Nem as tão propaladas diferenças entre Estados Unidos e França eram tão evidentes na prática. A "organização de mercados" francesa, quando explicitada em termos compreensíveis, parecia-se com a política norte-americana em relação à América Central, com os ditadores africanos das ex-colônias francesas desempenhando em Genebra o mesmo papel dos clientes dos Estados Unidos, como Anastasio Somoza, da Nicarágua.

A situação que o G-77 enfrentava era muito mais desafiadora, pois esses países vinham para Genebra com uma solidariedade retórica. Por mais valiosa que ela tivesse sido na Assembleia Geral da ONU que aprovara a Unctad, Genebra exigia coordenação e cooperação reais para manter essa unidade. Mas as diferenças no G-77 superavam muito as que havia entre os países industrializados: tamanho, cultura, níveis de desenvolvimento, interesses de segurança, ideologias políticas e por aí afora. Apesar da Declaração de Argel um ano antes, as chances de sucesso eram baixas. Algumas animosidades eram previsíveis. Para repreender Israel pela invasão durante a Guerra do Oriente Médio em 1956, El Khaissani, da República Árabe Unida (Egito), presidente da conferência, recusou-se a convidar a delegação israelense para o jantar de abertura do G-77 em Genebra, uma providência que foi dispendiosa ao Cairo, que teve de pagar toda a conta, já que eventos financiados pela ONU não permitiam a exclusão de qualquer país-membro. (Na prática, Israel desempenhou um papel ativo na conferência.) A América Latina e a África enfrentavam desafios diferentes e, sob certos aspectos, eram rivais. Os países da América Latina eram mais desenvolvidos, com economias diversificadas que exigiam mercados para produtos manufaturados e um legado de autonomia em política monetária e em operações de bancos centrais. Os países da África Subsaariana eram recém-independentes, produtores agrícolas com grandes setores de subsistência: a industrialização era coisa para o futuro. Os países francófonos, ex-colônias francesas na África, com exceção da Guiné e de Mali, eram tão dependentes que mantinham o franco e se recusavam a ter moedas nacionais.[47] Dezoito países africanos e Madagascar tinham uma ligação especial com a Europa: a Convenção de Iaundé, de julho de 1963, lhes proporcionava uma mistura de ajuda e concessões comerciais para manter íntimos vínculos com a Europa. Assim, África e Europa podiam seguir uma política comercial de via dupla na Unctad, enquanto à América Latina faltavam vínculos privilegiados com os Estados Unidos ou com a Europa.[48]

Porém, chegou-se a uma unidade, o resultado mais valioso da Conferência de Genebra, com as três comissões regionais da ONU – Cepe, Ecafe e Cepal – desempenhando papéis essenciais no apoio.[49] Durante o primeiro mês da conferência, os países em desenvolvimento aos poucos começaram a consultar regularmente seus agrupamentos regionais: África, Ásia e América Latina. Conforme essas conversas foram amadurecendo, os mecanismos de consultas regulares se tornaram mais formais. Foram aprovados procedimentos de resolução de conflitos para harmonizar as diferenças e permitir propostas unificadas para os países desenvolvidos. Depois que o G-77 desenvolveu um padrão de colaboração, ficou claro que a solidariedade era sua principal arma nessas negociações. "A unidade dos países em desenvolvimento foi mais ou menos institucionalizada", escreveu Krishnamurti em 29 de maio quando a conferência entrou na fase final. "Eles estavam cientes da necessidade de preservar e fortalecer a unidade no interesse do desenvolvimento econômico."[50]

Infelizmente, essa unidade crescente dentro do G-77 e do Grupo B agravou o impasse para Prebisch e sua equipe porque uma coesão interna crescente em ambos os campos deixou-os com cada vez menos disposição para o compromisso.[51] Prebisch e sua equipe viram crescer a paralisia e diminuir as possibilidades de sucesso. Será que tudo acabaria em um comunicado floreado? Reuniões gigantescas se arrastavam, a frustração se avolumava por todos os lados conforme os impasses surgiam em toda parte. A conferência já estava quase caótica, com os grupos informais assumindo o controle das atividades. Um diplomata indiano recém-chegado tentou conversar com Prebisch em um elevador lotado do Palais. "O senhor faz parte deste circo?" "Sim", respondeu Raúl, "sou o palhaço principal."

Prebisch tinha de conseguir algo concreto, não só uma série de resoluções que exigiriam "estudos adicionais". A única área em que era possível obter um avanço significativo envolvia a questão institucional. Propostas de afro-asiáticos, de latino-americanos e de potências ocidentais haviam sido longamente debatidas. Os países em desenvolvimento haviam produzido um documento unificado, enquanto os países ocidentais estavam revisando seus textos anteriores. O impasse significava que a Comissão 4 tinha fracassado. O ponto crucial da questão era se a Unctad permaneceria um mero evento único (com as organizações da ONU existentes e o

GATT sendo responsáveis pela implementação de suas recomendações) ou se um órgão da ONU novo e autônomo seria criado com a finalidade específica de vincular comércio e desenvolvimento. Dentro e fora da conferência, estava claro que "sucesso" ou "fracasso" dependeriam de como essa questão seria resolvida.

A posição do Grupo B tinha evoluído: ele não se opunha mais à criação de uma nova entidade de comércio internacional sob os auspícios da ONU e estava disposto a considerar um novo "centro" ou "instituto" que se reportasse ao Conselho Econômico e Social e fosse gerenciado pelo Departamento de Assuntos Econômicos e Sociais em Nova York. Mosak tinha sugerido essa opção a Prebisch já em fevereiro de 1963, no início da comissão preparatória, e não foi surpresa que ela surgisse como a "oferta final" do Grupo B. O Conselho Econômico e Social era insípido, o Departamento de Assuntos Econômicos e Sociais era dirigido por um francês e gerenciado por um americano, e Washington estava bem perto de Nova York para exercer o controle desejado. Isso, claramente, não era o bastante para o G-77. As críticas ao GATT eram seu ponto de união: exigiam um órgão muito mais independente, com sua própria equipe e orçamento, além de não localizado em Nova York.

Em 2 de junho, os países do G-77 tornaram público o problema central da conferência – a relação de confronto com o Grupo B –, apoiando uma resolução na Comissão 4 e forçando uma votação que venceram facilmente, por seu maior número. Em resposta, os países ocidentais advertiram que o tema da máquina institucional tinha de ser negociado e não forçado mediante o voto majoritário. Eles se oporiam a isso no plenário e se recusariam a apoiar ou participar de qualquer órgão novo, mesmo que o secretário-geral decidisse criá-lo. Só restavam duas semanas antes do final da conferência. O desastre pairava sobre ela.[52]

A atenção da mídia, silenciosa havia semanas, de repente se reavivou com o cheiro de crise no ar. Os jornalistas regressaram a Genebra, lembrando a abertura da conferência. Em um esforço de última hora, Prebisch convidou representantes selecionados de países desenvolvidos e em desenvolvimento para virem ao seu apartamento no Parc du Budé em 3 de junho para conversas particulares. Durante dez dias eles se reuniram o dia todo, de manhã até tarde da noite, para chegar a um acordo factível. Adelita providenciava comida e bebida. A maratona de negociações parecia o último estágio de uma amarga disputa entre patrões e empregados, com a mesma estratégia de exaurir ambos os lados até que finalmente aceitassem uma posição de compromisso. As oito delegações eram os Estados Unidos, o Reino Unido e a França, países-chave do Grupo B, Paquistão e Nigéria, do G-77. A Iugoslávia foi representada por Stanovik, o competente presidente da Comissão 4. Bélgica e Suíça desempenharam um papel similar, como interlocutores. De tempos em tempos, Prebisch convidava delegados da Índia, do Uruguai e da Etiópia, mas a União Soviética não participou dessa negociação delicada. Nem mesmo Dell e Malinowski estiveram presentes: Prebisch escolheu apenas um assessor, o discretíssimo Krishnamurti, mestre na complexidade institucional da ONU, para ficar do lado dele na maratona das sessões. Krishnamurti tinha trabalhado na Ecafe com C. V. Narisiham, o competente chefe de gabinete de U Thant. Em última análise, U Thant teria de aprovar o acordo trabalhado nas negociações do Parc du Budé. Philippe de Seynes estava cada vez mais preocupado com a insistência do G-77 em uma Unctad separada do Departamento de Assuntos Econômicos e Sociais, e com poderes maiores que os dele. De Seynes movia-se de forma furtiva e Narisiham mediava.

Os protagonistas eram Richard Gardner, amigável e competente negociador norte-americano, e o igualmente ágil e gentil Amjad Ali, delegado paquistanês e presidente do G-77 nessa etapa, que agia com a vantagem diplomática de exigir um acordo que fosse aceitável para seus representados em uma votação de ratificação. Washington queria um acordo justo, insistia Gardner, em que as grandes nações comerciais do Grupo B não ficassem à mercê do G-77 como na votação na Assembleia Geral da ONU. Os seis ou sete maiores países respondiam por 70% do comércio mundial. Dificilmente aceitariam uma votação na base de "um país, um voto", sistema exigido pelos países em desenvolvimento. Modelos de órgãos aceitáveis como o FMI e o Banco Mundial dissipariam os temores do Grupo B de uma possível "tirania da maioria". Gardner, então, sugeriu um sistema de "voto duplo" em que as questões mais importantes exigissem maiorias tanto no Grupo B quanto no G-77. Ali só pôde responder que o G-77 encarava a questão de "um país, um voto" como vital para a soberania nacional deles, e o "voto duplo" de Gardner não passava da proverbial luva de pelica para disfarçar um punho de ferro: o FMI e o Banco Mundial eram os modelos mais criticados pelo G-77. Os países em desenvolvimento tampouco aceitariam um novo Conselho Econômico e Social ineficiente do tipo Mosak-De Seynes. Observando e escutando enquanto Adelita passava para lá e para cá com bandejas cheias até desabastecer de água tônica e refrigerantes o supermercado mais próximo, Prebisch perguntou-se o que, afinal, resultaria de todo aquele esforço. Depois de uma semana, percebeu que precisava romper o impasse para evitar o colapso.

Prebisch e Krishnamurti redigiram um novo documento de trabalho não oficial para o grupo do Parc du Budé, o chamado "artigo Prebisch" (diferente do seu

"Relatório do secretário-geral"). Os pontos mais importantes baseavam-se na fórmula que ele vinha considerando desde setembro de 1963, na viagem de volta ao mundo com Dell e Pollock. Somente uma fórmula de compromisso reduziria o abismo entre o G-77 e as economias de mercado desenvolvidas, e precisava incluir três elementos: conferências regulares a cada três a quatro anos como a I Unctad, em torno das quais toda a comunidade do comércio mundial pudesse se reunir; criação de uma junta de comércio e desenvolvimento como uma comissão permanente que representasse os diferentes grupos e se reunisse regularmente entre as conferências; e um novo secretariado separado, localizado fora do Departamento de Assuntos Econômicos e Sociais (de preferência, fora de Nova York), reportando-se diretamente ao secretário-geral da ONU. Prebisch tinha tido um confronto com De Seynes em uma reunião secreta em Paris, intermediada por U Thant, para finalizar um compromisso sobre a relação hierárquica entre o novo secretariado de comércio proposto e o Departamento de Assuntos Econômicos e Sociais. O acordo refletia o pedido de Prebisch de que o secretariado tivesse "um orçamento separado e plena autonomia" e que a Unctad fosse "parte integrante de todo o secretariado da ONU". Seu secretário-geral "tomaria as providências apropriadas, consultando todos os representantes oficiais interessados, para integrar o secretariado no trabalho global da ONU nesse campo", mas seria nomeado diretamente pelo secretário-geral da ONU e responsável perante ele e não perante o Departamento de Assuntos Econômicos e Sociais ou o Conselho Econômico e Social. U Thant enviou a De Seynes uma cópia de sua carta a Raúl via Narisiham: "Prezado Philippe", começava a carta, "espero que você considere o acordo satisfatório." De Seynes enfureceu-se com o acordo negociado pelas suas costas, que aceitava o pedido de autonomia de Prebisch, mas este não podia se apresentar diante do G-77 com menos que isso.[53]

Para reduzir o abismo entre Gardner e Ali, Prebisch recomendou que as negociações entre grupos fossem estabelecidas em bases permanentes, juntamente com uma forma especial de resolução de conflitos: qualquer grupo podia solicitar um processo de conciliação antes de votar qualquer medida que pudesse "afetar substancialmente" os interesses econômicos ou financeiros de países específicos. Gardner poderia aceitar isso, mas o G-77 teria de suavizar sua insistência em um processo de decisão na base de "um país, um voto". Por outro lado, os países em desenvolvimento obteriam um secretariado independente, com uma posição privilegiada na hierarquia da ONU. Ali percebeu que isso era o melhor que o G-77 obteria. A exemplo de Prebisch, viu que era a única alternativa realista. As negociações convergiram então para detalhes do processo de conciliação, bem como o papel e a composição do novo conselho de comércio e desenvolvimento da Unctad. Edward Heath chegou de Londres no último momento para dizer a Gardner que estava muito menos pessimista do que a delegação norte-americana. Todo o grupo do Parc du Budé apoiou um pacote no jantar final, cansados mas satisfeitos, quando só faltavam alguns dias. O Grupo B e os países socialistas (Grupo D) aceitaram o plano, e Prebisch pediu que Ali convocasse uma reunião plenária dos países em desenvolvimento dos Grupos A e C, onde pudesse relatar com orgulho o "exitoso compromisso" alcançado nas negociações finais e obter a ratificação deles.

Prebisch estava exultante quando se reuniu com o G-77: o enorme esforço de sua equipe e suas incessantes consultas e estímulos em inúmeras reuniões e jantares haviam dado fruto. Porém, em vez de congratulações, enfrentou uma plateia hostil. Pela primeira vez encarou uma resistência aberta de importantes segmentos do G-77 em uma reunião tumultuada. Os países do Terceiro Mundo tinham vindo para a I Unctad com grandes expectativas. Muitos, principalmente os da África, tinham acabado de sair de décadas de lutas políticas e militares amargas contra o colonialismo e enfrentariam fracas perspectivas econômicas, a menos que uma grande ajuda internacional chegasse logo da Unctad. Muitos delegados do G-77 tinham pouca experiência em conferências internacionais e não dispunham de uma estrutura como a OCDE para ajudá-los a se preparar para negociações complexas, nas quais fazer e receber concessões era a regra. Algumas nações recém-surgidas acreditavam fortemente em experiências revolucionárias, e a palavra "compromisso" ainda não tinha sido introduzida em seu léxico político. Países muito pobres tinham investido grande parte de seus escassos recursos na dispendiosa Genebra durante os três meses da I Unctad e esperavam algo concreto em troca. Segundo um membro da equipe, "eles eram como um grupo de soldados cansados sob a liderança de um general veterano, querendo tomar de assalto uma montanha muito fortificada. No meio da subida da montanha, o general ordena que as tropas parem. Por quê? Porque tinham conseguido chegar a um acordo".[54]

Dada a força de sua personalidade e com a data final da conferência se aproximando, Prebisch passou o dia enfrentando os elementos mais radicais do G-77. Rejeitou acusações de que o acordo era antidemocrático e restaurava um veto de fato do Grupo B em relação à Unctad. Insistiu em que o consenso, e não o confronto, era a única abordagem viável para se obter uma reforma da política de comércio e desenvolvimento global. O grupo latino-americano aceitou essa explicação e votou em bloco a seu favor. O Egito e a Nigéria, junto com a Índia e o

Paquistão, arregimentaram a maioria dos países da África e da Ásia para apoiá-lo. Mesmo assim, a fragilidade do G-77 era óbvia: ele só conseguiria contrabalançar os recursos superiores da OCDE se permanecesse unido. No último dia, as divisões na reunião de ratificação foram sanadas por uma declaração final de todo o G-77, redigida por Gamani Corea e adotada por unanimidade, em uma espetacular demonstração de coesão, encerrando a I Unctad com sucesso.

Foi um final incomum e paradoxal. A conferência teve êxito graças à habilidade de Prebisch como negociador. No início, o Grupo B o considerara um idealista radical, mas no final ele se mostrara um negociador pragmático. Lidou com mão forte com os elementos radicais do G-77, forçando-os a aceitar um compromisso com o Grupo B sobre a questão central da futura estrutura organizacional da Unctad. Sua imagem global, apesar de se apoiar em uma base precária, foi substancialmente fortalecida.

"Apesar de todas as frustrações, o exercício em Genebra ainda pode ter uma importância histórica", observou com ceticismo a *Economist* em um editorial de acompanhamento incomumente positivo em 6 de junho de 1964. "Prebisch e os países que ele representa não são mais estranhos ao grupo. A liderança emergente dos pobres é uma nova força. Alguns delegados dos países em desenvolvimento e o próprio dr. Prebisch são um páreo duro para os maiores países industrializados. [...] Como provável chefe do novo secretariado de comércio da ONU, o dr. Prebisch pôs o pé na porta, forçando a entrada, e não parece disposto a retirá-lo mais."

CAPÍTULO 18
O evangelho de Don Raúl

Após o triunfo, não havia nada mais a fazer a não ser arrumar as malas e se despedir no encerramento da conferência. A equipe dispersou-se com as lembranças agridoces da I Unctad. Dell, Malinowski e Cordovez voltaram para o Departamento de Assuntos Econômicos e Sociais na sede da ONU, Krishnamurti para Bancoc e Pollock para Washington, já que a Unctad era apenas uma proposta ainda sem orçamento, sem organização e, portanto, sem funcionários. A maior parte da equipe de Prebisch tinha esperança de retornar depois que a Unctad fosse aprovada pela Assembleia Geral no outono de 1964, conforme era esperado. Mas, por enquanto, estavam retornando a seus empregos regulares, alguns deles – como Malinowski com Mosak em Nova York – particularmente infelizes. Com certeza Prebisch seria nomeado primeiro secretário-geral da Unctad e havia pouca dúvida de que a organização seria em Genebra, já que lhe tinham oferecido, e ele aceitou, a Villa La Pelouse nas instalações do Palais em Genebra como residência oficial. Adelita começou a tomar providências para se mudar do Chile.

Prebisch caminhou pela longa estrada às margens do lago Genebra em direção aos vinhedos de La Côte para quebrar a rotina da Unctad. Apesar do êxito, o desencargo dos últimos quinze meses de trabalho intenso lhe trazia pouca paz ou conforto. Um problema pessoal urgente se manifestava: nada menos que uma nova família com Eliana Diaz e um filho (Raúl Jr.) nascido em dezembro de 1963 quando Raúl estava completando seu Relatório para a secretaria-geral da Unctad. A nova situação de Prebisch provocou consternação em Nova York. Somente seus amigos mais íntimos foram informados. U Thant e De Seynes, que ficou furioso, advertiram que a ONU não poderia tolerar um escândalo nesse estágio inicial e delicado da Unctad. Se isso viesse a público, a organização não sobreviveria. Ser homossexual confesso, mas discreto, como De Seynes, era tolerável; conceber um filho fora de um casamento tão conhecido, não. Apesar do sucesso da Conferência de Genebra, a ONU insistiu em que a vida dupla de Prebisch permanecesse em segredo para proteger a Unctad em seus anos de formação.

A vida secreta de Raúl finalmente pesou sobre ele. Fora monogâmico até 1949. A Conferência de Havana, que lançou sua carreira na ONU, acendera um apetite sexual insistente que acabou conhecido, lamentado ou tolerado durante os anos subsequentes em Santiago. Não houve abalo na lealdade de Adelita: "Conscientizei-me de que o que Raúl estava fazendo era tão importante que eu não poderia tomar outra atitude a não ser dedicar toda a minha energia a ajudá-lo."[1] Para os amigos, esse lado da personalidade de Prebisch parecia incoerente e inexplicável, mas o comportamento em si era um fato e isso nunca interferiu em seu trabalho. Porém, em todos esses anos, não houve sinal de gravidez com parceiras sexuais, muito menos com Adelita. Prebisch havia conhecido Eliana em Santiago e a relação continuou em Washington. Algumas pessoas questionaram a paternidade quando ela engravidou e se mudou para Nova York, mas Prebisch não teve dúvidas, agradecendo a Deus pela graça de um filho saudável aos 62 anos de idade. Bodil Royem, sua secretária em Washington, concordou em ajudar Eliana em Nova York. O segredo foi mantido, enquanto Raúl reunia sua equipe para o evento em Genebra.

O problema era o que fazer agora, após Genebra, já que se pretendia estabelecer a nova Unctad na Europa e não em Nova York. Adelita o ajudara durante a conferência e residiria com ele na Villa La Pelouse, enquanto Eliana e o bebê ficariam no apartamento localizado no número 340 da Rua 64 em Nova York. Manter as duas casas exigiria uma ponte aérea transatlântica, com a ameaça constante de descoberta e escândalo. Washington acabaria sabendo, já que a CIA havia infiltrado um informante em um alto posto na Unctad. A situação também exigiria recursos acima do salário de funcionário da ONU. Assim, ele fez uma hipoteca de US$ 25 mil sobre a casa de El Maqui, que Adelita precisou assinar. Somente os colegas mais chegados – Malinowski, Dell, Krishnamurti, Pollock e Jorge Viteri – entendiam a complexidade logística: trazer Raulito para Genebra seria quase uma operação de inteligência. Em geral, era humilhante manter uma família em segredo por tempo indeterminado, uma situação bem parecida com a de seu pai, como ele deve ter pensado. Nem estava claro por quanto tempo uma mulher tão hábil e determinada como Eliana Diaz se contentaria com uma vida secreta de mãe solteira em um país estrangeiro. Acima de tudo, uma parte da vida de Prebisch permaneceria oculta e potencialmente turbulenta ao voltar a Nova York para criar a Unctad – uma causa, acreditava, importante para toda uma geração e com a qual estava comprometido.

Prebisch sabia que o êxito dependia da capacidade de seguir adiante rapidamente, explorando o impulso da I Unctad para construir um secretariado forte a partir da redação deliberadamente vaga da Ata Final de Genebra. Mas agora uma crise completamente inesperada e diferente interveio: o Ilpes, seu instituto em Santiago, estava sob ameaça, sua existência tinha virado de repente uma questão. O novo governo militar no Brasil avisou que estava bloqueando o financiamento do BID para o Ilpes. Sem esses recursos, sua equipe em Santiago não poderia ser remunerada. Prebisch partiu imediatamente para Brasília, para apagar o incêndio junto a Roberto Campos, ex-embaixador de João Goulart em Washington, promovido pelo golpe militar a ministro do Planejamento de Castelo Branco. Totalmente pró-Estados Unidos mesmo antes do golpe, sua rápida deserção e o endosso da ditadura, e agora seu cargo-chave em Brasília, tornaram Campos um favorito em Washington. A ameaça de cortar o financiamento do BID para o Ilpes era factível, pois nisso o Brasil poderia contar com o apoio dos Estados Unidos. Muito mais estava em jogo: o Brasil era um líder importantíssimo do G-77 na Unctad. Seu apoio antes e depois de Genebra tinha sido essencial para a aprovação e o progresso do empreendimento. Sob governo militar ou não, era uma potência global e regional. Campos sabia que Prebisch precisaria do apoio ativo do país na construção da Unctad.

Campos explicou por que ele se oporia ao Ilpes com todos os meios ao seu alcance. Durante a Conferência de Genebra, enquanto Prebisch lutava pela sobrevivência da Unctad, o Ilpes oferecera refúgio a Celso Furtado, Fernando Henrique Cardoso, Francisco Weffort e outros exilados famosos do golpe militar brasileiro. Isso já era ruim o bastante, mas a administração do instituto em Santiago foi além, aprovando um seminário sobre desenvolvimento, que começaria em 3 de junho, em que os brasileiros – particularmente Furtado e Fernando Henrique – exerceriam papéis de liderança na crítica do novo modelo econômico de Castelo Branco.[2] Campos insistia em que eles eram de esquerda, engajados, e essas atividades não eram compatíveis com uma organização da ONU, principalmente um órgão que devia dar consultoria em planejamento a governos latino-americanos. Em suma, o Ilpes insultara o Brasil.

Os eventos reais em torno do seminário do Ilpes eram mais complexos. Furtado organizava com José Medina essa iniciativa semanal, realizada às quartas-feiras, que ia além de uma reação ao golpe militar brasileiro. O seminário pretendia fazer uma longa análise dos textos originais da Cepal à luz da experiência recente da América Latina. O fato de os participantes serem mais jovens, e não da geração fundadora, deu à iniciativa uma importância adicional. Era um grupo estelar de jovens economistas. Em sua primeira aparição no seminário depois de chegar de Genebra, ao ouvir a qualidade do debate – o grupo brasileiro aliava conhecimento acadêmico a comprometimento pessoal –, Prebisch exultara: havia ali o núcleo de um instituto de primeira classe.

Logo ficou claro que a antiga doutrina da Cepal exigia uma revisão. Tinham ocorrido mudanças profundas na região desde o Manifesto de Havana, de 1949, sem falar na importância crescente das empresas multinacionais. Apesar de o termo ainda não ter sido inventado, o papel dessas empresas na produção, na tecnologia e no comércio era cada vez mais visível no continente. As multinacionais também desafiavam o conceito original de Prebisch das relações centro-periferia: para o sociólogo Fernando Henrique Cardoso, essa presença empresarial poderosa significava que o "centro" tinha se mudado diretamente para a "periferia", embora a América Latina estivesse mais dependente do que nunca e ainda menos capaz de incorporar os marginalizados em um sistema democrático. Ele argumentava que o golpe de 1964 no Brasil era essencial para se entender a chamada "internacionalização do mercado interno", pois o Estado de "segurança nacional" introduzido pelo general Castelo Branco e por Roberto Campos realizava uma nova combinação de mercados abertos, repressão e presença estatal mínima. Não se tratava de mais um mero golpe militar; era um presságio de experimentos autoritários semelhantes na América Latina. À luz desses desenvolvimentos, a fé inicial da Cepal na industrialização como saída para o desenvolvimento devia ser revista criticamente, e os pesquisadores de Santiago deviam expandir seus instrumentos de análise para explorar a dependência latino-americana em relação aos centros: as multinacionais estavam redefinindo e expandindo as relações econômicas internacionais, afetando profundamente as escolhas dos consumidores, o perfil das classes, os partidos políticos e a sociedade civil, sem falar no papel evidente de Washington no golpe brasileiro.

A crise era delicada e demandaria tempo para ser resolvida. Campos entendia muito bem que o Ilpes queria ser autônomo, não submisso aos governos, mas também sabia que os líderes do seminário sobre desenvolvimento examinariam o apoio das empresas e da elite às novas ditaduras militares latino-americanas. Para pôr fim à pesquisa sobre empresas multinacionais, ele propôs um acordo. Disse a

Prebisch que as relações do instituto com os exilados brasileiros tinham sido um erro de avaliação cometido por Cristóbal Lara e pôs a culpa na ausência de Prebisch, ocupado com a fase final da I Unctad. "Se você estivesse com as rédeas do instituto em mãos, essas coisas não teriam acontecido", observou. "Darei instruções ao meu representante no BID para que ele apoie o instituto, mas com a condição de que você prometa voltar."[3]

Encontrou-se uma solução. Prebisch concordou em continuar como secretário-geral do Ilpes durante a Unctad e retornar depois de concluir seu mandato. A edição dos textos do seminário, feita por Furtado, foi rapidamente engavetada. Campos sabia que Prebisch contrataria quem quisesse, mas também sabia que doravante vigiaria mais de perto as atividades do instituto. O Brasil retomou o apoio ao Ilpes no BID. Furtado partiu para Yale, Fernando Henrique Cardoso continuou no instituto trabalhando com o chileno Enzo Faletto, e Prebisch designou Benjamin Hopenhayn como relator de todas as atividades, que deviam ser acompanhadas nos mínimos detalhes.[4] A decisão de continuar como diretor do Ilpes era problemática: o desafio da Unctad excedia a enorme capacidade de trabalho de Prebisch, e um instituto frágil precisava de uma direção dedicada em regime de tempo integral, com um diretor residente, para criar sua identidade sem a bagagem política adicional de Genebra.

* * *

De Seynes recebeu Prebisch de forma fria quando ele voltou de Santiago. Nem ele nem Mosak haviam gostado de ter sido excluídos das negociações da I Unctad e agora queriam que todos os detalhes da nova organização ficassem sob controle. Tudo levava a crer que o avanço seria lento. As férias de verão se aproximavam. Em 29 de julho, De Seynes escreveu reclamando ao secretário-geral que "as discussões com Raúl para estabelecer o secretariado – suas funções, sua equipe e sua localização – permanecem confusas". Ele passou o verão inteiro na França, de modo que Prebisch só conseguiu apresentar a minuta de proposta da nova organização a U Thant no final de outubro de 1964.

Apesar de serem amigos pessoais, De Seynes e Prebisch eram adversários profissionais na guerra da ONU. Um confronto inevitável aproximava-se. O secretariado que Prebisch tinha em mente seria maior e mais independente do que aquele que o Departamento de Assuntos Econômicos e Sociais e seus aliados do Grupo B tinham vislumbrado em Genebra. Ele rejeitou qualquer tipo de dependência ou subordinação ao departamento. A Unctad tinha de ser independente "no sentido de ser capaz de assumir plena responsabilidade, sob a chefia do secretário-geral da ONU, de se ocupar da conferência, da Junta de Comércio e Desenvolvimento e de órgãos subsidiários", com um orçamento separado e "autonomia, submetida aos procedimentos financeiros usuais da ONU", juntamente com sua própria divisão de políticas comerciais e seu escritório de projeções e pesquisas. Em termos práticos, isso significava transferir cargos e orçamento do Departamento de Assuntos Econômicos e Sociais para a nova Unctad.

De Seynes rejeitou essa concepção e a combateu ao voltar a Nova York em 31 de outubro. Assumindo a ofensiva, reclamou com U Thant de "falta de consulta", acusando Prebisch de "discriminação". Reclamou que uma "estrutura como a proposta pelo dr. Prebisch [...] terá um efeito deprimente e até mesmo devastador em outras partes do secretariado que trabalham em campos intimamente relacionados e exigem habilidades e assistência comparáveis". O secretariado da Unctad tem de ser "*parte integrante* de um secretariado único da ONU e seu trabalho tem de ser visto como um *componente* do trabalho total da ONU no campo econômico e social". Ao levantar o conhecido fantasma da "duplicação de serviços no sistema ONU", ele indicou que a Unctad deveria ser menor e usar os programas existentes do Departamento de Assuntos Econômicos e Sociais.[5] Prebisch retrucou a De Seynes dizendo ao secretário-geral que a "integração" da Unctad ao secretariado da ONU era mesmo vital, mas isso não ia além de consultas e coordenação: "Significa interdependência, mas não dependência ou qualquer tipo de subordinação. [...] O monopólio intelectual implícito no memorando do sr. De Seynes é inadmissível."[6]

U Thant concordou. Até aí, Prebisch estava ganhando. Porém, De Seynes contra-atacou, infiltrando aliados na comissão orçamentária da ONU para reduzir drasticamente o orçamento de Prebisch. Raúl reuniu em Nova York delegados de 25 importantes países em desenvolvimento para apelar diretamente ao secretário-geral, passando por cima de De Seynes e Mosak. Liderada pelo Brasil e pela Índia, a delegação do G-77 restaurou o orçamento. Com essa vitória, Prebisch conseguiu arrancar a área de comércio e desenvolvimento do Departamento de Assuntos Econômicos e Sociais.[7]

Ainda não era hora de comemorar. Os principais funcionários selecionados por Prebisch eram contratados pelo Departamento de Assuntos Econômicos e Sociais, de modo que De Seynes e Mosak passaram a enfraquecer a Unctad recusando ou retardando transferências. Nisso eles dispunham de uma nítida vantagem, já que Prebisch precisava pôr logo a Unctad em funcionamento, enquanto o Departamento de Assuntos Econômicos e Sociais poderia ficar empacado para sempre. Raúl precisava que Dell fosse confirmado urgentemente no novo secretariado, mas Mosak e De Seynes iniciaram uma nova guerra de atrito, recusando-se a liberá-lo de seu trabalho no novo Centro de Desenvolvimento Industrial. Prebisch, por fim, precisou recorrer diretamente a U Thant, mas mesmo então o Departamento de Assuntos Econômicos e Sociais segurou Dell por mais seis meses, até meados de 1965. Prebisch havia suposto que todos os funcionários seriam transferidos junto com seus cargos, mas Mosak recusou, insistindo em que o departamento tinha o direito de decidir e escolher. A seção de relações comerciais internacionais, chefiada por Percival Judd, e a seção de estudos de produtos básicos, dirigida por Reginald Smith, da África do Sul, eram claramente unidades que cabiam nas atribuições da Unctad, mas Mosak as dissolveu para manter as equipes, argumentando que elas formavam "uma espécie de força-tarefa" que lidava com objetivos gerais. Tentou empurrar dois nomeados políticos sem qualificação vindos da Inglaterra e da União Soviética. "Se eles [o Departamento] tinham o direito de selecionar, tenho o mesmo direito e me recuso a aceitar G. e K.", afirmou Raúl.[8]

Apesar de, em geral, fazer prevalecer a sua vontade na luta para proteger sua autonomia dentro do sistema ONU, Prebisch havia aceitado compromissos para não se arriscar a pôr a perder todo o projeto. Concordar com duas reuniões por ano na Junta de Comércio e Desenvolvimento, um órgão composto por 54 países membros (em Nova York e Genebra) e difícil de se administrar, implicava um grande ônus para o novo secretariado, quando combinado com uma enorme agenda de trabalho e a preparação de uma grande conferência, do porte da I Unctad, a cada quatro anos.[9]

A política da ONU interferia em cada passo. O equilíbrio regional era essencial, mas difícil de se alcançar na prática, sobretudo no caso dos Estados africanos recém-independentes, que estavam entrando na ONU a uma razão de dez por ano com poucos economistas disponíveis para preencher os cargos oferecidos em organizações internacionais.[10] Moscou insistia em que Prebisch contratasse um soviético para contrabalançar o informante da CIA (de certa forma, mais qualificado) vindo da Alemanha Ocidental e já contratado. Prebisch, com o apoio de U Thant, propôs Malinowski para o cargo de diretor de coordenação, por causa do tamanho e da complexidade da Unctad. Todos pareceram concordar em um primeiro momento – o G-77 e a comissão orçamentária da ONU –, até que Washington solicitou outro secretário-geral adjunto para o Grupo B, de preferência vindo da Europa, para atender às exigências do equilíbrio Norte-Sul. A Inglaterra concordou. Foi uma boa ideia, já que Malinowski era identificado com o G-77 e a Unctad precisava de uma ponte para os países da OCDE. Prebisch concordou e prontamente identificou dois possíveis candidatos escandinavos, mas, em uma de suas raras iniciativas, Moscou exigiu um terceiro secretário-geral adjunto vindo da Europa Oriental para atender ao equilíbrio Leste-Oeste. A União Soviética foi categórica: ou se abandonava a proposta dos Estados Unidos e da Inglaterra ou se nomeava o vice-ministro de comércio exterior da Tchecoslováquia como adjunto de Prebisch. A nomeação de alguém da Europa Ocidental, argumentou, seria "injusta e contrária aos princípios de tratamento igual de vários grupos de países". Nem mesmo a Finlândia poderia ser considerada um país "neutro". Ao se confrontar com a possibilidade de um trio inadministrável em seu gabinete, Prebisch desistiu do cargo, enfraquecendo a eficácia futura da Unctad. Por mais que trabalhasse, ele não conseguiria gerenciar a enorme e complexa agenda da Unctad sem um assistente permanente como Malinowski, com suas ligações com o G-77 e sua energia contagiante.[11]

Um obstáculo final e inesperado veio à tona em maio de 1965: a localização da sede permanente da Unctad. Desde o início ela estava prevista para se instalar em Genebra, com a divisão financeira permanecendo em Nova York sob a direção de Dell, que precisaria manter contato constante com Washington. Porém, em 10 de maio, P. Spinelli, o diretor do escritório europeu da ONU, relatou que o cantão de Genebra opunha-se a mais uma organização internacional na cidade, pois os estrangeiros provocavam uma alta nos preços dos imóveis e dos aluguéis. Tudo levava a crer que um número maior de estrangeiros agravaria os "problemas psicológicos e sociais" enfrentados pelos habitantes, já muito pressionados.[12] Prebisch começou a pensar em locais alternativos e criou uma comissão para avaliar as ofertas: Adis Abeba, Acra, Roma, Cidade do México, Lagos e Londres logo se candidataram para abrigar o secretariado. Quando a Inglaterra ofereceu um prédio novo no centro de Londres, o Conselho Federal Suíço se alarmou e enviou uma carta a U Thant em 13 de outubro dando as boas-vindas de Genebra ao secretariado da Unctad.[13]

Finalmente, a Unctad foi estabelecida. Durante meses, Prebisch tinha ficado quase totalmente sozinho, viajando para lá e para cá entre Nova York e Genebra, onde uma equipe preliminar trabalhava na sede da ONU. Mas houve avanços. Cargos-chave foram ocupados e as divisões da Unctad começaram a tomar forma.

A liberação de Krishnamurti pela Ecafe foi aprovada em 22 de novembro de 1964. Pollock logo o seguiu, vindo de Washington. Malinowski veio como diretor de transporte marítimo internacional. Com a equipe crescendo rapidamente, chegando a 175 pessoas em 1968, a Unctad avançava de vento em popa. Os problemas iniciais tinham ficado para trás, e as reclamações sobre o trabalho inadequado do secretariado na preparação de reuniões diminuíram com as contratações.[14] Todos em Genebra estavam animados. Apesar de a Unctad não conseguir equiparar seus salários com o Banco Mundial e o FMI, a resposta internacional de economistas era positiva, pois a organização tornou-se uma causa importante para uma geração idealista. Quando Adelita chegou a Genebra e a residência oficial em La Pelouse abriu as portas para convidados, a Unctad já era o experimento internacional mais estimulante desde a Segunda Guerra Mundial.

Prebisch e De Seynes deixaram para trás a batalha burocrática e se reaproximaram em jantares no Au Pied du Cochon. De Seynes inquietava-se porque a relação da Unctad com o GATT ainda não estava definida. Wyndham-White endossara publicamente uma divisão de trabalho entre as duas organizações em Genebra, afirmando, por exemplo, que Prebisch seria responsável pelos acordos sobre produtos básicos. Mas esse comprometimento não existia por escrito, advertiu. O robusto Wyndham-White era inglês, mas não era um cavalheiro.

* * *

Prebisch acreditava que a Unctad precisava assumir a liderança, rejeitando desde o início a ideia de que fosse apenas um conselho pomposo ou um "fórum de discussões". Em vez disso, queria uma organização com conteúdo, que pudesse conduzir negociações com efeitos práticos. Ela fora criada para repensar e relançar as regras do jogo no comércio internacional, liderando a campanha por uma ordem econômica mundial com menos desigualdade. Prebisch não era neutro, assim como o FMI, o Banco Mundial e o GATT também não eram. Esses órgãos estabelecidos defendiam os interesses de países desenvolvidos, enquanto a Unctad seria incansável na promoção de novas regras que beneficiassem o Terceiro Mundo.

Mas Prebisch carecia de poder. Seu secretariado permanente em Genebra podia liderar com pontos de vista, ideias e propostas de mudança, mas não podia exigir o cumprimento de orientações pelos governos. Acordos internacionais só podiam ser fechados se o Norte e o Sul, o G-77 e o Grupo B se dispusessem a trabalhar em conjunto. A Unctad só poderia vencer pelo cansaço e a pressão moral, mas Prebisch acreditava que todos ao redor do mundo, inclusive os países desenvolvidos e seus governos céticos, apoiariam suas ideias depois que fossem corretamente informados dos fatos e entendessem as altas apostas em jogo e os mínimos sacrifícios necessários para atingir a igualdade global, em comparação com os futuros benefícios econômicos e de segurança em um mundo mais pacífico e equitativo. Prebisch percebeu uma onda de apoio após a I Unctad e não foi o único a entender que a linguagem do desenvolvimento internacional estava mudando sutilmente: o "desequilíbrio comercial" do relatório de Prebisch para a I Unctad, criticado na conferência como sem sentido, já estava entrando no vocabulário cotidiano em Washington como uma referência na análise oficial.[15]

O G-77 não queria um novo vocabulário, mas resultados reais. As expectativas eram altas. Para conservar o apoio, Prebisch tinha de apresentar realizações a partir da agenda da I Unctad. Quase dezoito meses haviam se passado desde Genebra, mas havia poucas possibilidades de um êxito de curto prazo e espetacular. As quatro principais categorias de ação da Unctad tinham sido identificadas: produtos básicos, produtos manufaturados, financiamento do comércio, e intangíveis e comércio marítimo internacional. Não houve acordo em nenhuma dessas áreas em Genebra, dada a complexidade de cada uma. Seriam necessárias negociações demoradas. Depois de 1964 foram criadas as principais comissões do novo secretariado da Unctad para continuar o trabalho sobre esses assuntos. Porém, os únicos candidatos a uma ação imediata eram os produtos básicos e o financiamento – mais especificamente, um acordo internacional para estabilizar o preço do cacau e um mecanismo de financiamento suplementar, liderado pelo Banco Mundial, para estabilizar receitas de exportação de países em desenvolvimento. Ambos os conceitos tinham sido discutidos durante anos na Assembleia Geral e no GATT com pouco êxito. Uma preocupação constante eram os acordos sobre produtos básicos, voltados para regular mercados de produtos agrícolas e minerais, garantindo preços justos e estáveis que mentivessem os produtores protegidos dos ciclos de auge e recessão. Tais produtos prevaleciam no comércio dos países do Terceiro Mundo. No financiamento suplementar, o Banco Mundial também reduziria a vulnerabilidade do comércio, compensando os países em desenvolvimento das reduções inesperadas nas receitas de exportação. Sem um esquema como esse, os melhores planos de desenvolvimento dos governos seriam destruídos pela instabilidade repentina dos preços, fora de seu controle. Um funcionário graduado do Banco Mundial explicou que "o esquema tenta ajudar países a realizar seus planos de médio prazo e evitar uma revisão de metas para baixo".[16] Ambas as propostas tratavam de obstáculos centrais para os países em desenvolvimento. O êxito nesses casos demonstraria que a Unctad era capaz de corresponder às expectativas, deixando de ser um fórum de debates para se tornar um centro de tomada de decisão global, reforçando assim a unidade do G-77 em torno do secretariado.

Logo que a conferência de 1964 terminou, Prebisch, atuando com as limitações do incipiente secretariado, começou a explorar as possibilidades de um acordo internacional para o cacau. Uma pesquisa inicial apontou perspectivas favoráveis, começando com clareza jurisdicional: havia bastante tempo as negociações de comércio de produtos básicos tinham sido reconhecidas como sendo de responsabilidade da ONU (e não do GATT). Além disso, o cacau, mais do que os outros produtos básicos importantes no comércio mundial – como estanho, cobre, açúcar, café etc. –, apresentava os menores obstáculos para uma negociação exitosa. Ao contrário do açúcar, por exemplo, todos os grandes produtores de cacau estavam no G-77 e não havia concorrência de produtores em países desenvolvidos; também não havia o fator cubano que suscitasse um veto político por parte dos Estados Unidos; a superprodução não era um problema sério; e a demanda estava crescendo constantemente nos mercados mundiais, inclusive nos países do bloco soviético. Além disso, havia relativamente poucos produtores de cacau, localizados principalmente na África, a região mais pobre, que tinha o maior direito moral a uma ação prioritária da Unctad. Dentro da África, havia grandes produtores, como a Costa do Marfim e Gana, mas nenhum país controlava o mercado. Por fim, o G-77, inclusive a América Latina, concordava em avançar para um acordo sobre o cacau, evitando a rivalidade intrarregional e a suspeita constante de que Prebisch tendia a beneficiar as Américas.

Prebisch pediu a David Pollock que trabalhasse com Perce Judd, diretor da nova divisão de produtos básicos, na criação de um estoque regulador internacional de cacau sob os auspícios da Unctad. "Presumo que você já leu o Antigo Testamento", disse. "Você se lembra da estória de José, dos sete anos de abundância e sete anos de miséria? Gostaria que a Unctad fosse capaz de realizar atividades de regulação de estoques como as de José. Mas com uma diferença: vamos precisar usar informações que não venham de Deus."[17] Alfred Maizels, um especialista inglês em estoques reguladores, que estava de repouso em casa com a perna engessada, concordou em se juntar à equipe de Genebra. Juntos contrataram Jan Tinbergen, então consultor econômico dos Países Baixos, para construir um modelo para um acordo internacional para o cacau e preparar uma estimativa de custos para financiar estoques regulatórios. A Lever Brothers, em Londres, resolvera recentemente seu próprio problema de armazenagem de cacau usando novos galpões com ar condicionado e desenvolvera um processo barato para converter o excedente de sementes de cacau em margarina. Definidos os temas da negociação, a divisão de produtos básicos criou um grupo de trabalho para preparar uma conferência sobre o cacau em agosto de 1966, com o objetivo de aprovar, em princípio, a Autoridade do Cacau intermediada pela Unctad.[18]

Porém, a conferência sobre cacau fracassou diante da implacável oposição dos Estados Unidos e da Alemanha Ocidental. Em vez de vitória, Prebisch teve de admitir uma derrota no gerenciamento de mercados de produtos primários. Washington objetou em bases ideológicas e financeiras, rejeitando a fórmula da Unctad para financiar estoques.[19] Os interesses diretos do setor privado também estavam em jogo, pois os negociantes de cacau de Nova York faziam um *lobby* pesado para manter esse mercado. Prebisch protestou contra o que considerava posições pouco razoáveis dos países do Grupo B e falta de abertura para a mudança. Chegou a criticar Washington e Bonn na Assembleia Geral da ONU: "Se, apesar dessas vantagens, não for possível fechar um acordo sobre o cacau, pergunto o que poderemos fazer para atender as esperanças dos países em desenvolvimento em relação a outros produtos primários!" Este era o ponto principal de resistência do Grupo B à mudança. Um êxito importante da Unctad só serviria para consolidar seu apoio no G-77, conduzindo a outras demandas por mais acordos internacionais sobre produtos básicos sob os auspícios da organização. Os países do Grupo B avisaram a Prebisch em meados de 1966 que só aceitariam negociações sobre o açúcar no âmbito do GATT.

O otimismo inicial sobre o acordo do cacau e depois as esperanças frustradas geraram críticas amargas do G-77, principalmente vindas da África, e aumentaram as pressões por negociações com o Banco Mundial para um mecanismo de financiamento suplementar.[20] As perspectivas aqui eram melhores, pois, nesse caso, diferentemente do cacau, Prebisch tinha um defensor em Washington: George D. Woods, presidente do Banco Mundial. A Inglaterra e a Suécia também haviam apoiado o conceito na I Unctad, e a ata final instruiu o Banco Mundial a preparar uma "proposta preliminar sobre medidas suplementares de financiamento" para uma análise depois da conferência. A equipe começou a trabalhar imediatamente. O relatório preliminar ficou pronto no final de 1965, e George Woods enviou o estudo à Unctad como sendo a "base de uma solução factível para um problema de grande importância". Mas ele ressaltou que se trata de um relatório preliminar. "Esse estudo não pretende representar os pontos de vista dos diretores executivos do banco ou dos governos que os nomearam ou escolheram."[21]

O Relatório Woods foi recebido favoravelmente tanto pelos países desenvolvidos como pelos em desenvolvimento na primeira reunião da comissão sobre financiamento da Unctad, em dezembro de 1965. Segundo Prebisch, isso era uma "prova de que as ideias da primeira conferência da Unctad estavam avançando".[22] O conceito do Banco Mundial ligava financiamento suplementar e desempenho. Houve poucas críticas por parte dos países em desenvolvimento. O progresso foi tão rápido que Prebisch abriu a reunião seguinte do órgão, em abril de 1966, declarando que o esquema proposto pelo Banco Mundial "era uma solução adequada e factível" para problemas sérios que os países em desenvolvimento enfrentavam com as flutuações em suas receitas de exportação. Isso marcava "uma importante transição da Unctad de um fórum de discussões para um instrumento de ação".[23] Os delegados concordaram. Só a União Soviética discordou, mas de forma isolada, pois os outros países do bloco soviético na comissão estavam interessados em participar. Os países desenvolvidos e em desenvolvimento descobriram nesse acordo que a reunião terminaria em três dias, e não em sete. Havia o consenso de que uma escassez inesperada nas exportações deveria ser calibrada pelas projeções realizadas. Até os representantes do FMI concordaram que essa era uma solução interessante e prática.[24]

Quando 1966 terminou, Prebisch estava esperançoso em uma solução próxima. A Junta de Comércio e Desenvolvimento endossou o acordo de financiamento suplementar proposto. Um acordo internacional parecia assegurado. Um grupo de trabalho técnico conjunto com representantes do Grupo B e do G-77 estava verificando os detalhes. As relações entre a Unctad e o Banco Mundial estavam se aprofundando. Irving Friedman enviou a Prebisch um cartão de fim de ano com votos pessoais.[25] De Santiago, Raúl enviou uma mensagem com os "melhores votos", acrescentando: "À luz de seu excelente relatório sobre financiamento suplementar, permita-me expressar minha convicção de que o Banco Mundial está prestes a desempenhar um importante papel no trabalho positivo da Unctad."

***

Era inevitável que Eric Wyndham-White contra-atacasse. Ele passou a nutrir repentina paixão por países em desenvolvimento após 1963, o que podia ser encarado como um elogio a Prebisch. A realização da I Unctad e a mobilização da opinião pública tiveram um efeito profundo sobre o GATT. Já em 1963, antevendo a conferência de Genebra, Wyndham-White tinha adotado medidas preliminares para compensar a frustração do Terceiro Mundo com o foco exclusivo do GATT nos países da OCDE e depois tentou minar o novo concorrente, copiando as atribuições da Unctad. Em 4 de maio de 1964, no meio da I Unctad, o GATT abriu a Rodada Kennedy de negociações comerciais com uma cerimônia que reuniu 66 países, na qual os representantes do G-77 eram maioria pela primeira vez. Em 19 de março seguiu-se o anúncio de um novo programa de promoção do comércio, prometido havia muito tempo, para adular líderes de países em desenvolvimento.[26] Em um gesto simbólico, ele elevou seu cargo de diretor executivo para secretário-geral.

Após Genebra, o GATT intensificou o esforço para minar a eficácia da Unctad e sua evolução. Indiferente a problemas do comércio de países em desenvolvimento no passado, Wyndham-White acrescentou uma quarta parte às funções do GATT, intitulada "comércio e desenvolvimento", que em essência correspondia à Ata Final da I Unctad. Adotada no início de 1965, a nova Parte IV (bem suprida com uma comissão sobre comércio e desenvolvimento e grupos de trabalho sobre produtos básicos, preferências e expansão do comércio entre países em desenvolvimento) lhe permitiu mover-se de forma mais agressiva no território da Unctad. Na I Unctad, Wyndham-White havia declarado que o GATT não tinha atribuições no campo dos produtos primários nem tinha intenção de assumi-las. Em 1966, já chefiava negociações sobre cereais e açúcar. Líderes europeus informaram a Prebisch que tinham decidido que o GATT deveria tratar das negociações internacionais sobre o açúcar. A Unctad deveria "evitar a duplicação" com o GATT retirando-se, de maneira voluntária, de uma área de responsabilidade internacionalmente reconhecida como sua.

O objetivo de Wyndham-White não era questionar a existência da Unctad, e sim a meta de Prebisch de construir um instrumento de negociação. Em geral, a posição do Grupo B em relação à Unctad era coerente: o grupo aceitaria uma agência da ONU para debates e pesquisa sobre políticas de comércio, mas o GATT manteria a autoridade na tomada de decisão em questões de comércio internacional e desenvolvimento. Usando imagens da ONU, a Unctad seria o equivalente à assembleia geral, enquanto o GATT funcionaria como o conselho de segurança. Nessa concepção, a Unctad desempenharia um mero papel de apoio, deixando que as negociações multilaterais fossem realizadas pelo poderoso GATT. Wyndham-White buscava alianças táticas com Estados-chave do G-77, como a

Índia e o Brasil, que determinariam o êxito ou o fracasso da Unctad, explorando as profundas fissuras entre países em desenvolvimento acerca de políticas internacionais de comércio. Equilibrando-se entre Norte e Sul, o Brasil estava particularmente disposto a ser adulado depois do golpe militar de 1964. O país estava em busca de uma concepção mais nacionalista de seu futuro como líder regional, assim como a Índia e a China, todos de proporções continentais. Uma tensão crescente com a Argentina em relação à bacia do Prata e represas hidroelétricas aprofundou essa tendência a uma excepcionalidade brasileira em lugar de uma integração regional com a América hispânica. Depois de vinte anos de rápido desenvolvimento econômico, o Itamaraty não aceitava plenamente a linguagem de solidariedade com o G-77 nem considerava o Brasil como mais "Sul" do que "Norte". Azeredo da Silveira, escolhido para chefiar a missão brasileira à II Unctad, disse: "Temos que invadir o GATT ou 'unctadizar' o GATT, antes que ele 'gatticize' a Unctad."[27] Isso podia significar somente ligar comércio e desenvolvimento em ambos os fóruns, mas também podia levar o Brasil a usar a Unctad como uma tribuna para alcançar suas próprias metas no GATT. Prebisch chamava isso de "tocar em dois pianos ao mesmo tempo".

Prebisch escreveu a U Thant em março de 1967: "Estamos testemunhando uma tendência geral para uma ampliação da competência do GATT, em clara duplicação das funções, atribuições e atividades da Unctad. [...] A competência do GATT no campo de políticas e práticas de restrição ao comércio por meios tarifários e não tarifários é bem clara." E completou: "Também está claro que a Unctad é o órgão central que decide sobre as questões de comércio em relação ao desenvolvimento. Isso deve ser reconhecido dentro da família da ONU, de modo que o GATT não possa se apresentar como um parceiro igual ou mais competente nesse campo."[28] Para Prebisch, a questão não era apenas territorial, com uma guerra de competências entre duas agências internacionais que desejavam reconhecimento e orçamento. Ele sempre havia reconhecido o papel do GATT nas negociações de comércio e seu eficiente secretariado. Nunca havia tentado miná-lo ou criticado a entrada de países em desenvolvimento capazes de tirar vantagem da liberalização do comércio centrada na OCDE. Opunha-se à ação de Wyndham-White por causa de seu oportunismo cínico, desenhado para destruir a credibilidade e o poder de barganha da Unctad sem oferecer uma nova abordagem ao desenvolvimento ou à integração regional. Wyndham-White estava apenas selecionando países do G-77 e fazendo concessões específicas que deixavam intactos o poder e as prioridades do Grupo B. Uma "nova ordem econômica internacional" nunca emergiria do GATT. Só em

2001 sua sucessora, a Organização Mundial do Comércio (OMC), iniciaria a chamada Rodada Doha, reconhecendo as questões dos países em desenvolvimento, e mesmo então enfrentando uma reiterada indiferença de negociadores do Norte até o fracasso em 2008.

Wyndham-White fortaleceu a posição internacional do GATT com a conclusão bem-sucedida da Rodada Kennedy em maio de 1967. Prebisch felicitou-o em uma entrevista cordial publicada no *The New York Times* em 16 de maio de 1967: apesar de os benefícios comerciais serem marginais para o G-77, era "um passo à frente considerável para se alcançar uma política mundial de liberalização do comércio". Assinada por 62 governos, muito mais que os 26 da Rodada Dillon no início de 1962, ela estipulava reduções de tarifas internacionais de 35% a 40%, incluindo um acordo antidumping (tornado sem efeito por ter sido rejeitado pelo Congresso dos Estados Unidos) e um acordo internacional sobre trigo que punha 4 a 5 milhões de toneladas à disposição dos países mais necessitados. Também introduzia o conceito de "tratamento especial e diferenciado" para países em desenvolvimento, um passo importante nos acordos internacionais de comércio. Todos os grandes países do G-77 (como o Brasil, a Índia e o Egito) foram incluídos, e até a Iugoslávia havia sido aceita um ano antes como sendo uma "economia de mercado". Para não ficar para trás, a Polônia tornou-se o primeiro país a se juntar ao GATT, embora não fosse uma economia de mercado. Seguiu-se uma corrida de candidaturas dos países do G-77 restantes: a nova rodada (Tóquio) do GATT compreenderia 102 membros, não muito longe do número de participantes da Unctad.

U Thant e Philippe de Seynes concordaram em montar uma campanha em Nova York para sustentar a autoridade da Unctad no sistema da ONU. Todas as agências foram solicitadas a reconhecer suas atribuições. Prebisch reuniu-se com Paul Hoffman e De Seynes em 7 de abril de 1967 para redigir uma carta do secretário-geral que a reconhecia como o "ponto focal" para todas as atividades da ONU relacionadas com o comércio. Hoffman também forneceu nova munição a Prebisch: um financiamento do Programa das Nações Unidas para o Desenvolvimento (PNUD) para assistência técnica em apoio à promoção do comércio. Apesar de Prebisch rejeitar um convite de Wyndham-White para formar uma "comissão conjunta de programação" para preparar a pauta da II Unctad, ele mostrou que a Unctad buscava uma relação mutuamente benéfica com o GATT ao propor a criação de um centro de comércio internacional conjunto em Genebra. Ali as duas organizações deveriam colaborar em igualdade de condições em vez de brigar, alegando duplicação de esforços. Nem o GATT nem a Unctad renunciariam às suas prerrogativas em comércio e desenvolvimento, e ninguém tinha muito a perder com o programa existente. Pela primeira vez as duas rivais concordaram. Entrando em operação em 1º de janeiro de 1968, com financiamento conjunto da ONU e do GATT, o ITC tornou-se de longe a realização cooperativa mais importante e um sucesso inquestionável.[29]

***

Para tristeza de Prebisch, o financiamento suplementar seguiu o mesmo caminho que o fracassado acordo do cacau, com uma trajetória de entusiasmo inicial, impasse e derrota. No começo do ano verificou-se uma mudança de tom nos funcionários do Banco Mundial, percebida por veteranos economistas do banco, como Bela Belassa. Memorandos internos traziam informações erradas sobre o financiamento suplementar, introduzidas deliberadamente junto com referências depreciativas à Unctad.[30] A equipe mais graduada também começou a se distanciar da Unctad usando a mais antiga das artimanhas, afirmando uma eficiência superior. Michael L. Hoffman comentou com Burke Knapp em 7 de abril de 1967: "Minha preocupação, francamente, é o número de ocasiões em que nos comprometemos a pôr a equipe de especialistas à disposição das comissões da ONU ou da Unctad e aí, por causa de uma presidência desleixada ou por outro motivo, eles se reúnem para perder tempo enquanto os delegados escrevem conclusões." Convites para copatrocinar reuniões eram rotineiramente recusados.[31] Depois da I Unctad, Prebisch teve de pedir a George Woods para receber documentos do Banco Mundial que antes eram normalmente compartilhados. Esse desprezo gradual pela Unctad refletia o tom mais hostil dos governos do Grupo B e do FMI. A França rejeitou o plano de financiamento suplementar. Washington nunca gostou do esquema, e não se podia mais contar com o apoio da Inglaterra. Um discurso enérgico de Prebisch em agosto de 1967, em que afirmou que o FMI, e não o Banco Mundial ou as divisões entre o Grupo B e o G-77, era o principal obstáculo a um acordo deu a George Woods a oportunidade de retirarse. "Ainda é preciso fazer um esforço para reconciliar a política do Banco Mundial com a do FMI", disse Prebisch publicamente.[32] George Woods ficou magoado, considerando que aquela era uma divulgação embaraçosa e desnecessária das diferenças entre o Banco Mundial e o FMI em seus meses finais como presidente do banco, pois estava prestes a ser substituído por Robert McNamara. Decidiu distanciar-se e deu claras instruções a seus subordinados sobre as relações futuras com a Unctad: manutenção de um "apoio moral" e conversações amigáveis, mas limitadas a promessas de "estudos mais aprofundados".[33] Burke Knapp, diretor gerente, resolveria todos os acordos futuros sobre o assunto. O convite final de Prebisch a Woods, duas semanas antes da partida deste, fracassou; a Unctad havia sido excluída de outro tema-chave e sentia-se uma nova frieza no ar.[34] Sidney Dell acertou quando se referiu à "estranha tintura de bilateralismo" que estava reaparecendo na política mundial. "Que aconteceu com a filosofia econômica do multilateralismo, que sempre consideramos um traço indispensável em um mundo racional?"[35]

O fracasso do Banco Mundial aumentou as queixas do G-77 pela ausência de progresso da Unctad. Mais de dois anos haviam decorrido desde a Conferência de Genebra, e a próxima não estava longe. A Índia, que abrigaria a II Unctad, havia feito uma sondagem aos governos para confirmar que ela seria instalada em Nova Déli em 5 de setembro de 1967. Prebisch foi duramente criticado durante uma revisão dos resultados da Unctad, feita na metade de seu mandato.[36] Os africanos o atacaram por uma suposta discriminação na seleção de pessoal; houve comentários depreciativos sobre sua suposta campanha para substituir U Thant como secretário-geral da ONU e queixas de que algumas recomendações da Ata Final de 1964 (como uma investigação econômica e social em áreas deprimidas em países em desenvolvimento) ainda não haviam sido implantadas.[37] Um delegado refletiu: "A Junta de Comércio e Desenvolvimento está mais debilitada que nunca, os países menos desenvolvidos se queixam da falta de resultados. [...] Prebisch está na defensiva [...] e os ricos simplesmente se negam a reagir."[38] O ambiente era pouco acolhedor, e a Unctad já não parecia nova e arejada. Para ganhar a confiança do G-77 e restaurar a confiança, Prebisch prometeu que a Rodada Nova Déli trataria de ações e não de mais conversações; não seria uma conferência geral como a I Unctad, mas um "fórum de negociação" sobre cooperação para o desenvolvimento com representantes que chegariam como plenipotenciários, e não como simples delegados, com autorização de seus governos para tomar decisões.[39] Só seriam levados à reunião os temas em que se pudessem alcançar resultados concretos, e a agenda seria muito mais reduzida que a de quatro anos antes, em Genebra. Além disso, já havia alguns acordos prontos ou quase prontos para serem assinados. Ou seja, a II Unctad mostraria "uma estratégia mundial de desenvolvimento".[40] O Grupo B não levou em conta a proposta de Prebisch de que os delegados à II Unctad deviam ser plenipotenciários e se opôs à expressão Rodada Nova Déli porque implicitamente equiparava a Unctad e o GATT. A Rodada Kennedy havia sido uma verdadeira negociação, enquanto Nova Déli seria apenas uma conferência sobre comércio.[41] Contrariando o voto anterior, os países da OCDE pediram publicamente que a II Unctad fosse adiada de 5 de setembro de 1967 para 1º de fevereiro de 1968, a fim de evitar um conflito com a reunião anual do Banco Mundial e do FMI. Era um mau presságio, pois rebaixava a categoria da Unctad no conjunto de instituições internacionais.

A fraca aceitação, pelo Grupo B, da conferência da Unctad em 1964 havia diminuído desde então. Haviam ocorrido importantes mudanças políticas: quatro anos antes de Genebra, as superpotências eram competidoras nas relações Norte-Sul; agora, os Estados Unidos estavam em guerra no Vietnã, havia um crescente movimento pacifista, a inflação crescia, o número de postos de trabalho caía, defensores de direitos civis protestavam e se aproximavam eleições presidenciais. A economia inglesa sofria os efeitos de mercados financeiros vacilantes; a sociedade francesa estava se polarizando rapidamente, caminhando para a revolta estudantil; e Tóquio sofria uma paralisia governamental. Era uma situação bem diferente da de 1964, quando havia grande otimismo e a economia ia bem, como se a redução das tensões da Guerra Fria tivesse sido compensada por crescentes aflições internas nos países da OCDE. O G-77 não estava muito melhor quando a Unctad se aproximava.[42] A guerra do Oriente Médio em junho de 1967 representou um choque para a unidade do G-77, com a humilhante derrota do Egito em seis dias, o que derrubou um importante defensor da Unctad; a evidente superioridade militar de Israel e a ocupação de territórios árabes tensionaram as relações internacionais. Essas tensões não resolvidas seguiram aumentando em todos os lados, e o G-77 revelou sua debilidade, com tendência a adotar a posição de seus membros mais extremados para dissimular a desunião interna.

Mesmo assim, nem tudo era sombrio quando a II Unctad se aproximava. Em 1964, em Genebra, Prebisch havia proposto a criação de um grupo sobre preferências no comitê de manufaturas, para que se investigasse e se desenhasse um sistema de preferências generalizado para os países em desenvolvimento. Esse conceito, ao contrário dos acordos internacionais sobre produtos básicos, que buscavam regular a produção e o comércio desses produtos para garantir acesso e estabilidade de preços, pretendia fomentar as exportações de produtos manufaturados e semimanufaturados por meio de um tratado preferencial não recíproco. Essas preferências requeriam que os países do Grupo B reconhecessem a necessidade especial de indústrias incipientes e relativamente débeis no Terceiro Mundo, renunciando à exigência de direitos recíprocos de acesso aos mercados; isso, na prática, lhes daria vantagens no comércio internacional. O sistema de preferências generalizado era particularmente atrativo para os países em desenvolvimento mais avançados, como os latino-americanos. Alguns países industrializados, como a Inglaterra e a Austrália, aceitaram o conceito, mas o GATT resistia havia muito tempo, a ponto de a secretaria da Unctad ter considerado pouco realista, em agosto de 1966, colocar o assunto na agenda da conferência seguinte. O isolamento do governo de Lyndon Johnson aumentou em Washington, junto com a pressão por uma mudança na política. O Grupo A (América Latina) obteve então um êxito inesperado na conferência de presidentes da América Latina, de 12 a 14 de abril, em Punta del Este (desastrosa sob outros pontos de vista), onde Johnson foi convencido a apoiar um sistema de preferências generalizado nas negociação comerciais internacionais.[43] Daí em diante, durante 1967, a opinião da OCDE (e, com ela, a do GATT) evoluiu para aceitar discutir a proposta do sistema de preferências generalizado em Nova Déli.

Em uma reunião ministerial em Argel em outubro de 1967, Prebisch e a equipe da Unctad, contando com essa possibilidade, convenceram o G-77 a assumir uma posição negociadora unificada. Descrita pelo Banco Mundial como "comedida e responsável", a chamada Carta de Argel centrava-se em uma pauta pequena, encabeçada por acordos de comércio sobre produtos básicos e financiamento suplementar, pelo sistema de preferências generalizado para o comércio de produtos manufaturados, pelo reconhecimento da meta de 1% para assistência oficial ao desenvolvimento e por um pacote de reformas no transporte marítimo internacional, que o sempre eficaz Wladek Malinowski tinha preparado para Nova Déli.[44] Uma delegação liderada pelo Brasil partiu para capitais ocidentais, o Banco Mundial e o FMI para tratar das principais questões do pacote antes da instalação da II Unctad. Em Nova Déli, os preparativos foram concluídos a tempo para uma conferência muito aguardada por um governo ávido por demonstrar capacidade de liderança nos assuntos mundiais.

***

A elegante abertura da II Unctad em Nova Déli em 1º de fevereiro de 1968, com a presença da primeira-ministra Indira Ghandi, não conseguiu disfarçar o ânimo sombrio dos 1.600 delegados de 131 países e 44 organizações internacionais. Pela primeira vez uma importante reunião da ONU seria realizada na capital de um país em desenvolvimento, e a Índia estava determinada a garantir seu êxito.

Porém, apesar da pródiga hospitalidade no novo salão de conferências em Curzon Road, construído especialmente para o evento, a reunião carecia do espírito de otimismo e de compromisso cauteloso da I Unctad. Gandhi invocou a promessa de Genebra, de quatro anos antes, a necessidade de mudança, a urgência de estabelecer uma agenda de desenvolvimento global e a importância simbólica da reunião no Terceiro Mundo, em vez de na Europa ou na América do Norte. Genebra tinha sido o começo, disse, mas a II Unctad marcaria um divisor de águas nas relações Norte-Sul. Porém, as duas superpotências estavam pouco animadas. Moscou passou a enfrentar um sério desafio depois de Alexander Dubcek ter assumido o controle do Partido Comunista da Tchecoslováquia em 5 de janeiro, ameaçando seu controle do Leste Europeu. Dois dias antes, forças norte-vietnamitas tinham lançado a Ofensiva do Tet, que pôs fim às ilusões do governo Johnson de vitória militar no Sudeste da Ásia e incendiou a oposição interna à guerra. W. W. Rostow chefiou uma delegação norte-americana muito menor do que a da I Unctad (menos de dez pessoas, contra 35 na primeira reunião). Um dos arquitetos principais da Guerra do Vietnã, ele era às vezes truculento, às vezes retraído, mas sensível a críticas. O apelo de Gandhi para a solidariedade internacional ficou diminuído quando a imprensa mostrou imagens de sangue e bombas em vez de desenvolvimento econômico.

O discurso de Prebisch na conferência, no dia seguinte, começou com uma analogia ao "mau clima" dos problemas internacionais tão evidentes na mente dos delegados e, portanto, à necessidade de distanciamento e, ao mesmo tempo, de ação. "Argumentos otimistas se desvaneceram no ar. [...] Quatro anos atrás havia quem pensasse que a radiação de prosperidade dos centros e o bom comportamento da periferia forneceriam a solução para o problema do desenvolvimento. As relações de intercâmbio tinham melhorado, as exportações de produtos primários estavam aumentando a taxas satisfatórias e dizia-se que a Rodada Kennedy ofereceria aos países periféricos grandes oportunidades para a expansão do comércio." Agora essas esperanças estavam desfeitas, observou. Transferências financeiras para países em desenvolvimento caíam rapidamente, os países industrializados usavam cada vez mais barreiras não tarifárias, as receitas de exportações do G-77 declinavam, criando um "hiato de poupança". O crescimento econômico geral era agora de apenas 4%. A chamada "década do desenvolvimento", segundo Prebisch, se tornara uma "década de frustração". Ambos os lados – o G-77 e os países industrializados – estavam cautelosos, como era previsível. "Quando tudo vai bem, a atenção é desviada das transformações fundamentais necessárias para se preparar um desenvolvimento maior. Quando tudo vai mal, essas transformações, em si mesmas bem difíceis, são geralmente adiadas até uma data mais propícia no futuro." Eles não podiam deixar isso acontecer. "Esta conferência não é uma excursão que possa ser estragada pelo mau tempo", observou. "Estamos preparando uma expedição longa e difícil que, apesar de ter de lidar com as vicissitudes do tempo, não pode ser desviada do objetivo final. As circunstâncias do momento não podem nos fazer esquecer que enfrentamos problemas básicos que demandam soluções de grande alcance. Se tivermos êxito, a conferência terá deixado uma marca definitiva na história da cooperação internacional."[45]

Os amigos de Prebisch perguntavam-se para onde ele apontava: era difícil harmonizar essa abertura tediosa com seu magistral discurso em Genebra quatro anos antes e sua fobia em relação aos clichês. Como era habitual em reuniões internacionais, ele escrevera seu próprio discurso. Apesar de falar em espanhol sem anotações, sempre preparava cuidadosamente e memorizava seus textos. Ao prosseguir, disse que esse era um esforço especial com um objetivo diferente. Não centrou seu discurso em um conceito principal, não ofereceu um equivalente teórico para o "desequilíbrio comercial" de 1964.[46] Apesar de enumerar a pequena lista de itens sobre a pauta da conferência ("É natural que a segunda conferência tente chegar a soluções produtivas", observou), surpreendeu a todos com um apelo contido, mas solene, para uma nova ordem econômica internacional. Em Genebra, invocara uma nova ética de desenvolvimento internacional, insistindo em que um mundo injusto, separado em Norte e Sul, era moralmente repugnante e politicamente insustentável. Os destinos estavam unidos nesse desafio enorme, mas inescapável, do século XX. Ele agora repetia a urgência desse novo "pacto global": só uma ética durável de cooperação salvaguardaria a comunidade internacional no longo prazo. Porém, a II Unctad precisava avançar para além do apelo moral e identificar uma "estratégia global de desenvolvimento". Vincular prosperidade econômica a governança global, não a revolução, era a maneira de reformar o sistema econômico internacional. Somente um programa de "medidas convergentes, simultâneas e apropriadas" que envolvesse cooperação comercial e financeira (ilustrada pela pauta da II Unctad) poderia lidar com os obstáculos estruturais que os países em desenvolvimento enfrentavam, mantendo os benefícios dos mercados em expansão. De fato, a ação multilateral era a única alternativa para evitar a polarização ou a mudança revolucionária. Isso também era factível. Cinco anos após o início do empreendimento da Unctad em Nova York, como disse à plateia, havia-se saltado o primeiro obstáculo: deslocar o debate da análise para a implementação.[47]

Prebisch usara o termo "nova ordem econômica internacional" pela primeira vez em outubro de 1963, antes da I Unctad, e ele ganhou clareza e precisão conforme a boa nova foi se espalhando, alcançando câmaras de comércio, universidades e organizações nacionais e internacionais. Uma estratégia global exigia o esforço combinado do Grupo B e do G-77 e, para alcançar êxito, seus membros teriam de aceitar uma responsabilidade conjunta e uma "disciplina de desenvolvimento" de longo prazo. Os países em desenvolvimento, em particular, não poderiam mais se proteger por trás da retórica terceiro-mundista. Por mais generosa que fosse, a assistência internacional seria "muito desperdiçada" a menos que eles realizassem reformas internas. "Essa política torna necessário que os países em desenvolvimento façam uma série de transformações internas em suas estruturas e atitudes, onde isso ainda não foi feito. Também exige que optem por uma disciplina razoável de um plano de desenvolvimento para estimular o comércio recíproco por meio de agrupamentos regionais e sub-regionais, visando à integração econômica e à promoção de medidas inter-regionais para a expansão do comércio."

O G-77 tinha de aceitar reformas difíceis e disciplinar suas economias nacionais para o crescimento, mas os países desenvolvidos e as instituições financeiras precisavam garantir financiamento estável, acesso aos mercados e transferência de tecnologia. Uma estratégia global devia ligar recursos e desempenho. Não se tratava de caridade ou idealismo sem metas definidas, repetia Prebisch, mas de um investimento de longo prazo no interesse mútuo. Os governos de países em desenvolvimento precisavam do apoio da comunidade internacional para reformar sua sociedade, enquanto os doadores precisavam justificar as transferências para seus eleitorados, mostrando os resultados do financiamento que forneciam. Os receptores de assistência não deviam esperar apoio automático. Ele não estava defendendo as condicionalidades do FMI, que os países em desenvolvimento rejeitavam como modelo. Em vez disso, o pacto global exigia um *mecanismo* verossímil para determinar quais países eram elegíveis para serem apoiados. Ele propôs então duas regras de ouro: apenas os países realmente comprometidos com o desenvolvimento deveriam se qualificar para o financiamento e especialistas independentes e politicamente neutros, tanto dos países doadores quanto dos receptores, analisariam planos nacionais de desenvolvimento. Na prática, essas avaliações não poderiam ser realizadas pelo FMI ou pelo Banco Mundial, dada a falta de transparência destes; suas equipes não só avaliavam, mas também negociavam empréstimos, sendo ao mesmo tempo juízes e executores, por assim dizer.[48] Em vez disso, seria necessária uma agência independente, dentro ou fora da Unctad, mas com autonomia para desempenhar esse papel.

Felizmente, havia experiência internacional relevante para demonstrar que tais mecanismos de avaliação inovadores eram factíveis. Apesar de o painel de especialistas da OEA, criado em Punta del Este e no qual Prebisch tinha participado, ter tido uma estrutura deficiente, seu trabalho foi fortalecido em dezembro de 1963 com a criação do novo e mais autônomo comitê interamericano da Aliança para o Progresso,[49] em que sete especialistas dos Estados Unidos e da América Latina analisaram planos de desenvolvimento de países membros antes de serem apresentados a agências emprestadoras. Presididas por Carlos Sanz de Santamaría, ex-ministro da Fazenda colombiano, as análises ofereciam um fórum não coercitivo para comparação de ideias, melhora de planos e ajuda para países desenvolverem suas agendas econômicas e sociais. Houve até três estudos sobre a economia americana. Esse modelo havia chegado tarde demais para salvar a já malograda Aliança para o Progresso, mas foi a única parte da OEA em que especialistas norte-americanos e latino-americanos trabalharam juntos com eficiência, fora das restrições políticas normais, para fortalecer a capacidade de planejamento dos governos. Prebisch considerava que esse modelo era facilmente aplicável à Unctad, apesar de seu número maior de membros e suas coalizões cambiantes. O ponto essencial na II Unctad, portanto, era o reconhecimento de "compromissos mútuos para benefícios mútuos". Como as muitas dificuldades desde 1964 já tinham mostrado, implementar a estratégia global para o desenvolvimento seria um trabalho árduo, mas pelo menos agora havia um mapa. Muito tinha sido realizado, concluiu Prebisch. A parte difícil estava só começando, antes de tudo com as medidas que os delegados debateriam, quando começassem a deliberar em Nova Déli. Era preciso deixar de lado diferenças para garantir o sucesso da conferência.

O aplauso foi prolongado, mas não como em Genebra. Depois de Prebisch, delegados de 131 países e 44 organizações internacionais se levantaram, falaram e voltaram a se sentar. O discurso de U Thant na conferência, adiado para 9 de fevereiro, foi controverso. Notando o "perigo de achar que problemas de segurança poderiam ser tratados por meios puramente militares", ele comentou que "o ingrediente mais importante da segurança internacional é o desenvolvimento econômico e social, não armamentos e forças armadas, por mais poderosas que estas últimas pareçam ser". Rostow encarou isso como uma referência à Guerra do Vietnã e um sério desrespeito para com os Estados Unidos.[50] A maioria dos discursos foi previsível. O G-77 endossou a Carta de Argel, voltando aos seus temas principais. Os delegados do Grupo B felicitaram-se por seus feitos passados em ajuda e comércio e se recusaram a entrar em detalhes. Os países socialistas condenaram as políticas do Grupo B e a Guerra do Vietnã, mas rejeitaram a responsabilidade de reparar os males do imperialismo, a menos que obtivessem os mesmos benefícios que os países em desenvolvimento. O clima estava claramente pior que na I Unctad, tanto no Grupo B quanto no G-77. Delegados dos países desenvolvidos eram inferiores em número e menos qualificados. Os do G-77 eram incisivos e agressivos.[51] Foi uma implacável rotina de tédio. Como na I Unctad, Prebisch mais uma vez assumiu a postura de Buda ao permanecer na tribuna conforme os dias passavam. Depois da primeira semana, a II Unctad quase não era mais mencionada na imprensa do mundo, centrada na Ofensiva do Tet e na Primavera de Praga.

As intermináveis declarações plenárias duraram até o final de fevereiro, quando, num clima ruim, a conferência se dividiu em comissões para debater itens específicos da pauta e fazer relatórios se houvesse algum acordo. O humor melhorou. A fase de trabalho finalmente havia chegado. Houve uma corrida para se engajar nas cinco comissões: produtos básicos, produtos manufaturados, financiamento, produtos intangíveis (inclusive seguros de transporte marítimo e turismo) e comércio com os países socialistas. Parecia que a II Unctad tinha ressurgido, mas o otimismo logo se dissipou. As comissões simplesmente reproduziram a plenária, no tamanho (já que pelo menos um membro de cada delegação sentia-se compelido a comparecer a todas as reuniões) e no formato (as longas declarações obrigatórias derrotaram quase todos os presidentes). Restou pouca chance real de sucesso nos acordos sobre produtos básicos e financiamento suplementar, pois o Grupo B se entrincheirou e se recusou a passar à ação. O G-77 rapidamente percebeu que a promessa de "outros estudos" era tudo que iria obter nesses assuntos.[52] A atenção voltou-se para as outras comissões, principalmente a de produtos manufaturados; mercados mais acessíveis para exportações de países em desenvolvimento, sob um sistema de preferências generalizado, constituíram o tópico mais promissor da conferência. Três grupos de trabalho (alimentos e transferência de tecnologia, integração econômica entre países em desenvolvimento e países sem acesso ao mar) também se puseram em marcha.

O sistema de preferências generalizado foi bastante analisado, mas por volta de 15 de fevereiro essas conversações começaram a afundar quando os países do Grupo B e do G-77 chegaram a um impasse em pontos-chave: o primeiro grupo aceitava preferências não recíprocas em teoria, mas divergia dos delegados do segundo grupo sobre os produtos a serem selecionados, as salvaguardas para seus próprios produtores e o ponto em que as indústrias dos países do G-77 seriam excluídas dos benefícios por terem amadurecido. Salvaguardas eram um problema particularmente sério. Ao ouvir demandas cada vez mais amplas de países do Grupo B, o delegado do Banco Mundial relatou: "Se continuar assim, o único setor industrial elegível para preferências será o de aviões a jato."[53] Prebisch temia que "os benefícios se limitassem a um pequeno número de países mais avançados entre as nações em desenvolvimento".[54] As relações afro-latino-americanas ficaram tensas, com a África vendo o sistema de preferências generalizado como uma questão latino-americana que Prebisch estimulava. Enquanto isso, os latino-americanos ressentiam-se porque a África desejava manter vínculos especiais com a Europa, conforme previa a Convenção de Lomé. A perspectiva de um acordo e a unidade do G-77 sobre essa questão ficaram em perigo até que a versão preliminar de uma minuta foi aprovada, formando-se então uma comissão especial sobre preferências comerciais para continuar a trabalhar depois de Nova Déli para aprovar um sistema de preferências generalizado no início de 1969, a ser implantado a partir de 1971.[55]

O caos alternava com o tédio, tudo abrandado pelas interrupções: americanos se retiravam quando os cubanos começavam a falar, franceses se retiravam quando a questão do financiamento suplementar vinha à baila, delegados árabes se retiravam quando Israel tomava a palavra e todos se retiravam quando a África do Sul, em pleno regime de *apartheid*, se manifestava, até que a conferência expulsou de Nova Déli os representantes desse país. Logo a imprensa indiana assumiu uma posição crítica à falta de progresso, com artigos insistentes sobre impasses nas principais comissões. Ficou óbvio que não haveria acordo sobre nenhum item da pauta. Unidades de negociação menores – ou "grupos de contato" – seriam necessárias para considerar itens específicos e levá-los às comissões. Como a Unctad mantinha uma regra democrática de "comissão aberta", o número de membros de cada grupo de contato passou a inflar até atingir o mesmo número presente nas comissões, repetindo a situação que supostamente deveriam simplificar.

Fazendo críticas a essa proliferação, Prebisch lamentou: "Não sei o que está acontecendo." Nem ele nem ninguém. Um membro da equipe estimou que durante as oito semanas da conferência ocorreram 965 reuniões, somando as plenárias, as comissões principais e os grupos de "contato", "subcontato" e "minicontato" correlatos. No início de março, 96 reuniões internas estavam acontecendo simultaneamente. Equipes de intérpretes estavam a caminho de Nova Déli, vindas de todas as partes do mundo. Tudo isso exigia muito mais monitoramento e coordenação do que Prebisch e sua pequena equipe podiam sustentar. "Era impossível lidar com todos de forma séria e ordenada", observou ele.[56] Em 12 de março, Prebisch convocou uma reunião plenária especial, advertindo os delegados de que a II Unctad estava à beira do fracasso. Alguns países do Grupo B recusavam-se a assumir compromissos; na verdade, estavam retrocedendo de posições já estabelecidas. Prebisch reuniu-se individualmente com eles para restaurar o impulso diplomático.

Duas tendências consolidavam-se dentro do G-77: um "grupo de acordo a qualquer preço" e um "grupo do fracasso", que pedia o encerramento da conferência, reduzida ao impasse. Silveira liderava o segundo grupo e pedia que Prebisch o escutasse, já que o Brasil tinha sido selecionado como coordenador do G-77 em Nova Déli. Muitos países em desenvolvimento suspeitavam que ele fosse um cavalo de Troia, trabalhando para o GATT. Na verdade, Silveira, inclinado a explosões emocionais, estava arrasado com as mortes violentas de suas duas filhas pouco antes da II Unctad. Durante um jantar para delegados latino-americanos convocados nessa fase da conferência para demonstrar a solidariedade do Grupo A, ele chamou Prebisch de "traidor do Terceiro Mundo", ao que Raúl respondeu: "Filho da puta!" O grupo se dispersou.[57] Depois desse evento desastroso, Prebisch, revivendo Genebra, lançou mão de sua autoridade pessoal para resgatar tudo o que fosse possível salvar antes da data de encerramento, 25 de março. Em 12 de março, criou um comitê para preparar um texto unificado para a plenária, com pontos de discordância a serem marcados com colchetes. O resultado foi uma manta de colchetes cobrindo quase todo o texto, mas pelo menos agora havia alguma possibilidade de avanço. A conferência ainda estava no mesmo impasse na terceira semana de março, e o comitê tinha sido expandido para outro comitê de mais de cinquenta delegados, mais difícil de administrar. Nesse ínterim, a atenção dos delegados do Grupo B foi desviada pelas barricadas de estudantes em Paris, quando as manifestações de 1968 começaram em 22 de março, e pela corrida ao ouro nos mercados financeiros de Londres. Conforme o dia 25 de março se aproximava, um observador do Banco Mundial relatou para Washington: "Infelizmente, não posso lhes fazer um relatório mais otimista sobre essa conferência, mas é como vejo a situação, com os dados de que disponho. É uma pena que tanto tempo e esforço tenham sido despendidos para tão pouco resultado. Tenho dúvidas se ainda podemos esperar um milagre nos seis últimos dias."[58]

A suíte de Prebisch no Hotel Oberoi tornou-se o centro das negociações de última hora. Ainda mais do que em Genebra em 1964, quando um pacote de negociações foi finalmente fechado no Parc du Budé, a II Unctad dependia de um pequeno grupo de gente bem informada – o "grupo do Himalaia", completado com seus inevitáveis "sherpas" –, que Raúl reunia na suíte. Observadores acharam que havia uma reviravolta em curso quando o presidente da conferência anunciou uma prorrogação de 24 horas, até a meia-noite de 26 de março, mas ela expirou sem resultados. Os delegados esperaram pelo pior. No entanto, Prebisch pediu uma segunda prorrogação, dessa vez de três dias, e uma fórmula de compromisso foi alcançada no último momento de 29 de março. Os principais resultados foram o compromisso com o sistema de preferências generalizado, embora seu êxito dependesse de negociações posteriores, e uma resolução internacional específica sobre transporte marítimo. O secretariado da Unctad continuaria seu trabalho sobre produtos básicos e financiamento suplementar, bem como sobre várias outras propostas interessantes que tinham surgido durante a conferência e foram incluídas na Ata Final.[59]

Prebisch pôde finalmente declarar encerrada a II Unctad, mas, apesar do acordo, a conferência terminou imersa em pessimismo. Em contraste com 1964, quando a criação da organização em Genebra havia rendido manchetes no mundo inteiro, não houve qualquer anúncio relevante. Tanto os países do Grupo B quanto os do G-77 logo decretaram que a II Unctad fora um fracasso. Silveira afirmou que ela ficara muito aquém das expectativas, só conseguindo dar "passos hesitantes na direção certa".[60] Irving Friedman, do Banco Mundial, enfatizou "o fracasso da Conferência em produzir resultados positivos".[61] *The London Times*, *The Guardian*, de Manchester, e *The New York Times* concluíram que a conferência, "na melhor das hipóteses, não foi um sucesso, e na pior, foi quase um fracasso total". Em um telegrama de um país em desenvolvimento podia-se ler: "Conferência um fracasso. Não conseguimos nada." O contrário consideravam os países do Grupo B: "Conferência um sucesso. Não concedemos nada." *The Washington Post* concluiu que nenhum acordo importante tinha surgido em Nova Déli. A atitude das nações mais ricas podia ser resumida assim: "Não precisamos deles; eles precisam de nós."[62] Antes intocável, o próprio Prebisch foi objeto de conversas irreverentes por jornalistas que especulavam sobre a necessidade de a Unctad entrar em uma "nova era".

Prebisch fez uma avaliação sóbria da conferência para U Thant, dizendo que os resultados haviam sido "positivos, mas extremamente limitados". Apesar de não atenderem às expectativas, haviam sido "mais promissores do que as impressões publicadas na imprensa ou as declarações dos países menos desenvolvidos".[63] Mas ele também não conseguia esconder seu desapontamento. Ficara muito aborrecido com a negociação de último minuto em Nova Déli. "Uma estratégia global sem medidas concretas é só mais um documento de declarações zelosas sem quaisquer consequências práticas." Em conversas particulares, principalmente com os amigos latino-americanos, Prebisch não conseguia esconder a amargura pelos parcos resultados de todo o trabalho: Nova Déli não tinha sido uma "conferência de negociação". Assim como a conferência sobre o cacau e o esquema de financiamento suplementar do Banco Mundial tinham falhado, os resultados da II Unctad eram em boa medida simbólicos e mostravam que não era provável que a entidade avançasse decisivamente rumo às metas de organização do mercado de produtos primários, liberalização do comércio, financiamento suplementar ou a meta de 1%, sem falar nas questões mais amplas de multilateralismo e de uma estratégia global.

U Thant, De Seynes e outros amigos discordavam que Nova Deli tivesse sido um fracasso e encorajavam Prebisch a ser mais otimista. A surpresa da conferência não havia sido o que não se realizara, mas os modestos avanços que haviam sido alcançados. Não houve "inovações", é claro, como muitos tinham esperado, mas tais expectativas não eram realistas nas complexas negociações de comércio internacional. Isso não representava derrota. A reforma no comércio marítimo internacional havia sido notável, a favor dos interesses do Terceiro Mundo, apesar de pouco noticiada. A Unctad enfrentava as dificuldades de uma mudança incremental de longo prazo, lutando centímetro a centímetro e questão a questão para reformar o sistema de comércio internacional. Argumentavam que tinha sido um erro elevar as apostas para a II Unctad de forma tão dramática, quando uma abordagem incremental era ao mesmo tempo mais provável e mais apropriada. Prebisch esperava demais, queria tudo rápido demais. Pelos critérios de desempenho da ONU, os resultados da Unctad desde 1964 eram impressionantes: a introdução gradual de novos conceitos e padrões, a função educativa de relatórios com qualidade e reuniões de especialistas, e a adoção de medidas substantivas importantes. Agora ela estava estabelecida como um membro novo e importante da comunidade internacional de desenvolvimento. Até mesmo a conversão de Wyndham-White ao comércio e desenvolvimento com a Parte IV do GATT e a criação dos direitos especiais de saque no FMI em bases universais, não restritas, eram êxitos da Unctad, assim como a meta de 1% de assistência oficial ao desenvolvimento na Assembleia Geral e as concessões do Grupo B no Banco Mundial e em outras agências.[64] Apesar de adiante de seu tempo, a "nova ordem econômica internacional" de Prebisch era uma visão permanente que servia para medir o avanço no diálogo Norte-Sul. O sistema de preferências generalizado era uma importante mudança na postura do

Grupo B. O G-77 era agora uma realidade permanente, com "capítulos" formados pela FAO, a Unidi, o Pnuma e o Grupo dos 21 no FMI e no Banco Mundial.[65] A Unctad já tinha introduzido muitos conceitos novos, como "países menos desenvolvidos", para tratar as diferenças dentro do G-77, ou a situação difícil de "países sem acesso ao mar". Prebisch não tinha razões para ficar desanimado com seus anos de trabalho desde 1963.

Logo após Nova Déli, Prebisch estava de volta a Genebra e Nova York para lidar com as questões não resolvidas da conferência, seguindo adiante principalmente com a proposta do sistema de preferências generalizado. Ele achava que o momento era propício, o projeto de um sistema se tornara possível e a Junta de Comércio e Desenvolvimento da Unctad concluiria as negociações em 1969, conforme fora planejado. Em 1990, cerca de US$ 70 bilhões no comércio do G-77 estariam relacionados com o sistema. E havia movimento em outras áreas. Era possível finalizar um acordo internacional sobre o açúcar em outubro de 1968, apesar de embaçado pelo boicote da Comunidade Econômica Europeia e pela posição dos Estados Unidos, que se retiraram em protesto contra a participação cubana. Houve até um ensaio de retomada das conversações sobre cacau. Prebisch marcou um novo ponto ao dinamizar a desajeitada máquina administrativa da Unctad. "Depois de vinte anos de burocracia internacional, a pergunta tem de ser feita: o sistema atual de proliferação de organizações e reuniões é o melhor?", indagou ele ao Conselho Econômico e Social em 10 de julho de 1968. Ele foi capaz de reduzir o número de reuniões de comércio e desenvolvimento para uma, e não duas, por ano e discutiu com U Thant a possível contratação de um escandinavo como candidato de consenso para o cargo muito necessário de secretário-geral adjunto.[66] Ele também estava reconsiderando as duras críticas à conferência de Nova Déli. "Muitos julgamentos sobre a II Unctad foram exagerados", observou em seu relatório à 54ª sessão do Conselho Econômico e Social em julho de 1968. "Foram plantadas sementes que podem vir a ser importantes se receberem o cuidado para germinar e frutificar."[67]

O ânimo mais otimista de Prebisch foi desaparecendo com a aproximação do outono. Na noite de 20 para 21 de agosto, a "primavera de Praga" de Dubcek foi esmagada por 5 mil tanques e 200 mil soldados invasores. Ele visitara Praga poucos dias antes, a convite de Jiri Hajek, ministro das Relações Exteriores, porque a Tchecoslováquia tinha sido eleita para presidir a reunião seguinte da Junta de Comércio e Desenvolvimento, em 2 de setembro, em Genebra. O renascimento da democracia na Tchecoslováquia, acentuado pelo ousado programa de ação de

Dubcek em abril, tinha sido o único fato notável de um ano violento, marcado por levantes estudantis em Paris, protestos por direitos civis nos Estados Unidos e os assassinatos de Martin Luther King e Robert Kennedy. Reunidos em Praga, os delegados de 54 países estavam pessimistas e agressivos, demonstrando seu mau humor com críticas a Prebisch pelos parcos resultados em Nova Déli. Sua resposta às críticas do G-77 foi incomumente direta, condenando a resistência desses países a reformas internas ao mesmo tempo que pediam assistência externa. Em 14 de setembro, chegou a encorajar a junta a classificar os países em desenvolvimento que buscavam apoio do Grupo B segundo o grau com que aceitavam planos de reformas estruturais e de desenvolvimento realistas. Uma dinâmica negativa tinha se desenvolvido, com a OCDE mais entrincheirada e o G-77 mais radicalizado, ambos se afastando da convergência defendida por Prebisch. De Genebra a Nova Déli ele lutara para evitar votações e obter decisões por consenso: o compromisso produzia decisões, as votações as paralisavam. Se um membro do G-77 se opusesse a algo, toda a máquina parava, e o mesmo se aplicava ao Ocidente. "O dr. Prebisch sempre buscava um acordo por consenso, e se isso não fosse possível, buscava procedimentos de conciliação."[68] Mas até que ponto ele iria? O sistema de grupos deixava os membros tão defendidos que eles se tornavam intocáveis. Isso não podia ser mudado "sem prejudicar a 'alma' da instituição", concluiu uma análise interna.[69]

A comissão Pearson, criada por Robert McNamara quando assumiu a presidência do Banco Mundial no início de 1968, foi a desilusão final. Determinado a mudar sua imagem agressiva de mentor da Guerra do Vietnã, McNamara buscou assumir uma face mais suave no diálogo Norte-Sul e apoiou a convocação feita por seu predecessor de uma "grande investigação" sobre o desenvolvimento internacional. Em um discurso à Associação de Banqueiros Suíços em 27 de outubro de 1967, George Woods havia proposto que um grupo de pessoas eminentes examinasse o declínio do interesse de países desenvolvidos no desenvolvimento internacional e recomendara medidas para "lançar um movimento [...] para iniciar uma ação excepcional", tendo em vista recobrar o impulso para uma segunda e mais bem-sucedida "década de desenvolvimento" da ONU.[70] Prebisch apoiou fortemente essa iniciativa, endossando-a em uma carta datada de 13 de dezembro e convidando Woods a repetir essa mensagem em Nova Déli.[71] Quem melhor do que George Woods para dirigir essa análise após sua aposentadoria?, perguntara Prebisch, pois sabia o que poderia ter e o que não teria a confiança de países do Grupo B. Woods era um estadista experiente que acreditava em uma nova ordem econômica internacional e na necessidade de um novo ímpeto de liderança para combinar recursos e reforma. "Sua vasta experiência e seus bons critérios", repetiu, "continuam a ser inestimáveis."

Porém, quando McNamara estabeleceu sua comissão sobre desenvolvimento internacional em agosto de 1968, escolheu o ex-primeiro-ministro do Canadá, Lester B. Pearson, em vez de George Woods para liderá-la, o que representou um golpe nas expectativas de Prebisch. Apesar de admirável por sua personalidade e suas realizações diplomáticas, merecido ganhador do Prêmio Nobel da Paz por seu trabalho após a Guerra do Oriente Médio em 1956, Pearson carecia de experiência comparável no diálogo Norte-Sul. À primeira vista, seus colegas de comissão foram bem escolhidos, principalmente os vindos do Norte, conforme era esperado, já que os países industrializados controlavam a arquitetura internacional do comércio, a tecnologia, as finanças e a cooperação bilateral e multilateral pelas decisões tomadas no GATT e na OCDE: Douglas Dillon (Estados Unidos), Sir Edward Boyle (Inglaterra), Saburo Okita (Japão), Wilfried Guth (Alemanha Ocidental) e Robert E. Margolin (França). Apenas dois membros eram de países em desenvolvimento: Sir Arthur Lewis, oriundo da ilha de Santa Lúcia, no Caribe, e durante muito tempo professor de economia na Universidade de Manchester, e o brasileiro Roberto Campos, a figura mais polêmica da América Latina. McNamara ofereceu sua equipe no Banco Mundial para apoiar a comissão Pearson, que emitiu um relatório, *Partners in Development* [Parceiros no desenvolvimento], em 15 de setembro de 1969. Ironicamente, a equipe de apoio a Pearson foi formada pelos economistas do Banco Mundial que tinham resistido ao financiamento suplementar antes da II Unctad.[72]

Digno e comprometido, Pearson começou seu mandato como um bom ouvinte e logo ficou claro que sua meta era diferente da intenção anterior de Woods. Certamente, também diferia das expectativas de Prebisch. Quando McNamara encontrou-se com Prebisch pela primeira vez após Nova Déli, em 12 de abril de 1968, insistiu em que estava tão comprometido com o desenvolvimento internacional quanto Woods. Raúl pressupôs que o grupo de pessoas eminentes reforçaria seu próprio texto, *Global Strategy of Development* [Estratégia global de desenvolvimento], apresentado em Nova Déli, mobilizando enfim a coalizão política necessária para impulsionar sua implementação, ampliando o apoio da Unctad para além da base do G-77 e apontando responsabilidades tanto para os países do G-77 quanto para os países industrializados. Se a década de 1960 tinha sido até agora "uma década de desenvolvimento sem uma política de desenvolvimento", explicou Prebisch a U Thant em maio, seu objetivo principal devia voltar-se para "um grande esforço de convencer a opinião pública e, assim, criar vontade política" para o sucesso da estratégia global de desenvolvimento. "É uma questão da mais alta prioridade."[73] Novas abordagens tinham de ser encontradas para localizar e mobilizar novos apoiadores e buscar o apoio da sociedade civil para as relações Norte-Sul.

Em vez disso, a comissão Pearson só ofereceu mais um diagnóstico de problemas bem conhecidos, com um conjunto de 68 recomendações previsíveis. Para Prebisch, isso foi um retrocesso; o problema era a implementação, não a agenda em si. Era como se a Unctad não existisse, como se o avanço intelectual desde 1963 na compreensão dos problemas de comércio e desenvolvimento não significassem nada. A Unctad tinha dedicado cinco anos e realizado duas conferências mundiais para estudar o problema e identificar a agenda. Várias propostas específicas de ação, como a do financiamento suplementar, estavam prontas para ser implementadas, se os governos assim decidissem. A comissão Pearson havia sido uma oportunidade perdida de mobilizar o apoio dentro e além dos governos. Em vez de apoiar a estratégia global de desenvolvimento de Prebisch, interrompeu seu frágil impulso, dando uma desculpa conveniente para o atraso e a inação. A Unctad foi marginalizada como uma simples agência "identificada com o Sul", defensiva e fraca, em vez de ser tratada como a organização líder em comércio e desenvolvimento dentro do sistema da ONU, a ponte em que Norte e Sul se encontravam para estabelecer políticas e novas abordagens. Nenhum novo conhecimento poderia surgir de um exercício desse tipo, e nada foi obtido: *Partners in Development* foi arquivado como a primeira de muitas propostas de comissões internacionais.[74] Tudo ficava pior porque era evidente que McNamara e Pearson tinham boas intenções e pensavam estar fazendo a coisa certa.

Prebisch acreditava que sua visão de uma nova ordem econômica internacional estava enfrentando um xeque-mate. Os conceitos associados de planejamento e de estratégia global, tão caros a seus sonhos cartesianos de um mundo ordenado, em que países desenvolvidos e em desenvolvimento tomavam medidas convergentes em seu próprio benefício de longo prazo, foram enterrados pela comissão Pearson. Ele se sentiu paralisado, cada vez mais deslocado – dinossauro ou visionário, conservador ou radical –, perdendo apoio no G-77 e no Norte industrializado, divulgando o evangelho de uma ordem econômica internacional que poucos desejavam escutar. Queria um capitalismo de mercado com profundas reformas, o que o deixou sem apoio em ambos os lados. O Grupo B desconfiava dele; o G-77 temia sua insistência na condicionalidade e em reformas. Wyndham-White se aposentara em triunfo no verão de 1968. Como De Seynes, tinha ficado na frente de Prebisch. O esperto De Seynes estava certo no início de 1963, quando discutiram o projeto da Unctad, ao tentar diminuir as expectativas, enquanto Prebisch foi levado por sua visão e caiu na armadilha de sua própria lógica em detrimento do realismo político. Outros amigos, como Hans Singer, que dirigia a Universidade de Sussex, estavam deixando a ONU, enquanto Prebisch permanecia na linha de frente. Só fazia sentido continuar se a Unctad fosse repensada para obter influência verdadeira. Apesar de Prebisch entender que ela nunca seria o Banco Mundial nem o FMI, deveria ser o principal centro mundial de pesquisa e de ideias sobre comércio e desenvolvimento e um fórum para negociações globais no âmbito da ONU. Ele não estava interessado em outro órgão consultivo dispendioso. Se a Unctad fosse virar isso, como agora parecia inevitável, Prebisch não estava interessado em dirigi-la.

***

Depois de 700 mil milhas aéreas voadas desde 1964 e com uma artrite mais forte, Prebisch estava esgotado e desiludido, atormentado por um mal-estar crescente. Seu dilema pessoal tinha piorado. O preço pago por viver em Genebra e dividir seu tempo com Eliana em Nova York estava mais alto. As visitas a Raulito tinham de ser clandestinas, mais parecendo um livro de mistério de John Le Carré. Eliana estava impaciente e Adelita, solitária em La Pelouse. Os ingleses reclamavam de suas muitas viagens transatlânticas e do tempo passado fora, os africanos o acusavam de nunca visitar sua região. Presbich tornou-se rabugento e provocador. Dell e Krishnamurti estavam atentos para revisar suas ordens e ajudá-lo a manter o equilíbrio após Nova Déli.

Os primeiros boatos da renúncia de Prebisch surgiram durante a II Unctad, mas U Thant rapidamente tomou providências para abafá-los, renovando o contrato dele até 1º de julho de 1971 e convencendo-o a permanecer em Genebra por mais três anos para implementar as resoluções de Nova Deli.[75] Ambos logo fariam setenta anos e poderiam encerrar suas carreiras juntos. U Thant precisava de Prebisch para consolidar a Unctad nesses tempos difíceis de incerteza financeira. Mas, poucos meses depois, em 15 de junho, Prebisch encontrou-se com Felipe Herrera em Washington para conversas confidenciais sobre um projeto importante fora da Unctad. Em abril de 1968, durante a reunião anual da diretoria do Banco Interamericano de Desenvolvimento (BID), o presidente da Colômbia, Carlos Lleras Restrepo, propusera que o banco financiasse um importante estudo sobre financiamento do desenvolvimento na América Latina, um problema-chave para a região, que tinha baixos níveis de poupança doméstica, experimentava um declínio na assistência internacional, rendas de exportações em queda e, portanto, crescimento inadequado. A América Latina precisava de uma análise paralela à da comissão Pearson para ressaltar suas especificidades. Herrera queria deixar o banco com uma realização criativa, agora que chegava ao fim seu período de dez anos como presidente, e Prebisch era a única personalidade latino-americana com prestígio internacional suficiente para conferir legitimidade aos resultados. Pediu-lhe que considerasse uma oferta. A primeira reunião gerou uma minuta de um estudo que a equipe do banco elaborou e enviou para Prebisch. Um mês depois, em 24 de julho, Herrera mandou uma versão revisada, incorporando as sugestões de Raúl. Propôs continuar a conversa na próxima viagem a Washington e Nova York. Herrera já estava discutindo possíveis datas de conclusão – ele queria um relatório até maio de 1969, para a reunião da diretoria do banco, o que era cedo demais para Prebisch. Herrera continuou a tocar o projeto, concluindo o orçamento e o plano de operações em 21 de outubro, pressupondo que Raúl seria o seu condutor.[76] Prebisch ainda não consultara ninguém a respeito desse novo desdobramento de sua carreira, nem mesmo Dell ou Krishnamurti, e ainda não tinha tomado a decisão de deixar a Unctad, dando a entender a Herrera que uma missão de curto prazo seria compatível com uma licença e recusando salário, aceitando somente o pagamento de despesas de viagem e diárias.[77]

O humor de Prebisch mudou em meados de novembro, conforme o descontentamento global de 1968 atingiu a América Latina. Em 2 de outubro, o Exército e a polícia mexicanos mataram e feriram centenas de estudantes na Plaza de las Tres Culturas, pouco antes dos Jogos Olímpicos de Verão. O massacre chocou a região: o "milagre" mexicano de repente ficou sob suspeita, e sua estabilidade foi questionada. No dia seguinte, um golpe militar substituiu o presidente eleito do Peru, Fernando Belaúnde Terry, pelo general Juan Velasco Alvarado. A captura de Che Guevara na Bolívia em 8 de outubro de 1967 e sua execução pelo ditador militar René Barrientos desataram uma onda de solidariedade que aprofundou insurgências contra os governos em toda a região. Quando Felipe Herrera convidou Raúl de novo para conversas em Washington, estava mais interessado em novas abordagens ao desenvolvimento latino-americano, e os acontecimentos se aceleraram. Prebisch também estava visivelmente doente. Em 18 de novembro, falou com franqueza sobre uma saída prematura da Unctad, comentando que ainda não tomara uma decisão sobre a oferta do BID. Porém, cinco dias depois, após consultar U Thant sobre uma substituição, entregou sua carta de demissão, que deveria entrar em vigor em 1º de março de 1969, alegando problemas de saúde. Manuel Perez Guerrero, embaixador da Venezuela e delegado permanente na ONU, seu amigo desde 1944, o substituiria na Unctad. Além de voltar a trabalhar em tempo integral no Ilpes, Prebisch concordou em permanecer como consultor de U Thant e De Seynes na preparação da "segunda década de desenvolvimento" da ONU.[78] As notícias de sua repentina saída vazaram antes do anúncio oficial, surpreendendo amigos e colegas. Mas a decisão era definitiva: ele voltaria para as Américas. A fase heroica da Unctad estava encerrada.[79]

CAPÍTULO 19

Provações em Washington

Prebisch voltou a Santiago do Chile em 27 de novembro de 1968, cinco dias depois de apresentar sua demissão ao secretário-geral U Thant. Os anos na Unctad o tinham envelhecido; a artrite estava pior. Pálido, desmaiou duas vezes a caminho da América do Sul e ansiava pela paz de El Maqui para uma recuperação física e emocional. Lá, tranquilo em seu jardim com vista para o rio Maipo, logo se reanimou. A artrite melhorou e a cor, a confiança e a energia voltaram. El Maqui estava de novo cheia de convidados e era evidente que ele não pretendia se aposentar. Logo convocou uma coletiva de imprensa para negar os rumores de que estivesse doente e encorajar os líderes latino-americanos a se aproximarem de Richard M. Nixon, recém-eleito presidente dos Estados Unidos: era essencial que os vinte governos pusessem de lado suas diferenças e estabelecessem uma pauta comum latino-americana. A confusão piorou quando ele anunciou que retomaria em regime de tempo integral a secretaria-geral do Ilpes e manteria residência fixa em Santiago.[1] Porém, quando partiu em 8 de dezembro para Washington, para definir as atribuições de sua nova comissão no BID sobre desenvolvimento latino-americano, correram boatos de sua permanência no exterior. Um jornalista escreveu: "Apesar dos desejos da *dama de la casa* de que Don Raúl permaneça em Santiago [...] é claro que ele vai se ausentar por algum tempo."[2]

Após o ano-novo, Prebisch compareceu em Nova York a uma reunião especial dos secretários executivos de comissões regionais da ONU em 13 e 14 de janeiro de 1969. Estava a caminho de Genebra para o último discurso, em 22 de janeiro, diante da Junta de Comércio e Desenvolvimento da Unctad. Bronzeado, imperioso e jovial, vestido com um novo terno de lã de risca de giz, declarou que tinha se demitido por causa de problemas de saúde. "Não deixo a Unctad frustrado ou desiludido, mas porque o ônus executivo e diplomático é muito pesado para mim. [...] Deixo a Unctad para não falhar. [...] Este é o motivo da minha renúncia: não quero falhar."[3] Em 1º de março de 1969, Manuel Perez-Guerrero tomou posse, com seu estilo discreto, atenção a detalhes burocráticos e paciência nas negociações. Prebisch deu as últimas entrevistas à imprensa e compareceu aos eventos de despedida com a equipe da Unctad e amigos da comunidade diplomática de Genebra.

Ele se divorciou e voltou a se casar. Eliana Diaz Prebisch surgiu das sombras com desembaraço como sua esposa oficial em uma recepção em Nova York promovida por Robert McNamara. Essa decisão não podia mais ser adiada: Raúl Jr. estava com seis anos, precisava do pai e de um lar estável. Porém, o rompimento com Adelita, que aceitou sua decisão com o estoicismo habitual depois de 35 anos juntos, não foi – e jamais seria – completo ou definitivo. Ela nunca sentiu que o laço entre os dois se rompera, nem que os sentimentos dele tinham mudado. Raúl continuaria a passar o máximo de tempo possível em El Maqui, ainda sem telefone, e aproveitava para lhe telefonar às terças-feiras, quando ela ia a Santiago para uma aula de piano. Sempre lhe enviava flores. No entanto, os amigos em todo o mundo tomaram partido entre uma e outra das esposas, a de Santiago e a de Washington.

* * *

Em 10 de março de 1969 Prebisch viajou para Washington, o único local em que poderia fixar residência. Eliana recuperou seu cargo no FMI: não havia motivo para manter o apartamento de Nova York, localizado no número 340 da rua 64. Santiago estava fora de questão depois do divórcio com Adelita, e ele era mais indesejado do que nunca em Buenos Aires depois que o presidente Arturo Illia foi afastado pelo general Juan Carlos Onganía em 1966. De qualquer forma, sua comissão no BID sobre desenvolvimento latino-americano, que resultaria no documento "Transformação e desenvolvimento: a grande tarefa da América Latina", precisava ser dirigida a partir da sede do banco em Washington.

A capital dos Estados Unidos era o endereço perfeito para o papel que Prebisch desempenharia depois do período na Unctad, o de "decano dos estadistas globais". Ele era uma das personalidades latino-americanas mais reconhecidas no mundo, integrava as mais importantes redes internacionais e, depois de vinte anos de experiência na ONU, conhecia por dentro, como ninguém, as organizações internacionais. Nova York ficava perto de Washington para consultas com U Thant e De Seynes, enquanto Washington era o local ideal para chefiar painéis de pessoas eminentes, como os da comissão sobre desenvolvimento do BID, e atender solicitações da ONU ou da América Latina para missões especiais ou emergenciais. Sua casa espaçosa, localizada em Bethesda, Maryland, tornou-se um local de reunião de líderes e acadêmicos latino-americanos e norte-americanos, um destino para conversas não oficiais e encontros sociais. Acolhido amavelmente por seus muitos amigos na cidade, Prebisch também se colocou à disposição deles. Era um bom ouvinte e um líder natural. Entrou de sócio para o International Club, onde almoçava todos os dias, quando não tinha convidados em casa ou em seus restaurantes favoritos: Jean-Pierre, Chez Camille, Sans Souci, Toque Blanc e Boston. Prebisch desabrochou no fluxo de gente e poder da capital dos Estados Unidos, o centro de ideias e de inovação nas Américas. Ficava feliz em chamar a cidade de "meu centro de operações".

Mas Washington era um local ruim para a outra metade de sua vida profissional, a de diretor-geral do Ilpes, instalado em Santiago. O instituto era sua maior responsabilidade: em 1964, comprometera-se a manter o cargo durante a Unctad e agora, ao deixar Genebra, o via como seu instrumento para liderar um debate cada vez mais urgente sobre o futuro do desenvolvimento latino-americano.[4] Também precisava do instituto porque estava sempre com pouco dinheiro e não conseguiria sobreviver com a pensão da ONU. Com o Ilpes, ele mantinha seu salário da Unctad, mas mesmo assim a soma mal dava para cobrir os gastos de duas casas, hipotecas e uma paixão por carros (ele comprara uma Mercedes 230 branca para usar em El Maqui), o que o obrigava a fazer malabarismos para pagar as contas com rendas extras de palestras e diárias de viagens. Dividia essas receitas com Adelita, mas de vez em quando tinha cheques devolvidos por falta de fundos. Gastos de representação (até dez almoços ou jantares por mês, incluindo eventos na Europa quando não estava em Washington) podiam ser restituídos, e ele até mantinha um registro das gorjetas para reembolso. Privilégios diplomáticos diminuíam despesas: sua empregada, Maria Luci Loudrono de Arenas, fora trazida com um visto G-4. Vinhos argentinos e outras bebidas, champanhe, caviar e xerez chegavam sem taxas e impostos de importação para almoços e jantares particulares. No distante Chile, Adelita cultivava uma horta e economizava todos os tostões, tirando uma pequena renda da casa alugada em Buenos Aires. Nas viagens à capital argentina ela vigiava o alfaiate de Raúl, Amadeo Maiolino, localizado em Esmeralda, 570, para obter a mais alta qualidade pelo menor preço. Preso na armadilha de precisar do Ilpes, mas ter de viver em Washington, Prebisch convenceu U Thant a aprovar um escritório conjunto Cepal-Ilpes na pequena filial da Cepal em Washington, alegando que o instituto se beneficiaria com a comissão do BID e com essa nova base na capital americana. Porém, o "escritório conjunto" ficou só no nome. Nenhum funcionário adicional foi contratado além de sua sempre leal secretária particular, Bodil Royem, que coordenava uma agenda atribulada de almoços e jantares, financiados com a verba de representação de US$ 3.500 anuais, e providenciava as viagens dele a Santiago.

A dupla carreira de Raúl como decano dos estadistas e diretor-geral de um instituto regional da ONU estava fadada a gerar um conflito: o primeiro cargo, pós-aposentadoria, o deixava livre para fazer e dizer o que quisesse, enquanto o Ilpes exigia o apoio de governos latino-americanos, o que limitava sua independência. Apesar de seu *status* autônomo, um desafio forte (como Campos demonstrara em 1964) poderia paralisar o instituto. Dirigi-lo, portanto, exigia uma gestão minuciosa e uma negociação constante com as partes regionais interessadas. Ali Prebisch estava em desvantagem: não vivia na América Latina havia anos, e sua geração estava deixando a cena, por aposentadorias ou por mudanças de governo. Sua visibilidade internacional não necessariamente era uma vantagem em Santiago. A independência do Ilpes exigia uma liderança forte. Viver em Washington, na outra extremidade das Américas, aumentava o desafio de administrar duas carreiras. Os funcionários perguntavam quanto tempo ele dedicaria ao instituto e como resistiria às ofertas de palestras ou consultorias na América do Norte, uma vez que precisavam dele em Santiago. Líderes mais jovens, a quem Prebisch parecia um membro da honorável velha-guarda, tinham ideias e ambições próprias.

Essa tensão geracional que Prebisch teve de enfrentar ao sair da Unctad veio à tona imediatamente após a posse do presidente Richard Nixon, em janeiro de 1969. Depois dos anos decepcionantes de Lyndon Johnson, os latino-americanos queriam se aproximar de Nixon, a despeito das velhas imagens negativas, preferindo seu realismo antiquado à paranoia ideológica de W. W. Rostow, lançado ao ostracismo em um cargo de professor na Universidade do Texas, ou de Lincoln Gordon, cujas advertências contra as hordas comunistas no Brasil soavam como fantasia. Até mesmo a nomeação de Henry Kissinger como consultor de segurança nacional parecia animadora, embora sua última referência conhecida à América hispânica fosse sobre a guerra da sucessão espanhola de 1821: ele parecia um conservador íntegro e inteligente, que em política externa defendia o conceito de interesse esclarecido, alguém com quem se podia conversar depois dos duvidosos defensores da "grande sociedade" dos caóticos anos Johnson. Em 19 de janeiro de 1969, os chefes das três principais burocracias latino-americanas em Washington – Felipe Herrera, secretário-geral da OEA, Galo Plaza e Carlos Sanz de Santamaría, do Comitê Interamericano da Aliança para o Progresso – pediram que Prebisch escrevesse uma carta que seria enviada ao presidente Nixon com recomendações para o novo período que se aproximava nas relações entre Estados Unidos e América Latina. Ele concordou, tendo em mente lançar bases políticas de sustentação do documento "Transformação e desenvolvimento: a grande tarefa da América Latina". A missão adequava-se perfeitamente ao papel de decano, um economista com visão internacional, laços estreitos com a ONU e as redes interamericanas, alguém que conhecia Washington por dentro. Cuidadosamente redigida, a carta enfatizava a necessidade de recolocar no vocabulário diplomático a cooperação, o interesse mútuo e os benefícios recíprocos. Nixon nomeou Nelson Rockfeller para chefiar a nova comissão que trataria das relações entre Estados Unidos e América Latina. Prebisch ficou esperançoso com a possibilidade de um novo caminho.

No entanto, os governos da América Latina tentaram uma aproximação mais direta com o presidente Nixon, apelando a Gabriel Valdés, talentoso ministro das Relações Exteriores do Chile, para preparar uma reunião regional com seus colegas. O imponente e aristocrático Valdés, acompanhando o êxito do presidente Eduardo Frei, surgira como o ministro das Relações Exteriores mais dinâmico da América Latina após 1964 e essa nova iniciativa confirmava sua visibilidade na região. Sua ideia era criar um novo fórum latino-americano, incluindo Cuba, mas sem os Estados Unidos – em suma, uma voz autenticamente regional –, relançando a Comissão Especial de Coordenação Latino-Americana (Cecla), que havia sido criada no final de 1963, quando a Unctad tomou forma (tendo Prebisch como parteiro), para atuar como uma filial latino-americana do G-77. Em vez de funcionar como um grupo latino-americano com as mesmas opiniões sobre o comércio global, o novo fórum se tornaria um grupo permanente de ministros das Relações Exteriores. Sua primeira tarefa seria preparar e enviar uma mensagem a Richard Nixon sobre as relações entre Estados Unidos e América Latina. Nessa reunião, que durou de 31 de março a 7 de abril, em Viña del Mar, no Chile, conduzida por Patrício Silva (embaixador chileno em Washington), Valdés desafiou os colegas a serem francos com Nixon, explicitando a "profunda insatisfação" com a política norte-americana e afirmando o que realmente pensavam e queriam, em vez de se esconderem atrás das amenidades costumeiras.[5] Ele observou: "Precisamos ser realistas, mas não conformistas, pequenos, tímidos ou covardes." Propôs um texto de dezenove páginas, intitulado "Consenso de Viña del Mar", que os ministros reunidos pediram que ele entregasse pessoalmente à Casa Branca em nome de todos.[6] A reunião posterior, em Washington, confirmou sua fama na América Latina. Valdés, uma personalidade regional reconhecida e uma figura emergente na região, manteve sua posição quando Kissinger zombou: "Você veio aqui falar da América Latina, mas isso não é importante. Nada importante pode vir do Sul. Nunca se fez história no Sul. O eixo da história começa em Moscou, prossegue até Bonn, cruza o oceano em direção a Washington e depois vai a Tóquio. O que acontece no Sul não tem importância. Você está perdendo tempo."[7]

Prebisch e Valdés estavam em rota de colisão, mas não por motivos ideológicos. Raúl compareceu a reuniões em Viña del Mar e não se impressionou com o "consenso", que considerou um palavrório cheio de velhas receitas e exortações gastas, inespecífico e com um tom grandiloquente. Suas muitas páginas de bons conselhos para Washington e para as empresas americanas falavam de tudo um pouco, de tarifas a transporte, e seriam rejeitadas por qualquer governo norte-americano, especialmente por um que enfrentava uma guerra importante e os primeiros déficits desde 1945. Porém, as conclusões gerais não conflitavam com as ideias de Prebisch. Além disso, o presidente Eduardo Frei e seu governo eram os seus aliados mais próximos na América Latina, representando seu ideal de desenvolvimentismo, e o próprio Valdés desempenhara um papel-chave no apoio à Unctad. O que separava Prebisch e Valdés era o Ilpes. Valdés detestava o instituto por considerá-lo um ninho de socialistas que interferiam na política chilena, distanciando-se de seu propósito original. As eleições presidenciais de setembro de 1970 se aproximavam: como veterano democrata cristão, Valdés estava furioso com a equipe do instituto, que apoiava Salvador Allende, da Unidade Popular. Pedia que Prebisch tomasse providências. Vindas de um destacado membro do governo anfitrião, essas críticas eram motivo de preocupação. Era provável que Valdés sucedesse Frei como líder dos democratas cristãos, e sua projeção regional tornava tudo mais grave. Ele seria um adversário formidável, independentemente de seu partido ganhar ou perder as eleições: se os democratas cristãos perdessem, teria apoio suficiente para surgir como candidato regional para o próximo cargo importante na ONU, que provavelmente seria ligado ao programa de desenvolvimento – o principal financiador do Ilpes –, em rápida expansão.

Prebisch concordou que o instituto estava politizado, mas argumentou que Valdés errava ao concentrar sua raiva nos apoiadores de Allende: havia número igual de democratas cristãos e de socialistas no Ilpes, e a linha que separava pesquisa e engajamento era cada vez mais tênue em ambos os lados. O instituto estava à deriva desde que Prebisch partira para Genebra, e as reclamações de Valdés eram um sintoma disso. A questão da liderança estava pendente. Furtado deixara Santiago. Os chilenos Osvaldo Sunkel e Anibal Pinto tinham credenciais intelectuais para a chefia, mas lhes faltava ambição executiva, ao contrário do contingente argentino. O resultado era a permanência do mexicano Cristóbal Lara no cargo, como adjunto de Raúl, mas ele não conseguia controlar as duas facções. Desde 1964, as visitas de Raúl a Santiago tinham sido poucas e breves: às vezes os funcionários do Ilpes iam ao aeroporto para reuniões rápidas quando ele fazia uma escala. Benjamin Hopenhayn, seu leal ajudante e solucionador de problemas, era odiado por causa do controle rígido que exercia sobre as operações do Ilpes e do grupo executivo.

No início de fevereiro de 1965, José Medina Echavarria lamentou com Prebisch: "Sua ausência aqui é dolorosa."[8] O clima de trabalho era ruim, baixando a produtividade e o moral. Prebisch foi informado de que somente a metade da equipe cumpria o horário de trabalho.[9] Em 1966 as demissões começaram. Osvaldo Sunkel foi para Cambridge, em licença. Fernando Henrique Cardoso foi para a Universidade de Paris-Nanterre. Em 1967, a falta de liderança no Ilpes era um tema comum nas conversas em Santiago.

O problema mais profundo que o instituto enfrentava era a falta de inovação desde 1964, o que minava sua credibilidade e sua pretensão de ser um líder regional em pesquisa, um centro de reflexão autônomo, livre de pressões imediatas de governos e da política burocrática da ONU. A chegada de Celso Furtado e de Fernando Henrique Cardoso poderia ter iniciado um trabalho inédito sobre multinacionais na região, mas Prebisch reprimiu essa área de pesquisa em 1964 depois de Campos ameaçar o instituto. O mesmo destino aguardava um ambicioso projeto sobre marginalização, aprovado pelo grupo executivo do instituto e dirigido pelo acadêmico argentino José Nun. Nenhuma área era mais importante, dado o aumento da ocupação caótica do espaço urbano por favelas alimentadas pela migração em massa de áreas rurais. Após a invasão da República Dominicana por tropas comandadas pelos Estados Unidos, em 1965, esse tema tornou-se politicamente controverso em um momento em que Prebisch precisava do apoio de Washington para a Unctad. Ele instruiu Nun a redimensionar a pesquisa e suspender o trabalho de campo. O projeto desmoronou.[10] Situações assim não encorajavam novas ideias, de modo que o Ilpes tinha poucas publicações para mostrar após oito anos de existência. Fernando Henrique Cardoso e Enzo Faletto tinham feito um estudo interno, examinando novas redes e relações emergentes entre a América Latina e potências industriais, mas Prebisch vetara sua publicação pelo Ilpes. Ele apareceu então com o título de *Dependência e desenvolvimento na América Latina*.[11] Prebisch comparou nostalgicamente o papel de liderança dos primórdios da Cepal ("Não sabemos muita coisa, mas sabemos mais do que os outros") com o que chamava de "isolamento" do Ilpes. Mas ele devia assumir uma parte considerável da responsabilidade pelo malogro. Os mesmos problemas atormentavam as atividades de planejamento, já que os governos latino-americanos não precisavam mais das ofertas tradicionais do instituto: queriam projetos de desenvolvimento financiáveis e não mais estudos gerais. Antes de deixar Santiago em 1966, José Antonio Mayobre perguntou: "Por que os países mais bem-sucedidos da região são os que não receberam missões de planejamento do Ilpes-Cepal?"[12] Tentativas de ocupar um nicho de mercado em serviços de consultoria também tinham fracassado. Vários governos (Venezuela, República Dominicana e América Central) tinham tentado o Ilpes, mas sua equipe não estava equipada para esse papel: "Mais um ponto fraco em nosso trabalho", admitiu Prebisch. A comissão tripartite OEA-BID-Cepal terminara oficialmente em 1967. O Ilpes também não ocupara o espaço na área de formação. Mais de 5 mil profissionais tinham passado por Santiago – uma geração inteira de latino-americanos – desde os primeiros cursos da Cepal em 1953, mas agora havia outros institutos fazendo esse trabalho. As escolas latino-americanas tinham amadurecido. Se o Ilpes quisesse permanecer no jogo nessa área, teria de assumir uma nova abordagem, com iniciativas mais especializadas e criativas.

Em suma, o Ilpes precisava de uma reforma profunda. Estava morrendo por abandono. Depois de um doloroso escândalo administrativo em junho de 1968, Prebisch prometeu à equipe que lhes daria mais atenção. "Agora que acabei grande parte do trabalho para Nova Déli, pretendo dedicar uma parte substancial do meu tempo ao instituto."[13] Quando ele pediu demissão da Unctad, todos ficaram animados. A embaixada americana também recebeu bem a notícia de sua volta para restaurar a capacidade e o prestígio do instituto. Ficaram todos em compasso de espera. No entanto, ele comprou uma casa em Washington e em 1969 assumiu a chefia da comissão do BID sobre desenvolvimento latino-americano, o que adiaria sua atenção ao instituto por mais um ano.

Mesmo assim, ele reuniu o conselho de administração do Ilpes em agosto de 1969 e convenceu todos de que sua visão original do instituto – como o principal centro de pesquisas sobre políticas e desenvolvimento na América Latina – era mais atual do que nunca. O instituto retomaria a iniciativa com um mandato renovado depois que ele concluísse o trabalho no BID. Insistiu em que a comissão do BID era, na verdade, um contrato do Ilpes, e ele estava lá na condição de diretor executivo.[14] Propôs, e o conselho aceitou, um conjunto de medidas temporárias para restaurar o impulso: um seminário especial com ministros do Planejamento da região, um diálogo de profissionais para comparar experiências de planejamento, com lições práticas em vez de mera discussão teórica, e um novo programa para profissionais latino-americanos residentes.[15] Para melhorar o moral da equipe durante sua ausência continuada, acenou com a perspectiva de criar uma nova publicação acadêmica e com um projeto especial chamado "o volume": uma análise multidisciplinar definitiva sobre o desenvolvimento latino-americano, que incorporaria a experiência do Ilpes e da Cepal, uma "vulgata", nas palavras dele, para especialistas em desenvolvimento, um trabalho inédito que afirmaria a autoridade intelectual do instituto na América Latina. Para tornar mais rígidos os procedimentos internos, Prebisch nomeou o argentino Oscar Bardeci seu novo representante no instituto. Para atrair a confiança externa, contratou um "bom americano", William Lowenthal, para trabalhar como consultor especial, seguindo as linhas gerais da experiência anterior da Cepal com Louis Swenson. Além de uma convincente demonstração de liderança, essas medidas resolveram a crise imediata, criaram um clima favorável de trabalho e liberaram Prebisch para a fase final da comissão do BID sobre desenvolvimento latino-americano.

* * *

Diferentemente de Lester Pearson, cuja comissão do Banco Mundial sobre desenvolvimento internacional esbanjava recursos, Prebisch trabalhou com um orçamento pequeno: US$ 206.680 (reduzido de um valor inicial de US$ 240 mil), com seu próprio salário já coberto pela ONU. A maior parte do pessoal seria convocada do BID, da Cepal e do Ilpes, e o pequeno escritório para cinco economistas em regime de tempo integral foi abrigado na sede do BID em Washington. Prebisch começou com uma desvantagem séria na equipe, em termos de número, qualidade e experiência internacional, principalmente pela ausência de funcionários graduados da ONU, como Sidney Dell ou Krishnamurti, que o tinham ajudado a moldar suas ideias com críticas severas, mas leais. Ao contrário da Unctad, onde podia atrair as melhores mentes disponíveis para tarefas de curto prazo, ele não contava com orçamento suficiente para mobilizar talentos internacionais. Enrique Iglesias, coordenador do projeto em tempo integral, era seu principal colaborador. Presidente do Banco Central do Uruguai entre 1966 e 1968, presidente do conselho de administração do Ilpes, Iglesias ascenderia rapidamente na política interamericana. Admirava Prebisch desde o primeiro encontro de ambos em 1951 na terceira reunião da comissão da Cepal, em Montevidéu, enquanto Raúl o via como o próximo secretário executivo da Cepal, aquele que reverteria o declínio da instituição.

Prebisch tinha prazo até 20 de abril de 1970, quando "Transformação e desenvolvimento: a grande tarefa da América Latina" seria apresentado à décima primeira reunião anual do conselho diretor do BID em Punta del Este. O desafio que enfrentava desde o início era seu termo de referência. Quando o conceito foi proposto no início de 1968, a ideia original era um exame rigoroso do financiamento do desenvolvimento na América Latina. As vantagens de uma comissão centrada em financiamento seriam clareza, profundidade e recomendações operacionais; a desvantagem seria deixar de lado outros obstáculos ao crescimento, o que poderia tornar o esforço irrelevante. Depois da primeira viagem para levantar informações sobre a região no início de 1969, Prebisch decidiu que era essencial expandir os termos de referência. Para onde quer que olhasse – crise nas relações com os Estados Unidos, polarização na política interna, com uma onda de ansiedade política, falência da OEA –, a região estava em uma encruzilhada. Era necessário realizar uma análise mais ampla. O crescente antiamericanismo ficou evidente quando a comissão Rockefeller tentou realizar audiências regionais em maio e junho de 1969, passando a enfrentar uma repetição da desastrosa visita do então vice-presidente Nixon em 1958. Grupos de oposição, estudantes e trabalhadores o rechaçaram como sendo uma mera manobra de relações públicas. Os líderes latino-americanos reconheciam que Rockefeller era um moderado nas relações entre Estados Unidos e o continente, mas ele era identificado com as grandes petrolíferas norte-americanas. Tornou-se alvo de escárnio na região quando o Peru anunciou que nacionalizaria uma subsidiária da Occidental Petroleum em 23 de agosto de 1969 e assinaria o primeiro acordo comercial com a União Soviética. Protestos sindicais e estudantis na Venezuela forçaram a comissão a cancelar as audiências. A comitiva retornou rapidamente ao aeroporto para escapar das manifestações populares no centro de La Paz, e o presidente Frei cancelou a planejada visita para evitar demonstrações hostis em Santiago. Só as ditaduras militares de direita do Brasil e da Argentina acolheram a delegação norte-americana.¹⁶ Refletindo o declínio nas relações interamericanas, a OEA estava em eclipse como interlocutor regional, desacreditada por apoiar a invasão americana da República Dominicana em abril de 1965, na qual Johnson enviou 25 mil fuzileiros navais para combater mais uma "ameaça comunista". Os generais brasileiros desempenharam o papel de subalternos na questão dominicana para agradecer o apoio de Johnson à conspiração que resultara no golpe de 1964, mas se distanciaram de Washington depois disso.

Quando Prebisch deixou a Cepal em 1963, a maioria dos países vivia em democracias constitucionais. Depois do golpe de 1964 no Brasil, as ditaduras militares tinham se espalhado para Bolívia, Argentina e Peru, com escalada de violência, atividades de guerrilha e operações de contrainsurgência. A instabilidade de 1968 transbordara para o novo ano. Em julho de 1969 irrompeu a guerra entre Honduras e El Salvador, e a Bolívia sofreu mais um golpe militar em 29 de setembro. Houve uma escalada de terrorismo e sequestros no início de 1970. O embaixador norte-americano no Brasil foi sequestrado e um militar também norte-americano foi morto no Rio de Janeiro. Em 6 de março, outro funcionário de uma embaixada americana foi sequestrado, dessa vez na Guatemala. O cônsul-geral do Japão em São Paulo foi sequestrado poucos dias depois, em 11 de março, seguido de um adido da Força Aérea dos Estados Unidos em Santo Domingo em 24 de março. Durante a semana seguinte, um cônsul do Paraguai e um funcionário da embaixada soviética foram sequestrados na Argentina por grupos de esquerda e de direita, respectivamente, e o embaixador alemão na Guatemala foi assassinado em 31 de março de 1970, enquanto os delegados se dirigiam para a reunião anual do BID.

A América Latina se esfacelava em vez de se integrar: o Brasil e a Argentina não se entendiam, com suas fronteiras praticamente fechadas ao comércio, paralisando a Associação Latino-Americana de Livre-Comércio (Alalc), enquanto o conflito entre Honduras e El Salvador destruía o Mercado Comum da América Central. O Acordo de Cartagena, de maio de 1969, criara o Pacto Andino – um projeto de integração de cinco países, inclusive o Chile –, mas o general Juan Velasco Alvarado, novo governante militar do Peru, estava inaugurando um tipo particularmente insustentável de "socialismo peruano". A Venezuela e a Colômbia pareciam ser democracias estáveis, mas ambas continuavam dirigidas pelas elites, com tendência ao conflito. Quase todos os países enfrentavam perspectivas novas e complexas. O PIB do Brasil crescia a uma taxa de mais de 11% ao ano durante o "milagre econômico" dos anos 1968-1973 e Campos anunciava que os países latino-americanos de melhor desempenho tinham a pior distribuição de renda, baseando-se na estratégia de atrair investimentos de empresas multinacionais, manter a estabilidade macroeconômica e garantir a disciplina social.[17] Porém, além da censura à imprensa e da repressão política, o futuro do "milagre econômico" estava ligado a milhões de imigrantes que chegavam às cidades sem perspectiva de educação. O México, onde duas décadas de alto crescimento tinham produzido confiança suficiente para que a taxa de câmbio oficial peso-dólar fosse impressa em livros escolares, já não parecia tão estável após o massacre de estudantes em 1968. A Argentina estava imersa em um ciclo crescente de estagnação econômica e violência política. Um motim militar abortado em 21 de outubro ressaltava a fragilidade política do Chile.

Prebisch, então, convenceu o Banco a expandir seus termos de referência para realizar uma análise política e econômica em grande escala da região, que enfrentava um "ponto de inflexão extremamente significativo" e precisava de novas ideias sobre desenvolvimento em vez de ideias que "foram deixadas para trás pelas exigências de um conjunto de circunstâncias cada vez mais complicadas".[18] A doutrina da Cepal da década de 1950, por exemplo, precisava de renovação. O desafio era a transformação em vez de um ajuste técnico; em suma, "Transformação e desenvolvimento: a grande tarefa da América Latina" voltaria aos primeiros princípios em vez de repetir a abordagem ultrapassada de *Partners in Development*, de Pearson. Eram necessários recursos adicionais da ordem de US$ 98.200. Prebisch convenceu Felipe Herrera de que nenhuma outra abordagem era realista. O resultado dessa expansão espetacular tornou o projeto vulnerável às conhecidas críticas a prazos impossíveis. Foi uma façanha escrever apressadamente uma minuta em espanhol para abril de 1970, embora tenha ficado faltando a tradução para o inglês. Mas o texto era longo e repetitivo, não tinha sido revisado e continha falhas evidentes e inexplicáveis.[19] As seções não tinham concatenação. Disseram que o tom do relatório era sombrio, mas Prebisch negou que fosse "fatalista", argumentando que era "apenas realista". Usou no prefácio uma citação do prólogo de *Don Quixote*: "Adverti, amigo Sancho, que esta aventura, e outras semelhantes a esta, não são aventuras de ilhas, mas de encruzilhadas."[20]

O próprio Uruguai estava ansioso com a aproximação da reunião de décimo aniversário do BID. A violência crescia e a segurança em Punta del Este estava mais rígida. Os Tupamaros, um movimento de libertação nacional formado em 1965 entre trabalhadores da indústria do açúcar, tinham se tornado uma organização terrorista urbana clandestina e muito eficaz, desestabilizando uma das mais sólidas e ricas democracias da América Latina. Uma fuga espetacular da prisão em 8 de março contribuiu para a sensação de urgência, e a reunião passou a ser guardada como um quartel-general militar, criando um cenário de Hitchcock, com caminhões do Exército à beira-mar, à luz do luar.[21] Era baixa temporada. Exceto pelos 1.600 delegados e a polícia militar, o local estava deserto. David M. Kennedy, secretário do Tesouro, chefiava a grande delegação norte-americana, que incluía onze esposas de congressistas e funcionários variados, além de seu próprio contingente do serviço secreto. Ela ocupava um prédio inteiro de apartamentos na ponta da estreita península que se projeta a partir de Punta del Este. Uma garrafa de Jack Daniels era vendida por US$ 4. Apesar de não poder ser comparado com Douglas Dillon em agosto de 1961, com seus finos vinhos franceses e *soirées* elegantes, Kennedy oferecia aos delegados, com sua antiquada hospitalidade, um refúgio muito necessário em uma reunião monótona. Porém, a deterioração da situação, descrita em "Transformação e desenvolvimento: a grande tarefa da América Latina", de Prebisch, não podia ser ignorada.

A América Latina, disse Prebisch aos delegados reunidos, estaria fadada a extremismos políticos se não acelerasse o crescimento econômico. O rápido crescimento populacional, "o desemprego alarmante" e a crescente migração para cidades congestionadas acentuavam a exclusão social. Era essencial absorver esse excedente de mão de obra e limitar a pobreza e a desigualdade para controlar a violência e o conflito social, que estavam polarizando a região. A turbulência política estava crescendo nas cidades e entre as massas rurais. O tempo se esgotava. A revolução aparecia no horizonte. "O gradual agravamento dos males que afligem a economia latino-americana cria, é claro, um impulso propício a ideologias que defendem transformar o sistema", advertiu Prebisch.[22] Populismo não era a resposta, pois ele se igualava ao marxismo-leninismo como ameaça a um desenvolvimento regional sólido: "Na ausência de fortes convicções e na falta de um sistema de ideais bem costurado, o populismo recorre ao estratagema infalível de usar a emoção para exaltar figuras carismáticas. [...] O populismo não é uma alternativa aceitável para a disciplina de desenvolvimento."

A causa primordial da crise era a exaustão do modelo de desenvolvimento para dentro e o início da "insuficiência dinâmica". "O custo da substituição de importações", observou Prebisch, "deve contar amplamente nos cálculos econômicos", já que havia muito tempo cumprira seu objetivo e estava gerando agora outra "crise de desenvolvimentismo". A América Latina declinava em comércio e produção em termos globais, enquanto as economias asiáticas avançavam.[23] Ele advertiu que, somente para absorver a força de trabalho que chegava ao mercado, o continente precisava de uma taxa de crescimento de 8% ao ano, 2% mais alta que o nível estabelecido para a segunda década de desenvolvimento da ONU e bem acima da taxa de crescimento de 5,2% da região desde 1945. Um crescimento assim exigia aumentar a taxa de investimento de 18% para o nível japonês de 27% e avançar na eliminação "do desperdício do considerável potencial de comércio regional". Era essencial uma "abordagem racional" generalizada para evitar o excesso de protecionismo, que incluísse a promoção do comércio exterior (principalmente as exportações de produtos industriais), a eliminação de estruturas protecionistas e maior concorrência internacional para melhorar a produtividade, a promoção de investimentos privados estrangeiros e uma urgente reforma fiscal a fim de aumentar a poupança interna.[24]

Prebisch já tinha levantado essas questões, principalmente durante os últimos anos na Unctad. A inovação desse relatório consistia em reuni-las em uma análise sistemática com relações explícitas entre reformas econômicas, mudança social e desenvolvimento na América Latina. Na Unctad, ele tinha visto a Coreia do Sul, por exemplo, aplicar a doutrina da Cepal com muito mais êxito do que os países latino-americanos. Como o trabalho de Prebisch de antes de 1943 na Argentina, essa doutrina buscava combinar orientações "para dentro" e "para fora", mas a Coreia do Sul tinha sido capaz de somar êxito nas exportações e empresas que produziam para o mercado interno. A diferença em relação à América Latina não era a doutrina, mas a política governamental. A elaboração de políticas na Coreia do Sul refletia sua estrutura social mais equitativa, com educação pública acessível e uma reforma agrária bem-sucedida. Os governos latino-americanos continuavam a ser dirigidos pelas elites e eram fracos, menos capazes de resistir a interesses particulares que minavam os objetivos e as prioridades nacionais no desenvolvimento. As causas da diferença no desempenho diziam menos respeito a deficiências de técnicas ou de recursos. Eram principalmente institucionais.[25] Restaurar o dinamismo na América Latina implicava realizar reformas estruturais: mobilidade social e educação, reforma na agricultura, redistribuição de renda das classes mais altas e, acima de tudo, a necessidade do que ele chamava de "disciplina de desenvolvimento", com governos honestos que mobilizassem o apoio para estratégias de desenvolvimento racionais e combatessem o populismo e o dirigismo socialista.

"Transformação e desenvolvimento: a grande tarefa da América Latina" era muito crítico aos governos da região: os latino-americanos tinham de reconhecer "fatos difíceis", "realidades inescapáveis", bem como a necessidade de "mudanças em estruturas e atitudes mentais", com governos tomando "medidas conscientes e deliberadas para influenciá-las". Deviam olhar primeiro para suas próprias falhas em vez de criticar os outros ou o sistema internacional. O maior esforço de desenvolvimento tinha de ser interno. Os latino-americanos precisavam descartar "o otimismo ingênuo e irresponsável" segundo o qual desenvolvimento era sinônimo de colaboração externa. Prebisch disse: "Chegou a hora de sacudir o hábito comum de atribuir a insuficiente taxa de desenvolvimento da América Latina apenas a fatores externos, como se não houvesse obstáculos internos no caminho. Precisamos reconhecer plenamente nossa própria responsabilidade. [...] É inconcebível que uma taxa de crescimento de 8% possa ser atingida na América Latina sem mudanças profundas na estrutura econômica e social e nas atitudes em relação ao processo de desenvolvimento. Sem grandes mudanças, a melhor política de cooperação internacional está fadada a falhar. Os países desenvolvidos têm de ter vontade política para colaborar, mas os países em desenvolvimento também têm de ter vontade política para introduzir reformas fundamentais em suas sociedades."[26]

Stephen Rosenfeld, do *The Washington Post*, escreveu em Punta del Este: "Richard Nixon deve ser o maior admirador de Raúl Prebisch. O relatório é uma ótima notícia para os Estados Unidos."[27] Mas Prebisch também baseou o relatório "Transformação e desenvolvimento" em "medidas convergentes", ressaltando a necessidade de maior compromisso dos Estados Unidos e da OCDE com o desenvolvimento latino-americano, o fortalecimento do comércio internacional, assistência oficial ao desenvolvimento de 1% do PIB das economias desenvolvidas e maior investimento do setor privado. A ajuda externa era secundária diante dos esforços domésticos, mas continuava a ser crucial para governos que tentavam aumentar a produção enquanto enfrentavam demandas políticas crescentes das massas. Essas "maiorias nacionais", como ele as chamava, precisavam receber maior parcela do poder econômico e político. Um aumento no nível de cooperação internacional poderia reduzir a pressão sobre governos e ajudá-los a manter a estabilidade. Prebisch estava pessimista quanto às perspectivas de essa assistência se materializar, já que tinha havido um significativo fluxo de recursos *para fora* da América Latina, em direção ao mundo desenvolvido, durante a década de 1960.

Felipe Herrera agradeceu a Prebisch em nome dos delegados reunidos, chamando "Transformação e desenvolvimento" de "um documento de grande importância" e fazendo um apelo para que os governos aumentassem a capacidade de tomar empréstimos para cumprir a meta de crescimento proposta, de 8%. David

M. Kennedy concordou, anunciando que Washington participaria com US$ 1,8 bilhão na injeção de capital projetada de US$ 3,5 bilhões necessária para o Banco aumentar em 50% sua capacidade de emprestar.[28] Com isso, Herrera declarou que a reunião anual – a última antes de ele se aposentar – havia sido um sucesso. Mas, quando os últimos delegados arrumavam as malas para deixar Punta del Este, peronistas armados lhes lembraram das realidades regionais: o general Pedro Arumburu foi capturado e executado, um ajuste de contas que estava prometido desde o massacre de trabalhadores em 9 de junho de 1956, em Buenos Aires.

***

Os funcionários do instituto em Santiago ficaram felizes com o fim da missão no BID. Não só Prebisch voltaria a suas funções em tempo integral, como "Transformação e desenvolvimento" fortaleceria sua posição e lhe abriria novas oportunidades. Manuel Balboa, Benjamin Hopenhayn, Ricardo Cibotti, Norberto Gonzalez, Oscar Bardeci e Giner de los Ríos tinham trabalhado exaustivamente durante meses, virando noites, para concluir o relatório e reconheciam que o Ilpes poderia recuperar o papel de liderança. Prebisch tinha pedido novas ideias para um novo período de desenvolvimento latino-americano e desafiado tanto a teoria da dependência predominante na esquerda latino-americana desde meados da década de 1960 como o modelo autoritário neoliberal que estava sendo aplicado com o apoio dos adeptos da Universidade de Chicago na América Latina e em outros lugares. Seu novo "desenvolvimentismo" que defendia o comércio internacional, o capitalismo de mercado e a reforma do Estado, juntamente com democracia liberal, planejamento e governança internacional, posicionava Prebisch no centro teórico, onde queria estar, e o momento era perfeito: com a modernização decorrente de 25 anos de industrialização por substituição de importações, a América Latina precisava de um novo debate sobre modelos de desenvolvimento, e o Ilpes-Cepal tinha uma vantagem comparativa para liderá-lo. Santiago era forte em pesquisas em áreas-chave como mercados informais e marginalização. Sua vez, por fim, parecia ter chegado.[29]

Essa oportunidade não poderia ser aproveitada sem que Prebisch liderasse o esforço para renovar o Ilpes, e ele teve menos tempo do que nunca depois de abril de 1970. Uma primeira onda de reuniões, conferências e eventos especiais acompanhou o lançamento de "Transformação e desenvolvimento", um subproduto inevitável de qualquer comissão internacional importante, mas particularmente intensa por suas conclusões polêmicas. O BID criou uma força-tarefa especial para trabalhar com Prebisch para extrair recomendações específicas do grosso volume, sem saber o que fazer com ele, já que sua estrutura acadêmica proporcionava pouca orientação em termos de políticas efetivas. Em seguida, uma missão especial de emergência foi estabelecida para coordenar uma estratégia de ajuda após o terremoto de 31 de maio no Peru: em 22 de junho, U Thant pediu que Prebisch a liderasse, e ele não teve como recusar. Tampouco pôde recusar juntar-se ao secretário-geral e a outros membros do alto escalão da ONU para as celebrações que marcariam a abertura da segunda década de desenvolvimento da ONU. Ele passou por Santiago em julho, mas partiu dois dias depois para Lima, prometendo voltar em breve para os desdobramentos de "Transformação e desenvolvimento". Mas quando Prebisch voltou para passar dez dias, em 8 de agosto, Santiago, o Ilpes, a Cepal e todo o país estavam envolvidos com as eleições presidenciais que se aproximavam. As pesquisas de opinião mostravam que Salvador Allende, o democrata cristão Radomiro Tomic e o conservador Jorge Alessandri estavam em empate técnico, e todos concordavam que essas seriam as eleições mais importantes da história do Chile. Eduardo Frei era denunciado pela esquerda porque a nacionalização do cobre, a reforma agrária e os programas educacionais eram tímidos demais, enquanto a direita o criticava por ser radical. Washington (que no governo do presidente Johnson tinha dado ao Chile a maior ajuda americana *per capita* na América Latina) não gostava de sua política externa independente e da retomada de relações diplomáticas com Moscou. O lento crescimento do Chile e a inflação, nesse ínterim, minavam as chances de reeleição dos democratas cristãos. A possibilidade de vitória de Allende havia polarizado o país. O Ilpes e a Cepal, fortemente "chilenizados", dividiram-se em quatro campos hostis: os economistas latino-americanos, em grande parte de classe média, estavam divididos meio a meio entre a Unidade Popular de Allende e os democratas cristãos de Frei; as secretárias, mulheres da classe alta chilena, apoiavam em peso a oposição conservadora anti-Allende; os atendentes, garçons e servidores de classe média baixa defendiam Allende; e os profissionais não latino-americanos formavam um grupo à parte na luta política nacional, contentes em comprar fazendas e vinhedos com seus salários em moeda forte. A batalha ideológica invadiu todo o complexo da ONU com campanhas ativas para os partidos rivais. Todos concordavam que não havia muito a fazer antes que a situação política se aclarasse. Prebisch partiu de Santiago para Washington e Nova York, onde foi convidado a se juntar a U Thant para inaugurar formalmente a segunda década de desenvolvimento da ONU em

24 de outubro. Dez dias depois da abertura do evento, no entanto, foi chamado com urgência a Buenos Aires, onde seu irmão Alberto, recém-nomeado diretor da Academia Nacional de Belas-Artes e Urbanismo, falecera de repente. Os dois tinham sido inseparáveis na juventude em Buenos Aires, mas seguiram carreiras e trajetórias sociais diferentes, e algumas vezes se estranharam com posições políticas conflitantes. A repentina morte de Alberto pôs fim à possibilidade de uma reconciliação que ambos desejavam.

Nesse ínterim, a vitória de Salvador Allende nas eleições em 4 de setembro de 1970 aturdiu o Chile e a região, mas a vantagem de sua Unidade Popular foi muito estreita: 36,3% contra 34,9% para Jorge Alessandri e 27,8% para os democratas cristãos, o que obrigou o Congresso chileno a decidir quem seria o vencedor. Como os partidos não socialistas ultrapassaram muito a coalizão da Unidade Popular, parecia provável que Allende seria impedido por uma união Tomic-Alessandri. Porém, Allende prometeu respeitar o processo democrático do Chile, um país com uma longa tradição de alianças políticas. Tomic e Alessandri não se entenderam, e o Congresso endossou a posse de Allende em 4 de novembro. A partir daí, o novo presidente, eleito com apenas 1/3 do voto popular, iniciou uma campanha para transformar a sociedade chilena, rompendo com o poder das elites. "O objetivo central", declarou, "é substituir a atual estrutura econômica, pondo fim ao poder do capital monopolista nacional e estrangeiro para iniciar a construção do socialismo."[30] Kissinger se aborreceu: "Não vejo por que devemos ficar parados, observando um país se tornar comunista pela irresponsabilidade de seu povo." A elite chilena concordou. Nixon e Kissinger detestavam mais Allende do que Frei. Já em março de 1970, a chamada "comissão dos 41", presidida por Kissinger, aprovara o financiamento da propaganda eleitoral anti-Allende. Preocupada, mas incapaz de evitar sua vitória, Washington colocou o Chile na lista negra da política como um peão na Guerra Fria e um posto avançado do expansionismo cubano-soviético. Resolveu desestabilizar sua economia e seu governo a todo custo.

A vitória de Allende foi um momento decisivo para Prebisch, o Ilpes e a sede da Cepal como um todo. Prebisch não confiava na Unidade Popular, pois acreditava que Allende perderia o controle do movimento. Tanto Allende quanto Frei eram seus amigos e visitavam El Maqui com frequência. Durante um jantar com os dois políticos, só os três reunidos, Prebisch questionou Allende sobre sua experiência de classe e suas credenciais socialistas: "Você nunca pôs os pés em um barraco."[31] O Chile era para ele um país-chave na América Latina, e agora via terminar o papel de liderança do "desenvolvimentismo" na região. A vitória de

Allende também completou a politização do Ilpes-Cepal, com Pedro Vuskovic se tornando ministro da Economia e Gonzalo Martner, ministro do Planejamento. Allende disse, brincando: "Se eu falhar, será culpa da Cepal."[32] O ambiente de trabalho, que já era ruim, piorou depois de novembro de 1970. Lowenthal, que chegou a Santiago cheio de energia, escreveu a Prebisch: "Meu desejo de que você volte [...] é pessoal: quero discutir com você formas de como posso ser útil ao Instituto. Minha posição atual é muito periférica. Não há reuniões regulares da equipe nas quais chefes de divisão e executivos possam se inteirar do que está acontecendo ou discutir ideias de interesse mútuo. Nunca fui convidado a participar de uma reunião sobre os problemas que o instituto enfrenta."[33]

Nesse momento ruim, Prebisch avisou que dirigiria um seminário de pós-graduação de treze semanas na Universidade de Columbia a partir de janeiro, com viagens semanais entre Nova York e Washington. Não teria tempo para o instituto até meados de 1971. Andrew Cordier, ex-subsecretário da ONU, representante de Hammarskjöld e reitor em final de mandato na universidade, o convidara pessoalmente e ele não podia recusar o convite. "Isso vem bem a calhar com meu desejo de abrir o instituto aos ventos vindos do norte",[34] respondeu, mas foi um sério erro de julgamento. Lamentou mais tarde: "Eu deveria ter ficado no Ilpes quando eles mais precisavam de mim."[35] A equipe ficou com o moral ainda mais baixo: Cristóbal Lara e o instituto viviam imersos em confusão, preocupação e desânimo. Recrutar funcionários estrangeiros ficou impossível: os sonhos de atrair acadêmicos como Carlos Diaz Alejandro, economista formado em Yale, acabaram quando ele recusou a oferta em 20 de fevereiro de 1971. Até mesmo latino-americanos qualificados obtinham outros empregos. Parecia que apenas chilenos e argentinos estavam disponíveis para tornar a equipe ainda mais distorcida em termos geográficos. As perspectivas financeiras eram precárias: os governos latino-americanos, principalmente Brasil e Argentina, não estavam interessados em apoiar. O Canadá, a Europa Ocidental e a Fundação Ford não garantiam recursos. O Programa das Nações Unidas para o Desenvolvimento (PNUD) tinha sido um grande apoiador desde sua criação em 1962, e sua contribuição para o instituto fora renovada em 1965 sem oposição. Porém, a reunião do conselho diretor do PNUD em janeiro de 1971 só aprovou uma contribuição de três anos no valor de US$ 3,9 milhões. Ortiz Mena, o novo presidente do BID, não era favorável e reduziu o apoio de US$ 1 milhão para US$ 437 mil. Houve uma queda de 40% nos recursos, deixando a descoberto até mesmo os gastos com pessoal, exigindo cortes drásticos nas seis divisões e a redução dos contratos de emprego de três para dois anos.³⁶ Lowenthal, que assumira como assessor financeiro do Ilpes, relatou a Prebisch em 23 de abril: "Espero, Don Raúl, que esta carta não lhe cause indigestão. É uma triste realidade: não podermos manter nossos funcionários sem fazer todo tipo de acrobacia financeira, sempre preocupados."

Paul Hoffman havia se aposentado como diretor administrativo do PNUD e Prebisch quase não conhecia seu sucessor, o banqueiro americano Rudolf Petersen, que estava reorganizando a sede do programa em Nova York. Tendo se tornado o maior financiador de assistência técnica do mundo, o PNUD agora era uma agência internacional poderosa. Uma comissão consultiva propôs que no futuro quatro diretores regionais fossem nomeados para fiscalizar todo o trabalho relacionado com a ONU em suas regiões e se reportassem diretamente a Petersen. Aprovada durante a reunião de 24 de janeiro a 2 de fevereiro de 1971 do conselho diretor, a nova estrutura do PNUD exigia um diretor regional latino-americano. Gabriel Valdés foi nomeado e contratou Patricio Silva como assistente. Com os democratas cristãos chilenos no ostracismo político após perderem para Allende, eles miraram no Ilpes, alegando que era uma organização da ONU mal administrada, com elementos "esquerdistas" que haviam distorcido seus objetivos e interferido na política interna chilena. O perigo era óbvio: a última base de Prebisch no sistema da ONU estava sob fogo hostil. Ele, por fim, se comprometeu com o Ilpes.

Após as aulas em Colúmbia, passou seis semanas ininterruptas em Santiago com a equipe do Ilpes, restabelecendo o controle administrativo sobre o instituto e preparando um novo plano para futuras operações.³⁷ Recusou outra proposta para dar aulas, dessa vez feita por Rosenstein-Rodan, na Universidade de Boston, examinou documentos internos, exigiu relatórios semanais, criou um conselho editorial para uma nova publicação, selecionou artigos e tentou reduzir as críticas de Valdés sobre padrões profissionais, instituindo uma comissão de análise interna para avaliar currículos e publicações. Para melhorar o clima no Ilpes, promoveu todos os seis diretores (quatro argentinos e dois chilenos) a nível seis, passando por cima da oposição de Quintana, que tinha negado uma solicitação semelhante feita pelos diretores da Cepal com base no orçamento apertado. Prebisch trabalhou junto ao embaixador americano no Chile, Edmund M. Korry, um pacifista, aliado potencial da ONU no governo Nixon, tentando reverter sua atitude negativa em relação ao Ilpes. Acima de tudo, buscou obter uma base financeira segura para o instituto, tendo em vista limitar sua dependência em relação ao PNUD.

A saída foi correr atrás de contratos externos para cobrir a falta de dinheiro e, ao mesmo tempo, convencer o PNUD e o BID a manter seus compromissos de longo prazo. Houve alguns êxitos. Prebisch conseguiu dinheiro no Canadá e na Holanda, mas nenhum dos dois países manteria a cooperação se os governos latino-americanos se recusassem a contribuir. A Fundação Ford estava interessada em desenvolver um programa plurianual de "profissionais residentes" latino-americanos, para passar um ano no Ilpes a fim de fazer um treinamento profissional avançado. Era um conceito interessante, e a Fundação propôs financiar um projeto-piloto logo em 1971 para dar partida no projeto. Mas, para descontentamento da Fundação, Prebisch nomeou como primeiro "profissional residente" Sergio Molina, ex-ministro da fazenda de Frei, antes da aprovação de procedimentos de seleção e a despeito de ele ser membro do conselho de administração do Ilpes. A escolha de um destacado democrata cristão chileno desempregado era questionável naquelas circunstâncias, ainda mais recebendo um salário elevado em dólares. Em agosto de 1971, Prebisch viu mais uma abertura importante quando Nixon abandonou o padrão ouro e pôs fim à era Bretton Woods do após-guerra. Ele propôs ao Ilpes um seminário em Washington para funcionários do Banco de Desenvolvimento e da Usaid para analisar os impactos da medida nas relações entre Estados Unidos e América Latina, envolvendo economistas tarimbados, como Gottfried Haberler, que tinha se aposentado de Harvard e se mudado para Washington. Diante da reação inicial favorável, várias agências criaram um grupo de trabalho conjunto para redigir uma proposta fundadora. Haberler observou: "Concordo com a maior parte do que você está dizendo."[38]

A tentativa de diversificar fontes de financiamento falhou. Em última instância, o PNUD controlava o destino do Ilpes. Valdés não conseguia ver o potencial do instituto e não escondia sua pouca consideração pelos economistas do Ilpes: os cursos e os relatórios eram vasculhados para avaliar sua idoneidade ideológica. Silva, agindo como assistente de Valdés, policiava as operações do Ilpes, pedindo os controles de horário para verificar a frequência e fazendo críticas duras que desmoralizavam os funcionários. Giner de los Ríos sentiu-se pessoalmente traído "pela primeira vez em vinte anos na Cepal e no instituto". As linhas hierárquicas ficaram confusas e a descoberta de um caso de plágio em um texto de um funcionário graduado humilhou e enraiveceu os colegas. Nada que Prebisch ou a equipe fizessem era bom o bastante para Valdés ou Silva. José Medina Echevarría preparou-se para voltar para a Espanha, de onde partira em 1939. Mesmo o notoriamente tranquilo Norberto Gonzalez, diretor de pesquisa, estava desanimado. Em 25 de fevereiro de 1972, Valdés enfim deixou claro para Quintana, na véspera da saída deste da posição de secretário executivo da Cepal, que ele tinha "francas dúvidas em relação à duplicação de tarefas em várias áreas e à capacidade inadequada dos funcionários do Ilpes". A ONU estava passando por dificuldades financeiras, mantendo um congelamento orçamentário que havia começado no exercício fiscal de 1970-1971. Era preciso fazer cortes. Ele propôs que o Ilpes retornasse à estrutura da Cepal, com atribuições de treinamento mais limitadas.

Prebisch brigou bastante para salvar o Ilpes em 1972, pois sabia que a "integração na Cepal" significava o fim do instituto como um centro de pesquisa e ideias independente na América Latina. Só o envoltório permaneceria. A batalha era inglória e as decepções se acumularam. A proposta de seminário em Washington não prosperou, assim como o projeto da Fundação Ford. Sob nova liderança, o BID perdeu o interesse no instituto. O Canadá e a Holanda não renovaram os financiamentos e, como esses dois doadores da OCDE eram os alvos mais fáceis, não havia outras fontes disponíveis de ajuda oficial. A ideia da revista teve de ser engavetada por falta de recursos; "o volume" foi abandonado. Apesar das garantias de Prebisch em novembro de 1971 de que "a atmosfera mudou no último ano", a embaixada dos Estados Unidos permaneceu impassível.

A briga em Santiago não era só pelo instituto, mas para salvar a própria Cepal, cada vez mais um alvo das críticas dos opositores de Allende conforme aumentava a polarização política no Chile. A Cepal havia muito deixara de desempenhar o papel de liderança de tempos anteriores: Mayobre deixara Santiago em 1966, após somente três anos como secretário executivo, incapaz de se separar da Venezuela e do Caribe. Sob a direção de seu sucessor, Carlos Quintana, a instituição passara a ter uma estrutura de feudos: ninguém sabia o que acontecia do lado de fora dos "compartimentos estanques" de suas próprias divisões. A inovação parecia limitar-se à construção de jardins para o magnífico complexo.[39] A equipe ficou cada vez mais desfalcada, e o ânimo do secretariado, cada vez mais fraco diante da constante perda de pessoal para o governo Allende. Quando Quintana deixou Santiago para se tornar gerente-geral da Nacional Financeira no México, Prebisch dedicou-se a procurar um sucessor. Não havia tempo a perder: U Thant estava terminando seu mandato, e depois disso a influência de Prebisch diminuiria. Ao voltar para a América do Norte em 1971, Raúl invocara os anos de trabalho com o secretário-geral para garantir que Enrique Iglesias herdasse seu antigo gabinete. Nenhum outro colega tinha o mesmo potencial para exercer a liderança regional, escreveu a U Thant em janeiro de 1972. Tratava-se de "um homem brilhante, com grande impulso de ação. Todos esperam que dê à Cepal um sentido de missão." A nomeação de Iglesias, a partir de 1º de abril de 1972, constituiu a única vitória de Prebisch durante o fiasco do Ilpes.[40]

Em 24 de janeiro, Prebisch tinha chegado ao limite. Pediu demissão antes do final de seu mandato, cansado de perder tempo com lutas burocráticas, conforme escreveu a um amigo, em vez de trabalhar para resolver os problemas latino-americanos.[41] O Ilpes original já era história. Antes de partir, Prebisch pediu uma última remessa de produtos com privilégios diplomáticos: oito caixas de uísque, cinquenta caixas de vinho, uma caixa de champanhe Pieper-Heidsieck e outra de xerez Tio Pepe e doze potes de caviar russo Sevruga Black. Valdés não fez nada para aliviar os problemas de Raúl, recusando-se a pagar em 1973 o aluguel anual de US$ 6.600 – que Prebisch chamava de *piltrafa* (migalha) – para o escritório da Cepal em Washington, dissolvendo assim o funcionamento conjunto Ilpes-Cepal na capital americana. "Eles só pagarão se Patricio Silva assumir o meu cargo", reclamou Prebisch. Bodil Royem também ficou desempregada depois que seu cargo de secretária foi eliminado, e tampouco havia emprego em vista para ela em Santiago. "Dá para acreditar que uma agência da ONU trate alguém dessa forma após vinte anos de trabalho dedicado?", perguntou Prebisch.[42] Ele interveio, e Enrique Iglesias conseguiu um emprego para ela em Nairóbi no novo Programa das Nações Unidas para o Meio Ambiente.

***

Que maneira de encerrar uma carreira de tanto destaque! O fundador do estruturalismo e criador da Unctad tinha sido levado a lutar pela menor das siglas, o Ilpes. Era como um ex-arcebispo tentando obter uma posição de pároco em uma capela na zona rural. O mesmo ocorrera com Jorge del Canto, seu velho amigo e companheiro, que deixara o FMI anunciando que estava disponível para assumir outro trabalho e acabara vagando pelas ruas de Washington com uma pasta vazia. Estava tudo errado. Ele promovera um maravilhoso jantar de despedida para Felipe Herrera em 6 de fevereiro de 1971, mas Herrera nem mesmo ouviu falar do coquetel de aposentadoria de Raúl na ONU, realizado em Santiago.[43] O bastão tinha sido passado para uma geração mais nova e combativa: com a exceção de De Seynes, seus velhos amigos, como Herrera, Paul Hoffman e U Thant estavam aposentados ou de saída. "Passei para a categoria de 'diarista internacional'", escreveu Prebisch a Christopher Eickenstein, seu velho companheiro da Unctad, "o que significa dizer que passei a trabalhar para ganhar dinheiro".[44] Com quase 72 anos, Raúl ainda necessitava de uma renda adicional. Com Eliana como bibliotecária da área de direito no FMI, ele precisava permanecer em Washington. Não tinha a opção de parar de trabalhar.

Prebisch continuou como assessor do secretário-geral da ONU sobre desenvolvimento. De Seynes, Iglesias e a ONU ofereceram-se para cobrir o restante de seu contrato no Ilpes, no valor de US$ 32.812, pelo período de 1º de fevereiro de 1973 a 30 de junho de 1974. De fato, ele já tinha assumido vários compromissos simultâneos para 1973-1974, mesmo sabendo que isso representava aceitar uma agenda de viagens tão pesada quanto nos tempos da Unctad – 104 dias fora entre 8 de março a 14 de outubro de 1973 –, o que representava um afastamento quase completo da família em Washington. Também aceitou dirigir um seminário na School of Advanced International Studies da Universidade Johns Hopkins pela remuneração de US$ 10 mil. Havia também um incômodo contrato com a OEA, o patinho feio do circuito de Washington, com seu belo prédio oficial na Avenida Pennsylvania ocultando um secretariado espalhafatoso, lotado e incompetente localizado na Rua F, 1889. Quando se demitiu do Ilpes em janeiro, Prebisch aceitou um contrato de 23 meses até o final de 1974 para trabalhar como principal assessor do secretário-geral Galo Plaza.[45]

Foi um ano deprimente, com uma aterrissagem dura nas Américas depois de sair da Unctad. A OEA queria que ele criasse um novo plano para o Comitê Interamericano da Aliança para o Progresso: a resposta óbvia era "não". Todos os principais governos da América, a começar pela Casa Branca, queriam o fim da instituição. Mas era preciso enviar um relatório. Em setembro, Prebisch apresentou uma ideia visionária para transformar o comitê em um órgão semelhante à OCDE, tendo o Canadá, o Japão e a Europa Ocidental como membros efetivos. "Isso contribuiria para uma nova fase de cooperação entre a Europa e a América Latina", escreveu ao ministro das Relações Exteriores da Espanha. Ao acrescentar o Canadá, o conceito de continente americano seria alargado, fortalecendo a comunidade do hemisfério Ocidental "do Alasca à Patagônia".[46] Não foi surpresa que os governos rejeitassem a ideia. Com o caso Watergate em Washington, a corrupção e a violência na América Latina, eles tinham coisas importantes em que pensar. Carlos Sanz renunciou e todo o sistema da OEA ficou prostrado, esperando uma nova geração. Prebisch instruiu David Pollock a assumir os compromissos que ainda o prendiam à OEA, de modo que Pollock deu a maior parte das aulas de Raúl no curso de verão.

Kurt Waldheim, o novo secretário-geral da ONU, convidou Prebisch a atuar como assessor externo para o recém-criado painel de pessoas eminentes sobre empresas multinacionais, formado por vinte especialistas – nove de regiões em desenvolvimento, dez de países desenvolvidos e um do bloco soviético –, para examinar um possível código de conduta e criar um centro especial da ONU para monitorar o papel e o impacto das multinacionais.⁴⁷ Tratava-se de um dos assuntos mais importantes e controversos na agenda internacional: o secretariado da ONU estava imprensado, de um lado, entre as demandas de países em desenvolvimento que pediam a regulamentação das multinacionais dominadas pelo Ocidente, por seu importante papel no comércio e na tecnologia, e, do outro, a abordagem de não intervenção defendida pelos governos da OCDE.

Essa nova missão na ONU coincidiu com o aumento da tensão política em Santiago. Os eventos no Chile lançariam uma nuvem pesada sobre a vida e o trabalho de Prebisch ao longo de 1973. Durante a primeira reunião do painel, em 4 de setembro de 1973 em Nova York, sua mente estava no Chile por causa dos boatos de golpe militar iminente. Uma semana depois, em 11 de setembro, o painel foi interrompido com a notícia de que forças rebeldes sob a liderança do general Augusto Pinochet tinham tomado algumas áreas da capital e estavam atacando o Palácio de la Moneda. O presidente Allende estava preso dentro e resistia, com poucas possibilidades de vitória. As notícias foram aos poucos substituindo os boatos: Salvador Allende estava morto e as forças de Pinochet controlavam o país. Iglesias garantiu a Prebisch que Adelita estava bem e Raúl conseguiu uma visita a Santiago o mais rápido que pôde, com chegada em 24 de setembro, para passar três semanas.

A violência do golpe estarreceu Prebisch. Ele supusera que a tradição democrática bem estabelecida do Chile afastaria violações brutas de direitos humanos. Prisões em massa, execuções e tortura estavam em curso, enquanto Pinochet decapitava a sociedade civil junto com a esquerda chilena. Uma inundação de refugiados, a começar pela mulher de Allende, Hortensia, e seus filhos, a caminho do México via Havana, enchia embaixadas e aeroportos. O respeitado Orlando Letellier, embaixador do Chile nos Estados Unidos em 1972 e convidado regular à casa de Prebisch em Washington, estava desaparecido, junto com Carlos Matus e muitos outros amigos e colegas. A Cepal estava agora sitiada em uma capital hostil, com alguns de seus funcionários declarados *persona non grata* pelos militares. As reformas de Allende foram revogadas e o patrimônio da oligarquia, restaurado. Além da violência, o golpe de Pinochet recrutou um pequeno grupo de economistas na Universidade Católica, associados à Escola de Chicago de Milton Friedman, para introduzir uma política neoliberal radical, independentemente do custo social ou do desemprego.⁴⁸ Mais do que o golpe de 1964 no Brasil, esse não era um golpe qualquer. O principal debate no Chile sobre política econômica antes e depois de

1970 tinha colocado a Unidade Popular de Allende contra os democratas cristãos, mas ambos rejeitavam a Escola de Chicago. Pinochet, ao contrário, imporia um tratamento de choque, destruindo as instituições democráticas e os direitos humanos elementares. Sem que o FMI precisasse estimular, a equipe do novo governo privatizou as indústrias nacionalizadas, cortou drasticamente o gasto público e abriu a economia ao comércio e ao investimento externo.

A carta de condolências de Raúl a Hortensia Allende foi breve e angustiada. Sem saber o endereço dela na Cidade do México, mandou que fosse entregue ao escritório local da Cepal. "Minha querida amiga", escreveu em 24 de setembro, "Salvador Allende entrou para a história como uma símbolo radiante para encorajar e estimular movimentos de transformação social. Sempre tive grande respeito e admiração pela força de suas convicções e seu extraordinário espírito de luta, sentimentos que só se aprofundaram ao longo dos anos em que ele me honrou com sua amizade e que foram agora ceifados com essa tragédia. Se ele tivesse sobrevivido, teria nos oferecido profundas reflexões sobre sua vida política, os acontecimentos desses anos e os enormes obstáculos enfrentados pelos esforços para realizar suas ideias, inclusive alguns obstáculos impostos por quem não tinha por que estar lá." A caracterização do Chile pós-Allende como "uma longa noite, cruel e escura" referia-se ao seu próprio abatimento, assim como às prisões de Pinochet.[49] Antes do golpe, ele criticara o programa de Allende. Agora o Chile estava sob um regime bárbaro, com a Escola de Chicago dando as cartas. É claro que Prebisch não tinha previsto esse resultado, mas também não tinha respostas: o desenvolvimentismo de Eduardo Frei havia fracassado no Chile, depois de brigar com moinhos de vento, enquanto a história o atropelava. Prebisch era cidadão argentino e funcionário da ONU. Por mais profundos que fossem seu apego e sua gratidão ao Chile pelo apoio que recebera lá desde 1949, ele não podia se envolver pessoalmente no drama político que se desdobrava diante dos seus olhos. Mas, em termos humanos, a profunda crise era uma preocupação constante: Adelita vivia isolada em El Maqui, a família de Eliana era chilena, a Cepal fora engolida pela crise e Allende e muitos chilenos veteranos de todas as linhas partidárias eram seus amigos pessoais. As políticas de Allende tinham preocupado Prebisch cada vez mais e, três anos depois da posse do amigo, ele testemunhou sua derrocada como uma tragédia.

* * *

Prebisch sempre temera o rumo que o regime de Allende estava tomando. Quando Allende, em julho de 1971, anunciou a intenção de nacionalizar as minas de cobre e realizar uma reforma agrária profunda, Prebisch criticou a decisão. "O populismo é a negação de uma transformação genuína. Uma redistribuição de renda populista é inaceitável. Cortar a renda de minorias para redistribuição frustra o desenvolvimento." Ele temera as "massas" desde os primeiros dias em Buenos Aires em 1918, citando Marx em relação "ao perigo da mobilização social em uma sociedade capitalista, porque ela destrói seus líderes".[50] O dilema de Prebisch era que seu próprio relatório "Transformação e desenvolvimento: a grande tarefa da América Latina" defendera as reformas agrárias e sociais que Allende estava realizando no Chile e ele sempre repetira a crença em que a concentração de riqueza e poder eram obstáculos ao desenvolvimento. Porém, a estratégia de Allende era equivocada, Raúl sentia que os marginalizados estavam se radicalizando, transformando-se em "massas", enquanto o desenvolvimento exigia democracia e incentivos por meio do mercado. Allende lhe parecia "sincero, mas equivocado".[51]

Eduardo Frei, e não a Unidade Popular, tinha assumido a abordagem correta, trabalhando com as elites para chegar a um consenso: "A nova consciência das classes marginalizadas", insistia, "exige líderes que estejam integrados ao *establishment*."[52] Frei incorporava os ideais de desenvolvimentismo, integração regional e democracia liberal de Prebisch – um líder esclarecido, oriundo da classe média, que buscava uma "terceira via" entre as ditaduras militares em expansão e a Revolução Cubana –, e essa disputa tinha tornado o Chile o centro do furacão ideológico que varria as Américas. A experiência chilena de Frei tinha obtido apoio adicional nas capitais ocidentais, bem como em instituições financeiras como o Banco Mundial e o FMI na década de 1960. O Chile desfrutava, de longe, do maior programa norte-americano de ajuda à América Latina, tendo recebido mais de US$ 1 bilhão de 1962 a 1969. Mas os líderes da Unidade Popular, como Pedro Vuscovic, ministro da Economia até meados de 1972, quando foi substituído por Carlos Matus, outro antigo funcionário da Cepal, pareciam estimular a radicalização política, aprofundando uma polarização já alarmante e provocando o apoio dos Estados Unidos a um golpe militar. Nixon tinha identificado até mesmo Frei como antiamericano e pró-comunista, cortando ajuda e riscando seu nome de uma lista de líderes estrangeiros a serem recebidos na Casa Branca.[53] Se Frei e Valdés, ambos membros da Falange Nacional do Chile antes da criação do Partido Democrata Cristão, haviam passado a ser considerados não confiáveis em Washington, era evidente que Salvador Allende enfrentaria uma desestabilização. Em outubro de 1971, William P. Rogers, secretário de Estado, tinha ameaçado cortar a ajuda dos Estados Unidos – "um tapa na cara", admitia, mas "a única língua que entendiam".⁵⁴ Richard Helms, diretor da CIA, foi instruído a "paralisar a economia" chilena. Com o país isolado, assombrado pela inflação e a escassez crescente de produtos, a oposição a Allende aumentara. O crescimento inicial e a precária estabilidade durante um ano e meio após sua eleição em 1970 tinham evaporado, dando lugar a um círculo vicioso de inflação, greves de transportes, declínio do PIB e rumores de golpes militares.⁵⁵

O Chile era um problema internacional em 1972. Mobilizava a esquerda e a direita em eventos universitários e protestos públicos. No final de 1972, Prebisch sentiu que a situação estava fugindo ao controle. Após uma viagem a Santiago em novembro, Boo Royem disse que "as coisas não estão só ruins, estão terríveis".⁵⁶ Em uma carta a Galo Plaza em 15 de janeiro de 1973, depois que o secretário-geral da OEA visitou o país, Raúl observou: "Concordo plenamente com suas ideias em relação ao presidente Allende. Infelizmente, fatores além de seu poder e suas convicções o levaram, principalmente em relação ao cobre, a tomar rumos imprudentes." Prebisch não suportava desordem. A tensão e a inflação crescentes o tinham convencido de que o presidente estava perdendo o controle. Ao deixar o Palácio de la Moneda um ano antes no carro do presidente, com manifestantes enfrentando a polícia, Prebisch perguntara a Allende se ele não se preocupava com a lealdade da polícia. Allende lhe confidenciara: "Sim, me preocupo muito, mas não tanto quanto me preocupo com o meu pessoal",⁵⁷ e acenou para seus apoiadores. Membros antigos da Unidade Popular lideravam demonstrações, apoiando confiscos de terras, recusando acordos nas negociações sobre o cobre e atiçando desnecessariamente a oposição. Em 29 de junho, o coronel Roberto Souper tinha cercado La Moneda com tanques, mas os militares permaneceram leais e a tentativa de golpe ruiu.

Por outro lado, o Chile sob o governo Allende permaneceu um parceiro internacional construtivo. Apesar da campanha aberta dos Estados Unidos para isolar e minar sua economia, a Unidade Popular tentou reduzir a tensão e as divergências com Washington em fóruns internacionais, inclusive na sessão de Quito em março de 1973, na assembleia geral da OEA no mês seguinte em Washington e, principalmente, em repetidas convocações ao diálogo entre Norte e Sul na III Unctad, em Santiago, em 1972.⁵⁸ O Chile não reagiu na mesma moeda à provocação norte-americana, mantendo o tradicional equilíbrio diplomático e a disposição para o diálogo com Washington. Allende também continuou a ser um democrata e defensor da Constituição, como tinha prometido em

1970, forjando uma singular "via chilena" que falava na "construção progressiva de uma nova estrutura de poder".[59] Eleições livres e justas em março de 1973 tinham aumentado o apoio da Unidade Popular no Congresso para 43%, em contraposição aos 36,2% em 1970.[60]

Em abril de 1973, o jornal chileno *El Mercurio* atacou Prebisch em um editorial intitulado "Cepal: doutrina e fracasso". O texto tinha dado o tom para um debate no Senado chileno, onde Prebisch foi responsabilizado pessoalmente pelas políticas econômicas de Allende. Era uma mudança clara em uma imprensa que até então evitara fazer acusações desse tipo. Prebisch respondeu com uma carta intitulada "Ataques injustos a Raúl Prebisch", identificando-se como "Passaporte argentino número 339621". Os críticos de seu país retomaram o assunto. Quando o jornalista argentino Eudocio Ravines repetiu a manchete de *El Mercurio* em *La Prensa*, em Buenos Aires, Raúl perdeu a paciência: "O filho da puta era comunista, agora está na cama com os reacionários."[61] Porém, Prebisch reconheceu sua preocupação com a escolha de assessores de Allende: "Algumas sementes da Cepal podem ter caído em solo ruim, mas isso não é culpa da Cepal."[62]

A polarização política piorou no Chile durante 1973, tendo como pano de fundo o crescente isolamento e a desestabilização. Longe de tranquilizar seus adversários, a vitória eleitoral de Allende em 1973 os aterrorizou ainda mais, ao sugerir que ele poderia ter êxito. Em junho os militares uruguaios tomaram o poder em um golpe sangrento, assinalando uma mudança para a direita no Cone Sul. Uma tentativa de golpe no mês seguinte deixou o Chile à beira do impasse. Ao visitar Santiago em meados de agosto, após uma semana em São Paulo, Prebisch ficou mais preocupado com a ameaça a Adelita, morando sozinha em El Maqui, nas montanhas isoladas em torno no vale do Maipo. A mais de trinta quilômetros de Santiago, encravada em um penhasco nos Andes cem metros acima do rio Maipo e sem meios de comunicação (nem mesmo telefone), a estreita estrada de acesso era vulnerável a ser ocupada por grupos militantes como o Movimento de Esquerda Revolucionária (MIR), que ameaçava a área. Já tinham ocorrido ocupações ilegais em torno de El Maqui, sem que a polícia tomasse nenhuma atitude. Correu o boato de que El Maqui seria o próximo alvo. Raúl comprou um revólver para Adelita dar tiros para o alto no intuito de assustar eventuais intrusos, mas, no início de agosto de 1973, quando ainda estava em São Paulo, essa frágil defesa mostrou-se insuficiente. Adelita foi expulsa de El Maqui por um grupo e escapou por pouco, atravessando de carro as barricadas que tinham fechado a estrada para Santiago. O Exército reabriu a estrada e Adelita voltou, mas a situação continuava tensa quando Prebisch partiu para Washington a caminho de Nova York para a primeira reunião do painel da ONU sobre empresas multinacionais, em 4 de setembro.

* * *

Foi um dilema atroz para Prebisch. Ele previra a crise que estava engolindo Allende e se sentia incapaz de evitar o desastre iminente. Allende era um amigo generoso. Apesar de todos os problemas que enfrentava, tinha encontrado tempo para mandar uma carta a Kurt Waldheim quando Prebisch saiu do Ilpes, demonstrando apreço, reconhecendo os esforços dele pela América Latina e fazendo-lhe votos de sucesso em seu trabalho futuro. Contra Allende se alinhavam elementos mafiosos como o líder paramilitar León Vilarín, presidente do Sindicato Nacional de Caminhoneiros. Como em 1956, a depressão invadiu a vida de Prebisch conforme o golpe militar se aproximava.

O período que se seguiu ao golpe de Pinochet foi árido, o pior ano para Prebisch desde 1943. Economistas da Aliança para o Progresso, como Paul Rosenstein-Rodan, saudaram Pinochet como o Jean Monnet do Chile, mas Prebisch escreveu pouco e raramente falou sobre o golpe, dedicando-se a acompanhar a sorte dos prisioneiros políticos que conhecia, estimulando-os a serem pacientes, congratulando-os quando eram soltos e ajudando-os a conseguir emprego.[63] A libertação de Orlando Letellier em setembro de 1974 para o exílio na Venezuela e depois em Washington animou Prebisch. Carlos Matus reapareceu em 1975. Porém, a sucessão de fracassos – o Ilpes, a OEA e a derrubada de Allende – drenou a energia intelectual e física de Prebisch. Ele havia se demitido da Unctad para dar uma contribuição à América Latina, mas esses cinco anos foram seu período menos criativo, e até "Transformação e desenvolvimento" tinha sido engavetado. Desde então tornara-se uma mera testemunha da crescente crise política na região, sem produzir um único artigo de importância. Mais uma vez retirou-se para El Maqui para se recuperar. Como sempre, suas complicadas finanças estavam passando por dificuldades: um cheque foi devolvido por insuficiência de fundos depois de ter transferido prematuramente US$ 577 para a conta de Adelita e ele se viu submetido à humilhação de apresentar um pedido de reembolso de transporte no valor de US$ 5,53.

Em dezembro de 1973, cinco anos depois de se demitir da Unctad, Prebisch convocou um pequeno grupo de colegas liderados por Enrique Iglesias para passar uma semana inteira em El Maqui. Conversavam no jardim todos os dias, afastados da atmosfera de preocupação e de medo que se respirava no país. A América Latina se debatia em confusão. O que tinha dado errado? Para onde o continente estava indo? O golpe chileno piorou o catastrofismo de Prebisch, que o considerava um indício de iminente confrontação e violência social. Muitos Che Guevara surgiriam se as disparidades socioeconômicas não fossem corrigidas. As massas rurais e urbanas, argumentava, tinham novas expectativas por causa dos meios de comunicação. Os novos Che Guevara poderiam ter mais sucesso que Allende. Ele lembrou a reunião de Punta del Este em 1961, quando haviam batido a porta na cara do Che. "Fechar as portas da história pode ser mais difícil desta vez", previu.[64]

Frustrado e deprimido, Prebisch decidiu se aposentar como assessor internacional. A vida de "diarista" não tinha sido fácil. De 1º de fevereiro a 6 de abril de 1974, ele havia dedicado 154 dias de trabalho só à ONU, sem falar nos dias que dedicou à OEA. Em suma, trabalhara em tempo integral, quase sempre longe de casa e em missões de interesse secundário. Desde a saída do Ilpes, estivera tão ocupado quanto durante a Unctad – mas para quê? Até mesmo o painel da ONU sobre multinacionais, a sua missão mais interessante, não suscitava um compromisso pleno; ele compareceu às sessões de acompanhamento em Genebra e em Roma, no início de 1974, mais como ouvinte do que como participante. Seus amigos estavam alarmados com sua passividade. Prebisch percebeu que estava fora das redes de poder, que a nova geração o via mais como um velho estadista do que como um tomador de decisões e, portanto, que seu papel adequado era moldar ideias, mais do que trabalhar dentro do sistema. Precisava mudar de rumo, começar uma nova fase, livre das burocracias internacionais que ele mesmo tinha concebido e moldado, mas onde não se encaixava mais. E nunca tinha sido tão urgente apresentar novas análises e ideias, diante das mudanças que varriam a América Latina e o sistema internacional. Era essencial, decidiu, participar do diálogo global com voz independente.

* * *

Como se para demonstrar o provérbio de que a boa sorte se segue a uma volta à virtude, uma agradável surpresa recompensou a decisão de Raúl de se aposentar. Em 7 de maio de 1974, Kurt Waldheim pediu-lhe que voltasse a Nova York para uma missão especial de um ano, como seu representante especial. Ele devia chefiar a Operação de Emergência da ONU (Uneo) para os chamados países mais seriamente afetados. Países em desenvolvimento que dependiam de importações de petróleo estavam lutando com a quadruplicação dos preços estabelecida pela Organização dos Países Exportadores de Petróleo (Opep) após a guerra de 1973 no Oriente Médio, que ameaçou a estabilidade econômica de nações pobres e ricas. Os países desenvolvidos enfrentaram uma recessão séria e inesperada, cuja intensidade variou conforme sua exposição às importações de petróleo. Os países em desenvolvimento sem petróleo – a maioria – enfrentaram um enorme ônus adicional e déficits comerciais crescentes. E os exportadores de petróleo liderados pela Opep, que tinham provocado esse abalo, confrontaram-se com a perspectiva de lucros desiguais. Uma sexta sessão especial da Assembleia Geral da ONU tinha sido convocada pelos países em desenvolvimento para 9 de abril a 2 de maio de 1974, tendo em vista debater as mudanças no sistema econômico internacional aventadas na conferência do Movimento Não Alinhado (MNA) em Argel durante o mês de setembro anterior. Dois dias antes da conclusão da sessão especial, o encontro voltou sua atenção para a emergência imediata enfrentada pelo "quarto mundo", os países não alinhados após o choque do petróleo. Uma operação de emergência de curto prazo foi aprovada, com um possível fundo especial de prazo mais longo a ser discutido mais tarde.[65]

A convocação de Waldheim interessou Prebisch imediatamente e sua depressão desapareceu. Era o que ele precisava – uma missão final que combinava o idealismo Norte-Sul com uma alta prioridade internacional. Tratava-se de "uma nova aventura que chegou atrasada em alguns anos, mas que aceitei com entusiasmo", observou a Aldo Sotari em 24 de maio. No mesmo dia, escreveu a Enrique Iglesias: "A aventura começou! Amanhã parto para uma viagem que começa na Comunidade Europeia e continua por Argélia, Itália, Líbia, Kuwait, Abu Dabi, Líbano, Arábia Saudita e Irã." Sentiu-se moralmente compelido a aceitar a missão de Waldheim, não só pela obrigação de ajudar povos e nações carentes naquela emergência, como por lealdade à ONU, organização onde tinha trabalhado durante 25 anos. Todos os secretários-gerais desde 1949 "me trataram muito bem". Mas havia outra razão. "Essa missão vai me ajudar a esquecer alguns episódios infelizes."

Prebisch mergulhou no trabalho com uma energia quase juvenil, mas seu mandato era curto. A resposta da ONU tratava tanto do curto quanto do médio prazo – uma operação de emergência para ajudar os países mais atingidos amorteceria o choque imediato, enquanto a criação de um fundo especial ajudaria esses países a desenvolverem políticas para equilibrar importações e exportações nesse novo mundo de pernas para o ar –, mas ele só estava encarregado da operação de emergência. Depois de ter sido desconsiderado durante dois anos por figuras como Patricio Silva e seus subalternos da OEA, Prebisch estava de volta à cena. Robert McNamara, do Banco Mundial, e Johannes Witteveen, do FMI, o convidaram para participar de debates. Carlos Andrés Perez, presidente da Venezuela, o convidou a ir a Caracas e, durante um jantar, Hector Hurtado, ministro da Fazenda e a figura do mundo financeiro mais poderosa do continente, lhe entregou um cheque de US$ 50 milhões para a operação de emergência.

Ele reuniu alguns de seus antigos colegas de equipe – Sidney Dell como adjunto, David Pollock como assistente pessoal e Diego Cordovez, agora secretário do Conselho Econômico e Social –, além de pessoas requisitadas de outras agências da ONU e de agências externas. A comissão, que nunca ultrapassou doze membros, orientou a operação de emergência de junho de 1974 a julho de 1975. A meta era obter US$ 3 bilhões em dinheiro, cereais e fertilizantes para ajudar os países mais seriamente afetados a amenizar o choque do petróleo. Realizaram-se estudos detalhados relativos a contribuições, destinos, coordenação e acompanhamento para as visitas de Prebisch a capitais estrangeiras. As metas foram discutidas, pedidos formais de doações se seguiram e um grupo informal de embaixadores da ONU vindos dos Estados Unidos, Argélia, Irã, França, Japão, Suécia, Venezuela e Arábia Saudita conseguiu chegar a um consenso, superando o conflito entre a Opep e os países ocidentais importadores de petróleo.

Para surpresa geral, Prebisch e sua equipe conseguiram superar a meta original em uma reunião de doadores em setembro, arrecadando quase US$ 5 bilhões para os 42 países mais afetados, dos quais US$ 290 milhões em dinheiro, sem condições. Os exportadores de petróleo tinham se comprometido com US$ 2,736 bilhões, enquanto os Estados Unidos e a Comunidade Econômica Europeia tinham contribuído com US$ 926 milhões e US$ 500 milhões, respectivamente, em alimentos. A Europa se comprometeu com os primeiros US$ 150 milhões em 18 de outubro. O Canadá, o Japão e vários países europeus reuniram o que Prebisch chamou de "uma quantia extremamente impressionante". Em seu relatório final, em 15 de setembro de 1975, ele acrescentou "com muita satisfação" que a ONU gastara menos de US$ 300 mil para movimentar esse programa de US$ 5 bilhões. Washington, em um raro elogio à ONU, observou "o excelente uso dos recursos, com pessoal limitado".[66]

Prebisch ficou frustrado com a má vontade dos países árabes da Opep, que não levaram a operação de emergência a sério. "Eles agiram como *nouveaux riches*, piores que os ricos antigos."⁶⁷ E ficou desapontado com o destino do fundo especial da ONU, recém-criado, que não conseguiu continuar seu trabalho em bases permanentes. Um conselho diretor foi selecionado e se reuniu em 31 de março, mas somente a Venezuela e a Noruega aceitaram assumir compromissos (US$ 11,6 milhões e US$ 10 milhões, respectivamente). O círculo vicioso das acusações entre a Opep e os países industrializados não tinha solução, interrompendo a operação de emergência em nível global.⁶⁸ A Venezuela (de novo sozinha) ajudou seus vizinhos mais pressionados, vendendo petróleo com desconto e concedendo empréstimos de longo prazo com taxas vantajosas.

Kurt Waldheim expressou "minha sincera gratidão por suas realizações mais dinâmicas e efetivas como meu representante especial para a Operação de Emergência da ONU. [...] Mais um feito [...] com sua lealdade, dedicação e competência características".⁶⁹ Ao se despedir da operação de emergência, o pessimismo de Prebisch se desvaneceu. Os difíceis anos pós-Unctad tinham acabado e agora podia começar do zero, mais uma vez, aos 74 anos.

CAPÍTULO 20

O profeta

O evangelho de Don Raúl, adormecido desde Nova Déli, entrou na moda em 1975: o petróleo levou a nova ordem econômica internacional ao topo da agenda global. Agora o Sul tinha poder de barganha: pequenos países haviam elevado drasticamente os preços do petróleo sem retaliação das potências industrializadas; com todo o seu poderio, os Estados Unidos haviam perdido a Guerra do Vietnã; tropas cubanas haviam forçado o poderoso Exército sul-africano a se retirar de Angola e retornar à terra do *apartheid*. A diplomacia entre Leste e Oeste parecia ter dado lugar ao tabuleiro das relações Norte-Sul. A ação se transferiu do Conselho de Segurança, controlado pelas grandes potências, para a Assembleia Geral da ONU, onde estavam os países sem direito a veto.

A nova ordem econômica internacional, desbravada por Prebisch nos anos da Unctad – o pacote de mudanças propostas em comércio, finanças e cooperação internacional para que os países do hemisfério Sul rompessem o ciclo de dependência e pobreza – despertava de repente grande interesse.[1] Apresentada na sexta sessão especial da Assembleia Geral da ONU em abril de 1974, foi aceita em princípio na "Declaração e programa de ação da nova ordem econômica internacional". O movimento ganhou impulso. Uma "Carta de direitos e deveres econômicos de Estados" foi aprovada mais tarde naquele mesmo ano, e em setembro de 1975 os países do hemisfério Norte endossaram as demandas por uma nova ordem em uma resolução da ONU que foi considerada um divisor de águas pelos países em desenvolvimento.[2] Tamanha mudança de perspectivas na governança global repercutiu em benefício de seu autor: Prebisch foi redescoberto após os anos de isolamento em Washington e reverenciado como um visionário global, com prêmios, convites e títulos de doutor *honoris causa* pelo mundo afora. Entre eles, o Prêmio Nehru para a Cooperação Internacional, em 10 de novembro de 1975, e a primeira Medalha Dag Hammarskjöld, em 24 de outubro de 1977, tiveram um significado especial.

A eleição de Jimmy Carter em novembro de 1976 também confirmou o reconhecimento de Prebisch na capital norte-americana, pois o novo governo prometeu apoiar a nova ordem econômica internacional, restaurar o diálogo Norte-Sul e promover os direitos humanos em vez do confronto geopolítico. O financiamento dos Estados Unidos para ajuda internacional caíra em mais de 50%, em termos reais, durante a década de 1960 e havia baixado de 2% (durante o Plano Marshall) para 0,23% do PIB, bem abaixo dos níveis europeus e canadenses. Kissinger fez bons discursos e chegou a anunciar a nova ordem econômica internacional como uma "decisão coletiva de elevar nossa preocupação com o bem-estar elementar do homem ao nível mais alto", mas seu instinto era geopolítico: o pacote de ajuda de US$ 1,5 bilhão para Israel e Egito, tendo em vista apoiar o Acordo do Sinai em 1975, equivalia ao orçamento total de ajuda ao desenvolvimento.[3] O professor Gardner, que cobriu as negociações americanas para a nova ordem econômica internacional, observou: "Quando o Plano Marshall foi anunciado, havia cem pessoas na fila, esperando para serem atendidas. Aqui há cem poderosos interesses que gostariam de sabotá-lo."[4] Com a eleição de Carter, pareceu que esses interesses lançariam um sombra menor sobre a nova ordem.

Cyrus Vance, novo secretário de Estado, conclamou "uma estratégia positiva e de longo prazo para o Terceiro Mundo", e a nomeação de Andrew Young como embaixador dos Estados Unidos na ONU foi um sinal particularmente promissor da sensibilidade de Carter às relações Norte-Sul. O primeiro discurso dele na Assembleia Geral da ONU declarou a disposição de seu país de "promover um novo sistema de cooperação e progresso internacional. Contribuiremos com nossas próprias ideias e pediremos que vocês as examinem como nós examinaremos as suas. O momento é propício a essa forma de intercâmbio. Ideias que surgem de uma preocupação comum e de experiências novas são normalmente geradas em um clima de busca compartilhada em vez de desconfiança mútua. É essa lição que as nações do Norte e do Sul estão reaprendendo". Prebisch poderia ter escrito o discurso de Andrew Young diante do Conselho Econômico e Social da ONU em 8 de julho de 1977, que identificava a política da ONU com a edificação de uma nova ordem: "As aspirações dos países em desenvolvimento, o Terceiro Mundo, de alcançar justiça econômica acabaram sendo simbolizadas na expressão 'nova ordem econômica internacional'. Apoiamos esse conceito, qualquer que seja a expressão específica que se use para expressá-lo."

"Como os tempos mudaram desde que começamos a trabalhar na Cepal", escreveu Prebisch a Alfonso Santa Cruz. "Lembro-me da época em que não se dignavam de me receber no Departamento de Estado."[5] Ele sentia-se vingado. Durante 25 anos lutara para estabelecer uma agenda, e agora suas ideias talvez se tornassem realidade em uma nova ordem. A magnitude de suas realizações havia sido reconhecida: criar a Unctad do zero, atrair tantos profissionais competentes e convertê-la em uma presença tão poderosa, a ponto de fixar a agenda internacional durante quinze anos. Ele era de novo uma celebridade internacional, demandado por todo lado, elogiado por Washington e o G-77 como pai da nova ordem econômica internacional. Durante seus primeiros anos em Washington após a Unctad sentiu-se isolado, mas agora isso era passado. O cinismo internacional parecia murchar diante da ofensiva de Carter e Young: talvez pudesse enfim acontecer algo novo nas relações Norte-Sul.[6]

As complexidades práticas da vida de Prebisch foram resolvidas e suas preocupações financeiras terminaram quando ele encontrou a sustentação segura de uma publicação importante. Precisava de uma base: não era um acadêmico solitário e temia ficar simplesmente aposentado em seu estúdio no Tulip House Terrace. Exilados latino-americanos não conseguiam encontrar abrigo em universidades ou instituições de pesquisa importantes. Criar e editar uma revista era sua única opção para alcançar a voz e a independência que desejava. Não tivera sucesso na tentativa de criar uma publicação em 1948 na Universidade de Buenos Aires, antes de sair abruptamente da Argentina. Nos primeiros anos da Cepal, criara um boletim, nada mais. Depois de deixar a Unctad, tinha aventado a hipótese de uma revista da Cepal com Quintana, mas a redação de "Transformação e desenvolvimento: a grande tarefa da América Latina" atrapalhou seus planos. Então acalentou essa ideia como um projeto para o Ilpes, mas os recursos secaram quando o instituto entrou no ciclo descendente. Mesmo assim, no desalento que se seguiu ao golpe militar de Pinochet, Enrique Iglesias convidou Prebisch a editar a nova *Revista da Cepal* para "ajudar a elevar o prestígio da instituição". O projeto teve de ser adiado por causa da operação de emergência da ONU, mas em agosto de 1975 Prebisch pôde dedicar-se à publicação, sempre com a energia dos tempos de juventude. Contratou o sociólogo argentino Adolfo Gurrieri como secretário encarregado de conceber e produzir a nova publicação.[7] Com a mão direita quebrada, por causa de uma queda, enfrentou o desafio de escrever o editorial do primeiro número. Nada o detinha. A perspectiva da *Revista da Cepal* melhorou o ânimo da equipe, e Raúl começou a solicitar artigos, enviando cartas e definindo alguns temas. Em setembro de 1976, anunciou que o primeiro número estava em gráfica. De Seynes, recém-aposentado da ONU, estimulou-o a agilizar o lançamento, que ocorreu no mês seguinte.[8] Ficou claro que a *Revista da Cepal* preenchia um vazio na literatura sobre desenvolvimento, oferecendo à equipe em Santiago, bem como a economistas externos, um escoadouro para seus trabalhos. A Cepal estava de volta ao trabalho de estimular as ideias e o debate, contribuindo para superar o pior período da ditadura Pinochet. Foi a melhor maneira de Prebisch se reintegrar à Cepal. No final do longo corredor onde ficava o escritório de Iglesias, a agradável e digna sala de Prebisch, com sua escrivaninha antiga e seu sofá de couro, simbolizava permanência e memória. Em Washington, David Pollock apoiou a revista, restabelecendo o financiamento para o cargo de secretário que Raúl tinha perdido quando o Ilpes foi dissolvido. Em Santiago, Iglesias, um amigo de todas as horas, assegurou recursos de longo prazo para seu empreendimento.

Liberado de suas múltiplas carreiras, Prebisch deixou o mundo das organizações com uma sensação de missão cumprida e o luxo de dispor de uma liberdade sem amarras para criticar e reformar o sistema em que trabalhara. Como funcionário ou assessor, nunca tinha sido livre para falar o que quisesse. "Eu não podia apresentar um relatório aos governos pregando a necessidade de implementar medidas internas drásticas porque eles responderiam drasticamente, pedindo minha cabeça em vez de aceitar minhas ideias." Durante uma longa vida profissional, aceitara esses limites como o preço a pagar pela participação, mas nessa fase final podia levar suas críticas muito além da estrutura centro-periferia da década de 1950 e de "Transformação e desenvolvimento", buscando uma formulação alternativa para a teoria da dependência.

No final de dezembro de 1973, depois da queda de Allende, ele havia rejeitado a teoria da dependência. Agora, na primeira edição da *Revista da Cepal,* voltou ao tom mais crítico de seu discurso de 1924 no Lloyd George Club em Melbourne, na Austrália, quando condenara as elites argentinas e defendera a reforma agrária. O capitalismo periférico, escreveu, era cada vez mais exclusivo e conflituoso porque se baseava na desigualdade social. O modelo dos países industrializados, quando projetado para a América Latina, era incapaz de elevar o padrão de vida das classes baixas. O capitalismo conseguira distribuir benefícios nos países ricos, mas o "capitalismo imitativo" dos países em desenvolvimento só beneficiava os "afortunados" porque o "excedente estrutural" extraído pelas elites latino-americanas e as multinacionais, suas aliadas, era usado no consumo e não no investimento produtivo. A penetração da ética de consumo norte-americana trouxe consigo uma tecnologia intensiva em capital que reforçou a estrutura de classes dessas sociedades. O resultado era um consumo alto, poupança baixa e desemprego crescente, com economias pouco dinâmicas, tendendo a excesso de mão de obra, crises cíclicas e pobreza de imigrantes deslocados para os centros urbanos. Em contraste, os países industrializados centrais tinham sociedades mais equitativas, em que todos os grupos contavam com poder social para exigir sua parte nos benefícios trazidos pela tecnologia. Em outras palavras, as relações sociais norte-americanas transmitiam uma ética de consumo e reforçavam a produtividade, mas a desigualdade extrema que caracterizava as sociedades latino-americanas – sua característica distintiva, quando comparada com outras regiões do mundo – era incompatível com o desenvolvimento. Atacar a exclusão social implicava transformar o sistema de elites e o poder político, numa revolução que exigia novas ideias. "Não basta proclamar a conhecida fórmula de nem capitalismo nem socialismo", escreveu Prebisch em 1977. "É um dever perene dos economistas do desenvolvimento, dos desenvolvimentistas, oferecer um caminho social e politicamente válido para resolver a crise do sistema com base no consenso político."[9]

A nova fase também liberou Prebisch para abordar temas além do desenvolvimento internacional e da economia latino-americana. Ele retomou a amplitude de interesses que caracterizara seu trabalho antes de ocupar altos cargos na Argentina. Esses assuntos incluíam meio ambiente, direitos humanos, ética, história, teoria econômica, segurança alimentar, políticas sociais e integração regional, tudo isso em uma vasta campanha educativa de produção de textos, entrevistas à imprensa e palestras ao público. Temas recorrentes, ou advertências, dominavam seu trabalho. Os latino-americanos precisavam amadurecer: a integração regional era essencial para que uma América Latina forte, democrática e próspera assumisse o lugar que devia ter no mundo. Era preciso acabar com a fascinação acrítica diante de modelos estrangeiros em teoria econômica e produzir abordagens próprias para um desenvolvimento sustentável. Desenvolvimento implicava mudança social e política, não apenas crescimento econômico, e era um desafio difícil e ético. Sem uma estratégia e uma governança globais, não teria sucesso. Por fim, os extremos tinham de ser evitados. Um Estado forte era tão importante quanto mercados abertos. Era perigoso e contraproducente regredir ao neoliberalismo de Friedman para combater excessos cometidos por governos latino-americanos na substituição de importações.

A nova fase fez Prebisch recuperar a juventude. Suas feições marcantes exibiam serenidade e domínio; era o "sonho de um escultor", notou um observador.[10] Seu entusiasmo e sua convicção seguiam intactos aos 75 anos. "A vida é muito curta", disse. "Gostaria de ter mais quarenta anos para ver as mudanças que se seguirão." Prebisch agora tinha uma agenda regular, com três meses em Santiago. Alugou um pequeno apartamento perto das instalações da ONU em Vitacura, que se tornou o destino favorito de colegas e amigos depois da jornada de trabalho, e passava os fins de semana em El Maqui. Ambas as casas estavam sempre cheias de convidados. Viajava muito com Eliana, dando palestras na Espanha, Japão, Índia, Europa, Oriente Médio, Estados Unidos, Canadá e América Latina. Suas falas ficaram mais divertidas e pessoais; todos tinham um caso de Don Raúl para contar. Seguidamente convidado para ir à Europa e à Ásia, onde seu pensamento tinha maior impacto, recebeu nesses continentes um reconhecimento muitas vezes negado nas Américas.[11] Era chamado frequentemente por ex-colegas na Europa ou por Dudley Seers e Hans Singer na Universidade de Sussex e tinha especial interesse em reconstruir os vínculos culturais entre a Espanha e a América Latina, reduzidos durante a longa ditadura de Franco.[12] Nenhuma sessão da Unctad ou da Cepal era completa sem o discurso de abertura de Prebisch, sempre incitando os participantes a se lançar ao trabalho.

**

A equipe de Carter deu uma face nova às relações dos Estados Unidos com a América Latina. A política discreta, autodenominada "não paternalista", de Nixon em relação ao continente não havia dado em nada. Depois da queda de Allende, o interesse norte-americano na região desapareceu em favor de outras agendas: relações entre Oriente e Ocidente, África e Oriente Médio. Os anos Ford haviam terminado com o assassinato de Orlando Letelier em Washington em 21 de setembro de 1976 por agentes de Pinochet, com revelações de atividades ocultas da CIA no Chile e na América Latina e com convocações múltiplas para renovar o compromisso norte-americano com a região.[13] A agenda de Carter para a América Latina marcou um rompimento brusco com o governo anterior: um novo diálogo regional sobre desenvolvimento, negociações para um tratado sobre o canal do Panamá, que poria fim ao enclave dos Estados Unidos nesse país, direitos humanos e aproximação com Cuba. Além do ministério, a escolha dos altos funcionários também parecia promissora, com Sol Linowitz de volta para chefiar as negociações sobre o canal do Panamá e pessoas como Viron P. Vaky que prefeririam o diálogo ao confronto.

Carter identificou Prebisch como um líder nas relações Norte-Sul e escolheu a Cepal como alvo de atenção especial, referindo-se "à necessidade urgente de unir os conceitos de justiça social e de desenvolvimento econômico, de modo que os mais pobres possam compartilhar os frutos do impressionante crescimento da América Latina". Foi espantoso. Alfonso Santa Cruz escreveu a Prebisch: "Apesar do que dizem com tanta frequência, não há dúvida de que há diferenças entre democratas e republicanos em relação à América Latina. A atitude de Carter lembra os primeiros anos de Kennedy, quando viajei com você a Washington para influir na política."[14]

Abraham Lowenthal, normalmente um observador astuto das relações entre Estados Unidos e América Latina, anunciou o fim da "pretensão hegemônica" de Washington na região. "Espero que concorde que o novo governo dos Estados Unidos e as declarações de seus líderes representam as maiores esperanças de uma mudança favorável no futuro próximo", observou Cordovez a Prebisch logo depois da posse de Carter.[15] A reunião da Cepal na Cidade da Guatemala em 6 de maio de 1977 marcou a recuperação do prestígio da instituição em Washington. Desde o declínio a partir de 1963, sua primazia como centro regional de produção de ideias tinha sido questionada pela Comissão Especial de Coordenação Latino-Americana (Cecla), sob a direção de Valdés, pelo novo Sistema Econômico Latino-Americano (Sela), localizado em Caracas, e até pela OEA. Mas o governo Carter decidiu que a Cepal devia ser o mais influente fórum de elaboração de políticas da região. *The Financial Times* ressaltou essa mudança. "O sr. Young apoiou fortemente a Cepal como uma instituição intelectualmente impecável, dedicada ao pensamento criativo sobre o futuro, gerenciada por economistas e outros profissionais, diferentemente da OEA com seus políticos frequentemente menos que respeitáveis."[16] Waldheim chegou à Guatemala para o evento, sendo recebido por um eletrizante discurso de abertura de Iglesias e tratado como uma figura importante nas relações internacionais. "Um microcosmo de diplomacia mundial", declarou um jornalista, "uma ONU em miniatura." Andrew Young foi a estrela. Recebeu aplausos entusiasmados por seu comentário de que "o gotejamento [*trickle down*] como teoria social é uma piada cada vez mais cruel".[17]

Prebisch apoiou a abordagem de Carter dos direitos humanos na América Latina. Young definiu desenvolvimento como "um processo que produz dignidade e direitos humanos plenos, não só resultados econômicos". Atacou a concentração de renda e a repressão como obstáculos-chave a serem corrigidos na América Latina. Até o Departamento de Estado reconheceu que a fala de Prebisch provocou o mais longo aplauso. "Quanto mais estudo o desenvolvimento latino-americano, mais inquieto fico."[18] Ele pediu que os governos latino-americanos apoiassem Young e entendessem a política de direitos humanos como "uma expressão de solidariedade moral do hemisfério Norte, com a qual não estamos acostumados". Essa dimensão mais ampla dos direitos humanos devia ser apoiada resolutamente, tomando o lugar da formulação estreita do FMI. Um observador do discurso de Raúl observou: "Ele ressaltou que a nova ordem econômica internacional, que todos os governos apoiavam, só poderia ser alcançada com um impulso ético interno."[19] A pobreza crítica resultava da má distribuição de renda, que não podia ser resolvida só com crescimento econômico. Era preciso enfrentar o problema de frente, sem culpar as multinacionais ou outras influências externas pelos "padrões de consumo imitativo perdulário" da América Latina ("apesar de elas os encorajarem e lucrarem com eles"). "A América Latina escolheu seu próprio padrão e deve assumir a responsabilidade por ele."[20]

O resultado foi um realinhamento inesperado nas relações interamericanas. A posição de Carter e de Prebisch, de relacionar promoção de direitos humanos e desenvolvimento econômico, obteve apoio em todo o continente, mas as ditaduras militares do Cone Sul apelaram para a doutrina da não intervenção, insistindo em que temas sociais não fossem ligados a questões econômicas. De fato, a retórica Norte-Sul e os direitos humanos defendidos na reunião da Guatemala tendiam a obscurecer a falta de conteúdo da nova agenda de Carter para a América Latina: preocupado com questões internas como inflação, desemprego e energia, faltava ao novo governo uma estratégia de desenvolvimento para o hemisfério Ocidental. Além disso, ele enfrentava um Congresso protecionista, descrente da eficácia de transferências de recursos para o Terceiro Mundo, enquanto os sindicatos se perguntavam se as concessões comerciais não ameaçariam os empregos nos Estados Unidos.

Expectativas latino-americanas excessivas sobre a generosidade norte-americana combinaram-se com uma abordagem ingênua por parte de Washington sobre os chamados "tigres econômicos" da região, minando a entusiasmo inicial de Prebisch pelo governo Carter. Economistas de todas as partes consideravam que a América Latina tinha o maior potencial no Terceiro Mundo. Fred Bergsten, secretário de Estado adjunto para assuntos internacionais, afirmou que "a América Latina tornou-se um ator central na economia mundial".[21] O *Latin America Economic Report* previa que a renda *per capita* do continente atingiria o nível da Itália até o ano 2000, e a região, vista como um todo, teria o mesmo PIB do Japão,[22] superando o restante da Ásia. A metade de toda a produção industrial em países em desenvolvimento seria latino-americana; até o ano 2000 a região desfrutaria de uma taxa de crescimento de 7% a 8% ao ano. "Sob muitos aspectos, a América Latina parece mais próxima dos países industriais avançados do que do mundo em desenvolvimento", observou o relatório. Durante a década de 1970, a taxa de crescimento da região foi de 6% ao ano, a segunda mais alta do mundo após o "milagre" nos países do Leste da Ásia. Até as exportações de produtos manufaturados, que Prebisch defendia em 1970, tinham se expandido com rapidez, a uma taxa de 20% a 25% ao ano, comparável com os 27% do Leste da Ásia. W. W. Rostow sustentava que a América Latina se movia rapidamente na direção certa, a passos largos, desde a Aliança para o Progresso em 1961. A região estava "muito adiantada" em seu impulso rumo à "maturidade tecnológica", que é a "fase posterior à decolagem", em que os países desenvolvem setores diversificados, aplicando neles, tanto na agricultura quanto na indústria, tecnologias cada vez mais sofisticadas e níveis de produção real *per capita* cada vez maiores. México, Brasil, Venezuela, Colômbia, Chile e Argentina podiam ser classificados agora como "países de renda média-alta".[23]

Prebisch nadou contra a corrente. Conhecia a região melhor do que eles e advertiu que o México e outras economias estavam caminhando para enfrentar sérios problemas. Já em "Transição e desenvolvimento" (1970), identificara o perigo dos empréstimos estrangeiros como um expediente de curto prazo para um estilo de crescimento que ocultava uma fragilidade subjacente. Os bancos internacionais precisavam de clientes após o auge do petróleo em outubro de 1973 e insistiam em que os latino-americanos aproveitassem os petrodólares oferecidos com juros baixos. Com os Estados Unidos em recessão, os bancos procuravam outros mercados, e os governos latino-americanos mostravam-se receptivos. Apoiado pelo FMI como uma política de desenvolvimento sólida, o crescimento baseado no endividamento transformou os governos latino-americanos nos melhores clientes de banqueiros internacionais. No final de 1975, os bancos norte-americanos tinham US$ 59,5 bilhões em créditos externos, dos quais US$ 23,9 bilhões estavam na América Latina, mais do dobro do que estava na Comunidade Econômica Europeia; 90% eram empréstimos a curto prazo. Um destacado banqueiro latino-americano lamentou depois: "Na década de 1970, a iniciativa dos bancos internacionais deu uma espécie de cheque em branco que, lamentavelmente, financiou os caprichos e erros do período."[24]

Em 1976, Prebisch criticava duramente o crescimento baseado em endividamento como sendo uma distorção do desenvolvimento sólido. Os ganhos das décadas do após-guerra estavam sendo revertidos com o financiamento de empresas estatais e burocracias inchadas que usavam dólares emprestados. Ele chamava isso de "elefantíase do Estado".[25] Durante a década de 1960, na maioria dos países da América Latina o investimento público e a gestão orçamentária tinham sido prudentes, dedicados à infraestrutura e a projetos sociais, em vez de buscar expandir empresas estatais ineficientes e protegidas. Agora, com dinheiro fácil, governos e banqueiros canalizavam grande parte dos empréstimos para empresas estatais e paraestatais. "As estruturas estatais na América Latina não sabem como se adaptar, mudar ou se transformar para responder às necessidades de desenvolvimento", observou, prevendo a crise quando as taxas de juros subissem e o dinheiro emprestado não pudesse mais disfarçar as imperfeições e a corrupção. O gasto do setor público quase dobrou durante a década de 1970, passando de 25% para 42% do PIB, com a dívida externa subindo de US$ 10 bilhões em 1965 para US$ 150 bilhões em 1980. Porém, a distribuição de renda, a educação pública e a agricultura não haviam melhorado para os 40% mais pobres. "Trinta anos de industrialização, acompanhada por altas de taxas de crescimento, deixaram 40% da população para trás. Para esses, não houve progresso", observou Prebisch. "A insuficiência das empresas estatais não só contribuiu para deixar as massas esquecidas, mas também afetou os setores médios da estrutura social." É claro que isso não exonerava os bancos internacionais, "que agiam como juízes", mas as empresas estatais latino-americanas eram francamente insustentáveis e faltava à região "uma sociedade saudável e legítima".[26] Prebisch estava particularmente preocupado com o México. O presidente Luis Echeverría (1970-1976) rompera com um estilo cauteloso de administração econômica e com uma política externa moderada para projetar seu país como líder do Terceiro Mundo. Empresários e ministros de todo o mundo faziam fila diante do palácio presidencial para compartilhar o milagre. Ninguém no México estava interessado nas advertências de Prebisch; suas plateias bocejavam.

Prebisch argumentava que, em vez de uma era de progresso e liderança, a década de 1970 se destacaria como perdida para a América Latina. Em 1975, o México teve déficit pela primeira vez, mas isso foi ocultado pela descoberta de uma grande jazida de petróleo no ano seguinte. Já havia uma crise no balanço de pagamentos da região, e a baixa poupança interna deixava claro que o modelo não poderia ser sustentado.[27] O Estado caminhava para a falência. "Vinte anos de planos econômicos não funcionaram", concluiu Prebisch, chamando a região a se reagrupar e reativar uma estrutura de integração antes que fosse tarde. Repetiu seus temores sobre a miopia que acompanhava o auge petrolífero no México. "Pela primeira vez na história humana dispomos dos meios para acumular capital, físico e humano, para mudar a face da Terra. Mas podemos desperdiçar essa oportunidade pela cobiça e os conflitos."[28] A análise de Prebisch sobre o "capitalismo periférico" e a previsão de que uma bolha de endividamento se aproximava foram muito criticadas em Washington e na América Latina. Ele foi chamado de cavaleiro do Apocalipse, que fazia generalizações a partir da limitada experiência de estagnação da Argentina e do Uruguai, ignorando histórias de sucesso, como as do México e do Brasil, que estavam crescendo a 7% ao ano com setores industriais fortes. Como esses países eram agora potências consideráveis, qual era a "crise do capitalismo periférico" e o que havia de errado com o modelo em vigor?[29]

Em meados de 1978, tensões externas já paralisavam o governo Carter. Prebisch admirava o compromisso de Carter em relação ao canal do Panamá e seu êxito em superar uma oposição poderosa no Congresso até a ratificação do tratado por um voto. Mas esse enorme esforço parecia ter exaurido a equipe presidencial, que daí em diante deu sinais confusos sobre a política para a região.[30] A linguagem dos direitos humanos foi enfraquecida por mensagens contraditórias vindas de autoridades do Departamento de Estado e do Conselho de Segurança Nacional. Viron P. Vaky, o novo secretário de Estado adjunto para a América Latina, reiterava os direitos humanos, mas John Bushnell, seu assistente, apoiava ditaduras. Vaky falava de reforma e mudança social, chamando cidadãos norte-americanos de origem latina para trabalhar em sua equipe, enquanto Bushnell elogiava os governos do Chile e de El Salvador e pressionava o Banco Mundial a conceder empréstimos para a Argentina a fim de sustentar o general Jorge Rafael Videla, "um dos mais flagrantes violadores de direitos humanos desde que Idi Amin, o louco ditador de Uganda, foi afastado do poder", como disse o colunista Jack Anderson.[31]

Em apenas dois anos, a equipe de Carter estava fraturada. Vance e Young foram embora. A promessa inicial de *détente* diminuiu com a intensificação da rivalidade entre Estados Unidos e União Soviética após 1978. Tensões cresceram na península da Somália, no restante da África, em Granada e na América Central. A Revolução Islâmica no Irã, em janeiro de 1979, foi um severo revés para a política externa norte-americana no Golfo.[32] Carter estimulou a queda do ditador nicaraguense Anastasio Somoza em julho de 1979 e preparou um pacote de ajuda para a Frente Sandinista de Libertação Nacional, mas entrou em pânico em outubro, quando começou a guerra civil em El Salvador. As relações entre Cuba e Estados Unidos esfriaram. Nesse ínterim, o G-77 ficou cada vez mais agressivo. A conferência do Movimento Não Alinhado em Havana, em setembro de 1979, foi marcadamente antiamericana, de uma forma moralmente indigna. Sem força, e cada vez mais dividido sob uma unidade retórica rasa, o G-77 dependia dos países industrializados para que a nova ordem econômica internacional se tornasse algo mais que um grito de guerra para o Sul. Mas sua implementação não avançava.[33] Prebisch advertiu o G-77 na quinta conferência da Unctad em Manila, em maio de 1979, de que um confronto frontal fracassaria: somente uma cooperação razoável e construtiva resolveria os problemas dos países em desenvolvimento. Ele insistiu em medidas de ajuda mútua entre as nações do Sul – com os produtores de petróleo da Opep investindo mais em países em desenvolvimento, por exemplo – e exortou que países pobres parassem de culpar o Norte por seus problemas. Muitos países do G-77, como a Índia e o Brasil, eram discretamente pragmáticos, mas embarcavam na retórica do G-77 para evitar acusações. Era evidente que o diálogo Norte-Sul tinha problemas. A nova ordem econômica internacional seria sua primeira vítima.

O choque geopolítico provocado pela invasão soviética do Afeganistão em dezembro de 1979 levou as relações entre Estados Unidos e União Soviética a um nível de tensão comparável ao da crise dos mísseis em Cuba. As questões do desenvolvimento foram remetidas para uma posição marginal na política global. O desgaste das relações Norte-Sul suscitou a criação de outra comissão sobre desenvolvimento internacional, de novo financiada pelo Banco Mundial e agora chefiada por Willi Brandt, ex-chanceler da Alemanha Ocidental, com a missão de traçar novos rumos. Outra conferência especial de 22 líderes – 14 de países em desenvolvimento e 8 da OCDE – foi convocada para Cancún no início de 1981, numa tentativa de reavivar as negociações sobre uma nova ordem econômica internacional, que estavam paradas.[34] Quando a reunião de Cancún aconteceu, quem representou os Estados Unidos foi Ronald Reagan, em vez de Carter. Pois quando o governo Carter começou a patinar dentro e fora do país, incapaz de resgatar os reféns norte-americanos presos no Irã, de relançar a economia e de restaurar o ânimo nacional, os americanos procuraram em Reagan uma liderança. Sua folgada vitória na corrida presidencial mostrou a força da chamada "nova direita", um movimento militante de conservadores que crescera em Washington contra o consenso liberal democrático.[35] Em novembro de 1980 começou uma segunda Guerra Fria, um novo período que varreu para longe o liberalismo do New Deal e a política externa do diálogo, de Carter, para reafirmar a primazia dos Estados Unidos. Agora, o Terceiro Mundo era visto mais como inimigo do que como amigo. Não havia espaço para uma nova ordem econômica internacional nem para seus defensores.

* * *

O surgimento de Ronald Reagan na cena política nacional dos Estados Unidos aturdiu Prebisch, que, aos oitenta anos, era um veterano em Washington. Olhando em retrospecto, ele se lembrava de todas as experiências com os norte-americanos – as primeiras viagens para Washington ainda jovem, o encontro com o presidente Roosevelt, o trabalho com Triffin, Ravndal e muitos outros que ele admirara pela dedicação e o compromisso social. Lembrava-se do espanto de Urquidi ao constatar que respeitados professores universitários norte-americanos faziam o serviço doméstico sem a ajuda de empregadas. Graças a essa visão de uma sociedade aberta e inclusiva, que havia se mantido assim mesmo durante o período de McCarthy e ganhara novo impulso durante o movimento pelos direitos civis, a civilização americana atraíra os latino-americanos que buscavam reformar suas próprias sociedades polarizadas. O liberalismo do New Deal, que os republicanos sob a direção de Richard Nixon tinham mantido, foi considerado a face doméstica de uma política externa muito admirada. Mesmo quando vigiado pelo FBI durante os anos de McCarthy, Prebisch nunca deixou de ter uma visão positiva dos Estados Unidos. Independentemente de suas críticas – na década de 1950 elas foram muitas –, ele reconhecia que Washington criara uma estrutura multilateral estável para o mundo após-1945. Dulles havia destruído a democracia na Guatemala, mas pelo menos apoiara a recuperação no após-guerra e a integração europeia.

Os Estados Unidos sob o governo Reagan pareciam um lugar diferente e hostil. O presidente Carter havia tentado uma nova abordagem em relação à América Latina, com base em valores compartilhados. Ela avançava além da hegemonia americana. Porém, no mundo maniqueísta do governo Reagan, dividido entre o bem e o mal, também havia bons e maus latino-americanos: a "ameaça cubano-soviética" estava entrincheirada na Nicarágua, em El Salvador e em Granada, e precisava ser arrancada pela raiz. Ao cortar os tentáculos da besta soviética nesses postos avançados na América Latina, em Angola, no Afeganistão e em outros lugares, o governo Reagan forçaria o "império do mal" a contemporizar. O rearmamento norte-americano congregaria o mundo em uma cruzada pela liberdade. Cuba se preparou para um ataque, mas o que aconteceu mesmo foi uma escalada da intervenção dos Estados Unidos na América Central com uma guerra de desestabilização que usou forças terceirizadas. No Cone Sul, os ditadores eram bem acolhidos como aliados ideológicos, junto com P. W. Botha, da África do Sul, ainda sob o regime do *apartheid*. O general argentino Roberto Viola foi bem recebido na Casa Branca e condecorado como herói. Em troca, concordou em treinar os "contras" nicaraguenses de Reagan.

Prebisch não tinha amigos ou admiradores no novo governo. "Minha existência continua muito confusa", confidenciou em 12 de janeiro de 1981, pedindo afastamento do International Club naquela mesma tarde. ("Um último bom almoço antes da posse de Reagan.") Como patriota argentino, estava envergonhado com a acolhida de Reagan ao general Viola: nomeado presidente em março de 1981, depois do fracasso de Videla em evitar uma crise bancária, Viola mantivera as violações aos direitos humanos de seu predecessor enquanto assistia a um desmoronamento econômico ainda pior, reduzindo o país, outrora orgulhoso, a uma base de treinamento de terroristas apoiados pelos Estados Unidos. O novo governo norte-americano era violentamente hostil à ONU. A nomeação de Jean Kirkpatrick como representante permanente dos Estados Unidos enviou uma mensagem particularmente hostil a uma Assembleia Geral dominada por representantes do Terceiro Mundo. Acabara o multilateralismo. Havia o poder unilateral dos Estados Unidos. Os americanos podiam voltar a ser nacionalistas sem pudor, livres para retaliar o Terceiro Mundo, que votara contra eles durante a década de 1970 e depois solicitara ajuda. Eles podiam desprezar a ONU. Finalmente tinham um líder que rearmaria o país, desafiaria o inimigo e recompensaria amigos anticomunistas, quaisquer que fossem suas credenciais.

Prebisch sentia-se completamente deslocado na nova Washington. Se os choques do petróleo de 1973 e 1979 tinham sido o primeiro golpe na cooperação Norte-Sul depois de 1945, a "revolução Reagan" completava o descalabro. Cortes de impostos da ordem de US$ 749 bilhões em cinco anos, combinados com o aumento do gasto militar e uma política monetária restritiva, levaram a taxas de juros de 20%, que empobreceram os países do Terceiro Mundo e atraíram o capital do mundo para os Estados Unidos. Porém, Reagan resgatou o país da recessão, às custas de déficits futuros e de uma dívida pública cada vez maior, e os cortes de impostos foram bem aceitos no Partido Republicano. O multilateralismo ficou fora de moda em Washington. Poder e mercado substituíram governança e equidade. A nova ordem econômica internacional e o diálogo Norte-Sul foram desprezados como relíquias antiocidentais. O próprio princípio de ajuda ao desenvolvimento passou a ser questionado quando a "revolução Reagan" o associou a políticas de bem-estar social, tanto em casa quanto fora.

Prebisch sentia-se deslocado com o ocaso do internacionalismo na Washington de Reagan, mas nesse período recebeu sua mais alta distinção: o Prêmio do Terceiro Mundo, no valor de US$ 100 mil, entregue em Nova York em 2 de abril de 1981 no Hilton Hotel. Liderados pelo secretário-geral da ONU, setecentos amigos e colaboradores seus reuniram-se para homenageá-lo no canto de cisne das relações Norte-Sul, situação ressaltada no título de seu discurso: "A crise do capitalismo avançado". Descrito pela imprensa como "santo padroeiro" e "avô", ele teve a sensação de estar ultrapassado. *The New York Times* referiu-se a ele de forma divertida como "o açoite das nações industrializadas durante trinta anos" e "o veterano dos economistas do Terceiro Mundo".[36] Um amigo norte-americano lhe escreveu: "Suspeito que o mundo capitalista está prestes a incorporá-lo ao *establishment*, a ponto de poder lhe conceder um Prêmio Nobel."[37] Esse era um assunto doloroso. Prebisch tinha sido indicado ao Prêmio Nobel de Economia em 1977 por um grupo de personalidades internacionais liderado por Víctor Urquidi e Jan Tinbergen, o primeiro ganhador em 1969, apoiado por outros ganhadores, como Paul Samuelson (1970), Gunnar Myrdal (1974) e Wassily Leontief (1974). Como Tinbergen e outros escreveram, a contribuição dele havia sido multidimensional e singular, compreendendo teoria, criação de instituições e políticas; nenhum economista do desenvolvimento de sua geração podia igualar seu recorde de realizações.[38] A indicação foi rejeitada em favor de Sir Arthur Lewis.[39] Tinbergen reapresentou a indicação em 1978, de novo sem êxito, confirmando que Prebisch estava fora do círculo de economistas com credenciais aceitáveis no hemisfério Norte.

Em Washington, ele observava a previsível desarticulação da economia latino-americana. Tirava pouco consolo do fato de ter dito "eu avisei" tantas vezes durante a década de 1970, insistindo em que dinheiro fácil não era uma base sólida para o crescimento. A crise chegou a um ponto crítico em agosto de 1982: quando as taxas de juros se elevaram, tornando cada vez mais oneroso o serviço da dívida, o fluxo de investimentos se inverteu e as remessas passaram a exceder o dinheiro novo. A América Latina tornou-se um exportador líquido de capitais para bancos em países desenvolvidos, e o crescimento caiu de 5,8% em 1980 para 1,2% em

1981, despencando ainda mais no ano seguinte. Nem os déficits comerciais nem os pagamentos de juros podiam ser financiados. Quando o México anunciou a incapacidade de pagar o serviço da dívida externa em agosto de 1982, uma crise se espalhou por toda a América Latina e mergulhou a região na pior década desde a Grande Depressão.[40] O colapso do crescimento e o fim do crédito levaram a pobreza e a fuga de capitais para as alturas, desintegrando a autoconfiança latino-americana dos anos Carter. O Chile não escapou: o chamado milagre econômico de Pinochet evaporou em uma recessão profunda.[41] De promessa global, a América Latina passou a ser sinônimo de problema – dívidas, ditaduras, depressão e drogas –, e sua alavancagem financeira se tornou uma humilhante ameaça de insolvência financeira internacional. Uma reestruturação profunda não podia mais ser evitada: os Estados tinham de ser reformados; a proliferação de empresas estatais protegidas tinha de ser refreada; a estabilidade tinha de ser restaurada; o setor privado tinha de ser modernizado e tornado mais produtivo. Era o pior momento possível para reformar o Estado: a América Latina nunca fora tão vulnerável, e o FMI e os bancos ocidentais não estavam dispostos à tolerância. Tudo o que haviam ganhado na região desde a Segunda Guerra Mundial estava em risco quando a América Latina começou a se ajustar à nova globalização comandada por uma Washington ressurgida.

Prebisch sentia-se isolado, totalmente fora da corrente majoritária na era Reagan. O conceito de centro-periferia ficou fora de moda e se tornou quase vergonhoso. Depois de 1981, a noção de que a cooperação para o desenvolvimento era um imperativo ético parecia exótica em Washington, e os eufemismos nas relações Norte-Sul, como "medidas convergentes", "interesses recíprocos" e expressões semelhantes, pareciam sem nenhum sentido. As universidades norte-americanas estreitavam suas análises, centrando-se em técnicas matemáticas, enquanto Prebisch destacava as origens multidisciplinares da economia e a ética do desenvolvimento. Lembrava os problemas fundamentais dos anos da Cepal, comuns para os economistas que estudavam as relações centro-periferia ou os assuntos domésticos, mas o enfoque agora era estritamente econômico, em vez de tecnológico, cultural e político. Ele insistia em que esses aspectos não eram marginais, mas integravam "a teoria econômica e a ética do desenvolvimento". Lembrava o cargo de Adam Smith como catedrático de filosofia moral na Universidade de Glasgow e chegou a citar o Papa João Paulo II: "A propriedade é onerada por uma hipoteca social."[42]

Quando não era simplesmente esquecido, Prebisch era difamado por ter orientado a região no rumo errado: havia preparado a queda da América Latina por ter promovido a industrialização por substituição de importações. Também foi responsabilizado pela bolha da década de 1970, pela crise da dívida e a quebra que se seguiu. Ninguém lembrava de "Transformação e desenvolvimento", de sua expressão "elefantíase do Estado" ou de sua advertência de que a década de 1970 seria perdida. Isso não importava. Era necessário achar um inimigo. Suas tentativas de esclarecer as coisas foram sufocadas por uma onda de avaliações erradas.[43] A identificação de Prebisch com "o fracasso do modelo" e com a crise da dívida distorcia o trabalho da Cepal na década de 1950, relegando-o a um canto remoto da história para a próxima geração.[44]

Sob ataques nos círculos políticos de Washington, Prebisch também enfrentou críticas teóricas vindas de todas as escolas por sua obra *Capitalismo periférico: crisis y transformación*, publicada em 1981. Os elogios foram escassos. O marxista chileno Heraldo Muñoz reprovou-o por falhas teóricas, citando prolixamente Marx, Lênin e Rosa Luxemburgo. Osvaldo Sunkel considerou que lhe faltava uma teoria do Estado, além de deixar muitas pontas soltas. Até mesmo Dell, cada vez mais respeitoso em relação a Prebisch, escreveu uma crítica de cinco páginas. Colegas da Cepal, como Octavio Rodriguez, ficaram perplexos com a definição imprecisa de termos como "superávit estrutural" no texto.[45] Nesse ínterim, economistas partidários da teoria da oferta, agora em posições de poder e apoiando as redes globais existentes, estavam muito distantes do compromisso de Prebisch com a ética e o multilateralismo. Pós-marxistas como seu compatriota Ernesto Laclau e outros teóricos pós-modernos estavam desenvolvendo um vocabulário "discursivo" estranho a Prebisch, que usava a linguagem como mero instrumento para falar do mundo real. Aqui também ele parecia inadequado e antiquado.

Prebisch manteve suas posições. Estava no período final de sua vida. Escrevia a partir de uma imensa experiência como um grande economista intuitivo convertido em profeta; não visava a publicações acadêmicas. Nessa fase de seu pensamento, expandiu sua abordagem do desenvolvimento, discutindo pobreza, formação de capital, padrões de consumo, empresas multinacionais, direitos humanos e transformações institucionais, junto com integração regional e obstáculos ao comércio internacional. Em uma volta ao radicalismo de seus tempos de estudante em Buenos Aires, lembrando seu pensamento dos anos 1943-1948, orientou a análise para a exclusão social como obstáculo primordial ao desenvolvimento na América Latina.[46] Confrontado pelo desafio Reagan, sua missão foi ajudar a direcionar o debate latino-americano para questões do desenvolvimento. "Distribuição equitativa, crescimento econômico vigoroso e novos padrões institucionais em uma democracia realmente participativa: estes são os objetivos principais." Para ele, o comunismo não funcionava porque limitava a liberdade política (e, além disso, não funcionava na prática), enquanto o liberalismo irrestrito era economicamente eficiente, mas socialmente insustentável. O desafio de construir uma nova ordem era reunir as vantagens dos dois sistemas e evitar suas fraquezas. "Pergunto-lhes quais são as outras soluções. O livre mercado e governos autoritários não resolveram o problema. Não sou dogmático, só estou tentando provocar discussão."[47]

***

A vida continuou em Washington, é claro. Prebisch recusou-se a cair no arrependimento ou no desespero. Quando, em abril de 1981, Sidney Weintraub se preocupou com as consequências da vitória de Reagan, Raúl a descreveu como um período de transição: "Mais alguns anos são necessários para ver a luz no fim de outro longo e tortuoso túnel."[48] Velhos amigos estavam morrendo e indo embora. José Medina Echevarria voltara para Santiago para morrer em 1978, rejeitado pela Espanha pela qual ansiava desde o exílio em 1939 e à qual retornara em 1973. José Antonio Mayobre faleceu em setembro de 1980, Alizon Garcia sofria de uma doença terminal. David Pollock estava voltando para o Canadá para ensinar na Universidade de Carleton. Raulito tinha crescido e logo iria estudar na Universidade de Boston. A saúde de Raúl ainda era forte, mas não se podia esperar que perdurasse por muito mais tempo. Desastres inesperados ocorreram: em julho de 1982, inundações no rio Maipo erodiram o penhasco sob sua casa e 1/3 do jardim despencou no despenhadeiro: até o clima parecia se voltar contra ele. Raúl renovou sua carteira de habilitação americana em 2 de fevereiro de 1981, imaginando que ainda dirigiria por muitos anos, e até se interessou por sua própria história, desde que se ativesse aos anos iniciais na Argentina e ao período na ONU.[49]

Cada vez mais Prebisch ansiava por retornar a Buenos Aires, a cidade de seus sonhos de juventude e agora de seus anos finais. Sua maior alegria era envolver colegas argentinos na *Revista da Cepal* ou se reunir com eles em eventos especiais como a Conferência de Oxford, em julho de 1981, sobre economia política da Argentina no período 1920-1960, que atraiu acadêmicos importantes como Guido di Tella, Arturo O'Connell, Tullo Halperín, Peter Alhadeff e Javier Villanueva. Mas voltar para morar era outra coisa. Sua partida em 1948 parecia ter ocorrido um século antes, e o único governo amigável desde o desastre de 1955-1956 tinha sido a breve presidência de Illia, de 1963 a 1966, interrompida pelo general Juan Carlos Onganía; desde então o nome de Prebsich passara a ser impronunciável na Argentina. Houve protestos na capital quando, em fevereiro de 1972, a imprensa divulgou o boato de que o general Alejandro Lanusse, segundo sucessor de Onganía, convidara Prebisch para dirigir um novo programa de recuperação econômica. Peronistas o denunciaram como um liberal defensor do FMI, enquanto grupos empresariais o denunciaram como um socialista da Cepal. Lanusse imediatamente negou qualquer proposta a Prebisch, o qual, por sua vez, enviou uma mensagem dizendo que nunca mais trabalharia, por dinheiro nenhum, para os militares argentinos.[50] Desde então, a situação na Argentina se tornara cada vez mais violenta e caótica. A volta de Perón em 20 de junho de 1973 e sua morte um ano depois, em 1º de julho, quase produziram uma guerra civil. O chamado "processo de reorganização nacional", liderado pelo chefe do estado-maior do Exército, Jorge Videla, depois de destituir Isabel Perón em março de 1976, foi um mergulho em uma barbárie pior que a do Chile sob Pinochet, o que aprofundou o abatimento de Prebisch. Videla foi o 21º presidente desde que Prebisch tinha sido nomeado subsecretário da Fazenda em 1930, e a Argentina se aproximava da Bolívia como um caso de instabilidade e declínio na América Latina. Apesar de tudo, ele manteve um olho no país, esperando alguma boa notícia. Em 1980, visitou Tucumán com Eliana para encontrar suas irmãs, Rosa, Elvira e Lucia. Achou a cidade tristonha e abandonada. Sua antiga casa tinha sido derrubada para alargar uma rua. Antes a cidade parecia Burgos, na Espanha, mas isso era passado.[51] Invejava Celso Furtado, Gabriel Valdés e outros que voltaram para seus países quando as ditaduras afrouxaram e a sociedade civil foi aos poucos se reconstruindo. Valdés era agora presidente dos democratas cristãos do Chile e organizava a Aliança Democrática, que se preparava para a restauração do governo constitucional. Apesar de haver sinais de progresso no Brasil e no Chile, Prebisch só via passos atrás na Argentina. A ditadura de Onganía lançara um ataque autodestrutivo aos cientistas, na "noite dos cassetetes longos", que resultou no exílio de 309 pesquisadores e pôs fim à liderança regional da Argentina em informática, medicina e pesquisa agrícola. O "processo" de 1976 retomou a caça às bruxas contra intelectuais argentinos.

A Guerra das Malvinas em 1982 interrompeu inesperadamente o regime militar em Buenos Aires. O general Leopoldo Galtieri, sucessor de Videla, decidiu recuperar as ilhas Malvinas e San Pedro a força, invadindo e ocupando esses territórios britânicos indefesos, em aberta violação à legislação internacional. A soberania sobre as ilhas era um tema popular em uma época de escassez crescente. Galtieri achou que o treinamento dos "contras" nicaraguenses pesaria mais em Washington do que dois séculos de laços históricos e interesses compartilhados com a Inglaterra, um delírio que se desvaneceu em 30 de abril, quando os Estados Unidos apoiaram a Inglaterra e impuseram sanções contra a Argentina. O país ficou isolado, com uma frota naval britânica a caminho para retomar as Malvinas. Soldados mal equipados, abandonados longe do continente sem suprimentos adequados, treinados para combater guerrilheiros urbanos não eram páreo para os fuzileiros navais de Margaret Thatcher. Apesar de a Força Aérea argentina se mostrar destemida e habilidosa, Galtieri foi forçado à rendição e renunciou 72 horas depois. Já antes da guerra a inflação estava na casa de 600% ao ano, e a economia tinha se contraído 11,4% no ano anterior. A derrota e as 655 mortes, acrescentadas ao isolamento e à péssima administração econômica, deixaram os militares incapazes de governar o país. A junta engoliu a humilhação e convocou eleições para 30 de outubro de 1983. "Estou muito interessado na restauração do processo democrático após anos de desastre", observou Prebisch ao ouvir as notícias. Parecia que o longo exílio estava chegando ao fim.[52]

Com a democracia pairando no ar após a ditadura e o terror, Buenos Aires transformou-se mais uma vez em uma animada capital mundial. Os argentinos espalhados pelo mundo compartilharam a alegria do fim de um longo ciclo de fracassos e repressão política. Prebisch usou todas as oportunidades para visitar a cidade. À reunião do G-77 realizada lá entre 28 de março e 2 de abril de 1983 seguiu-se uma importante conferência de todos os partidos reunidos na Faculdade de Ciências Econômicas. Ele esteve lá e retornou em julho para um seminário patrocinado pelo Instituto para a Integração da América Latina. Ambos as conferências, amplamente divulgadas pela imprensa, enfatizaram a ligação entre desenvolvimento e democracia. Prebisch voltou de 23 a 26 de agosto para participar de outro grande evento, chamado "a construção da democracia na Argentina", organizado por Aldo Ferrer, um ato pré-eleitoral incomum que reuniu antigos adversários de todo o espectro político, além de representantes de empresários e trabalhadores. Estavam presentes líderes de todos os partidos políticos, inclusive o peronista Saúl Ubaldini, que defendeu um trabalho conjunto para a construção de um novo futuro para o país. Celso Furtado e Gabriel Valdés foram convidados como representantes simbólicos do Brasil e do Chile, países que também preparavam o retorno à democracia. Prebisch proferiu o discurso de abertura, no qual apresentou uma agenda para a restauração de um crescimento econômico sólido que pusesse fim ao "círculo vicioso" de déficits, inflação e declínio. Após a conferência, participou na casa de Aldo Ferrer de uma reunião com o candidato Raúl Alfonsín, do Partido Radical. Escolhido em julho como líder do partido, Alfonsín era um militante antigo, um ativista dos direitos humanos que se tornara referência nacional ao criticar o regime militar em *La cuestión argentina*. Alfonsín e Prebisch tinham se encontrado rapidamente em um jantar em Washington com Bernardo Grinspun cinco anos antes, mas Raúl conhecia o presidente Illia, e muitos membros do Partido Radical próximos de Alfonsín tinham sido seus alunos antes de 1948 ou tinham trabalhado com ele na Cepal, no Ilpes, na Unctad ou em outros órgãos da ONU. Era lógico que ele fosse visto como um valioso vínculo com o passado.

Alfonsín foi a Washington em setembro para se reunir com os líderes do Congresso. Encontrou-se novamente com Prebisch para discutir as difíceis opções econômicas para uma Argentina afundada em dívidas e recessão. Praticamente todos os futuros ministros estavam com ele, inclusive Bernardo Grinspun, Juan Sourrouille e Enrique Garcia Vasquez. O vencedor das eleições – a União Cívica Radical ou o Partido Peronista – herdaria dos generais um legado desastroso. O novo governo enfrentaria o duplo desafio de fazer o país reviver politicamente e lidar com 400% de inflação anual, uma dívida de US$ 46 bilhões e uma contração econômica de 4,3% desde 1980. Ademais, era preciso conter a fuga dos recursos de argentinos ricos. Os dez maiores bancos norte-americanos tinham cerca de 20% de seu capital investido na Argentina, as taxas de juros estavam subindo e as dívidas do país exigiam reescalonamento. Depois de anos incentivando a tomada de empréstimos, o FMI e os bancos tinham mudado de tom: agora insistiam em que era preciso "apertar o cinto" em troca de novos créditos. Durante a visita de Alfonsín a Washington uma raiva nacional contra o FMI varreu a Argentina, a ponto de um juiz paralisar as negociações entre o Banco Central e banqueiros estrangeiros e emitir mandado de prisão contra Julio Gonzalez del Solar, presidente do Banco Central, acusando-o de ignorar os interesses nacionais. Del Solar foi liberado uma semana depois, mas essa experiência apavorou os banqueiros estrangeiros. Espalhou-se o boato de que os pagamentos seriam suspensos, o que provocaria danos sérios para os bancos americanos, os principais credores.[53]

Depois de vencer a eleição em 30 de outubro, Alfonsín convocou Prebisch para pedir-lhe que assessorasse o novo governo. Nenhum outro argentino poderia articular melhor as necessidades da Argentina e as agências internacionais. A ampla experiência de Prebisch o tornou o assessor ideal, diante dos desafios que o país enfrentava. Ele ficou radiante com o convite, ansioso por deixar a Washington de Reagan e participar da reconstrução da vida econômica e política argentina. "Tinha que aceitar o gentil convite do presidente Alfonsín", afirmou mais tarde. "O presidente é ótima pessoa, mas as dificuldades são enormes. [...] Vim com a emoção de um argentino que vê seu país voltar à normalidade sob a liderança de um grande homem."[54] Examinaram-se as opções para Prebisch no novo governo: não havia um conselho de assessores econômicos, e ele queria mais que o título de "embaixador itinerante". Preferia algo mais próximo do presidente e do poder político real. Alfonsín sugeriu "assessor do presidente com o nível hierárquico de secretário de Estado", algo imediatamente abaixo do nível ministerial – um "assessor itinerante", por assim dizer, para problemas econômicos nacionais e internacionais que o novo governo enfrentava. Seria um cargo singular: Prebisch trabalharia dentro do Banco Central, mas se reportaria diretamente ao presidente, ajudando, ao mesmo tempo, os quatro ministros econômicos: Bernardo Grinspun (Economia), Dante Caputo (Relações Exteriores), Enrique Garcia Vasquez (Banco Central) e Juan Sourrouille (Fazenda). Como em 1955, insistiu em trabalhar sem vencimentos para evitar críticas. Mas, ao contrário de 1955, agora decidira voltar para sempre, não importava o que acontecesse. Em meados de 1984, Eliana e Raúl venderam o imóvel deles em Washington e compraram um apartamento espaçoso no centro de Buenos Aires, localizado em Galileo, 2425.

Prebisch começou a trabalhar logo depois que o presidente Alfonsín foi empossado em 10 de dezembro de 1983. Foi um momento magnífico: instalou-se em uma pequena sala em frente à Igreja de la Merced, no final do corredor de seu antigo escritório no Banco Central, agora usado por Enrique Garcia Vasquez, que valorizava sua presença. Voltou a contratar Pedro Orradre, seu secretário até outubro de 1943 e de novo em 1955-1956, que agora estava chegando aos setenta anos. Foi tratado como celebridade pelos mais jovens da equipe e adotado como eminência parda por sua reputação internacional e forte personalidade. Mas não estava claro se Alfonsín e seus ministros o viam como uma "pessoa de ideias" ou, como Raúl presumia, como um consultor prático.

A primeira missão, uma análise da crise econômica que o novo governo herdara, monopolizou seu tempo até 19 de janeiro, quando apresentou um relatório ao presidente Alfonsín. O "Plano preliminar para a reativação imediata da economia" começou repetindo o sombrio diagnóstico apresentado no discurso do presidente à nação em 16 de dezembro: uma renda *per capita* inferior à de 1970, um setor bancário desorganizado, produtividade em queda e profunda crise inflacionária, tudo isso com uma relação real de intercâmbio cadente no comércio internacional, baixos preços de produtos básicos e altas taxas de juros. Era, como Prebisch reconheceu, uma "crise extremamente séria", uma "segunda depressão", mais difícil para a Argentina do que a primeira Grande Depressão.[55] O país precisava perseguir um crescimento estável, com criação de empregos e maior produtividade para aumentar a renda real.

Alfonsín enfrentava o dilema de combater a inflação e, ao mesmo tempo, estimular o crescimento e o emprego, com o Partido Radical profundamente dividido em relação à política a seguir. Para Prebisch, a primeira prioridade tinha de ser a redução do déficit e o controle da inflação, mesmo que tais medidas fossem politicamente difíceis para o novo governo. "Os grandes objetivos econômicos e sociais do governo, como ponto de partida para uma política de desenvolvimento de longo prazo, fracassarão se o gasto público não for reduzido e os recursos necessários para uma redução planejada do déficit não forem localizados." Todo o plano de Alfonsín – taxas de juros mais baixas, mais investimentos e uma volta da prosperidade – dependia do fim da espiral inflacionária. O governo tinha de ser prudente sobre aumentos de salários e de outros gastos, enquanto arrumava a gigantesca confusão deixada pelos militares e reativava o investimento produtivo para expandir exportações de bens manufaturados junto com uma política tradicional de substituição de importações. Quando o crescimento fosse recuperado, os preços e as taxas de juros cairiam gradativamente. Prebisch estimulou Alfonsín a adotar uma abordagem de "sacrifício com equidade", ou o que chamou de "uma sequência racional de medidas" para lidar com a crise. Mas o ponto de partida tinha de ser o controle da inflação.

García Vasquez apoiou Prebisch, mas Grinspun se opôs. O ministério se dividiu. Alfonsín enfrentava fortes demandas do setor público por aumentos salariais depois da queda dos militares. Resistir a essas pressões, para reduzir o déficit, significava desafiar o movimento sindical peronista. Depois da posse, o presidente aceitou um substancial aumento salarial para o setor público, com a desaprovação de Prebisch. "Os reajustes concedidos na segunda metade de 1983 impuseram um pesado ônus ao ano corrente, já que os salários representam uma importante parcela do gasto público", observou ele. "Não sou contra aumento de salários, já que eles estão notoriamente baixos. A questão é como e quando aumentá-los." Ele concluiu: "É uma escolha difícil, mas precisa ser feita."[56]

Grinspun e Alfonsín decidiram desconsiderar o conselho de Prebisch, optando pelo caminho da chamada "inflação moderada" e escalonando o processo de reajuste por um período de dois ou três anos. Grinspun afirmou que era uma diferença de tática e não de estratégia. Enfrentando muitos desafios e setores poderosos, o governo decidiu que uma abordagem mais lenta e consensual aplacaria a oposição e daria tempo para que uma democracia ainda muito frágil se fortalecesse. As circunstâncias eram difíceis: a vitória do Partido Radical tinha gerado expectativas, ainda havia a ameaça de um golpe militar e assim sucessivamente. Em vez de uma ação decisiva, preferiram passos tímidos e foram surpreendidos quando eles se mostraram ineficazes: o primeiro aumento de salário produziu demandas imediatas por outro, enquanto as comissões conjuntas de sindicatos, empresários e governo, criadas em cada setor econômico para um acordo sobre salários e preços, caminharam para um impasse.

Grinspun explicou o dilema sobre a inflação a Prebisch usando uma analogia tirada da cozinha de casa. "É como pimenta e peixe recheado", explicou: "'Precisa de pimenta', reclamava meu pai. 'Quanto?', perguntava minha mãe. 'A quantidade certa.' 'Quanto é isso?' 'O bastante.' 'Como assim, o bastante?' 'Nem muito, nem pouco.'"

"Não, Bernardo", opôs-se Prebisch: "Nenhuma pimenta!"[57] Ele argumentava que uma estabilização bem-sucedida era o desafio central, e uma ação decisiva no início seria aceita pela opinião pública. Na verdade, era a única forma de manter o prestígio do Partido Radical. Internacionalmente, Alfonsín também teria forte apoio se agisse rapidamente, pois sua vitória fora endossada por líderes na França, Espanha e Itália. Ação ousada significava sacrifícios para todos no curto prazo: empresários, trabalhadores e governo. Prebisch sentia que qualquer atraso minaria o sentimento de solidariedade restaurado na Argentina após a volta da democracia em 1983. O clima no país em dezembro ainda era positivo, mas a euforia pelo fim da ditadura era frágil. Depois que a alegria amainasse, a vida política poderia recair na paralisia crônica, e os governos na Argentina, tradicionalmente, não contavam com períodos prolongados de boa vontade. Prebisch condenou abertamente os aumentos de salário do governo. "É má política", comentou à imprensa.[58] Grinspun e outros membros da equipe de Alfonsín consideravam desleais e prejudiciais essas críticas, mas Prebisch achava que era seu dever advertir o público de que não tomasse o caminho errado na bifurcação que o país tinha diante de si. Quando a inflação voltou a subir, a opinião pública começou a mudar, e seus temores pareceram justificados.

A missão seguinte de Alfonsín a Prebisch foi chefiar uma delegação a Washington para achar uma saída para o impasse da dívida argentina. A imagem quase satânica do FMI na Argentina tornou a missão praticamente impossível. Grande parte da dívida externa contraída pelo regime militar e por governos anteriores tinha sido desperdiçada ou desviada para contas pessoais. A pressão pela moratória tinha inicialmente convencido Alfonsín a suspender o pagamento de juros.[59] Porém, também aumentou a pressão para pôr fim ao isolamento internacional do país. Em março de 1984, Prebisch foi enviado para negociar um acordo com o FMI. O comportamento errático de Grinspun, às vezes conciliatório, às vezes belicoso, mas sempre arrogante e ignorante das regras do jogo, tinha paralisado as relações com o Fundo. Prebisch concordou em viajar para Washington como delegado pessoal do presidente com poderes para negociar em nome de um Tesouro vazio. As negociações foram complexas, envolvendo o Departamento do Tesouro dos Estados Unidos, o México, o Brasil, a Colômbia e a Venezuela, mas um acordo inicial foi alcançado em 29 de março, em termos surpreendentemente favoráveis, garantindo a reincorporação da Argentina nos mercados de capitais globais. O acesso a linhas de crédito do FMI foi restaurado, com um cronograma de pagamento de juros e do principal mais generoso do que o normal, sobre uma dívida externa de US$ 46 bilhões. Além disso, em vez de a Argentina retomar os pagamentos sem considerar o crescimento econômico, o acordo preliminar assinado por Prebisch e Jacques de Larosière, diretor executivo do FMI, vinculava os pagamentos e as necessidades de importação: o serviço da dívida só começaria a ser pago depois que estas fossem atendidas. O acordo foi um feito considerável, mas só abria espaço para respirar até 30 de junho.

Conforme as notícias do acordo com o FMI foram surgindo, um furor público liderado pelo Partido Peronista, de oposição, envolveu o governo Alfonsín. O embaixador argentino Julio Garcia del Solar, pessoa incorruptível que havia passado dezessete anos na ONU durante a ditadura, deu um jantar para Prebisch em Washington na noite do acordo com o FMI, durante o qual chegaram notícias de que alguém no Ministério das Relações Exteriores tinha deixado vazar a mensagem sigilosa ao jornal *La Prensa*, de Buenos Aires. Na manhã seguinte, uma manchete intitulada "Os canários amarelos" trazia o texto completo do acordo.[60] Ao voltar para casa, Prebisch convocou uma coletiva de imprensa na Casa Rosada, introduzida pelo próprio Alfonsín, em que tentou explicar que havia assinado em Washington um acordo preliminar; um acordo formal daria muito mais trabalho. Mas os jornalistas só estavam interessados em escárnios e insultos pessoais.[61] Assim, Prebisch passou seu aniversário de 83 anos em uma atmosfera que mais parecia a do Tratado Roca-Runciman ou a síndrome de 1955-1956, acossado por todos os lados por uma imprensa abusada e ignorante. Já estava condenado, considerado condescendente com o FMI por insistir em uma moeda estável como pré-requisito para uma recuperação econômica saudável. Acusaram-no de ludibriar Alfonsín e Grinspun, de vender a Argentina ao imperialismo ocidental e de negociar um importante acordo de Estado como assessor não eleito, pelas costas do Congresso. "Por trás do ajuste estrutural defendido pelo assessor presidencial, Prebisch, está o fantasma da ortodoxia", advertia o *Clarín*.[62] A corrente oculta de prebischfobia na Argentina, aparentemente inesgotável, foi logo ativada em círculos acadêmicos também. Em 1983, a Universidade de Tucumán lhe oferecera um título de doutor *honoris causa*, mas os professores do Departamento de Economia protestaram até o convite ser retirado.

Grinspun tentou desbaratar a crescente oposição com uma visita especial ao Senado. Em 16 de maio de 1984, acompanhado da mulher, de dois filhos e de 41 altos funcionários (para obter maioria, ironizou um senador), passou onze horas respondendo a perguntas sobre a negociação com o FMI em Washington. Quando mencionou o nome de Prebisch, Vicente Saadi, o líder peronista de Catamarca, o interrompeu de forma rude: "Gostaria de dizer que o bloco peronista não compartilha as opiniões do ministro em relação ao prestígio do doutor Prebisch, que só trabalhou para aprofundar o colonialismo e a escravidão das nações. A memória de seu trabalho no Banco Central ainda está fresca."[63] Grinspun analisou o acordo com o FMI palavra por palavra, tentando esclarecer a diferença entre o papel de um assessor, de um lado, e o de um negociador, de outro. Prebisch não tinha "negociado" o memorando de entendimento – Alfonsín e ele, Grinspun, tinham tomado as decisões políticas. Ele insistiu em que o plano de austeridade do FMI não tinha sido imposto à Argentina; fora aceito livremente, como uma política pública necessária. "A nova política salarial não tem nada a ver com as discussões com o FMI", disse. "Com ou sem o FMI, isso precisava ser feito."

Nesse momento, Grinspun e Alfonsín já tinham percebido que precisavam muito de Prebisch na diplomacia regional sobre a questão da crise da dívida. No início de 1984, a Cepal organizara uma reunião de ministros das Relações Exteriores para coordenar políticas econômicas interamericanas sobre taxas de juros. Todos os países latino-americanos enfrentavam um aperto no crédito e quase todos, e mais os caribenhos, apoiavam uma nova iniciativa regional.[64] Porém, na prática, deixou-se que os "quatro grandes" – Brasil, México, Argentina e Colômbia – tomassem a dianteira. Prebisch preparou a posição argentina com Dante Caputo, ministro das Relações Exteriores, e os quatro países se reuniram em maio de 1984, imediatamente antes da Conferência do G-7, emitindo uma declaração conjunta de que a dívida era uma questão política e econômica, cuja solução implicava responsabilidade conjunta de devedores e credores. Os quatro países convocaram então outra reunião de ministros das Relações Exteriores na Colômbia e assinaram o Consenso de Cartagena, pelo qual os bancos centrais latino-americanos discutiriam e coordenariam negociações da dívida regional com governos e instituições credoras. O FMI, o Banco Mundial, o Tesouro dos Estados Unidos e o consórcio de bancos ocidentais ficaram temerosos de que isso representasse um primeiro passo para formar um cartel de devedores. Na verdade, Prebisch e o grupo de Cartagena não se opunham a negociações, mas insistiam em que elas ocorressem dentro de um marco regional ligado a uma política de comércio e desenvolvimento que reconhecesse o princípio da "corresponsabilidade" de devedores e credores na resolução do problema. Passo a passo, Prebisch observou um renascimento da confiança latino-americana após o desastre da crise da dívida, uma precondição para o chamado Plano Baker de 5 de outubro de 1985, que transformou a dívida do Terceiro Mundo em um problema administrável.[65]

Grinspun pediu a Prebisch que retornasse a Washington no verão de 1984 para uma segunda rodada de negociações com Jacques Larosière. Outro acordo provisório foi assinado em 25 de setembro. Paul Volcker, presidente do Federal Reserve, sugeriu que Prebisch fosse nomeado negociador permanente da Argentina em Washington, comentando: "É um homem de grande prestígio."[66] Mas o apoio a Grinspun no ministério de Alfonsín foi sendo minado conforme o programa de austeridade fracassava e a espiral inflacionária continuava: na posse de Alfonsín, ela estava no patamar de 402% ao ano; pulou para 449% em março e chegou a 713,4% no final do ano. "Ainda não vejo a decisão de assumir um bom plano de emergência", escreveu Prebisch em 10 de setembro. "É possível atacar vigorosamente o problema da inflação, mas lamento dizer que existem ideias diferentes das minhas que interferem na formulação de um bom plano."[67] A política do governo não conseguiu reverter um mal-estar que só piorava. A alegria inicial e a sensação de esforço comum pela volta à democracia se dissiparam ao longo de 1984, enfraquecendo a credibilidade do governo. Grinspun, o reformista da política argentina, foi substituído por Juan Sourrouille em fevereiro de 1985.

A utilidade de Prebisch como assessor presidencial diminuiu conforme as diferenças com o novo ministro se mostraram intransponíveis. A inflação subiu para quatro dígitos. Quando Prebisch deixou Buenos Aires para fazer uma cirurgia oftalmológica no dia 14 de maio, a embaixada americana relatou que ele tinha pedido demissão.[68] Esforços subsequentes para estabilizar a economia com uma nova moeda, o austral, não tiveram sucesso: a hiperinflação alcançaria um nível recorde na saída de Alfonsín em 1989, levando os argentinos a apoiarem a estabilidade alcançada por seu sucessor peronista, Carlos Saúl Menem, quando todas as outras opções tinham sido tentadas, sem êxito.

CAPÍTULO 21

Casa dos espíritos

O resultado prático do trabalho de consultoria de Prebisch para Alfonsín foi semelhante ao que havia sido realizado para Lonardi e Aramburu em 1955-1956, mas a reação dele ao fracasso foi muito diferente. Dessa vez, encarou com tranquilidade o destino de assessor. Ficou desapontado, mas não magoado ou deprimido, nem teve a intenção de deixar Buenos Aires. Mudou-se do Banco Central para uma modesta mesa nos escritórios locais da Cepal e se tornou uma figura pública, continuando a fazer a longa caminhada diária entre Galileo e Corrientes, com porte altivo, cabeça erguida e ombros para trás. Não houve amargura em sua relação com Alfonsín, Grinspun ou Vásquez: quando o presidente visitou a Índia, Raúl o acompanhou (por causa de seus muitos contatos e amigos pessoais) e trabalhou para reconstruir os laços da Argentina com esse gigante global após o longo isolamento diplomático do país. Alfonsín recusou-se a aceitar a renúncia de Raúl e propôs que fosse nomeado "embaixador itinerante".[1]

Prebisch experimentou uma excitação curiosa e contagiante ao rever o formato que sua longa vida havia tomado: presenciava o final do século XX do mesmo modo como havia chegado a Buenos Aires em 1918, quando o terrível novo século tomava forma. Na época, a situação do mundo, em termos militares, políticos e econômicos, ficou diferente, irreconhecível quando comparada com o clima de segurança e prosperidade de antes de 1914. Desde então, os impérios tinham ruído, o livre-comércio tinha acabado e a Revolução Soviética tinha inaugurado uma divisão ideológica entre Leste e Oeste. Agora Gorbachev estava no poder. Chegava ao fim a rivalidade entre o comunismo soviético e o capitalismo de mercado. O Ocidente venceria, com os Estados Unidos bem posicionados para se tornarem a única superpotência. O império soviético fracassaria, incapaz de controlar a Europa Oriental ou suas próprias repúblicas. Junto com essa transformação geopolítica, um novo período de globalização no comércio, nas finanças e na tecnologia internacionais estava prestes a varrer o mundo, englobando países desenvolvidos e em desenvolvimento, mudando a posição e o futuro deles. Alguns, como a China e a Índia, já se apresentavam como grandes potências. Era possível esperar que essa transformação posterior à Guerra Fria viesse a resultar em mudanças democráticas, no fim gradativo dos conflitos regionais e em um dividendo de paz que seria investido na grande agenda restante, a do desenvolvimento internacional.

A partir de Buenos Aires, Prebisch via a perspectiva de um século melhor, embora não estivesse seguro disso. Havia chegado à cidade 68 anos antes para cursar a faculdade. A Argentina e a América Latina estavam mudadas sob todos os aspectos. Para seu país, a comparação não era feliz: ao chegar de Tucumán no dia de seu aniversário em 1918, a Argentina era o segundo país mais rico do mundo; em 1986, estava na posição de país em desenvolvimento com um futuro incerto. Para a América Latina como um todo, o saldo também era incerto. A região parecera promissora em 1945, quando comparada com a Ásia ou mesmo a Europa. Agora estava afundada em recessão e dívidas, e tinha ficado para trás no sistema global. No entanto, o pior da crise da dívida tinha passado com o Consenso de Cartagena e o Plano Baker: os governos estavam sacudindo a poeira da "década perdida" de 1970 e do grande choque de 1982 e voltavam a pensar na região, para entrar no novo século com impulso e energia, reassumindo devagar uma personalidade política. Na América Central, o Grupo de Contadora desafiava a intervenção dos Estados Unidos, lançando um processo de paz com seu próprio selo.[2] Os latino-americanos discutiam o início de uma nova rodada de negociações no GATT. O Uruguai estava ressurgindo como interlocutor regional, com Enrique Iglesias, da Cepal, assumindo o cargo de ministro das Relações Exteriores. Um novo impulso na integração regional era visível. A partir do hábito de consultas sobre dívidas, comércio e o processo de paz de Contadora desde 1982, surgiu a conferência anual do Grupo do Rio, que reunia presidentes.[3] No Cone Sul, Prebisch também testemunhou a mudança pela qual tanto ansiava desde a década de 1930: Brasil e Argentina puseram fim à competição entre ambos em 1985. Retomando de onde tinham parado em 1941, iniciaram negociações para o Mercosul,[4] primeiro com Uruguai e Paraguai, em uma aposta para ancorar o livre-comércio regional e pôr fim a uma perigosa rivalidade nuclear e militar.

A confusão do século XX havia deixado algumas lições salutares na América Latina. A democracia voltava ao continente como um direito reconhecido, os governos militares tinham acabado na Argentina, no Brasil e no Uruguai, enquanto Pinochet, no Chile, sofria pressões de uma esquerda renovada e dos democratas cristãos, que estavam construindo um consenso mais duradouro e flexível. Gabriel Valdés buscava o apoio de adversários do passado, enquanto Heraldo Muñoz abandonava o marxismo em favor do pluralismo e da tolerância. A crise da dívida, em 1982, também havia produzido lições para a política econômica na região: a insensatez dos mercados fechados, por exemplo, de burocracias estatais inchadas, de altos déficits e inflação, assim como o alto custo da corrupção. A estabilidade macroeconômica não garantia o crescimento, mas pelo menos passara a ser vista como um pré-requisito. Se o século XX podia ser descrito como a "era dos extremos",[5] a Argentina e a América Latina tinham sofrido o suficiente para entrar no período posterior à Guerra Fria com sabedoria – adquirida da forma mais dura – do que deviam evitar.

No final da vida, Prebisch se perguntava se a América Latina aprendera o suficiente, uma preocupação que veio à tona em seu último ensaio. A globalização surgia como um novo lugar-comum em Washington, e um consenso se formava em torno das medidas apropriadas para os países em desenvolvimento. Os economistas latino-americanos estavam agora tão entusiasmados com a importação de modelos norte-americanos quanto tinham estado em 1918, quando devoravam os clássicos ingleses, usando coletes e exibindo cachimbos de madeira. Prebisch deu ao seu artigo o título de "Imperativo absoluto: novo pensamento econômico na América Latina", voltando a advertir contra a aceitação acrítica de ideias.[6] Vivera tempo demais no século XX para acreditar em mágica: terminada a Guerra Fria, a nova religião de mercados abertos poderia levar a extremos com tanta facilidade quanto o abuso anterior da industrialização em substituição a importações na década de 1970. Se isso acontecesse, o continente experimentaria, mais cedo ou mais tarde, outro período de desencantamento e fracasso. Não sabia ao certo para onde a região caminharia, mas essa decisão pertencia à nova geração. Talvez os latino-americanos encontrassem a via para sair da periferia rumo ao crescimento e à equidade, mesmo se experimentassem uma nova rodada de atitudes extremadas. O legado de Prebisch para as gerações futuras era menos uma determinada política do que um estilo característico de pensamento, ação e ética: qualquer que fosse a moda do momento, a globalização devia e podia ser manejada com políticas úteis e racionais. O sucesso também exigia um novo espírito de cooperação internacional para motivar as sociedades e os governos.

Prebisch continuava a receber convites para viagens internacionais e ainda dirigia a *Revista da Cepal*. As visitas a Santiago eram sempre eventos memoráveis para os jovens que ele convidava para conversar. Mas ficava em casa na maior parte do tempo. Não se mudaria mais. Em Buenos Aires, a contagiante energia de Eliana transformou o amplo e charmoso apartamento localizado em Galileo, 2425 em um local de encontro de amigos e de debates políticos que ele tanto apreciava. Já havia conversas para a criação de uma Biblioteca Raúl Prebisch no Banco Central. Os tempos estavam mudando: o reconhecimento de Prebisch em Buenos Aires crescia de maneira lenta, mas clara. Sua popularidade cresceu a ponto de não poder mais comer fora sem ser perturbado. Ele e Eliana aprofundaram os laços com Tucumán e a família. Cada dia produzia uma calma e uma aceitação maiores. Após uma vida inteira de formalidades, começou a chamar os outros pelo prenome. Tinha um prazer genuíno na companhia de seus discípulos: "Don Benja" (Hopenhayn) e sua coleção de corujas, "mi querido Vasquito" (Bardeci), o enorme Nun ("Como é isso, Pepe, você não para de crescer?"), a hipocondria de Pollock, as piadas de engenheiro de Ciboti, a excessiva seriedade de Aldo Ferrer ("Por favor, Aldito!"). Estava em paz. Tomava café em todos os seus antigos refúgios, lamentando o declínio de Buenos Aires e esbanjando charme e cultura cívica. Percebia que a cidade perdera qualidade. Mesmo assim, como podia ter sobrevivido tão bem? Com suas cicatrizes, buracos nas ruas, serviço telefônico calamitoso e metrôs decadentes, Buenos Aires permanecia como um exemplo de urbanismo sem paralelo nas Américas. O país parecia ingovernável, mas a capital continuava mostrando sua grande promessa de futuro.

E, é claro, do outro lado dos Andes, acima de Santiago, ele tinha El Maqui, refúgio e casa dos sonhos, com sua vista do vale, picos e céus incorporando a majestade e o mistério da América Latina, onde Adelita sempre o recebia calorosamente em seu "lar". Ali, sozinho, Prebisch podia fazer a si mesmo as perguntas difíceis. Qual era o balanço de uma vida tão longa? Tinha dado o melhor de si? Com seus dons e talentos, tinha visto seus grandes projetos fracassarem ou não atenderem às suas expectativas: o Banco Central, a Cepal, a Unctad e o Ilpes. Estava marcado pelo nascimento – era filho de seu pai, por assim dizer – e carecia de um destino singular? Poderia ter guiado o Banco Central argentino de forma a conservá-lo intacto? Sua volta em 1955-1956 poderia ter sido diferente se não tivesse se envolvido pessoalmente? Por que tinha atacado Furtado e Ganz? Por que não tinha defendido Allende publicamente? Por que não escrevera a "grande obra" sobre teoria do desenvolvimento após Havana, quando era urgente que o tivesse feito? Por que fora levado a tratar Adelita da forma como fez, ou vivido como milionário enquanto condenava o "capitalismo imitativo"? Muitas fraquezas, embora tivesse tudo contra si em cada etapa de seu trabalho.

O veredicto histórico é diferente. Grandeza, como Prebisch lembrava dizerem seus professores jesuítas em Tucumán, não é a ausência de vícios, mas a realização de boas obras. Sua autocrítica severa ilustra a profunda e complexa humanidade que comovia as pessoas. Ele nunca foi neutro. Foi uma força impulsionadora no pensamento sobre desenvolvimento e na diplomacia. Mudou o vocabulário da política internacional e projetou uma longa influência sobre o século XX. Teórico, humanista e construtor, insistia na excelência. Suas inovações resistiram ao fluxo e refluxo das modas na teoria do desenvolvimento e estão nos debates atuais sobre América Latina e governança internacional. Sem exercer poder público, sua visão e sua liderança alcançaram uma extraordinária influência sobre os que o conheceram na Argentina, na América Latina e no sistema global. Seu idealismo o conduziu ao grupo de pessoas que fizeram história no mundo, em vez de apenas suportá-la. Ele continua a animar seus seguidores na luta pela equidade e a justiça global.

Em 6 de abril de 1986, Prebisch deixou Buenos Aires para uma conferência em Ottawa, organizada por David Pollock. Os alunos ouviram seu ataque ao capitalismo imitativo, ficaram maravilhados com o tempo que lhes dedicou e se espantaram com seu consumo incomum de vinho tinto no almoço e no jantar. Ele então partiu para a conferência da Cepal na Cidade do México, onde fez um discurso animado. Mas pegou um resfriado na friagem de abril em Ottawa e no México. Voltou para El Maqui em 17 de abril, um domingo, parecendo cansado. Foi para a Cepal no dia seguinte dirigindo sua Mercedes branca para trabalhar o dia inteiro na revista, voltando para jantar às 17h30 e passear com Adelita pelo jardim, apreciando um aperitivo – uísque para Raúl, xerez para Adelita –, enquanto o Sol se punha por trás das montanhas. Recolheu-se cedo para ler o novo romance de Isabel Allende, *A casa dos espíritos*: uma saga familiar multigeracional de grandes crimes e generosidade, amor pela terra, fortunas feitas e perdidas, onde os que mais se esforçavam eram os primeiros a serem traídos – o retrato de uma América Latina de poder e vitalidade, de beleza e perdão.

Desligando a luz, Raúl olhou para Adelita e disse: "Que grande livro!" E sorriu, dirigindo-se para o descanso eterno às 2h15 da manhã.

NOTAS

Capítulo 1

1. Margariños, parte não incluída de uma entrevista com Raúl Prebisch publicada em *Diálogos*, 12. Diversas referências serão feitas a *Diálogos*.

2. Em uma vasta bibliografia, veja Walter, *Politics and Growth in Buenos Aires*; Abós, ed., *El libro de Buenos Aires*; Keeling, *Global Dreams, Local Crises*; Ruggiero, *Modernity in the Flesh*; Bailey, *Immigrants in the Land of Promise*; Scobie, *Buenos Aires: From Plaza to Suburb*.

3. Lalanne, *Los Uriburu*. As páginas a seguir baseiam-se em entrevistas com Raúl Prebisch antes de sua morte em 1986, particularmente em Pollock, *Conversations with Raúl Prebisch*, editadas e publicadas por partes por Pollock, Love e Kerner; Margariños, *Diálogos*; e Gonzalez del Solar, "Conversaciones".

4. Scobie, *Argentina: A City and a Nation*, 143.

5. Margariños, *Diálogos*, 30-3, particularmente.

6. *La Prensa*, 21 de novembro de 1903, citado em Korzeniewicz, "Labour Unrest in Argentina", 71-98.

7. Margariños, *Diálogos*, 31. Segundo Prebisch, sua mãe dizia: "Hijo, no te juntés com lomos negros" [Filho, não se misture com moleques negros].

8. Margariños, *Diálogos*, 36. "Ela nos protegia."

9. Ibid., 38.

10. Pollock, *Conversations with Raúl Prebisch*, 6. Adela Moll de Prebisch, entrevistas com o autor entre 1989 e 2001.

Capítulo 2

1. O melhor relato das experiências de Prebisch durante esse período pode ser encontrado em Margariños, *Diálogos*.

2. Em relação à história de partidos políticos na Argentina, veja Pasos, *Historia del origen de los partidos*; Canton, *Elecciones y partidos*; Manzetti, *Institutions, Parties and Coalitions*; Gibson, *Class and Conservative Parties*.

3. Lewis, *Crisis of Argentine Capitalism*, 34f e seg., 84, 112.

4. Scobie, *Argentina: A City and a Nation*, 134, 191.

5. Lalanne, *Los Uriburu*, 396-9, 407-9.

6. Veja Margariños, *Diálogos*, 39-46, sobre Prebisch e a vida intelectual de Buenos Aires depois da Revolução Soviética. Veja também Kay, *Latin American Theories of Development*, 16.

7. Gonzalez del Solar, "Conversaciones", 3-4, 10.

8. Love, "Economic Ideas and Ideologies in Latin America".

9. Lewis, *Crisis of Argentine Capitalism*, 62; Dorfman, *Historia de la industria argentina*, 207.

10. Ibid.; Lewis, *Crisis of Argentine Capitalism*, 87. Veja também della Paolera and Taylor, orgs., *New Economic History of Argentina*.

11. Pollock, *Conversations with Raúl Prebisch*, 7. Citado em Gonzalez e Pollock, "Del orthodoxo al conservador ilustrádo", 455-86.

12. Lopez, "Hugo Broggi", 303-28.

13. Margariños, *Diálogos*, 20; Gonzalez del Solar, "Conversaciones", 8; Pollock, "*Conversations*", fita 1B 1, 21 de maio de 1985.

14. Prebisch, "La cuestión social", 11-12.

15. Os oito primeiros artigos em Prebisch, *Obras*, v. 1, são exemplos disso.

16. Margariños, *Diálogos*, 47.

17. Malaccorto, entrevista com o autor.

18. Margariños, *Diálogos*, 50-1.

19. Ibid.

20. Ibid., 50.

21. Gonzalez del Solar, "Conversaciones", 8.

22. Margariños, *Diálogos*, 50.

23. Para a defesa por Prebisch da visão convencional da divisão internacional do trabalho durante a década de 1920, veja "De cómo discurre el profesor Olariaga", 466-80.

24. Agradeço muito ao dr. Mario Bunge por seus *insights* e ajuda, particularmente nessa parte.

25. Lalanne, *Los Uriburu*, 387-8, 394.

26. Palacios, *Dos años de acción socialista*; citado em Lalanne, *Los Uriburu*, 387-91. Justo era suficientemente proeminente na Segunda Internacional para ser convidado para sua reunião anual em 1914, para falar aos companheiros socialistas sobre a paridade salarial dos trabalhadores.

27. Mario Bunge, entrevista com o autor.

28. Gonzalez del Solar, "Conversaciones", 4-5.

29. Malaccorto, entrevista com o autor. Veja também Pollock, Kerner y Love, "Aquelles viejos tiempos", 164.

30. Prebisch, "La Conferencia de Bruselas", 43-54.

31. Prebisch, "Anotaciones dobre nuestro medio circulante", 93-175.

32. Ibid., 95.

33. Ibid., 149.

34. Ibid., 126.

35. Prebisch, "Planes para estabilizar el poder adquisitivo", 176-216.

36. Barone, "Studi di economia finanziaria". In Margariños, *Diálogos* (versão não publicada), Prebisch disse que Pareto "teve grande influência sobre minha formação intelectual" (35).

37. Prebisch, "La sociología de Vilfredo Pareto", 365-74.

Capítulo 3

1. Veja Gurrieri, "Las ideas del joven Prebisch", 69-82; Gonzáles e Pollock, "Del ortodoxo al conservador ilustrado", 455-86; e Lewis, *Crisis of Argentine Capitalism*, 21-2.

2. Margariños, *Diálogos*, 52.

3. Lewis, *Crisis of Argentine Capitalism*, 52. Veja também Thorp, *Progress, Poverty and Exclusion*.

4. Thorp, *Progress, Poverty and Exclusion*, 102.

5. Prebisch, "Información estadística sobre el comercio de carne vacuna", 236-303; Mowat, *Britain between the Wars*, 257.

6. Prebisch, "Sobre la degradación del marco", 234; Mowat, *Britain between the Wars*, 257.

7. Prebisch, "Comercio de carne vacuna", 259.

8. Lewis, *Crisis of Argentine Capitalism*, 52; Gonzalez del Solar, "Conversaciones", 6.

9. Prebisch, "Anotaciones sobre la crisis ganadera", 304-49.

10. Eleodoro Lobos, "Prologo" de Cercano, *Evolución historica del regimen*, 32-3.

11. Gonzalez del Solar, "Conversaciones", 6.

12. Citado em Prebisch, "Primer informe del Doctor Raúl Prebisch", 403.

13. Prebisch, "El problema de la tierra", 376-80.

14. Prebisch, "Determinacion de la capacidad impossible", 381-92; "Primer informe", 401-3.

15. Gonzalez del Solar, "Conversaciones", 7.

16. Lewis, *Crisis of Argentine Capitalism*, 72.

17. Prebisch, "Aclaraciones al Proyecto de Colonización del Poder ejecutivo", 393-409; também Gonzalo del Solar, "Conversaciones", 9-10.

18. Margariños, *Diálogos*, 57.

19. Agradeço muito a Ernesto Malaccorto por essa parte.

20. Gonzalez del Solar, "Conversaciones", 11.

21. Prebisch, "Anotaciones a la estadística nacional", 404-20.

22. Prebisch, "Anotaciones demograficos", 421-65.

23. Prebisch, "Anotaciones demograficos", em relação à controvérsia neomaltusiana, 460-3.

24. Gonzalez del Solar, "Conversaciones", 13.

25. Thorp, *Progress, Poverty and Exclusion*, 112.

26. Ibid., 101.

27. Malaccorto, entrevista com o autor; Meltzer, *A History of the Federal Reserve, 1913-51*.

28. Gonzalez del Solar, "Conversaciones", 12.

29. Em seguida, Prebisch organizou a I Conferência sobre Estatísticas Nacionais da Argentina, em Córdoba, reunindo estatísticos do país inteiro e representantes de todos os setores. Gonzalez del Solar, "Conversaciones", 13.

30. Correspondência entre Albin Prebisch e Raúl Prebisch, 20 de setembro de 1926, *Prebisch Papers*. Veja também Margariños, *Diálogos*, 50-1, para descrição de Prebisch das relações pai-filho.

31. Prebisch, "El régimen de pool", 481-97.

32. De la Torre foi também um proprietário de terras rico, mas pertencia à categoria dos criadores de gado que forneciam crias para os fazendeiros da Sociedade Rural que vendiam animais para abate em Buenos Aires.

33. Prebisch, "De cómo discurre el profesor Olariaga", 466-80.

34. Prebisch, "El movimiento internacional del oro", 553.

Capítulo 4

1. Bunge, entrevista com o autor.

2. *Revista Económica* I, n. 1 (1928): 3-5.

3. Margariños, *Diálogos*, 63.

4. Scobie, *Argentina: A City and a Nation*, 219.

5. Lalanne, *Los Uriburu*, 446-7.

6. Lewis, *Crisis of Argentine Capitalism*, 89-91.

7. Magarinõs, *Diálogos*, 30-1.

8. Ibid., 65. Bunge, entrevista com o autor.

9. Lalanne, *Los Uriburu*, 445-54.

10. Gonzalez del Solar, "Conversaciones", 14.

11. Ibid., 15.

12. Gonzalez e Pollock, "Del ortodoxo al conservador ilustrado", 460-1; Louro de Ortiz, *El Grupo Pinedo-Prebisch*, 28-9.

13. Lewis, *Crisis of Argentine Capitalism*, 117.

14. Mowat, *Britain between the Wars*, 441.

15. Ibid., 417-18; Love, "International Intellectual Environment", 59-66.

16. Mattera, *Argentine Commercial Banking*, 65-6; Gonzalez del Solar, "Conversaciones", 14-20.

17. Gonzalez y Pollock, "Del ortodoxo al conservador"; Gonzalez del Solar, "Conversaciones", 15.

18. Margariños, *Diálogos*, 69-70.

19. Lewis, *Crisis of Argentine Capitalism*, 86; Lalanne, *Los Uriburu*, 476.

20. Gonzalez del Solar, "Conversaciones", 20.

21. Adela Moll de Prebisch, entrevista com o autor.

22. De Adelita Prebisch para Rosa Linares, 10 de outubro de 1932, *Prebisch Papers*.

23. Adela Moll de Prebisch, entrevista com o autor.

24. Quando a Argentina entrou para a Liga, Saavedra Lamas tornou-se presidente do Conselho da Liga das Nações em 1936.

25. Impresso em *The Times* (Londres), junho de 1933.

26. De Adelita Prebisch para Rosa Linares, 6 de janeiro de 1933.

27. Cassel, "Recent Monopolistic Tendencies", 43-4. Observado em Love, "International Intellectual Environment", 59-66.

28. Livro de Manoilesco, *The Theory of Protection and International Trade*. Love escreveu bastante sobre Manoilesco e Prebisch na história do pensamento econômico da década de 1930. Veja, por exemplo, seu artigo "Manoilesco, Prebisch and Unequal Exchange".

29. Mallorquín, "Un texto de Raúl Prebisch", citado em Eichengreem, *Golden Fetters*, 320-1.

30. Prebisch, "La Conferencia Económica y la crisis mundial", 86-101.

31. Mowat, *Britain between the Wars*, 417-18.

32. Lewis, *Crisis of Argentine Capitalism*, 86.

33. Gonzalez y Pollock, "Del ortodoxo al conservador", 10-16; Lewis, *Crisis of Argentine Capitalism*, 90. Veja, entre outros, Di Tella e Platt, eds., *Political Economy of Argentina*; Villanueva, "Economic Development"; Di Tella and Halperin, eds., *Los fragmentos del poder*; Fordor e O'Connell, "La Argentina y la economia Atlántica"; Escudé, *The Argentine Eclipse*.

34. Keynes, *The Means to Prosperity*.

35. Citado em Mowat, *Britain between the Wars*, 414.

Capítulo 5

1. Lewis, *Crisis of Argentine Capitalism*, 81-3, 88; Diaz Alejandro, *History of the Argentine Republic*, 11.

2. Malaccorto, entrevista com o autor. Prebisch, "La producción rural y el mercado de cambios", in *Obras*, v. 2, 146-57. Para a continuação da discussão, veja Gurrieri, "Las ideas del joven Prebisch", 78-9.

3. Lewis, *Crisis of Argentine Capitalism*, 50, 91.

4. Gonzalez y Pollock, "Del orthodoxo al conservador ilustrádo", 470-2.

5. *La Nacion*, 29-30 de novembro de 1933; 29 de janeiro de 1934. Enrique S. Perez dirigiu o National Mortgage Bank.

6. Adela Moll de Prebisch, entrevista com o autor. Veja, por exemplo, *La Nacion*, 13 de novembro de 1933; 27 de dezembro de 1933; 30 de janeiro de 1934. Todos os artigos de jornal que Prebisch escreveu durante esse período estão em *Prebisch Papers*.

7. Love, "Economic Ideas and ideologies", 214.

8. *Deutsche la Plata Zeitung*, 9 de fevereiro de 1934.

9. *Critica* era de propriedade de Natalio Botana.

10. Bunge, entrevista com o autor.

11. *La Nacion*, 19 de julho de 1934.

12. *La Prensa*, 18 de julho de 1934; *La Nacion*, 16 de junho de 1934.

13. Prebisch, "Anotaciones sobre el Cambio y los Emprestitos", *La Nacion*, 28 de junho de 1933.

14. *La Nacion*, 3 de agosto de 1934.

15. *La Nacion*, 18 de novembro de 1934.

16. Mattera, "Argentine Commercial Banking", 40-1.

17. Triffin, "Central Banking and Monetary Management", *Prebisch Papers*, 10.

18. *La Nacion*, 7 de junho de 1935.

19. *La Nacion*, 16 de julho de 1935; Mattera, "Argentine Commercial Banking", 58.

20. *La Nacion*, 2 de setembro de 1935.

21. Gonzalez del Solar, "Conversaciones", 22-3.

22. Adela Moll de Prebisch, entrevista com o autor. A minuta original datilografada do discurso está em *Prebisch Papers*.

23. *La Nacion*, 20 de dezembro de 1934.

24. *La Nacion*, 9 de janeiro de 1935.

25. *La Fronde*, 20 de fevereiro de 1935.

26. Em relação aos pensamentos de Prebisch sobre as atividades bancárias de Lisandro de la Torre nesse período, veja Margariños, *Diálogos*, 117.

27. *El Hogar*, 28 de junho de 1935.

28. *Caras y Caretas*, 13 de julho de 1935.

29. Margariños, *Diálogos*, 49.

30. Triffin, "Central Banking and Monetary Management", 11.

31. Love, "Economic Ideas and Ideologies", 212.

32. Por exemplo, 6 de março de 1938, em relação à política cambial do Banco Central.

33. De Berger para Prebisch, 23 de setembro de 1938. Toda a correspondência referida neste capítulo pode ser encontrada em *Prebisch Papers*.

34. Mattera, "Argentine Commercial Banking", 67.

35. De Berger para Prebisch, 21 de novembro de 1938.

36. De Prebisch para Brebia, 15 de julho de 1939.

37. De Mannheimer para Brebia, 16 de julho de 1939.

38. *La Nacion*, 22 de agosto de 1939.

Capítulo 6

1. A agência oficial nazista Deutsche Dienst anunciou a notícia, indicando que uma brecha diplomática tinha se aberto entre os dois países; da embaixada americana (Berlim) para o secretário de Estado Cordell Hull, 9 de janeiro de 1940.

2. Do cônsul geral dos Estados Unidos (Buenos Aires) para o Departamento de Estado, 28 de outubro de 1940. *The Cumulated Index to the US Department to State Papers 1939-45*, v. II, 481.

3. Por exemplo, em uma carta de 12 de janeiro de 1940, o Grupo de Plantadores de Frutas da Califórnia, representando 75% de todos os plantadores de frutas e uvas, ressaltou a "situação desesperada" de seus membros a Cordel Hull e sua necessidade urgente de uma quota sobre as importações argentinas.

4. De Armour para Hull, 17 de junho de 1940.

5. De Armour para Hull, 17 de junho de 1940. Este foi o segundo telegrama nesse dia para o secretário de Estado; Armour usou a expressão no segundo.

6. *La Nacion*, "Tomara el P. E. una Serie de Medidas para Promover un Desarollo Industrial Sano", 28 de junho de 1940; Llach, "El Plan Pinedo de 1940"; Baldinelli, *Comercio Exterior Argentina*; Diaz Alejandro, *Essays on the History of the Argentine Republic*; Di Tella, "Policy Changes in Argentina"; Alhedeff, "The Economic Formulas".

7. Porcile, "The Challenge of Cooperation 1939-55", 129-59.

8. Llach, "El Plan Pinedo de 1940", 524-5.

9. Ibid., 533; Rapaport, *Clases dirigentes argentinas*, 1976.

10. Alfonso Sanjuan, "Camino al Mercosur", 50-5.

11. *La Nacion*, "La conferencia económica Argentino-Brasileña fué imaugurada ayer en Rio", 10 de outubro de 1940.

12. John W. White, "Argentina Seeks Trade Concessions", *The Washington Post*, 17 de novembro de 1940.

13. John W. White, "Customs Union with the United States Real Goal of Argentine Economic Mission", *The Boston Herald*, 17 de novembro de 1940.

14. *The Times Herald*, 20 de novembro de 1940.

15. Gonzalez del Solar, "Conversaciones", 33.

16. A Capi não deve ser confundida com o Instituto Argentino de Produção e Comércio (IAPI), criado na época de Perón.

17. Ibid., 31.

18. De Ravndal para Lawrence Duggan, 9 de agosto de 1941.

19. Departamento de Estado dos Estados Unidos, "The Pinedo Plan to Stimulate the Export of New Articles from Argentina", 29 de novembro de 1940.

20. Adelita Prebisch, entrevista com o autor.

21. Henry Frantz, "US, Argentina sign $50 m Economic Pact", *The Times Herald*, 28 de dezembro de 1940; *The Wall Street Journal*, 28 de dezembro de 1940.

22. *Journal of Commerce*, Nova York, 26 e 28 de dezembro de 1940; "Agreement Signed to Help Argentina", *The New York Times*, 2 de janeiro de 1941.

23. Gonzalez del Solar, "Conversacciones", 33.

24. Ibid., 36.

25. De Hull para Armour, 8 de janeiro de 1941.

26. *La Prensa*, 25 de janeiro de 1941.

27. Lewis, *Crisis of Argentine Capitalism*, 192-3.

28. Llach, "El Plan Pinedo de 1940", 529-30.

29. De Hull para Roosevelt, 6 de fevereiro de 1941.

30. Por exemplo, artigos elogiando o estado das relações Estados Unidos-Argentina apareceram em *Journal of Commerce*, Nova York, 26 de dezembro de 1940, *The New York Times*, 2 de janeiro de 1941, e *The Times Herald*, 24 de dezembro de 1940.

31. Norbert A. Bogden, J. Henry Schroeder Banking Corporation, Nova York, para Laurence Duggan, consultor do secretário sobre relações políticas, Departamento de Estado dos Estados Unidos, 8 de julho de 1941.

32. Departamento de Estado dos Estados Unidos, *Memorandum*, 5 e 18 de agosto de 1941; Llach, "El Plan Pinedo de 1940", 528.

33. De L. Duggan para Welles, 31 de julho de 1941; de Welch para Welles, 31 de julho de 1941; de Welles para Welch, 5 de agosto de 1941; de Ravndal para Duggan, 9 de agosto de 1941.

34. Da embaixada americana para o Departamento de Estado, 23 de maio de 1941.

35. De Armour para Hull, 5 de julho de 1941; Llach, "El Plan Pinedo de 1940", 522.

36. Gonzalez del Solar, "Conversaciones", 35.

37. *The Washington Post*, 17 de setembro de 1941.

38. Newton, *The Nazi Menace in Argentina*, 219; Gonzalez del Solar, "Conversaciones", 48-9.

39. Llach, "El Plan Pinedo de 1940", 530.

40. Ibid., 539.

41. De Prebisch para Armour, 9 de maio de 1941.

42. De Brebbia para Prebisch, 24 de janeiro de 1940.

Capítulo 7

1. De Cordell Hull para Norman Armour, 7 de janeiro de 1942.

2. De Armour para Hull, 19 de dezembro de 1941.

3. Rapaport, *Gran Bretaña, Estados Unidos y las clases dirigentes Argentinas*, principalmente o capítulo 2.

4. Memorando do Departamento de Estado dos Estados Unidos, "Argentine Delegation to the Rio Conference", 2 de janeiro de 1942. Citado em Scobie, *Argentina: A City and a Nation*, 221.

5. De Armour para Hull, 2 de janeiro de 1942.

6. De Hull para a embaixada americana, 4 de janeiro de 1942.

7. De Welles para Hull, 19 de janeiro de 1942.

8. De Welles para Hull, 22 de janeiro de 1942.

9. De Armour para Welles, 11 de junho de 1942.

10. De Armour para Hull, 15 de junho de 1942.

11. Bohan, *Oral Interview*, 9.

12. De Gonzalez del Solar para Prebisch, 10 de fevereiro de 1942.

13. De Armour para Hull, 14 de outubro de 1941.

14. Departmento de Estado dos Estados Unidos, *Foreign Relations of the US, 1939-45*, II, 435.

15. Do secretário de Estado dos Estados Unidos para o embaixador americano, 8 de outubro de 1941.

16. De Hoover para o secretário de Estado adjunto Berle, 22 de janeiro de 1942.

17. De Armour para Hull, 2 de janeiro de 1942.

18. De Armour para Hull, 2 de janeiro de 1942. Adolphe Berle teve menos paciência com J. Edgar Hoover. Em uma carta de 25 de abril de 1942 para o procurador-geral dos Estados Unidos, Francis Biddle, ele enfatizou que o "dr. Prebisch tem sido muito cooperativo com o embaixador americano na Argentina" e acrescentou que Alfredo Moll, por insistência de Raúl, tinha visitado a embaixada americana especificamente para discutir seu trabalho anterior com as empresas de propriedade de alemães. Departamento de Estado dos Estados Unidos, de Adolfe A. Berle para Frances Biddle, 25 de abril de 1942.

19. Gonzalez del Solar, *Conversaciones*, 34.

20. Departamento do Tesouro dos Estados Unidos, memorando oficial, 12 de maio de 1942.

21. Departamento de Estado dos Estados Unidos, memorando de conversa com Raúl Prebisch, 5 de agosto de 1942.

22. Merwin Bohan, memorando do Departamento de Estado dos Estados Unidos, 17 de abril de 1942.

23. Departamento de Estado dos Estados Unidos, memorando de conversa, 5 de agosto de 1942.

24. De Ravndal para Prebisch, 7 de janeiro de 1943.

25. Rapaport, *Clases Dirigentes Argentinas*, 135-7.

26. Merwin Bohan, memorando do Departamento de Estado dos Estados Unidos, 24 de maio de 1943.

27. Newton, *Nazi Menace in Argentina*, 219.

28. Ibid. De fato, a Inglaterra pediu que a Argentina continuasse com suas exportações de carne bovina para ajudar o esforço de guerra; Departamento de Estado dos Estados Unidos, "Economic Policy toward Argentina", 23 de setembro de 1942.

29. De Hull para Armour, 14 de dezembro de 1942.

30. Bohan, "Conversation of Visit to Raúl Prebisch in the Central Bank", 27 de março de 1943.

31. Bohan, *Memorandum*, 26 de abril de 1943.

32. Bohan, 12 de abril de 1943.

33. Bohan, 26 de abril de 1943.

34. De Malaccorto para Prebisch, 27 de maio de 1943.

35. De Ravndal para Prebisch, 31 de agosto de 1943.

36. Bohan, memorando de conversa, 24 de maio de 1943.

37. Ibid.

38. Banco Central Argentino, *Annual Report*, Buenos Aires, 1943.

39. *Revista de la economia Argentina*, 22 de maio de 1943; Lucchini, 42, 44-58; Central Bank Annual Reports, 1942, 1943.

40. Lewis, *Crisis of Argentine Capitalism*, 124; Llach, "El Plan Pinedo de 1940".

41. *La Nacion*, 20 de abril de 1943.

42. Rapaport, *Clases dirigentes argentinas*, 137-40.

43. Ibid., 142.

44. Câmara Britânica de Comércio, Buenos Aires, 22 de novembro de 1942.

45. Rapaport, *Clases dirigentes argentinas*, 133, 148-51.

46. Bunge, *Una nueva Argentina*.

47. Departamento de Estado dos Estados Unidos, de Arnour para Hull, 5 de junho de 1943.

48. *The New York Times*, 5 de junho de 1943.

49. Gonzalez del Solar, *Conversaciones*, 34.

50. Bunge, entrevista com o autor; os registros do FBI para este período, particularmente seus relatórios de 23 de julho e 2 de agosto de 1943, foram totalmente apagados.

Capítulo 8

1. As entrevistas do autor com Adella Moll de Prebisch são uma fonte essencial para essa parte do livro.

2. *La Nacion*, 23 de agosto de 1943.

3. *La Nacion*, 1º e 3 de setembro de 1943.

4. *La Nacion*, 1º de setembro de 1943.

5. *La Nacion*, 17 de setembro de 1943.

6. Pollock, *Conversations with Raúl Prebisch*.

7. Da embaixada americana para o Departamento de Estado dos Estados Unidos, 15 de outubro de 1943.

8. *Prebisch Papers* contém um registro completo da cobertura da mídia dessa demissão.

9. De Armour para Hull, 25 de outubro de 1943.

10. De Bohan para o consultor associado sobre questões econômicas Emilio G. Callado, marcado "estritamente confidencial".

11. *Time Magazine*, "The Harm Is Done: Argentine Military Fascism Is Well Established", 31 de janeiro de 1944.

12. De Allan Dawson para o Departamento de Estado dos Estados Unidos, 12 de janeiro de 1944.

13. De Silva para Prebisch, 23 de outubro de 1943.

14. Adelita doou a propriedade familiar em Plön, no mar Báltico, para a Igreja Luterana, que transformou a propriedade em escola e centro para jovens.

15. Prebisch, "La moneda y el ritmo de la actividad económica". Citações subsequentes no texto são retiradas desse documento importante que nunca foi publicado (localizado em *Prebisch Papers*, rolo 2, 1944-1947).

16. Para detalhes, veja Dosman, "Markets and the State", 90-4.

17. De Gonzalez del Solar para Prebisch, 28 de dezembro de 1943; também de M. A. Martinez para Prebisch, 27 de dezembro de 1943. Prebisch encontrou-se com o diretor em 2 de janeiro de 1944; ele não tinha dado seu seminário nos seis anos anteriores.

18. Do embaixador Carlos Dario Ojeda para Prebisch, 22 de dezembro de 1943.

19. De Manuel Monteverde para Prebisch, 6 de novembro de 1943.

20. De Prebisch para Dario Ojeda, 25 de dezembro de 1943. De fato, o convite do Banco do México tinha sido enviado em 1º de dezembro de 1943 por correio aéreo e ainda não tinha chegado à Argentina. Banco de México, "Memorandum para don Raúl Prebisch en relacion con su viaje a México", México, 1º de dezembro de 1943.

21. Prebisch não tinha desistido da possibilidade de uma eventual volta ao Banco Central, mas estava cauteloso quanto à publicação. "Eles me convidaram para contar minha experiência no Banco Central da Argentina. Foi a melhor explicação e a melhor crítica do que eu fiz. Falei abertamente, com a condição de que não publicassem imediatamente, mas somente após dois anos." Pollock, conversas, fita 3A 1, 21 de maio de 1985.

22. De Bosch para Prebisch, 5 de janeiro de 1944.

Capítulo 9

1. Prebisch sempre falava com grande carinho de sua primeira viagem ao México. Margariños, *Diálogos*, 131-3.

2. Thorp, *Progress, Poverty and Exclusion*, 114, 313.

3. Robert Triffin, "Central Banking and Monetary Management in Latin America", 11-12. Esse manuscrito faz parte de *Prebisch Papers*.

4. Por exemplo, R. H. Thompson, National City Bank of New York, 20 de janeiro de 1944, e G. Butler Sherman, Manufacturers' Trust Co., 5 de abril de 1944.

5. Seria oferecido a Daniel Cosío Villegas o cargo de secretário executivo fundador da Cepal em 1948, que ele declinou. Mais tarde, serviria como embaixador do México no Conselho Econômico e Social da ONU de 1957 a 1968.

6. Prebisch, "Conversaciones en el Banco de México". Durante o mesmo período, Prebisch também deu um seminário no Colegio de México, "El patrón oro y la vulnerabilidad económica de nuestros países".

7. De Prebisch para Triffin, 17 de junho de 1945.

8. *El Federal*, "O antipátria está tentando ocultar seus líderes financeiros como Prebisch para controlar o país", 5 de maio de 1944.

9. De M. A. Martinez para Prebisch, 17 de março de 1944.

10. De Roberto Hurtiacavq, embaixada argentina em Washington, para Prebisch, 7 de março de 1944.

11. República do Paraguai, Decreto Presidencial 5130, *Que Crea y Organiza el Banco del Paraguay*, Assunção, 8 de setembro de 1944.

12. De Triffin para Prebisch, 28 de março de 1945.

13. Col. Benegas, "Anotaciones sobre las negociaciónes comerciales con el Paraguay", Ministério de Relações Exteriores da Argentina, outubro de 1943.

14. Nem é preciso dizer que J. Edgar Hoover tinha uma visão diferente da missão no Paraguai, relatando "possíveis atividades subversivas" para o secretário de Estado dos Estados Unidos; US National Archives, Diplomatic Branch, 27 de junho de 1944 894.20201 (FOIA).

15. A parte anterior descrevendo a viagem pelo rio até Assunção baseia-se em relatos detalhados de Adelita Prebisch, principalmente em muitas entrevistas realizadas entre 1989 e 1995.

16. Whigham e Potthast, em "The Paraguayan Rosetta Stone", 174-86, estimam a população de antes de 1864 entre 420 mil e 450 mil. Os autores respondem a críticas a seu trabalho em *LARR* 37:3 (2002). Veja também Scheina, *Latin America's Wars*; Leuchars, *To the Bitter End*; Maestri, "Guerra contra o Paraguai".

17. Bunge, *El culto de la vida*.

18. Prebisch, *Informe sobre la organization y el programa de tareas de la Division de Investigaciones Económicas*.

19. De Triffin para Prebisch, 23 de julho de 1945.

20. Família de Carlos Moll, entrevista com o autor, Santiago, 16 de março de 1998.

21. De Triffin para Prebisch, 28 de março de 1945.

22. Ibid.

23. De Triffin para Prebisch, 23 de agosto de 1945.

24. De Prebisch para Triffin, 17 de junho de 1945.

25. Ibid.

26. De Prebisch para Triffin, 21 de setembro de 1945.

27. Por exemplo, *La Epoca*, "The Failure of the Plan to Re-insert Prebisch in the Central Bank", 19 de setembro de 1945; e de novo em 30 de agosto de 1945, "The Snipers of the Central Bank". *Semana Financiera* (1º de setembro) e *La Nacion* (14 de setembro) elaboraram longos relatórios sobre o caso e a embaixada americana em Buenos Aires seguiu a crise do Banco Central de perto (US National Archives em 17 de agosto de 1945; e 835, 26 de setembro de 1945).

28. *La Prensa*, 22 de setembro de 1945. Emilio F. Cardenas e Fustino Infante foram noemados presidente e vice-presidente do Banco Central, respectivamente.

29. De Prebisch para Triffin, 21 de setembro de 1945.

30. Para a ascensão de Perón, veja Murmis e Portantiero, *Estudios sobre los origins del Peronismo*; Alexander, *Juan Domingo Perón: A History*; Brennan, *Peronism and Argentina*.

31. Crawley, *A House Divided*, 95-8.

32. De Prebisch para Triffin, 10 de dezembro de 1945.

33. De Prebisch para Manuel Noriega Morales, 10 de dezembro de 1945.

34. O infame Livro Azul do Departamento de Estado dos Estados Unidos foi intitulado *Consultation among the American Republics with Respect to the Argentine Situation*. Spruille Braden, por pouco tempo embaixador americano na Argentina, tinha voltado para Washington como subsecretário de Estado para assuntos latino-americanos. Crawley, em *A House Divided*, 103-5, fornece um relato espirituoso do incidente.

35. De Prebisch para Luis Montes de Oca, 2 de novembro de 1946.

Capítulo 10

1. De Triffin para Prebisch, 30 de outubro de 1945.

2. De Welch para Prebisch, 23 de abril de 1946.

3. De Villaseñor para Prebisch, 23 de abril de 1946.

4. De Prebisch para Villaseñor, 14 de maio de 1946.

5. Margariños, *Conversaciones*, 137, para menção explícita a esses alunos e seu compromisso com seu futuro como economistas profissionais.

6. Ibid.

7. Citado em Lewis, *Crisis of Argentine Capitalism*, 177.

8. Prebisch, *Introduction to Keynes*; de Cosío Villegas para Prebisch, 16 de dezembro de 1946; 13 de outubro de 1947. A correspondência entre Prebisch e o Banco Central Venezuelano em 1946 em relação ao projeto Keynes está incluída em *Prebisch Papers*. Veja particularmente de J. M. Herrera Mendoza para Prebisch, 30 de julho de 1946.

9. De Urquidi para Prebisch, 28 de novembro de 1946.

10. *La Nacion*, 16 de agosto de 1946.

11. Prebisch, *Panorama general de los problemas de regulación y credito*.

12. Prebisch, *Proyecto de Ley Organica*; Prebisch, "Bases para la creacion de uma Escuela de Economia". Para as ideias de Prebisch sobre as inadequações do corpo docente, veja Prebisch, "Introdución al curso de dinámica económica", *Revista de la Facultad de Ciencias Económicas*, ano I (2), março de 1948.

13. De Prebisch para Cosío Villegas, 8 de novembro de 1946.

14. Ibid.

15. De Prebisch para Urquidi, 28 de janeiro de 1947.

16. De Prebisch para Urquidi, 28 de novembro de 1946.

17. De Urquidi para Prebisch, 6 de dezembro de 1946.

18. "Você pode imaginar a minha ansiedade em relação ao anúncio do livro de Mitchell", observou ele a Urquidi em 8 de novembro de 1946.

19. De E. A. Goldenweiser para Prebisch, 10 de outubro de 1946.

20. De Prebisch para Goldenweiser, 18 de outubro de 1946.

21. De Prebisch para Urquidi, 12 de fevereiro de 1946.

22. De Prebisch para Enrique Frankel, 19 de fevereiro de 1946.

23. Por exemplo, de Urquidi para Prebisch, 12 de abril de 1946; veja também Prebisch, "Anotaciones acerca de la reforma del plan de estudios de la facultad de ciencias económicas", *Prebisch Papers*, 1946.

24. De Urquidi para Prebisch, 10 de dezembro de 1947.

25. De Prebisch para Eugenio Gudin, 31 de julho de 1947.

26. De Gudin para Prebisch, 5 de maio de 1947.

27. De Prebisch para Otavio Gouvêa de Bulhões, 4 de novembro de 1946.

28. De Prebisch para Eugenio Gudin, 31 de julho de 1947.

29. De Prebisch para Eugenio Gudin, 17 de julho de 1947.

30. De Prebisch para Lope Bello, 4 de novembro de 1947.

31. Margariños, *Diálogos*, 127-8.

32. Raúl Prebisch, *Apuntes de Economia Politica*, 1.

33. De Prebisch para Eugenio Gudin, 10 de fevereiro de 1948.

34. De Prebisch para Gilberto Lara, 23 de fevereiro de 1948.

35. De Prebisch para Jacques Appelmans, 23 de fevereiro de 1948.

36. De Manuel Perez Guerrero para Prebisch, 30 de julho de 1948. Perez Guerrero foi ministro da Fazenda da Venezuela.

37. De Prebisch para Eugenio Castillo, 23 de novembro de 1948.

38. De Prebisch para Jésus Silva Herzog, 13 de dezembro de 1948.

39. De David McCord Wright para Prebisch, 12 de novembro de 1948.

40. De Prebisch para Jésus Silva Herzog, 13 de dezembro de 1948.

41. De Ravndal para Prebisch, 21 de outubro de 1948. A carta deixa claro que Prebisch considerou seriamente a possibilidade de visitar os Estados Unidos no início de 1949.

42. De Hernan Santa Cruz para o secretário-geral da ONU, 12 de julho de 1947, em relação ao documento que lançou a criação da Cepal.

43. De Eugenio Castillo para H. Caustin, 13 de agosto de 1948. "Depois que expliquei em detalhes o trabalho da Comissão, pode ser que ele demonstre um interesse mais profundo", observou ele.

44. De Prebisch para Castillo, 23 de novembro de 1948.

45. Urquidi escreveu: "Espero vê-lo um dia em Washington. Você poderia fazer muito pela América Latina [aqui], onde a região é mal representada."

46. Para uma discussão detalhada desse evento, veja Dosman, "Los mercados y el estado", 94-5.

47. De Urquidi para Prebisch, 3 de dezembro de 1948; de Ravndal para Prebisch, 9 de dezembro de 1948.

Capítulo 11

1. De Gutt para Prebisch, 23 de dezembro de 1948. Essa e as correspondências seguintes são encontradas em *Prebisch Papers*, salvo observação.

2. De Maurice L. Parsons para Prebisch, 19 de janeiro de 1949.

3. De M. L. Parsons para Prebisch, 11 de março de 1949.

4. De Adelita Prebisch para Raúl Prebisch, de 13 a 30 de março de 1949.

5. De Eckard para Prebisch, 22 de março de 1949.

6. Lewis, *Crisis of Argentine Capitalism*, 191-2.

7. Departamento de Estado dos Estados Unidos, *Internal Memorandum* 835-5151/7-149, 1949.

8. De Rovensky para Prebisch, 28 de dezembro de 1945.

9. De Bulhões para Prebisch, 11 de fevereiro de 1949.

10. De Lobos para Prebisch, 20 de março de 1949.

11. De Wallich para Prebisch, 3 de junho de 1949.

12. De Hernan Santa Cruz para o secretário-geral Trygve Lie, 12 de junho de 1947. E. Cuesta dá um relatório interno sobre a formação da Cepal em "The Background to the 'Terms of Trade' Controversy", Santiago, 12 de dezembro de 1971.

13. Hanson, "Preliminary Report to the United Nations".

14. De Owen para R. G. A. Jackson, 19 de maio de 1948.

15. De Malinowski para Caustin, *Memorandum*, Nova York, 12 de novembro de 1948.

16. Ibid.

17. De Dorfman para Eugenio Castillo, Nova York, 23 de julho de 1948.

18. De Croire para Prebisch, 24 de dezembro de 1948.

19. De Croire para Prebisch, 28 de fevereiro e 8 de abril de 1949.

20. De Croire para Prebisch, 24 de dezembro de 1948.

21. Love, "Doctrine of Unequal Exchange", principalmente 60-5, para o tratamento clássico dessa questão.

22. Furtado, *A fantasia organizada*, 60.

23. Posteriormente reintitulado *Relative Prices of Exports and Imports of Under-Developed Countries* (ONU, 1949).

24. De Gustavo Martínez Cabañas para Prebisch, 5 de março de 1949, e de Croire para Prebisch, 8 de abril de 1949. Veja Toye and Toye, "The Origins and Interpretation of the Prebisch-Singer Thesis", para um relato valioso da transmissão das descobertas de Singer em relação a Santiago. Veja Shaw, *Sir Hans Singer*, para a biografia oficial de Hans Singer.

25. H. Singer, "The Terms of Trade Controversy", 275-311.

26. Toye and Toye, "The Origins and Interpretation of the Prebisch-Singer Thesis", 25.

27. ONU, *Relative Prices of Exports and Imports of Under-Developed Countries*, 16-17.

28. Kindleberger, "Planning for Foreign Investment"; Samuelson, "International Trade and Equalization of Factor Prices". *Prebisch Papers* (particularmente, a correspondência de Prebisch com Víctor Urquidi, como em 2 de junho de 1944, que tratou da obra de Kindleberger) lançou luz sobre a evolução da teorização de Prebisch durante o período 1943-1949.

29. Sir Hans Singer, quando questionado sobre a tese Prebisch-Singer, e qual nome deveria vir em primeiro lugar, respondeu em 1990: "Tudo que posso dizer agora é que: (a) parece natural que Prebisch venha em primeiro lugar, por ordem alfabética e (b) em termos da hierarquia na ONU, Prebisch tinha o cargo mais elevado. [...] No entanto, provavelmente tudo isso é secundário – na minha cabeça sempre pensei em Prebisch como mais importante e, de fato, suas ideias estavam mais bem integradas no pensamento de desenvolvimento geral do que minha própria ênfase original, que era mais nos termos de troca do comércio (apesar de pouco tempo

depois, e sob a influência de minha primeira reunião com Prebisch em Santiago, que deve ter sido em 1948 ou início de 1949, rapidamente voltei atrás para aceitar sua ênfase)." De Singer para David Pollock, 22 de outubro de 1990 (*Pollock Papers*, caixa 8).

30. Na vasta literatura sobre esse assunto, observe as contribuições particulares de Love, *Crafting the Third World: Theorizing Underdevelopment in Rumania and Brazil*; Mallorquín, "Raúl Prebisch before the Ice Age"; Rodriguez, "Aprendizaje, acumulación, pleno empleo"; Gurrieri, "Technical Progress and Its Fruits"; Mallorquín, "Un breve recuento de la deconstrucción del estructuralismo latinoamericano"; e Sprout, "The Ideas of Prebisch". Também úteis são todos os artigos de Iglesias, ed., *The Legacy of Raúl Prebisch*; Spraos, "The Statistical Debate on the Net Barter"; e Tanzi and Chu, *Fiscal Policy for Stable and Equitable Growth in Latin America*.

31. Prebisch, *The Economic Development of Latin America and Its Principal Problems*, 11 e 48-50.

32. De Prebisch para Ravndal, 10 de maio de 1949.

33. De Adelita Prebisch para Raúl Prebisch, 25 de maio de 1949.

34. Presidente Carlos Prio Socarros, "Address to the Second ECLA Session", Havana, 19 de maio de 1949.

35. Secretário-geral Trygve Lie, "Address to the Second ECLA Session", Havana, 29 de maio de 1949.

36. Veja Solís, "Raúl Prebisch at ECLA", para um exame preliminar das controvérsias acadêmicas em torno da tese de Prebisch.

37. Viner, *International Trade and Economic Development*, 44. Alemann, "El pensamiento económico de Prebisch".

38. Furtado deu a Prebisch este título (*El Gran Heresiarca*) no ápice de sua fama no início dos anos 1950. *A fantasia organizada*, 99. Hodara o chamou de *profeta armado* e de um *cuadillo intellectual*; Hodara, *Prebisch y la Cepal*, 12.

39. Prebisch, *The Economic Development of Latin America and Its Principal Problems*, 59 e seg.

40. Ibid., 2. Veja Toye and Toye, "How the UN Moved from Full Employment to Economic Development", em seu *Political Economy for a Divided World*.

Capítulo 12

1. De Singer para David Pollock, 22 de outubro de 1990. Singer se lembra do clima: "Prebisch, como latino-americano e abrigado com segurança em Santiago, estava muito menos vulnerável durante a era McCarthy do que eu, residindo em Nova York, e a tese Prebisch-Singer era considerada subversiva."

2. De H. E. Caustin para David Owen, 8 de outubro de 1949, que esclarece o plano de fundo para dar crédito (e responsabilidade) a Prebisch por esse relatório, "que é contrário à política adotada". Veja também Margariños, *Diálogos*, 131, para o relato de Prebisch sobre o incidente.

3. De Caustin para Gustavo Martinez-Cabañas, 18 de julho de 1949.

4. De Raúl Prebisch para Adelita Prebisch, 26 de junho, 5 de julho de 1950; de Adelita Prebisch para Raúl Prebisch, 30 de junho de 1950.

5. Do secretário-geral da OEA em exercício William Manger para Trygve Lie, 5 de maio de 1950, para a comunicação formal da posição da OEA.

6. De Swenson para Caustin, 27 de julho de 1948.

7. Hodara, *Prebisch y la Cepal*, principalmente 176-83. Furtado, *A fantasia organizada*, para uma avaliação mais pessoal dos anos iniciais da Cepal.

8. Singer, "Comments on 'Raúl Prebisch: The Continuing Quest'", 44.

9. Prebisch, "Growth, Disequilibrium and Disparities".

10. Departamento de Estado dos Estados Unidos, memorando oficial, "Development of US-Latin American Policy in Terms of US World Objectives, 1950-55"; de Edward G. Miller para L. Halle, 24 de março de 1950.

11. Veja Departamento de Estado dos Estados Unidos, "Supplement D: US Latin American Development Policy", 9 de novembro de 1950.

12. De Halle para Miller, 27 de março de 1950.

13. De Manger para Lie, 5 de maio de 1950.

14. Departamento de Estado dos Estados Unidos, memorando de conversa, "Future of ECLA", 16 e 26 de maio de 1950.

15. Departamento de Estado dos Estados Unidos, "Confidential Report on the Third Session of the Economic Commission for Latin America", 7 de setembro de 1950. Em relação à posição de Prebisch sobre a questão dos refugiados europeus, veja de Prebisch para David Owen, 19 de junho de 1950.

16. Chris Ravndal, Departamento de Estado dos Estados Unidos, relatório confidencial, 7 de setembro de 1950.

17. Ibid.

18. *The New York Times*, 4, 6 e 7 de junho de 1950. Pierre Mendès-France, "Annual Report of the Economic Commission for Latin America", Conselho Econômico e Social da ONU , 7 de agosto de 1950, 221-3. Departamento de Estado dos Estados Unidos, "Comment by Under Secretary on Motevideo Cepal Meeting", 12 de julho de 1950.

19. Ravndal, Departamento de Estado dos Estados Unidos, relatório confidencial, 7 de setembro de 1950.

20. ONU, Conselho Econômico e Social, 11ª Sessão, 7 de agosto de 1950.

21. O relato de Prebisch de sua promoção ao cargo de secretário executivo é reproduzido em Margariños, *Diálogos*, 132-3. Departamento de Estado dos Estados Unidos, "Activities of Secretariat of United Nations Economic Commission for Latin America", Santiago, 27 de junho de 1950.

22. De Prebisch para Rist, 20 de janeiro de 1950.

23. Departamento de Estado dos Estados Unidos, memorando oficial, 27 de julho de 1950.

24. Furtado, entrevista com o autor; Ganz, entrevista por telefone com o autor.

25. Departamento de Estado dos Estados Unidos, "Activities of Secretariat of United Nations Economic Commission for Latin America", Santiago, 27 de julho de 1950.

26. ONU, Conselho Econômico e Social, 11ª Sessão, Genebra, 7 de agosto de 1950.

27. De David Owen para Trygve Lie, 31 de março de 1951, "Report on the Fourth Meeting of Consultation of Ministers of Foreign Affairs of American States", Washington, 26-30 de março de 1951. Compare com US State Department, "Accomplishments of the Fourth Meeting of Consultation of Ministers of Foreign Affairs of American States", 12 de abril de 1950.

28. "Energetica Intervención de Mexico (Lic. Carillo Flores) en Favor de la Cepal", *El Popular*, Cidade do México, 7 de junho de 1951.

29. De M. Bohan para Departamento de Estado dos Estados Unidos, 14 de junho de 1951.

30. "Report of the United States Delegation to the Fourth Session of the Economic Commision for Latin America", 17 de julho de 1951. Compare com "Instructions to the US Delegation at the Fourth Meeting of ECLA", Cidade do México, 28 de maio-14 de junho de 1951.

Capítulo 13

1. *Avance*, 5 de julho de 1951. *Prebisch Papers* inclui todo o comentário saído na imprensa sobre sua visita a Cuba.

2. *Información*, 5 de julho de 1951.

3. *El Mundo*, 5 de julho de 1951.

4. Departmento de Estado dos Estados Unidos, memorando oficial, 24 de outubro de 1951.

5. Furtado, *A fantasia organizada*, 127-35.

6. Bohan, *Oral History Interview*, 52.

7. Entrevista do dr. Raúl Prebisch, diretor executivo da Cepal, com o presidente Vargas, Rio de Janeiro, 27 de agosto de 1951.

8. Entrevista do dr. Raúl Prebisch com o presidente do Brasil, Getúlio Vargas, 27 de agosto de 1951.

9. Bohan, *Oral History Interview*, 52.

10. Cepal, *The Visit of Dr. Raúl Prebisch, Executive Secretary of ECLA, to Brazil, 1951*. Veja também Furtado, *A fantasia organizada*, 162-71.

11. *O Estado de S. Paulo*, 1º de setembro de 1951; *Diário de São Paulo e Rio*, 19 de abril de 1953.

12. Alemann, "El pensamiento económico de Prebisch", para um relato pessoal da crítica por Prebisch de Viner na sessão de 1953 da Cepal no Rio.

13. Veja Gudin, "A mística do planejamento", *Diário de Notícias*, 29 de maio. As edições subsequentes de 2, 6, 9 e 11 de junho traziam o texto completo dessa polêmica. A resposta de Prebisch começou com o título "A mística do equilíbrio espontâneo na economia".

14. Mallorquín, "Celso Furtado: um retrato intelectual".

15. *Folha da Manhã*, São Paulo, 31 de agosto de 1951. Toye and Toye, "Raúl Prebisch and the Limits of Industrialization", 21-30.

16. *O Estado de S. Paulo*, 1º de setembro de 1951.

17. Harrison, *A Strategy for Unification and US Disengagement*, 9.

18. Coletiva de imprensa conjunta realizada pelos secretários executivos da ONU, Nova York, 4 de junho de 1952.

19. Ferguson, "ECLA, Latin American Development, and the United States", 45.

20. Ele falou muito positivamente sobre a quinta sessão da Cepal, no Rio, em abril de 1953: "Ficamos impressionados não apenas com a qualidade da análise econômica da Cepal, mas acima de tudo com o progresso econômico real que estava sendo feito pela América Latina. O processo de desenvolvimento está realmente em curso. Seu impulso tem de ser mantido." *Omnipress*, Nova York, 28 de abril de 1953.

21. Memorando do Departamento de Estado dos Estados Unidos, 13 de março de 1953.

22. Ferguson, "ECLA, Latin American Development, and the United States", 46.

23. *The New York Times*, 22 de novembro de 1952.

24. Bohan, *Oral History Interview*, 84.

25. Estados Unidos, Subcomissão do Senado sobre Segurança Interna, Washington, 10 de abril de 1954.

26. De Alfonso Santa Cruz para Wladek Malinowski, 27 de fevereiro de 1953; Bohan, *Oral History Interview*, 49.

27. Cinquenta por cento das importações da região e 48% de suas exportações eram com os Estados Unidos. "A América Latina é nosso maior cliente, fornecedor e campo de investimento externo", explicou um funcionário do Departamento de Estado dos Estados Unidos, mas também "um aliado indispensável e insubstituível. A América Latina permanece dentro de nossa fortaleza interna; nenhum erro é permitido lá." Memorando do Departamento de Estado dos Estados Unidos, *Informal Review of UN Paper on Integrated Economic Development*, Washington, 22 de setembro de 1954.

28. Garcia Márquez lamentou o destino de Alberto Lleras: "Um grande escritor desencaminhado pela política." *Cromos*, 3 de maio de 1993.

29. Tecnicamente, a 8ª Reunião Extraordinária do IA-Conselho Econômico e Social da ONU.

30. De John Foster Dulles para Milton Eisenhower, 14 de setembro de 1954. "Compartilho totalmente a sua visão da importância dessa conferência e do desenvolvimento de relações periféricas." Washington, no entanto, concordou em reabrir as operações do Export-Import Bank na América Latina.

31. *International Cooperation for a Latin American Development Policy*, E/CN.12/359, ONU, 1954.

32. De Louis Swenson para Philippe de Seynes, 30 de novembro de 1955, retrospectivamente descrevendo a intervenção excepcional de Prebisch no Quitandinha.

33. Discutido com a energia característica em Toye and Toye, *The UN and Global Political Economy*.

34. Henry Holland, Departamento de Estado, memorando oficial, 11 de dezembro de 1954. Washington estava convencido de que Prebisch tinha apoiado um apelo pessoal feito por John Foster Dulles em meados de 1954, logo após o fiasco na Guatemala, para frustrar um convite soviético a representantes de governos latino-americanos para visitar Moscou, como um mero estratagema para desviar a atenção para a bomba que ele estava preparando para o Quitandinha. Da embaixada americana em Santiago para o Departamento de Estado, 31 de julho e 4 de agosto de 1954.

35. De David McKey para Andrew Overby, 18 de novembro de 1954.

36. "Se tivermos que demonstrar o valor do sistema de livre empresa para os latino-americanos, teremos que provar que nosso sistema aumentará o padrão de vida, que está muito abaixo do de seu 'número oposto' nos Estados Unidos." De Peter Grace para John Foster Dulles, 3 de setembro de 1954.

37. De Prebisch para De Seynes, 23 de janeiro de 1955.

38. De Malinowsky para Swenson, 3 abril de 1954.

39. De Prebisch para De Seynes, 16 de setembro de 1955.

Capítulo 14

1. Crawley, *A House Divided: Argentina 1880-1980*, 166-74.

2. De A. Echegoyen para Prebisch, 26 de setembro de 1955.

3. Por exemplo, *La Nacion*, 2 de outubro de 1955.

4. *La Nacion*, 4 de outubro de 1955.

5. *La Nacion*, 8 de outubro de 1955.

6. *La Nacion*, 7 de outubro de 1955; *El Mercurio*, 9 de outubro de 1955.

7. *El Mercurio*, 9 de outubro de 1955.

8. *La Nacion*, 8 de outubro de 1955.

9. De Wladek Malinowski para Prebisch, 3 de outubro de 1955.

10. *El Mercurio*, 12 de outubro de 1955.

11. *La Nacion*, "Informe sobre el Estado Económico", 27 de outubro de 1955.

12. Norman Crump, "Argentine Hopes", *The Times* (Londres), 6 de novembro de 1955.

13. Da embaixada americana em Buenos Aires para o secretário de Estado, 31 de outubro de 1955. Sikkink, *Ideas and Institutions*, 78-80 particularmente.

14. *The Times* (Londres), 31 de outubro de 1955.

15. Da embaixada americana em Buenos Aires para o secretário de Estado, 27 de outubro de 1957.

16. *Politica y Politicos*, 25 outubro de 1955.

17. *Clarín*, 26 de outubro de 1955.

18. *La Prensa*, 18 de outubro de 1955.

19. Crawley, *A House Divided*, 168-9, para a resposta inicial da CGT, a base do poder peronista, para a Revolución Libertadora.

20. *La Mañana*, Montevidéu, 12 de novembro de 1955.

21. Lewis, *Crisis of Argentine Capitalism*, 130.

22. *Clarín*, 16 de novembro de 1955.

23. *La Nacion*, 15 de novembro de 1955.

24. Prebisch, coletiva de imprensa, Buenos Aires, 15 de novembro de 1955.

25. *Manchete*, 21 de julho de 1956.

26. De L. Swenson para Philippe de Seynes, 27 de novembro de 1955.

27. Sikkink, *Ideas and Institutions*, 183.

28. Lewis, *Crisis of Argentine Capitalism*, 335.

29. *La Nacion*, 12 de janeiro de 1956.

30. *Clarín*, 18 de janeiro de 1956; *El Mercurio*, 4 de fevereiro de 1956.

31. *La Razon*, 24 de janeiro de 2007.

32. Raúl Scalabrini Ortiz, 10 de novembro de 1955; *Federalista*, 23 de dezembro de 1955. Scalabrini publicou uma coluna em *QUE sucedio en 7 dias*, um semanário que apoiava Arturo Frondizi, dedicado a atacar o Plano Prebisch. Veja, por exemplo, "La Carta de Scalabrini Ortiz", 15 de janeiro de 1957.

33. *Siempre*, 18 de janeiro de 1956. O ataque mais importante, fora o de Scalabrini Ortiz, veio de Arturo Jauretche, *El Plan Prebisch: retorno al coloniaje* (Buenos Aires: Pena Lillo, 1984). Outros críticos foram Abraham Guillen, Oscar Allende, Carlos Correa e José V. Liceaga.

34. *Clarín*, 19 de janeiro de 1956.

35. *La Razon*, 24 de janeiro de 1956.

36. *La Nacion*, 29 de janeiro de 1956.

37. O livro de Arturo Frondizi, *Petroleo y Politica* (Buenos Aires, 1954), apresentou uma defesa inflexível do monopólio estatal do petróleo.

38. *La Nacion*, 27 de fevereiro de 1956.

39. De Holland para Henry Cabot Lodge Jr., 27 de janeiro de 1956.

40. De Dulles para Cabot Lodge Jr., 3 de fevereiro de 1956.

41. De Holland para Dulles, 2 de fevereiro de 1956.

42. De Cabot Lodge Jr. para Dulles, 24 de janeiro de 1956. "Prebisch agora na Argentina parece estar totalmente a cargo desta operação de ambos os lados e ele parece ser a pessoa mais apta para responder sobre o pessoal americano nessa missão. Essencial para discutir toda a questão de forma completa e franca com ele."

43. Lewis, *Crisis of Argentine Capitalism*, 289-301.

44. *Manchete*, 21 de julho de 1956.

45. *La Prensa*, 30 de maio de 1956.

46. *Manchete*, 21 de julho de 1956. A publicação de *The Economic Development of Argentina* foi adiada até as eleições do dia 23 de fevereiro de 1958 na esperança de interessar o novo governo, mas o vencedor (Frondizi) tinha suas próprias ideias sobre desenvolvimento, das quais Prebisch e a Cepal compartilhavam pouco. A Parte I (um resumo do relatório) finalmente foi lançada em 9 de julho de 1959. Fora o Instituto Nacional de Tecnologia Agrária, o impacto mais duradouro da obra de Prebisch na Argentina em 1955-1956 foi a imigração para Santiago de um jovem economista argentino que desempenharia um papel de liderança na Cepal para a próxima geração. Internacionalmente, seu resultado mais durável foi a eventual formação do Clube de Paris.

47. *La Nacion*, 15 de abril de 1956.

48. A entrevista de Prebisch com Theophilo de Andrade, "Reforma cambial argentina", *O Cruzeiro*, 28 de janeiro de 1956, deu uma prévia de sua crítica da substituição de importações no governo Perón.

49. O Decreto 4161 tentou apagar uma década de história argentina banindo formalmente o uso de símbolos peronistas, inclusive a menção a Juan ou Eva Perón.

50. De Bustelo, Bodegas Esmeralda, para Prebisch, 13 de abril de 1956.

Capítulo 15

1. A obra de Noyola fazia uma diferença entre "pressões inflacionárias" e "mecanismos de propagação" para distinguir entre fraquezas subjacentes como a estrutura agrária, um Estado ou um sistema de classes fraco e o processo inflacionário visível, os valores monetários declinantes,

culminando com a convocação de ajuda do FMI. Arredio em relação à desorganização do processo de tomada de decisão, seu interesse residia nas antes chamadas "causas de raiz". Veja Danby, "Noyola's Institutional Approach to Inflation".

2. Apesar de Prebisch admitir problemas "estruturais" inerentes que a América Latina enfrentava (como o déficit comercial causado pelo declínio dos termos de intercâmbio), o diretor do Banco Central temia os efeitos visíveis da inflação muito mais do que seus colegas mais jovens. Ele se concentrou mais no comportamento "permissivo" dos governos.

3. Furtado, *A fantasia organizada*.

4. Ibid., 177-85.

5. Prebisch, palestra de abertura da primeira reunião da Comissão de Comércio da Cepal, Santiago, 19 de novembro de 1956.

6. *El Mercurio*, 20 de novembro de 1956.

7. Do secretário-geral da ONU, Dag Hammarskjöld, para Louis Swenson, 9 de dezembro de 1955.

8. Cepal, Resolução n. 101 [1], Sexta Sessão (Bogotá, 1955). *El Mercurio*, 20 de novembro de 1956.

9. *Notas de la Cepal, Summary: Latin America Working Group of Experts on the Iron and Steel Industry and Transformation of Iron and Steel* (Santiago, 15 de dezembro de 1956).

10. *El Mercado Comun Latinoamericano, Exposición del Doctor Raúl Prebisch en la segunda reunión del comite especial para estudiar la formulación de neuvas medidas para la cooperación económica* (Buenos Aires, 28 de abril de 1959).

11. Ibid.

12. Prebisch, *El Mercado Comum Latinoamericano*.

13. De Swenson para Prebisch, 12 de outubro de 1956.

14. De Prebisch para De Seynes, 24 de dezembro de 1956.

15. Eles tinham se tornado amigos tão íntimos da família que Monnet foi o único estrangeiro convidado para o funeral de Dulles em 1959 e a pessoa a quem Janet Dulles confiou os papéis pessoais dele.

16. Edgar Jones, diretor adjunto do Departamento de Câmbio e Restrições do Fundo, para o diretor executivo do FMI, Per Jacobbson, Washington, 25 de novembro de 1956.

17. *Sumario: Primera Reunión del Comité de Comercio de la Cepal, Notas de la Cepal* (Santiago, 10 de dezembro de 1956).

18. De Prebisch para De Seynes, 29 de maio de 1957.

19. Furtado, *A fantasia organizada*, 188-92. Furtado tinha um interesse particular no México desde sua primeira visita em 1951 e observou a conexão profunda com os Estados Unidos, tão diferente, em impacto, da experiência brasileira.

20. Furtado, *A fantasia organizada*, 189.

21. Ele estava dirigindo outro estudo, mais limitado, mas igualmente polêmico, da economia venezuelana sob o ditador Jimenez, que Prebisch também se recusou a liberar. "Sentia-me cercado", observou, "qual um atleta que necessitasse mudar de esporte para continuar avançando". Furtado, *A fantasia organizada*, 201.

22. Raymond Mikesell, delegado à Conferência de Bretton Woods, era professor de economia da Universidade do Oregon. Dudley Seers era o chefe em exercício da Divisão de Estudos Econômicos da Cepal, enquanto Nicholas Kaldor trabalhou com Furtado na Divisão de Desenvolvimento.

23. A América Central era pequena, pobre e quase sem indústrias: o trabalho de integração da Cepal nessa região não oferecia orientação para os países mais desenvolvidos da região, como a Argentina e o Chile.

24. De Prebisch para De Seynes, 10 de fevereiro de 1958. Os dois grupos de trabalho se reuniriam em seguida no Rio (Bancos Centrais, de 24 de novembro a 4 de dezembro de 1958) e no México (Mercado Comum, 16-25 de fevereiro de 1959) para finalizar um pacote de sessões seguidas da Comissão de Comércio e a oitava sessão da Cepal, no Panamá, em 1959.

25. De Williams para Irving S. Friedman, 24 de janeiro de 1957.

26. Um fato bem lembrado também na América Latina.

27. De F. Keesing para Irving S. Friedman, 15 de janeiro de 1957.

28. As reformas cambiais que ocorriam no momento tornaram o problema dos pagamentos uma questão de "grande urgência". Toda a pesquisa nesse campo era muito política. Prebisch, por exemplo, vetou a publicação de um artigo da Cepal sobre a Comunidade Econômica Europeia sem primeiro submetê-lo ao GATT e à Comunidade Econômica Europeia. De Seynes e Hans Singer achavam importante não correr o risco de enfurecer o FMI.

29. Prebisch não queria o empréstimo de um especialista em FMI "até termos uma ideia clara das possibilidades e da natureza de um esquema de pagamentos para a América Latina". De De Seynes para Milic Kybal, 20 de setembro de 1957.

30. A integração europeia deixou uma lição: a importância de um sistema de pagamentos para facilitar o comércio em períodos de dificuldades no balanço de pagamentos. De fato, de 1950 a 1953, a Cepal tinha estudado a União de Pagamentos Europeia com cuidado para ver como a América Latina poderia entrar no sistema ou colaborar com ela para expandir o comércio do outro lado do Atlântico. Em Santiago, na primeira reunião da Comissão de Comércio, tinha sido aprovada uma resolução apoiando a criação de um sistema de pagamentos regional como pedra fundamental do futuro mercado comum. A questão era se tal esquema baseado no modelo europeu era possível nas circunstâncias especiais da América Latina.

31. De Prebisch para De Seynes, 17 de setembro de 1957.

32. Prebisch, *Address to ECLA's Committee of the Whole*. Apesar de seu humor em geral azedo, ele não previa que a visita de Nixon inflamaria demonstrações hostis anti-Estados Unidos. Rabe, *Eisenhower and Latin America*, 100-16.

33. Em 17 de maio de 1954, a Suprema Corte dos Estados Unidos declarou em *Brown vs Board of Education* que a segregação racial violava a cláusula de proteção igual da Constituição dos Estados Unidos. Porém, em 4 de setembro de 1957, o governador O. Faubus convocou a Guarda Nacional para evitar que as crianças entrassem na escola em Little Rock, Arkansas.

34. De Kybal para Prebisch, 16 de abril de 1958.

35. Richard M. Nixon, *Six Crises*. Veja o capítulo intitulado "Caracas" para seu relato pessoal.

36. Scheman, ed., *The Alliance for Progress*, 63-6.

37. Departamento de Estado dos Estados Unidos, memorando oficial, 15 de junho de 1958.

38. Os cinco pontos incluíam: melhora de acesso ao capital para o desenvolvimento, um programa financeiro e técnico para a agricultura e indústrias alimentícias; estabilização e fixação de preços de matérias-primas e produtos primários; pesquisa tecnológica e de produtividade para desenvolvimento industrial latino-americano; e assistência técnica para combater o analfabetismo e treinamento em desenvolvimento. De David Pollock para Guy Trancart, 18 de fevereiro de 1960.

39. Douglas Dillon fez o anúncio nesse dia para que ele precedesse uma coletiva de imprensa apresentando uma iniciativa semelhante dos Estados Unidos para o Oriente Médio. Rabe, *Eisenhower and Latin America*, 112. Christian Herter representava o Departamento de Estado dos Estados Unidos por causa da doença de John Foster Dulles, que levou à sua renúncia em 25 de fevereiro de 1958.

40. Milton Eisenhower, *Report to the President on United States – Latin American Relations*.

41. Stephen G. Rabe, *Eisenhower and Latin America: The Foreign Policy of Anti-Communism*, 111-12.

42. Robert J. Dorr, Departamento de Estado dos Estados Unidos, 30 de dezembro de 1958.

43. Roy Rubottom, *Memorandum of Conversation*, Departamento de Estado dos Estados Unidos, Washington, 18 de novembro de 1958.

44. Departamento de Estado dos Estados Unidos, memorando oficial, 18 de novembro de 1958.

45. De Kybal para Prebisch, 15 de outubro de 1958.

46. Na reunião de ministros das relações exteriores de setembro, a delegação dos Estados Unidos tinha apoiado a Cepal, repetindo que ela continuava a ser a principal organização internacional no projeto segundo a Resolução 40 da Conferência Econômica de Buenos Aires.

47. De Prebisch para Kybal, 6 de outubro de 1958.

48. Scheman, ed., *Alliance for Progress*, 40.

49. Levinson e Onis, *The Alliance That Lost Its Way*, 151.

50. Em contraste, Felipe Herrera, ex-ministro da fazenda chileno e diretor do Banco Central, de 37 anos, que foi eleito primeiro presidente do BID, reconheceu sua dívida para com Prebisch e o acolheu como um de seus parceiros mais próximos, visitando a Cepal durante a primeira viagem de volta ao Chile depois que o Banco começou a operar. De David Pollock para Louis Swenson, 19 de maio de 1960.

51. Departamento de Estado dos Estados Unidos, memorando oficial, 18 de novembro de 1958.

52. Departamento de Estado dos Estados Unidos, memorando oficial, 18 de novembro de 1959.

53. Wyndham-White tinha sugerido que um comitê de especialistas se reunisse em Washington para examinar uma proposta conjunta Brasil-Estados Unidos para um fórum regular, compreendendo os seis membros latino-americanos do GATT, Canadá e vários países europeus, que examinaria a integração econômica regional na América Latina e relataria suas conclusões ao GATT. Prebisch não foi informado nem convidado a participar.

54. Urquidi, "The Montevideo Treaty", 51-64. Apenas seis países latino-americanos estavam no GATT. Era improvável que Wyndham-White repetisse o endosso que dera ao Tratado de Roma quando foi apresentado ao Mercado Comum Latino-Americano. A América Latina permanecia na periferia do sistema global, com a modernização econômica havia pouco iniciada. As lacunas entre a América Latina e a Europa em infraestrutura, educação, recursos humanos, estruturas estatais, coesão social e política eram enormes. A integração latino-americana, argumentava Prebisch, exigia um modelo de desenvolvimento diferente do da Europa, onde o crescimento poderia ser construído sobre fundações já assentadas. A América Latina ainda tinha de construí-las, o que significava que o projeto da Cepal combinava a abertura de mercados regionais com uma estratégia de industrialização para criar empresas regionais competitivas. Para Wyndham-White, isso parecia uma substituição de importações em um nível regional, projetada para afastar produtos já importados da Europa e dos Estados Unidos, contrapondo-se ao artigo XXIV do estatuto de GATT, que condicionava o endosso a acordos de livre-comércio regionais ao aumento do comércio internacional geral em vez de desviar o comércio e o investimento. Quando perguntado se o mercado regional latino-americano seria "desconfortável para os apoiadores do livre-comércio", Urquidi respondeu: "Com certeza! Os fatos do desenvolvimento industrial, e não apenas na parte latino-americana do hemisfério, são que ele precisa ser realizado com base em uma tarifa protetora e medidas semelhantes."

55. Em maio de 1957, Per Jacobsson visitou Santiago em sua primeira viagem à América Latina e se hospedou com Raúl e Adelita em El Maqui. Ele os agradeceu por sua hospitalidade, mas ressaltou que suas ideias "favoráveis à estabilidade não tinham mudado". De Jacobsson para Prebisch, 20 de setembro de 1957.

56. "La influencia del Mercado Comum en el desarrollo economico de America Latina" (Cepal, 8ª sessão, Cidade do Panamá, 1959; enviado para o dr. Milton Eisenhower, Johns Hopkins University, em 1º de junho de 1959); "The Latin America Common Market and the Multilateral Payments System" e "ECLA's Annual Report to ECOSOC" (Genebra, 1959). Veja também de Milic Kybal para R. Mikesell, 3 de junho de 1959 e 1º de junho de 1959.

57. De Louis Swenson para o secretário-geral da OEA José A. Mora, 6 de outubro de 1956.

58. De Del Canto para Jacobsson, 22 de maio de 1959. Apesar de o projeto do Mercado Comum implicar preferências regionais e reciprocidade gradual e progressiva para alcançar uma industrialização regional competitiva, a Cepal rejeitou a acusação de regionalismo "fechado": ela pretendia intensificar o comércio latino-americano sem prejuízo para a expansão do comércio em outras áreas, "mantendo em mente a necessidade fundamental de aumentar o comércio mundial em geral". A substituição de importações regional substituiria, mas não diminuiria, as

exportações de terceiros para a América Latina, já que economias em rápido de desenvolvimento exigiriam constantemente importações com valor adicionado mais alto para amadurecer e se tornarem economias desenvolvidas.

59. De fato, Del Canto ficou confuso ao discutir com Prebisch e teve que ser ajudado, segundo representantes no Banco Mundial, pela delegação norte-americana. Quando desafiado a explicar como o modelo do FMI de conversibilidade estrita promoveu o comércio regional sem outras medidas como acordos de crédito recíprocos, não conseguiu responder. Só com a conversibilidade estrita, defendeu Prebisch, as economias latino-americanas seriam cada vez mais "compartimentos estanques", competindo por investimentos estrangeiros diretos, por trás de proteções tarifárias altas e, ao mesmo tempo, dependendo de receitas alfandegárias para equilibrar seus orçamentos.

60. Havia, é claro, outras divisões dentro da região. Del Canto estava certo de que havia pouco apetite político para fomentar a integração regional na América Latina.

61. Como o Partido Peronista foi banido e o Partido Socialista era pequeno demais, a escolha ficou entre Ricardo Balbín e Frondizi, os dois líderes radicais que chefiavam facções separadas do partido para se enfrentarem nas eleições sob diferentes bandeiras. Frondizi negociou um pacto com Perón em janeiro de 1958 e venceu com facilidade, revelando a força da retomada peronista.

62. O programa econômico de Frondizi estava baseado, disse ele, na "integração", mas seu conceito implicava coesão social em vez de liberalização do comércio.

63. Cepal, *Progress Report on ECLA Work Program* (Santiago, 6 de outubro de 1958). Não estava claro, em primeiro lugar, se Frondizi continuaria sua vingança contra o Plano Prebisch uma vez eleito, principalmente após uma bem-sucedida reunião dos quatro países (Argentina, Brasil, Chile e Uruguai) com funcionários do alto escalão, que recomendavam um aprofundamento da integração no Cone Sul e a apresentação de uma posição comum ao GATT.

64. Oferecido por Merle Cochran, o almoço incluiu o diretor do Departamento de Restrições Cambiais, Irving Friedman, o diretor de Pesquisas, Jacques J. Polak, e Jorge del Canto.

65. Decisões no primeiro turno exigiriam uma maioria de dois terços, desde que não houvesse voto negativo (isto é, cada país mantinha um poder de veto). Não havia papel do FMI; o tratamento de nação mais favorecida era compulsório e havia cobertura igual de produtos novos e já existentes.

66. De Hammarskjöld para Prebisch, 18 de fevereiro de 1960.

67. Após assinar o Tratado de Montevidéu, os funcionários do Departamento de Estado dos Estados Unidos repetiram seu apoio a seus princípios subjacentes, mas mantiveram reservas suficientes sobre seu aspecto prático para recomendar a Comunidade Econômica Europeia, em vez de a Aladi, para investidores do setor privado dos Estados Unidos. Por seu lado, Per Jacobsson zombou da Aladi em "*pocas palabras*" na Reunião Anual do FMI-Banco Mundial em outubro de 1960. Não houve congratulações e nenhum delegado latino-americano falou em nome dela. De Pollock para Swenson, *Review of Raúl Prebisch's July 7-8 Visit to Washington*, 11 de julho de 1960; H. Turkel, Departamento de Estado dos Estados Unidos, memorando oficial, 8 de julho de 1960.

68. De Seynes tentou persuadir Prebisch, mas Malinowski concordou que a tarefa não valia o esforço.

69. Por exemplo, o Colégio no México, a Fundação Getúlio Vargas no Brasil e o Instituto de Pesquisa Econômica em Los Andes, Colômbia. O Chile e outros países não estavam muito atrás.

70. De Robert Hausner para Prebisch, memorando oficial da ONU, 29 de setembro de 1958. A pensão anual calculada foi de US$ 3.820 após a aposentadoria, em 1º de julho de 1963.

71. De Malinowski para Prebisch, 17 de maio de 1960.

72. O ponto fraco do planejamento de desenvolvimento era uma lição óbvia retirada da Argentina de Perón, ainda mais aparente em países mais pobres. De Dag Hammarskjöld para baixo, as agências estavam sendo solicitadas a encontrar formas de acelerar o crescimento em países em desenvolvimento. Hammarskjöld insistiu na necessidade de sair da teoria, pôr em prática a cooperação internacional e melhorar o planejamento nacional para mobilizar capital estrangeiro e doméstico, já que as forças de mercado não reduziriam sua vulnerabilidade. Ele levantou o espectro de duas regiões econômicas no mundo que cresceriam separadas, a menos que a comunidade global concordasse com novas medidas para ajudar o Terceiro Mundo. A Cepal, aparentemente, teve uma oportunidade porque grupos consultivos representavam uma continuação lógica de seu trabalho em Santiago, desde seus primórdios, capitalizando sobre seu investimento em treinamento e pesquisa em desenvolvimento. Porém, não era fácil vender a iniciativa em Washington (onde foi vista como mais uma tentativa de Prebisch de estender o mandato original da Cepal) ou em Nova York (onde funcionários da ONU, como De Seynes e Mosak, insistiam em manter controle estrito sobre as comissões regionais). Dag Hammarskjöld, *Remarks to the July 1956 ECOSOC Meeting* (Genebra, julho de 1956).

73. Assembleia Geral da ONU, "Measures for the Economic Development of Under-Developed Countries" (Nova York, 1951).

74. Maizels, "Refining the World Commodity Economy", 108. Bello, "The Iron Cage", 27. Eugene R. Black, no Banco Mundial, finalmente aceitou a AID como uma pedra no sapato necessária para apaziguar os países em desenvolvimento, apesar de discordar da ideia de que o Banco iria, pelo menos, controlá-la.

75. Até dezembro de 1961, a resolução tinha percorrido a burocracia do sistema ONU e tinha sido aprovada.

Capítulo 16

1. Foi suposto, corretamente, que Nixon estava planejando ativamente a queda de Castro.

2. No outono de 1960, Richard Goodwin estava ocupado explorando um *slogan* de campanha que evocaria a "política de boa vizinhança" de Roosevelt. Em setembro, ele se aferrou à palavra "aliança" e, com Karl Meyer no *The Washington Post* e Ernesto Betancourt na OEA, ampliou-a para "Aliança para o Progresso". Kennedy gostou. Em outubro, a expressão tornou-se uma plataforma de campanha, prometendo uma iniciativa comparável ao Plano Marshall para a Europa. Scheman, ed., *Alliance for Progress*, 195-6.

3. *Diario las Americas* (Miami), 22 de setembro de 1960. De Milic Kybal para Jorge Ahumada, 2 de setembro de 1959.

4. De Kybal para Reynold Carlson, Vanderbilt University, 17 de abril de 1959.

5. Cepal, memorando oficial, 20 de abril de 1959.

6. Para um relato esquerdista contemporâneo da cronologia, veja *New University Thought*, 4-8.

7. Incluído em Joaquin Martiz, *Recuento de Poemas, 1950-93*, 179.

8. Da Missão Norte-Americana na ONU para o secretário de Estado, 8 de julho de 1960. A reunião foi realizada após o terremoto no Chile com uma sólida frente de delegados latino-americanos confrontando os membros americanos e europeus. "Desde o início da sessão, ficou claro que os quatro membros não latino-americanos só eram tolerados na comissão como um mal necessário."

9. Retomando o trabalho com a empresa de consultoria econômica de E. M. Bernstein. De David Pollock para Louis Swenson, 30 de agosto de 1960.

10. Regino Boti Leon, entrevista com o autor, 12 de janeiro de 1995.

11. Che Guevara, citado em ibid.

12. Da embaixada americana em Santiago para o secretário de Estado, 20 de abril de 1960.

13. De Noyola para Pollock, 9 de agosto de 1960.

14. "Regino Boti Viaja a Estados Unidos", *Diario de las Americas*, 22 de setembro de 1960.

15. *Allentown Chronicle*, 8 de março de 1960. Uma comissão técnica de nove nações foi nomeada por ministros estrangeiros para a Comissão dos 21.

16. Eles queriam estabilização de preços de produtos primários, aumento da diversificação, maior produtividade na agricultura e na indústria, mais assistência técnica e maior acesso ao capital.

17. Dillon, "The Prelude", 63-6. Considerando sua nomeação de George Humphrey como secretário do Tesouro no início de 1953, a mudança de atitude de Eisenhower em relação à América Latina foi espetacular. Foi também um elogio. A Operação Pan-Americana de Kubitschek e os novos princípios adotados pela Comissão dos 21 eram uma apropriação flagrante de ideias da Cepal em Santiago.

18. Fidel Castro Ruz, "The Problem of Cuba and Its Revolutionary Policy", Assembleia Geral da ONU, 26 de setembro de 1960.

19. Os livros influentes lançados por Walt W. Rostow, *A Proposal: Key to an Effective Foreign Policy* (com Max Milliken) e *Stages of Economic Growth: a Non-Communist Manifesto*, o trouxeram para a equipe de Kennedy.

20. Presidente John F. Kennedy, "Address at a White House Reception for Members of Congress and for the Diplomatic Corps of the Latin American Republics", Washington, 13 de março de 1961; *Prebisch Papers* inclui a versão original da carta conjunta de Prebisch enviada ao presidente Kennedy.

21. Mas um elemento-chave da versão de Prebisch – sua ligação da integração regional com a promoção de exportações industriais – foi abandonado. Seu texto "Sem tais acordos não haverá industrialização eficiente e progressiva, e as exportações industriais alcançarão proporções apreciáveis nem dentro da área latino-americana nem em relação ao resto do mundo. A América Latina tem de entrar no mercado de exportações industriais" foi amainado para um suave endosso de apoio a "toda integração econômica que seja um passo genuíno em direção a mercados mais vastos e maiores oportunidades competitivas". Foi uma derrota para os esforços de Prebisch desde 1956 para distinguir uma política de substituição de importações com sua aplicação errônea, tal como os erros da Argentina sob o governo Perón.

22. Schlesinger, "Myth and Reality", 68.

23. Prebisch, "Joint Responsabilities for Latin American Progress". Essa foi uma mensagem dura a doadores e receptores. A ajuda ao desenvolvimento vinda de fora, argumentou, era essencial mas secundária, diante da responsabilidade dos próprios países latino-americanos se quisessem prosperar. Mas estes últimos precisavam de previsibilidade no financiamento. "Para que o planejamento seja bem-sucedido, cada país tem de saber com certeza que, pela duração do plano, pode contar com os recursos internacionais indispensáveis para colocá-lo em prática." Na mesma edição, Jacob Viner concordou com Prebisch: planos de longo prazo tinham sido a chave para o sucesso do Plano Marshall ("o notável sucesso na história pregressa da ajuda externa"), e autorizações de longo prazo aprovadas pelo Congresso dos Estados Unidos também eram necessárias para o sucesso da Aliança para o Progresso.

24. Lincoln Gordon, entrevista com o autor.

25. Memorando da Casa Branca, *Secret, Conversation with Comandante Ernesto Guevara of Cuba*, 22 de agosto de 1961. Guevara agradeceu a Goodwin pela "grande vitória política" da invasão da baía dos Porcos, mas pediu um *modus vivendi* com o governo dos Estados Unidos.

26. Felipe Pazos tinha acabado de sair de um jantar com Moscoso e Prebisch, quando ele chegou.

27. Lerdau, "The Alliance for Progress", 165-84.

28. Citado em ibid., 167.

29. Prebisch, *"Vamos a tener mas recursos?"*.

30. Ferguson, "ECLA and the Alliane for Progress". Frondizi também interviera para evitar que Prebisch fosse nomeado diretor executivo da nova Comissão Tripartite OEA-Cepal-BID, aparentemente para evitar sua possível interferência no acesso direto da Argentina aos Estados Unidos e às agências financiadoras.

31. Embaixada americana em Santiago para Departamento de Estado, 2 de setembro de 1961. Repetia o boato espalhado em Punta del Este de que a delegação dos Estados Unidos tinha abordado Prebisch com a oferta para chefiar o painel.

32. De Manuel J. Rios para Bodil Royem, 24 de junho de 1962.

33. Sikkink, *Ideas and Institutions*, 101-10; Lewis, *Crisis of Argentine Capitalism*, 336-7, para um exemplo de como Frondizi não estimulava capitalistas argentinos – neste caso, no setor

automobilístico, apesar de sua Comissão Nacional sobre Investimentos Estrangeiros de 1958 e o Plano de Estabilização terem se harmonizado com os Estados Unidos e o FMI, de acordo com o previsto.

34. O humor flutuante de Prebisch foi confirmado em Ottawa (que tinha acabado de se juntar à Cepal), onde ele questionou funcionários canadenses sobre os novos desenvolvimentos da Aliança. "Ele foi patentemente pró-Estados Unidos em todos os seus comentários" e se mostrou entusiasmado com a Aliança para o Progresso. O Ministério das Relações Exteriores do Canadá observou: "E não pareceu estar interessado em fazer qualquer avanço especial ou em qualquer posição especial para a Cepal." Da embaixada americana em Ottawa para o secretário de Estado dos Estados Unidos, 1º de dezembro de 1961.

35. Observações feitas por Douglas Dillon, secretário do Tesouro, na Reunião Especial do Conselho Econômico e Social da ONU Interamericano, Washington, DC, 30 de novembro de 1961.

36. Coletiva de imprensa da OEA, "Brazil Moves to Organize Its Alliance For Progress Short-Term Projects", 29 de janeiro de 1962.

37. Bolívia e Colômbia eram os próximos países a serem analisados pelo painel.

38. Gilbert Burck, "Latin America: Bureaucracy and the Market", *Fortune* (fevereiro de 1962).

39. Schlesinger, "Myth and Reality", 70.

40. Grunwald, "Invisible Hands in Inflation and Growth", 318. Quando a *Business Week* declarou sua lealdade em relação à Aliança para o Progresso, o impulso reformista inicial ficou sob suspeita.

41. De Prebisch para os especialistas do Comité de los Nueve, 12 de junho de 1962.

42. Um mês antes, em dezembro de 1961. Apesar de os boatos de oposição terem se reduzido na equipe do Fundo Especial, Hoffman chegou a ponto de ler uma declaração na 9ª reunião da Cepal em Santiago em 5 de maio de 1961 – imediatamente antes da Conferência de Punta del Este – que literalmente garantiu o financiamento. Em contrapartida, os delegados do governo nessa reunião endossaram o projeto em princípio quase sem discussão ou debate, deixando Raúl livre para avançar com o projeto do instituto.

43. De Benjamin Hopenhayn para Raúl Prebisch, 17 de julho de 1963.

44. De Richard E. Demuth para J. Burke Knapp, 1º de maio de 1961.

45. De Demuth para Burke Knapp, 10 de julho de 1962.

46. Prebisch, *Address to ECLA'S Eight Plenary Meeting*, 14 de fevereiro de 1962.

47. Para agilizar as coisas com Paul Hoffman, Prebisch tinha convencido cinco governos – Brasil, Bolívia, Chile, Venezuela e Colômbia – a apresentar uma solicitação formal ao projeto do Fundo Especial. Depois que ela foi aprovada em janeiro de 1962, Prebisch propôs um conselho de administração nomeado com membros desses cinco países, as três organizações patrocinadoras (Fundo Especial, BID e Cepal) e ele mesmo como diretor-geral. Tal composição violava as regras na América Latina de uma organização "regional", ignorando o México e a Argentina,

que insistiam na representação individual. Ele foi compelido a recuar em favor de um conselho de onze membros, com oito representantes latino-americanos usando a seleção tradicional da Argentina, Brasil, México e Chile, Venezuela/Colômbia, bem como, em conjunto, a América Central, a região andina e o Cone Sul (Bolívia, Uruguai ou Paraguai). No entanto, Prebisch foi bem-sucedido em um acordo de que os diretores agiriam em sua capacidade individual em vez de como delegados dos governos.

48. De Murray Ross para William Diamond, memorando oficial do Banco Mundial, 15 de junho de 1962.

49. David H. Pollock, entrevista com o autor, 12 de julho de 1992.

50. Registro de reunião com funcionários do Departamento de Estado dos Estados Unidos, Washington, DC, 15 de fevereiro de 1963, *Pollock Papers*, caixa 3.

51. Prebisch, *Adress to the Tenth Session of the Economic Commission for Latin America*, Mar del Plata, 6 de maio de 1963.

52. Lincoln Gordon, entrevista com o autor. A ofensiva americana contra o presidente Goulart, que se opunha a sanções americanas contra Cuba, começou antes de outubro de 1962. O presidente Kennedy cancelou abruptamente uma visita ao Brasil marcada para 20 de novembro, enviando, em seu lugar, seu irmão para uma humilhante descompostura pública a Goulart em sua própria capital.

Capítulo 17

1. Com a liderança dos Estados Unidos, o recém-criado Conselho Econômico e Social da ONU convidou dezoito países para formar uma comissão preparatória (a Comissão Interina para Organização Internacional do Comércio), para redigir um plano para a OIC. Rejeitada por Moscou, a comissão se reuniu de qualquer forma em Londres e seguiu em frente rumo a Havana.

2. *The New York Times*, "About That Free Trade", 15 de maio de 2006, para uma retrospectiva de meio século.

3. Apesar de determinadas imperfeições na margem (como burocracia excessiva) terem sido admitidas.

4. Como a Comissão sobre Comércio Internacional de Commodities da ONU. Ela foi altamente ineficaz, apenas uma entre várias novas agências relacionadas com comércio que proliferaram, pois a questão era de importância global e preencheu o vácuo da OIC com uma burocracia feroz.

5. Deixando o Acordo do Café de 1958 como a única realização entre os Estados Unidos e os países em desenvolvimento no comércio de produtos primários.

6. Substituindo a Organização da Comunidade Econômica Europeia, que fora criada em 1949 para orientar a reconstrução europeia. As economias de mercado desenvolvidas já tinham seu próprio grupo, mantido pela Organização para Cooperação e Desenvolvimento Econômico (OCDE) em Paris. Desde 1945, tinham aprendido a importância de trabalhar juntas nos arquivos mais

importantes, quaisquer que fossem suas diferenças individuais de políticas, e tinham aprofundado sua colaboração internacional desde 1960, quando a Organização da Comunidade Econômica Europeia foi transformada na OCDE.

7. Basta olhar para as várias resoluções tomadas na Assembleia Geral da ONU: a Resolução GA 1421 (XIV), uma declaração geral sobre comércio e desenvolvimento para países subdesenvolvidos aprovada em 5 de dezembro de 1959, seguida pela Resolução GA 1519 em 15 de dezembro de 1960, *Strengthening and Development of the World Market and Improvement of the Trade Conditions of the Economically Less Developed Countries*. Nenhuma das duas implicou ação efetiva.

8. Formulada por representantes oficiais da ONU chefiados por Hans Singer, a estratégia de desenvolvimento da ONU estabeleceu uma meta de crescimento anual mínima de 5% entre 1960 e 1969. Três meses após o discurso de Kennedy, em 19 de dezembro de 1961, a Resolução GA 1707 (*International Trade as the Primary Instrument for Economic Development*) foi aprovada, requerendo que o secretário-geral consultasse governos membros em relação a convocar uma conferência da ONU sobre comércio internacional e questões de desenvolvimento.

9. Toye and Toye, "From New Era to Neo-Liberal Era", 154-5.

10. Pollock, Love e Kerner, "Prebisch at Unctad", 46-7.

11. Relatório Final da primeira reunião anual do Conselho Econômico e Social Interamericano em nível ministerial, OEA, México, 27 de outubro de 1962.

12. Resolução da Assembleia Geral da ONU 1785, 8 de dezembro de 1962.

13. De Prebisch para De Seynes, 23 de janeiro de 1963.

14. Prebisch ainda chefiava a Cepal (até agosto de 1963) e o novo Ilpes estava apenas começando. Ele então decidiu passar as três semanas iniciais em Nova York para reivindicar o papel de secretário-geral e depois voltar por dois meses para preparar a Cepal e passar a pasta para José Antonio Mayobre. Decidiu manter o Ilpes, já que seu contrato com a Unctad expirou em meados de 1964, nomeando Cristóbal Lara seu adjunto, trazendo Benjamin Hopenhayn de volta a Washington para ocupar o cargo de secretário e garantindo à sua equipe que voltaria como seu chefe.

15. Na verdade, De Seynes tinha se oposto a mandar Prebisch para a Conferência do Cairo. De Wladek Malinowski para Halina Malinowski (correspondência pessoal de Malinowski), 8 de julho de 1962.

16. Bem como o novo Centro de Projeção do Modelo Mundial do DESA.

17. J. Mosak para Oscar Schachter, 9 de janeiro de 1963.

18. David H. Pollock, resumo da reunião, 6 de fevereiro de 1963, 5 (*Pollock Papers*, caixa 3). As referências subsequentes a Pollock neste capítulo têm a mesma origem.

19. Mosak confidenciou que o apoio de Washington a manter a Unctad tinha menos a ver com os países em desenvolvimento do que com seu desapontamento com as recentes negociações de comércio com a Europa: a Unctad seria uma advertência para a Comunidade Econômica Europeia ser levada a sério ou então os Estados Unidos sairiam fora.

20. David Pollock, notas sobre a reunião, 7 e 8 de fevereiro de 1963.

21. Apesar de o papel de Dell nas conversas sobre a Unctad ter sido discutido desde dezembro, Mosak continuava a evitar a questão.

22. O chefe do pessoal da ONU, Dharman, que era próximo de Mosak e De Seynes, advertiu Prebisch de que essa seria uma "ideia muito perturbadora para determinados governos".

23. De Pollock para Prebisch, 23-25 de abril de 1963.

24. Porém, somente por meio da intervenção pessoal de U Thant, que convenceu o escritório europeu da ONU a remarcar as reuniões programadas para a Organização Mundial de Saúde (OMS) e a Organização Internacional do Trabalho (OIT).

25. Inclusive Jan Tinbergen, T. Balogh, Ray Vernon, Nicholas Kaldor, Paul Rosenstein-Rodan, Ed Mason, Gerald Helleiner, Arthur Lewis, entre outros economistas famosos.

26. A Chatham House, por exemplo, seguiu em outubro com uma conferência em Bellagio, financiada pela Carnegie Foundation, em que economistas selecionados para impor um "máximo impacto sobre os governos" proporiam recomendações para a Conferência de Comércio. Pollock, *Notes*, 22 de abril de 1963.

27. Originalmente 75 e depois um número muito maior de Estados da ONU, conforme os anos foram passando e o número de membros foi aumentando.

28. Para uma avaliação detalhada das negociações pré-Unctad I, veja Dosman e Pollock, "Hasta la Unctad y de regreso: divulgando el evangelio, 1964-68", *Estudios Sociologicos del Colegio de México* 14 (setembro-dezembro de 1998), 48; Diego Cordovez, "The Making of Unctad: Institutional Background and Legislative History", *Journal of World Trade Law* I, n. 3 (maio-junho de 1967), 243-328; e Thomas G. Weiss, *Multilateral Development Diplomacy in Unctad*.

29. A Nova Zelândia reuniu-se com o G-77 até o final da conferência antes de decidir que pertencia ao Grupo B.

30. De Pollock para Prebisch, 25 de junho de 1964.

31. A viagem começou em Canberra, seguida de visitas com duração de dois a quatro dias em Tóquio, Bancoc, Nova Déli, Karachi, Cairo, Belgrado, Varsóvia, Moscou, Bonn, Paris, Bruxelas e Londres.

32. De Gaulle tinha acabado de rejeitar a oferta da Inglaterra de se juntar à Comunidade Econômica Europeia. Os Estados Unidos e a Europa estavam empacados em questões de comércio, deixando alguma perspectiva de desviar as abordagens do Grupo B em Genebra. No entanto, o secretariado da Organização para Cooperação e Desenvolvimento Econômico em Paris desempenhou um papel habilidoso de costura, com a capacidade técnica e analítica de interpretar questões complicadas de comércio e finanças internacionais para seus membros.

33. Declaração do dr. Raúl Prebisch, reunião informal da Segunda Comissão da Assembleia Geral, 18 de novembro de 1963.

34. Ibid.

35. Ibid.

36. Registro da reunião com funcionários do Departamento de Estado dos Estados Unidos, Washington, DC, 1º de novembro de 1963, *Pollock Papers*, caixa 3.

37. Discurso de George W. Woods, almoço em homenagem a Raúl Prebisch, 2 de novembro de 1963.

38. Ibid.

39. Dell temia que o relatório fosse "favorável demais à América Latina" ao criticar o "desenvolvimento para dentro" e pressionar pela promoção de exportações de bens manufaturados, já que a maioria dos países em desenvolvimento permanecia sendo de produtores de bens primários (90% do comércio do Terceiro Mundo) com grandes setores de subsistência. Dell e Khrishnamurti também sentiam que Prebisch deveria reduzir seu tom de crítica ríspida ao GATT; uma redução de tom poderia "fortalecer nossa argumentação pela melhora".

40. Ray Sternfeld, entrevista com o autor. Mann tinha recusado a oferta de Kennedy para ser secretário de Estado adjunto para a América Latina, porque achava que a Aliança para o Progresso talvez não funcionasse. Sua nomeação acelerou o desgaste da Aliança antes do assassinato de Kennedy: duas semanas antes de Dallas, em 6 de outubro, o secretário de Estado adjunto, Edwin Martin, decidiu manter a ajuda aos novos governos militares de Honduras e da República Dominicana, apesar da derrubada dos governos democraticamente eleitos.

41. A Unctad precisava tanto do apoio de Washington que Prebisch tinha alugado um escritório no prédio da OEA para coordenar reuniões com funcionários, legisladores e o setor privado, a fim de se preparar para Genebra. Apesar de cair para 19,4% em 1982, os Estados Unidos produziam mais da metade do PIB do mundo desenvolvido em 1960, abrigavam o FMI, o Banco Mundial e o BID e sua imensa influência lhes conferia um poder de veto de fato.

42. Pollock, notas da reunião de 1º de novembro de 1963, Departamento de Estado, Washington, DC. O argumento era que os países em desenvolvimento eram essenciais para as relações Leste-Oeste – o fator desestabilizador na rivalidade Estados Unidos-União Soviética – e vulneráveis à subversão comunista. Rostow estava convencido de que tinha construído um novo esquema para a política externa americana, que o G-77 não tinha conseguido captar.

43. Declaração da 24ª sessão plenária, 8 de abril de 1964. Trabalhos, v. II, 436.

44. "Eu via lógica no conceito de países avançados abrindo seus mercados ao Terceiro Mundo; o único problema era que eles nunca fariam isso e eu não queria fazer parte de uma fraude." George Ball, *The Past Has Another Pattern*, 193-5.

45. De Arthur Karasz para Richard E. Demuth, 26 de maio de 1964.

46. Heath, *The Course of My Life*, 602.

47. Helleiner, "The Southern Side of "Embedded Liberalism", 263-6.

48. A Ásia era ainda mais complexa, mas concordou em incorporar a Iugoslávia, Israel e os países do Oriente Médio não africanos. R. Krishnamurti batalhou para manter uma frente unida entre esses governos durante a I Unctad, não obstante questões históricas como a Cashemira e a dificuldade de lidar com o Japão, a Austrália e a Nova Zelândia, que eram membros da Co-

missão Econômica das Nações Unidas para a Ásia e o Extremo Oriente, mas também estavam fora do G-77 como parte do Grupo B.

49. O Grupo C era um bloco de construção da própria Unctad – tanto na geografia quanto na ideologia – e, assim, vital para a credibilidade política de Prebisch e a estratégia geral no G-77. A Unctad deu à Cepal uma nova missão para coordenar uma posição latino-americana unida sobre comércio e desenvolvimento para Genebra – assumindo a liderança na formação da Comissão Especial de Coordenação Latino-Americana (Cecla) em novembro de 1963 como um modelo de consulta regional e agregação para outras comissões regionais –, a Comissão Econômica das Nações Unidas para a Ásia e o Extremo Oriente em Bancoc ou a Comissão Econômica para a África – que enfrentavam um desafio semelhante. O Brasil foi vital para fazer avançar a iniciativa da Unctad antes de Genebra. Em novembro de 1963, o presidente João Goulart contou em uma reunião da OEA que a unidade latino-americana na Unctad era vital; liderado pelo ministro do Planejamento, Celso Furtado, o Brasil facilitou o trabalho da Cecla no início de 1964 para se preparar para Genebra. Em janeiro de 1964, a Cecla organizou uma reunião de especialistas, em que Prebisch apresentou o artigo principal e, um mês depois, na Comissão Plenária da Cepal, um artigo de tomada de posição para a Unctad I foi aceito em princípio, com Mayobre anunciando que a integração tinha se tornado a "*meta, el eje y el centro*" das atividades futuras da Cepal (*Clarín*, 16 de fevereiro de 1964). A Cecla foi de novo reunida em Alta Gracia, Argentina, para uma sessão final de estratégia do Grupo C. O resultado foi um grupo tão proeminente durante a I Unctad que muitas delegações africanas e asiáticas temeram que seus interesses pudessem ficar submergidos pela América Latina.

50. De Khrishnamurti para U Nyun, 29 de maio de 1964. O ataque cardíaco e a morte de Jawaharlal Nehru em 27 de maio também estimularam a coesão do Terceiro Mundo.

51. Cordovez, "Unctad and Development Diplomacy".

52. R. Krishnamurti, "Note on the Confidential Negotiations Convened by Dr Prebisch from 3-15 June, 1964 on the Unctad Recommendations on Institutional Machinery", junho de 1964.

53. De Narisiham para De Seynes, 11 de maio de 1964.

54. Veja Diego Cordovez, "Unctad and Development Diplomacy", *Journal of World Trade Law* I, n. 3 (maio-junho de 1967).

Capítulo 18

1. Celso Furtado, *Os ares do mundo*, 49.

2. Essa seção se baseia em grande parte nas entrevistas do autor com Celso Furtado e Fernando Henrique Cardoso.

3. Raúl Prebisch, entrevista gravada não publicada, Santiago, 19 de dezembro de 1973.

4. Celso Furtado, *Os ares do mundo*, 30-1.

5. De De Seynes para Prebisch e C. V. Narasimhan, 30 de outubro de 1964.

6. Não poderia ser permitido que o Desa ditasse a política ou a pesquisa da Unctad, que tinha seus próprios requisitos: "É preciso combinar variedade e liberdade de pesquisa com uniformidade de metodologia e consistência de dados básicos, resultados e interpretação." De Prebisch para De Seynes e Narasimhan, 1º de novembro de 1964.

7. Essa foi a notória Comissão Consultiva sobre Questões Administrativas e Orçamentárias da ONU. Essencialmente, De Seynes propôs a consolidação e a fusão de serviços com o Desa. A questão era crítica para Prebisch para manter o pessoal. A reunião do G-77 foi realizada em 14 de janeiro. O G-77 "apoiará fortemente a apresentação do secretário-geral e não seria capaz de conviver com as propostas da comissão consultiva", escreveu Prebisch para U Thant após a reunião. B. R. Turner, controlador da ONU, escreveu para C. V. Narasimhan em relação a essas "diferenças básicas de opinião sobre questões de política entre o dr. Prebisch e o sr. De Seynes", solicitando aconselhamento do secretário-geral na resolução da crise "por sua importância na estrutura organizacional da ONU" (6 e 18 de novembro, e relatório do secretário-geral da comissão consultiva, 8 de dezembro de 1964). As necessidades da equipe foram projetadas em 71 funcionários em 1965 e 94 em 1966, incluindo 21 pessoas para trabalho com produtos primários.

8. No final, ele foi levado a aceitar um dos dois. Oito cargos profissionais e oito de serviços gerais tinham de ser transferidos do escritório de Mosak para a Unctad. Dell foi liberado para trabalhar com Prebisch em 10 de novembro; apesar de sua área ser finanças e não desenvolvimento, ele também foi um dos consultores gerais mais importantes de Prebisch.

9. A nova máquina da Unctad era bem mais complexa. O órgão principal permanecia sendo a conferência, que inicialmente se reuniria em 1966 mas foi adiada até 1968; depois disso, um intervalo de quatro anos entre as conferência virou regra. Próximo na hierarquia era o Conselho de Comércio e Desenvolvimento (TDB), abrangendo 35 membros de quatro grupos regionais, com seu próprio presidente e com a atribuição de realizar duas sessões por ano em Nova York e Genebra, respectivamente. Reportando-se ao TDB estavam as três principais comissões da Unctad: produtos primários, produtos manufaturados e intangíveis, e financiamento. A complexidade dessas áreas necessitava, por sua vez, de grupos de trabalho e subcomissões intergovernamentais. Apesar de o secretariado se expandir para 175 profissionais até 1968, incluindo uma divisão especial de assuntos de conferências, havia uma movimentação grande demais para um trabalho consistente e de alta qualidade.

10. Desde o começo, os Estados africanos reclamaram que estavam sendo excluídos de posições mais altas no novo secretariado de Prebisch. Alguns deles, como a Tanzânia e Gana, atacaram abertamente Prebisch por favoritismo em relação a latino-americanos e por dar aos africanos empregos de "garotos de recados elegantes". Em fevereiro de 1966, apenas seis africanos tinham sido contratados para trabalhar na Unctad, acusou a Tanzânia, e metade deles em níveis profissionais mais baixos. Prebisch rejeitou as "sérias acusações" como "fundamentalmente injustas". De uma quota regional de treze, oito tinham sido contratados junto com cinco outros que seriam nomeados em breve, enquanto apenas dez cargos para latino-americanos tinham sido aprovados para a Unctad. Imediatamente após Genebra, ele tentara localizar candidatos africanos qualificados, mas eles eram raros e tinham muitas outras opções. Ele achava que tinha dois, inclusive uma nomeação D-2, em vista para 1965. Mas, em julho daquele ano, U Thant pediu-lhe que desistisse, já que os economistas eram da Nigéria e de Gana, países já representados no secretariado da ONU. Prebisch então tentou admitir Michael Imru, embaixador da Etiópia em

Moscou, para o cargo de diretor da Divisão de Políticas de Comércio, perfeita para um africano, mas U Thant não teve êxito ao pedir a Adis Abeba que o liberasse. "Em outra circunstância", observou Prebisch, "as negociações com um africano quase chegaram ao fim, quando a pessoa disse que só aceitaria o cargo de subsecretário. Infelizmente, esse cargo era o meu."

11. Pollock, Love e Lerner, "Prebisch at Unctad", 44-6. Malinowski concordou em retirar-se, mas disse a Prebisch que consideraria a nomeação de qualquer outra pessoa como secretário-geral adjunto, até mesmo de Sidney Dell, uma traição pessoal. A derrota foi uma perda séria para Prebisch: em Nova York, ele tinha Dell, mas seu escritório de Genebra estava sobrecarregado desde o início.

12. De P. Spinelli para o secretário-geral U Thant, Escritório Europeu da ONU, Palais des Nations, Genebra, 10 de maio de 1965.

13. Uma reunião especial do Conselho de Comércio e Desenvolvimento (TDB) realizada naquele mês em Nova York aprovou a medida.

14. Banco Mundial, de Karasz para File, 29 de desembro de 1965.

15. De G. D. Arsenis para David Pollock, 6 de outubro de 1972. Veja Walters, "International Organizations and Political Communication".

16. Bela Belassa, memorando do Banco Mundial, 15 de julho de 1965.

17. David Pollock, *Conversations with Raúl Prebisch*, Washington, 21-23 de maio de 1985.

18. A conferência precedeu a Quarta Reunião do Conselho de Comércio e Desenvolvimento em Genebra; um acordo em princípio seria aprovado na Unctad II, em Nova Déli.

19. Toye e Toye, "From New Era to Neo-Liberalism", 161-2.

20. Prebisch tinha levantado a questão com o Banco Mundial em julho de 1963 antes da reunião de Genebra, solicitando um estudo de seu papel potencial em "prestar assistência a países em desenvolvimento que estivessem passando por um declínio secular em receitas de exportações" (de Prebisch para Richard H. Demuth, 17 de julho de 1963).

21. De Woods para Thant, 6 de dezembro de 1965.

22. Banco Mundial, memorando oficial, 29 de dezembro de 1966.

23. Banco Mundial, memorando oficial, 13-20 de abril de 1966.

24. Apesar disso, argumentaram, "várias questões importantes de detalhamento, administração e finanças ainda precisavam ser investigadas antes que o acordo internacional fosse possível" (Relatório do Banco Mundial sobre a Reunião da Comissão da Unctad sobre Produtos Intangíveis e Financiamento, Genebra, 13-20 de abril de 1966, 3). Tanto os países desenvolvidos quanto os em desenvolvimento concordaram que o novo esquema deveria ser coordenado com a linha de crédito para financiamento compensatório de curto prazo do FMI.

25. Movido por esperanças avassaladoras em relação à década de desenvolvimento da ONU, Friedman "expressou sua satisfação ao ouvir vários delegados de países doadores e receptores enfatizarem a necessidade de aumentar o fluxo de financiamento para desenvolvimento e estenderem sua ajuda em termos mais favoráveis" (Relatório do Banco Mundial sobre a Reunião da

Comissão da Unctad sobre Produtos Intangíveis e Financiamento, Genebra, 13-20 de abril de 1966, 6). Outra reunião da mesma comissão da Unctad foi convocada para 21 de novembro-2 de dezembro de 1966, de novo em Genebra.

26. Prematuramente estabelecida com três profissionais de relações públicas, a ITC só recebeu fundos de governos doadores para projetos com países em desenvolvimento em 1º de maio de 1966 e foi desfeita como ineficiente.

27. Luis Augusto Castro Neves, entrevista com o autor, 13 de junho de 1991.

28. De Raúl Prebisch para U Thant, 27 de março de 1967.

29. De U Thant para Paul G. Hoffman, 16 de maio de 1967. Washington ficou satisfeita e até De Seynes e Mosak aprovaram, pois foram convencidos de que Malinowski estava por trás da idéia de monopolizar a promoção de exportações na Unctad. Os antigos rivais Prebisch e Wyndham-White tinham outros interesses em comum, como sua mútua aversão pela recém-criada Organização das Nações Unidas para o Desenvolvimento Industrial (Unido), com sede em Viena. Ambos a viam como um retrocesso da ONU, comprometida com as piores características do desenvolvimento para dentro. Eles concordavam, portanto, em formar uma frente comum contra a nova Unido, porque esta era "ideologicamente oposta ao regionalismo" e poderia exercer influência excessiva sobre políticas protecionistas que levavam à "industrialização prematura" (da Missão da ONU em Genebra para Departamento de Estado, 15 de agosto de 1967).

30. De Bela Belassa para N. Sarma, 3 de fevereiro de 1967. Este foi um sintoma importante, pois o conceito de financiamento suplementar originou-se na equipe do Banco e não em seus representantes do conselho (de Irving S. Friedman para George C. Woods, 5 de dezembro de 1967).

31. De Woods para Prebisch, 23 de junho de 1967.

32. Falando em espanhol sem anotações, ele contrastou as "duas visões distintas sobre política de desenvolvimento e cooperação internacional. De um lado, havia o conceito de que, para capacitar um país a implementar seu desenvolvimento econômico com eficácia, seu plano de investimento e de estabilização de recursos domésticos não poderia estar sujeito a influências perturbadoras. Por outro, havia o conceito de que, nessas situações, o país tinha de ajustar sua economia e seus planos de investimento". Uma versão corrigida diminuiu o tom da dicotomia, declarando apenas que "se um país quiser aplicar um plano de desenvolvimento econômico com alguma eficiência, é vital que seu plano de investimento e mobilização de recursos internos não fique à mercê de contingências externas imprevistas que tenham o efeito de reduzir seus recursos". Para o discurso real, veja de Arthur Karasz para Michael L. Hoffman, 19 de setembro de 1967. A versão impressa suavizada é a declaração introdutória de Prebisch ao Conselho de Comércio e Desenvolvimento da Unctad, 5ª Sessão, Genebra, 16 de agosto de 1967.

33. Raúl Prebisch, discurso para a 5ª Sessão do Conselho de Comércio e Desenvolvimento, Registro de Resumo Provisório da Unctad, Genebra, 16 de agosto de 1967.

34. De Prebisch para Woods, 14 de dezembro de 1967.

35. De Sidney Dell para Raúl Prebisch, 18 de março de 1972.

36. Unctad, 4ª Reunião do Conselho de Comércio e Desenvolvimento, Genebra, setembro de 1966.

37. De De Seynes para Woods, 26 de maio de 1967.

38. De Federico Consolo para Richard H. Demuth, 5 de setembro de 1966.

39. "Ele está de olho no cargo de U Thant?", pensou o delegado do Banco Mundial (de Consolo para Demuth, 5 de setembro de 1966). Prebisch tinha sido considerado para o cargo de secretário-geral da ONU em 1966.

40. De V. Dubey para Files, memorando oficial do Bird, 7 de outubro de 1966. Declaração de Raúl Prebisch na 93ª Reunião de Planejamento do Conselho de Comércio e Desenvolvimento.

41. De Consolo para Demuth, 7 de agosto de 1967.

42. Após a eleição de Eduardo Frei para presidente do Chile, em 1964, um democrata cristão popular comprometido com o desenvolvimento e o apoio à Unctad, Prebisch redigiu uma carta para Frei enviar a Felipe Herrera (BID), José Antonio Mayobre (Cepal) e Carlos Sanz (Ciap), propondo um novo programa de ação para relançar o processo de integração na América Latina. Mas esse clima promissor nas Américas foi logo revertido com a invasão da República Dominicana pelos Estados Unidos em 1965, dividindo a América Latina entre aliados americanos (como os generais brasileiros) e os anti-intervencionistas México, Argentina e Chile. A esse desalento regional somou-se o impacto da fixação do governo Johnson com o Sudeste da Ásia após o incidente do golfo de Tonquim de agosto de 1964 e o subsequente envolvimento militar no Vietnã.

43. Declaração da Reunião dos Presidentes da América e Chefes de Estado Americanos, Punta del Este, 12-14 de abril de 1967.

44. De Irving S. Friedman para George D. Woods, 5 de dezembro de 1967.

45. Prebisch, declaração introdutória à segunda conferência da Unctad, Nova Déli, 1968. A correspondência de S. Johnson para Friedman, 13 de setembro de 1967, tinha relatado o uso por Prebisch desse termo em seu discurso na 5ª Sessão de Comércio e Desenvolvimento da Unctad em 17 de agosto de 1967. A ajuda oficial internacional ao desenvolvimento tinha declinado de 0,83% do PIB em 1961 para 0,69% em 1965, bem longe da meta de 1% da década de desenvolvimento da ONU – e quase a metade foi compensada por ressarcimento de dívida e serviço da dívida. O crescimento econômico foi de meros 4% (em oposição à meta mínima da ONU, de 5%) e a capacidade líquida de importações a partir de receitas de exportação caiu de US$ 3,1 bilhões em 1961 para US$ 400 milhões em 1965.

46. Apesar de o relatório de Prebisch à segunda conferência da Unctad conter novos conceitos – a distinção entre economias menos desenvolvidas e "economias periféricas mais desenvolvidas", por exemplo, que ele repetiu como sendo um "obstáculo", juntamente com o "hiato de poupança" (a disparidade crônica entre poupança interna e exigências crescentes de investimentos) e a vulnerabilidade externa mais geral de economias periféricas.

47. Prebisch, discurso para o Conselho Econômico e Social da ONU, 14 de julho de 1966; o texto do Conselho de Comércio e Desenvolvimento de Prebisch foi lido em 29 de agosto de 1967.

48. Arthur Karasz, do Banco Mundial, chamou a recomendação de Prebisch de "excelente". De Karasz para Richard Demuth, 22 de fevereiro de 1968.

49. Em março de 1966, o Painel dos Nove original foi reduzido de nove para cinco membros e integrado na máquina do Ciap como um grupo consultivo técnico, preparando a renúncia dos oito membros restantes (veja OEA, Declaración del Ceap sobre Resolución 27 – M/66, Washington, 3 de junho de 1966, e correspondência de P. N. Rosenstein-Rodan para José A. Mora, 26 de abril de 1966).

50. Arthur Karasz, relatório sobre a Unctad II, 18 de abril de 1968.

51. *The Wall Street Journal*, 21 de janeiro de 1968.

52. "Uma coisa que é nova é o financiamento suplementar", afirmou Prebisch dissimuladamente em seu discurso de abertura. "Isso, junto com o financiamento de estoques reguladores dos acordos de prodtos primários, seria uma sequencia adequada para as grandes realizações de Bretton Woods."

53. De Karasz para Demuth, 15 de fevereiro de 1968.

54. De N. A. Sarna para Demuth, 12 de março de 1968.

55. De Karasz para Demuth, 20 de março de 1968.

56. Pollock, Love e Kerner, "Prebisch at Unctad", em Dosman, ed., *Raúl Prebisch: Power, Principle and the Ethics of Development*, 55.

57. De Karasz para Demuth, 8 de março de 1968. A Índia também estava pronta para jogar a favor da Unctad, assim como outros países em desenvolvimento, inclusive a Argentina depois que o presidente Arturo Illia foi deposto em 1966.

58. De Arthur Karasz para Richard E. Demuth, 8 de março de 1968.

59. A conferência também aceitou a meta de uma ajuda oficial ao desenvolvimento equivalente a 1% do PIB de países desenvolvidos para países em desenvolvimento, mas sem especificar quando a política entraria em vigor.

60. De Arthur Karasz para Richard E. Demuth, 20 de março de 1968. Ele relatou que o delegado brasileiro "continua a falar sobre fracasso e gostaria que a conferência fosse suspensa".

61. Atas, reunião de alto escalão do Banco Mundial, 29 de março de 1968.

62. *The Washington Post*, 29 de janeiro de 1969.

63. Prebisch, relatório da ACC sobre a Unctad II, Genebra, 24 de abril de 1968; relatório do Conselho Econômico e Social da ONU sobre a Unctad II, 10 de julho de 1968.

64. Toye and Toye, "From New Era to Neo-Liberalism", 162-3.

65. Love, "Latin America, Unctad and the Postwar Trading System", principalmente 18-19.

66. Em 1968, o sistema grupal de tomada de decisão na Unctad foi observado com convicção religiosa e permaneceu impermeável a mudanças, apesar de sua rigidez. Como secretário do conselho, Paul Berthoud observou a Prebisch em uma análise interna confidencial, *The System of Groups in Unctad – Its Merits and Drawbacks. Suggestions for Improvement*, 10 de junho de 1968: "O sistema de grupos que se desenvolveu durante a conferência de 1964 tornou-se agora parte integrante da máquina de trabalho da Unctad."

67. Federico Consolo, memorando do Banco Mundial, 17 de julho de 1968.

68. Federico Consolo, memorando do Banco Mundial, 24 de abril de 1968.

69. Três dias de tumultos durante a Convenção do Partido Democrata dos Estados Unidos em Chicago, de 26 a 29 de agosto, acrescentaram-se ao banho de água fria.

70. Para evitar que Prebisch convocasse "uma segunda década de desenvolvimento cuja frustração seria ainda mais profunda do que a primeira" (Prebisch, Declaração Introdutória ao Conselho de Comércio e Desenvolvimento da Unctad, 5ª Sessão, Genebra, 16 de agosto de 1967).

71. De Prebisch para Woods, 13 de dezembro de 1967.

72. Richard Demuth, memorando do Banco Mundial, 12 de abril de 1968.

73. Prebisch, relatório para o secretário-geral da ONU, 1º de maio de 1968.

74. O relatório de Pearson, *Partners in Development* (1970), continha uma lista de 68 recomendações – na verdade, um inventário clínico de medidas úteis consideradas apropriadas para todas as regiões e países, para se chegar a um índice de crescimento de 6%.

75. De Karasz para Demuth, 20 de março de 1968. Correu o boato que K. B. Lall, da Índia, seria seu provável sucessor.

76. No valor de US$ 240 mil (de Joaquin Gonzáles para Prebisch, 20 de junho de 1968).

77. De Pedro Irañueta para Mario Mendivil, 13 de novembro de 1968.

78. Esses cargos, juntamente com a realização da grande comissão do BID, levantaram dúvidas em alguns lugares de que ele estava deixando a Unctad por problemas de saúde. A aceitação de U Thant de sua demissão em 26 de novembro de 1968 justificava-se "principalmente por problemas de saúde".

79. De Prebisch para Michael Hoffman, diretor assistente, Departamento de Serviços de Desenvolvimento, Banco Mundial, 13 de dezembro de 1968. "Todos nós no banco vamos sentir muito a sua falta."

Capítulo 19

1. Da embaixada americana em Santiago para o secretário de Estado, 2 e 4 de dezembro de 1968.

2. *Economia*, Santiago, novembro-dezembro de 1968.

3. Prebisch, discurso ao Conselho de Comércio e Desenvolvimento da Unctad, 15 de março de 1969.

4. Prebisch declinou um salário de US$ 100 mil oferecido pela empresa de consultoria de administração Arthur D. Little para permanecer no circuito ONU.

5. Cecla, *Informe del Relator*, Reunion Extraordinario de Cecla a Nivel de Expertos, Viña del Mar, 7-14 de maio de 1969, Anexo V Intervencion Inaugural del Ministro de Relaciones Exteriores de Chile, señor Gabriel Valdés. O fórum de Valdés foi muito mais bem organizado e frequentado do que a sessão da Cepal em Lima.

6. Valdés anunciou que a Cecla tinha sido da "maior importância" pela influência que exerceu, junto com seu sucesso em convencer o presidente Johnson a apoiar o SGP na Unctad. Propôs fortalecer seu novo fórum com um grupo executivo permanente. Foi preciso fazer mais uma reunião, de 7 a 14 de maio, para finalizar o Consenso de Viña del Mar. A carta de Prebisch a Nixon estava fundamentada em interesses mútuos dos Estados Unidos e da América Latina, e apresentava necessidades mínimas para políticas de desenvolvimento latino-americanas bem-sucedidas.

7. Armando Uribe, *The Black Book of American Intervention in Chile*, 31-2.

8. De Echavarria para Prebisch, 23 de fevereiro de 1965.

9. Ilpes, atas de reunião de emergência do conselho de administração, "Current Problems Facing the Institute and the Reorientation of Its Future Activities", 12-13 de setembro de 1969.

10. José Nun, entrevista com o autor.

11. Cardoso e Faleto, *Dependency and Development in Latin America*. Fernando Henrique Cardoso voltou para São Paulo em 1969 para ajudar a fundar o Centro Brasileiro de Análise e Planejamento (Cebrap).

12. Mayobre, memorando oficial, 18 de outubro de 1965.

13. De Prebisch para Cristóbal Lara, 22 de junho de 1968.

14. Da embaixada americana em Santiago para o secretário de Estado, 23 de dezembro de 1968.

15. Nona reunião anual do Ilpes, em Santiago, 6-10 de janeiro de 1970. Felipe Herrera concordou em reunir o conselho como uma marca especial da confiança do BID no futuro do Ilpes. De Seynes teve a mesma ideia. Outras missões tradicionais seriam relançadas. O treinamento, por exemplo, sairia de cursos básicos para seminários especializados para executivos, sindicalistas ou líderes comunitários – particularmente relevantes para países menores que clamavam por eles; houve quinze dessas solicitações somente para o ano de 1970.

16. *The New York Times* (20 de maio de 1969) aconselhou Rockefeller a cancelar visitas às "democracias sob grande pressão do Chile e do Uruguai" em uma missão que "acabou sendo mal concebida e no momento errado". O editorial também argumentava que a viagem arriscada não fora necessária. "Antes de o sr. Rockefeller ir embora", afirmou, "dois economistas iminentes – Carlos Sanz de Santamaría, presidente do Ciap, e Raúl Prebisch – tinham enfatizado as necessidades da região."

17. Por exemplo, Roberto Campos, Mesa Redonda sobre Desenvolvimento Latino-Americano, Universidade de Boston, 5 de outubro de 1972.

18. Prebisch, *Change and Development*, 7.

19. De T. Graydon Upton para o sr. Cecílio Morales, 10 de novembro de 1970, observando que o problema da fuga de capitais da América Latina fora ignorado. Exemplos retirados da Ásia não foram usados o bastante, apesar de Prebisch ser o único qualificado para melhorar esse relatório com estudos comparados.

20. Prebisch, *Change and Development: Latin America's Great Task*. Segundo Paul Rosenstein-Rodan, o relatório Prebisch era "como um aparato sismográfico sensível registrando tremores

sociais". Pollock, "The Pearson and Prebisch Reports", 77. No entanto, Prebisch não compartilhava a visão catastrófica, amplamente divulgada, das relações Norte-Sul, promovidas por indivíduos proeminentes como o filósofo C. P. Snow. "O desastre é evitável desde que reconheçamos a complexidade, a seriedade e a urgência do problema." Richard Holloran, "A Non Catastrophic View", *The Washington Post*, 23 de março de 1969.

21. Os Tupamaros tinham adotado o nome a partir de Tupac Amaru, o nacionalista indígena que resistira aos invasores espanhóis e depois foi capturado e morto em 1781.

22. A menos que as mudanças fossem feitas rapidamente, argumentou Prebisch, "o curso dos eventos poderia levar ao método socialista de desenvolvimento, mesmo que esta não fosse a intenção original dos que buscaram fortalecer o ímpeto dinâmico do sistema econômico. [...] Os próprios acontecimentos podem impelir o Estado a encampar as mesmas fontes de receita do estrato superior por um processo de socialização – das maiores empresas pelo menos –, mesmo que nenhuma consideração iedológica esteja envolvida. As ideologias viriam depois para justificar *faits accomplis* e fortalecer sua importância" (Raúl Prebisch, "Teme Prebisch una Explosión Social en IberoAmerica", *El Universal*, Cidade do México, 27 de abril de 1972).

23. *Change and Development: Latin America's Great Task*, 18-19. Já em 1961, a Cepal advertiu sobre a distorção que ocorria nas economias latino-americanas com indústrias superprotegidas e incapazes de exportar, diferentemente do modelo de substituição de importações aplicado na Coreia do Sul, por exemplo (Sunkel y Zuleta, "Neostructuralismo versus neoliberalismo", 44).

24. A cifra de 8% tinha sido estabelecida por um modelo econométrico desenvolvido pela equipe de pesquisa chefiada por Manuel Balboa, da Cepal. ("Nunca entendi de computador", observou Prebisch, "até trabalhar com Balboa.") Raúl advertiu que esse seria um enorme desafio. Pollock e Ritter, "Pearson and Prebisch Reports", 6.

25. Hans Singer, transcrição da declaração oral apresentada no Simpósio Prebisch, Genebra, 2 de julho de 1986, 4-5.

26. *Ceres, FAO Review* 3, n. 5 (setembro-outubro de 1970), 8-7.

27. *The Washington Post*, 18 de setembro de 1970.

28. Lewis Diuguid, "Latin Development Aid Boosted", *The Washington Post*, 26 de abril de 1970.

29. Os especialistas da Cepal já estavam de olho nos mercados informais; veja Love, "The Rise and Decline of Economic Structuralism", 108-10.

30. *The Washington Post*, 3 de janeiro de 1971.

31. Adelita Prebisch, entrevista com o autor.

32. Ibid.

33. De William Lowenthal para Raúl Prebisch, 27 de fevereiro de 1970.

34. De Prebisch para Andrew Cordier, 12 de fevereiro de 1970.

35. De Prebisch para Paul Rosenstein-Rodan, 12 de julho de 1972.

36. Governos latino-americanos permaneciam com a má vontade de sempre em relação ao instituto. Na reunião, o Brasil foi riscado dos nomes dos onze governos que apoiavam o instituto. No máximo, forneceriam US$ 300 mil, mas só para "serviços contratados".

37. *How the Institute Can Best Serve the UNDP and the IDB*, Santiago, 1971.

38. De Haberler para Prebisch, 4 de fevereiro de 1972.

39. O vice-presidente cubano, Carlos Rafael Rodriguez, e Charles Meyer, o novo secretário adjunto de Nixon, foram o centro das atenções.

40. De Prebisch para De Seynes, 17 de janeiro de 1972. Ao recomendar Iglesias para secretário executivo da Cepal, Prebisch notou que Furtado era brilhante também, mas Washington jamais o aceitaria.

41. De Prebisch para Alberto Morales, 23 de fevereiro de 1973.

42. De Prebisch para Enrique Iglesias, 23 de abril de 1973.

43. De Herrera para Prebisch, 8 de janeiro de 1973.

44. Em 30 de julho de 1973.

45. A nomeação foi muito criticada por toda a América Latina. De fato, Raúl adiou o anúncio até depois da sessão da Cepal em Quito, em março. Suas funções incluíam comparecer a reuniões internacionais importantes e redigir textos reflexivos para o secretário-geral e para Walter Sedwitz, diretor executivo para assuntos econômicos e sociais.

46. De Prebisch para Laurencio Lopez, 18 de julho de 1973.

47. Painel da ONU de Pessoas Eminentes para Estudar o Impacto das Multinacionais sobre o Processo de Desenvolvimento e sobre Relações Internacionais. De David Pollock para Enrique Iglesias, 11 de setembro de 1973.

48. Valdés, *Pinochet's Economists*.

49. De Prebisch para Hortensia Allende, 21 de setembro de 1973.

50. Prebisch, entrevista a *El Tiempo*, 11 de julho de 1971.

51. *Jornal do Brasil*, 4 de agosto de 1973. Eugenio Gudin conpareceu a essa conferência no BNDE sobre desenvolvimento socioeconômico.

52. *El Tiempo*, "Raúl Prebisch: El populismo as negacion de uma transformacion real", 11 de julho de 1971.

53. Mas, no final, Washington jogou um osso para a América Latina, concordando em criar mais um órgão na OEA, a Comissão Especial sobre Consultas e Negociações, sob a sigla Cecon – rapidamente chamada, ironicamente, de "Seco".

54. *The New York Times*, 23 de outubro de 1971.

55. Birns, org., *The End of Chilean Democracy*.

56. De Bodil Royem para Prebisch, 15 de novembro de 1972.

57. Adelita Prebisch, entrevista com o autor.

58. Stephen S. Rosenfeld, "The Poor Nations Get Short Shrift", *The Washington Post*, 7 de abril de 1972. Os Estados Unidos tinham rompido unilateralmente o sistema monetário de Bretton Woods, criado no após-guerra, em 15 de agosto do ano anterior, e o governo Nixon parecia estar de má vontade para tratar das questões Norte-Sul. Citando o *Journal of Commerce*, Rosenfeld afirmou que "quase todas as grandes questões apresentadas no interesse de proteger os países menos desenvolvidos de maior deterioração em seus termos de comércio estão recebendo uma resposta negativa de Washington". A Unctad foi tratada por Washington "não como um fórum de elaboração de políticas, mas como uma caixa de ressonância para gente desimportante e vários outros antiamericanos". Santiago era provavelmente a localização menos preferida no globo, fora Hanói.

59. Salvador Allende, "The Chilean Way", primeira mensagem do presidente Allende para a sessão conjunta do Congresso, 21 de maio de 1971.

60. Apesar de, para certos oponentes, essa legitimidade política indiscutível ter tornado a sua Unidade Popular mais subversiva do que a Revolução Cubana. Em oposição, a Argentina, onde grupos de guerrilha peronistas e esquerdistas vagavam pelo país apesar da repressão, houve 417 incidentes com disparos de armas em 1972, que deixaram 356 mortos e 286 feridos. Vinte milhões de pesos foram tomados em 277 assaltos a bancos. Veja E. J. Hobsbawm, "Chile: Year one", *New York Review of Books*, 23 de setembro de 1971, para uma avaliação interessante, antes de a Unidade Popular de Allende ser derrubada.

61. Comentário marginal de Prebisch anotado no artigo de Endocio Ravines, "Culpa de quienes tiene es que outros no tengan", *La Prensa*, Buenos Aires, março de 1973.

62. *El Mercurio*, 7 de abril de 1973.

63. Cies, declaração do professor Paul N. Rosenstein-Rodan, Washington, 31 de janeiro de 1974.

64. Luis de Cervantes, "Pueden Surgir Otros Che Guevara si Continúa la Desigauldad", *Excelsior* (Cidade do México), 20 janeiro de 1974.

65. ONU, Resolução da Assembleia Geral 3202 (S-VI), maio de 1974. Barbara Ward, "First, Second, Third and Fourth Worlds", *The Economist*, 18 de maio de 1974.

66. De Juliet Halley para Raúl Prebisch, atas da reunião da Comissão Interagências, 23 de maio de 1974. Departamento de Estado dos Estados Unidos, do secretário de Estado para a Missão da ONU nos Estados Unidos, memorando de conversa, 8 de janeiro de 1975. De Raúl Prebisch para a Missão Americana, USUN, 1º de agosto de 1974.

67. De Prebisch para Julio Silva, 6 de outubro de 1975.

68. Para a posição americana, veja Departamento de Estado dos Estados Unidos, de Raúl Prebisch para William B. Buffum, memorando de conversa, 8 de janeiro de 1975. Veja também Departamento de Estado, Henry Kissinger, nota para o arquivo, 14 de agosto de 1974, instruindo a equipe a observar o princípio estrito de não comprometimento "sob nenhuma hipótese".

69. De Wadheim para Prebisch, 18 de agosto de 1975.

Capítulo 20

1. A Conferência das Nações Não Alinhadas realizada em Argel em setembro de 1973 foi o catalisador para a convocação da sexta sessão especial da Assembleia Geral da ONU e a subsequente iniciativa a favor de uma nova ordem econômica internacional.

2. A Resolução GA 3362 da ONU, adotada por consenso, endossou o conceito de indexação, uma meta de ajuda de 0,7% (0,7% do PIB dos países desenvolvidos), a ligação de ajuda ao desenvolvimento com direitos de saque especiais do FMI e a administração e a fixação de preços de produtos básicos essenciais.

3. No entanto, a confiança do Ocidente após o choque inicial da crise da Opep foi insuficientemente restaurada a ponto de Kissinger questionar a diretamente nova ordem econômica internacional, conforme indicado por um discurso conciliatório à sessão especial da Assembleia Geral da ONU em setembro de 1976. Ele também tomou a medida rara de visitar a sede da Cepal em Santiago. Porém, depois da quarta reunião da Unctad em junho de 1976, a perspectiva ficou incerta – ainda mais depois que a Conferência de Paris sobre a nova ordem fracassou diante da insegurança no setor petrolífero (*The Financial Times*, 1º de junho de 1976). *The Financial Times* relatou: "Os países do Terceiro Mundo e o Ocidente ainda estão em negociação." Mas parou por aí (*The New York Times*, 19 de setembro de 1975). Durante a fraca presidência subsequente de Gerald Ford, Henry Kissinger adotou uma abordagem de "ameaçá-los de morte", isto é, anunciar propostas vagas em apoio às relações Norte-Sul, sem chance de serem aprovadas pelo Congresso dos Estados Unidos, esperando que as diferenças entre países em desenvolvimento emergissem.

4. *The New York Times*, 19 de setembro de 1975.

5. De Prebisch para Santa Cruz, 29 de junho de 1977.

6. Robert McNamara estabeleceu a Comissão Independente Brandt sobre Desenvolvimento Internacional em 1977 para ajudar a restaurar o impulso que tinha enfraquecido desde os anos 1960.

7. Prebisch tranquilizou Iglesias e o conselho editorial: "Não me esquecerei da *Revista*", escreveu. "Quero assegurar-lhes que depois que toda essa correria passar, voltarei para Santiago para assumir de novo as rédeas da *Revista* – que não quero abandonar por nada" (de Raúl Prebisch para Enrique Iglesias, 24 de maio de 1974). Com isto, Raúl convenceu os que não queriam aceitar essas condições ("os recalcitrantes", como os chamou) a esperar sua volta.

8. De Philippe de Seynes para Prebisch, 11 de setembro de 1976.

9. Prebisch, *The New International Order and Cultural Values*, 5-26.

10. *The Guardian*, 26 de março de 1979.

11. Seers trabalhara com Prebisch em Santiago e depois voltou para a Inglaterra para fundar o Instituto de Estudos sobre Desenvolvimento na Universidade de Sussex, da qual Sir Hans Singer se aposentou em 1968.

12. De Prebisch para José M. Lacalle, diretor do Centro de Pesquisa e Promoção de Exportações, Barcelona. Ele compareceu à primeira Conferência Iberoamericana sobre Planejamento e

Desenvolvimento em 1973, onde encontrou seu amigo aposentado Giner de los Ríos. "Foi uma pena que eu não conhecesse melhor a Espanha quando senti essa atração tão forte", exclamou Raúl, falando da sua descoberta da Espanha como um ponto alto pessoal em sua viagem para a Europa.

13. A Seleta Comissão do Senado para Estudar Operações Governamentais em Relação a Atividades da Inteligência, presidida pelo Senador Frank Church, emitiu quatorze relatórios em 1975-1976.

14. De Santa Cruz para Prebisch, 21 de abril de 1976.

15. De Prebisch para Diego Cordovez, 23 de dezembro de 1976.

16. *The Financial Times*, 11 de maio de 1977. Washington, de fato, estava ocupada tentando reduzir a parcela dos Estados Unidos no orçamento da OEA, cortando pessoal excedente de seus 1.200 funcionários, que ganhavam salários mais altos do que os do Departamento de Estado dos Estados Unidos.

17. *The Los Angeles Times*, 5 de maio de 1977.

18. Da embaixada americana na Guatemala para o secretário de Estado, 6 de maio de 1977.

19. Prebisch, discurso na 17ª sessão da Cepal, Guatemala, 6 de maio de 1977.

20. Ibid. O telegrama do Departamento de Estado citou o texto de Prebisch na íntegra.

21. C. Fred Bergsten, testemunho à Subcomissão do Hemisfério Ocidental da Comissão de Relações Exteriores do Senado, 5 de outubro de 1978; *The Financial Times*, 14 de maio de 1979.

22. *Latin American Economic Report*, 27 de julho de 1979.

23. Citado em Scheman, ed., *Alliance for Progress*, 241.

24. *The New York Times*, 2 de fevereiro de 1977.

25. Prebisch, "Pudiera Hacer Crisis Antes del 2000".

26. Ibid.

27. *El Sol de México*, 12 de setembro de 1976.

28. Prebisch, "Pudiera Hacer Crisi Antes del 2000".

29. Por exemplo, correspondência de Sidney Weintraub para Prebisch, 9 de fevereiro de 1977, ou de L. Harrison para Robert E. Culbertson, "A Critique of the Prebisch Article 'Critique of Capitalism a la Periphery'", memorando do Departamento de Estado, 27 de janeiro de 1977.

30. *La Razon*, 13 de junho de 1978. *The Washington Post*, 9 de setembro de 1979.

31. Jack Anderson, "Argentina: Reality Contradicts Image", *The Washington Post*, 6 de setembro de 1979. Veja também Karen de Young e Charles A. Krause, "Our Mixed Signals on Human Rights in Argentina", *The Washington Post*, 29 de outubro de 1978.

32. "Argentina: Reality Contradicts Image", *The Washington Post*, 6 de setembro de 1979. Veja também *The Financial Times*, 14 de maio de 1979.

33. *The Washington Post*, 29 de outubro de 1978. Na conferência da Unctad IV em Nairóbi, em maio de 1976, tinha havido um progresso aparente no início da implementação de acordos sobre produtos primários. Somente os Estados Unidos e a Alemanha Ocidental votaram contra as resoluções.

34. A Comissão Independente sobre Questões de Desenvolvimento Internacional, presidida por Willi Brandt, emitiu seu *North South Report* em 1980 e seu segundo *Common Crisis Report* em 1983.

35. *The Washington Post*, 20 de maio de 1979; *Christian Science Monitor*, 21 de novembro de 1979.

36. *The New York Times*, 18 de maio e 12 de junho de 1981.

37. Prebisch respondeu: "Não há o menor perigo em relação à minha inserção no *establishment* do Norte, nem no *establishment* do Sul, e, quanto ao Prêmio Nobel, assinarei um papel declarando que não receberei essa distinção, que não corresponde a um economista subdesenvolvido" (de Raúl Prebisch para Abraham Mezarik, 18 de junho de 1981).

38. *The New York Times*, 31 de março de 1977. Depois que Milton Friedman recebeu o prêmio em 1976, Gunnar Myrdal sugeriu que ele fosse abolido.

39. Ironicamente, o livro *The Theory of Economic Growth*, de Sir Arthur Lewis, tinha roubado o reconhecimento acadêmico de Prebisch como fundador do estruturalismo. Veja capítulo 13 acima.

40. *El Litoral*, Santa Fe, 6 de janeiro de 1982, "La Caida de la Economia Latinamericana". Kuczinski, "The View from Latin America in the Mid-1980s", 229-34.

41. William J. Barber, "Chile con Chicago: A Review Essay", *Journal of Economic Literature* (33), dezembro de 1995.

42. *Presencia*, La Paz, 29 de abril de 1979.

43. *El Mercurio* assumiu a cruzada da "inoperancia del análisis de la Cepal" (23 de maio de 1981) até Prebisch se sentir compelido a dar um basta com uma carta ao editor que enfatizava que a substituição de importações era uma resposta pragmática para a Grande Depressão e que ele já tinha advertido publicamente sobre a "excessiva orientação para o mercado interno" dos governos latino-americanos e "sua falta de estímulo para exportações industriais". A substituição de importações tinha sido apenas uma ferramenta de política, mas ele nunca a tinha apoiado como uma ideologia. "Infelizmente", concluiu, "essa política pragmática acabou se transformando em dogma, assim como o desenvolvimento orientado para exportações está virando dogma. É preciso exportar produtos primários e bens manufaturados, mas, ao mesmo tempo, aumentar a produção para o mercado interno" (5 de junho de 1981).

44. *El Mercurio*, 23 de maio de 1981 e 15 de fevereiro de 1982.

45. Veja, por exemplo, correspondência de Heraldo Muñoz para Raúl Prebisch, 5 de agosto de 1977, ou de Sidney Dell para Raúl Prebisch, 27 de fevereiro de 1979.

46. Veja Mallorquín, "Raúl Prebisch before the Ice Age", 101, inclusive sua referência a Armando Di Filippo, *Desarrollo y desigualidad social en América Latina*.

47. *The New York Times*, 12 de junho de 1981.

48. De Prebisch para Weintraub, 27 de abril de 1981.

49. Prebisch correspondeu-se cada vez mais com acadêmicos argentinos como Guido Di Tella e Arturo O'Connell sobre a história da Argentina na década de 1930.

50. *La Nacion*, 27 de fevereiro de 1972.

51. Lewis, *Crisis of Argentine Capitalism*, 435-57. Felipe Herrera, que tinha residido no Rio desde sua aposentadoria como coordenador geral de um centro financiado pelo BID chamado Programa de Estudos Conjuntos para a Integração Latino-americana, voltara para Santiago como presidente do Banco Español.

52. Depois de viver tantos anos em Washington, Prebisch percebeu, desde o início, que os sonhos de Galtieri de apoio norte-americano eram ridículos. Porém, apesar de se contrapor à agressão patente de Galtieri, ambos apoiavam fortemente a reivindicação histórica da Argentina às Malvinas e se opunham às sanções econômicas impostas pelos governos europeus e norte-americanos após a irrupção da guerra. Entre meados de maio e setembro de 1982, ele trabalhou como voluntário no Sistema Econômico Latino-Americano (Sela), sediado em Caracas, para limitar o dano das sanções. Mas não havia nada a ser feito: a Argentina tinha violado a legislação internacional e os governos latino-americanos recusaram-se a ir além do apoio retórico. O Chile realmente ajudou a Inglaterra.

53. *The Wall Street Journal*, 17 de outubro de 1983.

54. De Prebisch para Peter Dorner, 1º de março de 1984.

55. Prebisch, "Lineamientos de un programa".

56. Prebisch, "Lineamientos de un programa".

57. Bernardo Grinspun, entrevista com o autor, 19 de março de 1992.

58. *Ambito Financiero*, 21 de maio de 1984.

59. Lewis, *Crisis of Argentine Capitalism*, 480-1.

60. Julio Garcia del Solar, entrevista com o autor, 18 de março de 1992.

61. "O que você quer saber?", perguntou Prebisch. "Que idade você quer que eu diga? Eu lhe disse que estou prestes a comemorar meu aniversário de 83 anos, mas estou pelejando com a Igreja de la Merced, onde me batizaram e me tiraram dez anos, o que aconteceu porque os arquivos se queimaram e os fatos podem ser manipulados" (Raúl Prebisch, "Conferencia de prensa del dr. Prebisch en Casa de Gobierno", 10 de abril de 1984, 26).

62. *Clarín*, 20 de maio de 1984.

63. República da Argentina, *Senate Record*, Buenos Aires, 11 de maio de 1984.

64. A Sela e a Cepal organizaram a reunião para discutir ideias que partiam da criação de uma OEA sem os Estados Unidos para melhorar contatos informais entre diretores dos bancos centrais. Enrique Iglesias, que retornara da Cepal e tinha sido nomeado ministro das relações exteriores do Uruguai um ano antes, foi nomeado secretário do Grupo de Cartagena em 5 de outubro de 1985.

65. Intermediado pelo ex-secretário do Tesouro americano, James Baker, pelo qual países devedores de renda média poderiam ter acesso a empréstimos do Banco Mundial e de bancos comerciais em troca de reformas estruturais orientadas para o crescimento.

66. Garcia del Solar, entrevista com o autor. Veja também Departamento de Estado dos Estados Unidos, correspondência da embaixada de Buenos Aires para o secretário de Estado dos Estados Unidos, 3 de novembro de 1984.

67. De Prebisch para David Pollock, 10 de setembro de 1984.

68. Departamento de Comércio, da embaixada americana para o secretário de Estado dos Estados Unidos, "Raúl Prebisch Resigns as Presidential Advisor", 14 de maio de 1985.

Capítulo 21

1. Eliana Diaz de Prebisch, entrevista com o autor, 5 de julho de 1989.

2. O Grupo de Contadora, compreendendo México, Venezuela, Colômbia e Panamá, foi formado em setembro de 1983 para conter conflitos na Nicarágua, El Salvador e Guatemala.

3. O Grupo do Rio foi formalmente criado em 1986 a convite do Brasil.

4. O Tratado de Assunção foi assinado em 1991 por Argentina, Brasil, Paraguai e Uruguai.

5. Hobsbawm, *Age of Extremes: The Short Twentieth Century*.

6. Prebisch, "Renovar el pensamiento económico latinoamericano", 537-9.

BIBLIOGRAFIA

A vida profissional de Prebisch foi dividida entre o serviço público na Argentina, onde trabalhou até 1943, e cargos seniores na ONU, de 1949 até sua morte, em 1986. Muitos registros se perderam na turbulência política que afetou a Argentina. Arquivos de registros importantes da Cepal em Santiago cobrindo os anos 1948-1970 também foram destruídos sem deixar cópias. O desafio de juntar a documentação exigiu atenção cuidadosa a arquivos, coleções particulares e entrevistas, bem como a livros, artigos e outros materiais impressos.

Coleções de documentos

Organizações internacionais

ARQUIVOS DO SECRETARIADO DA ONU, NOVA YORK E SANTIAGO

Os documentos reunidos nesses arquivos (nas categorias a seguir) têm referência completa nas notas; os pedidos devem ser encaminhados à ONU.

Registros de Assembleias Gerais da ONU
Registros do Departamento de Assuntos Econômicos e Sociais (Desa) da ONU
Comissão Econômica para a América Latina e o Caribe (Cepal):
    Grupo 1: Arquivos de registros e pessoais
    Grupo 2: Criação da Cepal
    Grupo 3: Sessões da Cepal 1949-1986
    Grupo 4: Cepal e Desa
    Grupo 5: Relações Cepal-OEA
    Grupo 6: Evolução das relações Cepal-EUA
    Grupo 7: Cepal e integração regional
    Grupo 8: Cepal e a Aliança para o Progresso
    Grupo 9: Cepal e Unctad
    Grupo 10: Prebisch, saída da Cepal

ARQUIVOS DA CONFERÊNCIA DAS NAÇÕES UNIDAS SOBRE COMÉRCIO E DESENVOLVIMENTO (UNCTAD), GENEBRA

Cada documento fornecido pelo Secretariado da Unctad (nas categorias a seguir) tem referência completa nas notas.

    Grupo 1: Conferências preparatórias da Unctad I
    Grupo 2: Relações Unctad-GATT
    Grupo 3: Memorando interagências: 1964-1968

INSTITUTO LATINO-AMERICANO DE PLANEJAMENTO ECONÔMICO
E SOCIAL (ILPES), SANTIAGO

A documentação do Ilpes começa em 1960, e cada documento usado vem com referência completa nas notas. Os arquivos recaem nas categorias a seguir:
  Grupo 1: Criação do Ilpes
  Grupo 2: Ilpes nos anos Unctad
  Grupo 3: Escritório conjunto Cepal-Ilpes
  Grupo 4: Correspondência interescritórios, 1969-1972

ORGANIZAÇÃO DOS ESTADOS AMERICANOS (OEA)

Documentos da Aliança para o Progresso:

OEA. SERH/X.3 Doc. 227 Interamerican Economic and Social Council. Address of Raúl Prebisch to the Second Session of the First Annual Meeting of Ministers. Mexico: 23 October 1962.

OEA. SER H/X.3 Doc. 239 Interamerican Economic an Social Council. Review of the First Plenary Session of the First Annual Meeting of Ministers. Mexico: 23 October 1962.

OEA/SERG/II Gd-451 Interamerican Economic and Social Council. Minutes of the Regular Session. Washington: 9 October 1962.

OEA/SERG/V Gd-1001 The Secretary General's Note accompanying a Proposal to fill the Committee of Nine Vacancy, with Ing. Jorge Grieve's Biographical Background. Washington: 20 June 1962.

OEA/SERL/VIII.1 Doc. 1 Inauguration Ceremony of the OAS-IDB-ECLA Ad Hoc Trilateral Committee. Washington: 7 December 1940.

OEA/SERH/X.2 Doe. 41 Interamerican Economic and Social Council. Statement of the General Secretariat of the Organization of American States with reference to coordination and secretariat functions. Washington: 7 December 1961.

OEA/SERH/X.2 Doc. 40 Interamerican Economic and Social Council. Proposal to Establish the Group of Experts. Washington: November-December 1961.

OEA/SER.H/X.2 Doc. 60 Interamerican Economic and Social Council. Official Documents of the Extraordinary Meeting of Experts. Washington: 29 November 1961.

OEA/SER.H/XII.2 Interamerican Economic and Social Council. Official Documents Emanating from the Special Meeting at the Expert Level. Washington: 29 November to 9 December 1961.

OEA/SER.H/X.2 Doc. 67 Dr Raúl Prebisch, Closing Address to the Group of Experts of the Interamerican Social and Economic Council. Washington: 9 December 1961.

OEA/SER.H/X.1 ES-RE-Doc. 8 Statements of the Secretary General of the Organization of American States, of the Executive Secretary of the United Nations Economic Commission for Latin America, and of the President of the Inter-American Development Bank regarding the Agenda of the Special Meeting. 12 July 1961. 7 p.

OEA/SER.H/X.1 ES-RE-Doc. 9 Preliminary List of Official Participants at Punta del Este. Washington: 14 August 1961.

OEA/SER.H/X.1 ES-RE-Doc. 27 Address by Jorge Sol Castellanos, Executive Secretary of the Interamerican Economic and Social Council Washington: 16 August 1961.

Instituições financeiras internacionais

FUNDO MONETÁRIO INTERNACIONAL (FMI), WASHINGTON, DC

Mediante solicitação, o FMI forneceu cópias de cartas internas e da correspondência de Prebisch sobre as relações FMI-Cepal (1948-1963). Cada documento usado tem referência completa nas notas. Para ter acesso a esses arquivos, entre em contato com o FMI ou com o autor.

Grupo 1: IMF-ECLA Liaison 1948-1956. Reports of Fund Missions to ECLA Sessions and Office Memoranda on topics including post-war EPU-Latin America payments and Dr Prebisch's *Economic Report* on Argentina (1955).

Grupo 2: Prebisch, the IMF and the Latin American Common Market. Interoffice correspondence and office memoranda including the Latin American Common Market, 1956-1960 covering the period from ECLA'S first Trade Committee meeting to the creation of the Latin America Free Trade Association.

BANCO MUNDIAL (BIRD), WASHINGTON, DC

Assim como o FMI, o Banco Mundial forneceu sua coleção de documentos relativos à Cepal e à Unctad. Cada documento identificado vem com referência completa nas notas. Para ter acesso a esses arquivos, entre em contato com a Biblioteca do Banco Mundial.

Grupo 1: Ligação Banco Mundial-Cepal, 1948-1963. Os tópicos incluem contatos iniciais e relações de trabalho após 1958; atividades conjuntas e programas de treinamento antes e depois da Aliança para o Progresso.

Grupo 2: Ligação Banco Mundial-Unctad, 1963-1968, incluindo a colaboração do Banco Mundial para a Unctad, principalmente a questão de financiamento suplementar e reabastecimento de Fundos de Ajuda Internacional ao Desenvolvimento, a transição de George Woods para Robert McNamara e a convocação da Comissão Pearson.

ARQUIVOS DO BANCO INTERAMERICANO DE DESENVOLVIMENTO (BID)

Documentos divulgados em consulta aos arquivistas do BID (por categoria), com referência completa individual nas notas. As solicitações devem ser feitas diretamente ao Banco.

Grupo 1: A criação do BID, 1958-1960: documentos internos e correspondências.

Grupo 2: Crescimento e desenvolvimento: a grande tarefa da América Latina, 1968-1970. Correspondências e documentos esclarecendo os contatos iniciais com Prebisch em 1968 na conclusão e avaliação do relatório.

Arquivos nacionais

ARQUIVOS NACIONAIS DOS ESTADOS UNIDOS, WASHINGTON, DC

Departamento de Estado (Registro Grupo 59). Arquivos Centrais: Registros Diplomáticos. Arquivos Decimais até 1963.

310.4: Comunicações com a Missão Americana na ONU

340.1: Conselho Econômico e Social da ONU

340.210: Comissão Econômica para América Latina e Caribe

361: Organização dos Estados Americanos

365: Conselho Econômico e Social Interamericano

394: Organização Internacional do Comércio

394.41: Acordo Geral de Tarifas e Comércio

398.13: Fundo Monetário Internacional

398.14: Banco Internacional de Reconstrução e Desenvolvimento (Banco Mundial)

611.20: Relações políticas entre América Latina e Estados Unidos

835: Assuntos internos da Argentina

835.51: Assuntos financeiros da Argentina

835.516: Atividade bancária na Argentina

Registros da Filial de Segurança dos Chefes de Gabinete Conjuntos do Departamento de Justiça, CIA e FBI (sob a Lei de Liberdade de Informações)

Séries econômicas (principalmente a Administração de Comércio Internacional) para negociações da política comercial EUA-Argentina 1939-1943

Tesouro dos EUA (o apelo à liberdade de informações negado)

Agência para o Desenvolvimento Internacional

Departamento de Comércio (Gabinete de Assuntos Multilaterais)

Universidade Columbia, Biblioteca Butler (Coleção de livros raros e manuscritos)

ARGENTINA

Arquivos Nacionais da Argentina (Buenos Aires)

Banco Central da Argentina: Biblioteca Raúl Prebisch

Congresso Nacional Argentino: debates no Senado (anos selecionados até 1985)

La Nacion (Buenos Aires): Arquivos

Universidade Torcuato di Tella: Projeto de História Oral

Coleções particulares

PREBISCH PAPERS

Besa García, José F., ed. *Dr Raúl Prebisch, 1901-86: Archivo de Trabajo.* Santiago, Chile: Eclac, 2003. Também disponível no Banco Interamericano de Desenvolvimento, Washington, DC, e na Biblioteca da Universidade de Illinois, Chicago. Esse arquivo contém os registros pessoais de Adela Moll de Prebisch em microfilme, editados por Besa, e está identificado nas notas deste livro como *Prebisch Papers*. Eles incluem:

Rolo 1. 1920-1944, pastas 1-33: correspondência pessoal e familiar a partir de 1920; coleções de documentos cobrindo visitas oficiais de Prebisch ao Rio de Janeiro e a Washington em 1940-1941; manuscritos importantes não publicados e anteriormente desconhecidos de Prebisch; um arquivo completo do extenso trabalho de Prebisch em *La Nacion* na década de 1930; documentos sobre a evolução do Banco Central da Argentina durante a Grande Depressão e a Segunda Guerra Mundial.

Rolo 2. 1944-1947, pastas 34-55: correspondência de Prebisch com Robert Triffin, Víctor Urquidi, Eugenio Gudin e outros economistas e colegas nos anos após 1944. Recortes de jornal das décadas de 1930 a 1950. Cartas de Prebisch a diplomatas importantes e representantes oficiais na Argentina, Washington, Londres e América Latina antes de entrar para a Cepal em 1949; extensos manuscritos e notas e o trabalho de Prebisch junto ao Federal Reserve dos EUA por toda a América Latina de 1944 a 1947.

Rolo 3. 1947-1955, pastas 56-84: os anos iniciais da Cepal e a volta de Prebisch para a Argentina em 1955.

Rolo 4. 1956-1965, pastas 85-118: a Cepal e os primeiros anos da Unctad.

Rolos 5-7. 1965-1986, pastas 119-85: o Ilpes e a *Revista da Cepal*; a volta de Prebisch para a Argentina.

A **PREBISCH FOUNDATION** em Buenos Aires também abriga materiais valiosos de arquivo, especialmente com referência à volta de Prebisch para a Argentina como assessor do presidente Raúl Alfonsín. A exitosa iniciativa de Eliana Prebisch também produziu as *Obras completas* de Prebisch. Publicadas em quatro volumes sob a direção editorial de Gregorio Weinberg e Manuel Fernandez Lopez e orientadas pelo comitê de publicações da Fundação, chefiado por Enrique Garcia Vasquez, as *Obras 1919-1948* (Buenos Aires: Prebisch Foundation, 1991) estabeleceram a Fundação como um destino insubstituível para os pesquisadores sobre Prebisch.

KRISHNAMURTI PAPERS

Rangaswami Krishnamurti, *Some Unctad Events and Reminiscences* (Genebra: 30 de abril, 1991). *Krishnamurti Papers* trata principalmente da era Prebisch na Unctad – os anos iniciais a partir de 1964 até sua renúncia, em 1968-1969. Sua preparação meticulosa, juntamente com a posição oficial do dr. Krishnamurti em Genebra dentro da equipe da Unctad, torna essa coleção particular uma fonte valiosa para os pesquisadores de Prebisch. Os documentos estão organizados em duas caixas, e as notas de *Krishnamurti Papers* neste livro incluem a referência das caixas. Para obter acesso, entre em contato com o autor.

Caixa 1: A narrativa de Krishnamurti, em 32 capítulos, de sua experiência na Unctad, tratando de eventos e participantes-chave e da evolução da Unctad até tornar-se uma organização permanente da ONU. Os Tópicos Especiais incluem:

O Secretariado da Unctad: origens e personalidades-chave

Relações Norte-Sul e o Grupo dos 77

A relação Unctad-GATT

Negociações de bens primários e o SGP

Sydney Dell: seu papel na Unctad

Caixa 2. Anexos: Memorandos internos e cartas, 1964-1968, com onze entradas de 1970 a 1984. As listagens incluem:

Nota sobre negociações confidenciais sobre a criação da Unctad, citada pelo Dr Prebisch, 3-14 junho de 1964.

Memorandos Internos da Unctad, 1966-68.

Correspondência com o Secretário Executivo da Comissão Econômica das Nações Unidas para a África e o Extremo Oriente (Ecafe).

Correspondência relativa ao Conselho da Europa, 1966-1967.

Correspondência de Raúl Prebisch, 1966-1967.

Cartas e outros documentos sobre as relações Unctad-GATT, 1965-1968.

POLLOCK PAPERS

David H. Pollock, Eclac's Washington Office, 1956-1991 (Ottawa, 2001). *Pollock Papers* compreende 2.500 documentos internos e correspondências do escritório da Cepal em Washington de 1955 a 1980, cartas pessoais e coleções de recortes de jornais em inglês e em espanhol e memorandos de atribuições de consultoria especial para Prebisch antes e depois da Unctad. Essa importante fonte de material foi organizada nas seguintes caixas. Todas as notas que usam *Pollock Papers* incluem as referências às caixas. Para obter acesso, consulte o autor.

Caixa 1: Eclac Washington-Santiago Correspondence, 1955-1960.

Caixa 2: Os anos da Aliança para o Progresso, 1960-1963.

Caixa 3: Prebisch e a Unctad (1964).

Caixa 4: Prebisch em Washington, 1968-1972.

Caixa 5: A operação de emergência especial da ONU, 1974-1975.

Caixa 6: Correspondência entre escritórios da Cepal, 1972-1980.

Caixa 7: Recortes de jornais: espanhol e inglês.

Caixa 8: Outras correspondências: Hans Singer, Sidney Dell, Wladek Malinowski, Robert Muller, R. Krishnamurti, Heman e Alfonso Santa Cruz, Anibal Pinto, Maurice Strong, Sidney Weintraub, Osvaldo Sunkel etc.

Entrevistas

PRINCIPAIS ENTREVISTAS DE PREBISCH PUBLICADAS

Margariños de Mello, Mateo J. "Diálogos con Raúl Prebisch". Estocolmo, 8 de novembro de 1971. Publicado com o mesmo título, México: Fondo de Cultura Económica, 1991.

Gonzalez del Solar, Julio. "Conversaciones con Raúl Prebisch". Buenos Aires, 9 de julho de 1983. Publicado como "Un texto de Raúl Prebisch", ed. Carlos Mallorquín. *Revista Aportes* (Benemerita Universidad Autónoma de Puebla), ano V, n. 14 (maio-agosto de 2000).

Pollock, David, "Conversations with Raúl Prebisch", Washington, 21-23 de maio de 1985. Publicado por David Pollock, Daniel Kemer e Joseph Love em três segmentos: "Aquellos Viejos Tiempos: la formación teorica y practica de Raúl Prebisch en la Argentina: Una entrevista con David Pollock". *Desarrollo Económico* 41, n. 164; "Entrevista inédita a Prebisch: logros y deficiencias de la Cepal". *Cepal Review* 75 (2001): 9-24; "Prebisch at Unctad". *Raúl Prebisch: Power; Principle and the Ethics of Development*, ed. Edgar J. Dosman. Washington e Buenos Aires: IDB/INTAL (2006): 37-63.

ENTREVISTAS PESSOAIS

Todas as entrevistas foram conduzidas por Edgar J. Dosman e/ou David Pollock; um asterisco indica que um indivíduo foi entrevistado várias vezes, a começar na data indicada.

Abakoumoff, Alexis. Unctad. Genebra, 6 de junho de 1989.

Abramovic, Dragoslav. Banco Mundial. Washington, 16 de novembro de 1991. Adebanjo, M.T. Unctad. Genebra, 6 de junho de 1989.

Agosin, Manuel R. Unctad. Genebra, 7 de junho de 1989.

Alfonsin, Raúl. Presidente da Argentina. Washington, 27 de janeiro de 1992.

Arendt, Carmen Vera. Cepal. Santiago, 13 de julho de 1989.

Assael, Hector. Cepal. Santiago, 8 de março de 1992.

Balboa, Manuel. Cepal. Santiago, 8 de março de 1989.

*Bardeci, Oscar. Ilpes. Buenos Aires, 7 de julho de 1989.

Bemstein, Edward M. FMI. Washington, 28 de novembro de 1990.

Bertholet, YVes. Unctad. Genebra, 5 de junho de 1989.

*Besa Garcia, José. Cepal. Santiago, 8 de julho de 1989.

*Brown, Robert. Cepal. Santiago, 8 de março de 1992.

Bunge, Mario. McGill University. Montreal, 24 de janeiro de 1992.

Cardoso, Femando Henrique. Presidente do Brasil. Belo Horizonte, Brasil, 21 de maio de 2007.

Casillas, Luis A. Banco Interamericano de Desenvolvimento. Washington, 8 de março de 1991.

Cassorla, Armando. Organização dos Estados Americanos. Washington, 13 de fevereiro de 1992.

Castro Neves, Luis Augusto. Diplomata brasileiro. Ottawa, 13 de junho de 1991.

Cavallo, Domingo. Representante oficial da Argentina. Buenos Aires, 10 de maio de 1991.

*Cibotti, Ricardo. Ilpes. Buenos Aires, 10 de maio de 1990.

*Cohen, Isaac. Cepal. Washington, 22 de janeiro de 1990; 3 de março de 1991.

Cordovez, Diego. ONU e Unctad. Quito, 8 de maio de 1997.

Cox, Robert. ILO e York University. Toronto, 18 de março de 1989.

Dagum, Camilo. Economista. Ottawa University, 28 de outubro de 1987.

De Seynes, Philippe. Subsecretário da ONU. Nova York, 20 de maio de 1991.

*Devlin, Robert. Cepal e Banco Interamericano de Desenvolvimento. Santiago, 3 de março de 1991.

*Diaz de Prebisch, Eliana. Buenos Aires, a partir de 5 de junho de 1989.

Di Tella, Guido. Torcuato di Tella University. Ottawa, 17 de maio de 1991.

*Domike, Arthur. ONU e Esquel Group Foundation. Washington, 8 de março de 1991.

Dorfman, Adolfo. Cepal. Buenos Aires, 13 de março de 1992.

Emmerij, Louis I. ONU e Banco Interamericano de Desenvolvimento. Washington, 30 de março de 1995.

Fajnzylber, Fernando. Cepal. Santiago, 13 de julho de 1989.

Ferrer, Aldo. Cepal e representante oficial da Argentina. Buenos Aires, 14 de março de 1992.

Fones, Marjery. Cepal. 15 de julho de 1989.

*Furtado, Celso. Cepal. Rio de Janeiro, 10 de julho de 1989.

Ganz, Alexander. Cepal. Boston, 12 de maio de 1998.

Garcia Vasquez, Enrique. Representante oficial da Argentina. Buenos Aires, 13 de março de 1992.

Garcia del Solar, Julio. Representante oficial da Argentina. Buenos Aires, 18 de março de 1992.

Garritsen de Vries, Margaret. FMI. Washington, 8 de março de 1991.

*Gonzalez, Norberto. Cepal. Buenos Aires, 5 de março de 1989.

Gonzalez-Cofino, Roberto. OEA. Washington, 12 de fevereiro de 1992.

Gonzalez del Solar, Julio. FMI e Banco Central da Argentina. Buenos Aires, 1º de maio de 1982.

Gordon, Lincoln. Departamento de Estado dos EUA. Washington, 6 de março de 1991.

Grinspun, Bernardo. Ministro da Fazenda da Argentina. Buenos Aires, 19 de março de 1992.

Gulhati, Ravi. Unctad. Genebra, 5 de junho de 1989.

*Gurrieri, Adolfo. Cepal. Santiago, 14 de julho de 1989.

Heuis, Pieter. Cepal. Santiago, 18 de julho de 1989.

*Hopenhayn, Benjamin. Ilpes. Buenos Aires, 3-11 de maio de 1990.

*Iglesias, Enrique. Secretário executivo da Cepal. Washington, 8 de março de 1990.

Izcue, Joaquin. Banco Interamericano de Desenvolvimento. Bethesda, MD, 16 de dezembro de 1987.

Jull, Luci. Cepal. Santiago, 15 de julho de 1989.

Kamenetsky, Mario e Sofia. Banco Mundial. Washington, 25 de fevereiro de 1987.

*Krishnamurti, Rangaswami. Unctad. Toronto, 16 de julho de 1996.

Levinson, Jerome. Escritor e jornalista. Washington, 5 de março de 1991.

Lleras Restrepo, Carlos. Presidente da Colômbia. Bogotá, 19 de novembro de 1991.

*Lopez, Fernando. Prebisch Foundation. Buenos Aires, 6 de julho de 1989.

Lowenthal, William. Ilpes. Washington, 10 de fevereiro de 1992.

Machinea, José Luis. Representante oficial da Argentina. Washington, 15 de abril de 1993.

*Malaccorto, Ernesto. "Brains Trust" de Prebisch. Buenos Aires, 11 de maio de 1990.

Meller, Patricio. Economista. Santiago, 9 de março de 1992.

*Moll de Prebisch, Adela. Santiago, a partir de 11 de julho de 1989.

Nypan, Erling. Unctad. Genebra, 7 de junho de 1989.

*Nun, José. Ilpes, professor (Toronto e Buenos Aires) e secretário de Cultura da Argentina. 16 de março de 1989.

*O'Connell, Arturo. Economista, consultor e representante oficial da Argentina. Cidade do México, 25 de janeiro de 1987.

Pezoa, Lillian. Cepal. Santiago, 15 de março de 1990.

*Pinto, Anibal. Cepal. Santiago, 12 de julho de 1989.

Polak, Jacquesj. FMI. Washington, 5 de março de 1991.

Pollner, Marco. Cepal. Washington, 15 de novembro de 1991.

Portales, Carlos. Diplomata chileno. Santiago, 9 de março de 1992.

Pulit, Francisco. Diplomata argentino. Ottawa, 25 de novembro de 1987.

Puppo, José Maria. Cepal. Buenos Aires, 4 de julho de 1989.

Robichek, Walter. FMI. Washington, 22 de abril de 1990.

Rodriquez, Octavio. Cepal. Montevidéu, 10 de dezembro de 1999.

Rogers, William D. Departamento de Estado dos EUA. Washington, 7 de março de 1991.

*Rosenthal, Cert. Cepal. Santiago, 15 de março de 1990.

Royem, Bodil. Cepal. Santiago, 15 de março de 1990.

Santa Cruz, Alfonso. Cepal. Santiago, 18 de março de 1990.

Scott, Norman. Unctad. Genebra, 4 de junho de 1989.

*Singer, Hans. ONU e Institute for Development Studies, Sussex. Washington, 15 de novembro de 1991.

Sourrouille, Juan. Ministro da Fazenda da Argentina. Buenos Aires, 13 de março de 1992.

Sternfeld, Ray. Departamento de Estado dos EUA. Washington, 8 de março de 1991.

Sunkel, Osvaldo. Cepal. Ottawa, 2 de abril de 1991.

Tomassini, Luciano. Cepal. Washington, 22 de outubro de 1991.

Thomson, Brian. Washington, 11 de fevereiro de 1992.

Tulchin, Joseph. Woodrow Wilson Centre. Washington, 4 de março de 1991.

Uribe, Manuel. Banco do México e diplomata. Toronto, 21 de abril de 2004.

*Urquidi, Víctor. Economista e funcionário do Banco do México, FMI e economista. Cidade do México, 28 de janeiro de 1995.

Vaky, Viron P. Departamento de Estado dos EUA e Diálogo Interamericano. Washington, 17 de março de 2003.

Valenzuela, Carlos. Diplomata chileno. 6 de julho de 1989.

*Viteri de la Huerta, Jorge. Unctad e Cepal. Santiago, 17 de maio de 1990.

Weinberg, Gregorio. Prebisch Foundation. Buenos Aires, 10 de maio de 1990.

Weintraub, Sidney. Departamento de Estado dos EUA. Toronto, 4 de novembro de 2006.

Zamit Cutajar, Michael. Unctad. Genebra, 7 de junho de 1989.

Prebisch: publicações

COLEÇÕES E BIBLIOGRAFIAS

A maior parte das obras importantes de Prebisch foi publicada nas seguintes coleções (os locais estão indicados na próxima seção).

Eclac. *Raúl Prebisch: Un Aporte al estudio de su pensamiento.* Santiago: Eclac, 1987.

Ecla. *Raúl Prebisch: Discursos, declaraciones y documentos, 1952-63.* Santiago: Ecla, 1963.

Gurrieri, Adolfo, ed. *La obra de Prebisch en la Cepal.* México: Fondo de Cultura Económica, 1982.

Mallorquín, Carlos. *Raúl Prebisch: The Complete Bibliography.* México, 2007.

Prebisch Foundation. *Raúl Prebisch: Obras 1919-1948,* ed. Manuel Fernández López. 4 v. Buenos Aires, 1991.

ESCRITOS DE RAÚL PREBISCH

"Cuestión social". *Revista de Ciencias Económicas,* n. 79-82, janeiro-abril 1920 (Prebisch Foundation, *Obras,* v. 1).

"Comentarios sobre el libro de Irving Fischer, *Stabilizing the Dollar,* New York, 1920". *Revista de Economía Argentina* 3, v. 5, n. 27-28, setembro-outubro 1920 (Prebisch Foundation, *Obras,* v. 1).

"La Conferencia financiera internacional de 1920". *Revista de Economía Argentina* 4, v. 7, n. 37, julho 1921 (Prebisch Foundation, *Obras,* v. 1).

"Comentarios sobre el trabajo de Juan B. Justo, 'Estudios sobre la moneda', tercera edición, Buenos Aires". *Revista de Ciencias Económicas,* série 2, ano 9, n. 1, agosto 1921 (Prebisch Foundation, *Obras,* v. 1).

"Anotaciones sobre nuestro medio circulante. A propósito del último libro del dr. Norberto Piñero, caps. I-IX". *Revista de Ciencias Económicas,* série 2, ano 9, n. 3-4, 6-7, 9-10, outubro 1921-maio 1922 (Prebisch Foundation, *Obras,* v. 1).

Información estadística sobre el comercio de carnes. Primera parte: el mercado británico. Buenos Aires: Sociedad Rural Argentina, Oficina de Estadística, 1922 (Prebisch Foundation, *Obras,* v. 1).

"Anotaciones sobre la crisis ganadera". *Revista de Ciencias Económicas*, série 2, ano 10, n. 17, dezembro 1922 (Prebisch Foundation, *Obras*, v. 1).

"La sociología de Vilfredo Pareto". Conferência na Faculdade de Ciências Econômicas em memória de Vilfredo Pareto, 2 de outubro de 1923. *Revista de Ciencias Económicas*, séries 2, ano 11, n. 27, outubro 1923 (Prebisch Foundation, *Obras*, v. 1).

"El problema de la tierra". Comunicação ao Henry George Club, Melbourne, abril de 1924 (Prebisch Foundation, *Obras*, v. 1).

"Primer informe del dr. Raúl Prebisch sobre sus estudios financieros y estadísticos en Australia, 14 de agosto de 1924". *Revista de Economía Argentina*, ano 7, v. 13, n. 75-76, setembro-outubro 1924 (Prebisch Foundation, *Obras*, v. 1).

"Anotaciones a la estadística nacional". *Revista de Economía Argentina*, ano 8, v. 15, n. 86, agosto 1925 (Prebisch Foundation, *Obras*, v. 1).

"Anotaciones demográficas: A propósito de la teoría de los movimientos de La población, Parte I y 11". *Revista de Economía Argentina*, ano 9-10, v. 18-19, n. 105 e 106, março-abril 1927 (Prebisch Foundation, *Obras*, v. 1).

"De como discurre el profesor Olariaga". *Revista de Ciencias Económicas*, série 2, ano 15, n. 75, outubro 1927 (Prebisch Foundation, *Obras*, v. 1).

"Régimen de pool en el comercio de carnes: informe técnico". *Revista de Ciencias Económicas*, séries 2, ano 15, n. 77, dezembro 1927 (Prebisch Foundation, *Obras*, v. 1).

Anuario de la Sociedad Rural Argentina: Estadísticas económicas y agrarias, 1928. Buenos Aires: Establecimiento Gráfico Luis L. Gotelli, 1928.

"La posición de 1928 y las variaciones económicas de la última década". *Revista Económica* 2, n. 1, janeiro 1929 (Prebisch Foundation, *Obras*, v. 1).

"El Estado económico". *Revista Económica* 3, n. 1-3, janeiro-junho 1930 (Prebisch Foundation, *Obras*, v. 1).

"Proyecto de Creación de un Banco Central". (1931) In *La creación del Banco Central y la experiencia Argentina*. Buenos Aires: Banco Central de la República de Argentina, 1972 (Prebisch Foundation, *Obras*, v. 2).

"La Acción de emergencia en el problema monetario". *Revista Económica* 5, n. 2, fevereiro-março 1932 (Prebisch Foundation, *Obras*, v. 2).

"La Conferencia Económica y la crisis mundial". *Revista Económica* 6, n. 1, janeiro 1933 (Prebisch Foundation, *Obras*, v. 2).

"El convenio con Gran Bretaña". *La Nacion* (Buenos Aires), 2 de maio de 1933 (Prebisch Foundation, *Obras*, v. 2).

"El momento presente de nuestra economía". *Revista Económica* 7, n. 1-4, janeiro-abril 1934 (Prebisch Foundation, *Obras*, v. 2).

"La inflación escolástica y la moneda Argentina". *Revista de Economía Argentina*. Buenos Aires, 1934 (Prebisch Foundation, *Obras*, v. 2).

Reglamento Provisional del Banco Central de la República Argentina. Buenos Aires: Banco Central de la República Argentina/Gotelli, 1935 (Prebisch Foundation, *Obras*, v. 2).

Memoria Anual. Primer a Octavo Ejercicios 1935-1942. Buenos Aires: Banco Central de la República de Argentina/Gotelli, 1942.

"Ciclo de conversaciones en el Banco de México, S.A., ofrecidas por Raúl Prebisch entre el 24 de enero y el 7 de marzo de 1944". Buenos Aires: Banco Central de la República de Argentina, 1972 (Prebisch Foundation, *Obras*, v. 3 e 4).

Proyecto de Ley Organica del Banco Central de la Republica Dominicana. Santo Domingo, 1946.

Introducción a Keynes. Cidade do México e Buenos Aires: Fondo de Cultura Económica, 1947.

Apuntes de Economia Politica. Buenos Aires: Faculdade de Ciências Econômicas, 1948.

The Economic Development of Latin America and its Principal Problems. Nova York: Nações Unidas, 1950. Gurrieri, *Cepal.*

"Decálogo económico de Montevideo". *Revista de Economía Argentina,* ano 33, v. 48, n. 386-387, agosto-setembro 1950.

"Growth, Disequilibrium and Disparities: Interpretation of the Process of Economic Development". Nova York: Nações Unidas, 1951.

Theoretical and Practical Problems Of Economic Growth. Cidade do México: Ecla, maio 1951. E/CN.12/221. Gurrieri, *Cepal.*

"La Cepal y el desarrollo económico". *Revista de Economia,* Cidade do México, junho 1951.

"Panorama general de los problemas de regulación monetaria y crediticia en el continente americano: América Latina" e "Responsabilidad de los países de la periferia: palabras pronunciadas en la Mesa Redonda sobre Problemas Actuales y Futuros y Reformas Monetarias y Bancarias Recientes". *Memoria de la Primera Reunión de Técnicos sobre Problemas de Banca Central del Continente Americano.* Cidade do México: Banco de México, agosto 1946 (Prebisch Foundation, *Obras*, v. 4).

Proyecto de Ley Organica del Banco Central de la Republica Dominicana. Santo Domingo, 1946.

Introducción a Keynes. Cidade do México e Buenos Aires: Fondo de Cultura Económica, 1947.

Apuntes de Economia Politica. Buenos Aires: Faculdade de Ciências Econômicas, 1948.

The Economic Development of Latin America and its Principal Problems. Nova York: Nações Unidas, 1950.

"Decálogo económico de Montevideo". *Revista de Economia Argentina,* ano 33, v. 48, n. 386-387, agosto-setembro 1950.

"Growth, Disequilibrium and Disparities: Interpretation of the Process of Economic Development". Nova York: Nações Unidas, 1951.

Theoretical and Practical Problems of Economic Growth. Cidade do México: Ecla, maio 1951. E/CN.12/221.

"La Cepal y el desarrollo económico". *Revista de Economia.* Cidade do México, junho 1951.

"Notas sobre el desarrollo económico, la inflación y la política monetaria y fiscal". *Memoria de la Tercera Reunión de Técnicos de los Bancos Centrales del Continente Americano,* 377-93. Havana: Banco Nacional de Cuba, 1952.

"El programa de integración. Informe preliminar del director principal a cargo de la Secretaría Ejecutiva de la Cepal, sobre integración y reciprocidad económica en el Istmo Centroamericano en 1º de agosto de 1952". *Revista de la Integración Centroamericana,* n. 6, 1952.

Introduction to the Technique of Programming e *Preliminary Study of the Technique of Programming Economic Development*. Nova York: Nações Unidas, 1955. E/CN.12/ 292 e E/CN.12/363.

"La mística del equilibrio espontáneo de la economía". Santiago, 9 de setembro 1953. Ecla, *Discursos*.

International Cooperation in a Latin American Development Policy. Nova York: Nações Unidas, 1954.

"The Stimulus of Demand, Investment and Acceleration of the Rate of Growth". *Ecla: Economic Survey of Latin America 1954*. Nova York: Nações Unidas, 1955.

The Relationship between population growth, capital formation and employment opportunities in under-developed countries". *Proceedings of the World Population Conference, Rome, 1954*, v. 5, 695-711. NovaYork: Nações Unidas, 1955.

"The Prebisch Report". *Review of the River Plate*, 118, n. 3235 e 3236, Buenos Aires, outubro e novembro 1955. Ecla, *Discursos*.

"Comentario del informe económico-financiero del dr. Raúl Prebisch". *Boletín de la Bolsa de Comercio de Buenos Aires* 51, n. 2642, 26 dezembro 1955.

"Economic Recovery Program and Final Report: Sound Money or Uncontrolled Inflation". *Review of the River Plate*, 20 junho 1956.

"Theory and Practice in Economic Development: the Case of Argentina". *Panorama Económico*, 10, n. 147, Santiago, junho 1956. Ecla, *Discursos*.

"Principales tendencias del desarrollo económico en Latinoamérica". *Panorama Económico* 10, n. 148, junho 1956.

"Soviet challenge to American leadership: America's role in helping developing countries". *Problems of United States Economic Development*, v. 1. Nova York: Committee for Economic Development, 1958. Ecla, *Discursos*.

"Commercial Policy in the Underdeveloped Countries (from the point of view of Latin America)" *American Economic Review* 3, 1959. Gurrieri, *Cepal*.

"La crisis estructural de la economía argentina y la orientación de sus soluciones". *Cepal: Desarrollo económico de la Argentina*. Cidade do México: Nações Unidas, 1959. E/CN.12/429/ Rev. 1. Ecla, *Discursos*.

"The Latin American Common Market and the Multilateral Payments System". *Ecla: The Latin American Common Market*. Nova York: Nações Unidas, 1959. Ecla, *Discursos*. Gurrieri, *Cepal*, v. 1.

El Mercado Comun Latinoamericano. Montevidéu: Academia Nacional de Economia del Uruguay, 1960.

"The Structural Crisis in Argentina and its Prospects of Solution". *Economic Growth, Rationale, Problems, Cases*, org. Eastin Nelson. Austin: University of Texas Press, 1960: 104-24. Ecla, *Discursos*.

"Panoramas y perspectivas de la industria siderúrgica en América Latina", Cidade do México, *Comercio Exterior* 10, n. 1, janeiro 1960.

"Economic Development or Monetary Stability: The False Dilemma". *Economic Bulletin for Latin America* 6, Santiago, março 1961.

"Latin America: the Challenge and the Task Ahead". Office of Public Information, *The United Nations and Latin America*. Nova York: Nações Unidas, 1961.

"El principio de la reciprocidad". *Revista de Ciências Econômicas,* São Paulo, junho 1960.

"Vamos a tener más recursos exteriores en América Latina, pero ¿estamos preparados para aprovecharlos al máximo?", *United Nations Review,* Nova York, outubro 1960.

"Cepal y sus tres principales problemas". *Mercado Común América Latina* 2, Montevidéu, n. 11, fevereiro 1961.

La marcha hacia el Mercado Común Latinoamericano. Santiago: Ilpes, 1961.

"Economic Development, Planning and International Cooperation". Santiago: Ecla, 1961. Gurrieri, *Cepal.*

Memarándum presentado al presidente John F. Kennedy en marzo de 1961. Washington, 8 março 1961.

"Los obstáculos estructurales y la necesaria revisión de la política de desarrollo y de cooperación internacional". *Comercio Exterior,* 11, n. 5, Cidade do México, maio 1961.

"The Alliance for Progress: Joint Responsibilities for Latin American Progress". *Foreign Affairs,* julho 1961.

"Una política de estabilidad monetaria compatible con el desarrollo económico". *Economía y Finanzas,* ano 25, n. 300, Santiago, outubro 1961.

"Reflexiones sobre la integración latinoamericana". *Comercio Exterior* 11, n. 11, Cidade do México, novembro 1961.

Towards a Dynamic Devewpment Policy for Latin America. Nova York: Nações Unidas, 1963. E/CN.12/680. Gurrieri, *Cepal,* v. 2.

"Planning of Economic Growth in Latin America". *Review of the River Plate,* Buenos Aires, 11 junho 1963.

Towards a New Trade Policy for Development. Report by the Secretary-General of the United Nations Conference on Trade and Development. Nova York: Unctad, 1964. Gurrieri, *Cepal,* v. 2.

Hacia la integración acelerada de América Latina: proposiciones a los presidentes latinoamericanos. Documento preparado por solicitação pessoal de José Antonio Mayobre, Felipe Herrera e Carlos Sanz de Santamaría. Cidade do México: Fondo de Cultura Económica, 1965.

Economic Problems of Developing Countries: the Structural Reforms Needed to Solve Them. Commerce Annual. Genebra: Unctad, 1966.

"The Impact of Technological Progress on developing countries". Gustav Pollak Lecture, The John Fitzgerald Kennedy School of Government, Harvard University, 17 outubro 1966.

Toward a Global Strategy of Development. Report of the Secretary-General of the Nações Unidas Conference on Trade and Development at the Second Session of the Conference. Nova York: Nações Unidas, 1968. TD/3/Rev. 1. Gurrieri, *Cepal,* v. 2.

Reflections on International Cooperation for Latin American Development. Documento preparado por solicitação pessoal dos srs. Galo Plaza, Felipe Herrera, Carlos Sanz de Santamaría e Patricio Rojas. Washington, 1969.

"The System and the Social Structure of Latin America". *Latin American Nationalist Movements,* Irving Louis Horowitz et al. Nova York: Random House, 1969.

Change and Development: Latin America's Great Task. Report Submitted to the Inter-American Development Bank. Nova York: Praeger, 1971. Gurrieri, *Cepal.*

Latin America: a Problem in Development. Hackett Memorial Lecture, Institute of Latin American Studies, University of Texas, Austin, 5 abril 1971.

"Desarrollo económico, planeamiento y cooperación internacional". *Serie Conmemorativa del XXV Aniversario de la Cepal.* Santiago: Eclac, 1973. Gurrieri, *Cepal.*

"A Critique of Peripheral Capitalism". *Cepal Review* 1, 1976. Gurrieri, *Cepal.*

"Desarrollo y política comercial internacional". *Pensamiento Político* 22, n. 88, Cidade do México, agosto 1976.

Unctad and the New International Economic Order. Discurso de Raúl Prebisch ao receber a Medalha Dag Hammarskjöld. Berlim, 1978.

The New International Order and Cultural Values. Madri: Institute of International Cooperation, 1978.

"Socio-economic Structure and Crisis of Peripheral Capitalism". *Cepal Review* 6, 1978.

"The Neo-classical Theories of Economic Liberalism". *Cepal Review* 7, 1979.

"Towards a Theory of Change". *Cepal Review* 10, 1980.

"Biosphere and Development". *Cepal Review* 12, 1980.

Capitalismo periférico: crisis y transformación. Cidade do México: Fondo de Cultura Económica, 1981.

"The Latin America Periphery in the Global System of Capitalism". *Cepal Review* 13, 1981.

"Dialogue on Friedman and Hayek from the Standpoint of the Periphery". *Cepal Review* 15, 1981.

"Capitalism: The Second Crisis". Report of the Third World Prize Presentation Ceremony, 2 abril 1981. *Third World Quarterly* 3, n. 3, julho 1981.

"Monetarism, Open-Economy Policies and the Ideological Crisis". *Cepal Review* 17, 1982.

"A Historical Turning Point for the Latin American Periphery". *Cepal Review* 18, 1982.

Crisis in Peripheral Capitalism: Increasing Inequality in Latin America. Distinguished Lecture Series, Madison, University of Wisconsin, 1983.

"The Crisis of Capitalism and International Trade". *Cepal Review* 20, 1983.

"Hacia la recuperación económica y la equidad social". *Estudios Internacionales*, ano 16, n. 64, Santiago, outubro-dezembro 1983.

"Lineamientos de un programa inmediato de reactivación de la economía, mejora del empleo y los salaries reales y ataque al obstáculo de la inflación". Santiago: Cepal, 1984.

"The Global Crisis of Capitalism and its Theoretical Background". *Cepal Review* 22, 1984.

"Five Stages in My Thinking on Development". *Pioneers in Development,* eds. G.M. Meier e Dudley Seers. Nova York: Oxford University Press, 1984.

"The Latin American Periphery in the Global Crisis of Capitalism". *Cepal Review* 26, 1985.

Crisis del desarrollo argentino: de la frustración al crecimiento vigoroso, Buenos Aires: El Ateneo, 1986.

"Renovar el pensamiento económico latinoamericano, un imperativo". *Comercio Exterior* 36, n. 6, Cidade do México, junho 1986.

Livros, artigos e outras fontes selecionadas

Abós, Alvaro, org. *El libro de Buenos Aires: cronicas de cinco siglos*. Buenos Aires: Montadori, 2000.

Abreu, Marcelo de Paiva. "Foreign Debt Policies in South America, 1929-1945". *Brazilian Journal of Political Economy* 20, n. 3 (79), julho-setembro 2000.

Adelman, Jeremy, org., *Essays in Argentine Labour History, 1870-1930*. Basingstoke: Macmillan, 1992.

Alemann, Roberto T. "El pensamiento económico de Prebisch". *Selección Contable*. Buenos Aires, abril 1956.

Alexander, Robert J. *Juan Domingo Perón: A History*. Boulder, CO: Westview Press, 1979.

Alhedeff, Peter. "The Economic Formulas of the 1930s: A Reassessment". Oxford: St Anthony's College, julho 1981.

Baer, Werner. "The Economics of Prebisch and Ecla". *Economic Development and Cultural Change* X, janeiro 1962.

Bailey, Samuel L. *Immigrants in the Land of Promise: Italians in Buenos Aires and New York*. Ithaca, Nova York: Cornell University Press, 1989.

Baldinelli, Elvio. *Comercio exterior Argentino en el ultimo medio siglo*. Buenos Aires: Instituto del Servicio Exterior de la Nación, 1996.

Ball, George. *The Past Has Another Pattern*. Nova York: Norton, 1982.

Barber, William J. "Chile con Chicago: A Review Essay". *Journal of Economic Literature* (33), dezembro 1995.

Barone, Enrico. "Studi di economia financiaria". *Giornale degli Economista* 11, 1912.

Bejarano, Manuel. "Inmigración y estructuras tradicionales en Buenos Aires (1854- 1930)". *Los fragmentos del poder*, orgs. Torcuato S. Di Tella e Túlio Halperin Donghi. Buenos Aires: Editorial Jorge Alvarez, 1969.

Belassa, Bela. "Regional Integration and Trade Liberalization in Latin America". *Journal of Common Market Studies*, setembro 1971.

Bello, Walden. "The Iron Cage: The WTO, the Bretton Woods Institutions and the South". Trabalho apresentado no International Forum on Globalization. Seattle, novembro 1999.

Bhagwati, Jagdish. *The New International Economic Order: The North-South Debate*. Cambridge:MIT Press, 1977.

Birns, L., org. *The End of Chilean Democracy: An IDOC Dossier on the Coup and its Aftermath*. Nova York: Seabury Press, 1974.

Bohan, Merwin L. *Oral History Interview*. Independence, Missouri: The Harry S. Truman Library, fevereiro 1977.

Brennan, James P. *Peronism and Argentina*. Wilmington, SC: SR Books, 1998.

Bunge, Alejandro. *Una nueva Argentina*. Buenos Aires: Guillermo Kraft, 1940.

Bunge, Augusto. *El culto de la vida*. Buenos Aires: Perrotti, 1915.

Calvert, Susan e Peter Calvert. *Argentina: Political Culture and Instability.* Pittsburgh: University of Pittsburgh Press, 1989.

Canton, Dario. *Elecciones y partidos en la Argentina: historia, interpretación y balance.* Buenos Aires: Siglo Veintiuno Argentina, 1973.

Cardoso, Fernando Henrique. "The Consumption of Dependency Theory in the USA". *International Organization* 32 (1), 1978.

_____ e Enzo Faletto. *Dependency and Development in Latin America.* Berkeley: University of California Press, 1979.

Chenery, Hollis. "The Structuralist Approach to Development Policy". *American Economic Review,* maio 1975.

Collier, Ruth Berins e David Collier. *Shaping the Political Arena: Critical Junctures, the Labor Movement, and Regime Dynamics in Latin America.* Princeton: Princeton University Press, 1991.

Cordovez, Diego. "The Making of Unctad: Institutional Background and legislative history". *Journal of Trade Law* 1, maio-junho 1967.

_____ "Unctad and Development Diplomacy". *Journal of Trade Law,* 1971.

Corea, Gamani. "Unctad and the New Internacional Economic Order". *International Affair* 53, 1977.

Cornejo, Benjamín. "The Social Doctrine in Prebisch's Thought". *Internacional Economics and Development: Essays in Honor of Raúl Prebisch,* org. Luis Di Marco. Nova York: Academia Press, 1972.

Cortés Conde, Roberto. "Raúl Prebich: los anos de gobierno". *Cepal Review* 75, 2001.

_____ e Ezequiel Gallo. *La formación de la Argentina moderna.* Buenos Aires: Paidós, 1967.

Cox, Robert W. e Harold K. Jacobson, orgs. *The Anatomy of Influence: Decision Making in International Organizations.* New Haven, CT: Vale University Press, 1973.

_____ "Ideologies and the New Internacional Economic Order". *International Organization* 33, primavera 1979.

Crawley, Eduardo. *A House Divided: Argentina 1880-1980.* Londres: Hurst and Co., 1984.

Currie, Laughlin. *Accelerating Development: The Necessity and the Means.* Nova York: McGraw Hill, 1966.

Cutujar, Michael, org. *Unctad and the North-South Dialogues: Essays in Honor of V.R. Malinowski.* Nova York: Pergamon Press, 1985.

Danby, Colin. "Noyola's Institutional Approach to Inflation". *Journal of the History of Economic Thought* 27, n. 2, junho 2005.

Dell, Sydney. *Trade Blocs and Common Markets.* Nova York: Knopf, 1963.

Della Paolera, Gerardo e Alan Taylor, orgs. *The New Economic History of Argentina.* Cambridge: Cambridge University Press, 2003.

Devoto, Fernando e Torcuato Di Tella. *Political Culture, Social Movements and Democratic Transitions in South America in the XXth Century.* Milan: Fondazione Giangiacomo Feltrinelli, 1996.

Diaz Alejandro, Carlos. *Essays on the Economic History of the Argentina Republic*. New Haven, CT: Vale University Press, 1970.

Di Filippo, Armando. *Desarrollo y desigualdad social en America Latin*. Mexico: Fondo de Cultura Economica, 1981.

Di Tella, Guido. "Policy Changes in Argentina, 1920-1960". Oxford: St Anthony's College, julho 1981.

_____ e D.C.M. Platt, orgs. *The Political Economy of Argentina, 1880-1946*. Basingstoke: Macmillan and St Anthony's College, 1986.

Di Tella, Torcuato e T. Halperin, orgs. *Los fragmentos del poder*. Buenos Aires: Editorial Jorge Alvarez, 1969.

_____ e Manuel Zymelman. *Las etapas del desarrollo económico argentino*. Buenos Aires: Eudeba, 1967.

Dolores, Maria. *Uriburu y Justo; el auge conservador*. Buenos Aires: Centro Editor de America Latina, 1983.

Dorfman, Adolfo. *Historia de la industria argentina*. Buenos Aires: Solar, 1970.

Dosman, Edgar J. "Markets and the State in the Evolution of the 'Prebisch Manifesto'." *Cepal Review* 75, 2001.

_____, org. *Raúl Prebisch: Power, Principle and the Ethics of Development*. Washington e Buenos Aires: IDB/INTAL, 2006.

Dreier, John, org. *Alianza para el Progreso*. Cidade do México: Novaro, 1962. (Veja também *The Alliance for Progress: Problems and Perspectives*, Johns Hopkins, Baltimore, 1962.)

Eclac. *Raúl Prebisch: Un aporte al studio de su pensamiento*. Santiago: Eclac, março 1987.

Eichengreen, Barry. *Golden Fetters: The Gold Standard and the Great Depression, 1919-39*. Nova York: Oxford University Press, 1992.

Eisenhower, Milton. *Report to the President on United States-Latin American Relations*. Washington, dezembro 1958.

Emmerij, Louis, Richard Jolly e Thollas G. Weiss. "Generating Knowledge in the United Nations". *Reclaiming Development Agendas: Knowledge, Power and International Policy Making*, org. Peter Utting. Basingstoke: Palgrave, 2006.

Escudé, Carlos Andres. "The Argentine Eclipse: The International Factor in Argentina's Post-World War II Decline". PhD dissertation, Yale University, dezembro 1981.

Falcoff, M. e R.H. Dolcart, orgs. *Prologue to Perón: Argentina in Depression and War, 1930-45*. Berkeley: University of California Press, 1975.

Felix, David. "Monetarists, Structuralists and Import Substituting Industrialization". *Inflation and Growth in Latin America*, orgs. Baer e Kerstenetzky. Nova York: Richard D. Irwin, 1964.

Ferguson, Yale H. "Ecla and the Alliance for Progress". Washington: State Department, 1962.

_____ "Ecla, Latin American Development, and the United States: A Broad View". Manuscrito não publicado, Columbia University, outono 1962.

Fishlow, Albert. *Rich and Poor Nations in the World Economy*. Nova York: McGraw Hill, 1978.

Fordor, Jorge e Arturo O'Connell. "La Argentina y la economia atlântica en la primera mitad del siglo XX". *Desarrollo económico* 13, n. 49, Buenos Aires, abril-junho 1973.

Frankenhoff, Charles. "The Prebisch Thesis: A Theory of Industrialism for Latin America". *Journal of Inter-American Studies* 4, abril 1962.

Fredeberg, A.S. *The Unctad of 1964*. Rotterdam: University Press, 1969.

Furtado, Celso. *Economic Development in Latin America*. Cambridge: Cambridge University Press, 1970.

_____ *A fantasia organizada*. Rio de Janeiro: Editora Paz e Terra, 1985.

_____ *Os ares do mundo*. Rio de Janeiro: Paz e Terra, 1991.

Fajnzylber, Fernando. "Comentario sobre el articulo de Raúl Prebisch. Hacia una teoría de la transformacion". *Revista de la Cepal* 11, 1980.

Garcia-Heras, Raúl. "World War II and the Frustrated Nationalization of the Argentine British-Owned Railways, 1939-1943". *Journal of Latin American Studies* 17, maio 1985.

Gibson, Edward L. *Class and Conservative Parties: Argentina in Comparative Perspective*. Baltimore: Johns Hopkins University Press, 1996.

González, Norberto. "Las ideas motrices de tres procesos de industrialización". *Cepal Review* 75, 2001.

González, Fraga. "La vision del hombre y del mundo en John M. Keynes y en Raúl Prebisch". Documentos de trabalho, Pontificia Universidad Católica Argentina, Buenos Aires, março 2006.

González, N. e David Pollock. "Del ortodoxo al conservador ilustrado: Raúl Prebisch en la Argentina, 1923-1943". *Desarrollo Económico* 30, n. 120, Buenos Aires, 1991.

Gordon, Lincoln. "Inter-American Tensions and the Alliance for Progress". *Latin America: Evolution or Explosion*, org. Mildred Adams. Nova York: Dodd Mead, 1963.

Gosovic, Branoslav. *Unctad: Conflict and Compromise*. Leiden: A.W. Sijthoff, 1972.

Gravil, Roger. "State Intervention in Argentina's Export Trade between the Wars". *Journal of Latin American Studies* 2, n. 2, 1970.

Grunwald, Joseph. "Invisible Hands in Inflation and Growth". Brookings Institution Reprint 89. Washington: Brookings, 1965.

_____ *Latin America and the World Economy: A Changing International Order*. Sage Publications, 1978.

Gurrieri, Adolfo. "Technical Progress and its Fruits: The Idea of Development in the Works of Raúl Prebisch". *Journal of Economic Issues* 17, n. 2, junho 1983.

_____ "Las ideas del joven Prebisch". *Cepal Review* 75, 2001.

_____ *La Obra de* Prebisch *en Cepal*. Cidade do México: Fondo de Cultura Económica, 1982.

Haberler, Gottfried. "Terms of Trade and Economic Development". *El Desarrollo Economico y America Latina*, org. Howard Ellis. Cidade do México: Fondo de Cultura Economica, 1969.

Hanson, Simon G. "Case Study in Futility: The Nações Unidas Ecla". *Inter-American Economic Affairs*, outono 1948.

_____ "Preliminary Report to the Nações Unidas Economic and Social Council on an Economic Commission for Latin Amenca". *Inter-American Economic Affairs* 1, n. 3, dezembro 1947.

Harberger, Arnold. "Latin American Economists in the USA: A Comment". *Economic Develapment and Cultural Change* 15, outubro 1966.

Harrison, Selig S. *A Strategy for Unification and US Disengagement.* Princeton: Princeton University Press, 2002.

Heath, Edward. *The Course of My Life. My Autobiography.* Londres: Hodder and Stoughton, 1998.

Helleiner, Eric. "The Southem Side of 'Embedded Liberalism'". *Money Doctors: The Experience of International Financial Advising 1950-2000,* org. Marc Flandreau. Londres e Nova York: Routledge, 2003.

Helleiner, Gerald K., Shahen Abrahamian, Edgar Bacha *et al.*, orgs. *Poverty, Prosperity and the World Economy: Essays in Memory of Sydney Dell.* Nova York: St Martin's Press, 1995.

_____, org. *A World Divided: The LDCS in the International Economy.* Cambridge: Cambridge University Press, 1976.

Herrera, Felipe. *Nacionalismo latinoamericano.* Santiago: Editorial Universitaria, 1967.

Hirschman, Albert O. *Latin American Issues, Essays and Comments.* Nova York: Twentieth Century Fund, 1961.

Hobsbawm, Eric. *Age of Extremes: The Short Twentieth Century 1914-1991.* Londres: Michael Joseph, 1994.

Hodara, J. *Prebisch y la Cepal.* Cidade do México: El Colegio de México, 1987.

Hopenhayn, Benjamín. "Prebisch: pensador clásico y heterodoxo". *Revista de la Cepal* 34, 1988.

Iglesias, Enrique V., org. *The Legacy of Raúl Prebisch.* Washington: Inter-American Development Bank, 1994.

Jaguaribe, Helio. *Political Development: A General Theory and a Latin American Case Study.* Nova York: Harper and Row, 1973.

Jauretche, Arturo. *El Plan Prebisch: retorno al coloniaje.* Buenos Aires: Pena Lillo, 1984.

Kay, Cristóbal. *Latin American Theories of Development and Underdevelopment.* Londres: Routledge, 1989.

Keeling, David. *Global Dreams, Local Crises.* Chichester, Nova York: Wiley, 1996.

Keynes, John Maynard. *The Means to Prosperity.* Londres: Macmillan, 1933.

_____ *Essays on Persuasión.* Nova York: Harcourt Brace, 1932.

Kindleberger, C. "Planning for Foreign Investment". *American Economic Review* 33, 1943.

Korzeniewicz, Robert. "Labor Unrest in Argentina". *Latin American Research Review* 24, n. 3, 1989.

Krishnamurti, R. "Some Unctad Events and Reminiscences". Genebra, 30 abril 1991.

_____ "Unctad as a Negotiating Institution". *Journal of World Trade* 15, janeiro-fevereiro, 1981.

Lalanne, Pedro Femández. *Los Uriburu*. Buenos Aires: Emecé Editores, 1989.

Lefeber, Louis e Lisa L. North. *Democracy and Development in Latin America*. Toronto: Cerlac-Laru, 1980.

Leontieff, Wassily. *The Future of the World Economy: A Nações Unidas Study*. Oxford: Oxford University Press, 1977.

Leuchars, Chris. *To the Bitter End: Paraguay and the War of the Triple Alliance*. Westport, CT: Greenwood Press, 2002.

Levinson, Jerome e Juan Onis. *The Alliance that Last its Way*. Twentieth Century Fund, 1970.

Lewis, Sir Arthur. "Economic Development with Unlimited Supplies of Labour". *Manchester School / Economic and Social Studies*, maio 1954.

_____. *The Evolution of the International Economic Order*. Princeton: Princeton University Press, 1977.

_____. *The Theory of Economic Growth*. Homewood, IL: Irwin, 1955.

Lewis, Paul H. *The Crisis of Argentine Capitalism*. Chapel Hill: University of North Carolina Press, 1990.

Llach, Juan José. "El Plan Pinedo de 1940, su significado historico y los origenes de la economia politica del peronismo". *Desarrollo Econômico* 23, n. 92, Buenos Aires, janeiro-março 1984.

Lopez, Manuel Fernandez. "Hugo Broggi, a precursor in mathematical economics". *The European Journal of the History of Economic Thought* 10: 2, verão 2003.

Lora, Jorge e Carlos Mallorquín, orgs. *Prebisch y Furtado. El Estructuralismo Latinoamericano*. Cidade do México: Benemérita Universidad Autónoma de Puebla, Instituto de Ciencias Sociales y Humanidades, 1999.

Louro de Ortiz, Amalia A. *El grupo Pinedo-Prebisch y el neo-conservadorismo renovador*. Buenos Aires: Grupo Editor Latinoamericano, 1992.

Love, Joseph L. *Crafting the Third World: Theorizing Underdevewpment in Rumania and Brazil*. Stanford: Stanford University Press, 1996.

_____. "Economic Ideas and Ideologies in Latin America since 1930". *Ideas and Ideologies in Twentieth Century Latin America*, org. Leslie Bethell. Cambridge: Cambridge University Press, 1996.

_____. "Latin America, Unctad and the Postwar Trading System". Paper presented to "The Regulation of Development", 23-24 abril 2004.

_____. "Manoilescu, Prebisch, and Unequal Exchange". *Rumanian Studies* 5, 1986.

_____. "A New Look at the International Intellectual Environment of the Thirties and Forties". *The Legacy of Raúl Prebisch*, org. Enrique V. Iglesias. Washington: Inter-American Development Bank, 1994.

_____. "Raúl Prebisch and the Origins of the Doctrine of Unequal Exchange". *Latin American Research Review* 15, n. 3, novembro 1980.

_____. "The Rise and Decline of Economic Structuralism in Latin America: New Dimensions". *Latin American Research Review* 40, n. 3, outubro 2005.

Lowenthal, Abraham. "Liberal, Radical and Bureaucratic Perspectivas on US-Latin American Policy: The Alliance for Progress in Retrospect". *Latin America and the US: Changing Policy Realities*, orgs. Julio Cotler e Richard Fagen. Stanford: Stanford University Press, 1974.

Luna, Félix. *Fuerzas hegemónicas e partidos politicos*. Buenos Aires: Editorial Sudamericana, 1989.

Maestri, Mario. "Guerra contra o Paraguai: da instauração à restauração historiográfica". *Revista Espaço Acadêmico*, ano 2, n. 2, janeiro 2003.

Maizels, Alfred. "Refining the World Commodity Economy". *Unctad and the North South Dialogue*, org. Michael Cutujar. Nova York: Pergamon Press, 1985.

Mallorquín, Carlos. "Un breve recuento de la deconstrucción del estructuralismo latinoamericano". *Estudios Latinoamericanos*, ano 1, n. 2, 1994.

_____ *Prebisch y Furtado. El Estructuralismo Latinoamericano*. Cidade do México: Benemérita Universidad Autonomía de Puebla, Instituto de Ciencias Sociales y Humanidades, 1999.

_____ "Celso Furtado: um retrato intelectual". *Xamã-Contraponto*, São Paulo, 2005.

_____ "Raúl Prebisch before the Ice Age". *Raúl Prebisch: Power, Principie and the Ethics of Development*, org. Edgar J. Dosman. Washington e Buenos Aires: IDB/INTAL, 2006.

_____ "Los cuatro volúmenes de las Obras de Raúl Prebisch". *Estudios Latinoamericanos, Nueva Epoca* (Unam), ano 2, n. 4, julho-dezembro 1995.

_____ "Textos y entrevista inedita de Raúl Prebisch". *Revista Paraguaya de Socioló gica*, dezembro 1994.

_____ "The Unfamiliar Raúl Prebisch". *Ideas, Policies and Economic Development in the Americas*, orgs. Esteban Perez-Caldentey e Matias Vernengo. Londres: Routledge, 2007.

Manoilescu, Mihail. *The Theory of Protection and International Trade*. Londres: P.S. King & Son, 1931.

Manzetti, Luigi. *Institutions, Parties and Coalitions in Argentine Politics*. Pittsburgh: Pittsburgh University Press, 1993.

Mattera, AIbert Alexander. "Twentieth Century Developments in Argentine Commercial Banking". MBA thesis, Graduate School of Business Administration, Universidade de Nova York, maio 1948.

Meier, Gerald M. "Import Substitution and Industrial Protection". *Leading Issues in Development Economics*, org. Gerald M. Meier. Oxford: Oxford University Press, 1964

_____ e Dudley Seers, orgs. *Pioneers in Development*. Oxford: Oxford University Press, 1984.

Meltzer, Allan H. *A History of the Federal Reserve, 1913-51*. Chicago: University of Chicago Press, 2004.

Metzger, Stanley. "Unctad: An Assessment". *American Journal of International Law*, julho 1976.

Mowat, Charles Loch. *Britain between the Wars: 1918-1940*. Londres: Methuen, 1956.

Mikesell, Raymond. "Barriers to the Expansion of the United Nations Economic Functions". *Annals of the American Academy of Political and Social Sciences*, n. 302, novembro 1954.

Mitchell, Christopher. "The Role of Technocrats in Latin American Integration". *Inter-American Economic Affairs* 21, verão 1967.

Muñoz, Heraldo. *Crisis y desarrollo alternativo en Latinoamérica*. Santiago: Editorial Aconcagua/CERC/ICL, 1985.

Murmis, Miguel e Juan Carlos Portantiero. *Estudios sobre los origins del Peronismo*. Buenos Aires: Siglo XXI, 1971.

Myint, Ha. *The Economics of the Developing Countries*. Londres: Hutchison, 1964.

Myrdal, Gunnar. *Economic Theory and Underdeveloped Regions*. Nova York: Harper and Row, 1956.

Newton, Ronald C. *The Nazi Menace in Argentina, 1931-1947*. Stanford: Stanford University Press, 1992.

Nixon, Richard M. *Six Crises*. Nova York: Doubleday and Co., 1962.

Nurkse, Ragnar. "Trade Theory and Development Policy". *Economic Development for Latin America*, org. Howard S. Ellis. Londres: St Martin's Press, 1961.

Ocampo, José Antonio. "Raúl Prebisch y la agenda del desarrollo en los albores Del siglo XXI". *Cepal Review* 75, 2001.

O'Connell, Arturo. "El regreso de la vulnerabilidad y las ideas tempranas de Prebisch sobre el 'ciclo argentino'". *Cepal Review* 75, 2001.

O'Donnell, Guillermo. "Reflections on the Patterns of Change in the Bureaucratic Authoritarian State". *Latin American Research Review* 13, n. 1, 1978.

Pasos, Leonardo. *Historia del Origen de los Partidos en la Argentina, 1810-1918*. Buenos Aires: Ediciones Centro de Estudios, 1972.

Peralta Ramos, M. e Carlos Waisman. *From Military Rule to Liberal Democracy in Argentina*. Boulder, CO: Westview Press, 1987.

Pinto, Anibal. "La evaluacion del pensamiento de la Cepal". *Política Economica y Desarrollo de America Latina*. Bonn: Verlag Neue Gessellschaft, GMBH, 1972.

_____ e Osvaldo Sunkel. "Latin American Economists in the USA". *Economic Development and Cultural Change* 15, outubro 1966.

_____ e Jan Knakal. "The Center-Periphery System 20 Years Later". *International Economics and Development*, org. Luis Di Marco. Nova York: Academic Press, 1972.

Polak, Jacques J. "Convertibility: An Indispensable Element in the Transition Process in Eastern Europe". Trabalho preparado para uma conferência organizada pelo Institute for International Economics and the Austrian National Bank, Vienna, 20-22 janeiro 1991.

_____ "The IMF Monetary Model at Forty". Working Paper of the International Monetary Fund. IMF, 1997.

Pollock, David H. "Aquelles viejos tiempos: la formacion teorica y practica de Raúl Prebisch en Argentina: una entrevista con David Pollock". *Desarrollo Econômico* 41.

_____ "Some Changes in United Status Attitudes toward Cepal over the Past 30 Years". *Cepal Review* 5, 1978.

_____ "Ideologies of Latin American Modernization". *Latin American Prospects for the 1970s*, orgs. David H. Pollock e Arch R. Ritter. Nova York: Praeger, 1973.

_____. "The Pearson and Prebisch Reports". *Latin American Prospects for the 1970s*, orgs. David H. Pollock e Arch R. Ritter. Nova York: Praeger, 1973.

Porcile, Gabriel. "The Challenge of Cooperation: Argentina and Brazil 1939-55". *Journal of Latin American Studies* 27, 1995.

Rabe, Stephan G. *Eisenhower and Latin America: The Foreign Policy of Anticommunism*. Chapel Hill: University of North Carolina Press, 1988.

Rapaport, Mario. *Gran Bretana, Estados Unidos y las clases dirigentes argentinas: 1940-1945*. Buenos Aires: Editorial de Belgrano, 1980.

Rock, David. *Politics in Argentina, 1890-1930: The Rise and Fall of Radicalism*. Cambridge: Cambridge University Press, 1975.

_____, org. *Latin America in the 1940s: War and Postwar Transitions*. Berkeley: University of California Press, 1994.

Rodríguez, Octavio. "Aprendizaje, acumulación, pleno empleo: las tres claves de desarrollo". *Desarrollo Económico* 38, n. 151, outubro-dezembro 1998.

_____. "Prebisch: Actualidad de sus ideas básicas". *Cepal Review* 75, 2001.

_____. *La Teoria del Subdesarrollo de la Cepal*. Cidade do México: Siglo Veintiuno Editores, 1984.

Rogge, Benjamin A. "Economic Development in Latin America: The Prebisch Thesis". *Inter-American Economic Affairs*, primavera 1968.

Ruggiero, Kristin. *Modernity in the Flesh: Medicine, Law and Society in Turn-of-the-Century Argentina*. Stanford: Stanford University Press, 2004.

Samuelson, P. "International Trade and Equalization of Factor Prices". *Economic Journal* 58, 1948.

Sanguinetti, Horacio. *Los socialistas independientes*, 2 v. Argentina: Centro Editor de America Latina, 1987.

Sanjuan, Alfonso. "Camino al Mercosur: Antecedente poco conocido". *Cuadernos de Marcha* 141, julho 1998.

Santa Cruz, Hernán. *Cooperar o perecer: el dilema de la comunidad mundial*. Buenos Aires: Grupo Editor Latinoamericano, 1984.

_____. "Una página de la historia de las Naciones Unidas en sus primeros años: recuerdos sobre el nacimiento de la Cepal". Santiago: Eclac, 1963.

Scheina, Robert. *Latin America Wars: The Age of the Caudillo*, 1791-1899. Dulles, VA: Brassey's, 2003.

Scheman, L. Ronald, org. *The Alliance for Progress: A Retrospective*. Nova York: Praeger, 1988.

Schlesinger, Jr, Arthur. "Myth and Reality". *The Alliance for Progress: A Retrospective*, org. L. Ronald Scheman. Nova York: Praeger, 1988.

Scobie, James R. *Argentina: A City and a Nation*. Nova York: Oxford University Press, 1971.

_____. *Buenos Aires: From Plaza to Suburb, 1870-1910*. Nova York: Oxford University Press, 1974.

Seers, Dudley. "Why Visiting Economists Fail". *The Journal of Political Economy* 70, agosto 1962.

_____. "What Are We Trying to Measure?". *Journal of Development Studies*, agosto 1972.

Shaw, John D. *Sir Hans Singer. The Life and Work of a Development Economist.* Basing-Stoke: Palgrave Macmillan, 2002.

Sikkink, Kathryn. *Ideas and Institutions: Developmentalism in Brazil and Argentina.* Ithaca, Nova York: Cornell University Press, 1991.

_____ "The Influence of Raúl Prebisch on Economic Policy Making in Argentina, 1950-1962". *Latin American Research Review* 23, n. 2, 1988.

Singer, Hans. "Comments on 'Raúl Prebisch: The Continuing Quest'". *The Legacy of Raúl Prebisch*, org. Enrique V. Iglesias. Washington: Inter-American Development Bank, 1994.

_____ "The Distribution of Gains between Investing and Borrowing Countries". *American Economic Review*, maio 1950.

_____ "The Terms of Trade Controversy and the Evolution of Soft Financing: Early Years in the UN". *Pioneers in Development*, orgs. G.M. Meier e Dudley Seers. Nova York: Oxford University Press, 1984.

Smith, Peter H. *Argentina and the Failure of Democracy: Conflict among the Political Elites, 1904-1955.* Madison, WI: University of Wisconsin Press, 1974.

Smith, William C. *Authoritarianism and the Crisis of the Argentine Political Economy.* Stanford: Stanford University Press, 1991.

Solís, L. "Raúl Prebisch at Ecla: Years of Creative Intellectual Effort". Occasional Paper, n. 10. San Francisco: International Centre for Economic Growth, 1989.

Spraos, J. "The Statistical Debate on the Net Barter Terms of Trade between Primary Commodities and Manufactures". *Economic Journal* 90, n. 357, 1980.

Sprout, R. "The Ideas of Prebisch". *Cepal Review* 46, 1992.

Tanzi, V. e K. Chu. *Fiscal Policy for Stable and Equitable Growth in Latin America.* IMF Working Paper, n. 1, 93. Washington, DC: International Monetary Fund, 1989.

Teichman, Judith. "Interest Conflict and Entrepreneurial Support for Perón". *Latin American Research Review* 16, n. 1, 1981.

Streeten, Paul. "Development Ideas in Historical Perspective". *Regional Development Digest* 1, 1980.

Sunkel, Osvaldo. "National Development Policy and External Dependence in Latin America". *Journal of Development Studies*, outubro 1969.

_____ "Big Business and Dependencies: A Latin American View". *Foreign Affairs*, 1972.

Thorp, Rosemary. *Progress, Poverty and Exclusion: An Economic History of Latin America in the 20th Century.* Washington: Johns Hopkins University Press e IDB, 1998.

Tinbergen, Jan. *Reshaping the International Order: A Report to the Club of Rome.* Nova York: Dutton, 1976.

Toye, John e Richard Toye. "From New Era to Neo-Liberal Era: US Strategy on Trade, Finance and Development in the Nações Unidas, 1964-82". *Forum for Development Studies* 1.

_____ "The Origins and Interpretation of the Prebisch-Singer Thesis". *Journal of Political Economy* 35, 2003.

_____ *Political Economy for a Divided World: Trade, Finance and Development.* Bloomington: Indiana University Press, 2004.

_____ "Raúl Prebisch and the Limits of Industrialization". *Raúl Prebisch: Power, Principle and the Ethics of Development*, org. Edgar J. Dosman. Washington e Buenos Aires: IDB/INTAL, 2006.

_____ *The UN and Global Political Economy: Trade, Finance and Development*. Bloomington: Indiana University Press, 2004.

Triffin, Robert. "Central Banking and Monetary Management in Latin America". Washington: US Federal Reserve, 4 março 1944.

_____ *The World Money Maze: National Currencies in International Payments*. New Haven e Londres: Yale University Press, 1966.

United Nations. *Relative Prices of Exports and Imports of Under-Developed Countries*. Lake Success, Nova York: Department of Economic and Social Affairs, 1949.

Urquidi, Víctor L. *The Challenge of Development in Latin America*. Praeger, 1962.

_____ "The Montevideo Treaty: A Comment on Mr Sumberg's Views". *Inter-American Economic Affairs* 14, n. 1, setembro 1960.

United States. Department of State: *Foreign Relations of the United Status, 1939-45*, 2 v. Millwood, Nova York: Kraus International Publications, 1980.

Uribe, Armando. *The Black Book of American Intervention in Chile*. Boston: Beacon Press, 1975.

Valdés, Juan Gabriel. *Pinochet's Economists: The Chicago School in Chile*. Cambridge: Cambridge University Press, 1995.

Villanueva, Javier. "El origen de la industrialización argentina". *Desarrollo Económico* 12, outubro-dezembro 1972.

Viner, Jacob. *International Trade and Economic Development*. Glencoe, IL: Free Press, 1952.

_____ *International Trade and Economic Development. Lectures Delivered at the National University of Brazil*. Oxford: Clarendon Press, 1953.

_____ "Some Reflections on the Concept of Disguised Unemployment". *Leading Issues in Development Economics*, org. Gerald Meier. Oxford: Oxford University Press, 1964.

Walter, Richard J. *Politics and Growth in Buenos Aires, 1910-1942*. Cambridge: Cambridge University Press, 1993.

_____ *The Socialist Party of Argentina, 1890-1930*. Austin: University of Texas at Austin, 1977.

Walters, Robert S. "International Organizations and Political Communication: The Use of Unctad by Less Developed Countries". *International Organization* 24, n. 4, 1971.

Weiss, Thornas G. *International Bureaucracy: An Analysis of the Operation of Functional and Global International Secretariats*. Lexington Books, 1975.

_____ *Multilateral Development Diplomacy in Unctad*. Londres: Macmillan, 1986.

Whigharn, Thomas L. e Barbara Potthast. "The Paraguayan Rosette Stone: New Insights into the Demographics of the Paraguayan War, 1864-70". *Latin America Research Review* 34: 1, 1999.

Williams, John H. *Argentine International Trade under a Nonconvertible Exchange Regime*. Cambridge, MA: Harvard University Press, 1920.

Wionczek, Miguel. "The Latin American Free Trade Association". *International Conciliation*, janeiro 1965.

ÍNDICE ONOMÁSTICO

Abdel-Ghani, A.H. , 444
Acheson, D., 295, 296, 303, 310
Ahumada, Jorge, 293, 304, 305, 320, 325, 369, 378, 380, 404, 425,
Alende, Oscar, 357
Alemann, Max, 59, 87-89, 95, 99, 101, 116, 128, 135, 204
Alfonsín, Raúl, 24, 557-565
Ali, Amjad, 21, 463
Allende, Hortensia, 528
Allende, Salvador, 508, 519, 520-522, 524, 527-533, 540, 542, 568
Altgelt, Oswaldo, 207, 208, 215
Alvear, Marcelo T., 64, 67, 71, 74, 76, 79, 90-92, 99, 100, 192, 193
Anaya, Elbio, 195, 202, 203
Aramburu, Pedro, 351, 352, 354-358, 360, 363-365, 369, 382
Aranha, Oswaldo, 154-156, 162, 169, 176, 177
Armour, Nonnan, 69, 151, 165, 166, 170, 175, 180, 181, 186, 206, 228, 233

Balbín, Ricardo, 350, 352, 358, 365, 392
Balboa, Manuel, 246, 518
Baldwin, Gerald, 285
Ball, George, 449, 455, 456
Bardeci, Oscar, 10, 358, 397, 511, 518, 568
Barone, Enrico, 50, 63
Barrientos, René, 501
Batista, Fulgencio, 316, 318, 326, 332, 333, 337, 400
Bell, Daniel W., 157
Berger, René, 98, 122, 135, 140, 141, 149, 290
Berle, Adolph, 161, 181, 206, 407, 409
Bernstein, E.M, 10, 264, 270, 294
Berthaud, Paul, 444
Blanco, Eugenio, 255, 352, 358
Bohan, Merwin, 177, 183, 185, 187-190, 206, 308-310, 319, 323, 328-330

Bosch, Ernesto, 68, 71, 76, 80, 84, 95, 100, 126, 134, 182, 199, 203, 204, 205, 218, 237, 238, 242
Boti, Regino, 276, 292, 304, 305, 320, 400, 401
Botto, Carlos, 90, 91
Boyle, Sir Edward, 498
Braden, Sproule, 235, 238, 242
Brebbia, Carlos, 109, 111, 140-143, 149, 170
Broide, Julio, 59
Bulhões, Octavio Gouvêa de, 155, 257, 258, 270, 292, 321
Bunge, Alejandro, 52, 54, 78, 106, 190, 193
Bunge, Augusto, 46, 54, 55, 57, 58, 63, 87, 88, 92-95, 99, 104, 121, 122, 139, 165, 195-197, 203, 233
Bunge, Cesar, 347
Bunge, Mario, 10
Buron, Robert, 283
Bushnell, John, 547
Bustillo, José Maria, 200, 228, 238

Campos, Roberto, 323, 325, 379, 469-471, 498, 506, 509, 513
Caputo, Dante, 558, 562
Carcano, Miguel Angel, 109
Cardoso, Fernando Henrique, 10, 469-471, 509, 510
Carter, Jimmy, 538, 539, 542-544, 547-549, 552
Cassel, Gustav, 106
Castillo, Eugenio, 263-265, 267, 270, 275, 279, 292, 293, 302, 304, 306, 308, 310, 311, 316, 318, 400
Castillo, Ramon S., 151, 152, 162-164, 168, 169, 173, 175, 177-180, 184-186, 191-195
Castro, Fidel, 400, 401, 403, 404, 406, 410, 411, 412, 446
Caustin, Harold, 273, 274, 290, 291
Chamberlain, Neville, 97, 104, 109, 112, 115, 140

Ciboti, Ricardo, 568
Cochran, Merle, 383, 391, 392
Cohen, Benjamin, 225, 263, 293
Colombo, Luis, 117, 119, 129, 152, 165, 190, 200, 228, 235, 239
Cordovez, Diego, 10, 444, 467, 535, 543
Corea, Gamani, 466
Cornejo, Julio, 30, 31, 43, 55, 56, 359
Cosío Villegas, Daniel, 220, 224, 227, 248, 252, 274
Croire, Francisco, 275, 276, 279, 284, 291, 341
de Estrada, Tomas, 88
de la Torre, Lisandro, 46, 55, 56, 84, 92, 97, 99, 100, 129-134, 365
de Seynes, Philippe, 10, 283, 309, 337-339, 345, 346, 354, 370, 375-377, 384, 385, 393, 397, 423, 438, 440, 441, 443, 463, 464, 467, 468, 471-473, 475, 482, 495, 500, 502, 505, 525, 526, 540
da Silveira, Azeredo, 481, 493, 494
de Tomaso, Antonio, 46, 56, 93, 100, 114
del Canto, Jorge, 249, 256, 391, 392, 525
Dell, Sidney, 19, 380, 441, 443, 444, 447, 450, 463, 464, 467, 468, 473, 474, 484, 500, 501, 511, 535, 553
Diaz Alejandro, Carlos, 421
Diaz de Prebisch, Eliana, 9, 416, 467, 469, 500, 504, 525, 529, 542, 555, 558, 568
Dillon, Douglas, 384, 386, 388, 389, 405, 409, 411, 418, 422, 435, 451, 482, 498, 515
Dorfman, Adolfo, 10, 275, 276, 305, 329, 354, 361, 362, 365
Dreier, John C., 296
Duhau, Luis, 80-84, 86, 90, 95, 98, 106, 114, 117, 118, 119, 122, 123, 129-134
Dulles, John Foster, 328, 331-333, 335, 361, 362, 376, 385, 386, 349

Eckenstein, Christopher, 444
Eckhard, June, 246, 253, 268
Eisenhower, Dwight D., 327-329, 332, 333, 373, 384-388, 399-402, 404-406, 409-411, 420
Espil, Felipe, 158

Farrell, Edelmiro Julian, 227, 228, 235, 237-239, 242
Femandez, Anibal, 111
Ferrer, Aldo, 10, 246, 347, 556, 557, 568
Fischer, Irving, 62
Frank, Isaiah, 388, 389, 451
Frankel, Enrique, 246, 254, 261, 271, 341
Fraser, Malcolm, 72, 79
Frei, Eduardo, 334, 335, 380, 507, 508, 512, 519, 520, 523, 528, 529
Friedman, Irving, 391, 479, 494
Frondizi, Arturo, 358, 365, 386, 392, 393, 411, 414, 415, 417-420, 425, 456
Furtado, Celso, 10, 278, 279, 282, 287, 292, 304, 305, 320, 321, 323, 325, 330, 333, 360, 368, 377-381, 425, 437, 457, 469, 471, 509, 555, 556, 568

Gagneux, Edmundo G., 89, 122, 128, 135, 163, 180, 207, 237
Gandhi, Indira, 22, 487
Ganz, Alex, 10, 305, 329, 330, 354, 361, 362, 365, 379, 380, 381, 568
Garcia, Alizon, 156, 293, 352, 358, 554
Garcia, Teodoro, 39, 43, 233
Garcia Vasquez, Enrique, 10, 557, 558, 559
Gardner, Richard, 161, 456, 463-465, 538
Georges-Picot, Guillaume, 331, 337, 370
Gerest, Abraham, 89, 95, 128
Gomez, Rodrigo, 219, 220, 223, 224, 292, 382, 419
Gonzalez, Enrique, 199
Gonzalez, Norberto, 10, 246, 347, 523
Gonzalez del Solar, 10, 34, 171, 179, 207, 208, 216, 226, 243, 246, 253, 557, 561
Goodwin, Richard, 407, 409, 411, 422
Gordon, Lincoln, 10, 407, 409, 428, 451, 506
Goulart, João, 428, 451, 469
Grinspun, Bernardo, 10, 456, 557-559, 560-563, 565
Grumbach, Eduardo, 157
Guani, Alberto, 156
Gudin, Eugenio, 155, 256, 257-259, 261, 262, 270, 292, 320, 321, 323-325

Guevara, Ernesto "Che", 400, 403, 411, 454, 455, 501, 533
Guido, José Maria, 420
Gurrieri, Adolfo, 10, 54
Guth, Wilfried, 498
Gutt, Camille, 264, 265, 267, 268

Haberler, Gottfried, 160, 222, 253, 257, 258, 262, 285, 523
Halle, Louis B. Jr., 296
Hammarskjöld, Dag, 18, 332, 335, 393, 395, 521, 538
Hanson, Simon G., 274
Heath, Edward, 447, 458, 465
Helms, Richard, 530
Herrera, Felipe, 11, 397, 406, 407, 415, 423, 428, 500, 501, 507, 514, 517, 518, 525
Hitler, Adolf, 105, 110, 112, 140, 143, 146, 149, 164, 167, 168, 197, 234, 353
Hoffman, Paul G., 396, 397, 423, 424, 441, 482, 483, 522, 525
Holland, Henry, 328, 354, 361, 362
Hoover, J. Edgar, 181, 185, 329,
Hopenhayn, Benjamin, 10, 397, 417, 419, 423, 471, 509, 518, 568
Hueyo, Alberto, 98, 100, 101, 114, 116
Hueyo, Emesto, 111, 365
Hull, Cordell, 112, 147, 157, 158, 161, 163, 164, 176, 178, 179, 181, 186, 187, 190, 200, 206
Humphrey, George, 328, 329, 335, 336, 337, 384, 421

Iglesias, Enrique, 10, 23, 512, 524-527, 533, 534, 539, 540, 543, 566
Illia, Arturo, 456, 504
Irazusta, Rudolfo, 359, 360
Ivanisevich, Oscar, 258, 260

Jacobsson, Per, 383, 391
Jayawardena, Lal, 444
Jevons, Stanley, 62
Jèze, Gaston, 54, 75

Judd, Percival, 444, 473, 477
Justo, Agustín P., 92, 97, 99, 100, 114, 117, 119, 120, 122, 123, 126, 127, 129, 132, 134, 137, 138, 154, 192, 193, 202, 206
Justo, dr. Juan B., 46, 56-58, 63

Kafka, Alexandre, 321, 323
Kaldor, Nicholas, 380
Keenleyside, Hugh, 303, 362
Kemmerer, Edwin W., 62, 123, 124
Kennan, George, 295
Kennedy, David M., 515, 518
Kennedy, John F., 19, 397, 399, 400, 405, 407-418, 420-423, 427, 431, 436, 446, 450, 451, 460, 480, 481, 482, 484, 487, 543
Keynes, John M., 26, 59, 80, 111, 113, 114, 119, 191, 210, 213, 224, 226, 228, 237, 247, 248, 253, 255, 258, 262, 277, 280
Kindleberger, Charles, 253, 262, 279, 285
Kissinger, Henry, 506, 508, 520, 538
Klein, Walter, 128,
Knibbs, Sir George, 74
Korry, Edmund M., 522
Krieger Vasena, Adalberto, 355
Krishnamurti, Rangaswani, 10, 11, 21, 444, 447, 461, 463, 467, 468, 475, 500, 501, 511
Krutschev, Nikita, 410, 434, 446
Kubitschek, Juscelino, 371, 379, 386, 388, 392, 405, 408, 413
Kybal, Milic, 292, 398, 401

Lanusse, Alejandro, 555
Lara, Cristóbal, 439, 471, 509, 521
Le Breton, Tomas, 76-78, 80, 111
Leguizamon, Guillermo, 109, 110
Leith-Ross, Sir Frederick, 106
Lewis, Sir Arthur, 368, 395, 498, 551
Lie, Trygve, 263, 283, 288, 290, 297, 303
Linares y Sansetena, Segundo, 13, 30-32, 36-39, 41, 65, 88
Lleras Restrepo, Carlos, 10, 225, 334, 335, 338, 382, 500

Lobos, Eleodoro, 48, 49, 50, 62, 67, 68, 71, 77, 207, 271
Lowenthal, William, 10, 511, 521, 522
Lurie, Samuel, 444

Maizels, Alfred, 444, 477
Malaccorto, Ernesto, 10, 65, 85, 87-90, 94-96, 98, 101-103, 116, 117, 129, 135, 194, 199, 204, 218, 341, 345, 346, 352, 357, 418
Malbran, Manuel, 109, 111
Malinowski, Wladek, 273-275, 290, 303, 332, 337, 345, 346, 376, 395, 397, 431, 432, 434-438, 441, 443, 444, 463, 467, 468, 473-475, 486
Mann, Thomas, 388, 422, 451
Manoilescu, Mihail, 106, 119
Margolin, Robert E., 498
Marshall, Alfred, 50
Martin, Edwin, 422
Martínez-Cabañas, Gustavo, 23, 267, 270, 274, 275, 282, 288, 289, 292, 295, 299, 300, 303, 320
Martínez Zuveria, Gustavo, 202
Max, Herman, 225
Mayobre, José Antonio, 23, 249, 260, 263, 380, 404, 407, 409, 423, 426, 442, 510, 524, 554
McNamara, Robert, 483, 497-499, 504
Medina Echavarría, José, 469, 509, 523, 554
Meier, Gerald, 285
Mendès-France, Pierre, 301, 302, 309
Mill, John Stuart, 47
Miranda, Miguel, 251, 256, 260, 269
Mikesell, Raymond, 380
Molina, Sergio, 523
Moll, Carlos, 103, 234, 235
Moll de Prebisch, Adela (Adelita), 9, 11, 14, 16, 18, 101-105, 111, 116, 117, 120, 122, 127, 134, 135, 149, 157, 160, 163, 172, 181, 186, 196, 197, 199, 200, 207-210, 216, 217, 219, 225, 226, 229, 231, 232, 234, 239, 246, 247, 250, 256, 261, 264, 265, 267, 268, 271, 278, 282, 286, 290, 315, 318, 327, 342-346, 351, 354, 355, 357, 360, 365, 367, 396, 408, 453, 457, 462, 463, 467, 468, 475, 500, 504, 505, 527, 528, 531, 532, 568, 569

Monnet, Jean, 106, 331, 375, 376, 384, 532
Montagu, Norman, 106, 115, 135
Mora, José Antonio, 407
Moreau, Alicia, 45, 242, 357
Morgenthau, Henry, 160, 161
Mosak, Jacob, 331, 440-444, 462, 463, 467, 471-473
Moscoso, Teodoro, 417
Muñoz, Heraldo, 553, 567
Muschietti, A., 128
Myrdal, Gunnar, 18, 275, 276, 303, 331, 551

Niemeyer, Sir Otto, 116, 123- 125, 131, 132, 150
Nierenstein, Mauricio, 77, 83
Nixon, Richard, 384-387, 394, 397, 399, 400, 404, 406, 407, 503, 506, 507, 512, 517, 520, 522, 523, 529, 542, 549
Noyola, Juan, 320, 330, 368, 369, 378, 380, 400, 403, 404
Nun, José, 10, 509, 568
Ocampo, Victoria, 45
Okita, Saburo, 498
Olariaga, Luis, 85, 86
Onganía, Juan Carlos, 504, 555
Oria, Salvador, 49, 74
Orradre, Pedro, 172, 357, 558
Ortega y Gasset, José, 46, 350
Ortiz, Roberto, 138, 146, 148, 150-152, 157, 162, 167, 168, 193, 194
Osório de Almeida, Miguel, 309
Owen, David, 263, 274, 275, 279, 288, 290, 291, 299, 303, 443

Palácios, Alfredo, 46, 56, 57, 121, 132, 203, 209, 242
Pareto, Vilfredo, 46, 50, 63, 64, 75, 84, 205
Pazos, Felipe, 249, 256, 270, 316, 400, 401, 403, 411, 418, 419
Pearson, Lester B., 497-499, 501, 511, 514
Pedretti, Carlos, 229, 231, 232, 234, 263
Perez, Enrique S., 94, 95, 97

Perez-Guerrero, Manuel, 271, 504

Perón, 242, 344

Perón, Isabel, 555

Perón, Juan Domingo, 92, 93, 168, 195, 202, 227, 228, 235, 238-243, 245-247, 250-252, 254, 260, 261, 264, 269, 306, 315, 321, 325, 339, 341-348, 350, 351, 352, 356-358, 361, 363-365, 367-369, 374, 382, 384, 392, 555

Petersen, Rudolf, 522

Pierson, Lee, 152

Pinedo, Federico, 46, 57, 93, 114, 116, 117, 120, 121, 122, 126, 127, 130, 131-134, 151, 152-154, 156-158, 161-164, 168, 171, 175, 188, 192, 201, 207, 353, 365

Piñero, Norberto, 59, 60

Pinochet, Augusto, 137, 527, 528, 532, 539, 540, 542, 552, 555, 567

Pinto, Aníbal, 10, 509

Plaza, Galo, 382, 507, 526, 530

Pollock, David, 9, 19, 404, 439, 444, 447, 450, 453, 455, 464, 467, 468, 475, 477, 526, 535, 540, 554, 568, 569

Prebisch, Adelita. Veja Moll de Prebisch, Adela.

Prebisch, Alberto, 34, 41, 43, 51, 62, 75, 87, 102, 103, 134, 229, 327, 362, 520

Prebisch, Albin, 30-36, 39, 43, 51, 52, 83, 102, 105, 116, 117, 120, 135

Prebisch, Ernesto, 33, 34, 41, 43, 51, 102, 134

Prebisch, Julio, 34, 41, 43, 103, 327

Prebisch, Raúl Jr, 468, 500, 554

Prebisch, Rosa. Veja Uriburu de Prebisch, Rosa Linares

Quintana, Carlos, 23, 68, 522-524, 539

Ramirez, Pedro Pablo, 194-196, 200, 201-204, 216, 218, 223, 227, 237

Ravndal, Chris, 17, 135, 156-159, 165, 171, 172, 184, 188, 228, 263, 265, 270, 282, 298, 300, 301, 302, 308, 409, 549

Rawson, Arturo, 194, 195, 239

Repetto, Nicolas, 46, 57, 99, 100, 129, 132

Ricardo, David, 47, 50

Rockefeller, John D., 164, 421

Rockefeller, Nelson, 157, 235, 238, 295, 507, 512

Rogers, William, 10, 530

Roosevelt, Franklin D., 112, 113, 117, 146, 148, 156, 158, 160, 163, 171, 174, 178, 179, 186, 192, 221, 396, 409, 549

Roque Gondra, Luis, 49, 77

Rosenstein-Rodan, Paul, 407, 418, 522, 532

Rostow, W. W., 407, 409, 422, 451, 452, 487, 490, 506, 545

Royem, Bodil, 10, 417, 444, 450, 468, 506, 525, 530

Rubottom, Roy R., 386, 387

Ruiz-Guiñazú, E., 168, 174-177, 179, 189

Runciman, Walter, 99, 109, 110, 113-116, 129, 130, 139-141, 147, 162, 204, 241, 268, 365, 561

Saadi, Vicente, 562

Saavedra Lamas, Carlos, 85, 103, 129, 136, 137, 190, 192, 196, 203, 209, 233

Saenz Peña, Luis Roque, 44, 67, 68, 93

Samuelson, Paul, 262, 279, 551

Sanchez, Luis Alberto, 277

Santa Cruz, Alfonso, 10, 276, 291, 416, 437, 539, 543

Santa Cruz, Hernán, 272, 283, 297, 300, 376

Sanz de Santamaría, Carlos, 490, 507

Savio, Mario A., 201, 202

Scalabrini Ortiz, Raúl, 356, 357

Schumpeter, Joseph, 160, 218, 222, 262

Seers, Dudley, 380, 401, 542

Shapiro, Louis, 276, 279

Shevchenko, S., 443, 444

Siewers, Enrique, 49, 59, 104

Silva, Julio, 59, 208, 262, 359, 360

Silva, Patricio, 507, 522, 523, 525, 535

Singer, Hans, 10, 279-281, 285, 289, 293, 337, 396, 500, 506, 508, 542

Smith, Reginald, 473

Soberón, Oscar, 378

Sousa Costa, 155
Storni, Segundo V., 194, 195, 200
Sunkel, Osvaldo, 10, 378, 398, 509, 553
Swenson, Louis, 292, 304, 306, 319, 346, 354, 367, 375, 379, 397, 511

Taborda, Damonte, 167
Taussig, F. W., 50, 62
Thant, U, 432, 437, 438, 453, 454, 463, 464, 467, 471-473, 476, 481, 482, 484, 490, 494-496, 499, 500, 502, 503, 505, 506, 519, 524, 525
Thermann, Freiherr von, 166, 167, 196
Thomas, Josiah B., 164, 165
Tinbergen, Jan, 477, 551
Triffin, Robert, 224-230, 234-237, 239, 240, 245, 246, 248, 250, 256, 262, 268, 269, 278, 334, 409, 549

Upton, T. Graydon, 389
Uriburu, Enrique, 68, 82, 84, 95, 97, 98, 103, 117, 134
Uriburu, Francisco, 32
Uriburu, José Evaristo, 39, 237
Uriburu, José Felix, 39
Uriburu de Garcia, Luisa, 30, 43
Uriburu de Prebisch, Rosa Linares, 30-36, 39-41, 51, 53, 55, 117, 120, 196
Urquidi, Víctor, 10, 222, 224, 227, 228, 248-250, 253, 255, 256, 264, 265, 267, 274, 287, 294, 311, 378, 379, 391, 549, 551

Vaky, Viron P., 10, 543, 547
Valdés, Gabriel, 507-509, 522, 523, 525, 529, 543, 555, 556, 567
Vance, Cyrus, 538, 547
Vargas, Getulio, 96, 136, 154, 155, 169, 179, 186, 256, 257, 309, 321, 323, 325, 333, 335, 337, 371
Verrier, Roberto, 128, 157, 344, 347, 358
Villaseñor, Eduardo, 219, 223, 224, 245, 246, 255
Vining, Rutledge, 253
Viola, Roberto, 550
Viteri de la Huerta, Jorge, 10, 444, 450, 453, 468
Volcker, Paul, 563

Waldheim, Kurt, 526, 532-534, 536, 543
Wallich, Henry, 222, 250, 256, 262, 269, 271
Waugh, Samuel, 354, 361
Welch, Leo, 132, 135, 159, 164, 206, 245
Welles, Sumner, 156, 157, 159, 164, 165, 174, 175, 177, 186
White, Henry Dexter, 157, 213, 224, 228
Williams, John, 50, 59, 150, 160, 247, 262, 334
Woods, George D., 449, 452, 455, 458, 478, 479, 483, 484, 497, 498
Wyndham-White, Eric, 382, 391, 432, 433, 434, 437, 455, 475, 479, 480, 481, 482, 495, 499

Yrigoyen, Hipolito, 44-46, 55, 56, 64, 67, 84, 89, 90-94, 108, 138